es 1896

edition suhrkamp

Neue Folge Band 896

Aesthetica
Herausgegeben von Karl Heinz Bohrer

Die Autobiographie ist vielfach, sowohl unter historischen wie psychologischen Gesichtspunkten, analysierbar. Zunächst aber ist sie ein literarischer *Text*. Als solcher ist sie auch Ausgangspunkt der grundlegenden Überlegungen Philippe Lejeunes.
Seine Analyse ist auf zwei Ebenen angesiedelt: Auf einer ersten, poetologischen, entwickelt er eine Definition der Gattung Autobiographie und der in ihr verwendeten Formen. Zentraler Begriff ist dabei der des »autobiographischen Paktes«, d. h. der die Identität von Autor, Erzähler und Protagonist postulierenden und garantierenden gesellschaftlichen Konvention, die im Eigennamen ihre Konkretion gewinnt. Über die Definition der Gattung hinaus entfalten sich die Überlegungen Lejeunes zu einer kritischen historisch-gesellschaftlichen Hinterfragung des gängigen literarischen Gattungsbegriffs selbst.
Auf einer zweiten Ebene, der einer »angewandten Poetik«, werden anhand exemplarischer Beispiele autobiographischer Texte (Rousseau, Sartre, Leiris, Gide) einige grundsätzliche Probleme erörtert, die sich den meisten Autobiographien stellen.
Philippe Lejeune lehrt Literaturwissenschaft in Paris.

Philippe Lejeune
Der autobiographische Pakt

Aus dem Französischen
von Wolfram Bayer
und Dieter Hornig

Suhrkamp

Titel der Originalausgabe:
Le pacte autobiographique

Die Übersetzung wurde gefördert
durch Mittel des Maison des Sciences de l'Homme (Paris)
und des Ministère français chargé de la culture

edition suhrkamp 1896
Neue Folge Band 896
Erste Auflage 1994

Deutsche Erstausgabe

Satz: Hümmer, Waldbüttelbrunn
Druck: Druckhaus Nomos, Sinzheim
Umschlagentwurf: Willy Fleckhaus
Printed in Germany
ISBN 978-3-518-11896-2

3 4 5 6 7 8 – 13 12 11 10 09 08

Inhalt

Vorwort

Die sogenannte Autobiographie läßt sich mittels verschiedener Ansätze erforschen: anhand einer historischen Untersuchung, da das Schreiben über das eigene Ich, das sich in der westlichen Welt seit dem 18. Jahrhundert entwickelt hat, ein Zivilisationsphänomen ist; oder anhand einer psychologischen Untersuchung, da der autobiographische Akt weitgespannte Probleme wie Gedächtnis, Herausbildung der Persönlichkeit und Selbstanalyse ins Spiel bringt. Die Autobiographie präsentiert sich jedoch zunächst als ein literarischer *Text*: Mir ging es in den hier versammelten Studien darum, mich mit der Funktionsweise dieses Textes zu befassen, indem ich ihn funktionieren ließ, das heißt: indem ich ihn las.

Diese Lektüre der Autobiographie erfolgt auf zwei Ebenen: In der Einführung und im Schlußteil wird die Gattung als solche im Überblick behandelt. Im mittleren Teil, die Präsentation eines autobiographischen »Projekts« (Gide) sowie Untersuchungen zu einzelnen Texten (Rousseau, Sartre, Leiris), die alle der französischen Literatur entnommen sind. Die Analyse schlägt zwei Richtungen ein: die einer *Poetik*, einer theoretischen Beschreibung der Gattung und der von ihr verwendeten Formen; und die der *Kritik*, der bewußt interpretierenden Lektüre einzelner Texte. Ich habe versucht, diese zwei Einstellungen komplementär anzulegen, möglichst nicht zu verschmelzen und sogar die eine jeweils durch die andere kontrollieren zu lassen: Ich wollte meine Anwesenheit als Leser nicht ausblenden, wenn ich theoretisierte, und möglichst nahe an den Textstrukturen bleiben, wenn ich interpretierte.

Diese poetologischen und kritischen Untersuchungen wurden alle in den Jahren 1972-1974, nach der Gesamtdarstellung in meiner Arbeit *L'Autobiographie en France* (Paris: A. Colin, 1971), verfaßt. Einige von ihnen hängen mit eingehenderen Lektüren autobiographischer Texte zusammen, die an anderer Stelle publiziert sind: die Präsentation von Gide wird in *Exercices d'ambiguité, lectures de »Si le grain ne meurt«* (Paris: Lettres modernes, 1974) näher ausgeführt; die zwei Untersuchungen zu Leiris sind Weiterführungen von *Lire Leiris, autobiographie et langage* (Paris: Klincksieck, 1975).

Auf der Ebene der *Poetik* hat man es zunächst einmal mit der Frage der literarischen Gattungen zu tun. Die Einleitung und das Schlußkapitel dieses Buches sind eine selbstkritische Auseinandersetzung mit meinen früheren Versuchen, diese Gattung zu definieren, und werfen, ausgehend von der Autobiographie, das allgemeinere Problem der Seinsweise der literarischen »Gattungen« und der auf sie anwendbaren Untersuchungsmethoden auf. Im »Autobiographischen Pakt« zeige ich, daß diese Gattung weniger durch die Einbeziehung formaler Elemente als vielmehr durch einen »Lektürevertrag« definiert ist und eine historische Poetik folglich untersuchen müßte, wie sich dieses System von Lektüreverträgen und integrierenden Funktionen entwickelt hat. Eine literarische Gattung ist das variable, komplexe Zusammentreten einer gewissen Anzahl unterschiedlicher Merkmale, die zunächst synchron, innerhalb des allgemeinen Lektüresystems einer Epoche, und dann analytisch, durch die Aufspaltung in multiple Faktoren mit wechselndem Stellenwert erfaßt werden müssen. Im abschließenden Teil »Autobiographie und Literaturgeschichte« gehe ich von einer Darstellung des gegenwärtigen Forschungsstandes zur Autobiographie aus, um zu zeigen, wie die kritischen Untersuchungen über die Autobiographie der Institutionalisierung dieser Gattung Vorschub leisten und oft zu diachronischen oder ahistorischen Synthesen neigen, die im gleichen Maß sowohl zur Verbreitung und Idealisierung der Gattung als auch zu ihrer wissenschaftlichen Erforschung beitragen. Will man eine Gattung untersuchen, so muß man gegen die Illusion der Permanenz, gegen die Tendenz zur Normenbildung und gegen die Gefahren der Idealisierung ankämpfen: Im Grunde ist es vielleicht unmöglich, *eine* Gattung zu untersuchen, es sei denn, man ist bereit, über sie hinauszugehen.

Daher wollte ich in den Kapiteln im mittleren Teil, die gewissermaßen »angewandte Poetik« sind, weder eine Ästhetik der Gattung definieren noch einen Rousseauschen oder anderen »Archetyp« rekonstruieren, sondern einfach die Lektüre konkreter Texte nützen, um Probleme zu untersuchen, mit denen sich die meisten Autobiographien auseinandersetzen und die höchst unterschiedliche Lösungen erhalten können.

Am häufigsten stößt man auf folgende Probleme: *Stellenwert und Funktion der autobiographischen Texte im Gesamtwerk eines Autors*, ein Problem, das von allen Autoren behandelt und insbesondere bei Gide und Leiris untersucht wird; *der Aufbau der autobiographischen Erzählung*, der anhand des Ersten Buchs der *Bekenntnisse* Rousseaus, der *Wörter* Sartres und anhand der von Leiris eingesetzten Konstruktionsverfahren untersucht wird; *die Beziehung des Erzählers zum Adressaten der Erzählung und zu seinem »Helden«*, die hier vor allem in den Texten Rousseaus und Gides behandelt wird.

Diese und manche andere Probleme werden anhand »großer Werke« angeschnitten, deren Auswahl man kritisch gegenüberstehen kann. Anhand der Untersuchung einiger außergewöhnlicher, willkürlich aus der Literatur eines einzigen Landes ausgewählter Werke läßt sich natürlich keine Poetik entwickeln. Eine Analyse der Vertragssysteme und der spezifischen, sich von den anderen Typen von »Ich-Erzählungen« unterscheidenden formalen Elemente anhand einer umfassenderen und dem Durchschnitt näheren Auswahl steht noch aus. Die hier analysierten Einzelfälle, die gegenüber den durchschnittlichen Autobiographien den Vorteil aufweisen, daß sie die verschiedenen Aspekte solcher Texte vielschichtiger artikulieren, lassen sich dann jedoch ohne weiteres in dieses allgemeine Dossier eingliedern.

Die Auswahl der Texte erklärt sich auch aus dem »kritischen Impetus« des Interpreten. In manchen dieser Fallstudien übernehme ich tatsächlich die Rolle des Interpreten, um das Funktionieren des Textes beobachten zu können: Das gilt insbesondere für die Untersuchung des ersten Geständnisses Rousseaus und für die Stelle über Esau bei Leiris. Die bewußte Interpretation ist, wie auch die naive Lektüre, ein Prozeß der Texttransformation. Mir lag daran, daß diese Transformation in aller Deutlichkeit vor sich geht, ohne dabei das Spiel oder das Vergnügen des Interpreten zu verhehlen: Dadurch kann man es kontrollieren und verhindern, daß es in Selbstherrlichkeit und Willkür ausartet. Daher habe ich mich dazu angehalten, die untersuchten Stellen in ihren Kontext einzubetten, ohne sie beliebig zu zerstückeln, und nur solche Behauptungen aufzustellen, die sich durch eine präzise Untersuchung des Textes verifizieren lassen. Die Psychoanalyse bringt für den Leser von Autobiographien nicht deshalb eine wertvolle Hilfe, weil sie das Individuum im Licht seiner Geschichte und seiner Kindheit erklärt, sondern weil sie diese Geschichte als Diskurs erfaßt und die *Äußerung* zum Ort ihrer Forschung (und Therapeutik) macht. Das Aufspüren von Symptomen oder Symbolen in der Aussage oder die Rekonstruktion einer Fallstudie wäre eine sterile Methode, wenn sie es dabei bewenden ließe. Ich habe sie in *Lire Leiris* für den Anfang von *Mannesalter (Age d'homme)* praktiziert, wo ich allerdings die Interpretation der Aussage bloß als hypothetisches Konstrukt verwendet habe, um dadurch das Verhalten des Erzählers innerhalb seines Diskurses, sein Begehren, seine Haltlosigkeit und sein Lavieren angesichts der Wahrheit analysieren zu können. Dieser Ansatz wird hier in zwei Kapiteln weitergeführt: In der Analyse eines der berühmtesten Geständnisse Rousseaus, dem über die »Kinderstrafe«, habe ich zu zeigen versucht, daß das Geständnis nicht darin besteht, sein Vergehen zu nennen, sondern daß es selbst eine Wiederholung des Vergehens im Diskurs ist, das heißt der umwegige Ausdruck des Begehrens. Zum anderen habe ich im Lichte der Texte Freuds über den Traum und den Witz gezeigt, daß in *Biffures (Streichungen)* die Schreibweise von Leiris auf einer paradoxen Kombination der analytischen Arbeit und der Traumarbeit beruht.

Diese Sammlung von Aufsätzen eines Autobiographielesers ist also zwischen zwei scheinbar entgegengesetzten Polen gespannt: der Wissenschaft, insofern sie sich als Beitrag zur Ausarbeitung einer Poetik versteht, und der Literatur, falls die kritische Tätigkeit nichts anderes ist als ein literarischer Akt aus zweiter Hand. Tatsächlich handelt es sich um einander ergänzende Vorgehensweisen, und ich wollte die gleiche Stringenz an den Tag legen, um sowohl die Theorie nachdrücklicher zu begründen und die Interpretation triftiger zu gestalten. Poetologische Untersuchung und analytische Interpretation fallen übrigens insofern in eins, als es sich immer darum handelt, die Autobiographie in erster Linie als sprachliches Phänomen zu erforschen.

Dezember 1974

1. Der Pakt

Der autobiographische Pakt

Läßt sich die Autobiographie definieren?

Ich habe in *L'Autobiographie en France*[1] diesen Versuch unternommen, um dadurch ein kohärentes Korpus erstellen zu können. Meine Definition ließ allerdings eine gewisse Anzahl theoretischer Probleme in der Schwebe. Ich habe das Bedürfnis empfunden, sie zu verfeinern und zu präzisieren, indem ich versucht habe, strengere Maßstäbe zu finden. Dabei bin ich zwangsläufig auf die klassischen Diskussionen gestoßen, die die Autobiographie als Gattung nach wie vor auslöst: Beziehungen zwischen Biographie und Autobiographie, Beziehungen zwischen Roman und Autobiographie. Irritierende Probleme, weil die Argumente ständig wiederholt werden, das verwendete Vokabular unscharf ist und Problemstellungen aus anderen, untereinander nicht zusammenhängenden Bereichen vermengt werden. In einem neuen Definitionsversuch habe ich mich also bemüht, die Gattungsproblematik als solche zu erhellen. Will man Klarheit schaffen, geht man zwei Risiken ein: erstens, daß man ebenfalls Selbstverständlichkeiten zu wiederholen scheint (muß man doch alles von Grund auf aufrollen), und zweitens, daß man die Dinge anscheinend durch allzu überspitzte Unterscheidungen komplizieren möchte. Das erste Risiko werde ich nicht umgehen; was das zweite betrifft, werde ich versuchen, meine Nuancierungen vernünftig zu begründen.

Ich hatte meine Definition nicht *sub specie aeternitatis* oder durch eine Untersuchung der Texte als »Dinge an sich« konzipiert, sondern indem ich die Stellung eines Lesers von heute bezog, der in einer Masse *publizierter* Texte, deren gemeinsames Thema die Schilderung eines Lebens ist, eine Ordnung auszumachen versuchte. Die Stellung des »Definierenden« ist somit zweifach relativiert und präzisiert: *historisch* gesehen, will diese Definition nicht mehr als einen Zeitraum von zwei Jahrhunderten abdecken und bezieht sich nur auf die europäische Literatur. Das heißt nun nicht, man müsse die Existenz einer persönlichen Literatur vor 1770 oder außerhalb Europas leugnen, sondern ganz einfach, daß unsere heutige Vorstellung der Autobiographie

1 Philippe Lejeune, *L'Autobiographie en France*, Paris 1971.

außerhalb dieses Feldes anachronistisch oder nicht sehr relevant wird. *Textuell* gesehen, gehe ich von der Position des Lesers aus: Es handelt sich weder darum, von der Innerlichkeit eines problematischen Autors auszugehen, noch den Kanon einer literarischen Gattung aufzustellen. Indem ich von der Lesersituation ausgehe (von meiner, der einzigen, die ich gut kenne), eröffnet sich mir die Aussicht, die Funktionsweise der Texte (ihr unterschiedliches Funktionieren) klarer zu erkennen, da sie doch für uns Leser geschrieben wurden und wir sie lesend zum Funktionieren bringen. Ich habe also versucht, die Autobiographie durch Reihen von Oppositionen zwischen den verschiedenen, uns Lesern angebotenen Texten zu definieren.

Leicht modifiziert, würde die Definition lauten:

DEFINITION: *Rückblickende Prosaerzählung einer tatsächlichen Person über ihre eigene Existenz, wenn sie den Nachdruck auf ihr persönliches Leben und insbesondere auf die Geschichte ihrer Persönlichkeit legt.*

Die Definition bringt Elemente ins Spiel, die vier verschiedenen Kategorien angehören:

1. *Sprachliche Form:*
   a) Erzählung
   b) in Prosa
2. *Behandeltes Thema:* individuelles Leben, Geschichte einer Persönlichkeit.
3. *Situation des Autors:* Identität zwischen dem Autor (dessen Namen auf eine tatsächliche Person verweist) und dem Erzähler.
4. *Position des Erzählers:*
   a) Identität zwischen dem Erzähler und der Hauptfigur
   b) rückblickende Erzählperspektive.

Eine Autobiographie ist jedes Werk, das sämtliche Bedingungen in jeder einzelnen Kategorie erfüllt. Die Nachbargattungen der Autobiographie erfüllen nicht alle diese Bedingungen. Hier nun die Liste dieser je nach den Gattungen unerfüllten Bedingungen:

- Memoiren: (2)
- Biographie: (4 a)
- Personaler Roman (Ich-Roman): (3)
- autobiographisches Gedicht: (1 b)
- Tagebuch: (4 b)
- Selbstporträt oder Essay: (1 a und 4 b).

Es liegt auf der Hand, daß die verschiedenen Kategorien unterschiedlich zwingend sind: manche Bedingungen können zum Großteil, aber nicht vollständig erfüllt sein. Der Text muß *hauptsächlich* eine Erzählung sein, aber man weiß, welch großen Platz die *Rede* in der autobiographischen Narration einnimmt; die Perspektive muß *hauptsächlich* rückblickend sein: was jedoch Abschnitte der Selbstbeschreibung, begleitende tagebuchartige, die Gegenwart der Niederschrift einbeziehende Eintragungen und sehr komplexe Zeitkonstruktionen nicht ausschließt. Das Thema muß *hauptsächlich* das individuelle Leben, die Herausbildung der Persönlichkeit sein: Aber die Chronik und die politische oder Sozialgeschichte können darin ebenfalls einen gewissen Raum einnehmen. Das ist eine Frage der Proportion oder vielmehr der Rangordnung: Es ergeben sich natürlich Übergänge zu den anderen Gattungen der intimen Literatur (Memoiren, Tagebuch, Essay), und bei der Prüfung von Sonderfällen wird dem Klassifikator ein gewisser Spielraum gelassen.

Zwei Bedingungen sind allerdings unabdinglich, und zwar natürlich jene Bedingungen, die den Gegensatz zwischen der Autobiographie (und gleichzeitig den anderen Formen der intimen Literatur) und der Biographie und dem Ich-Du-Roman begründen: nämlich die Bedingungen (3) und (4 a). Hier gibt es weder Übergänge noch Ermessensspielraum. Identität besteht oder besteht nicht. Eine Abstufung ist hier nicht möglich, und jeder Zweifel führt zu einer negativen Schlußfolgerung.

Damit es sich um eine Autobiographie (und allgemeiner, intime Literatur) handelt, muß Identität zwischen dem *Autor*, dem *Erzähler* und dem *Protagonisten* bestehen. Diese »Identität« wirft jedoch zahlreiche Probleme auf, die ich in den folgenden Abschnitten wenn schon nicht zu lösen, so doch klar zu formulieren versuchen werde:

– Wie kann sich die Identität zwischen dem Erzähler und dem Protagonisten im Text ausdrücken? (*Ich, Du, Er*).

– Wie manifestiert sich in einer »Ich-Erzählung« die Identität zwischen dem Autor und dem Ich-Erzähler? (die *Signatur*). Hier läßt sich die Autobiographie dem Roman gegenüberstellen.

– Verwechseln die meisten Überlegungen zur Autobiographie nicht *Identität* mit *Ähnlichkeit*? Hier läßt sich die Autobiographie der Biographie gegenüberstellen.

Wegen der Schwierigkeiten, auf die ich im Laufe dieser Analysen gestoßen bin, werde ich in den letzten zwei Abschnitten (*Der autobiographische Raum* und *Lektürevertrag*) den Versuch machen, das Problem zu verlagern.

Ich, du, er

Die in der Autobiographie vorausgesetzte Identität zwischen dem *Erzähler* und dem *Protagonisten* wird meistens durch die Verwendung der ersten Person angezeigt. In der von Gérard Genette anhand von fiktionalen Werken erstellten Einteilung der »Erzählstimmen« ist dies eine »autodiegetische Narration«.[2] Genette sieht jedoch durchaus den Fall einer »Ich-Erzählung« vor, in der der Erzähler und der Protagonist nicht dieselbe Person sind. Dies bezeichnet er umfassender als »homodiegetische« Narration. Setzt man diese Überlegung fort, so wird umgekehrt ersichtlich, daß Erzähler und Protagonist durchaus identisch sein können, ohne daß die erste Person verwendet wird.

Man muß also zwei verschiedene Kriterien unterscheiden: die grammatikalische Person und die Identität der Individuen, auf die die Aspekte der grammatikalischen Person verweisen. Diese grundlegende Unterscheidung wird wegen der Polysemie des Wortes »Person« übersehen; sie ist in der Praxis durch die Konjunktionen verschleiert, die *fast immer* zwischen einer bestimmten grammatikalischen Person und einer bestimmten Identitätsbeziehung oder einem bestimmten Erzähltyp entstehen. Aber nur »fast immer«; die unleugbaren Ausnahmen zwingen uns, diese Definitionen zu überdenken.

Indem die Autobiographie das Problem des *Autors* ins Spiel bringt, rückt sie Phänomene ins Licht, die in der Fiktion unberücksichtigt bleiben: insbesondere die Tatsache, daß in einer »Er-Erzählung« zwischen dem Erzähler und dem Protagonisten Identität bestehen kann. Diese Identität, die nicht mehr innerhalb des Textes durch die Verwendung des »ich« hergestellt wird, entsteht indirekt, aber eindeutig, durch die doppelte Gleichung: Autor = Erzähler und Autor = Protagonist, aus der auch dann, wenn der Erzähler implizit bleibt, der Schluß gezogen wird: Erzähler = Protagonist. Dieses Verfahren deckt sich wortwörtlich mit der

2 Gérard Genette, *Figures III*, Paris 1972.

Grundbedeutung des Wortes Autobiographie, das ja nichts anderes meint als: Biographie, vom Betroffenen selbst verfaßt, aber wie eine einfache Biographie.

Dieses Verfahren konnte aus verschiedenen Gründen eingesetzt werden und zu verschiedenen *Wirkungen* führen. Von sich selbst in der dritten Person zu sprechen kann entweder einen immensen Stolz voraussetzen (etwa in den *Kommentaren* Cäsars oder in manchen Texten General de Gaulles) oder eine gewisse Form der Bescheidenheit (das gilt für manche alte religiöse Autobiographien, in denen sich der Autobiograph als »Diener Gottes« bezeichnete). In beiden Fällen geht der Erzähler auf Distanz zu seiner eigenen früheren Person und sieht sich mit dem Blick der Geschichte oder dem Blick Gottes, das heißt der Ewigkeit, und bringt in seine Erzählung eine Transzendenz ein, mit der er sich in letzter Instanz identifiziert. Dasselbe Verfahren kann auch gänzlich anders geartete, banalere Effekte der ironischen Spaltung oder Distanz zeitigen. Das gilt für das Buch von Henry Adams, *The Education of Henry Adams*, in dem der Autor in der dritten Person die nahezu sokratische Suche eines jungen Amerikaners nach Bildung schildert, der niemand anderer ist als er selbst. In allen bisher genannten Beispielen wird die dritte Person in der gesamten Erzählung verwendet. Es gibt jedoch Autobiographien, in denen ein Teil des Textes den Protagonisten mit der dritten Person bezeichnet, während im restlichen Text Erzähler und Protagonist in der ersten Person verschmelzen: das gilt für *Le Traître (Der Verräter)*, worin André Gorz die Ungewißheit über seine Identität durch den Wechsel der Stimmen zum Ausdruck bringt. Claude Roy setzt dieses Verfahren in *Nous* banaler ein, um eine Episode seines Liebeslebens in eine schamvolle Distanz zu rücken.[3] Die Existenz dieser zweistimmigen Texte, dieser Rosette-Steine der Identität, ist wertvoll: Sie bestätigt die Möglichkeit einer autobiographischen Erzählung »in der dritten Person«.

Selbst wenn man im personalen Register (1. und 2. Person) verbleibt, liegt es auf der Hand, daß man durchaus anders als in der ersten Person schreiben kann. Wer könnte mich daran hindern, mein Leben zu schildern und mich »du« zu nennen? Innerhalb der Fiktion wurde diese Möglichkeit von Michel Butor in *La Modification* und von Georges Perec in *Un homme qui dort* genutzt.

3 *Nous. Essai d'Autobiographie*, Paris 1972, S. 33-39.

Durchgehend in dieser Form abgefaßte Autobiographien sind nicht bekannt. Das Verfahren taucht jedoch mitunter flüchtig in den *Reden* auf, die der Erzähler an sein früheres Ich richtet, sei es, um ihm in einer Notsituation Trost zuzusprechen oder um es zu tadeln oder zu verurteilen.[4] Eine Erzählung ergibt dies zwar noch nicht, aber die Sache ist möglich. Dieser Erzähltyp würde auf der Ebene der Äußerung klar den Unterschied zwischen dem Subjekt der Äußerung und dem als Adressaten der Erzählung behandelten Subjekt der Aussage hervortreten lassen.

Diese Verwendungen der dritten und der zweiten Person sind in der Autobiographie selten, bezeugen aber deutlich, daß man die grammatikalischen Probleme der Person nicht mit den Identitätsproblemen verwechseln darf. Somit ist folgende Abbildung mit zwei Eingängen denkbar:

grammatische Person → / Identität ↓	ICH	DU	ER
Erzähler = Protagonist	klassische Autobiographie [autodiegetisch]	Autobiographie in der 2. Person	Autobiographie in der 3. Person
Erzähler ≠ Protagonist	Biographie in der 1. Person (Zeugenbericht) [homodiegetisch]	an das Modell gerichtete Biographie	klassische Biographie [heterodiegetisch]

Anmerkungen zur Abbildung:

a) Unter »grammatischer Person« ist hier die in der gesamten Erzählung vorrangig verwendete Person zu verstehen. Das »ich« ist selbstverständlich nicht ohne ein »du«

4 Zum Beispiel Rousseau, *Bekenntnisse*, Buch IV: »Armer Jean-Jacques, in diesem grausamen Augenblick hofftest du wahrhaftig nicht, daß deine Töne eines Tages...« (deutsch zitiert nach: Jean-Jacques Rousseau, *Bekenntnisse*. Aus dem Französischen von Ernst Hardt. Frankfurt am Main 1985, S. 227); vgl. auch Claude Roy in *Moi, je*, Paris 1970, S. 473, wo er sich an sein früheres Ich wendet: »Glaub mir, mein Kind, du solltest nicht... Du hättest nicht sollen.« Auf dieser Seite stellt Claude Roy das erzählende Ich dem erzählten Ich gegenüber und verwendet für letzteres zugleich die zweite und dritte Person.

(den Leser) denkbar, das allerdings gewöhnlich implizit bleibt; umgekehrt setzt das »du« ein ebenfalls implizites »ich« voraus; und die Er-Erzählung kann Erzählereingriffe in der ersten Person enthalten.

b) Die hier angeführten Beispiele sind alle den Erscheinungsformen der referentiellen Erzählungen, also Biographie und Autobiographie, entlehnt; die Abbildung ließe sich genausogut mit Beispielen aus der Fiktion auffüllen. In den drei entsprechenden Feldern führe ich die Kategorien von G. Genette an; wie man sieht, decken sie nicht alle möglichen Fälle ab.

c) Der Fall der an das Modell gerichteten Autobiographie ist der der akademischen Reden, in denen man sich vor einem Publikum, das der eigentliche Adressat ist, an die Person, deren Leben man schildert, wendet, wie auch in einer Autobiographie in der zweiten Person, falls eine solche existierte, der Adressat (das frühere Selbst) vorhanden wäre, um eine vor dem Leser gehaltene Rede zu vernehmen.

Aufgrund der Ausnahmefälle war es notwendig, das Problem der Person von dem der Identität zu trennen. Durch diese Trennung läßt sich die Komplexität der bestehenden oder möglichen Autobiographiemodelle wiedergeben. Kehren wir nach der Erwähnung der Ausnahme kurz zum häufigsten Fall zurück, zur klassischen Autobiographie »in der ersten Person« (zur autodiegetischen Narration), um neue Ungewißheiten vorzufinden, die nun damit zusammenhängen, wie die Identität zwischen dem *Autor* und dem *Erzähler-Protagonisten* zustande kommt.

Die Signatur

Nehmen wir also an, alle Autobiographien seien in der ersten Person abgefaßt, wie dies bereits im alten Lied der Autobiographen anklingt: ICH. Etwa bei Rousseau: »Ich, ich allein.« Thyde Monnier: *Ich* (Autobiographie in vier Bänden...); Claude Roy: *Ich*; usw. Auch in diesem Fall bleibt die Frage bestehen: Wie manifestiert sich die Identität zwischen dem Autor und dem Erzähler? Für einen Autobiographen ist es selbstverständlich, daß er sich ganz einfach fragt: »Wer bin ich?« Aber für mich als Leser ist es genauso selbstverständlich, daß ich die Frage zunächst einmal anders stelle: Wer ist »ich«? (das heißt: Wer sagt »Wer bin ich?«).

Man möge mir nachsehen, daß ich einige grundlegende linguistische Begriffe in Erinnerung rufe, bevor ich meine Analyse fortsetze. Aber auf diesem Gebiet sind die einfachsten Dinge auch diejenigen, die man am schnellsten vergißt: Sie wirken selbstverständlich und gehen in der Illusion, die sie erzeugen, unter. Ich werde von den Analysen Benvenistes ausgehen, aber zu etwas anderen Schlußfolgerungen gelangen.[5]

5 *Problèmes de linguistique générale*, Paris 1966, Sektion V, »L'homme dans la langue«; hier zitiert nach: Emile Benveniste, *Probleme der allgemeinen Sprachwissenschaft*, Teil V, »Der Mensch in der Sprache«, München 1974.

Die »erste Person« wird durch die Verbindung von zwei Ebenen definiert:

1. *Referenz:* Die Personalpronomen (ich/du) besitzen nur innerhalb der Rede, im Äußerungsakt selbst Verweiskraft. Benveniste weist darauf hin, daß es keinen »Ich«-Begriff gibt. Das »ich« verweist jedesmal auf den Sprecher, den wir *eben aufgrund* seines Sprechens identifizieren.

2. *Aussage:* Die Personalpronomen der ersten Person zeigen die *Identität* zwischen dem Subjekt der Äußerung und dem Subjekt der Aussage an.

Wenn jemand sagt: »Ich bin am ... geboren«, so führt die Verwendung der ersten Person durch die Verbindung dieser zwei Ebenen dazu, daß die sprechende Person mit der Person, die geboren wurde, gleichgesetzt wird. Dies ist zumindest der erzielte Gesamteffekt. Allerdings darf man daraus nicht folgern, daß die auf diesen zwei Ebenen entstandenen »Gleichungen« von derselben Art sind: Auf der Ebene der Referenz (der Rede, die auf ihre eigene Hervorbringung bzw. Äußerung verweist) ist die Identität eine unmittelbare, sie wird vom Adressaten augenblicklich als *Tatsache* wahrgenommen und akzeptiert; auf der Ebene der Aussage handelt es sich einfach um eine geäußerte Beziehung, das heißt eine beliebige Behauptung, der man Glauben schenken kann oder nicht usw. Das Beispiel, das ich ausgewählt habe, veranschaulicht übrigens, welche Probleme aufgeworfen werden: Sind der Säugling, der in einer bestimmten Epoche, an die ich mich nicht erinnere, in einer gewissen Klinik geboren wurde – und *ich* wirklich dieselbe Person? Es ist wichtig, diese zwei Beziehungen, die in der Verwendung des Pronomens »ich« verschmelzen, deutlich zu unterscheiden: Mangels dieser Unterscheidung hat man, wie später zu sehen sein wird, in die Problematik der Autobiographie die größte Verwirrung gebracht (siehe unten das Kapitel *»Ähnlichkeit«*). Ich lasse also die Probleme der Aussage vorläufig beiseite und gehe zunächst auf die Äußerung ein.

Die Analysen von Benveniste gehen von der Situation der *mündlichen* Rede aus. In dieser Situation, könnte man meinen, wirft die Referenz des »ich« keinerlei Problem auf: das »ich« ist der Sprecher – und ich in meiner Position als Gesprächspartner oder Zuhörer kann diese Person unschwer identifizieren. Dennoch gibt es zwei Reihen von mündlichen Situationen, in denen diese Identifizierung zu einem Problem werden kann:

a) Das *Zitat*: also die Rede innerhalb der Rede; die erste Person der (zitierten) sekundären Rede verweist auf eine Äußerungssituation, die in der primären Rede geäußert wird. Handelt es sich um schriftliche Reden, heben verschiedene Zeichen, Gedankenstriche, Anführungszeichen usw. die eingefügten (zitierten) Reden hervor. In der mündlichen Rede spielt die Betonung eine ähnliche Rolle. Sobald diese Zeichen jedoch verblassen oder verschwinden, tritt die Ungewißheit auf: Das gilt für das *Re-Zitieren* und ganz allgemein für das Theaterspielen. Wer sagt »ich«, wenn die Berma die *Phaedra* spielt? Die Theatersituation als solche kann zwar die Funktion der Anführungszeichen übernehmen und den fiktiven Charakter der Person, die »ich« sagt, anzeigen. Hier allerdings müssen wir langsam den Boden unter den Füßen verlieren, denn selbst den Naivsten befällt dabei der Gedanke, daß nicht die Person das »ich« definiert, sondern das »ich« die Person – das heißt, daß die Person nur in der Rede existiert ... Bleiben wir jedoch vorläufig auf festem Boden. Hinsichtlich der Autobiographie streifen wir hier an die Probleme des Unterschieds zwischen dem autobiographischen Roman und der Autobiographie. Aber auch, was die Autobiographie selbst betrifft, an die Evidenz, daß die erste Person eine Rolle ist.
b) *Die mündliche Rede aus der Distanz:* jedes beliebige Gespräch durch eine Tür hindurch, im Dunkel oder per Telephon: Hier läßt sich die Person nur mehr durch die Aspekte der Stimme identifizieren: Wer ist da? – ich – wer ich? Der zur Identifizierung führende Dialog ist hier noch möglich. Falls jedoch die Stimme zeitlich verschoben ist (Aufzeichnung) oder das Gespräch zwar zeitgleich, aber nur einseitig verläuft (Rundfunk), fehlt diese Möglichkeit. Man gelangt wieder zur Situation der schriftlichen Kommunikation.

Ich habe bisher so getan, als folgte ich Benveniste, und mir bloß vorgestellt, wodurch in einer mündlichen Situation die Identität der Person fraglich werden kann. Niemand wird leugnen, daß das »ich« auf eine Äußerung verweist: Aber die Äußerung ist nicht die letzte Instanz der Referenz: sie wirft selbst wieder das Problem der *Identität* auf, das wir im Falle einer direkten mündlichen Kommunikation instinktiv anhand außersprachlicher Gegebenheiten lösen. Wird die mündliche Kommunikation undeutlich, wird auch die Identität problematisch. Im Falle einer schriftlichen Kommunikation muß die Person, die die Rede äußert, ihre Identifizierung innerhalb dieser Rede durch andere als materielle Indizien wie etwa den Poststempel, die Handschrift oder besondere Rechtschreibung erlauben, wenn sie nicht (was auch vorkommt!) anonym bleiben will.

Benveniste erwähnt[6], daß es keinen »Ich«-Begriff gibt: eine sehr richtige Bemerkung, wenn man hinzufügt, daß es auch keinen »Er«-Begriff gibt und, ganz allgemein, kein Personal-, Possessiv-, Demonstrativpronomen usw. jemals auf einen Begriff *verwiesen* hat, sondern bloß eine Funktion ausübt, die darin besteht, auf einen Namen zu verweisen oder auf eine Ganzheit, die sich mit einem Namen bezeichnen läßt. Daher wollen wir seine Analyse durch die zwei folgenden Sätze nuancieren:

a) Das Personalpronomen »ich« verweist auf den Sprecher der Redeinstanz, in der das »ich« auftaucht; aber dieser Sprecher läßt sich selbst wieder mit einem Namen bezeichnen (sei es mit einem auf verschiedene Weisen determinierten Nomen oder mit einem Eigennamen).

b) Der Gegensatz *Begriff/Begriffslosigkeit* erhält seinen Sinn durch den Gegensatz zwischen dem Nomen und dem Eigennamen (und nicht dem Nomen und dem Personalpronomen).

An anderer Stelle begründet Benveniste die Zweckmäßigkeit der Verwendung dieser ersten Person, die nur in ihrer eigenen Äußerung auf etwas verweist: »Würde jedes Individuum über ein eigenes Erkennungszeichen (in dem Sinn, in dem jede Radiostation ihre eigene ›Kennmelodie‹ besitzt) verfügen, um das Gefühl seiner irreduziblen Subjektivität auszudrücken, so gäbe es praktisch ebenso viele Sprachen wie Individuen, und die Kommunikation würde schlechthin unmöglich.«[7] Eine seltsame Hypothese, da Benveniste hier zu vergessen scheint, daß es ein solches Erkennungszeichen *gibt*, nämlich die lexikalische Kategorie der Eigennamen (derjenigen unter ihnen, die Personen bezeichnen): Es gibt nahezu genauso viele Eigennamen wie Individuen. Natürlich ist dies kein Aspekt der Verbkonjugation, und Benveniste betont zu Recht die zweckmäßige Funktion des »ich«. Indem er jedoch vergißt, das »ich« mit der lexikalischen Kategorie der Personennamen zu verknüpfen, läßt er die Tatsache unbegreiflich werden, daß der Verwender des »ich« dennoch nicht in der Anonymität untergeht und immer imstande ist, das Irreduzible an ihm zu äußern, indem er seinen Namen nennt.

6 Ebd., S. 291.
7 Ebd., S. 283. (Übers. modifiziert, A. d. Ü.)

Person und Rede verknüpfen sich im *Eigennamen*, noch bevor sie sich in der ersten Person verknüpfen, wie bereits aus der Abfolge des Spracherwerbs bei den Kindern ersichtlich ist. Das Kind spricht in der dritten Person von sich und nennt sich mit seinem Vornamen, bevor es begreift, daß es ebenfalls die erste Person verwenden kann. Später nennt sich jeder beim Sprechen »ich«; dieses »ich« verweist dann jedoch für jeden einzelnen auf einen einmaligen Namen, den man immer äußern kann. Alle vorhin erwähnten (leichten, schwierigen oder fragwürdigen) Identifizierungen aufgrund mündlicher Situationen führen zwangsläufig dazu, daß die erste Person zu einem Eigennamen umgemünzt wird.[8]

In der mündlichen Rede kommt es, sooft dies nötig ist, zu einer Rückkehr zum Eigennamen: Das ist die *Vorstellung*, die von der Person selbst oder von einer dritten Person vorgenommen wird (das Wort Vorstellung oder Präsentation ist durch seine Unschärfe aufschlußreich: die körperliche Anwesenheit reicht nicht aus, um den Sprecher zu definieren; vollständig wird die Vorstellung erst durch die Namensnennung). In der schriftlichen Rede bezeichnet die *Unterschrift* den Sprecher und die Adresse den Adressaten.[9]

Die Probleme der Autobiographie müssen also in bezug auf den *Eigennamen* gestellt werden. In den gedruckten Texten wird jede Äußerung von einer Person getragen, die gewöhnlich ihren *Namen* auf den Umschlag des Buches, auf das Vorsatzblatt oder über oder unter den Titel setzt. In diesem Namen ist die ganze Existenz des sogenannten *Autors* enthalten: Er ist im Text die einzige unzweifelhaft außertextuelle Markierung, die auf eine tatsächliche Person verweist, die dadurch verlangt, man möge ihr in letzter Instanz die Verantwortung für die Äußerung des gesamten geschriebenen Textes zuweisen. In vielen Texten beschränkt sich die Anwesenheit des Autors im Text auf diesen einzigen Namen. Aber der Stellenwert, der diesem Namen zugewiesen wird, ist aus-

8 Zu den linguistischen Aspekten des Problems des Eigennamens und der Art und Weise, wie er in der Äußerung zur Referenz beiträgt, siehe Oswald Ducrot und Tzvetan Todorov, *Dictionnaire encyclopédique des sciences du langage*, Paris 1972, S. 321f.; hier zitiert nach *Enzyklopädisches Wörterbuch der Sprachwissenschaften*, Frankfurt am Main 1975, S. 284f.

9 Das Problem der Referenz in einer schriftlichen Äußerung, wo Sender und Adressat der Rede keine gemeinsame Situation mehr teilen (und einander nicht einmal kennen können), wird von den Linguisten allzu selten behandelt oder als etwas erwähnt, das näher untersucht werden sollte – aber nicht untersucht wird (vgl. E. Benveniste, *L'Appareil formel de l'énonciation*, in: *Langages* 17 [1970], S. 18).

schlaggebend: er hängt damit zusammen, daß aufgrund einer gesellschaftlichen Konvention eine *tatsächlich existierende Person* die Verantwortung übernimmt. Unter diesen Worten, die bereits in meiner oben angeführten Definition der Autobiographie enthalten sind, verstehe ich eine Person, deren Existenz amtlich nachgewiesen und nachprüfbar ist. Gewiß wird der Leser nicht nachprüfen und kann durchaus ignorieren, wer diese Person ist: ihre Existenz jedoch steht außer Zweifel. Ausnahmen und Mißbräuche unterstreichen nur den allgemeinen Glauben, der dieser Art von Gesellschaftsvertrag entgegengebracht wird.[10]

Ein Autor ist keine Person. Eine Person schreibt und publiziert. Er steht auf der Kippe zwischen Nicht-Text und Text und ist die Verbindungslinie zwischen beiden. Der Autor ist gleichzeitig als tatsächlich existierende und sozial verantwortliche Person definiert und als Produzent eines Diskurses. Für den Leser, der die tatsächlich existierende Person nicht kennt, aber an ihre Existenz glaubt, ist der Autor als Person definiert, die imstande ist, diesen Diskurs hervorzubringen, und die er sich aufgrund dieses ihres Produkts vorstellt. Ein wirklicher Autor ist man vielleicht erst ab einem zweiten Buch, wenn der Eigenname auf dem Umschlag zum »gemeinsamen Faktor« mindestens zweier verschiedener Texte wird und somit die Vorstellung einer Person weckt, die sich auf keinen ihrer Texte im einzelnen einschränken läßt, sondern noch andere hervorbringen kann und über allen ihren Texten steht. Dies ist, wie wir noch sehen werden, für die Lektüre von Autobiographien sehr wichtig. Ist die Autobiographie ein erstes Buch, so ist der Autor, selbst wenn er sich in diesem Buch selbst schildert, ein Unbekannter: Es fehlt ihm in den Augen des Lesers dieses Signum der Realität, nämlich die vorangegangene Produktion *anderer* (nicht autobiographischer) *Texte*, die für das, was wir als »autobiographischen Raum« bezeichnen werden, unabdingbar ist.

Der Autor ist also ein identischer Personenname, der sich zu einer Reihe verschiedener veröffentlichter Texte bekennt. Er be-

10 Die Fälle von Autorenunterschiebungen oder die Probleme der Identität des Autors (Anonymität, Pseudonymität) lassen sich anhand der klassischen Untersuchungen von J.-M. Quérard, *Les supercheries littéraires dévoilées* (1847) oder von A. Barbier, *Dictionnaire des ouvrages anonymes* (3. Auflage, 1872) untersuchen. Siehe auch ein amüsantes Inventar der jüngeren Autorenunterschiebungen in *Gulliver* (1972).

zieht seine Realität aus der Liste seiner anderen Werke, die oft am Beginn des Buches steht: »Vom selben Autor«. Die Autobiographie (Erzählung, die das Leben des Autors schildert) setzt voraus, daß zwischen dem Autor (wie er namentlich auf dem Umschlag steht), dem Erzähler und dem Protagonisten der Erzählung *Namensidentität* besteht. Das ist ein sehr einfaches Kriterium, das gleichzeitig mit der Autobiographie auch alle anderen Gattungen der intimen Literatur (Tagebuch, Selbstporträt, Essay) definiert.

Ein Einwand meldet sich sofort: und die Pseudonyme? Ein Einwand, der sich leicht zurückweisen läßt, sobald man das Pseudonym definiert und vom Namen einer fiktiven Person unterschieden hat.

Ein Pseudonym ist ein anderer als der amtliche Name, den eine tatsächlich existierende Person verwendet, um alle oder einen Teil ihrer Schriften zu *veröffentlichen*. Das Pseudonym ist ein *Autorenname*. Es ist nicht wirklich ein falscher Name, sondern ein Schriftstellername, ein zusätzlicher Name genauso wie der, den eine Nonne beim Eintritt in ein Kloster annimmt. Gewiß kann die Verwendung eines Pseudonyms mitunter betrügerische Zwecke verfolgen oder aus Gründen der Diskretion geboten sein: Dabei handelt es sich jedoch meistens um isolierte Produktionen und fast nie um ein Werk, das sich als Autobiographie eines *Autors* ausgibt. Die literarischen Pseudonyme sind gewöhnlich weder Geheimnisse noch Mystifikationen; der zweite Name ist genauso echt wie der erste, er zeigt einfach diese zweite Geburt an, dieses Öffentlichwerden des Schreibens. Schreibt ein Autor, der ein Pseudonym trägt, seine Autobiographie, so wird er die Herkunft dieses Pseudonyms selbst anführen: Raymond Abellio etwa erklärt, daß er Georges Soulès heißt und warum er sein Pseudonym gewählt hat.[11] Das Pseudonym ist eine Differenzierung, eine Verdoppelung des Namens, die keinen Wechsel der Identität bedingt.

Das *Pseudonym*, das wir als (*auf dem Buchumschlag stehenden*) *Autorennamen* definiert haben, darf man nicht mit dem *Namen* verwechseln, der innerhalb des Buches einer fiktiven Person verliehen wird (mag diese Person auch Erzählerstatus besitzen und sich die gesamte Textäußerung zuschreiben): Denn diese Person ist bereits dadurch, daß sie außerstande ist, der *Autor* des *Buches*

11 *Ma dernière mémoire*, I. *Un faubourg de Toulouse, 1907-1927*, Paris 1971, S. 82f.

zu sein, als fiktiv bezeichnet. Führen wir ein sehr einfaches Beispiel an: »Colette« ist das Pseudonym einer tatsächlichen Person (Gabrielle-Sidonie Colette), *Autor* einer Reihe von Erzählungen; Claudine ist der Name einer fiktiven Heldin und Ich-Erzählerin von Texten, die ihren Namen im Titel führen. Wenn die *Claudine* nicht als Autobiographien gelten können, so natürlich aus dem zweiten Grund, und nicht aus dem ersten.

Wenn eine Person, die ihr Leben schildert, einen fiktiven (also von dem des Autors verschiedenen) Namen erhält, so kommt es vor, daß der Leser Grund zur Vermutung hat, daß die von der Figur erlebte Geschichte genau die des Autors ist: sei es durch Überschneidungen mit anderen Texten, sei es durch die Heranziehung äußerer Informationen oder sei es sogar durch die Lektüre der Erzählung selbst, deren fiktiver Aspekt falsch klingt (so, wie wenn einem jemand erzählt: »Ich hatte einen sehr guten Freund, dem ist folgendes passiert« und die Geschichte dieses Freundes sogleich mit tiefinnerlicher Überzeugung zu schildern beginnt). Hätte man auch die besten Gründe der Welt zur Vermutung, daß die Geschichte genau dieselbe ist, so ist der dergestalt hervorgebrachte Text dennoch keine Autobiographie: Diese setzt in erster Linie eine *einbekannte Identität* auf der Ebene der Äußerung voraus, und erst in zweiter Linie eine auf der Ebene der Aussage erzeugte *Ähnlichkeit*.

Diese Texte würden folglich in die Kategorie »der autobiographischen Romane« fallen. So bezeichne ich alle fiktionalen Texte, in denen der Leser aufgrund von Ähnlichkeiten, die er zu erraten glaubt, Grund zur Annahme hat, daß eine Identität zwischen Autor und *Protagonist* besteht, während der Autor jedoch beschlossen hat, diese Identität zu leugnen oder zumindest nicht zu behaupten. Der dergestalt definierte autobiographische Roman umfaßt sowohl personale Erzählungen (Identität des Erzählers mit dem Protagonisten) als auch »nichtpersonale« Erzählungen (worin die Personen mit der dritten Person bezeichnet werden); er ist inhaltlich definiert. Im Gegensatz zur Autobiographie weist er *Gradunterschiede* auf. Die vom Leser vermutete »Ähnlichkeit« kann von einer vagen Ähnlichkeit zwischen dem Protagonisten und dem Autor bis zu einer verblüffenden Übereinstimmung reichen, die einem den Ausruf abringt: »Das ist haargenau er!« Über das Buch von Olivier Todd, *L'Année du Crabe* (1972), hat etwa ein Kritiker geschrieben, daß »sich das ganze Buch hinter den durchsichtigen Pseudonymen als obsessiv autobiographisch bekennt«.[12] Die Autobiographie hingegen weist keine Gradunterschiede auf: entweder alles oder nichts.

Aus diesen Unterscheidungen wird ersichtlich, wie wichtig es ist, ein klar definiertes Vokabular zu verwenden. Der Kritiker sprach vom Namen des Protagonisten als von einem »Pseudonym«. Für mich kann ein Pseudonym nur Autorenname bedeuten. Der Protagonist mag noch so sehr dem Autor ähneln: Solange er nicht dessen Namen trägt, ist nichts getan. Diesbezüglich ist das Buch *L'Année du Crabe* beispielhaft. Der Untertitel lautet *Roman*; Olivier Todds Held heißt Ross. Auf der Umschlagseite vier versichert ein verlegerischer Text dem Leser, daß Todd Ross ist. Ein geschicktes Werbeverfahren, das jedoch nichts ändert. Warum trägt Ross einen anderen Namen, wenn er Todd ist? Wie kommt es, daß er nicht *gesagt* hat, daß er es ist? Ob er dies kokett durchscheinen läßt oder ob es der Leser trotz des Versteckspiels errät, darauf kommt es nicht an. Die Autobiographie ist kein Rätselraten, vielmehr genau das Gegenteil. Hier fehlt die Hauptsache, nämlich das, wofür ich die Bezeichnung *autobiographischer Pakt* vorgeschlagen habe.

Da ich von der ersten Person zum Eigennamen gelangt bin, muß ich nun berichtigen, was ich in *L'Autobiographie en France* geschrieben habe: »Wie läßt sich die Autobiographie vom autobiographischen Roman unterscheiden? Bleibt man auf der Ebene der internen Textanalyse, so muß man wohl zugeben, daß es *keinerlei Unterschied* gibt. Alle Verfahren, die die Autobiographie einsetzt, um uns von der Echtheit ihrer Erzählung zu überzeugen, kann der Roman imitieren und hat sie auch oft imitiert.« Das traf zu, solange man sich auf den Text ohne die Titelseite beschränkte; sobald man sie mitsamt dem Autorennamen einbezieht, verfügt man über ein allgemeines textuelles Kriterium, nämlich über die *Namensidentität* (Autor-Erzähler-Protagonist). Der autobiographische Pakt ist die Behauptung dieser Identität im Text, die letztlich auf den Namen des Autors auf dem Umschlag verweist. Die Formen des autobiographischen Pakts sind sehr vielfältig: Sie zeugen jedoch alle von der Absicht, dieser *Signatur* gerecht zu werden. Der Leser kann die Ähnlichkeit bekritteln, aber niemals die Identität.

12 Bertrand Poirot-Delpech in *Le Monde* vom 13. Oktober 1972.

Es ist nur allzu bekannt, welch großen Wert jeder auf seinen Namen legt.

Eine autobiographische Fiktion kann »übereinstimmen«, der Protagonist dem Autor gleichen; eine Autobiographie kann »nicht übereinstimmen«, der vorgeführte Protagonist anders sein als der Autor: Das sind faktische Fragen (wobei wir die Frage, *wer* die Ähnlichkeit beurteilt und wie, überhaupt ausblenden), die an den *rechtlichen* Fragen, das heißt an dem zwischen Autor und Leser abgeschlossenen Vertragstyp, nichts ändern. Die Bedeutung des Vertrags geht auch daraus hervor, daß er tatsächlich die Haltung des Lesers bestimmt: Wird die Identität nicht behauptet (im Fall der Fiktion), so wird der Leser gegen den Willen des Autors versuchen, Ähnlichkeiten herzustellen; wird sie behauptet (Fall der Autobiographie), so wird er eher nach Unterschieden (Irrtümern, Entstellungen usw.) suchen wollen. Vor einer autobiographisch gefärbten Erzählung neigt der Leser oft dazu, sich für einen Spürhund zu halten, das heißt nach Vertragsbrüchen (gleichgültig welchen Vertrags) zu suchen. Daraus entstand der Mythos des Romans, der »wahrer« ist als die Autobiographie: Was man gegen den Willen des Autors aus dem Text herauszulesen glaubt, erscheint einem immer wahrer und tiefgründiger. Hätte Olivier Todd *L'Année du Crabe* als seine Autobiographie ausgegeben, so wäre unser Kritiker vielleicht für die Brüche, die Lücken und die Glättungen seiner Erzählung empfänglich gewesen? Damit ist gesagt, daß alle Fragen der *Treue* (Problem der »Ähnlichkeit«) letztlich von der Frage der *Authentizität* (Problem der Identität) abhängen, die selbst wieder im Eigennamen zum Ausdruck kommt.

Die *Namensidentität* zwischen Autor, Erzähler und Protagonist läßt sich auf zweierlei Weise herstellen:

1. *Implizit*, auf der Ebene der Verbindung Autor-Erzähler, anläßlich des *autobiographischen Pakts*; dieser kann zwei Formen annehmen: a) die Verwendung von *Titeln* läßt keinen Zweifel darüber, daß die erste Person auf den Namen des Autors verweist (*Geschichte meines Lebens, Autobiographie* usw.); b) der Erzähler tritt im *einleitenden Abschnitt* des Textes, in dem er dem Leser gegenüber Verpflichtungen eingeht, dergestalt als Autor auf, daß der Leser auch dann keinen Zweifel darüber hegt, daß das »ich« auf den Namen auf dem Umschlag verweist, wenn dieser Name im Text selbst nicht wiederholt wird.

2. *Offenkundig*, auf der Ebene des Namens, den sich der Ich-Erzähler in der Erzählung selbst verleiht und der mit dem Namen des Autors auf dem Umschlag identisch ist.

Die Identität muß unbedingt zumindest vermittels einer dieser zwei Möglichkeiten hergestellt werden; es kommt oft vor, daß beide Möglichkeiten gleichzeitig eingesetzt werden.

Symmetrisch zum autobiographischen Pakt könnte man den *Romanpakt* ansetzen, der selbst wieder zwei Aspekte aufwiese: eine *offenkundige Praxis der Nicht-Identität* (Autor und Protagonist sind nicht namensgleich) und eine *Bestätigung der Fiktivität* (gewöhnlich übernimmt diese Funktion der Untertitel *Roman* auf dem Umschlag; halten wir fest, daß der Roman in der derzeitigen Terminologie einen Romanpakt bedingt, während der Begriff *Erzählung* unbestimmt und mit einem autobiographischen Pakt vereinbar ist). Man wird hier vielleicht einwenden, daß der Roman die Möglichkeit hat, den autobiographischen Pakt zu *imitieren*: Ist etwa der Roman des 18. Jahrhunderts nicht aus einer Imitation der verschiedenen Formen der intimen Literatur hervorgegangen (Memoiren, Briefe und im 19. Jahrhundert Tagebuch)? Dieser Einwand hält jedoch nicht stand, wenn man bedenkt, daß diese Imitation nicht bis zum letzten Element, nämlich bis zum *Namen* des *Autors* zurückreichen kann. Man kann immer so tun, als berichtete oder veröffentlichte man die Autobiographie von jemandem, den man für tatsächlich existierend ausgeben will; solange dieser Jemand nicht der *Autor* ist, also derjenige, der als einziger für das *Buch* verantwortlich ist, ist nichts getan. Diesem Kriterium würden sich also nur die literarischen Betrugsfälle entziehen: Sie sind äußerst selten – und diese Seltenheit ist nicht auf die Achtung vor einem fremden Namen oder auf die Angst vor Strafen zurückzuführen. Wer könnte mich daran hindern, die Autobiographie einer imaginären Person zu schreiben und sie unter ihrem ebenfalls imaginären Namen zu veröffentlichen? Genau das hat MacPherson auf einem etwas anderen Gebiet mit seinem Ossian getan! – Dies ist selten, weil recht wenige Autoren imstande sind, auf *ihren eigenen Namen* zu verzichten. Ein Beweis dafür ist die kurze Dauer der Ossian-Affäre, wissen wir doch, wer der Autor ist, weil MacPherson sich nicht zurückhalten konnte, seinen eigenen Namen (als Bearbeiter) im Titel anzuführen!

Nachdem diese Definitionen aufgestellt sind, kann man alle möglichen Fälle mit zwei Kriterien durchspielen: Bezug zwischen dem Namen des Protagonisten und dem Namen des Autors, Beschaffenheit des vom Autor geschlossenen Pakts. Für jedes dieser Kriterien sind drei Situationen möglich. Der Protagonist 1) trägt einen anderen Namen als der Autor; 2) hat keinen Namen; 3) trägt denselben Namen wie der Autor; der Pakt ist 1) ein Romanpakt; 2) fehlt; 3) autobiographisch. Durch die Verknüpfung dieser zwei Kriterien erhält man theoretisch neun Kombinationen: faktisch sind nur sieben möglich, da naturgemäß die Koexistenz von Namensidentität und Romanpakt und die der Namensverschiedenheit und des autobiographischen Paktes ausgeschlossen sind.

Name des Protagonisten → / *Pakt* ↓	≠ Name des Autors	= 0	= Name des Autors
Romanpakt	1 a ROMAN	2 a ROMAN	
= 0	1 b ROMAN	2 b Unbestimmt	3 a AUTOBIO.
autobiographisch		2 c AUTOBIO.	3 b AUTOBIO.

Obige Abbildung liefert den Raster der möglichen Kombinationen; die Zahlen verweisen auf die folgende Beschreibung; in jedem Feld steht unten die Wirkung der Kombination auf den Leser. Es versteht sich von selbst, daß diese Abbildung nur für die »autodiegetischen« Erzählungen gilt.

1. *Name des Protagonisten ≠ Name des Autors*. Diese Tatsache allein schließt bereits die Möglichkeit der Autobiographie aus. Ob es auch eine Bestätigung der Fiktivität gibt oder nicht (1 a oder 1 b), ist dann nicht mehr von Belang. Ob die Geschichte nun für wahr ausgegeben wird (autobiographisches Manuskript, das der Autor und Herausgeber angeblich auf einem Dachboden gefunden hat usw.) oder als fiktiv hingestellt (dem Autor erzählt und vom Leser für wahr gehalten) wird – es besteht jedenfalls keine Identität zwischen dem Autor, dem Erzähler und dem Protagonisten.

2. *Name des Protagonisten = 0:* das ist der komplexeste, weil

unbestimmte Fall. Hier kommt es einzig auf den Pakt an, den der Autor eingegangen ist. Drei Fälle sind möglich:

a) *Romanpakt* (die »Fiktionalität« des Buches ist auf der Umschlagseite angegeben): die autodiegetische Erzählung wird einem fiktiven Erzähler zugeschrieben. Ein nicht sehr häufiger Fall – kein Beispiel drängt sich spontan auf. Man wäre versucht, hier die *Recherche* von Proust anzuführen, aber diese Fiktion entspricht aus zwei Gründen nicht ganz diesem Fall: zum einen wird der Romanpakt am Beginn des Buches nicht deutlich angezeigt, so daß sich zahllose Leser getäuscht haben und den Autor Proust mit dem Erzähler verwechselt haben; zum andern ist es richtig, daß der Ich-Erzähler keinen Namen trägt – außer ein einziges Mal, wo uns in ein und derselben Aussage als Hypothese vorgeschlagen wird, dem Erzähler denselben Vornamen wie dem Autor zu verleihen (eine Aussage, die man nur auf den Autor beziehen kann, denn wie könnte ein fiktiver Erzähler um den Namen seines Autors wissen?), und wo uns somit angezeigt wird, daß der Autor nicht der Erzähler ist. Dieser sonderbare Auftritt des Autors fungiert zugleich als Romanpakt und als autobiographisches Indiz und siedelt den Text in einem zweideutigen Raum an.[13]

b) *Pakt = 0:* Der Protagonist ist nicht bloß namenlos, sondern der Autor geht auch keinerlei Pakt ein – weder einen autobiographischen noch einen romanhaften. Die Unbestimmbarkeit ist vollständig. Beispiel: *La Mère et l'Enfant* von Charles Louis-Philippe. Während die Nebenfiguren dieser Erzählung Namen besitzen, tragen die Mutter und das Kind keinen Familiennamen und das Kind keinerlei Vornamen. Man kann durchaus annehmen, daß es sich um Frau Philippe und ihren Sohn handelt, aber es steht nirgends geschrieben. Überdies ist die Narration mehrdeutig (handelt es sich um eine allgemeine Hymne auf die Kindheit oder um die Geschichte eines besonderen Kindes?), der Ort und die Epoche sind sehr vage, und man weiß nicht, wer der Erwachsene ist, der von dieser Kindheit spricht. Der Leser kann das Buch je nach Laune dieser oder jener Gattung zuordnen.

13 »Sie fand die Sprache wieder, sie sagte: ›Mein‹ oder ›mein lieber‹, jeweils gefolgt von meinem Taufnamen, was, wenn man dem Erzähler den selben Vornamen verliehe, den der Verfasser dieses Buches trägt, ergeben hätte: ›Mein Marcel‹ oder ›Marcel, Liebling‹«. Marcel Proust, *Auf der Suche nach der verlorenen Zeit*, übersetzt von Eva Rechel-Mertens, Werkausgabe in 13 Bänden, *Die Gefangene I*, Frankfurt am Main 1964, S. 96; das Auftreten auf S. 208 ist eine bloße Wiederholung.

c) *Autobiographischer Pakt:* Der Protagonist ist in der Erzählung namenlos, aber der Autor hat sich in einem einleitenden Pakt ausdrücklich als mit dem Erzähler (und, da die Erzählung autodiegetisch ist, mit dem Protagonisten) identisch erklärt. Beispiel: *Histoire de mes idées* von Edgar Quinet; der im Titel enthaltene Pakt wird in einem langen, mit Edgar Quinet signierten Vorwort erläutert: In der ganzen Erzählung selbst taucht der Name kein einziges Mal auf: Aber aufgrund des Paktes verweist das »ich« immer auf Quinet.

3. *Name des Protagonisten = Name des Autors.* Allein diese Tatsache schließt die Möglichkeit einer Fiktion aus. Selbst wenn die Erzählung historisch gesehen völlig falsch ist, gehört sie dem Bereich der *Lüge* an (einer »autobiographischen« Kategorie), und nicht dem der Fiktion. Man kann zwei Fälle unterscheiden:

a) *Pakt* = 0 (verstehen wir unter Pakt den Titel oder den einleitenden Pakt): Der Leser konstatiert die Identität zwischen Autor, Erzähler und Protagonist, ohne daß sie feierlich verkündet worden ist. Beispiel: *Die Wörter* von Jean-Paul Sartre. Weder im Titel noch am Beginn wird angezeigt, daß es sich um eine Autobiographie handelt. Jemand erzählt die Geschichte einer Familie. Auf Seite 10 greift der Erzähler zum ersten Mal ausdrücklich in die Erzählung ein (»Ich mache mir Gedanken über ihn: ich weiß, daß er Junggeselle blieb ...« oder »Sie liebte den Sohn, glaube ich, ...«); auf Seite 11 taucht in der Geschichte ein Doktor Sartre auf, der auf Seite 12 einen Enkel hat: »mich«.[14] Durch den Namen erfassen wir also die Identität des Protagonisten, des Erzählers und des Autors, dessen Name oberhalb des Titels steht: Jean-Paul Sartre. Und daß es sich durchaus um den berühmten Schriftsteller und nicht um eine zufällige Namensgleichheit handelt, wird im Text selbst nachgewiesen, dessen Erzähler sich auf Seite 41 *Die Fliegen, Die Wege zur Freiheit* und *Die Eingeschlossenen von Altona* zuschreibt. Die Geschichte selbst liefert uns die unterschiedlichsten Aspekte dieses Namens, vom erträumten Ruhm: »Dieser kleine Sartre versteht sein Handwerk; Frankreich weiß nicht, was es verlöre, sollte er plötzlich sterben!« (S. 71) – bis hin zu den vertrauten (oder familiären) Verballhornungen des Vornamens: »André findet, daß Poulou ein Spielverderber ist« (S. 171).

Man mag dieses Kriterium für vollständig zufällig halten. Das

14 Zitiert nach Jean-Paul Sartre, *Die Wörter*. Aus dem Französischen von Hans Mayer, Frankfurt am Main 1980.

Auftreten des Eigennamens in der Erzählung erfolgt mitunter sehr lange nach dem Beginn des Buches anläßlich einer nebensächlichen Episode, die durchaus wegfallen könnte, ohne den Gesamtaspekt des Textes zu verändern: In der Autobiographie von Julien Green *Partir avant le jour* (Paris 1963) taucht der Name etwa erst auf Seite 107 in einer Anekdote über die Preisverleihung am Ende des Schuljahres auf. Mitunter tritt der Name nur ein einziges Mal in einer Anspielung auf. Etwa in *Mannesalter* von Leiris, wo man aus »Micheline« Michel herausliest[15]; es steht jedoch fest, daß er praktisch immer auftritt. Der autobiographische Pakt erwähnt den Namen natürlich gewöhnlich nicht: unser Name ist für uns so selbstverständlich, und überdies steht er ja auf dem Umschlag. Dieser unausweichliche Charakter des Namens bedingt, daß er nie feierlich verkündet wird (gerade aufgrund seiner Autorenschaft geht der *Autor* immer davon aus, daß er dem Leser mehr oder weniger bekannt ist), sondern letztlich immer in der Erzählung auftaucht. Dieser Name kann übrigens wortwörtlich angegeben oder, da es sich fast immer um einen Autorennamen handelt, stillschweigend eingeführt werden, indem sich der Erzähler die Werke des Autors zuschreibt (Quinet nennt zwar nicht seinen Namen, aber seine Werke, was auf dasselbe hinausläuft).

b) *Autobiographischer Pakt:* Das ist der häufigste Fall (mag der Pakt auch nicht feierlich am Beginn des Buches stehen, so tritt er doch verstreut und wiederholt innerhalb des Textes auf).

Beispiel: die *Bekenntnisse* von Jean-Jacques Rousseau; der Pakt tritt im Titel auf, wird im Vorwort näher ausgeführt und im Text durch die Verwendung von »Rousseau« und »Jean-Jacques« durchgehend bestätigt.

Als »Autobiographien« bezeichne ich hier also die Texte, auf die die Fälle 2c, 3a und 3b zutreffen; die übrigen Texte, auf die die Fälle 1a, 1b und 2a zutreffen, lesen wir wie Romane; und die Kategorie 2b je nach Laune (ohne uns zu verhehlen, daß *wir* die Wahl treffen).

Bei dieser Art von Klassifizierung ist es immer instruktiver und aufschlußreicher, über die Grenzfälle nachzudenken als über die selbstverständlichen Beschreibungen. Sind die Lösungen, die ich als unmöglich angesetzt habe, dies tatsächlich? Hier gilt es auf zwei Bereiche näher einzugehen: zunächst auf das Problem der

15 Michel Leiris, *Mannesalter*, Frankfurt am Main 1975, S. 177.

zwei Leerfelder in der obigen Abbildung und dann auf das Problem des anonymen Autors.

Die *Leerfelder:* a) Kann der Protagonist eines als solchen deklarierten Romans denselben Namen haben wie der Autor? Dem steht nichts im Wege, und hier liegt vielleicht ein innerer Widerspruch, dem sich interessante Effekte abgewinnen lassen könnten. Ein konkretes Beispiel für einen solchen Versuch fällt mir jedoch nicht ein. Und wenn dieser Fall eintritt, so hat der Leser den Eindruck, als handelte es sich um einen Irrtum: Die Autobiographie von Maurice Sachs, *Le Sabbat*, erschien 1946 im Verlag Corrêa mit dem Untertitel *Souvenirs d'une jeunesse orageuse* (Erinnerungen an eine stürmische Jugend); 1960 wurde sie bei Gallimard (und 1971 im Taschenbuch) mit dem Untertitel *Roman* neu aufgelegt: Da der Erzähler den Eigennamen Sachs trägt (und neben seinem Pseudonym auch seinen echten Namen angibt: Ettinghausen) und der Untertitel offenkundig auf den Verleger zurückgeht, schließt der Leser auf einen Irrtum; b) Kann in einer als solcher *deklarierten* Autobiographie der Protagonist einen anderen Namen haben als der Autor (vom Problem des Pseudonyms einmal abgesehen)? Das kommt kaum vor[16]; und falls ein Autobiograph aufgrund eines künstlerischen Effekts diese Formel wählte, so würde der Leser Zweifel hegen: Liest er nicht ganz einfach einen Roman? Aus beiden Fällen wird ersichtlich, daß dieser innere Widerspruch, falls er von einem Autor absichtlich gewählt worden wäre, nie

16 Trotz allen Anscheins trifft dies auf Stendhals *Vie de Henry Brulard* (*Leben des Henri Brulard*, Zürich 1981) nicht zu. Dieser Text wirft sehr heikle Probleme auf, insofern er unvollendet und nicht für eine unmittelbare Publikation präpariert ist. Daher läßt sich auch schwer entscheiden, ob Henry Brulard ein Autorenpseudonym oder nur der Name einer Figur ist, da der Text nie die Form eines für die Herausgabe konzipierten Manuskripts angenommen hat: die humoristischen Titel waren nicht für die Herausgabe – sondern, im Fall einer Überraschung, für die »Herren von der Polizei« konzipiert; der Untertitel *»Roman imité du Vicaire de Wakefield«* besitzt die gleiche Funktion eines burlesken Versteckspiels. Daß es sich um eine vorläufig getarnte, aber echte Autobiographie handelt, geht eindeutig aus der Lektüre des Textes selbst hervor. Der Name Brulard erscheint im Text nur dreimal (*Œuvres intimes*, Bibliothèque de la Pléiade, Paris 1955, S. 6, 42 und 250): von diesen drei Auftritten zeugen zwei von der Tarnung: S. 6 wird der Name Brulard über den Namen Beyle geschrieben; S. 250 waren die »sieben Buchstaben« von Brulard ursprünglich fünf; und in dieser köstlichen Passage verhält sich Bernard zu Brulard wie Brulard zu Beyle. Überall sonst wird der Familienname durch ein »B« vertreten (das gleichermaßen für Beyle oder Brulard stehen kann) oder ganz einfach durch Beyle als Signatur der Autobiographie (S. 60, 76, 376) oder durch S. (Stendhal), was auf dasselbe hinausläuft.

einen Text ergäbe, den man wie eine Autobiographie läse; und auch keinen richtigen Roman; sondern ein Pirandellisches Spiel mit der Mehrdeutigkeit. Meines Wissens treibt man dieses Spiel praktisch nie ernsthaft und *konsequent*.

In der obigen Abbildung zieht die aufsteigende Diagonale, die die zwei Leerfelder und das mittlere Feld umfaßt, also eine Zone der Unbestimmtheit (vom »weder noch« des mittleren Feldes bis zum »beides zugleich« der Leerfelder).

– *Der anonyme Autor:* Diese Abbildung setzt voraus, daß der Autor einen Namen besitzt; es müßte also ein zehnter Fall in Betracht gezogen werden: der anonyme Autor. Doch dieser Fall (mitsamt den dadurch bedingten Untereinteilungen je nachdem, ob der Protagonist einen Namen hat oder nicht oder ob der *Verleger* anstelle des Autors diesen oder jenen Pakt mit dem Leser geschlossen hat) ist naturgemäß ebenfalls ausgeschlossen, da der Autor einer Autobiographie nicht anonym sein kann. Ist das Verschwinden des Autorennamens widrigen Umständen geschuldet (ein auf einem Dachboden gefundenes, unveröffentlichtes und unsigniertes Manuskript), so gibt es nur zwei Möglichkeiten: entweder nennt der Erzähler an irgendeiner Stelle seinen Namen, dann läßt sich durch eine einfache historische Nachforschung herausfinden, ob es sich um eine tatsächliche Person handelt, da eine Autobiographie naturgemäß eine datierte und lokalisierte Geschichte erzählt; oder der Ich-Erzähler nennt sich nicht, und somit handelt es sich um einen Text der Kategorie 2b oder um eine einfache Fiktion. Ist die Anonymität absichtlich (veröffentlichter Text), so kann der Leser ein legitimes Mißtrauen hegen. Der Text kann wahrhaftig wirken, alle möglichen nachprüfbaren oder wahrscheinlichen Präzisionen anführen und echt klingen – und dennoch Imitation sein. Bestenfalls wäre er eine Art Extremfall, analog zur Kategorie 2b. Dann kommt es nur auf die Entscheidung des Lesers an. Eine Vorstellung von der Komplexität des Problems erhält man, wenn man etwa die *Mémoires d'un vicaire de campagne, écrites par lui-même* (Memoiren eines Landpfarrers, von ihm selbst erzählt) liest, die dem Abbé Epineau zugeschrieben werden, den angeblich sein kirchliches Amt gezwungen hat, vorläufig anonym zu bleiben.[17]

Indem ich eine anonyme Autobiographie für unmöglich er-

17 Diese anonymen Memoiren enthalten in der zweiten Auflage (1843) ein Vorwort von A. Aumétayer, das die Mehrdeutigkeit auf die Spitze treibt.

kläre, ziehe ich natürlich nur eine Folgerung aus meiner Definition, anstatt sie zu »beweisen«. Es steht jedem frei, die Sache für möglich zu erklären, sobald er von einer anderen Definition ausgeht. Wie man sieht, hängt hier alles sowohl von der Beziehung ab, die ich vermittels des Begriffs des Autors zwischen der Person und dem Namen herstelle, als auch von der Tatsache, daß ich mich entschlossen habe, die Autobiographie aus der Sicht des Lesers zu definieren. Ein autobiographisch auftretender Text, für den keine Person verantwortlich zeichnet, sieht für jeden beliebigen Leser einer Fiktion zum Verwechseln ähnlich.

Ich denke allerdings, daß diese keineswegs willkürliche Definition dennoch das Wesentliche zum Vorschein bringt. Für den Leser ist die Autobiographie in erster Linie durch einen Identitätsvertrag definiert, der durch den Eigennamen besiegelt wird. Und dies gilt auch für den Verfasser des Textes. Wie kann der Leser wissen, daß dies ich war, wenn ich die Geschichte meines Lebens niederschreibe, ohne darin meinen Namen zu nennen? Der autobiographische Drang und die Liebe zur Anonymität können unmöglich im selben Menschen koexistieren.

Die hier vorgeschlagenen Unterscheidungen und die dem Eigennamen entgegengebrachte Aufmerksamkeit haben hier also auf praktischer Ebene eine große Bedeutung als Einteilungskriterien; auf theoretischer Ebene bedingen sie eine Reihe von Überlegungen, die ich nur umrißhaft ausführen werde:

a) *Autor und Person:* Die Autobiographie ist die literarische Gattung, die durch ihren Inhalt am deutlichsten die Gleichsetzung von Autor und Person aufzeigt, eine Gleichsetzung, auf der die ganze Praxis und Problematik der abendländischen Literatur seit dem 18. Jahrhundert aufbaut. Daher diese Art *Passion für den Eigennamen*, die über die »Eitelkeit des Autors« hinausgeht, da in ihr die Person selbst ihre Daseinsberechtigung geltend macht. Das tiefe Thema der Autobiographie ist der Eigenname. Man denke an jene Zeichnungen Victor Hugos, auf denen sein Eigenname in riesigen Lettern über einer helldunkel gezeichneten Landschaft steht. Der von Sartre in den *Wörtern* so grausam entmystifizierte Wunsch nach Ruhm und Ewigkeit beruht vollständig auf dem zum Autorennamen gewordenen *Eigennamen*. Denkt man heute an die Möglichkeit einer *anonymen* Literatur? Valéry träumte sie bereits vor fünfzig Jahren herbei. Anscheinend hat er jedoch nicht daran gedacht, sie selbst zu praktizieren, da er doch schließlich Mitglied der Académie française wurde. Das Nachdenken über die Anonymität hat ihm Berühmtheit eingebracht... Die Gruppe *Tel Quel* schlägt die gleiche Richtung ein, indem sie den Begriff des Autors hinterfragt (und durch den des »Schreibers« ersetzt), dringt jedoch zur Praxis der Anonymität ebenfalls nicht vor.

b) *Person und Sprache:* Wir haben oben gesehen, daß man sich hinsichtlich der »ersten Person« berechtigterweise fragen konnte, ob es sich dabei um die psychologische (und naiverweise als außersprachlich gedachte) Person handelt, die sich ausdrückt, indem sie die grammatikalische Person als Instrument einsetzt, oder ob die psychologische Person nicht ein *Effekt* der Äußerung als solcher ist. Das Wort »Person« trägt zu dieser Mehrdeutigkeit bei. Wenn es keine außersprachliche Person gibt, so müßte man, da die Sprache der andere ist, zu der Vorstellung gelangen, daß der autobiographische Diskurs nicht, wie gemeinhin geglaubt wird, auf ein »Ich« verweist, das in eine Reihe von Eigennamen umgemünzt wird, sondern, ganz im Gegenteil, ein entfremdeter Diskurs wäre, eine mythologische Stimme, von der jeder besessen wäre. Natürlich stehen die Autobiographen den Problemen des Beckettschen Helden in *Der Namenlose*, der sich fragt, wer in ihm »ich« sagt, gewöhnlich sehr fern: Aber diese Sorge klingt in einigen Büchern an, etwa in *Der Verräter* von André Gorz – oder vielmehr in einer Art Umschreibung bei Sartre (*Des rats et des hommes*) (Von Ratten und Menschen). Sartre bezeichnet diese Stimmen, von denen wir besessen sind, als »Vampire«. Die autobiographische Stimme gehört sicherlich zu ihnen. Damit würde sich – nach der Entmystifizierung jeder Psychologie und Mystik des Individuums – eine Analyse des Diskurses der Subjektivität und der Individualität als ein Mythos unserer Kultur eröffnen. Jeder einzelne empfindet übrigens die Gefahr dieser Unbestimmtheit der ersten Person sehr deutlich, und es ist kein Zufall, daß man sie zu bannen versucht, indem man sie am Eigennamen festmacht.

c) *Eigenname und Eigenleib:* In der Geschichte des Individuums ist der Erwerb des Eigennamens vermutlich eine ebenso wichtige Phase wie das Spiegelstadium. Dieser Erwerb entzieht sich dem Gedächtnis und der Autobiographie, die nur diese sekundären und umgekehrten Taufen erzählen kann, in denen ein Kind durch Eigenschaftswörter beschuldigt und damit auf eine Rolle festgelegt wird: »Dieb« bei Genet, »Jud« bei Albert Cohen (*O vous, frères humains*, 1972). Der erste erhaltene und übernommene

Name, der Name des Vaters, und vor allem der Vorname, der einen von ihm unterscheidet, sind vermutlich grundlegende Gegebenheiten in der Geschichte des Ich. Dies geht schon daraus hervor, daß einem der Name nie gleichgültig ist, daß man ihn liebt oder haßt, daß man bereit ist, ihn von einem andern zu übernehmen, oder man es vorzieht, ihn nur von sich selbst zu empfangen. Das kann bis zu einem weitgespannten System von Versteckspielen und Fluchten führen wie bei Stendhal[18]; oder zur Aufwertung des Vornamens wie bei Jean-Jacques (Rousseau); oder, banaler, zu allen diesen öffentlich oder privat gepflogenen Spielen des Zufalls mit diesen paar Buchstaben, von denen jeder instinktiv glaubt, sie enthielten das Wesen seines Seins. Spiele mit der Rechtschreibung oder der Bedeutung: etwa über das Unglück, François Nourissier (wörtlich: Nährvater) zu heißen[19]; oder über das Geschlecht: Michel oder Micheline Leiris (vgl. die Anmerkung auf S. 33)? Anwesenheit des Namens in der Stimme derjenigen, die ihn ausgesprochen haben: »Ah Rousseau, ich hielt sie für einen guten Charakter«, sagte Marion. Kindliches Nachsinnen über die Willkür des Namens und Suche nach einem wesenhaften Zweitnamen wie bei Jacques Madaule.[20] Die Geschichte des Namens selbst, die in diesen stammbaumartigen Einleitungen in den Augen mancher Leser oft recht umständlich dargelegt wird.

Wenn man also bei der Unterscheidung zwischen Fiktion und Autobiographie zu bestimmen sucht, worauf das »Ich« der persönlichen Erzählungen verweist, so besteht keinerlei Notwendigkeit, auf eine unmögliche Außertextualität zurückzugreifen: der Text selbst bietet an seinem äußersten Rand jenes letzte Element, den zugleich textuellen und unzweifelhaft referentiellen Eigennamen des Autors. Unanzweifelbar ist diese Referenz, weil sie auf zwei gesellschaftlichen Institutionen beruht: auf der Amtlichkeit des Namens (eine bereits in der frühen Kindheit verinnerlichte Konvention) und dem verlegerischen Vertrag; damit besteht kein Anlaß, die Identität anzuzweifeln.

18 Vgl. Jean Starobinski, *Stendhal anonyme*, in: *L'Œil vivant*, Paris 1961.
19 Francois Nourissier, *Un petit bourgeois*, Paris 1969, S. 81-84.
20 Jacques Madaule, *L'Interlocuteur*, Paris 1972, S. 34-35.

Ähnlichkeit

Identität hat nichts mit Ähnlichkeit zu tun.

Die Identität ist eine unmittelbar erfaßte *Tatsache*, die auf der Ebene der Äußerung akzeptiert oder abgelehnt wird; die Ähnlichkeit ist ein aufgrund der Aussage hergestellter *Bezug*, der sich endlos diskutieren und nuancieren läßt.

Die Identität wird anhand von drei Elementen definiert: Autor, Erzähler und Protagonist. Erzähler und Protagonist sind die Figuren, auf die *innerhalb des Textes* das Subjekt der Äußerung und das Subjekt der Aussage verweisen; der am Rand des Textes durch seinen Namen vertretene Autor ist somit der Referent, auf den das Subjekt der Äußerung aufgrund des autobiographischen Paktes verweist.

Sobald es sich um *Ähnlichkeit* handelt, ist man gezwungen, auf seiten der Aussage ein viertes, symmetrisches Element einzuführen, nämlich einen außertextuellen Referenten, den man als Prototyp oder besser als *Modell* bezeichnen könnte.

Meine Überlegungen zur Autobiographie haben mich dazu geführt, insbesondere zwischen dem autobiographischen Roman und der Autobiographie zu unterscheiden; hinsichtlich der Ähnlichkeit muß der Gegensatz zur *Biographie* präzisiert werden. In beiden Fällen ist übrigens der Wortschatz irreführend: Die Verwandtschaft des Ausdrucks »autobiographischer Roman« mit dem Wort »Autobiographie« und die des Wortes »Autobiographie« mit dem Wort »Biographie« ist so eng, daß unweigerlich Verwirrung entsteht. Besagt das Wort Autobiographie nicht, daß es sich um eine Biographie handelt, die vom Betroffenen selbst verfaßt wird? Man neigt also dazu, sie für einen Sonderfall der Biographie zu halten und auf sie die »historisierende« Problematik dieser Gattung anzuwenden. Viele Autobiographen, ob nun dilettierende oder anerkannte Schriftsteller, gehen naiv in diese Falle: Ist doch diese Illusion für das Funktionieren der Gattung notwendig.

Die Biographie und die Autobiographie sind, im Gegensatz zu allen Formen der Fiktion, *referentielle* Texte: Sie erheben genauso wie der wissenschaftliche oder der historische Diskurs den Anspruch, eine Information über eine außerhalb des Textes liegende »Realität« zu bringen und sich somit der *Wahrheitsprobe* zu unterwerfen. Sie streben nicht nach bloßer Wahrscheinlichkeit, sondern nach Ähnlichkeit mit dem Wahren. Nicht nach dem »Realitätseffekt«, sondern nach dem Bild des Wirklichen. Alle referentiellen Texte weisen somit das auf, was ich als einen impliziten oder expliziten *»Referenzpakt«* bezeichne, der eine Definition des anvisierten Wirklichkeitsfeldes und eine Aussage über die Modalitäten und den Grad der Ähnlichkeit, auf die der Text Anspruch erhebt, enthält.

Im Fall der Autobiographie ist der Referenzpakt gewöhnlich deckungsgleich mit dem autobiographischen Pakt und ebenso schwer von ihm zu trennen wie in der ersten Person das Subjekt der Aussage vom Subjekt der Äußerung. Die Formel würde nun nicht mehr lauten »Ich, der Unterzeichnende«, sondern »Ich schwöre, die Wahrheit und nichts als die Wahrheit zu sagen«. Der Eid nimmt selten eine so schroffe und totale Form an: Es ist ein zusätzlicher Beweis der Ehrlichkeit, ihn auf das *Mögliche* einzuschränken (die Wahrheit, wie ich sie sehe, insoweit ich sie zu erkennen vermag usw., wobei die unvermeidlichen Auslassungen, die unabsichtlichen Verzerrungen usw. mitbedacht werden) und ausdrücklich auf das *Feld* hinzuweisen, für das dieser Eid gilt (die Wahrheit über diesen oder jenen Aspekt meines Lebens, die mich keineswegs hinsichtlich dieses oder jenes anderen Aspekts bindet).

Man sieht, wodurch dieser Pakt demjenigen gleicht, den jeder Historiker, Geograph oder Journalist mit seinem Leser schließt; aber man muß naiv sein, um gleichzeitig die Unterschiede zu übersehen. Lassen wir die praktischen Probleme der *Nachprüfbarkeit* im Fall der Autobiographie beiseite: Erzählt uns doch der Autobiograph – und gerade darin besteht das Interesse seiner Erzählung –, was er als einziger zu schildern vermag. In einer biographischen Nachforschung ist es unschwer möglich, andere Informationen zusammenzutragen und das Ausmaß der Exaktheit der Erzählung zu bestimmen. Der Unterschied liegt nicht hier: Er liegt in der recht paradoxen Tatsache, daß diese Exaktheit keine grundlegende Bedeutung besitzt. In der Autobiographie ist es unerläßlich, daß der Referenzpakt *geschlossen* und *eingehalten* wird: Aber das Resultat muß nicht unbedingt eine strenge Ähnlichkeit aufweisen. Der Referenzpakt kann nach den Maßstäben des Lesers schlecht eingehalten werden, ohne daß der referentielle Wert des Textes verschwindet (im Gegenteil) – was bei historischen oder journalistischen Texten nicht der Fall ist.

Dieses scheinbare Paradox beruht natürlich auf der unscharfen Trennung zwischen Biographie und Autobiographie, die ich, dem Beispiel der meisten Autoren und Kritiker folgend, bisher beibehalten habe. Will man diese Ungenauigkeit ausräumen, so muß man das vierte Element rekonstruieren, das *Modell*.

Unter »Modell« verstehe ich die Wirklichkeit, der die Aussage zu *gleichen* behauptet. Wie kann ein Text einem Leben »gleichen«: Diese Frage wird von Biographen selten gestellt und meist stillschweigend als gelöst vorausgesetzt. Die »Ähnlichkeit« kann auf zwei Ebenen liegen: negativ – auf der Ebene der Elemente der Erzählung – tritt das Kriterium der *Exaktheit* auf; positiv – auf der Ebene der Gesamtheit der Erzählung – tritt das auf, was wir als *Treue* bezeichnen. Die Exaktheit betrifft die *Information*, die Treue betrifft die *Bedeutung*. Daß sich die Bedeutung nur durch die Erzähltechniken und durch das Auftreten eines Erklärungssystems, das die Ideologie des Historikers voraussetzt, erzeugen läßt, hindert den Biographen nicht daran, sie als auf gleicher Ebene mit der Exaktheit zu denken und als Ähnlichkeitsbezug zur außertextuellen Wirklichkeit, auf die der ganze Text verweist. Sartre etwa erklärt ungeniert, daß seine Biographie Flauberts ein »wahrer Roman« sei.[21] Im Fall der Biographie ist das Modell also das Leben eines Menschen, »so wie es gewesen ist«.

Zur Abbildung eines biographischen Unterfangens kann man also folgendes Schema konstruieren, in dem die Einteilung in *Spalten* zwischen Text und Nicht-Text und die Einteilung in *Zeilen* zwischen dem Subjekt der Äußerung und dem Subjekt der Aussage unterscheidet. Innerhalb des Trennbalkens zwischen Text und Nicht-Text (Außerhalb des Textes) steht der Autor in seiner marginalen Position, der seines Namens auf dem Buchumschlag.

Kommentar zum Schema (S. 42): In der Biographie sind der Autor und der Erzähler oft durch eine *Identitätsbeziehung* verbunden. Diese Beziehung kann implizit oder unbestimmt bleiben oder etwa in einem Vorwort erläutert werden (wie zum Beispiel in dem des *Idioten der Familie*, in dem der Biograph Sartre erklärt, daß er mit seinem Modell Flaubert Rechnungen zu begleichen hat). Es kann auch vorkommen, daß zwischen dem Autor und dem Erzähler keine Identitätsbeziehung hergestellt wird. Wichtig ist, daß der Autor, falls er die erste Person verwendet, damit nie die

21 Interview in *Le Monde*, 14. Mai 1971.

BIOGRAPHIE

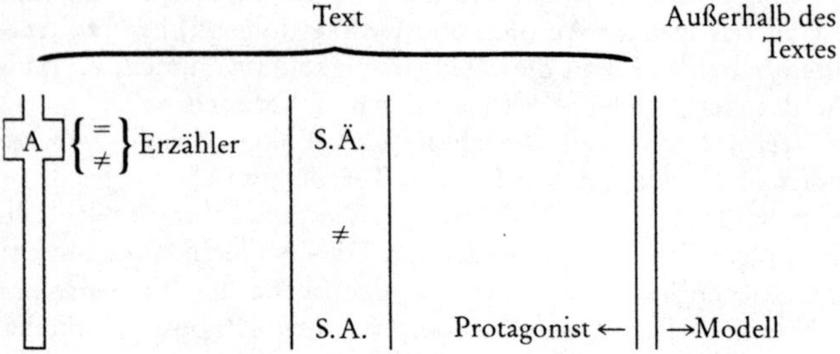

Abkürzungen: A. = Autor
S. Ä. = Subjekt der Äußerung
S. A. = Subjekt der Aussage

Beziehungen: = identisch mit
≠ nicht identisch mit
⟷ Ähnlichkeit

Hauptfigur der Geschichte meint: diese ist jemand anderer. Sobald sie gemeint ist, ist der hauptsächliche Erzählmodus die dritte Person. Dies nennt G. Genette die heterodiegetische Narration. Die Beziehung zwischen dem Protagonisten (im Text) und dem Modell (dem außertextuellen Referenten) ist zwar zunächst eine Beziehung der Identität, aber in erster Linie eine der »*Ähnlichkeit*«. Eigentlich hat die Identitätsbeziehung für das Subjekt der Aussage nicht den gleichen Wert wie für das Subjekt der Äußerung: sie ist bloß eine Gegebenheit der Aussage, die auf der gleichen Ebene steht wie die andern, sie beweist nichts, sie muß sogar durch die Ähnlichkeit bewiesen werden.

Hier wird bereits ersichtlich, wodurch Biographie und Autobiographie einander grundlegend gegenüberstehen, nämlich die Rangordnung der Ähnlichkeits- und Identitätsbeziehungen; in der Biographie muß die Ähnlichkeit die Identität begründen, in der Autobiographie begründet die Identität die Ähnlichkeit. Die Identität ist der reale Ausgangspunkt der Autobiographie; die Ähnlichkeit ist der unmögliche Horizont der Biographie. Daraus erklärt sich die unterschiedliche Funktion der Ähnlichkeit in den beiden Systemen.

Dies geht eindeutig aus dem entsprechenden Schema für die Autobiographie hervor (Seite 43):

AUTOBIOGRAPHIE

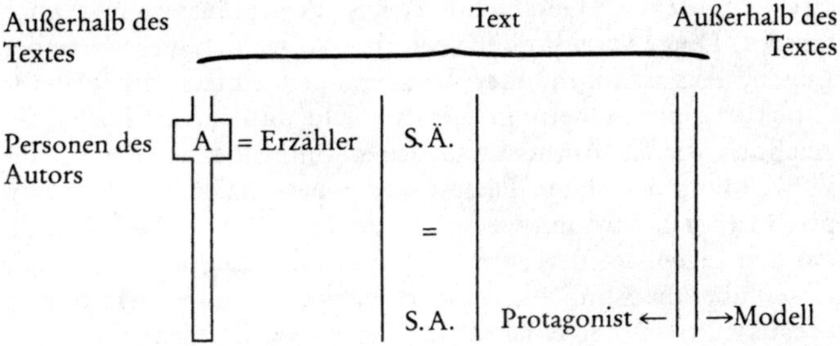

Die personale (autodiegetische) Erzählung erscheint hier als absolut unzurückführbar auf die nichtpersonale (heterodiegetische) Erzählung.

Denn was bedeutet eigentlich bei der personalen Erzählung das Zeichen (=), das zwischen dem Subjekt der Äußerung und dem Subjekt der Aussage steht? Es bedingt faktische *Identität*; und diese Identität bedingt wieder eine gewisse Form der Ähnlichkeit. Ähnlichkeit mit wem? Handelt es sich um eine Erzählung, die ausschließlich im Perfekt erfolgt, so ließe sich die Ähnlichkeit zwischen Protagonist und Modell wie in der Biographie ausschließlich als ein nachprüfbarer Bezug zwischen Protagonist und Modell ansehen; aber jede Erzählung in der ersten Person bedingt, daß der Protagonist, wie weit zurückliegende Abenteuer man auch immer von ihm erzählt, gleichzeitig auch die *aktuelle*, diese Erzählung hervorbringende Person ist: Das Subjekt der Aussage ist verdoppelt, insofern es sich nicht vom Subjekt der Äußerung trennen läßt; äußerstenfalls wird es erst dann wieder zu einem einzelnen Subjekt, wenn der Erzähler von seiner eigenen Erzählung spricht, nie aber umgekehrt, wenn er einen vom aktuellen Erzähler völlig reinen Protagonisten bezeichnen will.

Nun begreift man, daß der durch »=« angezeigte Bezug kein einfacher Bezug ist, sondern vielmehr ein *Bezug von Bezügen*; er bedeutet, daß sich der Erzähler zum (vergangenen oder aktuellen) Protagonisten so verhält, wie der Autor zu seinem Modell; daraus ergibt sich, daß das letzte Element der Wahrheit (wenn man in Begriffen der Ähnlichkeit denkt) nicht mehr das Ansichsein der Vergangenheit sein kann (falls es so etwas überhaupt gibt), sondern das im Präsens der Äußerung manifestierte Fürsichsein. Falls der Erzähler in seinem Umgang mit der (weit zurückliegenden oder fast zeitgleichen) Geschichte seines Protagonisten lügt, sich täuscht, Dinge vergißt oder verzerrt – so werden diese Irrtümer, Lügen, Auslassungen oder Verzerrungen einfach zu weiteren Aspekten einer Äußerung, die als solche authentisch bleibt. Bezeichnen wir als Authentizität jenen Binnenbezug, der für die Verwendung der ersten Person in der personalen Erzählung typisch ist; man wird ihn weder mit der Identität verwechseln, die auf den Eigennamen verweist, noch mit der Ähnlichkeit, die ein Urteil über die Ähnlichkeit zwischen zwei verschiedenen Bildern voraussetzt, das von einer dritten Person gefällt wird.

Dieser Umweg war notwendig, um zu sehen, daß das Schema der Autobiographie nicht ausreicht. Dahinter stand die Illusion derjenigen, die von der Problematik der Biographie ausgingen, um die Autobiographie zu denken. Bei der Konstruktion des Schemas der Biographie mußte ich aufgrund der Nichtidentität zwischen Erzähler und Protagonist *zwei »Seiten«* für die außertextuelle Referenz unterscheiden und links den Autor ansiedeln und rechts das Modell. Da es sich um *einfache* Bezüge der Identität auf seiten des Autors und der Ähnlichkeit auf seiten des Modells handelte, war eine lineare Darstellung möglich. Bei der Autobiographie erfolgt die »Referenz« nur auf einer Seite (Verschmelzung von Autor und Modell), und der Bezug, der Identität und Ähnlichkeit verknüpft, ist im Grunde ein Bezug von Bezügen, der sich nicht linear abbilden läßt.

Damit gelangt man zu den zwei folgenden Formeln:

Biographie: A ist oder ist nicht E; P gleicht M.
Autobiographie: E verhält sich zu P wie A zu M.
(A = Autor; E = Erzähler; P = Protagonist; M = Modell)

Da die Autobiographie eine referentielle Gattung ist, ist sie natürlich gleichzeitig dem Imperativ der Ähnlichkeit auf der Ebene des Modells unterworfen, aber dies ist bloß ein sekundärer Aspekt. Die Tatsache, daß *wir* urteilen, daß die Ähnlichkeit nicht erreicht worden ist, ist nebensächlich, sobald wir sicher sind, daß sie angestrebt war. Es kommt nicht so sehr auf die Ähnlichkeit zwischen dem »sechzehnjährigen Rousseau« im Text der *Bekenntnisse* und dem »tatsächlichen« Rousseau von 1728 an, sondern auf die doppelte Bemühung des Rousseau von etwa 1764, der bestrebt ist: 1) seine Beziehung zur Vergangenheit zu schildern; 2) diese Vergangenheit wahrheitsgetreu zu schildern und ohne die Absicht, irgend etwas an ihr zu ändern.

Im Fall der Identität war der Grenz- und Ausnahmefall, der die Regel bestätigt, der Fall der *Autorenunterschiebung*; im Fall der Ähnlichkeit ist dies die *Mythomanie*: das heißt, nicht die Irrtümer, die Verzerrungen und die Interpretationen, die in jeder Autobiographie unweigerlich mit der Herausbildung des persönlichen Mythos einhergehen, sondern der Ersatz durch eine glattweg *erfundene* Geschichte, die *insgesamt* keinerlei Exaktheitsbeziehung zum Leben aufweist; sie ist, ganz wie die Autorenunterschiebung, äußerst selten, und der referentielle Charakter, der der Erzählung zugewiesen wird, läßt sich dann durch eine literaturgeschichtliche Nachforschung unschwer in Frage stellen. Diese als Autobiographie disqualifizierte Erzählung bleibt jedoch auf der Ebene der Aussage nach wie vor als *Phantasma* interessant, und die Falschheit des autobiographischen Paktes als Verhaltensweise liefert uns auf der Ebene der Äußerung Aufschlüsse über ein trotz allem autobiographiebestrebtes Subjekt, das wir weiterhin hinter dem gefälschten Subjekt vermuten. Damit kehren wir auf einer anderen Ebene nicht zur Analyse des Bezugs zwischen Biographie und Autobiographie zurück, sondern zwischen Roman und Autobiographie und zu einer Definition dessen, was sich als *autobiographischer Raum* mit seinen jeweiligen *Tiefenwirkungen* bezeichnen läßt.

Der autobiographische Raum

Nun gilt es zu zeigen, auf welcher naiven Illusion die weitverbreitete Theorie beruht, der zufolge der Roman angeblich wahrer (tiefschürfender, authentischer) sei als die Autobiographie. Wie alle Gemeinplätze, so hat auch dieser keinen Autor; ein jeder verleiht ihm reihum seine Stimme. Etwa André Gide: »Sosehr man sich auch um Wahrheit bemüht, die Beschreibung des eigenen Lebens bleibt immer nur halb aufrichtig: In Wirklichkeit ist alles viel verwickelter, als es dargestellt wird. Vielleicht kommt man im

Roman der Wahrheit sogar näher.«[22] Oder Francois Mauriac: »Die Entschuldigungen dafür, daß ich mich auf ein Kapitel meiner Memoiren beschränkt habe, sind etwas weit herbeigeholt. Liegt der wahre Grund meiner Faulheit nicht darin, daß die Romane das Wesentliche von uns selbst ausdrücken? Nur die Fiktion lügt nicht; sie öffnet eine Geheimtür zum Leben eines Menschen, durch die völlig unkontrolliert seine unbekannte Seele schlüpft.«[23]

Albert Thibaudet hat dem Gemeinplatz die universitäre Form der »Parallele« verliehen, ein ideales Dissertationsthema, das den (tiefschürfenden und vielschichtigen) Roman der (oberflächlichen und schematischen) Autobiographie gegenüberstellt.[24]

Ich werde die Illusion aufzeigen, indem ich von einer Formulierung Gides ausgehe, dessen Werk übrigens diesbezüglich ein unvergleichliches Demonstrationsfeld abgibt. Zur Beruhigung: Ich habe keineswegs die Absicht, die autobiographische Gattung in Schutz zu nehmen, den Satz Thibaudets umzukehren und nachzuweisen, daß die Autobiographie wahrer, tiefschürfender usw. ist. Eine Umkehrung dieses Satzes bringt nichts: sie zeigt bloß, daß es sich, ob nun in der Formulierung Thibaudets oder umgekehrt, immer um *denselben* Satz handelt.

Denn: In dem Moment, in dem Gide und Mauriac die autobiographische Gattung *scheinbar* herabsetzen und den Roman rühmen, ziehen sie *in Wirklichkeit* etwas ganz anderes als eine mehr oder weniger anfechtbare akademische Parallele: sie bezeichnen den autobiographischen Raum, in dem ihr Gesamtwerk gelesen werden soll. Diese oft zitierten Sätze sind in Wirklichkeit alles andere denn eine Ablehnung der Autobiographie, sondern eine indirekte Form des autobiographischen Pakts. Denn sie legen fest, welcher Art die letzte, in ihren Texten angestrebte Wahrheit ist. Bei diesen Urteilen vergißt der Leser zu oft, daß die Autobiographie auf zwei Ebenen auftaucht: Sie ist eines der zwei *Glieder* des Vergleichs und gleichzeitig der *Vergleichsmaßstab*. Welches ist diese *»Wahrheit«*, der man im Roman näher kommen kann als in der Autobiographie, wenn nicht die persönliche, individuelle, intime Wahrheit des Autors, also diejenige, nach der jedes autobio-

22 André Gide, *Si le grain ne meurt*, Paris 1972, S. 278; hier zitiert nach: André Gide, *Stirb und werde*, in: *Gesammelte Werke*, Bd. I/1, Stuttgart , S. 308.

23 Francois Mauriac, *Commencements d'une vie*, in: *Ecrits intimes*, Genf und Paris 1953, S. 14.

24 Albert Thibaudet, *Gustave Flaubert*, Paris 1935, S. 87f.

graphische Unterfangen strebt? Der Roman wird sozusagen für die wahrere Autobiographie erklärt.

Damit wird der Leser aufgefordert, die Romane nicht bloß als *Fiktionen* zu lesen, die auf eine Wahrheit des »menschlichen Wesens« verweisen, sondern auch als *Phantasmen*, die Aufschlüsse über ein Individuum bringen. Diese indirekte Form des autobiographischen Pakts bezeichne ich als *phantasmatischen Pakt*.

Wenn die Heuchelei eine Hommage des Lasters auf die Tugend ist, so sind diese Urteile in Wirklichkeit eine Hommage des Romans auf die Autobiographie. Wenn der Roman wahrer ist als die Autobiographie, warum begnügen sich dann Gide, Mauriac und andere nicht damit, Romane zu schreiben? Stellt man die Frage so, wird alles klar: Hätten sie nicht *ebenfalls* wenn auch »unzureichende« autobiographische Texte verfaßt und veröffentlicht, so hätte niemand gesehen, welcher Art die Wahrheit ist, die es aus ihren Romanen herauszulesen gilt. Diese Behauptungen sind also vielleicht eine unabsichtliche, aber sehr wirksame List: Man entzieht sich dem Vorwurf der Eitelkeit und der Egozentrik, wenn man die Grenzen und Unzulänglichkeiten seiner Autobiographie so scharfsichtig erkennt; und niemand merkt, daß im gleichen Zug der autobiographische Pakt *indirekt* auf das gesamte Werk ausgedehnt wird. Zwei Fliegen mit einer Klappe.

Ein Doppeltreffer oder vielmehr ein verdoppelter Blick – ein verdoppeltes Schreiben und, wenn ich diesen Neologismus riskieren darf, ein *Stereographieeffekt*.

So formuliert, ändert sich das Wesen des Problems vollständig: Die Frage lautet nun nicht mehr, wer von beiden wahrer ist: der Roman oder die Autobiographie. Weder der eine noch die andere; der Autobiographie wird es an Vielschichtigkeit, Mehrdeutigkeit usw. mangeln; dem Roman an Exaktheit; lautet die Antwort also: der eine und die andere? Vielmehr: der eine *in bezug* auf die andere. Aufschlußreich wird der Raum, in den sich diese zwei Textkategorien einschreiben, ein Raum, der sich auf keine dieser zwei Kategorien reduzieren läßt. Dieser Tiefeneffekt, der durch dieses Verfahren erzielt wird, ist für den Leser gleichbedeutend mit der Schaffung eines »autobiographischen Raums«.

Aus dieser Sicht sind die Werke Gides und Mauriacs typisch: Beide haben, allerdings aus verschiedenen Gründen, ein spektakuläres Scheitern ihrer Autobiographie organisiert und dadurch ihre Leser gezwungen, den Rest ihrer narrativen Produktion autobiographisch zu lesen. Spreche ich von einem Scheitern, so soll damit kein Werturteil über bewundernswerte (Gide) oder schätzenswerte (Mauriac) Texte gefällt werden, sondern auf ihre eigenen Stellungnahmen eingegangen und festgestellt werden, daß sie *beschlossen* haben, ihre Autobiographie unvollständig, fragmentarisch, lückenhaft oder offenzulassen.[25]

Diese Form des indirekten Paktes ist immer stärker verbreitet. Früher war es der Leser, der trotz der Beteuerungen des Autors die Initiative ergriff und die Verantwortung für diese Art der Lektüre übernahm; heute hingegen wird er von Autoren und Verlegern von Anfang an in diese Richtung getrieben. Es ist bezeichnend, daß Sartre selbst, der doch kurz eine Fortsetzung der *Wörter* in Gestalt einer Fiktion ins Auge gefaßt hatte, die Formulierung Gides aufgegriffen hat: »Es wäre an der Zeit, daß ich endlich die Wahrheit sage. Ich werde sie jedoch nur in einer Fiktion sagen können«, und daß er den Lektürevertrag, den er seinem Leser angetragen hätte, folgendermaßen erläutert hat:

> Ich plante damals, eine Novelle zu schreiben, in der ich in indirekter Form alles das zeigen wollte, was ich eigentlich in einer Art politischen Testament, das die Fortsetzung meiner Autobiographie sein sollte, hatte sagen wollen. Aber dann habe ich das Projekt aufgegeben. Das fiktive Element sollte genug sein; ich wollte eine Figur schaffen, von der jeder Leser hätte sagen können: *Das ist Sartre*.
>
> Das soll nicht heißen, daß volle Identität der Figur mit dem Autor bestanden hätte, sondern daß für den Leser die beste Art, die Figur zu verstehen, die gewesen wäre, zu suchen, was an ihr von mir stammte.[26]

Alle diese Spiele, die deutlich den Vorrang des autobiographischen Unterfangens zeigen, findet man in unterschiedlichem Ausmaß bei vielen modernen Schriftstellern. Und dieses Spiel läßt sich natürlich selbst wieder innerhalb eines Romans imitieren. Das hat Jacques Laurent in den *Bêtises* (Paris 1971) getan, indem er uns zugleich die Fiktion bietet, die seine Figur angeblich geschrieben hat, und dann verschiedene »autobiographische« Texte eben dieser Figur. Sollte Jacques Laurent eines Tages seine eigene Autobiographie schreiben, so werden die Texte in *Bêtises* eine schwindelerregende Tiefenwirkung erhalten ...

25 Vgl. unten, S. 195, »Gide und der autobiographische Raum«.

26 Interview mit Michel Contat, in: *Le Nouvel Observateur*, 23. Juni 1975; hier zitiert nach: *Selbstporträt mit siebzig Jahren*, in: *Sartre über Sartre, Gesammelte Werke in Einzelausgaben*, Autobiographische Schriften, Bd. 2, Reinbek 1988, S. 211.

Der Lektürenvertrag

Am Abschluß dieser Überlegungen läßt sich in einer kurzen Bilanz eine Verschiebung des Problems feststellen:

Negative Seiten: Gewisse Punkte bleiben unscharf oder unbefriedigend. Man kann sich zum Beispiel fragen, wie in einem autobiographischen Pakt die Identität zwischen dem Autor und dem Erzähler hergestellt werden kann, wenn der Name nicht wiederholt wird (vgl. unten S. 31). Man kann den Unterscheidungen, die ich in dem Abschnitt über das Problem der *Ähnlichkeit* vorgeschlagen habe, skeptisch gegenüberstehen. Vor allem berücksichtigen die zwei Überlegungen unter dem Titel *Die Signatur* und *Die Ähnlichkeit* nur den Fall der Autobiographie mit autodiegetischer Narration, während ich doch betont habe, daß auch andere Formen der Narration möglich sind: Würden die vorgenommenen Unterscheidungen auch im Fall einer Autobiographie in der dritten Person halten?

Positive Seiten: Meine Analysen erschienen mir jedoch immer dann fruchtbar, wenn sie über die sichtbaren Strukturen des Textes hinausreichten und mich dazu führten, die Positionen des *Autors* und des *Lesers* in Frage zu stellen. »Gesellschaftsvertrag« des Eigennamens und der Veröffentlichung, autobiographischer »Pakt«, »Romanpakt«, referentieller »Pakt«, phantasmatischer »Pakt«, alle diese Ausdrücke verweisen auf die Idee, daß die autobiographische Gattung eine *vertragliche* Gattung ist. Die Schwierigkeit, auf die ich in meinem ersten Versuch stieß, lag darin, daß ich auf der Ebene der Strukturen, der Erzählweisen oder Erzählstimmen vergeblich nach klaren Kriterien suchte, um einen Unterschied zu begründen, den doch jeder beliebige Leser selbst erfährt. Der Begriff »autobiographischer Pakt«, den ich herausgearbeitet hatte, blieb unscharf, weil er nicht berücksichtigte, daß der Eigenname ein wesentliches Element des Vertrags bildet. Daß mir eine so offenkundige Tatsache damals nicht aufgefallen ist, zeigt, daß diese Art von Vertrag implizit erfolgt und so sehr in der Natur der Dinge zu liegen scheint, daß ihr keine Aufmerksamkeit geschenkt wird.

Die hier skizzierte Problematik der Autobiographie gründet also nicht auf einem von außen hergestellten Bezug zwischen einer Außertextualität und dem Text – denn ein solcher Bezug könnte nur einer der Ähnlichkeit sein und bewiese nichts. Sie gründet auch nicht auf einer internen Analyse der Funktionsweise des Textes, der Struktur oder der Aspekte des publizierten Textes; sondern auf einer Analyse, die die gesamte Ebene der *Publikation* einbezieht, also den impliziten oder expliziten Vertrag, den der *Autor* dem *Leser* anbietet, einen Vertrag, der die spezifische Lesart des Textes bestimmt und Effekte erzeugt, die dem Text zugeschrieben werden und ihn als Autobiographie zu definieren scheinen.

Die Ebene, auf der die Analyse erfolgt, ist also die Beziehung *Publikation / Publiziertes*, die in einem gedruckten Text der Beziehung *Äußerung / Aussage* in der mündlichen Kommunikation entspricht. Will man diese Nachforschung über die Verträge zwischen Autor und Leser, über die impliziten oder expliziten Publikationscodes – also über diese Randzone des gedruckten Textes, die in Wirklichkeit die gesamte Lektüre *steuert* (Autorenname, Titel, Untertitel, Name der Reihe, Name des Verlegers bis hin zum mehrdeutigen Spiel mit den Vorworten) – weiterverfolgen, so müßte sie eine historische Dimension annehmen, die ich ihr hier nicht verliehen habe.[27] Die zeitlichen Schwankungen dieser Codes (die sowohl durch die veränderten Einstellungen der Autoren und Leser als durch die technischen oder kommerziellen Probleme des Verlagswesens bedingt sind) würden viel deutlicher zum Vorschein bringen, daß es sich um Codes handelt, und nicht um »natürliche« oder universelle Gegebenheiten. Seit dem 18. Jahrhundert haben sich etwa die Bräuche hinsichtlich der Anonymität und der Verwendung des Pseudonyms stark geändert. Die Vortäuschung der Wirklichkeit in den Fiktionen erfolgt heute nicht mehr auf die gleiche Art wie im 18. Jahrhundert.[28] Dafür haben die phantasmatischen Pakte so sehr neue Lesegewohnheiten geschaffen, daß es die Leser immer reizvoller finden, die Anwesenheit des Autors (seines Unbewußten) sogar aus Produktionen herauszulesen, die nicht autobiographisch auftreten.

Auf dieser globalen Ebene wird die Autobiographie definiert: Sie ist ebensosehr eine Leseweise wie eine Schreibweise, sie ist ein historisch schwankender *Vertragseffekt*. Die ganze vorliegende Untersuchung beruht in Wirklichkeit auf den derzeit gängigen Vertragstypen: daher auch ihre Relativität und die Absurdität, sie universell anlegen zu wollen. Daher auch die Schwierigkeiten,

27 Zu diesem Problem vgl. unten »Autobiographie und Literaturgeschichte«.

28 Vgl. Jacques Rustin, *Mensonge et vérité dans le roman français du XVIIIe siècle*, in: *Revue d'histoire littéraire de la France*, Januar-Februar 1969.

denen man bei diesem Definitionsversuch begegnet; ich wollte ein klares, kohärentes und vollständiges System erläutern (das alle Fälle berücksichtigt) und Maßstäbe für die Bildung eines Korpus (desjenigen der Autobiographie) erstellen, das in Wirklichkeit nach zahlreichen, je nach Epoche und Individuen schwankenden und untereinander oft inkohärenten Kriterien entsteht. Gelänge es, die Autobiographie auf eine klare und vollständige Formel zu bringen, so wäre dies in Wirklichkeit ein Mißerfolg. Bei der Lektüre dieses Essays, in dem ich die Strenge möglichst weit zu treiben versuchte, wird man oft gespürt haben, daß diese Strenge oft willkürlich wurde und einen Gegenstand verfehlte, der vielleicht eher mit der von Borges beschriebenen chinesischen Logik erfaßbar wäre als mit der cartesianischen.

Letzten Endes erscheint mir diese Untersuchung selbst wieder eher als eine Studienvorlage – (Versuch eines Lesers aus dem zwanzigsten Jahrhundert, seine Lektüremaßstäbe zu rationalisieren und zu erläutern) – denn als ein »wissenschaftlicher« Text: als ein Dokument, das sich in das Dossier einer historischen Wissenschaft der literarischen *Kommunikationsweisen* eingliedern läßt.

Die Geschichte der Autobiographie wäre also in erster Linie eine Geschichte ihres jeweiligen Lektüremodus: eine vergleichende Geschichte, in der man die von den verschiedenen Textsorten vorgeschlagenen Lektüreverträge (eine Untersuchung der Autobiographie allein wäre nutzlos, da Verträge, genauso wie Zeichen, nur in Oppositionen sinnvoll werden) und die verschiedenen, tatsächlich praktizierten Lektüretypen dieser Texte in einen Dialog eintreten lassen könnte. Falls die Autobiographie also durch etwas definiert wird, was außerhalb des Textes liegt, so nicht durch ein Davor, durch eine unüberprüfbare Ähnlichkeit, sondern ein Danach, durch die von ihr hervorgerufene Leseweise und die von ihr geweckte Glaubwürdigkeit, die sich wieder am literaturwissenschaftlichen Text ablesen läßt.

2. Lektüre

Die Kinderstrafe. Lektüre eines Geständnisses Rousseaus

Die Weigerung zu lesen

Mit der Schilderung der von Fräulein Lambercier[1] erteilten Züchtigung tut Rousseau »den ersten, den peinvollsten Schritt in dem dunklen und schlammigen Labyrinth (seiner) Bekenntnisse« (S. 53). Es handelt sich um den berühmtesten Schritt; aber vielleicht auch um den verkanntesten, den am wenigsten gelesenen Text. Die Befremdlichkeit dieses Geständnisses hemmt jede Reflexion. Der Leser fühlt sich bemüßigt, rasch zu reagieren, er hat keine Zeit zu lesen. Deshalb dominiert auch die instinktive Reaktion, hinter der nichts anderes steckt als eine ablehnende Lesehaltung.

Die Reaktionen der ersten Leser im Jahr 1782 zeugen allesamt von einem totalen Unverständnis, und zwar sowohl bei den Anhängern Rousseaus als auch bei seinen Gegnern. Letztere wundern sich, daß er das Publikum mit so vielen »kindischen Albernheiten« zu interessieren meinte, mit so vielen belanglosen Einzelheiten, die dem Leser »die Geduld rauben«[2]; manche heben aus diesen unbedeutenden Kleinigkeiten die Züchtigung hervor, um ironisch auf den Skandal hinzuweisen. Etwa der Kritiker des *Année littéraire*, der alle Details des ersten Buches »sehr gewöhnlich« findet, aber . . .:

was sicherlich ungewöhnlich ist, was als selten, außerordentlich und *einmalig* auffallen kann, das ist die kuriose und detaillierte Erklärung der Gemütsregungen, die er empfindet, wenn er von der Hand von Fräulein Lemercier, der Schwester seines Erziehers, die Kinderstrafe erleidet; wenn der allzu aufrichtige Jean-Jacques keinen Respekt für die Scham hat, wenn er nicht fürchtet, das Zartgefühl seiner Leser durch so befremdliche Ideen

1 Die Texte Rousseaus werden nach der vierbändigen französischen Pléiade-Ausgabe zitiert: J.-J. Rousseau, *Œuvres complètes*, sous la direction de Bernard Gagnebin et Marcel Raymond; hier vor allem der erste Band, *Les Confessions*, Paris 1959. (Deutsch zitiert nach: Jean-Jacques Rousseau, *Bekenntnisse*. Aus dem Frz. von Ernst Hardt. Mit einer Einführung von Werner Krauss, Frankfurt am Main 1985. [A. d. Ü.])

2 Vgl. zu dieser Reaktion La Harpe, *Correspondance littéraire*, 1801, Bd. III, S. 373 (Brief CLXVIII); *Journal des gens du monde*, 1782, Bd. I, S. 107.

zu verletzen, so sollte er wenigstens die Schande und die Verachtung fürchten, die die Welt sonderlichen, auf eine lasterhafte Veranlagung vorausweisenden Vorlieben entgegenbringt; dieses Eingeständnis einer ungewollten, aber ausgefallenen Schwäche, die dem Publikum grundlos und fruchtlos einbekannt wird, wird wohl die einen erstaunen, die andern erröten lassen, den meisten jedoch eine unversiegbare Quelle schlechter Witze liefern und das Andenken Rousseaus für immer der Lächerlichkeit preisgeben.[3]

Zumindest war dieser Kritiker für die Ausführlichkeit und Merkwürdigkeit dieses Geständnisses empfänglich und damit weitsichtiger als die Anhänger Rousseaus: Der Kritiker des *Journal de Monsieur* etwa reiht die Züchtigung unter die uninteressanten Kindereien und verdächtigt Fräulein Lambercier, »die Strenge der Sühne gemildert« zu haben; Ginguené hebt aus der ganzen Episode nur den erzieherischen Rat hervor.[4]

Das 19. Jahrhundert wirft einen Schleier der Scham über diese Episode, den erst die Sexualwissenschaftler lüften: als erster Krafft-Ebing, der bei der Analyse der Perversion, die er nach Sacher-Masoch »Masochismus« nannte, auch Rousseau als Kronzeugen heranzog.[5] Seine Lektüre des Textes von Rousseau bleibt allerdings oberflächlich (er wirft Rousseau vor, die symbolische Dimension des Masochismus nicht erfaßt zu haben ...), und seine eigenen Erklärungen der Entstehung des Masochismus durch die Vererbung sind anfechtbar. Ausgehend von Krafft-Ebing wird die Züchtigung durch Fräulein Lambercier zu einem Klischee, einem Gemeinplatz. Sie erscheint in fast allen sexualwissenschaftlichen oder psychoanalytischen Untersuchungen zum Masochismus, sei es in Form eines raschen und schematischen Verweises[6], sei es,

3 *L'Année littéraire* IV (1782), Bd. IV, S. 155f.; zu dieser Reaktion des Ekels vgl. auch den Brief von Madame de Boufflers an Gustaf III. vom 1. Mai 1782; zur besonderen Beachtung, die der Züchtigung geschenkt wird, sehe man, wie Bachaumont sie in seinen *Mémoires secrets* (B.XX, S. 272) in eine »kuriose Anekdote« verwandelt.

4 *Journal de Monsieur* II. (1782), S. 368; Ginguené, *Lettres sur les »Confessions« de Rousseau*, 1791, S. 21.

5 Richard von Krafft-Ebing, *Psychopathia sexualis* (1869), München 1984. Der Fall Rousseau wird auf S. 130-132 analysiert. Krafft-Ebing wirft Rousseau eine assoziationistische Deutung vor, die in Wirklichkeit die von A. Binet ist (vgl. S. 51, Anm. 1); die Entstehung des Masochismus führt Krafft-Ebing bekanntlich auf die Vererbung zurück – auf ein »funktionelles Degenerationszeichen« (S. 160).

6 Etwa Charles Féré, Arzt in Bicêtre, in *L'Instinct sexuel*, Paris 1899, S. 138 (ein repressives und für die erste Orientierung der sexualwissenschaftlichen Studien sehr repräsentatives Lehrbuch); auch bei Freud wird der Fall Rousseau in klischeehafter Form kurz erwähnt in den *Drei Abhandlungen zur Sexualtheorie* (1905),

umgekehrt, in Form eines unverhältnismäßig langen Zitats des Textes von Rousseau, das den Autor jeglichen Kommentars enthebt.[7] In beiden Fällen ist das Resultat gleich: der Text wird nicht gelesen, und die Sache ist beigelegt.

Was die Reaktionen der modernen Kritiker betrifft, so umgehen sie gewöhnlich die Lektüre des Textes. Oder sie schlagen Pirouetten wie Cocteau:

> Geht mit dem Gesäß von Jean-Jacques die Sonne Freuds auf? Ich sehe darin eher einen romantischen Mondschein. Sich für krank zu halten, weil man eine bezaubernde Züchtigung im Gedächtnis behält, ist noch ein Beweis der Treuherzigkeit.[8]

Oder man zeigt sich nach einem grob vereinfachenden Resümee des Textes total ungläubig wie J. Guéhenno: Man lauscht den Geständnissen von Jean-Jacques mit larmoyanter Nachsicht und sieht darin unwahrscheinliche Hirngespinste, die nur die Armseligkeit seines Sexuallebens verhehlen sollen:

> Armer alter Mann! Welche Manie der Selbstbezichtigung, aber auch welche Geschicktheit. Hier spricht bloß ein alter Mann mit kümmerlichen Liebschaften, der, so gut er kann, ihre Kümmerlichkeit und seine eigene Zaghaftigkeit bedauert und erklärt.[9]

Jean Guéhenno verschließt seine Ohren, um nicht zu hören, was Rousseau sagt: Dabei handelt es sich nicht einmal um eine »Fehlinterpretation«, sondern um eine bewußte Weigerung hinzuhören. Man könnte meinen, die moderne literaturwissenschaftliche

Studienausgabe, Bd. V, S. 98, Frankfurt am Main 1972. Zu Freud und dem Masochismusproblem, siehe *»Ein Kind wird geschlagen«* (Bd. VII, S. 231-254) und *»Das ökonomische Problem des Masochismus«* (Bd. III, S. 342-354). Rousseau wird in keiner dieser zwei Untersuchungen erwähnt, von denen die erstgenannte übrigens die Auspeitschungsphantasmen behandelt.

7 Die Technik des langen Zitats, das von jeder ernsten Analyse des Textes entbindet, wurde zum Beispiel verwendet bei: A. Binet, *Le fétichisme dans l'amour*, in: *Revue philosophique* XXIV, (1887), S. 252-256; René Laforgue, *Psychopathologie de l'échec*, in: *Cahiers du Sud*, 1941, S. 158ff.; S. Nacht, *Le Masochisme*, Genf 1965, S. 37-39. Paul Jury, *La fessée de Jean-Jacques Rousseau*, in: *Psyché* II (1947), S. 159-182, widmet der Stelle eine längere Analyse und entwickelt den Ansatz von Laforgue weiter. Aber er *liest* den Text nicht, er studiert einen »Fall«. Er scheint das Buch I der *Bekenntnisse* übrigens flüchtig gelesen zu haben (irrtümliche Fakten).

8 *Tableau de la littérature française*, Paris 1939, S. 294. Auf S. 316 wird Cocteau übrigens das Gegenteil behaupten und die Meinung vertreten, »die Züchtigung durch Fräulein Lambercier entspricht bei ihm etwas Tiefem ...«.

9 Jean Guéhenno, *Jean-Jacques, en marge des »Confessions«*, Paris 1948, Bd. I, S. 29.

Kritik wäre weniger schamvoll und jedenfalls für den Wortlaut des Textes hellhöriger. Dem ist nicht so. Die zwei »Standardwerke« zu Rousseau von P. Burgelin und J. Starobinski sind sehr diskret über diese Episode. Pierre Burgelin fertigt diese Passage folgendermaßen ab:

> Der Vollständigkeit halber müßte man das mysteriöse Element hinzufügen, das ihm die Züchtigung durch Fräulein Lambercier geoffenbart hat. Ein rein persönlicher Vorfall, denkt er übrigens, der ihn nur zur Vorsicht im Hinblick auf eine *empfindsame Moral* ermahnt.[10]

Was Jean Starobinski betrifft, so hat er beschlossen, seine grundlegende Analyse des Rousseauschen »Vorhabens« auf der Episode des zerbrochenen Kamm aufzubauen, ohne der Tatsache Rechnung zu tragen, daß Rousseau diese Episode ausdrücklich mit der der Züchtigung verband.[11]

Frappierend an den meisten Interpretationen der Episode ist, daß ihre Autoren meinen, sie könnten einen fünf Seiten langen Text in fünf Zeilen *zusammenfassen*: und sie stellen ihre Überlegungen anhand dieser fünf Zeilen an, in denen gewöhnlich fast nichts mehr von Rousseau stammt. Ich werde die entgegengesetzte Position einnehmen und versuchen, die erste dieser Seiten Wort für Wort zu lesen, mag dies auch zwanzig Seiten erfordern, um zu begreifen, was in diesem Geständnis zur Sprache kommen will.

Wem gestehen?

Ein moderner Leser ist von der Länge von Rousseaus Text, vor allem aber von seiner Komplexität beeindruckt: Da ist diese außerordentliche Architektur von Tönen (die auf ein sehr komplexes

10 P. Burgelin, *La Philosophie de l'existence de Jean-Jacques Rousseau*, Paris 1952, S. 374.

11 In *Jean-Jacques Rousseau, la Transparence de l'Obstacle*, Paris 1971 (hier zitiert nach: *Rousseau. Eine Welt von Widerständen*. Aus dem Frz. von Ulrich Raulff, München, Wien 1988) verleiht Jean Starobinski der Episode mit dem zerbrochenen Kamm archetypischen Wert, während die Episode über die Züchtigung nur beiläufig und in einer Formulierung auftaucht, die die zwei Episoden einander gegenüberstellt; die Episode über die Züchtigung wird später im Buch in Zusammenhang mit dem moralischen Masochismus (S. 198), mit dem Exhibitionismus und der Verbindung zwischen dem Band Marions und dem Exhibitionismus in Turin (S. 252-257) herangezogen.

Verhalten hinweist), diese Langsamkeit der Überleitung und der Verknüpfung mit den vorangegangenen Ausführungen; ein sehr komplizierter Gedankengang, der zur Schilderung der ersten Züchtigung führt, ein erneutes Eingehen auf die Episode der Züchtigung, gefolgt von einem ersten Einblick in die Folgen; dann eine Rückblende zu einer zweiten Reihe von Ursachen (puritanische Erziehung), die, so ahnt man plötzlich, vielleicht das auslösende Element für die Züchtigung selbst ist; und dann eine nun dichtere und subtilere Ausführung über die Folgen, die sich zu einer Art lyrischen Provokation steigert. Und plötzlich wird das Geständnis und seine Unmöglichkeit selbst zum Gegenstand. Das ist in großen Zügen der erste Eindruck. Wie in den gelungensten Passagen der *Bekenntnisse* besticht den Leser auch hier die Wendigkeit des Tonfalls. Rousseau richtet sich nie in einem Ton ein, er hält nie die Note. Dabei handelt es sich nicht um eine willkürliche »Buntheit«. Im Vorwort der Handschrift von Neuchâtel erklärt Rousseau, daß sein Stil Bestandteil seiner Geschichte sei und er seine seelische Verfassung dadurch *zweifach* schildere. Dies erfolgt jedoch nicht durch die Überlagerung zweier chronologisch und affektiv getrennter Zustände: diese Verdoppelung läßt sich nur als ein Wiederholungsverfahren verstehen. Nicht eine Gegenwart spricht *von* der Vergangenheit, sondern: eine Vergangenheit spricht *in* der Gegenwart; oder *versucht* zu sprechen. Läßt man seine Aufmerksamkeit frei schweben, so erscheint das Spiel der Tonfälle in seiner Beweglichkeit als ein sehr kohärentes strategisches Projekt: diese Ausweichmanöver, diese Listen, diese humoristischen Lockerungen, diese lyrischen Ergüsse, diese stolzen Verkrampfungen, diese Rückzüge zeichnen vermutlich auf der sichtbaren Ebene so etwas wie eine plastisch hervortretende Karte der verinnerlichten Verbote und Hemmungen, unter denen das Begehren nach einem Ausweg sucht und zur Sprache drängt.

In Geständnissen wie denen über die Züchtigung oder das Band Marions muß man zwei Äußerungs- und Hörebenen der Rede unterscheiden, von denen die erste die zweite verschleiert: auf der völlig expliziten Oberfläche erstreckt sich beinahe schamlos das System der Schuld und des Schuldgefühls, ein moralisches System mit seinen verwickelten Unterscheidungen, Rechtfertigungen und Ausflüchten. Der Leser wird ständig auf die juristische Welt des »Prozesses«, auf die moralische Welt der »Beichte« verwiesen: mögen wir darin auch Phantasmen sehen, so stellt sich dennoch das Schuldgefühl zur Schau; hinter diesem Diskurs der Schuld oder vielmehr *durch ihn hindurch* kann man bald explizit, bald verschleiert, die Sprache der Liebe lesen, des Verlangens nach Liebe. Prozeß und Beichte lassen anklingen, daß es sich um Rousseaus Beziehung zu allen anderen handelt; die Verwendung des öffentlichen autobiographischen Diskurses bestätigt diese Idee. Die Sprache der Liebe aber wendet sich nur an einen einzigen Menschen, an den Anderen, und möchte jenseits jeder Vermittlung eine unwiederbringlich verlorene Zweierbeziehung wiederherstellen. Falls nun das System der Schuld das Verlangen nach Liebe überlagert und verschleiert, um es überhaupt ausdrücken zu können, ist dann nicht die Liebe das ursprüngliche Vergehen?

Das Geständnis und die eingestandene Verfehlung verhalten sich nicht zueinander wie eine Rede zu ihrem Inhalt oder eine Tat zu ihrem Objekt; das Geständnis ist ein Versuch, ein und dasselbe Verhalten umzukehren; und meistens besteht die »Schuld« (um das Vokabular der Moral zu verwenden) oder der »Mangel«, den das Geständnis *jetzt* auslöschen oder aufheben soll, nicht in der begangenen Verfehlung, sondern darin, daß sie *damals* nicht eingestanden wurde. Es hat den Anschein, als müßte das Verb gestehen intransitiv verwendet werden; und als verschleierte der Inhalt des Geständnisses den wahren Adressaten. Welcher Leser war bei der Lektüre von Geständnissen wie dem der Züchtigung nicht peinlich berührt, weil er dunkel erkannte, daß er – der Leser der Autobiographie, dessen Anwesenheit dem Text selbst eingeschrieben ist – die Stelle eines andern einnahm und stellvertretend eine Liebeserklärung entgegennahm? Die autobiographischen Geständnisse sind eine Art »Brief an Rodrigue«, den alle lesen, nur nicht der Adressat. Oder vielmehr: die sich von der ganzen Welt lesen lassen, weil sie ihren wahren Adressaten nie finden können.

Für Rousseau gibt es ein Modell des idealen Geständnisses: das *zeitgerechte* Eingestehen der Schuld, das nicht die Schuld auslöscht (das ist sekundär), sondern den Abbruch der Kommunikation. Etwa der Vorfall in der »Rue des moineaux« (*Bekenntnisse*, VIII. Buch), den Rousseau für die Abfassung der Episode heranzog, in der Saint-Preux Julie die Ausschweifung gesteht, zu der er sich hatte hinreißen lassen (*Die neue Heloise*, II. Teil, Brief 26). In den *Bekenntnissen* schreibt Rousseau: »Ich befreite durch ein schnelles und offenes Geständnis mein Gewissen von seiner Last«

(S. 499); und als Thérèse ihm verzeiht, fühlt er »die Herzensgüte (seiner) Thérèse«. In der *Neuen Heloise* ermöglicht die Technik des Briefromans, nach dem Geständnis die verzeihende und liebende Stimme sprechen zu lassen. Jedes Geständnis ist auf der Suche nach dieser Stimme. Das *verspätete* Geständnis läuft also Gefahr, nur mit Schweigen beantwortet zu werden. In den *geschriebenen* Geständnissen der *Bekenntnisse* liest man zunächst einmal dieses Schweigen, den Anruf der zweiten Person und deren Abwesenheit. Vielleicht hat übrigens gerade diese Abwesenheit die Überwindung der Widerstände ermöglicht. Die Kraft, diese zugemauerte Tür wieder aufzustoßen, findet man nur, wenn man spürt, daß niemand mehr dahinter wartet. Das innere Hindernis weicht nur dann, wenn ein äußeres Hindernis seine Funktion übernimmt. Man findet die Sprache erst dann wieder, wenn der andere, der Zuhörer, verschwunden ist. Dann unternimmt man es, in der bitteren Freiheit des »Zu spät« die Kommunikation wiederherzustellen. Und mimt eine vergebliche, immer von neuem einsetzende, weil den andern nie erreichende Befreiung dieses Sprechens, das einem das ganze Leben in der Kehle steckte. Wer ist dieser »andere«? Kein zeitgenössischer oder künftiger Leser; sondern, scheint es, die Person, gegen die man gesündigt hat und der gegenüber eine Sünde nur deshalb vorliegt, weil man sie liebt und von ihr geliebt werden möchte. Diese Person aber kann nun etwa Fräulein Lambercier sein, Marion, Mama oder sonst wer. Auf das Anekdotische kommt es hier nicht an. Von einer zur andern entsteht eine Substitutionskette: alle sind an der Stelle einer, die fehlt. Das Geständnis hätte somit auch von einer auf die andere verlagert werden können: aber gerade ihre Identität führt zur Wiederholung des Schweigens. Erst wenn die Kette abreißt, setzt das Sprechen oder vielmehr das Schreiben wieder ein.

An wen ist nun die Erzählung von Marions Band adressiert? Und wie kommt es, daß der Leser peinlich berührt ist: tatsächlich aufgrund des Mißverhältnisses zwischen dem Vergehen und der Reue, der Durchtriebenheit und der Naivität der angewandten Strategie? Oder weil der Leser, ohne es recht wahrzunehmen, spürt, daß diese Mißverhältnisse und diese Virtuosität nur verschleierte, indirekte Zeichen und Folgen eines Verlangens nach Liebe sind, das durch ihn hindurch an jemand Unwiederbringlichen adressiert wird? Die Geschichte von Marions Band ist nur in zweiter Linie die Geschichte eines Verbrechens. Ursprünglich ist sie die Geschichte eines verabsäumten Geständnisses: eines *Liebes*geständnisses. Eine Liebe ringt nach Ausdruck und macht sich Umstände zunutze, um eine recht paradoxe, eine umgekehrte Sprache zu finden. Für Marion und Jean-Jacques eine momentan wohl dunkle Sprache, deren eigentlichen Sinn der Erzähler jedoch letztlich ahnt. Daß die falsche Scham und die Selbstliebe hier eine große Rolle gespielt haben, das steht fest: Aber indem die Umstände diese umgekehrte Sprache nahegelegt haben, haben sie nur einem Begehren, das nach Ausdruck rang und sich nicht oder nur zögernd aussprechen konnte, einen Ausweg eröffnet (das Band als Zeichen ist zwar sehr konventionell und leicht durchschaubar, aber dennoch indirekt). Marion anzuklagen ist also eine gelungene Fehlleistung, die symbolisch die Richtung der Verführung umkehrt (Rousseau hätte das Band passiv erhalten, wie er sich später auch von zwei jungen Damen entführen oder von zudringlichen Frauen verführen lassen wird), aber gleichzeitig einen sadistischen Trieb an den Tag treten läßt, in dem sich Rousseau nicht wiederzuerkennen vermag (und den wir durchaus in Betracht ziehen müssen, um seinen Masochismus zu begreifen): Sämtliche Aspekte dieser Szene verweisen letztlich auf die Liebe. Was die Gewissensbisse betrifft, die Rousseau angeblich sein Leben lang gequält haben, so sind sie eine Weise, das (umgekehrte) Liebeswort, das er ihr durch diese List entlocken konnte, endlos zu verlängern. Dieses umgekehrte Verhalten der Protagonistin Marion gegenüber *wiederholt* der Erzähler dem Leser gegenüber. Das Aussprechen des Begehrens tritt in der Strategie des Geständnisses als entlastendes Element (»dabei liebte ich sie«) innerhalb des Systems der Schuld auf, das letztlich selbst für den Erzähler intakt bleibt und seine schützende Funktion bis zum Ende bewahrt. Unaussprechbar bleibt jedoch, daß die eigentliche Schuld das Begehren als solches ist, denn würde dies gesagt, so würde das System der Schuld fadenscheinig werden und das Begehren direkt und ungeschützt zutage treten. Auf der Ebene des autobiographischen Schreibens kann das Geständnis das Begehren nur über dieselben Umwege zur Sprache kommen lassen wie in den gelebten Verhaltensweisen. Das Geständnis ist bei weitem nicht die Rückkehr zu einer ursprünglichen Transparenz: Die Sprache, die es freisetzt, ist immer noch eine entfremdete. Die wirkliche Befreiung hätte darin bestanden, Marion gegenüber sein Vergehen, das heißt im Grunde seine Liebe einzugestehen. Das war unmöglich und blieb unmöglich. Das Geständnis konnte nur durch Substitution zustande kommen:

Niemals habe ich es indessen fertigbringen können, mein Herz durch das Geständnis an einen Freund zu erleichtern. Selbst die engste Vertraulichkeit hat mich nie dazu verleitet, auch der Frau von Warens gegenüber nicht... (S. 143)

Und kommt letztlich nur in der Leere zustande, und dort nur vermittels des Schreibens, dieses anderen endlosen Bandes. Hier wird jedoch das tatsächliche Ziel des Geständnisses angegeben: die engste Vertraulichkeit. Dieses Herz, »durchsichtig wie Kristall«, hat also sein Geheimnis bis zum Ende gewahrt. Das Geheimnis des Bandes, aber auch das Geheimnis der Züchtigung:

Was mir ein derartiges Geständnis kosten müßte, kann man daran ermessen, daß ich im ganzen Verlauf meines Lebens, wenn ich an der Seite derer, die ich liebte, von dem Wüten einer Leidenschaft ergriffen wurde, die mich blind und taub und ganz von Sinnen und meinen ganzen Körper wie in Krämpfen schüttelte, es dennoch niemals über mich vermocht habe, ihnen meinen Wahnsinn zu verraten und in der höchsten Vertraulichkeit von ihnen die einzigste Gunst zu erflehen, die im Kreise der gewährten fehlte. (S. 53)

»In der höchsten Vertraulichkeit«. Der Text über die Züchtigung weist auf den Text über das Band voraus und erhellt ihn gleichzeitig. Hier hat das Geständnis seine eigentliche Dimension: Es ist Verlangen nach Liebe, und sein ganzer Zweck läge darin, die Antwort zu erhalten. Und da dies unmöglich ist, kann es nur zu spät und an der falschen Stelle erfolgen; und auch nicht direkt, sondern über die verschlungenen Wege eines Labyrinths.

Im Labyrinth

Rousseaus Text wird oft ungebührlich vereinfacht: Man sieht darin den Ursprung einer Perversion im Kindesalter, wenn sich dem Kind die erotische Funktion der Gesäßzone erschließt. Damit wird der Text auf den Rang des Anekdotischen herabgesetzt, und damit weigert man sich auch, ihn zu lesen. Das Gesäß und die Lokalisierung der erogenen Zonen sind sekundäre Elemente des Systems. Mehr als auf das Gesäß kommt es auf die *Hand* an, weil sie das Zeichen der Person ist, die die Strafe verhängt. Rousseaus Text ist dergestalt aufgebaut, daß er die eigentlichen sexualwissenschaftlichen Elemente einer *symbolischen* Deutung der Entstehung und Funktionsweise seiner Perversion unterordnet. Seine Strategie ist klar ersichtlich: Ihm geht es darum zu zeigen, daß seine Verderbtheit keineswegs durch eine banale Hingabe an die Fleischeslust bedingt ist, sondern, ganz im Gegenteil, den reinsten Gefühlen entspringt; ganz so wie beim Band Marions, wo man erfährt, daß er das arme Mädchen aus Zärtlichkeit ins Verderben stürzte. Jedesmal erscheint uns die »paradoxe« Umkehrung, die Rousseau vornimmt, als großer Scharfblick, als ob er die Arbeit des Unbewußten freilegte. Dieser Scharfblick ist allerdings nur partiell; will man die Umkehrung vollständig durchführen und begreifen, warum es zu einer Umkehrung kam, so muß auch der Ort des Schuldgefühls umgekehrt werden. Ist nicht gerade die angeführte Entschuldigung und Rechtfertigung (die Liebe) das Verbrechen? Und hat nicht in Wirklichkeit im Leben das sichtliche Vergehen (die sexuelle Abweichung) als Entschuldigung fungiert? Am Anfang steht jedenfalls immer die Liebe. Oder vielmehr: der Wunsch nach Liebe:

Von allem geliebt zu werden, was in meine Nähe kam, war der heißeste all meiner Wünsche. Ich war sanftmütig, mein Vetter war es, und unsere Erzieher waren es ebenfalls: zwei volle Jahre hindurch bin ich kein einziges Mal Zeuge oder Gegenstand einer heftigen Erregung gewesen. (S. 14)

Diese Gruppenharmonie wird sehr rasch eingeschränkt und gleichsam auf ihren grundlegenden Kern reduziert: auf die Harmonie des Paares, das vom Kind und von der mütterlichen Person gebildet wird. Der besondere Wert dieser Gruppenharmonie lag darin, daß von den Erwachsenen keine Aggressivität ausging. Ein durch das Kind bedingter Mißklang wird die Harmonie des Paars gefährden. Er selbst ist der Urheber dieser Aggression, die übrigens kaum genannt wird: Es handelt sich um ein Stocken, nichts als ein unfreiwilliges Steckenbleiben beim Vorsagen des Katechismus.

Die Analyse und dann die Erzählung schreiten von dieser ursprünglichen und grundlegenden Position des Liebeswunsches aus sehr langsam voran. Diese Langsamkeit darf man nicht nur der Vorsicht oder der Schande zuschreiben, und auch in den Sophismen, die ich analysieren werde, darf man nicht bloß zur Täuschung des Lesers ausgelegte Köder sehen. Rousseau weiß, daß sein Vorhaben paradox ist, das heißt, daß er eine neue *Logik* der

Gefühle erforscht, deren Irrationalität den Leser überraschen könnte: Daher richtet er sorgfältig eine unmerkliche Überleitung ein und greift zu dem, was in der klassischen Rhetorik als Kunstgriff gälte (Mehrdeutigkeiten und Sinnverschiebungen), um verblüffende Umkehrungen anzubahnen. In diesen sich nur allmählich erhellenden Dunkelheiten geht es vor allem darum, die Überraschung des Kindes selbst angesichts der unerwarteten Wendung seiner Gefühle zu mimen. Wir sollen nachvollziehen, daß er nicht begreift, was ihm widerfährt, und daß er selbst als erster darüber staunt. Alles, was auf der Ebene der Rechtfertigung als List erscheint, kann auf der Ebene der Erzählung zu psychologischem Realismus werden. Die Ahnungslosigkeit und die Unschuld des Kindes und die des Lesers kommen hier zur Deckung. Der Erzähler entschleiert langsam die Dinge und mimt die allmähliche Bewußtwerdung des Kindes. Auf allen diesen verschlungenen Wegen bleibt eine grundlegende Konstante: die Liebe. Dies sollten wir nachempfinden. Drei Stufen ermöglichen diese Modulation.

Die erste Stufe

Immer noch erinnere ich mich, wie mir während der Katechismusstunde in der Kirche nichts so sehr naheging als die Zeichen der Unruhe und Verlegenheit auf dem Gesicht des Fräuleins Lambercier, wenn ich einmal steckenblieb. Dies allein betrübte mich tiefer als die Schande, vor der beiwohnenden Menge zu versagen, was ich mir dennoch aufs tiefste zu Herzen nahm; denn obgleich ich Lobsprüchen gegenüber ziemlich unempfindlich war, hatte ich stets ein starkes Gefühl für Beschämung, und ich darf es hier aussprechen, daß mich die Erwartung der Rügen von Fräulein Lambercier weniger in Aufregung versetzte als die Furcht, ihr Verdruß zu bereiten. (S. 48 f.)

Rousseau schildert die Episode der Katechismusstunde, um zu zeigen, wie sehr er für diese reine und totale Liebe empfänglich war. Diese Episode kann man auf der banalsten Ebene lesen. Nichts führt uns dazu, die mögliche Mehrdeutigkeit des Wortes »nahegehen« zu bemerken, das später als moralischer Schmerz (Betrübnis, zu Herzen gehen) präzisiert wird. Die Ursache der Situation bleibt ausgeblendet: Die vom Kind begangene Aggression ist ein bloßes, in einem Einschub erwähntes Steckenbleiben, das schließlich der Hauptsache, nämlich der dadurch ausgelösten

Wirkung, untergeordnet wird: ein sensibles Kind, das darunter leidet, der mütterlichen Person Leid zu verursachen. Die Intensität dieses Leidens, dieses Liebesbeweises, wird durch einen *Vergleich* gemessen: dieser ganze Text baut auf Intensitätsvergleichen auf, und alle Sophismen beziehen sich zugleich auf Sinnverschiebungen der Wörter, die die Glieder des Vergleichs bilden, und auf die Bedeutung der Vergleichsbeziehung selbst. Der Maßstab wird hier die Eigenliebe sein, und was ihn leiden läßt, die Beschämung. Ein sehr einfacher und anscheinend sehr kohärenter Vergleich wird uns vorgesetzt; er scheint die Funktion zu übernehmen, einen absoluten Superlativ auszudrücken: die Verletzung der Eigenliebe ist immens, aber die Verletzung der Liebe steht noch höher. Die Eigenliebe wird der Liebe untergeordnet, also ist Jean-Jacques gut. Folglich:

	A		B
(1)	Schmerz, Fräulein Lambercier Kummer zu machen	>	Schande, vor der Menge zu versagen

Liebe und Eigenliebe stehen hier parallel, getrennt. Zwischen ihnen besteht jedoch kein Gegensatz, es gilt also keine Wahl zu treffen (wie später beim Band Marions), es besteht bloß ein Intensitätsunterschied zwischen zwei Schmerzen. Der Text wirkt völlig klar. Dank einer aufmerksameren Lektüre läßt sich jedoch eine gewisse Anzahl von Verschiebungen ausmachen, deren Relevanz dem Leser bei einer ersten Lektüre völlig entgeht, ihn aber darauf einstimmt, das Folgende leichter zu akzeptieren. Der letzte Satz des Abschnitts ist kreisförmig konstruiert: Dieselbe Überlegung wird zweimal hintereinander geäußert, einmal in einem Sinn (Schmerz größer als die doch sehr große Schande), einmal im andern Sinn (die Beschämung war sehr groß, aber dennoch weniger groß als der Schmerz): somit steht der Liebesschmerz am Anfang und am Ende des Satzes und tritt aus dieser Art Durchquerung der Schande in der Mitte grandios und siegreich hervor. Aber die Glieder des Vergleichs werden nicht mit den gleichen Wörtern ausgedrückt, und man ahnt sehr wohl, daß das Bestreben nach Ausdrucksvielfalt nicht ausreicht, um die Änderungen und noch weniger die Reihenfolge der Änderungen zu rechtfertigen. Der Wechsel vom ersten zum zweiten Ausdruck der Intensität der Schande, der als Bindeglied fungiert, ist eine bloße Erklärung, die auf den Beginn des Absatzes verweist, wo Rousseau behauptet hatte, von Natur nicht die geringste Eitelkeit zu besitzen. Was die zwei Glieder des Vergleichs betrifft, haben jedoch zwei Modulationen stattgefunden. Zum einen ist man von der »Schande, vor der beiwohnenden Menge zu versagen« zu der »Erwartung der Rügen von Fräulein Lambercier« übergewechselt: das heißt, von einem allgemeinen und unscharfen Ausdruck (der die Eigenliebe als einen äußerlichen und von der Liebe unterschiedenen Vergleichspunkt ansiedelte) zur konkreten und präzisen Benennung der Form, die die zur Schande führende Bestrafung von seiten der Gesellschaft annimmt: der (verbalen, aber aggressiven) Rüge und ihrem Akteur: Fräulein Lambercier, die sich nun selbst in einer zweideutigen Position befindet, da sie sowohl im Bereich der Liebe als auch in dem der Eigenliebe eine Rolle spielt. Zum andern ist man von der Tatsache zur *Erwartung* der Tatsache übergewechselt: eine wichtige Nuance, durch die sich später auf sehr natürliche Weise die Verwandlung der Tatsache selbst einführen läßt. Diese Modulationen bringen in den oben schematisierten grundlegenden Vergleich den Spielraum ein, der zu seiner Umwandlung erforderlich ist.

Die zweite Stufe

Nötigenfalls fehlte es jedoch weder ihr noch ihrem Bruder an Strenge; da diese Strenge aber fast immer gerecht und niemals übertrieben war, wirkte sie auf mich, ohne mich trotzig zu stimmen. Es verdroß mich mehr, zu mißfallen, als bestraft zu werden, und die Zeichen der Unzufriedenheit verursachten mir mehr Pein als die körperliche Züchtigung. (S. 49)

Auf einen unvorbereiteten Leser wirkt diese zweite Stufe wie eine bloße Wiederholung. Erst durch die nachfolgende, betretene Überleitung wird ihm rückblickend bewußt, daß es sich um eine doppelsinnige Rede handelt. Die zwei Einschübe »noch ihrem Bruder« und »fast immer gerecht« wie übrigens die hier ausgeschiedene Hypothese einer »Trotzreaktion« eröffnen den Raum, in den sich die Episode vom zerbrochenen Kamm einschreiben wird. Aber das »weder ihr Bruder« räumt geschickt die spätere Möglichkeit ein, die Identität der »Hand«, die die Züchtigung vornimmt, zu unterscheiden. Zum andern sind wir von der *Erwartung* wieder zur *Tatsache* selbst zurückgekehrt, diesmal aber sind wir auf der Ebene der konkreten Bestrafung geblieben, und nicht auf der Ebene der »Schande« im allgemeinen. Nun würde das Schema des Vergleichs so lauten:

	A		B
(II)	durch die Zeichen der Unzufriedenheit verursachte Pein	>	durch die körperliche Züchtigung verursachte Pein

Der Unterschied zu (I) wirkt nicht enorm. Aber der Leser vernimmt, daß sich Rousseau »deutlicher auszudrücken« beabsichtigt; er wird plötzlich gewahr, daß ihm soeben ein Geständnis gemacht wurde, ohne daß er es gemerkt hatte; und wird nun aufgefordert, nicht einem Geständnis zu lauschen, wodurch er eine kritische Horchposition beibehielte, sondern ein Rätsel zu lösen, wodurch er gezwungen ist, in das Spiel einzutreten, den paradoxen Verlauf der Sensibilität zu erklären und sich zu kompromittieren. Der Text ist so konstruiert, daß sich unmöglich herausfinden läßt, worin die Schuld besteht, ohne vorher die affektive Logik begriffen zu haben, die diese Schuld als die paradoxe Konsequenz der reinsten Liebe hinstellt. Und diese Logik begreifen heißt auch, auf eine Verurteilung zu verzichten. Die Strategie Rousseaus bestand also darin, die bereits am Beginn des vorangegangenen Absatzes begonnene Analyse des Gefühls von der Rhetorik des Geständnisses (»Es bereitet mir einige Befangenheit...«) abzukoppeln, die erst dann einsetzt, wenn das Geständnis in verkappter Form bereits abgelegt ist. Wenn der Leser zum Beginn unseres Absatzes zurückkehrt, merkt er (und erst recht, wenn er das Nachfolgende gelesen hat), daß die Ähnlichkeit zwischen (I) und (II) nur eine Illusion ist. Das »jedoch« am Beginn des Absatzes organisiert einen Gegensatz zwischen »Strenge« und einem früheren Glied, das wohl »Sanftmut« sein muß: das würde uns auf den Anfang des vorangegangenen Absatzes zurückverweisen, wo die seelische Ausgeglichenheit der Erzieher festgestellt wurde (die Unterscheidung zwischen Strenge und Übertriebenheit, die hier folgt, bestätigt dies); aber im unmittelbaren Kontext kann die Strenge nur dem Wort Rüge gegenüberstehen, das nicht einen Intensitätsgrad der Strafe bezeichnet, sondern eine Modalität (die Rüge ist eine *verbale* Strafe); nun ist es erforderlich, eine Einteilung der Bestrafungsmodalitäten untereinander vorzunehmen, um daraus abzuleiten, was das Wort Strenge bedeutet, daß es eine *körperliche* Strafe bezeichnet und als Euphemismus für die Züchtigung steht. In der Folge wird die Züchtigung übrigens nie mit ihrem eigentlichen Substantiv bezeichnet, sondern nur durch umschreibende Wendungen (die Kinderstrafe), durch sehr allgemeine Wörter (die Schläge, die Bestrafung) oder durch Umschreibungen genannt, in denen sie durch die Funktion bezeichnet wird, die sie innerhalb der Situation einnimmt (»die einzigste Gunst zu erflehen, die im Kreise der gewährten fehlte« usw.[12]). Man möge diese Längen entschuldigen: jeder Kommentar einer Doppeldeutigkeit oder einer Auslassung wirkt umständlich. Aber es mußte gezeigt werden, wie aufgrund des Spiels mit der Semantik das Verständnis ermöglicht, aber nicht gefördert wird. Genauso erfaßt man auch nur rückblickend, daß sich der vergleichende Bezug bis zur Unkenntlichkeit gewandelt hat und somit überhaupt kein vergleichender Bezug mehr ist. Im Bezug (1) wurde das Glied B im Superlativ (*Intensität* der Schande) und als Comparandum präsentiert. Hier nun haben alle Ausdrücke, die dieses Glied bezeichnen, sämtliche Superlativmarkierungen eingebüßt (bestraft werden, körperliche Züchtigung), während die ebenfalls sehr schmucklosen Wendungen, die auf das Glied A verweisen, durch ihre Stelle im Vergleich die Vorstellung der Intensität beibehalten: Ja mehr

12 In Zusammenhang mit der Sexualerziehung seines Schülers hat Rousseau im Emil das Problem der Sprache angeschnitten, die sich zum Sprechen über die Sexualität eignet (*Œuvres*, Pléiade, Bd. IV, S. 649; vgl. S. 1608, Anm. 3), wobei er zwischen der Sprache der Ehrbarkeit (die Dinge bei ihrem Namen nennen) und der Sprache der »Schicklichkeit« unterschied (die in Wirklichkeit, durch ihre Umwege und Umschreibungen, viel »obszöner« ist als die erste). Zu seinem Schüler wird er die Sprache der Ehrbarkeit sprechen: »Was ich meinem Emil zu sagen habe, wird vor seinem Ohr nur keusch, anständig und keusch sein; um es aber auch beim Lesen so zu finden, müßte man ein ebenso reines Herz haben wie er.« (IV, S. 649; dt. zitiert nach: *Emil oder die Erziehung*. Aus dem Französischen von Ludwig Schmidts, Paderborn 1971, S. 348). Eine ähnliche Formulierung findet man in der Rede, die Rousseau als Einführung in die Lektüre der *Bekenntnisse* vorbereitet hat; er warnt die Damen, daß »es dem Herzen obliegt, die Ohren zu reinigen« (I, S. 1186), was zur Vermutung Anlaß gibt, er verwende in seinen Geständnissen die direkte Sprache der Ehrlichkeit. Wir wissen, daß dem nicht so ist. Aus dieser Sicht erweist sich der Stil der *Bekenntnisse* als eine wunderliche Mischung aus zwei Stilen: bei der Schilderung nebensächlicher Episoden hat sich Rousseau allerlei derbe und triviale Ausdrücke gestattet, die seine Zeitgenossen schockiert und seinem Stil den Ruf eingebracht haben, niedrig und widerwärtig zu sein – der Stil eines Dieners; wenn es sich jedoch um direkte und affektiv wichtige Geständnisse handelt, verwendet Rousseau meistens die Sprache, die er selbst als obszön bezeichnet, das heißt eine Sprache, deren Schicklichkeit so groß ist, daß sie dadurch dunkel wird. Das ist hier der Fall, wie auch in den Geständnissen in Zusammenhang mit dem »gefährlichen Ersatzmittel«.

noch: im ersten Satz läßt die Verwendung eines verneinenden Ausdrucks für das Glied B (»ohne mich trotzig zu stimmen«) ahnen, daß die Intensität des Schmerzes B nicht bloß nachgelassen hat, sondern verschwunden ist. Natürlich liegt noch ein weiterer Schritt zwischen der resignierten Hinnahme der Bestrafung, die hier anklingt, und der freudigen Hinnahme und dem Herbeisehnen der Strafe – aber der Weg ist offen. Die Begründung für diese resignierte Hinnahme führt den Leser auch zur undeutlichen Wahrnehmung einer wesentlichen Änderung: die Motivationen, die dem Bereich der Liebe A angehören, sind in den Bereich B übergeglitten; diese Durchdringung der zwei Bereiche war bereits am Ende des vorangegangenen Absatzes durch die doppelte Rolle von Fräulein Lambercier angeklungen. A und B waren zwei getrennte Bereiche, und A lag in der Intensität vor B. Nun sind A und B zwei untergeordnete Bereiche, und A verwendet die Elemente von B. Wenn ihm die Sache zu Herzen geht, so deshalb, weil diese Strenge gerecht und die Entschädigung für die Pein ist, von der er weiß, daß er sie durch sein Vergehen verursacht hat; wenn sie ihn *nicht* trotzig stimmt, so deshalb, weil die Strenge *nicht* übertrieben ist (Entsprechung zweier verneinender Glieder): Das Gegenteil der Übertreibung ist, wie wir gesehen haben, die Sanftmut, das Zeichen der Harmonie in der Liebe, das ursprüngliche Wunschobjekt von Jean-Jacques. Wie man sieht, sind hier bei der Erwähnung der Strafe alle Elemente, die dem Bereich der Schande angehören, eliminiert (die Schande tritt erst wieder am Ende des nachfolgenden Absatzes, am Ende des Prozesses, auf, wo sie aus diesem paradoxerweise wollüstigen Schweigen auftaucht), während hingegen alle affektiven Elemente, wenn auch indirekt, durch mehrdeutige Negationen anklingen. Dadurch werden wir auf die paradoxe Vorstellung vorbereitet, daß die Züchtigung der Ort einer befriedigenden *affektiven* Kommunikation ist: noch läßt sich allerdings durch kein indirektes oder negierendes Element der *sinnliche* Aspekt dieser Kommunikation erahnen. Am Abschluß dieser Analyse ist ersichtlich, daß man mit der Formel (II) weit entfernt ist von einem Intensitätsvergleich zweier Schmerzen, die verschiedenen Bereichen angehören: man ist hintergründig bei der paradoxen *Verknüpfung* von Schmerz und Lust in einem einzigen Bereich, der Liebe, angelangt.

Es bereitet mir einige Befangenheit, mich deutlicher auszudrücken, dennoch will ich es tun. Wenn man die fernen Wirkungen der Strafweise besser erkennte, die man heute stets unterschiedslos und oft unverständig genug der Jugend gegenüber anwendet, würde man sie ändern. Die große Lehre, die man aus einem so gewöhnlichen wie unheilvollen Beispiel ziehen kann, bestimmt mich, es aufzustellen. (S. 49)

Nachdem der Boden derart vorbereitet und die Mehrdeutigkeit auf die Spitze getrieben ist, gesteht Rousseau, ... daß er soeben gestanden hat. Wir haben die Gründe für diese Strategie des Rätsels gesehen. Nun bedarf er des Mutes und muß dieses *Bedürfnis auch zeigen*, bevor er sich tatsächlich als mutig erweist. Die auf der Ebene der vorangegangenen Aussage gelöschte Schande taucht jetzt auf der Ebene der Äußerung wie durch ein Gleichgewicht wieder auf. Während sich der Protagonist langsam auf die Lust an der Schande zu bewegt, übernimmt der Erzähler die Schande dieser Lust. Und durch seine Schüchternheit uns gegenüber vermittelt er uns eine Vorstellung von der Stärke der Widerstände, die ihn daran hinderten, den geliebten Frauen das gleiche Geständnis zu machen. Nun wird er unversehens zum Pädagogen; zwei Sätze hindurch schlägt er den erzieherischen Ton des *Emile* an: Wenn nun dieses Problem pädagogisch so bedeutsam ist, wie kommt es dann, daß er es im *Emile* nicht besprochen hat?[13] Es klingt falsch, und zwar aus einem sehr einfachen Grund: ein pädagogischer Diskurs drückt sich unmißverständlich aus, während wir hier vor einer Verkettung von Rätseln stehen. Rätselhaft ist, was hinter dem Wort »Strafweise« (im frz. Original noch unschärfer: »méthode«) steht; rätselhaft sind auch die »fernen Wirkungen«: sind

13 Rousseau hat das Problem der Körperstrafen im Jahr 1740 im *Mémoire à M. de Mably* (*Œuvres complètes*, Bd. IV, S. 4f.) angeschnitten und auf die Argumente von Locke und Rollin (vgl. die Anm. von P. Burgelin über diese Stelle) zurückgegriffen. In dieser Passage entspricht Rousseaus Tonfall der Entrüstung, die er nach der ungerechten Züchtigung aufgrund der Episode mit dem zerbrochenen Kamm empfunden hat, und absolut nicht dem Schreck über eine Behandlung, die die Sexualität wecken und pervertieren könnte. Im *Emil* findet man keinerlei Bemerkung zur Körperstrafe. Dafür eine kuriose Abhandlung über die unterschiedliche Haltung von Knaben und Mädchen gegenüber der Bestrafung, in der uns sämtliche Ausführungen über die Unterwürfigkeit der Mädchen an die Episode über die Züchtigung durch Fräulein Lambercier erinnern, während alle Ausführungen über die Auflehnung der Knaben an die Episode mit dem zerbrochenen Kamm denken lassen (ebd., S. 432f.).

uns doch nicht einmal die unmittelbaren Wirkungen klar! Diese Erzähltechnik verwandelt das Geständnis in einen Kriminalroman, bei dem der Leser für die Entzifferung herangezogen und durch die Ankündigung interessanter Entdeckungen (Spannung) stimuliert wird: Sooft in den *Bekenntnissen* später die Rede von Rousseaus Gefühls- und Sexualleben ist, wird diese Technik angewandt. Hier gewinnt ihr Rousseau andere Vorteile ab: Für den Fall, daß der Leser seine Reflexion auf der Ebene der *Verantwortung* ansiedeln sollte, wird eindeutig festgestellt, daß das Kind nicht nur nicht verantwortlich (später erfahren wir: »Jene Wiederholung aber (...) trat ohne meine Schuld, das heißt ohne meine Absicht ein«), sondern das Opfer eines pädagogischen Irrtums ist: Hinter dem »man«, welches die Züchtigung unterschiedslos und oft unverständig anwendet, stecken auch die Lamberciers. Was den »so gewöhnlichen wie unheilvollen« Charakter dieses Beispiels betrifft, so ist er im Rahmen eines pädagogischen Diskurses notwendig. In der Folge wird die Erzählung allerdings das Gegenteil beweisen. Man landet beim Außergewöhnlichen (alles geschieht dann »in einem genau entgegengesetzten Sinne als dem, der sich natürlicherweise daraus hätte entwickeln müssen«), bei der Wollust und bei der Reinheit (»Ich habe ... aber dennoch nicht unterlassen, sehr häufig ... zu genießen« [S. 53]). Die pädagogische Großherzigkeit ist die notwendige Maskerade eines Begehrens, das im Geständnis selbst nicht einzugestehen wagt, wie sehr es sich selbst demaskieren und bloßstellen möchte. Aber worum geht es hier eigentlich?

Die dritte Stufe

Da Fräulein Lambercier uns die Zuneigung einer Mutter entgegenbrachte, besaß sie auch die Machtvollkommenheit einer solchen, was sie bisweilen, wenn wir es verdient hatten, dahin führte, über uns jene Strafe zu verhängen, die man Kindern zuteil werden zu lassen pflegt. Lange genug ließ sie es bei der Androhung bewenden, und die Androhung dieser für mich ganz neuen Züchtigung hatte viel Erschreckendes, aber nach dem Vollzug fand ich sie in der Tatsache weit weniger peinvoll, als sie es mir in der Erwartung gewesen war; und was das wunderlichste ist, diese Strafe steigerte sogar meine Zuneigung zu der, die sie mir verabreicht hatte. Es bedurfte sogar der ganzen Wahrhaftigkeit dieser Zuneigung und aller meiner natürlichen Sanftheit, mich daran zu hindern, die Wiederholung dieses Verfahrens dadurch herbeizuführen, daß ich es zu verdienen suchte, denn ich hatte in dem Schmerz und sogar in der Scham eine Art Wollust empfunden, die mehr Lust als Furcht in mir zurückgelassen hatte, sie noch einmal, von derselben Hand bewirkt, zu verspüren. Da sich in alles dies wahrscheinlich eine verfrühte Regung des Geschlechtes mischte, würde mir dieselbe Züchtigung von der Hand ihres Bruders sicherlich durchaus kein Vergnügen bereitet haben. Bei seiner Gemütsart war dieser Personenwechsel jedoch kaum zu befürchten, und wenn ich Abstand nahm, die Strafe herbeizuführen, so geschah es einzig aus Furcht, Fräulein Lambercier zu kränken: denn die Wirkung der Zuneigung, selbst der, welche die Sinne in mir hervorbringen, ist stets so geartet, daß sie ihnen in meinem Herzen die Gesetze vorschreibt. (S. 49f.)

Nun erläutert Rousseau explizit, was in der zweiten Stufe implizit anklang. Er beginnt seine Erzählung von neuem. Aber mit einer außergewöhnlichen Langsamkeit, die mehrere Funktionen übernimmt. Sie soll (so weit wie möglich) mimen, wie überrascht das Kind ist und wie schwer es ihm fällt, das Erlebte zu *denken* und in den gängigen Kategorien auszudrücken, gleichzeitig aber auch jede vergröbernde oder triviale Lektüre vereiteln. Der symbolische und affektive Ursprung der Perversion wird überall deutlich aufgezeigt. Beim Kommentar dieses Abschnitts können wir eine frühere Fassung in der Handschrift von Neuchâtel (I, S. 1155) als Vergleich heranziehen.

Da Fräulein Lambercier uns die Pflege einer Mutter zuteil werden ließ, besaß sie auch die Machtvollkommenheit einer solchen. Dieses Recht versetzte sie in die Lage, über uns mitunter die Kinderstrafe zu verhängen. Ich fürchtete diese Strafe, bevor ich sie empfangen hatte, mehr als den Tod. Tatsächlich aber fand ich sie nicht so peinvoll, und obwohl ich es nie darauf angelegt hatte, sie absichtlich zu verdienen, war ich eher geneigt, sie herbeizuwünschen als sie zu fürchten.

Der Text dieser ersten Fassung ist viel kürzer: Rousseau wird übrigens später feststellen, daß die Erklärung gescheitert ist.[14] Er sieht deutlich die Kette, die von der Züchtigung zu seiner ganzen weiteren Sexualgeschichte führt; allerdings erkennt er die Kausalkette nicht, die zur Züchtigung führt: »Ich weiß nicht, warum

14 Charles Guyot vergleicht in *De Rousseau à Marcel Proust* (Neuchâtel 1968, S. 47f.) die zwei Fassungen des Textes. Er findet die erste Fassung »realistischer« und sieht in der langen Ausführung der zweiten »ein sichtliches Streben nach Rechtfertigung«, »den Wunsch, seine Unschuld zu beweisen«. Bliebe man bei dieser recht oberflächlichen Evidenz, so gelangte man zu dem Schluß, daß der zweite Text »weniger realistisch« ist und das Streben nach Rechtfertigung dazu führt, die Wahrheit zu verbergen oder zumindest zu verschleiern. Wir werden zu zeigen versuchen, daß genau das Gegenteil der Fall ist.

diese verfrühte Sinnlichkeit«, fügt er in der ersten Fassung hinzu. Es sieht aus, als hätte er die Beziehung zwischen der Züchtigung und der vorangegangenen Ausführung nicht begriffen. Vergleicht man die erste Fassung mit der zweiten, sieht man, daß in der ersten *sämtliche* Erwähnungen in Zusammenhang mit der gegenseitigen Gefühlsbindung zwischen Fräulein Lambercier und dem Kind fehlen, und somit alle Analysen, die schließlich im zweiten Text den Ursprung und die Funktionsweise dieser Perversion erklären und sie mit dem vorangegangenen Abschnitt verbinden. Desgleichen fehlt die Vorstellung der mit der Scham verknüpften Lust. Bei einer erneuten Lektüre und Überarbeitung seines Textes hat Rousseau also die entscheidende Entdeckung gemacht, die ihm ermöglichte, die Episode bis zu ihrem Ursprung zurückzuverfolgen. Eine scheinbar geringfügige Variante in den zwei Fassungen des ersten Satzes zeigt, wie sich die Erklärung wandelt. »Da Fräulein Lambercier uns die Pflege einer Mutter zuteil werden ließ« wird zu: »uns die Zuneigung einer Mutter entgegenbrachte«: Von der affektiv gefärbten technischen Funktion wird zur reinen Affektivität übergegangen. Und gerade auf diesem Wort *Zuneigung* (frz. »affection«), das diesmal in Zusammenhang mit dem Kind verwendet wird, baut dann das Folgende auf (vgl. »steigerte meine Zuneigung«, »die ganze Wahrhaftigkeit dieser Zuneigung«, »die Wirkung dieser Zuneigung«, »in meinem Herzen die Gesetze«). In der zweiten Fassung *beginnt* und *endet* der Absatz mit der Behauptung der Überlegenheit der Zuneigung.

Die neue Erzählung trennt Fräulein Lambercier und ihren Bruder. Zuneigung und Autorität sind diesmal nur in ihrer Person explizit vereint: wir sehen jedoch, daß sich diese zwei Bereiche nun keineswegs mehr mit dem anfänglichen Paar Liebe/Eigenliebe decken: Die Autorität ist auch auf seiten der Liebe. Das Wort *Mutter* als gemeinsamer Faktor, das durch das »einer solchen« den Satz gliedert, läßt den gesellschaftlichen Aspekt der Schande und der Eigenliebe endgültig verblassen und stellt das Weitere in den Rahmen einer intimen Zweierbeziehung, deren inneren Widerspruch wir noch behandeln werden. Das »uns«, das Jean-Jacques und seinen Vetter umfaßt, weicht rasch dem »ich«. Somit steht er ihr allein gegenüber. Und die Verknüpfung der Zuneigung mit der Autorität in Zusammenhang mit einer Strafe erinnert an das alte Sprichwort »wer liebt, der straft«, das man nur umzukehren braucht, um zu ahnen, daß die Züchtigung vom Kind als Zeichen der Zuneigung wahrgenommen (und gesucht) wird: ein häufiges Verhalten bei Kindern, denen die üblichen Zeichen der Zuneigung fehlen. Nun ist alles bereit für das unverhohlene Geständnis der empfundenen Lust. Dennoch gelangen wir erst über einen weiteren labyrinthischen Pfad dahin, dessen fünf Stufen ich rasch anführe:

1. Die im ersten Absatz vorbereitete Sequenz der Erwartung wird wieder aufgenommen: durch sie soll sowohl die Unschuld des Kindes gezeigt als auch eine Überraschung angebahnt werden. Aber die hier erwähnte Furcht scheint weder die Furcht zu sein, die mütterliche Person (Liebe) zu kränken, noch die Furcht vor der öffentlichen Schande (Eigenliebe), sondern die körperliche Furcht vor der Pein: eine wichtige Verschiebung, ermöglicht sie doch, durch eine einfache Umkehrung die (bislang im Text völlig abwesende) Vorstellung der körperlichen Lust anklingen zu lassen;

2. (*»Bei seiner Gemütsart ... jedoch«*): hier haben wir nun die Tatsache selbst, aber man weiß nicht, worin das neue Element besteht. Der Satz ist mehrdeutig: Er kann auf einer sehr banalen Ebene ausdrücken, daß die Erwartung einen letztlich sehr erträglichen Schmerz in der Phantasie übertrieben hatte. Die Fortsetzung macht uns jedoch begreiflich, daß das »weniger peinvoll« eine Litotes ist: Es handelt sich nicht um eine Verringerung des Schmerzes, sondern um das Auftauchen der Lust. Es ist natürlich, daß das Kind, das nichts von der Lust weiß, diese zunächst negativ als bloße Erleichterung wahrnimmt; und schließlich das Vorhandensein von etwas Lustvollem erkennt und es in der einzigen ihm bekannten Sprache, der der Affektivität, formuliert;

3. (*»und was das wunderlichste ist...«*): anstatt die Lust in seinem eigenen Körper zu lokalisieren und das zu identifizieren, was wir als erogene Zone bezeichnen, bezieht das Kind sie affektiv auf seine eigentliche Quelle, nämlich die Liebe zur Mutter, und empfindet nur die Freude über die wiederhergestellte Beziehung. Daher dieses »steigerte sogar meine Zuneigung« (was beweist, daß er nicht so vollständig glücklich war, wie er oben behauptete...), diese Dankbarkeit, die das Mittelglied der körperlichen Lust im Dunkel läßt und das wahre Objekt seiner Liebe erkennt;

4. (*»Es bedurfte sogar«*): die gesteigerte Zuneigung wird als Resultat der Züchtigung hingestellt und gleichzeitig als das, was das von Rousseau noch nicht Genannte und die Zuneigung Steigernde

eingrenzen wird. Entscheidend ist, daß der Mechanismus der Kontrolle der Sinnlichkeit im Text selbst angebracht wird, bevor die kontrollierte Sache genannt wird; und daß dieser Kontrollmechanismus nicht als Auswirkung einer moralischen Zensur oder als etwas Äußerliches erscheint, sondern selbst wieder als Produkt eben dessen, was kontrolliert wurde. Hier begegnen wir einem der reichhaltigsten Motive von Rousseaus Psychologie: der widersprüchlichen Wirkung, und damit dem, was er selbst des öfteren als eine Sache bezeichnet, »die sich in sich selber befangen hält« (vgl. S. 84) und uns weniger an ein moralisches Kontrollsystem denken läßt als vielmehr an ein körperliches Spannungssystem entgegengesetzter Kräfte, an ein paradoxes Gleichgewicht der Furcht und des Begehrens. Eigentlich kann man denken, daß dieser Widerspruch, den Rousseau in der Wirkung wahrnimmt, nur der Widerschein des Widerspruchs ist, der in der Ursache steckt. Jedenfalls *wiederholt* der Diskurs des Erzählers das Verhalten des Kindes: unter seinem wahren Namen darf das Begehren im Text nur innerhalb eines Satzes auftreten, in dem behauptet wird, daß es niemals zu Wort kommen darf und niemals das Recht haben wird, sich durch einen expliziten Wunsch zu manifestieren; gleichzeitig jedoch nennt der Satz im Modus der Verneinung, auf welche Weise es sich indirekt auszudrücken verstehen wird. Wenn die Strafe ein indirektes Zeichen der Liebe ist, so wird das Vergehen das indirekte Zeichen des Wunsches nach Liebe sein. Die Tatsache, daß sich Rousseau die Verwendung dieser Sprache bewußt untersagt, verhindert keineswegs, daß sich dieser Wunsch dennoch ausdrückt. Das wird man bei Marion noch sehen. Das Gleichgewicht der hier analysierten Kontrolle erinnert uns an den Intensitätsvergleich von Schema (I): die totale Umkehrung, die jedoch so allmählich vor sich gegangen ist, daß wir sie nicht merken. Von »Dies allein betrübte mich tiefer als die Schande, vor der beiwohnenden Menge zu versagen« zu »Es bedurfte sogar der ganzen Wahrhaftigkeit dieser Zuneigung ... mich daran zu hindern, die Wiederholung dieses Verfahrens dadurch herbeizuführen ...« sind wir von einem Vergleich logischer und quantitativer Art zu einer Analyse der gegensätzlichen und unauflöslichen Kräfte übergewechselt;

5. (*denn*): die Lust wird schließlich genannt, aber vermittels einer Reihe von Wendungen auf Distanz gehalten: »denn ich hatte«, eine rückblickende Erklärung, die sie bereits in der Vergan-

genheit ansiedelt; »in dem Schmerz« (körperlicher Schmerz, dessen Erwartung so großes Erschrecken bewirkte); und das nach einer langen Abwesenheit im Text wieder auftauchende »sogar in der Scham« (die gesellschaftliche Demütigung, die am Beginn als »ihn aufs tiefste« zu Herzen nehmend dargestellt wurde – daher dieses »sogar«, das den Gipfel der Umkehrung anzeigt); »eine Art Wollust«: schließlich die paradoxe körperliche Lust, die mit dem Schmerz und der Scham *zusammentritt* und einen Augenblick lang durch das »mehr Lust als Furcht« unverhohlen eingestanden wird ... (wobei die Furcht hier auf die Furcht vor dem körperlichen Schmerz und auf die vor der gesellschaftlichen Schande verweist; und nicht auf die Furcht, Fräulein Lambercier zu kränken, von der es am Anfang eben dieses Satzes zu Recht hieß, sie sei stärker als das Begehren). Die doppelte Wendung (im Schmerz und sogar in der Scham) verknüpft in ein und derselben Erfahrung das, was die Psychoanalytiker als erogenen Masochismus und moralischen Masochismus bezeichnen, und bereitet die spätere Analyse des Liebesverhaltens, aber auch des allgemeinen Verhaltens des Erwachsenen vor.

Ist nun diese recht klare und positive Formulierung das letzte Wort des Geständnisses? Das hieße, daß man sich das Geständnis in Gestalt eines Vektors vorstellt, der zu einem Punkt führt, während wir uns hier doch inmitten einer Kreisbewegung befinden, die eine – die gerade Linie der Wahrheit kurz *tangierende* oder vielmehr streifende – Bahn zieht und der Wahrheit des Begehrens nur deshalb so nahe kommen konnte, weil sie von einer Kraft angetrieben wird, deren Bahn sie zwangsläufig von neuem von dieser Linie wegführen muß. Derselbe Diskurs, der sich zu exzentrieren vermochte, um vom Begehren zu sprechen, muß jetzt wieder auf sich selbst zurückkommen. Von »Es bedurfte sogar der ganzen Wahrhaftigkeit...« bis zum Ende des Absatzes haben wir genau die gleiche Struktur vor uns wie am Ende des ersten Absatzes (Zuneigung größer als das Begehren: denn dieses Begehren war groß) (dieses Begehren war groß, weil es mit dem Geschlecht zusammenhing; aber die Zuneigung war größer als das Begehren, weil sie mit dem Herzen zusammenhing). Die in Absatz I von der Schande eingenommene mittlere Position wird nun von der Lust besetzt. Die Hin- und Rückbewegung geht von der Intensität der Zuneigung aus, die als Kontroll- und Hemmfaktor hingestellt wird, und kehrt wieder zu ihr zurück, wobei das letzte Wort den »Gesetzen« des

Herzens gelassen wird, die gerade durch das verstärkt werden, was das Herz unterdrücken soll (das »*selbst* der, welche die Sinne in mir hervorbringen« drückt einen paradoxen Höhepunkt aus, der die genaue Umkehrung des »sogar in der Scham« bildet und es ausgleicht). Diese Struktur, die die Vorherrschaft der Affektivität einrichtet, gestattet also, in ihrem Mittelteil das Begehren zu evozieren: »sie noch einmal, von *derselben Hand* bewirkt, zu verspüren«. Die Analyse dieses (in der ersten Fassung nicht vorhandenen) Faktors verschiebt die Betonung der erogenen Zone des kindlichen Körpers auf das erogene *Agens* und führt gleichzeitig eine zweifache und entgegengesetzte Ausführung ein: verfrühte Regung der Sexualität (verfrüht, weil für Rousseau die Sexualität vor der Pubertät nicht existiert) und »die Hand«, die dann in Gestalt von Fräulein Lambercier, unabhängig von ihrer Person und ihren Beziehungen zu Jean-Jacques, das *weibliche* Element repräsentiert; Fortbestand der Affektivität, die mit der Liebesbeziehung zusammenhängt. Indem der Erzähler einen so scharfen Gegensatz zwischen dem Geschlecht und dem Herzen ansetzt, wiederholt er hier das Verhalten des Kindes. Und indem er schließlich die »verfrühte« Sexualität nennt, wodurch implizit die weitere sexuelle Entwicklung evoziert wird, bereitet er uns darauf vor, in dieser Episode den Ursprung seines ganzen Sexualverhaltens zu sehen. Ist dies geschehen, kreist man in einer geschickten Überleitung um Herrn Lambercier, kehrt vom Geschlecht zur Liebe zurück und beschließt das Ganze mit dem Wort »Herz«.

Die Gefahren der Transparenz

Hier beginnt eine neue Erzählung. Der Leser ist zunächst für den Wechsel des Tonfalls empfänglich:

> Jene Wiederholung aber, die ich fernhielt, ohne sie zu fürchten, trat ohne meine Schuld, das heißt ohne meine Absicht ein, und ich darf sagen, daß ich mich ihrer mit reinem Gewissen erfreute. (S. 50)

Das Spiel mit der Doppelbedeutung der Wörter (Unterscheidung der zwei möglichen Bedeutungen von »Schuld«, Verstoß gegen ein Gesetz oder Verantwortung) und den Registern des Wortschatzes (»reines Gewissen« verweist auf die jesuitische Kasuistik) ist nicht mehr, wie vorhin, das implizite Mittel der List des Erzählers: In einer entspannten Atmosphäre gefällt er sich darin, seine Sprachspiele selbst zu unterstreichen (»das heißt, ich darf sagen«), und versucht, den Leser zum Lächeln zu bringen, indem er tut, als übernehme er selbst die Haltung eines Erwachsenen, der die Dinge auf ihre wirkliche Bedeutung reduziert und die List seines damaligen Ich mit einem Lächeln quittiert. In den Geständnissen Rousseaus übernimmt der Humor oft diese feilschende Funktion gegenüber dem Leser: Rousseau legt die Hälfte des Wegs zum erwachsenen Leser zurück, damit dieser die Hälfte des Weges zum Kind zurücklegt und mitempfindet. Diese Entspannungsmomente sind von kurzer Dauer: hier ist deutlich ersichtlich, daß die Erleichterung darüber, das Geständnis zum Großteil abgelegt, und die Hoffnung, den Leser entwaffnet zu haben, Rousseau diese flüchtige humoristische Nuance ermöglichen. In seiner Befangenheit, mit dem Geständnis herauszurücken, hatte Rousseau kurz zuvor den feierlichen Pädagogen gespielt: »Wenn man die fernen Wirkungen der Strafweise besser erkennte, ... würde man sie ändern.« Jetzt scherzt er erleichtert: diese Modulation ist übrigens erforderlich, damit er im folgenden Absatz zur Offensive übergehen und eine außergewöhnliche Situation geltend machen kann. Vorläufig überläßt er sich den Wortspielereien. Aus diesem Wechsel des Tonfalls in bezug auf den vorangegangenen Absatz erklärt sich vermutlich die Tatsache, daß die Interpreten die Episode der *zweiten* Züchtigung fast immer vernachlässigen und dabei übersehen, daß Rousseau darin andere und sehr aufschlußreiche Dinge mitteilt. Die Bedeutung dieses Abschnitts erweist sich bereits aus dem *Thema*, auf dessen Kosten das humoristische Spiel getrieben wird: den verschiedenen Ebenen, auf denen sich die Vorstellung der *Schuld* ansiedeln kann. Sie ist auch aus der von Rousseau zwischen den zwei Fassungen geleisteten Arbeit spürbar. Die erste lautete, ohne deutlich zwischen mehreren Züchtigungen zu unterscheiden:

Das bescheidene Fräulein Lambercier hatte zweifelsohne an irgendeinem Zeichen wahrgenommen, daß die Strafe ihren Zweck nicht erreichte, erklärte, sie würde in Zukunft darauf verzichten, da sie sie zu sehr ermüde, und ohne zu wissen, warum, empfand ich einiges Bedauern darüber, sie Wort halten zu sehen.

Die detailliertere zweite Fassung trennt diese zwei Etappen deutlicher und isoliert die Entdeckung von Fräulein Lambercier in einer »zweiten und letzten Züchtigung«:

Jene Wiederholung aber, die ich fernhielt, ohne sie zu fürchten, trat ohne meine Schuld, das heißt ohne meine Absicht ein, und ich darf sagen, daß ich mich ihrer mit reinem Gewissen erfreute. Dieses zweite Mal blieb jedoch auch das letzte, denn Fräulein Lambercier, die zweifelsohne an irgendeinem Zeichen wahrgenommen hatte, daß die Züchtigungsart ihren Zweck nicht erreichte, erklärte, sie würde in Zukunft auf sie verzichten, da sie sie zu sehr ermüde. Wir hatten bis dahin in ihrem Zimmer und im Winter sogar manchmal in ihrem Bett geschlafen. Zwei Tage später stellte man unsere Betten in ein anderes Zimmer, und mir ward außerdem die Ehre, auf die ich gern verzichtet hätte, fortan von ihr als erwachsener Knabe behandelt zu werden. (S. 50)

Diese zweite, von den Interpreten gewöhnlich vernachlässigte, weil wohl anscheinend weniger skandalöse Erzählung ist in Wirklichkeit genauso wichtig wie die erste. Ihre volle Bedeutung erhält sie im Licht der Analysen von Jean Starobinski. Um so erstaunlicher ist es, daß dieser ihr nicht den richtigen Stellenwert eingeräumt hat. Indem J. Starobinski in *Rousseau. Eine Welt von Widerständen* von der Episode des *zerbrochenen Kamms* ausging und sie zu einer Art absolutem Ursprung machte, hat er eine willkürliche Entscheidung getroffen. Er trennt zwei Episoden, die Rousseau explizit und, wie wir noch sehen werden, unauflöslich miteinander verbunden hat. Er wählt die Episode aus, die im Text an zweiter Stelle steht; er läßt die erste und damit den ganzen sexuellen Aspekt des Problems beiseite... In *L'Œil vivant* ist er auf diesen Aspekt zurückgekommen. Diese neuen Analysen können sich allerdings nur dann in die Gesamtanalyse von Rousseaus Vorhaben, wie sie in *Rousseau. Eine Welt von Widerständen* angelegt ist, eingliedern, wenn die Episode der Züchtigung ihren grundlegenden Stellenwert wiedererlangt.

Die Episode der Züchtigung ereignet sich auf der Ebene, die J. Starobinski die Ebene der natürlichen Zeichen nennt, jener direkten Sprache des Gefühls, einer Sprache, die keiner Lektüre bedarf, da Signifikant und Signifikat ein und dasselbe sind. Am Anfang des Textes nimmt das Kind die Gruppenharmonie sowie die durch sein Verhalten bedingte Störung dieser Harmonie direkt wahr: Er *sieht* bezaubert, daß alle mit ihm und allem zufrieden sind; nichts betrübte und regte ihn so sehr auf, als »die *Zeichen* der Unruhe und Verlegenheit auf dem Gesicht von Fräulein Lambercier zu *sehen*«; er fürchtet das *Zeichen* der Unzufriedenheit. Er selbst partizipiert völlig naiv an dieser Transparenz, die allerdings gefährlich ist: ». . . denn Fräulein Lambercier, die zweifelsohne an *irgendeinem Zeichen* wahrgenommen hatte, daß die Züchtigungsart ihren Zweck nicht erreichte, erklärte . . .« Welches ist dieses Zeichen? Handelt es sich um eine verschleiernde Wendung, die etwa eine Erektion bezeichnen soll? Es scheint wahrscheinlicher, daß das »zweifelsohne« eine Hypothese angibt, die der erwachsene Erzähler für notwendig hält, um das Verhalten von Fräulein Lambercier zu erklären, und das »irgendein« die Unwissenheit hinsichtlich der genauen Beschaffenheit dieses Zeichens der Zufriedenheit. Gerade diese Unwissenheit und diese Naivität lösen die Katastrophe aus, die zwar nicht weniger bedeutsam, aber weniger dramatisch orchestriert ist als die des zerbrochenen Kamms und ihr chronologisch vorangeht. Über den zerbrochenen Kamm heißt es bei J. Starobinski:

> [Die Erfahrung . . .] exponiert den erschütternden Gegensatz von *Unschuldig-Sein* und *Schuldig-Scheinen* [. . .]. Zur selben Zeit, da sich undeutlich der ontologische Riß von Sein und Schein auftut, wird diesem Kind das Rätsel der Ungerechtigkeit unerträglich fühlbar.[15]

In der Episode des zerbrochenen Kamms ist es die ungerechte Anwendung des Gesetzes, die das Fehlen der Transparenz hervortreten läßt. Hier ist es das Vorhandensein eines *Gesetzes*, das innerhalb der gegenseitigen Transparenz offenbar wird. Das Kind meldete seine Lust treuherzig, ohne sie verbergen zu wollen und ohne auch nur im geringsten zu ahnen, daß dies böse wäre; wenn es davon Abstand nahm, die Züchtigung zu verdienen, so deshalb, um die ursprüngliche Schuld zu vermeiden, die Fräulein Lambercier kränkte und die Strafe herbeiführte: Es kam ihm nicht in den Sinn, daß seine Lust an der Strafe sie kränken könne. Also hat es seine Lust gezeigt; und sie wiederum hat ihm (diesmal jedoch in einer indirekten Sprache) bedeutet, daß diese Lust sie kränkte und *verboten* war: und das Zeichen der Liebe, das er vermittels der Strafe zu erhalten vermocht hatte, wird ihm letztlich versagt. Das Kind entdeckt, daß die Transparenz unvorsichtig und gefährlich und der Schleier notwendig ist; der Ausdruck des Begehrens gefährdet dessen Erfüllung, die Transparenz führt zur Ablehnung der Bitte um Liebe. Liegt hier ein Mißverständnis vor, so ist das Kind dafür verantwortlich, weil es die Gesetze der Welt der Erwachsenen ignoriert; wie man sieht, gilt das Mißverständnis hier

15 Jean Starobinski, *Rousseau. Eine Welt von Widerständen*, a. a. O., S. 18.

nicht der *Tatsache*, wie beim zerbrochenen Kamm, sondern dem *Wert*, dem Konflikt zwischen zwei Wertordnungen: die Bitte um Liebe beim Kind prallt auf die vom Tabu errichtete moralische Ordnung. Das Kind wird diese Lektion begreifen: hier gelangen wir auf der Erzählebene wieder zur Problematik des Geständnisses – fortan kann das Begehren nur mehr auf indirekten Wegen eingestanden werden. Das Kind fürchtet, wenn es sein Begehren zeigt, frustriert (keine Züchtigung mehr) und ausgeschlossen (aus dem Bett vertrieben) zu werden. Damit drängt sich, im Gegensatz zu dem, was Rousseau sagt, die Vermutung auf, daß die Suche nach dem Zeichen der Liebe in der Strafe von seiten des Kindes *bereits* ein indirektes Verhalten war, mit dem es versuchte, eine unterbrochene Kommunikation wiederherzustellen: Nun ist diese unbewußte List durchschaut, und es steht vor dem ursprünglichen Mangel, diesmal jedoch um zwei Erfahrungen reicher, die Erfahrung des Tabus und die der Wollust.

Das Tabu

Fräulein Lambercier bedeutet dem Kind durch ihr Verhalten das Inzestverbot (sie ist die Mutter – und in einer gesonderten Passage, auf die wir später eingehen werden, erfährt man, daß Rousseau sie wie eine Mutter »und vielleicht mehr« liebt). Dieses Verbot wird ihm auf zwei Weisen gleichzeitig klargemacht.

a) *Auf der Ebene der Taten* wird ihm die Züchtigung verwehrt und wird er aus dem Zimmer und dem *Bett* vertrieben; diese zweite Strafe kommt in der Erstfassung dieser Episode nicht vor. Rousseau hat sich also an sie erinnert (oder, wenn sie ihm bereits in Erinnerung war, ihre Bedeutung begriffen), als er die Deutung vertiefte. Das Bett bezeichnet die körperliche Intimität und den Kontakt. Was nun die damaligen Sitten betrifft, so war diese Promiskuität im 18. Jahrhundert, wo die Kinder erst ab etwa zehn Jahren als geschlechtliche Wesen behandelt wurden, anscheinend üblich. Allerdings sind wir hier bei einem calvinistischen Genfer Pastor und wissen überdies, daß Fräulein Lambercier ihrem Bruder einige Jahre zuvor Unannehmlichkeiten eingebracht hatte, weil sie ihn, wie böse Zungen behaupteten, zu morgendlichen Besuchen ihr Zimmer betreten ließ.[16] Davon wußte Jean-Jacques

16 Vgl. Pierre-Maurice Masson, *La Religion de Jean-Jacques Rousseau*, 1916, S. 21.

jedoch nichts. Und es ist vielleicht wichtiger zu erfassen, welche Echos das Motiv des mütterlichen Betts bei einem Kind, dem bis zu seiner Ankunft in Bossey diese Erfahrung versagt war, sowie beim Erzähler auslöst, der sichtlich an die symmetrisch umgekehrte Episode des Jugendlichen denkt, der in Chambéry nolens volens in Mamas Bett gelockt wird. Die zwei Episoden überlagern sich bis in die Wortwahl hinein: In Bossey »ward mir außerdem die Ehre, auf die ich gern verzichtet hätte, fortan von ihr *als erwachsener Knabe behandelt zu werden*«; in Chambéry sieht Mama, »daß es an der Zeit war, *mich als Mann zu behandeln*«, und Jean-Jacques hätte, so sagt er, gern darauf verzichtet. Der Ausdruck »von ihr als erwachsener Knabe behandelt« kommt nur in der zweiten Fassung vor. Die Angst vor dem Inzest (und vor jeder sexuellen Beziehung) scheint der Angst zu entsprechen, zwar die Lust gewonnen, dafür aber die Liebe eingebüßt zu haben, einer tief verwurzelten Angst, die in der vorliegenden Schilderung zwar nicht ihren Ursprung hat, aber doch deutlich anklingt.

b) *Auf der Ebene der Sprache* macht ihm Fräulein Lambercier das Gesetz des Schweigens klar; wußte er seine Katechismuslektion nicht, so ließ sich der Schmerz von Fräulein Lambercier von ihrem Gesicht ablesen, und die Schuld war explizit bestraft. Nun aber ist nicht nur die Schuld verboten, sondern auch das Sprechen sowohl über die Schuld als auch über das Gesetz. Die *Zeichen*, in denen der Tadel zum Ausdruck kommt, sind indirekt oder verschleiert: Die Beziehung zwischen einer bestimmten Entscheidung oder einem bestimmten Wort und der wirklichen Absicht müssen das Kind (unbewußt) und der Erzähler nun durch Deduktion herausfinden. Bei diesem Anlaß setzt Fräulein Lambercier die *Lüge* ein (sie erklärte, daß diese Strafweise sie zu sehr ermüde) oder die *Weglassung* (die Geste ohne andere Erklärung als die chronologische Nähe, die eine Beziehung zwischen Ursache und Wirkung suggeriert: »Zwei Tage später...«). Weder das Begehren noch die Unterdrückung des Begehrens dürfen sich anders ausdrücken als durch Lügen oder Umwege. Eine stumme Szene: Der Leser merkt diesen Verlust der direkten Sprache nicht, während in der Szene des zerbrochenen Kamms der Bruch der Kommunikation als Skandal hingestellt wird. Hier wird diese Sprache zutiefst verloren: Das Kind und der Erwachsene akzeptieren diesen Verlust, sie haben ihn endgültig verinnerlicht. Der Erzähler spricht nicht nur keinen einzigen Vorwurf aus, sondern gratuliert noch dazu Fräulein Lambercier zu ihren Taten und ihrer Diskretion. In der ersten Fassung wird das »*bescheidene* Fräulein Lambercier«, »das einzig um ihren Beweggrund weiß«, für ihr Verhalten bewundert. In der zweiten Fassung wird die lange Ausführung über die bescheidene Erziehung, die Jean-Jacques erhalten hat, ebenfalls die totale Unwissenheit idealisieren, in der man ihn belassen hatte. Hier liegt ein weit grundlegenderes Sprachenproblem als in der Episode des zerbrochenen Kamms. Und warum könnte man nicht sogar annehmen, daß die Forderung nach Transparenz und Gerechtigkeit in der Episode des zerbrochenen Kamms gerade deshalb eine solche Heftigkeit annimmt, weil sie einen unbewußten und auf seinem eigentlichen Gebiet unmöglichen Protest, nämlich den des Begehrens gegen den moralischen Code, auf dieses Gebiet verlagert (wo die Forderung mit dem moralischen Code in Einklang steht und sich somit ungehindert ausdrücken darf)? Spiegeln diese Unschuldsbeteuerungen, diese Vorliebe für die Gerechtigkeit etwas anderes wider als die unmögliche Forderung nach dem Recht, »schuldig« zu sein, nach dem Anrecht auf das Begehren? Die Sophismen und die Widersprüche Rousseaus lassen sich nicht allein aus der Szene des zerbrochenen Kamms erklären. Die Ausarbeitung einer Moral des Gefühls und die Art und Weise, wie Rousseau am Beginn des IV. Buches des *Emile* in einer einzigen Erfahrung das sexuelle Erwachen der Pubertät und das moralische Erwachen des *Mitleids*, die Theorie des Gewissens und des »Dictamen« verschmilzt, bilden ebenfalls Versuche, Begehren und Tabu in einer Synthese zu verbinden: Rousseau versucht, dem moralischen Bewußtsein, das Verbote aufstellt, die Form des Verbotenen selbst, also des Begehrens zu verleihen. Dieser ganze wesentliche Aspekt von Rousseaus Werk läßt sich nur erklären, wenn man in der Episode des zerbrochenen Kamms die paradoxe und sublimierte Wiederkehr der in der Episode der Züchtigung zum Verstummen gebrachten Sprache des Begehrens sieht. Er selbst spürte es deutlich: Das geht aus der Hartnäckigkeit hervor, mit der er wider jede ersichtliche Logik diese zwei Episoden eng miteinander verknüpfte.

Am Ende dieser langen Strecke ist die Kommunikation mit der Mutter also abgebrochen: Das Kind macht eine neue Erfahrung des Verbots und ist nun gleichzeitig im Besitz einer neuen Macht – einer neuen Sprache: der des Körpers. In der Episode selbst erscheint diese Lust am Körper nur als ein Überrest: wesentlich wird sie erst, wenn sich das Wesentliche verflüchtigt hat. Die Deutungen dieses Textes, die die Erfahrung der Lust isoliert in den Vordergrund rücken, indem sie sie in den Rahmen einer sexualwissenschaftlichen Analyse einbinden, reduzieren ihn auf eine Banalität. Die Sitten der »Flagellanten« und der erogene Charakter der Gesäßzone waren seit langem bekannt. Und die Zurückführung dieser Neigung auf eine im Kindesalter erhaltene Züchtigung wäre eine recht naive Entdeckung. Erst wenn man den langen Weg, den Rousseau vom Problem der Liebe bis zur (als Endpunkt und Konsequenz betrachteten) Züchtigung gezogen hat, deutlich erfaßt hat, läßt sich nachvollziehen, wie er von der (nun nicht als Ursprung, sondern als *Relais* betrachteten) Züchtigung zur »Perversion« gelangt. Ein Text, der letztlich vom Anfang bis zum Ende nur von symbolischen Bezügen spricht, läßt sich unmöglich auf einer sexualwissenschaftlichen und physiologischen Ebene lesen. Wir haben gesehen, daß das Kind und der Erzähler Mühe hatten, die Lust zu identifizieren, wenn sie im Text auftaucht: und zwar nicht bloß aufgrund der Neuartigkeit der Erfahrung; sondern deshalb, weil das Zeichen in seiner Totalität erlebt wird und der Signifikant (die Erregung der Gesäßzone), wie in jedem korrekt funktionierenden Bedeutungsprozeß, hinter dem Signifikat (der entgegengebrachten Liebe) verschwand oder vielmehr mit ihm in eins fiel. Die Lust erhielt nur *Wert*, weil sie Zeichen der Liebe war, und die Liebe nur *Existenz*, weil sie in der Lust als Signifikat auftrat. Die Lust was transparent, und die Liebe wurde spürbar. Beide verschmolzen in der Fülle des Zeichens. Zwar gab es bereits auf dieser Ebene eine »Perversion« oder vielmehr eine »Inversion«, insofern der Code der Werte zwischen der Aussendung des Zeichens und seiner Rezeption umgekehrt erschien. Aber letztlich funktionierte das Zeichen. Aber sobald der Sender (Fräulein Lambercier) begriffen hat, daß der Empfänger (das Kind) den Code umgepolt hatte, hat er das Zeichen abgeschafft (und sich dadurch an den neuen Code des Kindes angepaßt und ihm in einer Sprache, die das Kind versteht, bedeutet, wie sehr er die primäre Schuld und insbesondere die sekundäre Schuld, nämlich die Umkehrung des Codes, mißbilligt). Das Signifikat (die Liebe) wird also verweigert und verschwindet mit dem Zeichen. Das Kind bleibt mit dem Signifikanten, der Erregbarkeit seines Körpers, allein, den diese Erfahrung in seinem Denken so eng mit dem Signifikat verknüpft hat, daß es sein ganzes Leben lang versuchen wird, das Signifikat durch die Reaktivierung des Signifikanten wiederherzustellen. Jean Starobinski hat hervorgehoben, daß der Exhibitionismus für Rousseau nur ein *Mittel* war, die Strafe zu erhalten; das Erhalten der Strafe ist nun wieder nur ein Mittel, *sich einzubilden*, er habe die Liebe erhalten. Am Ende seiner Analyse zeigt Rousseau, wie er in seiner Schüchternheit und Zaghaftigkeit, die Körperstrafe zu verlangen, seinen Hang durch Beziehungen »ergötzte«, in denen diese Vorstellung erhalten blieb (»Zu Füßen einer herrschsüchtigen Geliebten zu liegen, ihren Befehlen zu gehorchen und ihre Verzeihung zu erbitten...«): Wenn diese Verschiebung des Signifikanten vom körperlichen Bereich auf den moralischen Bereich beim Erwachsenen so leicht vor sich geht, so natürlich deshalb, weil die Buchstäblichkeit des Signifikanten kaum von Belang und die Perversion *in ihrem eigentlichen Ursprung* ein symbolisches System ist: Die Verschiebungen des Signifikanten und die Umkehrung des Codes sind nebensächlich, wenn man letzten Endes glauben kann, man erreiche das Signifikat, nämlich die Liebe. Die Verschiebung, die der Erwachsene vornimmt, reproduziert übrigens in umgekehrter Form die Verschiebung, die den Ausgangspunkt bildet, und erhellt rückblickend einen Mechanismus, den Rousseaus Analyse im Halbdunkel beläßt. Die Erfahrung des Kindes führte von der Rüge (die es aus Liebe zu fürchten behauptet) zur körperlichen Strafe (in der die körperliche Erregung in Wirklichkeit einem in der Rüge wohl bereits enthaltenen angenehmen moralischen Element einen konkreten Träger liefert): Die Entdeckung der körperlichen Lust offenbarte nur einen moralischen Masochismus. Indem der Erwachsene auf die Züchtigungen verzichtet und die Rügen in Kauf nimmt, wandert er nur bis zum Ursprung der Kette zurück: Auf der Ebene der Lust verliert er dabei nichts, da die Rüge durch das bereits fixierte Spiel der Assoziationen nunmehr als doppelter Signifikant fungiert, der gleichzeitig auf das grundlegende Signifikat Liebe und auf den anderen Signifikanten, die Lust, verweist. Und nachdem er die Lektion von Fräulein Lambercier begriffen hat, gewinnt er der Rüge zugleich die Vorstellung der Liebe und die Realität der Lust ab (»je mehr mir meine lebhafte Einbildungskraft das Blut erhitzte«) und richtet es so ein, daß die Inversion des Codes von seiner Herrin nicht bemerkt werden kann (»desto mehr *sah ich aus* wie ein blöder Liebhaber«). Objekt des Begehrens ist letzten Endes die Liebe. Der Ausdruck »ebenso viele Fräulein Lambierciers aus ihr zu machen« frappiert den Leser zunächst durch seine schamvoll umschreibende Funktion und gleichzeitig durch den humoristischen Einschlag, der mit der Vorstellung der Vervielfachung einhergeht: Dieses stilistische Spiel ist jedoch keines; der Ausdruck ist wortwörtlich zu nehmen: das ganze komplizierte Zusammenspiel der masochistischen Verhaltensweisen verfolgt den Zweck, anhand realer Personen das Bild der Person nachzufabrizieren, das der Bitte um Liebe entspricht, einer Person, die zufällig »Fräulein Lambercier« heißt.

Die Öffnung des Textes

Ich werde den »Faden der geheimen Zuneigungen« vorläufig nicht weiterverfolgen. Ich wollte zeigen, daß die von Rousseau betriebene Nachforschung im wesentlichen ein *Zurückwandern* zum Ursprung ist. Wenn ich in Freudschen Begriffen denke, kann ich versuchen, weiter oder anders zurückzuwandern als er: die rückläufige Forschungsrichtung und den affektiven und symbolischen Ursprung der Perversion hat nichtsdestoweniger Rousseau selbst sehr deutlich angegeben. Aus dem Vergleich der zwei Fassungen des Textes geht hervor, daß es sich um eine regelrechte Forschung handelt, das heißt um ein Verstehen und ein Formulieren, das in der Erinnerung nicht existierte und erst im Schreiben möglich wurde. Es liegt auf der Hand, daß diese komplexe und paradoxe Logik der Affektivität für das Kind völlig dunkel war. Doch der Erwachsene mußte mehrere Anläufe unternehmen, um die Dinge klarzustellen. Das Geständnis ist nicht, wie man im Gedanken an die Beichte meinen könnte, ein Ausdrücken und Nachaußentragen einer innerlich bereits bekannten und formulierten Sache: In diesem Fall hätte Rousseau nur zu sagen brauchen »mein ganzes Leben lang hatte ich Lust, gezüchtigt zu werden«; denn kaum hat der »Büßer« gestanden, was er für seine Sünde hält und den andern zu verbergen meinte, merkt er auch schon, daß da noch *etwas anderes* ist und die Schwierigkeit sich bloß verlagert hat: Was ihn am Sprechen hinderte, hindert ihn auch noch am *Begreifen*. Die einmal verlorene Sprache wiederfinden heißt nicht, Laute auszusenden, sondern: die verlorene Bedeutung eines verschlüsselten Diskurses wiederzufinden. Dadurch ist auch die Verwendung der Rätseltechniken für das Geständnis begründet: Mag Rousseau dem Rätsel selbst auch nicht auf den Grund gegangen sein, so hat er zumindest erkannt, daß hier ein Rätsel vorlag, und war für die Präsenz des »Wunderlichen« (eines seiner Lieblingswörter) empfänglich. Die vereinfachenden und vergröbernden Deutungen, die später erfolgen, scheinen hingegen von einem Widerstand der Autoren gegen das Geständnis zu zeugen: Man kann also offenen Ohrs hinhören und sich dennoch dem Begreifen verschließen.

Bei diesem Zurückwandern zum Ursprung muß die ganze Arbeit des Unbewußten wieder zurückverfolgt und zerlegt, das Verknotete aufgeknotet werden: das Voranschreiten setzt, wie auch in der Analyse, eine zunehmende Aufhebung der Hemmung voraus, wird aber gleichzeitig auch fortwährend durchkreuzt, da der Knoten, den es zu lösen gilt, auf der Ebene des Diskurses immer wieder auftaucht. Im vorliegenden Geständnis scheint Rousseau sich vor allem verbissen zu bemühen, die anläßlich der *zweiten* Züchtigung verlorene Sprache wiederzufinden; und diese Sprache als »Endglied« seiner Bemühungen zu betrachten. Dabei entspricht diese umgekehrte und indirekte Sprache keineswegs der »Transparenz«, die er in seiner Beziehung zum andern anzustreben behauptet; das Problem bleibt aufrecht, nämlich die ursprüngliche Hemmung, wenn es gilt, die Bitte um Liebe direkt auszudrücken. Die Sprache, die es wiederzufinden gilt, ist die Sprache dieser Bitte. Das kann der Text von Rousseau natürlich nicht aussprechen. Daß er uns jedoch durch seine Analysen und Wiederholungen des gehemmten Verhaltens die Möglichkeit gibt, dieses Begehren nachzuempfinden und seine Existenz zu vermuten, das allein ist schon sehr viel.

Bisher habe ich nur zu sagen versucht, was Rousseau selbst sagt. Ich habe, wenn schon nicht seine Sprache, so doch seine Problematik und seinen Blickwinkel übernommen. Die von ihm eröffneten Perspektiven sind mir unendlich reicher erschienen als die sexualwissenschaftlichen oder moralisierenden Lektüren des Textes. Rousseau legt den Nachdruck auf die Notwendigkeit dieses

Zurückwanderns über die Züchtigung hinweg zu einem Ursprung, der mit der Liebe, der Zuneigung und der Beziehung zum privilegierten andern, zur Mutter, zusammenhängt. Der symbolische Aspekt der Perversion als einer Sprache der verlorenen Liebe ist überall gegenwärtig. Die Mechanismen der Inversion des Codes und der Verschiebung des Signifikanten sind sehr klar analysiert. Der Weg, den er vorzeichnet, ist also der einer psychoanalytischen Entschlüsselung. Gewiß hat er ihn nur angedeutet; und auch ich möchte hier nicht den Wissenden spielen und eine Diagnose vorschlagen, die auf Gewißheiten über den Ursprung des »Masochismus«[17] beruhten, über die ich nicht verfüge. Damit würde man überdies in die Fehler der Sexualwissenschaftler verfallen: Die Dürftigkeit der Interpretationen rührt immer daher, daß die Episode der Züchtigung vom übrigen Text *isoliert* wird. Die Erläuterung hat mich dazu geführt, eng am Wortlaut des Textes zu bleiben: Nun möchte ich die Interpretation bloß durch einige Reflexionen über die Umkehrung und die Verdichtung öffnen.

Die Umkehrung

Indem ich die Problematik Rousseaus übernahm, war ich wie er zu der Annahme gezwungen, daß alles von einem allgemeinen Harmoniezustand ausging, der durch das geringfügige und Fräulein Lambercier Schmerz bereitende Verschulden des Kindes beeinträchtigt wurde. Man braucht diese Situation nur umzukehren, um die Wahrheit wiederherzustellen: Man geht von einer zerstörten Harmonie aus, die das Verschulden des Kindes wiederherzustellen bezweckt. Der *Wunsch*, geliebt zu werden, entsteht, wenn man glaubt und fürchtet, man werde nicht geliebt. Rousseau sagt an anderer Stelle sehr unmißverständlich, daß dies der Fall war: In Bossey lebt er nicht nur ohne seine eigene Familie, sondern ist in bezug auf seinen Vetter noch dazu zum armen und deshalb von

17 Zu einer Kritik an der üblichen Deutung des Masochismus siehe Gilles Deleuze, *Présentation de Sacher-Masoch*, Paris 1971 (vgl. auch Gilles Deleuze, *Sacher-Masoch und der Masochismus*. Aus dem Französischen übersetzt von Gertrud Müller, in: Sacher-Masoch, *Venus im Pelz*, Frankfurt am Main 1980. A. d. Ü.). Deleuze erwähnt S. 291-295 eine Kindheitserinnerung Masochs, die sich in ihrer Funktion zur Züchtigung durch Fräulein Lambercier parallel verhält; er geht jedoch in seiner langen Untersuchung zu den Romanen Masochs nicht auf diesen Text ein.

den Lamberciers *vernachlässigten* Verwandten geworden.[18] Die Schuld ist ein Mittel, die Zuneigung oder zumindest die verlorene Aufmerksamkeit wiederzugewinnen. Bereits auf dieser grundlegenden Ebene gibt es eine Umkehrung der Sprache und ein Abbrechen der Kommunikation: Die Verhaltensweisen des Kindes verfolgen den Zweck, den Erwachsenen Zeichen zu entlocken und sie aus ihrem Gleichmut zu bringen. Was die Bedeutung dieser Zeichen betrifft, verfügt das Kind nach Belieben darüber und kehrt sie ohne ihre Zustimmung um. Die derart hergestellte »Kommunikation« ist bereits imaginär, da sie ohne Rücksicht auf den Code des Senders vor sich geht. Die deutlichste Formulierung dieses Mechanismus der Umkehrung der Zeichen, der die Entzifferung bestimmter Verhaltensweisen gestattet, hat Rousseau in seiner Deutung von »Marions Band« vorgenommen:

> Ich beschuldigte sie, das getan zu haben, was ich tun wollte, nämlich mir das Band geschenkt zu haben, da es meine Absicht gewesen war, es ihr zu schenken. (S. 144)

Ist der hier von Rousseau wahrgenommene Mechanismus nicht von weitreichenderer Bedeutung? Läßt er sich auf die anekdotische Analyse eines Verhaltens reduzieren, das etwa der *Neckerei* entspräche (die Neckerei drückt durch eine spielerische, scheinbar böse Aggressivität ein Begehren aus, das sich anders nicht ausdrücken darf: Hat Rousseau die arme Marion etwa bloß zu Tode geneckt)? Man kann ihm genausogut ein Umkehrungssystem entnehmen, das sich auf andere Verhaltensweisen anwenden ließe. Etwa:

> *Ich veranlaßte sie, mir anzutun, was ich ihr antun wollte, und brachte sie dazu, mich zu züchtigen, weil es in meiner Absicht lag, sie zu züchtigen.*

Die Umkehrung wirkt burlesk: aber sie führt zu der (im Text völlig abwesenden) Vorstellung eines Wunsches nach Gewalt bei Jean-Jacques, einer völlig verdrängten Gewalt, die gerade im Mythos der ursprünglichen Gutartigkeit und in der Weigerung, sich in einer wie immer gearteten Gewalttat wiederzuerkennen, zum

18 In den *Bekenntnissen* (Buch I, S. 47) schreibt Rousseau: »Wenn er durch die Gewogenheit derer, die uns zu lenken hatten, auch einigen Einfluß auf mich hatte ...« Diese Situation drängt das Kind dazu, in seiner Einsamkeit »das Gleichgewicht wieder herzustellen«. Auch im *Emil* sieht man (S. 123) die Ungleichheit des Erben (Vetter Bernard) und des Waisenknaben (Jean-Jacques) gegenüber den Erwachsenen, die das Kind auch dort auszugleichen versucht.

Ausdruck kommt. Diese sadistische Komponente muß jedoch zwangsläufig am Ursprung des Masochismus angesetzt werden, ganz so, wie auch zwangsläufig die Vorstellung einer möglichen Bösartigkeit evoziert werden muß, um zu begreifen, was die Gutartigkeit ist. Wo lassen sich Spuren davon im Text finden? Zunächst in der Betrübnis und Aufregung, die das Kind beim Anblick der Pein von Fräulein Lambercier verspürt. Diese Betrübnis/Aufregung muß ein uneingestehbares Maß an Lust enthalten, dergestalt Macht über sie zu besitzen und auf sie einwirken zu können. Gleichzeitig wird sie vom Kind gezwungen, ihm eine Aufmerksamkeit zuzuwenden, die das Kind zu entbehren meint. Da diese Lust *gleichzeitig* uneingestehbar ist und beim Kind sogar Entsetzen auslöst, kann sich das Kind diese Lust nur eingestehen, indem es sich dafür bestraft (oder von seinem »Opfer« bestrafen läßt) und indem es die Vorstellung der Lust auf die Ebene des von ihm selbst empfundenen Schmerzes verlagert. Und warum ist dies uneingestehbar? Würde man gestehen, würde man auch die Liebe einbüßen, die man benötigt. Den Widerspruch, den Rousseau in der Episode der Züchtigung aufspürt, muß man also bereits früher ansetzen. Wir finden jedoch einige (verlagerte) Spuren dieser Aggressivität, und zwar zumindest zwei:

a) *Der Katechismus:* Die ursprüngliche Schuld, von der Rousseau sagt, er erinnere sich *immer noch* daran, geschieht »während der Katechismusstunde in der Kirche«, als er *steckenbleibt*. In den *Bekenntnissen* nimmt er die ganze Schuld auf sich. Aber man braucht nur *Die neue Heloise* oder *Emil* zu lesen, um zu erkennen, welche Aggressivität der Erwachsene gegenüber dem Katechismus und denjenigen, die ihn »lehren«, beibehalten hat. In *Emil* heißt es:

> Wenn ich die Dummheit in ihrer ganzen Ärgerlichkeit darstellen müßte, so würde ich einen Pedanten malen, wie er den Kindern den Katechismus beibringt.[19]

In einem Kommentar zu dieser Stelle sah P.-M. Masson darin eine »rückblickende Rache«, den »Groll eines Halbwüchsigen«.[20]

b) *Der Hintere von Fräulein Lambercier:* In dem Abschnitt über den Aufenthalt in Bossey werden die zwei zentralen und eng miteinander verknüpften Episoden, die der Züchtigung und die des

19 *Emil*, a. a. O., S. 267.
20 P.-M. Masson, a. a. O., S. 34 ff.

zerbrochenen Kamms, in einem humoristischen Kontrapunkt in zwei anderen Episoden wieder aufgegriffen, der über den Hinteren von Fräulein Lambercier und der über den Nußbaum auf der Terrasse. In beiden Fällen richtet die Erzählung übrigens eine Art Rache ein: Demütigung von Fräulein Lambercier und Triumph der beiden Kinder, deren männliche Stärke anerkannt wird (ihr kunstvoller Bau wird als »Wasserleitung« anerkannt, ein Wort, an das sich Rousseau noch angesichts des Pont du Gard erinnern wird; und die Rivalität des kleinen Baumes wird ernst genommen). Diese zwei ausgleichenden Episoden stehen hier stellvertretend für »all die kleinen Anekdoten dieser glücklichen Zeit, die mich heute noch vor Freude erzittern lassen, wenn ich ihrer gedenke«. Die erste dieser Erzählungen kann der Leser nur »wunderlich« finden:

> Wenn ich nur das Vergnügen des Lesers erstrebte, könnte ich den Vorfall mit dem Hinteren des Fräuleins Lambercier wählen, welcher infolge eines unglücklichen Purzelbaums am Wiesenhang dem Könige von Sardinien, der gerade vorbeizog, in voller Rundung vor die Füße gebreitet wurde, aber der Vorfall mit dem Nußbaum auf der Terrasse ist für mich, der ich sein Urheber war, weit vergnüglicher als jener Purzelbaum, bei dem ich bloßer Zuschauer blieb, und ich gestehe auch, daß ich über dieses an sich gewiß ergötzliche Ereignis nicht im geringsten habe lachen können, da es mich für jemanden besorgt sein ließ, den ich wie eine Mutter und vielleicht mehr noch als eine Mutter liebte. (S. 58f.)

Eine Paralipse (ich werde euch nicht erzählen ...) und eine Leugnung (ich habe nicht gelacht ...), die auf der bewußten Ebene sicherlich völlig »aufrichtig« sind; aber dieser Diskurs läßt auch eine völlig verdrängte Aggressivität anklingen, die sich nur mehr in der Umkehrung aussprechen kann. Sie kommt immerhin darin zum Ausdruck, daß die Sache überhaupt erzählt wird, wodurch Rousseau als eigentlicher Verantwortlicher auftritt: breitet doch nun *er uns* den Hinteren vor die Füße, den der Zufall dem König vor die Füße gebreitet hatte. Sie kommt auch darin zum Ausdruck, daß der Leser aufgefordert wird, hier zu lachen (die Episode wird als »an sich gewiß ergötzlich« garantiert ...). In der Erzählung selbst herrscht übrigens ein mehrdeutiges Gleichgewicht zwischen den Zeichen des Mitleids (ein *unglücklicher* Purzelbaum) und denen der Freude (*in voller Rundung*). Auf der bewußten Ebene erlebt Rousseau die Episode natürlich im Register des Mitleids mit einer mütterlichen Person, die sich hier in einer Situation befindet, die er selbst am meisten fürchtet (wie er uns eben kurz zuvor anläßlich der Katechismusstunde erzählte): die öffentliche Schande. Auch die Überlegung, die die zwei Episoden verbindet, ist seltsam: Der Vorfall mit dem Nußbaum »ist für mich, der ich sein Urheber war, weit vergnüglicher als jener Purzelbaum, bei dem ich bloß Zuschauer blieb«; das »weit vergnüglicher« gibt zu verstehen, daß der Vorfall mit dem Hinteren ebenfalls »vergnüglich« war, vor allem aber gibt uns die Unterscheidung Urheber/Zuschauer zu denken. Will Rousseau sagen, daß der Vorfall vergnüglicher gewesen wäre, wenn er den unglücklichen Purzelbaum gemacht hätte? Oder wenn er Fräulein Lambercier dazu veranlaßt hätte (eine kindliche Missetat, die dann mit der Umleitung des Wassers in der zweiten Anekdote vergleichbar wäre und den Vergleich schlüssig werden ließe)? Mir geht es nicht darum, eine Diagnose zu stellen: ich wollte nur zeigen, daß sich durch den Mechanismus der Umkehrung und die Analyse der »Fehlleistungen« des Textes das von Rousseau begonnene Zurückwandern zum Ursprung in einer anderen Sprache fortsetzen ließe, ohne daß sich der Text Rousseaus dem widersetzt: Man würde dann den Mangel an Liebe und die Schuld als eine Bitte um Liebe erforschen und sich mit der Anwesenheit eines zum Masochismus gewendeten Sadismus und mit den Ursachen dieser Umkehrung befassen.

Es drängen sich auch noch andere Hypothesen auf. Rousseau betont, daß Fräulein Lambercier eine »Mutter« ist. Die psychoanalytischen Interpreten sind diesem Wink gefolgt und haben in der Abwesenheit der Mutter seit der Geburt und in der Suche nach Ersatzmüttern das große Problem Rousseaus gesehen. Mag sein, aber vielleicht ist dies nur eine Teilwahrheit. Man kann nicht umhin, sich über die zwei Eigenschaften zu wundern, die Rousseau hier der Mutter zuschreibt: Zuneigung und *Machtvollkommenheit* (frz. »autorité«). Ist die Machtvollkommenheit nicht eher das traditionelle Attribut des *Vaters*? Die Autorität scheint nun gerade das zu sein, was Herrn Lambercier fehlt und wofür seine Schwester einspringt. Sie hat auch dem Vater von Jean-Jacques gefehlt. Die Vermutung liegt nahe, daß das Kind weniger unter der Abwesenheit einer Mutter gelitten hat, die es nur durch den sentimentalen Überschwang seines Vaters kannte, als unter dem Versagen und der Verantwortungslosigkeit des Vaters. Die Suche nach einer Strafe ist folglich vielleicht ebensosehr die Suche nach der mütterlichen Zuneigung wie die nach der väterlichen Autorität. Dann entsinnen wir uns einer Episode am Beginn der *Bekenntnisse* (S. 43), in der Jean-Jacques, den Sabinern nacheifernd, sich dazwischenwirft, als sein Vater seinen älteren Bruder hart *züchtigte*: Er fängt einen Teil der Schläge ab, schafft es aber, daß die Wut des Vaters verraucht. Eine heroische Geste im Stile Plutarchs? Mag sein – aber auch, wenn schon nicht der Wunsch, geprügelt zu werden, so zumindest die Entdeckung eines materiellen Zeichens der Autorität, das dem bösen älteren Bruder vorbehalten ist und von dem Rousseau vergeblich versucht, seinen Anteil zu erhalten, indem er selbst zu einem Schlingel und Ausreißer wird. Auf der Ebene der Phantasmen wird die Frau diese Autoritätsfunktion übernehmen und in ihrer Person die Vaterrolle und die Mutterrolle vereinen.

Die Verdichtung

Rousseau betont die außerordentliche Verfrühtheit dieser Episode. »Das geschah im Jahr 1721, und ich war noch keine neun Jahre alt«, schreibt er in der ersten Fassung. In der zweiten ist er acht. Wir wissen, daß er in Wirklichkeit im Alter von zehn Jahren und drei Monaten zu den Lamberciers gekommen und zwei Jahre später wieder abgereist ist. Wenn Rousseau die Episode in Bossey um zwei Jahre verjüngt hat, so deshalb, um dieses verlorene Paradies und die Episode der Vertreibung aus ihm in seiner Kindheit möglichst früh anzusetzen. Durch diese Verlagerung in die frühe Kindheit (S. 50 erwähnt Rousseau sein »seit seiner Geburt vor Sinnlichkeit brennendes Blut«) wird Rousseaus *Unschuld* betont: von einem großen, zwölfjährigen Knaben berichtet, hätte die lustvolle Züchtigung einen anrüchigeren Aspekt angenommen. Er macht sich also so klein wie möglich und streicht seine »Frühreife« heraus, wobei er sie natürlich als eine Ausnahme von der allgemeinen Regel hinstellt. In *Emil* spricht Rousseau dem Kind erst ab der Pubertät ein Sexualleben zu.

Solche Irrtümer in der Chronologie trifft man in allen Kindheitsschilderungen an. Man darf nicht übersehen, daß diese Kindheitserinnerungen nach dreißig Jahren wieder ins Gedächtnis zurückgerufen werden (S. 57) und Rousseau erst seit kurzem wieder an Bossey denkt: Gerade während der Niederschrift des *Emil* notiert er zum ersten Mal Erinnerungen aus dieser Zeit. Und aus dem Vergleich der zwei Fassungen der Züchtigungsepisode geht hervor, daß sowohl auf der Ebene der Fakten selbst wie auch auf der Ebene der Interpretation ein Herausarbeiten der Erinnerung im Schreibprozeß selbst stattgefunden hat. Die Erzählung über die Züchtigung muß eher als eine Art Mythos behandelt werden denn als eine anekdotische und tatsachengetreue Erzählung. Es versteht sich von selbst, daß Rousseau nicht deshalb zu einem Masochisten wurde, weil er im Alter von acht Jahren eine Züchtigung erhalten hat. Eine psychoanalytische Deutung kann die Analyse der Entwicklung des Geschlechts- und Gefühlslebens nicht auf eine als »Quelle« betrachtete Episode aus dieser Zeit stützen. Sie erfordert, daß man sowohl viel weiter zurückschreitet (die Züchtigung ist nur die Folge und die Verstärkung des Vorangegangenen) und viel weiter voranschreitet: Inwiefern handelt es sich um eine endgültige Fixierung ab diesem Alter? Haben nicht vielmehr die Irrungen des Jünglingsalters und das Verhalten von Fräulein Lambercier zu einer Regression beigetragen? Lauter Fragen, die man sich stellen muß, mögen sie sich auch unmöglich mit Sicherheit beantworten lassen. Zumindest hindern diese Fragen uns daran, den Text als eine erlebte Anekdote zu lesen, die sich durch eine vergröbernde Kausalität erklären ließe.

Auf psychologischer Ebene verleiht diese Verdichtung der Episode den Wert eines Mythos. Sie spielt jedoch auch in der Erzählstruktur der *Bekenntnisse* eine Rolle. Ich habe meine Erläuterung am Ende der zweiten Züchtigung beim »Wer möchte glauben?« abgebrochen, wenn Jean-Jacques darangeht, auf drei Seiten ein Gesamtbild seines Sexuallebens zu entwerfen: ein Bild, das zugleich eine Erklärung ist (worin die Logik seines Liebesverhaltens analysiert wird) und eine moralische Bilanz (die »Verderbtheit«, die paradoxerweise vor der »Ausschweifung« bewahrt; Motiv des »was meinen Untergang verursachen sollte, bewahrte mich«, das wir auch noch in Zusammenhang mit dem gefährlichen Ersatzmittel* antreffen werden) und eine affektive Bilanz (die positiv ausfällt). Diese moralische und affektive Bilanz muß man natürlich als ein Plädoyer gegen eine rein implizite Anklage lesen: den Vorwurf, ein Mann gewesen zu sein und eine Frau begehrt zu haben. Der

* Vgl. *Bekenntnisse*, S. 13, und die Analyse dieses Abschnitts über die Masturbation von P. Lejeune, *Le dangereux supplément. Lecture d'un aveu de Rousseau*, in: *Annales*, 4 (1974), S. 1009-1022. (A.d.Ü.)

Anspruch, der im Ton dieses Plädoyers anklingt, besteht aus einem kuriosen Gemisch von Auflehnung und Unterwerfung: Das Begehren neckt das Tabu, indem es ihm nachweist, daß es sich trotz des Verbots (Auflehnung) und unter Einhaltung des Verbots (Unterwerfung) zu befriedigen vermocht hat. Dieses kindische Verhalten läßt ihn hier so wirken wie die von ihm selbst in den *Dialogen* als »altes Kind« bezeichnete Figur. Daß sein affektives Leben auf ein vorgenitales Stadium fixiert blieb, zeigt der Text sehr deutlich durch die Nennung der kuriosen Ursache seines Ekels vor dem Koitus (der mit den öffentlichen Dirnen und den Hündinnen gleichgesetzt wird):

... seit ich eines Tages zu beiden Seiten des Hohlweges, der nach Petit-Sacconex führt, Erdbuchtungen gesehen, in denen, wie man mir sagte, die Leute dort Paarungen vornahmen. (S. 51)

Eine Beschreibung, in der die Topographie auf die weibliche Anatomie verweist (Hohlweg, Erdbuchtungen) und in der Toponymie gleich zwei vielsagende Anspielungen enthalten sind (petit sac = kleiner Sack, con = Fotze). All das erregt Übelkeit in ihm, wie auch später der Anblick des ejakulierenden maurischen Banditen (S. 118). Mir geht es jedoch nicht darum, allzu leichte und sterile Diagnosen aufzustellen: Es muß gesehen werden, daß der zweite Teil die Folgen der Züchtigung verdichtet. Somit bildet der gesamte Text ein geschlossenes System: die mythische Erzählung des Ursprungs mündet direkt in die globale Bilanz. Was fehlt, ist die detaillierte Geschichte Rousseaus zwischen dem Alter von acht und dem von fünfzig Jahren: Sie wird sukzessive in der normalen chronologischen Reihenfolge am rechten Ort nachgeliefert. Sie tritt also auf, nachdem der »Schlüssel« geliefert worden ist: Indem Rousseau bereits am Anfang das Ende vorausschickt, bereitet er seinen Leser auf die Beschreibung seiner konkreten Verhaltensweisen vor. Tatsächlich sind alle Etappen von Rousseaus Liebesleben hier bereits angekündigt. Diese Technik der Vorbereitung trifft man im I. Buch überall an: Die Konsequenzen der Züchtigung werden gleich darauf im Bravourstück ausgemalt, in dem Fräulein von Vulson und Fräulein Goton sehr einfallsreich die Spaltung und Komplementarität der Liebe versinnbildlichen (die sinnliche Liebe und die, die nur den Kopf verdreht), und in der Passage, in der er erwähnt, daß das Fabulieren als Ergänzung zur Sinnlichkeit fungiert. Dadurch wirkt das ganze Buch I, als wäre es im Lichte des Buches IX geschrieben worden, in dem die Liebesaffäre mit Frau von Houdetot mit einem Schlag alle geheimen Fäden versammelt. Gerade deshalb jedoch: Wer die Erzählung dieser letzten und vollkommenen Liebe aufmerksam liest, wird überrascht feststellen, daß Rousseau nicht einmal entfernt weder auf seinen moralischen Masochismus noch auf das präzise Objekt des ihn quälenden Begehrens, noch auf dessen Ursprung anspielt. Dank der Technik der Vorbereitung kann tatsächlich mit den *Ausklammerungen* gespielt werden.[21] Explizit erwähnt Rousseau seinen erogenen Masochismus nur bis zum Beginn des Buches III (Episode über den Exhibitionismus in Turin), das heißt, solange er fast noch ein Kind ist und solange er noch nicht auf eine tatsächliche und direkte Befriedigung verzichtet hat. Dann läßt er kein Wort mehr darüber verlauten. Natürlich wurde dieses Wort im Buch I ausgesprochen, wenn der Held, dessen Geschichte wir verfolgen, noch ein Kind ist. Aber Rousseau gestattet es sich, *nichts* zu sagen, wenn er die genaue Schilderung seiner Liebesabenteuer als Erwachsener unternimmt: Gegenüber dem Leser *wiederholt* er von neuem die Unfähigkeit zum Geständnis, die er in seinem Leben gegenüber Frau von Houdetot empfunden hat. Dazu bedurfte es nur einer *Verschiebung* des Geständnisses. Hier liegt ein äußerst wichtiges Problem für die Untersuchung sexueller Geständnisse: nämlich das ihrer Stelle im Text. Aus der Untersuchung der Autobiographien von Gide und Leiris würde sehr deutlich hervorgehen, daß sich in einem Text materiell alles sagen läßt, ohne daß in Wirklichkeit etwas gesagt ist; ein Zusammenspiel der Ausklammerungen, der Verschiebung und des Asyndetons hinderte die Bruchstücke der Wahrheit am Zusammentreten und das Begehren daran, sich an seiner Stelle in seiner Einheit und Nacktheit zu manifestieren.

Am Abschluß dieser Untersuchung der Erzählung von der Züchtigung bleibt mir das Gefühl, daß das Geständnis in der Autobiographie aufgrund des fehlenden Adressaten und der Vermittlung im Schreiben eine Unmöglichkeit ist. Gerade deshalb unternimmt Rousseau dieses Wagnis. Im Schutz dieser Unmöglichkeit kann er das Risiko auf sich nehmen, alles zu sagen. Das erfordert nichtsdestoweniger viel Mut. In Wirklichkeit ist dieser Diskurs der Aufrichtigkeit jedoch immer noch ein chiffrierter Dis-

21 Die Strategie der Auslassung ist eindrucksvoll erhellt worden von Henri Guillemin in *Un homme, deux ombres (Jean-Jacques, Sophie, Julie)*, Genf 1943, S. 118.

kurs. Rousseau liebte das Bild eines Herzens, das »durchsichtig wie Kristall« wäre. Doch der Kristall ist auch ein Festkörper: durchlässig für den Blick, aber jeden Zugriff abwehrend. Das Schreiben besitzt diese Doppelfunktion, es kann versuchen, die Wahrheit zu sagen, und in ihrem eigentlichen Dasein das Gegenteil der Wahrheit sein. Und diese Wahrheit, die es auszusprechen versucht, kann es nur in der Umkehrung sagen, durch die Beschreibung all dessen hindurch, was ihrer Mitteilung im Wege stand, und indem es diese Hemmnisse im Diskurs selbst wiederholt. Es geht nicht darum, durch die Zerstörung des Hindernisses die Transparenz wiederherzustellen, da das Hindernis gleichzeitig Geborgenheit bringt, sondern das Hindernis transparent zu machen: Angesichts der Unmöglichkeit, die Wahrheit des Begehrens auszusprechen, wird man bis zum Ende schildern, was ihrer Mitteilung im Wege steht.[22]

22 Es sind auch Geständnisse mit einer anderen Strategie des Begehrens denkbar: das ist bei den Geständnissen Rousseaus im »gefährlichen Anhang« der Fall, elliptischen und diskreten Geständnissen. Da die Masturbation ein Verhalten des »Ungeständnisses« ist, und dies auch noch für den Erzähler im Moment seiner Beichte, ist hier die Vorstellung des Gestehens ein begrifflicher Widerspruch. Man könnte sie nur restlos, als Begehren, gestehen, wenn man auf sie verzichtete sowie durch eine vollständige Änderung des sexuellen und affektiven Verhaltens, die für Rousseau nicht mehr in Frage kommt und übrigens zu einem Verzicht auf das Schreiben und zum Wiederfinden der Sprache führen würde. Ich habe diese Geständnisse analysiert in *Le dangereux supplément, lecture d'un aveu de Rousseau*, a. a. O.

Das Erste Buch der *Bekenntnisse*

Ihm (dem Leser) steht es zu, all jene Bestandteile zu vereinigen und das durch sie gestaltete Wesen zu bestimmen: das Ergebnis soll sein Werk sein, und wenn er sich dabei irrt, so liegt eben der ganze Irrtum bei ihm.

Bekenntnisse, Viertes Buch, S. 260.

Wie ist das Erste Buch der *Bekenntnisse* aufgebaut?

Jean Starobinski, Marcel Raymond und Michel Launay haben sich bei dem Versuch, diese Frage zu beantworten, auf von Rousseau selbst gelieferte Angaben gestützt: Man wird sehen, wieviel ich ihnen zu verdanken habe.[1] Wenn ich die Frage selbst wieder aufgreifen möchte, so deshalb, weil mir scheint, daß ihre Überlegungen durch die Beachtung gehemmt wird, die sie dem von Rousseau selbst verwendeten Bild vom christlichen irdischen Paradies und vom Sündenfall schenken, und daß sie aufgrund dieser Rücksicht andere Strukturen und letztlich die Komplexität des Textes unterschätzt haben. Drei Prinzipien haben mich bei meinen Überlegungen geleitet:

1. *Das Erste Buch kann als ein Ganzes, als eine geschlossene und selbständige Einheit angesehen werden.*

In seinem Vorwort zur Untersuchung des Ersten Buches verwendet Marcel Raymond drei Begriffe, um dieses Buch zu definieren: Er spricht von *Ouverture* (im musikalischen Sinn), von *Mikrokosmos* und von *Mythos*. Ich gehe von denselben Voronnahmen aus. Im Grunde jedoch räumt Marcel Raymond der Vorstellung der *Ouverture* den Vorrang ein, indem er in seiner Untersuchung ein Inventar der *Themen* des Ersten Buches erstellt und sich nicht genügend den Strukturen zuwendet, in denen diese Themen funktionieren. Wenn das Erste Buch ein *Mikrokosmos* ist, so muß

1 Jean Starobinski, *La Transparence et l'Obstacle*, suivi de *Sept Essais sur Rousseau*, Paris 1971, Kap. I; dt.: *Rousseau. Eine Welt von Widerständen*, aus dem Frz. v. Ulrich Raulff, München 1988; Marcel Raymond, *Lecture du premier livre des ›Confessions‹*, in: *Jean-Jacques Rousseau, la Quête de soi et la Rêverie*, Paris 1962, S. 91-115; und Michel Launay, *La Structure poétique de la Première partie des ›Confessions‹*, in: *Annales de la Société Jean-Jacques Rousseau* XXXVI (1963-65), S. 49-56.

es nicht nur die gleichen Elemente wie das gesamte Werk enthalten, sondern sie *untereinander* auch so anordnen, daß sie ein *Ganzes* bilden. Und wenn es ein *Mythos* ist, so muß man den Begriff ernst nehmen und ihm beispielsweise den Sinn verleihen, den er bei Mircea Eliade[2] besitzt, nämlich den einer erfundenen Geschichte zur Beantwortung einer Frage und einer Angst. Und will man diese als Antwort erfundene Geschichte analysieren, so gilt es die Frage in ihrer ganzen Vielschichtigkeit zu erläutern. Die Kindheitsschilderung, wie Rousseau sie praktiziert, wäre demnach der individuelle Mythos, den der Erwachsene zur Beantwortung seiner Probleme herausbildet, und entspräche somit den religiösen Ursprungsmythen, mit denen gesellschaftliche Gruppen auf kollektiver Ebene Antworten auf ihre Ängste finden: Dabei gilt es den derzeitigen Mißstand zu erklären und die Möglichkeit eines Heils, einer Rückkehr zur ursprünglichen Vollkommenheit einzuräumen.

2. *Die Struktur dieses Ganzen ist zwangsläufig eine komplexe Struktur.*

Die große Gefahr bei »mythologischen Analysen« eines derartigen Textes liegt in der Reduktion auf ein einziges, einfaches Schema, für das dank eines oder zweier gut ausgewählter Sätze Rousseau als Bürge aufgerufen wird. Bei dieser Vorgehensweise führt man das Unbekannte auf das Bekannte zurück und tut genau das Gegenteil von dem, was Rousseau selbst unternommen hat. Bei der Untersuchung des Ersten Buches habe ich mir Rousseau als eine Art Mythologienbastler vorgestellt: Zur Beantwortung seiner persönlichen Frage ist er versucht, aus dem Vorrat an Archetypen zu schöpfen, den ihm die religiöse und klassische Kultur bereitstellt. Interessant dabei ist, welche Arbeit Rousseau anhand dieses mythologischen Materials unternimmt *a) indem er auf mehreren Ebenen seiner Erzählung anscheinend recht verschiedene Archetypen miteinander kombiniert, b) indem er diese Archetypen umgestaltet.* Nicht die Verwendung eines Mythos bringt

2 Mircea Eliade, *Mythos und Wirklichkeit.* Aus dem Französischen von Eva Moldenhauer, Frankfurt am Main 1988; und *Kosmos und Geschichte. Der Mythos der ewigen Wiederkehr.* Ins Deutsche übertragen von Günther Spaltmann, Frankfurt am Main 1984. Die mythologische Funktion der Kindheitserzählung wurde kürzlich von J.-M. Chombart de Lauwe in *Un monde autre*, Paris 1971, betont, wo sie nicht die Funktionen, sondern die *Inhalte* von Kindheitserzählungen seit der Mitte des 19. Jahrhunderts analysierte.

Aufschluß über seine persönliche Mythologie, vielmehr die Art und Weise, wie er ihn variiert.

In meiner Analyse des Ersten Buches werde ich dem Mythos vom Paradies und vom Sündenfall, den J. Starobinski, M. Raymond und M. Launay privilegieren, einen anderen Mythos gegenüberstellen; und zwar nicht als Ersatz, sondern als Hinzufügung. Übrigens bringt auch dieser zweite Mythos die Mythologie Rousseaus genausowenig zum Ausdruck. Ich werde aufzuzeigen versuchen, daß sich die Ideologie Rousseaus durch die Interpretation der *Abweichungen* erhellt.

3. *Die Struktur des Ersten Buches als Mikrokosmos muß nicht nur mit den ganzen ›Bekenntnissen‹, sondern mit der allgemeinen Anthropologie Rousseaus in Zusammenhang gebracht werden.*

Das war bereits das Postulat Starobinskis, der Ausgangspunkt für seine Analyse in *Rousseau. Eine Welt von Widerständen.* Der autobiographische Text eröffnet einen schwindelerregenden Raum für die Reflexion des Lesers: Bei der Niederschrift des Ersten Buchs der *Bekenntnisse* oder bei der der *Wörter* legen uns Rousseau bzw. Sartre ihre Ideologie auf mehreren Ebenen gleichzeitig dar: Im Augenblick, in dem sie auf der Ebene der Geschichte die Ursprünge ihrer Weltanschauung erzählen, kommt diese in der Struktur der Erzählung und in allen Aspekten der Äußerung zum Ausdruck. Sie *sprechen* von ihrer Ideologie und erzählen gleichzeitig deren Entstehung. Deshalb ist es auch interessant, die Schilderung im Ersten Buch theoretischen Texten wie dem *Emil* und vor allem der *Abhandlung über die Ursprünge der Ungleichheit* gegenüberzustellen: die zwei letzten Abschnitte dieser Untersuchung werden sich mit dieser Gegenüberstellung befassen und zu einer Klärung des Sinns der Geschichte aus Rousseaus Sicht und der Funktion der »natürlichen Gutartigkeit« in seiner Ideologie führen.

So lauten also die drei Prinzipien, an die ich mich gehalten habe: das Erste Buch als eine strukturierte und komplexe Ganzheit lesen, die es zu den theoretischen Texten Rousseaus in Beziehung zu setzen gilt.

Zu diesen theoretischen Prinzipien traten auf praktischer Ebene auch noch methodische Erwägungen: Man kann nicht von der Struktur eines Textes sprechen, ohne die Informationen zu berücksichtigen, die uns über seine Entstehungsgeschichte vorliegen. Wir wissen wenig darüber, wie Rousseau das Erste Buch aufgebaut hat, außer daß er sich die Frage des Aufbaus zwangsläufig selbst gestellt haben muß.[3] 1756 hatte er begonnen, Notizen und Anekdoten zu notieren und zu sammeln: Das Erste Buch wurde nicht in einem Zug niedergeschrieben, sondern durch die Montage oder Collage bereits geschriebener Elemente aufgebaut. Von dieser kompositorischen Arbeit haben wir dreierlei Zeugnisse: 1) Rousseau mußte zwischen seinen Erinnerungen *auswählen*, und im Lichte der aus dem Ersten Buch ausgeschiedenen Erinnerungen können wir uns fragen, nach welchen Kriterien diese Auswahl getroffen wurde; 2) die Handschrift von Neuchâtel enthält eine erste Fassung des Textes, in der die Struktur des Ersten Buches noch nicht völlig ausgereift ist; 3) Rousseaus Streben nach einer Gliederung geht aus dem Versuch einer Numerierung der Absätze am Beginn des Ersten Buchs in den Pariser und Genfer Handschriften hervor. In einem Anhang zu dieser Untersuchung werde ich versuchen, diese Zeugnisse zusammenzufassen und mit dem Resultat meiner Analysen des endgültigen Textes zu konfrontieren.[4]

Diese Analysen werden, zumindest in einer ersten Phase, vor allem deskriptiv sein: Sie werden jeweils zu Interpretationsansätzen führen. Sollte der Leser diese Interpretationen nicht akzeptieren, so soll ihm durch eine Beschreibung des Textes die Möglichkeit geboten werden, anhand neuer Grundlagen selbst zu interpretieren.[4]

Am Anfang war die Fabel

Will man die Struktur eines Textes analysieren, so muß man zunächst seine Grenzen festlegen. Auf der Ebene der *Geschichte* wirken diese Grenzen »naturgegeben«: Das Buch beginnt, wie die meisten Autobiographien, mit der Geschichte der Familie und der Geburt des Protagonisten und endet mit einem Ereignis, das seine Lebensumstände und sein Schicksal verändert, nämlich mit der

3 Zur Gliederung der *Bekenntnisse*, vgl. Hermine de Saussure, *Les Manuscrits des Confessions*, Paris 1958, und die Einführung von Jacques Voisine zu seiner Ausgabe der *Bekenntnisse*, Paris 1964.

4 Jean-Jacques Rousseau, *Bekenntnisse*. Aus dem Französischen von Ernst Hardt, mit einer Einführung von Werner Krauss, Frankfurt am Main 1985.

Flucht aus Genf im Jahr 1728. Auf der Ebene der *Narration* hingegen besitzt das Erste Buch zu unserer Überraschung eine symmetrisch in sich geschlossene Gliederung, da es mit einer Serie beginnt und mit der gleichen Serie, aber in umgekehrter Reihenfolge, endet. Sieht man von den einleitenden Bemerkungen (S. 37) und von der dreizeiligen Überleitung zum Zweiten Buch (S. 88) ab, läßt sich der Aufbau in folgendem Schema zusammenfassen.

Beginn: A/ *Der Roman der Eltern* (S. 38f.)
(idyllische und romanhafte Schilderung des Lebens der Eltern)

B/ SCHOCK, EXIL (S. 39f.)
(die Geburt Jean-Jacques, die diesen Traum zunichte macht)

C/ *Erwachen des Bewußtseins in der Lektüre und im Romanhaften* (S. 40f.)

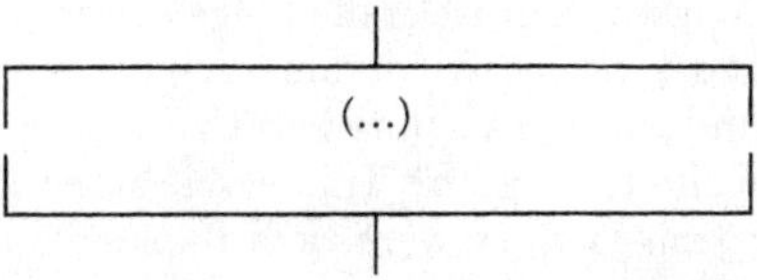

Schluß: C'/ *Flucht in die Lektüre und das Romanhafte* (S. 82ff.)

B'/ SCHOCK, EXIL (S. 84-87)
(Fortgang aus Genf)

A'/ *Roman von Jean-Jacques* (S. 87f.)
(idyllische und romanhafte Schilderung des Lebens von Jean-Jacques, wenn ...)

Das Buch beginnt und endet mitten im Traum und vermittelt dem Leser das Bild eines in der Phantasie verankerten Bewußtseins. Die eigentliche Schilderung der tatsächlichen, historischen Kindheit von Jean-Jacques (S. 38-87) erscheint nur als eine Lücke zwischen zwei Träumen.

Dies ist zumindest die Wirkung auf den Leser: Denn Rousseau selbst scheint sich dessen nicht klar zu werden. Für ihn liegt alles auf ein und derselben Ebene: Was ihm mündlich über seine Eltern überliefert ist, ist für ihn eine historische Wahrheit. Die Schilderung seines Lebens in Genf, wenn er nicht geflohen wäre, erscheint ihm ebenfalls als wahrscheinlich. Für uns hingegen wirken diese zwei vagen und schematischen Erzählungen wie zwei stereotype Romane, die mit der konkreten und fesselnden Erzählung, die sie einrahmen, kontrastieren. Sie stehen am Anfang und gleichsam als Echo am Ende des Buches. Der zweite Roman scheint als reine Fata Morgana in die Zukunft vorauszuprojizieren, was der erste Roman zurückprojiziert. Das idyllische Leben, das Rousseau mit seiner Flucht aus Genf zurückläßt, ist genau dasjenige, dem er mit seiner Geburt ein Ende gesetzt hat. Das Exil wiederholt die Geburt. Daß es sich um ein reines Phantasma handelt, wird im Text ausgesprochen: »Ehe ich auf das Verhängnis meines Schicksals eingehe, gestatte man mir, für einen Augenblick zurückzuschauen und die natürliche Entwicklung zu betrachten, die ich unter den Händen eines besseren Meisters genommen haben würde.« Durch seine Flucht versperrt er sich keinerlei Zukunft, da ihm diese Zukunft bereits vom Schicksal verwehrt worden ist; die Flucht klärt eher seine Lage. Vom Schicksal verwehrt? In Wirklichkeit ist es die Folge dieser Reihe von Erlebnissen, in denen er immer wieder im Stich gelassen worden war und die im Grunde bis zur Geburt selbst zurückreichen.

Diese zweite romanhafte Träumerei, deren Protagonist ein erwachsener Jean-Jacques wäre, kehrt später im Leben von Jean-Jacques oder zumindest in seiner Schilderung davon häufig wieder: Niederlassungs- und Heiratspläne, später dann Reformpläne (Rückkehr zum ruhmlosen Leben des braven Handwerkers), Träumereien über ein matriarchalisches Dasein ... Dieser Roman am Ende des Ersten Buchs dient dazu, den Horizont eines ganzen Lebens anzudeuten (sein Urprojekt, würde Sartre sagen). Denn die Flucht aus Genf ist *gleichzeitig* eine neue Form des Exils und eine Geste der Rückkehr, ein Drang zum Horizont, zum abwesenden Paradies. Die Geburt ist ein eindeutiges Ereignis. Die Flucht aus Genf hingegen ist mehrdeutig und komplex. Denn das Exil nimmt nicht die Gestalt eines Ausschlusses an, sondern bereits die eines Hindernisses für die Rückkehr (die Pforten der Rückkehr sind verschlossen). Und die Fluchtgeste ist gleichzeitig eine Geste der Rückkehr, da er in der weiten Welt schließlich nichts anderes suchen wird als das, was ihm die Mutterstadt hätte geben müssen.

Das Leben – denn wir sehen bereits, daß das Erste Buch nicht die Kindheit erzählt, sondern einen Mythos schildert, der auf das ganze Leben verweist –, das Leben ist nur der Weg von einer verlorenen zu einer erhofften Romanze. Das Leben ist nur ein Loch im Imaginären: Es richtet sich gänzlich nach zwei Bildern aus.

Das erste Bild, der Roman der Eltern, ist dem Kind vom Vater und von den Tanten vermittelt worden. Dabei handelt es sich weder von seiner Entstehung noch von seinem Inhalt her um einen »Familienroman« im Freudschen Sinn des Wortes. Von seiner *Funktion* her jedoch schon. Das Kind hat ihn geglaubt, hat ihn ausgeschmückt und übernommen: Wenn schon eine Verbannung, dann eben eine Verbannung aus dem Paradies. So gesehen, trifft die Formulierung Marthe Roberts vom »Roman des origines, origine du roman« (»Roman der Ursprünge, Ursprung des Romans«) ganz genau auf Rousseau zu, und der gesamte Aufbau des Ersten Buches, vom Anfang bis zum Ende, erscheint geradezu als ein Paradebeispiel für diese These.[5]

Es gibt also nicht nur eine Entsprechung zwischen A und A' (und später zwischen B und B'), sondern selbst innerhalb jeder Serie entsprechen A und C über B haargenau C' und A' über B'. A und A', die wir als Fabeln bezeichnen, sind zwei im Text als wahr oder wahrscheinlich hingestellte Erzählungen, von denen eine vor der Geburt des Protagonisten liegt und die andere nach seinem Weggang: der tatsächliche Protagonist taucht also in keiner von ihnen auf. Dafür taucht er in der Erzählung gleich nach seiner Geburt und unmittelbar vor seinem Weggang auf, und zwar nicht als Protagonist, sondern als *Leser* von Romanen.

Der Protagonist der Autobiographie sieht, wie sein Bewußtsein aus der Lektüre aufsteigt (S. 41) und später von der Lektüre aufgesogen wird (S. 83 f.). Die Lektüre, das heißt die Beziehung zum geschriebenen Text, tritt in der Erzählung nicht als anekdotische Erinnerung auf, sondern als konstitutive Urerfahrung und als Endpunkt.

In beiden Fällen kommt es für uns zu einer eindeutigen Beziehung zwischen dem Roman (für den der *erwachsene Erzähler* verantwortlich ist) und der Leseerfahrung des *kindlichen Protagonisten*. Am Anfang erwacht das Selbstbewußtsein des kindlichen Protagonisten, als er von seiner Mutter hinterlassene Romane liest: »Meine Mutter hatte Romane hinterlassen.« Besser kann man es nicht ausdrücken: unter diesen Romanen ist eben der Fa-

5 Marthe Robert, *Roman des origines, origines du roman*, Paris 1972.

milienroman. Die Mutter *ist* ein Roman. Und jeder Roman ist Rückkehr zur Mutter, zum einzigen Zeichen, das von ihr bleibt. Der ausklingende, vom Erzähler vorgetragene Roman am Ende des Ersten Buches tritt ebenfalls geradlinig aus der Gattung der Träumerei heraus, die er dem halbwüchsigen Protagonisten unterstellt.[6] Im Grunde produziert der Erzähler am Anfang und am Ende des Buches, als Erinnerung und als Traum, die Lektüre bzw. Deutung seines Protagonisten.

Wir aber wissen, daß die »Erinnerung« am Anfang nur ein Traum ist und der Traum am Ende nur die Erinnerung an diesen Traum. Und vor allem, daß die Beziehung des Protagonisten zum Text am Anfang und am Ende nicht analog ist. Das Erste Buch ist nicht bloß ein Hin- und Rückweg, eine Reise, die sich aufhebt: Es beschreibt die Verwandlung, die die Rückkehr ermöglicht. Das Erste Buch schildert, wie man vom Lesen zum Schreiben überwechselt, das heißt, wie man zum Schriftsteller wird.

Die ersten Erfahrungen sind reine, völlig naive Leseerfahrungen: Das lesende Kind dringt in einen transparenten Text ein und identifiziert sich mit den Helden des Romans. Wie Don Quijote verwechselt es Roman und Wirklichkeit. Es entnimmt dem Roman unvermittelt eine Weltanschauung und eine Verhaltensregel. Es wird im Leben zum Romanhelden: »Ich wandelte mich innerlich gewissermaßen in den Menschen um, dessen Leben ich gerade las« (S. 42). Daher auch im Verlauf seines ganzen Lebens die unheilbare Romanhaftigkeit und die heroischen Anwandlungen des Helden Jean-Jacques; und das Erste Buch schildert, gleichsam wie ein Bildungsroman, die allmähliche Degradation beim Kontakt mit der Wirklichkeit.

Die Erfahrungen am Ende (S. 83 f.) sind keine bloßen Leseerfahrungen mehr. Jean-Jacques hat alle Bücher gelesen, deren er habhaft werden konnte[7], und seine Sinnlichkeit beginnt zu erwachen. Er schlägt einen »Weg« ein, der ihn vor sich selbst rettet und seine Sinnlichkeit beschwichtigt. Er wird nicht zum Konsumenten, sondern zum *Produzenten* von Phantasmen. Das ist noch kein Schreiben, aber bereits ein Zusammenstellen von Gliedern. Sein Ziel scheint zwar immer noch dasselbe zu sein: »... daß ich zu

6 Vgl. S. 84: »[...] und endlich ließ mich der erdichtete Zustand, in dem ich völlig aufzugehen wußte, meinen wirklichen, mit dem ich gar so unzufrieden war, völlig vergessen.«

7 Vgl. S. 40: »[...] erschöpfte ich den kleinen Laden der Tribu.«

einer der vorgestellten Personen wurde ...« (S. 84) Bei genauerer Betrachtung sieht man jedoch, daß es sich um eine genau umgekehrte Bewegung handelt. Am Beginn ließ er den Roman naiverweise in das Leben überfließen. Es ging darum, im Leben zu dieser Person zu werden. Hier geht es darum, sich in den Roman zu flüchten, zur Person eines Romans zu werden, den man erfindet. Am Anfang wurde er zur Romanfigur; jetzt ist er gezwungen, die Rolle des *Autors* zu übernehmen: die Phantasie mit jenen Umständen und Verhältnissen, die ihn in den Büchern gefesselt hatten, zu erfüllen, sie immer wieder zurückzurufen, zu verändern, zu variieren und zu kombinieren, um sie sich anzueignen; mit einem Wort: zu dichten.

Der Ursprung des Lesens hängt mit der Geburt und mit dem Bild der Mutter zusammen; der des Schreibens mit der Pubertät und mit einer bewußt angenommenen und nicht passiven Rückkehr zur Romanwelt.

Daher darf man diese Seiten auch nicht als einen anekdotischen Abschnitt des Jugendalters lesen, den es zu überwinden gilt. In der letzten Episode vor der Flucht aus Genf und in dem Roman am Ende des Ersten Buches wird das grundlegende Projekt des ganzen Lebens des Protagonisten entworfen: eine unüberwindbare Lösung. Das Leben des Halbwüchsigen und des Erwachsenen wird unzählige unvorhergesehene Wendungen durchlaufen: aber es ist im vorhinein abgeschlossen. Bereits hier wird die Offenbarung von Vincennes und vor allem die Niederschrift der *Neuen Heloise* geschildert: Dieser Abschluß des Ersten Buches wirkt gleichsam wie eine kleine Anbahnung und Vorbereitung des Abschlusses des Neuntes Buches.

Das Erste Buch der *Bekenntnisse* ist somit völlig in sich geschlossen und selbständig, ganz wie die *Wörter* Sartres. Scheinbar wird die Geschichte eines Kindes geschildert (bis zum sechzehnten Lebensjahr bei Rousseau, bis zum elften bei Sartre): In Wirklichkeit handelt es sich um einen Mikrokosmos, der über die Kindheitsschilderung das globale Projekt des Menschen wiedergibt. Das Erste Buch erfüllt gleichzeitig die zwei Funktionen: es ist der erste Akt des Dramas und das ganze Drama. Genauso wie ein Samenkorn zugleich der erste Abschnitt der Entwicklung der Pflanze und die Präfiguration der ausgewachsenen Pflanze ist. Daher die sehr komplexe Struktur dieses Ersten Buches und die Lektüre auf verschiedenen Ebenen, die es ermöglicht. Wenn die

Gliederung im weiteren Verlauf der *Bekenntnisse* allmählich lokkerer wird, so zunächst deshalb, weil dieser zweifache Anspruch nun nicht mehr auf den nachfolgenden Büchern lastet, in denen Rousseau sich mit dem bloßen Erzählen begnügen konnte, ohne zugleich den Ursprung und die Totalität schildern zu müssen.

Das Erste Buch »bereitet« also auf zwei verschiedene Weisen auf die weitere Erzählung vor: indem es uns eine Vielzahl von *Ursachen* darlegt, die wir Leser als Verständnishilfen für die Fortsetzung der Geschichte rezipieren, eine Fortsetzung, die wir noch nicht kennen und die uns Rousseau schmackhaft macht; und indem es uns, ohne daß wir es merken, diese Fortsetzung selbst erzählt. Somit sind wir zweifach vorbereitet.

Die vier Zeitalter

Die Schilderung der Kindheit zwischen der Geburt und der Flucht aus Genf ist offenkundig in vier Abschnitte gegliedert. Rousseau spricht dies zweimal explizit aus, und diese Gliederung geht auch unschwer aus der Textanalyse hervor. Am Ende des Ersten Buches heißt es:

> [...] aber ich hatte mich einer ehrbaren Freiheit erfreut, die bis dahin nur allmählich beschränkt worden war, jetzt jedoch völlig erlosch. Ich war bei meinem Vater dreist, bei Herrn Lambercier offen und bei meinem Onkel zurückhaltend gewesen; meinem Meister gegenüber wurde ich furchtsam, und von da an war ich ein verlorenes Kind. (S. 71)

Dieser Satz gibt zugleich die Einteilung in vier Abschnitte an, das Kriterium der Einteilung (die Erziehung und ihren Einfluß auf die Freiheit) und die Entwicklungsrichtung: Es handelt sich um einen fortschreitenden Verfall. Ein ähnliches rückblickendes Schema wird im Zweiten Buch in Zusammenhang mit der religiösen Erziehung angeführt (S. 111).

Man erkennt hier den antiken Mythos der *vier Zeitalter*, wie er von Hesiod in seinen *Erga* (Werke) geschildert und später in der gesamten Antike in Umlauf war.[8] Die bekannteste Fassung ist die von Ovid am Beginn der *Metamorphosen*. In Kurzfassung:

8 Zum Mythos der vier Zeitalter und den verschiedenen Formen des Mythos vom Ursprung, vgl. Mircea Eliade, *Mythos und Wirklichkeit*, a. a. O., Kap. II, »Magisches Prestige der Ursprünge«; und *Kosmos und Geschichte. Der Mythos der ewigen Wiederkehr*, a. a. O. In seiner indischen Version ist der Mythos der vier

Die alten Dichter unterteilten das Alter der Welt in vier verschiedene Abschnitte: 1) das *goldene Zeitalter* unter der Herrschaft Saturns, eine Zeit der Unschuld und des Glücks, des Überflusses ohne Arbeit, der idealen Gerechtigkeit, des Friedens und der Gleichheit, in der ein ewiger Frühling die Erde in eine Stätte der Wonne verwandelte und deren Name als poetische Metapher in der Sprache aller Völker erhalten ist; 2) das *silberne Zeitalter* unter der Herrschaft Jupiters auf einer geringeren Stufe der Unschuld und des Glücks; 3) das *eherne Zeitalter*: die Ungerechtigkeit läßt sich auf der Erde nieder, die Gleichheit verschwindet, der Besitz festigt sich, und mit ihm kommt es zu Raub und Krieg; 4) das *eiserne Zeitalter*: die Natur beginnt mit ihren Gaben zu geizen, alle Laster und alle Verbrechen überschwemmen die Erde. Astrea, die Göttin der Gerechtigkeit, flieht in den Himmel. In diesem letzten Zeitalter leben wir.[9]

Rousseau kannte diesen Mythos sehr gut. Er kannte ihn sogar seit seiner frühesten Kindheit, da Ovids *Metamorphosen* neben Plutarch (S. 41) in der Bibliothek seiner Eltern standen. Doch geht es hier nicht darum, darin eine von Rousseaus »Quellen« zu sehen oder den Inhalt der vier Zeitalter Hesiods auf seine Erzählung zu übertragen und sie dadurch zu entziffern. Rousseau hat diesem Mythos bloß eine Auffassung der Geschichte als eines fortschreitenden Verfalls von der ursprünglichen Vollkommenheit bis hin zum derzeitigen Mißstand entnommen; und er hat diesen Archetyp, der gewöhnlich zur Darstellung der Abschnitte der Menschheitsgeschichte verwendet wird, auf den Verlauf der Kindheit eines Individuums übertragen.

Die Erzählung im Ersten Buch enthält tatsächlich fünf Brüche, die vier Perioden abgrenzen. Der Aufbau des Ersten Buches ließe sich grob folgendermaßen abbilden:

Zeitalter in die zyklische Weltauffassung integriert: Am Ende des letzten Zeitalters kommt es zu einem neuen Schöpfungsprozeß, der den Zyklus wieder an seinem Beginn einsetzen läßt (*Kosmos und Geschichte*, a. a. O., S. 95). In den Versionen Hesiods oder Ovids wird die Theorie der Weltzeitalter von der zyklischen Lehre abgekoppelt. Aber bei Heraklit und Empedokles sowie in der stoischen Überlieferung werden, wie in der indischen Version, die Theorie der Zeitalter und die zyklische Lehre verknüpft (*Mythos und Wirklichkeit*, a. a. O., S. 67). Die Idee, den Ablauf eines Lebens anhand dieses Mythos zu veranschaulichen, wurde später von Fernand Gregh aufgegriffen, der die Bände seiner Autobiographie *Das goldene Zeitalter, Das eherne Zeitalter* und *Das eiserne Zeitalter* betitelte (Paris 1947, 1951 und 1956).

9 Larousse, *Grand Dictionnaire universel du XXe siècle*.

	BRÜCHE	PERIODEN
Roman der Eltern (S. 38) →	GEBURT (S. 39f.)	
		goldenes Zeitalter (beim Vater) (S. 41-46)
	FLUCHT DES VATERS (S. 46)	
		silbernes Zeitalter (beim Onkel) (S. 62-69)
	ÜBERDRUSS IN BOSSEY (S. 57 u. 61)	
		ehernes Zeitalter (beim Onkel) (S. 62-69)
	DIE LEHRE (S. 69)	
		eisernes Zeitalter (bei Herrn Du Commun) (S. 69-84)
	FLUCHT VON JEAN-JACQUES (S. 85ff.)	
← Roman von J.J. (S. 87f.)	↓ II. Buch	

Das ist also der Leseraster des Ersten Buches, der sich aus dem oben zitierten Satz ableiten läßt. Bequemlichkeitshalber werde ich in dieser Untersuchung die darin anklingenden Bezeichnungen der Zeitalter verwenden: Was selbstverständlich weder voraussetzt, daß Rousseau seine Erzählung absichtlich im Gedanken an den antiken Mythos konstruiert hat (er hat nur spontan auf das vom Mythos verwendete Erzählschema zurückgegriffen), noch daß dieser Mythos auch nur im geringsten einen »Schlüssel« zum Ersten Buch bildet.

Der Mythos der vier Zeitalter ist tatsächlich nur eine der zahlreichen Formen des Mythos vom Ursprung; wenn man anderen Hinweisen Rousseaus nachginge, könnte man versucht sein, eine andere Version des Mythos in den Vordergrund zu rücken, worin der derzeitige Weltzustand nicht durch einen fortschreitenden Verfall, sondern durch einen einmaligen Sündenfall erklärt wird. Hat Rousseau nicht vielmehr die christliche Mythologie des irdischen Paradieses und der Ursünde verwendet? Schreibt er nicht am Ende des Vorfalls mit dem zerbrochenen Kamm:

> Wir blieben noch einige Monate in Bossey, aber wir lebten nun, wie man uns ja auch den ersten Menschen noch im Paradiese darstellt, nachdem er bereits aufgehört hat, seiner zu genießen. (S. 57)

Jean Starobinski ist diesem Hinweis gefolgt und hat es vorgezogen, in dem Vorfall mit dem zerbrochenen Kamm den einzigen Ursprung von Rousseaus Geschichte zu sehen, den Sündenfall, der das Paradies verschließt. Aber Rousseau pflegt alle dramatischen Momente seines Lebens als »einmalig« zu bezeichnen: Durch diese wiederholte *Einmaligkeit* nimmt der Moment des Bruchs die Gestalt einer *Serie* an. Rousseau verwendet den Verweis auf das irdische christliche Paradies eher, um einen mehrdeutigen Übergangszustand (zwischen »noch« und »nicht mehr«) zu definieren, als um auf den dramatischen Akt der Ursünde, einen ihm fremden Begriff, hinzudeuten.[10]

Hat Rousseau nicht auch deshalb auf die christliche Mythologie angespielt, um ihr all das zu entlehnen, was sie mit den meisten Mythen vom Ursprung gemein hat? Das Bild des »irdischen Paradieses« oder des »goldenen Zeitalters«? Die Theorie der vier Zeitalter taucht zwar in den Texten Rousseaus nicht explizit auf, Ausdrücke wie »goldenes Jahrhundert« oder »goldenes Zeitalter« kehren jedoch unter seiner Feder oft wieder, und die Erstellung eines Inventars der Formen des Paradiesmythos und seiner Funktion im Werk Rousseaus ist eine Pflichtübung jeder literaturwissenschaftlichen Arbeit über Rousseau.[11] Doch der Begriff »golde-

10 Der Vergleich mit dem irdischen Paradies dient vor allem dazu, die ersten Symptome des Schuldgefühls zu veranschaulichen. Im übrigen besteht jedoch keine Beziehung zwischen der *Schöpfungsgeschichte* und dem Ersten Buch der *Bekenntnisse*. Adam ist für seinen Sündenfall verantwortlich; das Kind ist unschuldig und Opfer eines Mißverständnisses. In der *Genesis* liest Gott weiterhin im Herzen der Menschen, obwohl sie sich zu verbergen bemühen. In den *Bekenntnissen* kommt es deshalb zum Drama, weil die Götter nicht mehr im Herzen des Kindes lesen können. Zwischen beiden Texten gibt es also nur wenige Beziehungen. Zu Rousseaus Ablehnung der Vorstellung einer Erbsünde, vgl. den *Brief an Christophe de Beaumont* (Pléiade IV, S. 937f.).

11 Vgl. zum Beispiel die sehr aufschlußreiche Untersuchung des Motivs des goldenen Zeitalters von Marc Eigeldinger (*Jean-Jacques Rousseau et la Réalité de l'imaginaire*, Neufchâtel 1962, Kap. IV, »L'Age d'or est insulaire«). In *Jean-Jacques Rousseau et la Quête de l'âge d'or*, Brüssel 1970, erstellt Jean Terrasse ein Inventar der Ausprägungen des Mythos vom goldenen Zeitalter: römischer Mythos, Mythos des guten Wilden, Mythos des Vaterlandes, Mythos der Kindheit. Es gelingt

nes Zeitalter« außerhalb seines Kontextes, also der Theorie des fortschreitenden Verfalls, gibt uns keine Mittel in die Hand, die Struktur der Geschichte aus der Sicht Rousseaus zu überdenken. Die Vollkommenheit des Anfangs ist ein gemeinsamer Zug aller Mythen vom Ursprung. Die präzise Frage, die der Mythos beantworten soll, lautet: Warum gibt es diesen Idealzustand nicht mehr, wie läßt sich der derzeitige Zustand erklären (das heißt rechtfertigen) und welche Hoffnung bleibt uns, die Vollkommenheit des Ursprungs wiederzuerlangen? Rousseau hat nun versucht, seine Antwort auf diese wesentliche Frage anhand der Theorie der vier Zeitalter zu formulieren. Als er die Schilderung seiner eigenen Ursprünge konstruierte, befand er sich gleichsam in der Situation eines Liebhabers der Mythologie: Er konnte unter den Archetypen, die ihm zur Verfügung standen (griechisch-lateinische Mythen, das theoretische Schema der Schöpfungsgeschichte, wie er selbst es in seiner zweiten Abhandlung und in anderen Texten praktiziert hatte), wählen, um eine Geschichte auszuarbeiten, die die Frage nach dem Ursprung, die bei ihm eine sehr eigentümliche Form angenommen hatte[12], beantworten könnte. Diese Frage bringt Licht in die Auswahl der mythologischen Schemata und in die Bearbeitung, die Rousseau an ihnen vornimmt.

Gewisse Merkmale des Mythos der vier Zeitalter hatten ihn wohl fasziniert, weil sie ein Erzählgerüst abgaben und einen Ansatz bilden, aus dem seine Antwort hervorgehen konnte. Und zwar hauptsächlich drei Merkmale:
– die Vorstellung eines fortschreitenden Verfalls, das heißt einer *Wiederholung* des Sündenfalls, die seiner Gewohnheit entspricht, die doch immer wiederkehrenden intensiven Augenblicke als »einmalig« zu denken;

ihm jedoch in seiner Untersuchung nicht recht, die Beziehungen des Mythos zur autobiographischen Erzählung aufzuzeigen. Vor der Beschreibung der Formen des Mythos befindet sich ein psychologisches Porträt Rousseaus (Schüchternheit, Einbildungskraft usw.); wenn der Autor zum Mythos der Kindheit gelangt, verweist er auf dieses einleitende Porträt, um auf den Inhalt der *Bekenntnisse* nicht eingehen zu müssen; seine Zusammenfassung des Ersten Buches nimmt drei Seiten ein (S. 244-247).

12 In den *Träumereien* schöpft Rousseau dann aus dem Christusmythos die erforderlichen Elemente zur Ausarbeitung seines persönlichen Mythos. Vgl. S. Lecointre und J. Le Gallot, *Essai sur la structure d'un mythe personnel dans les ›Rêveries du promeneur solitaire‹*, in: *Semiotica* 4 (1971).

– die klassische Verbindung von Tugend und Glück, Verbrechen und Unheil in diesem Mythos;
– und vor allem die Tatsache, daß dieser Mythos das Problem des Übergangs von einem Zeitalter zum anderen, die Ursachen dieses Übergangs und die Schuldfrage offenläßt. In der christlichen Mythologie sind diese Fragen, wenn auch auf mysteriöse Weise, bereits geklärt; hier hingegen kann aufgrund der Unbestimmtheit der Übergänge jede beliebige Theorie in den Mythos einfließen. Dieser Mythos, der ihm seit der Kindheit bekannt ist, gleicht einer absteigenden Melodie, die der Erwachsene unter dem Einfluß einer unglücklichen Erfahrung beliebig variieren kann.

Auch die Grenzen der Verwendung dieses Mythos sind bereits ersichtlich: Im Ersten Buch bezieht sich die Theorie der vier Zeitalter, die auf dem Niedergang der Erziehung gründet, nur auf den Kern der Erzählung (S. 41-84), das heißt auf die Geschichte des Kindes, das mit der gesellschaftlichen Wirklichkeit konfrontiert ist; diese Geschichte ist in die umfassendere Fabel von der Geburt, die im vorangehenden Abschnitt geschildert wird, eingefügt und ihr untergeordnet. In den meisten Versionen hing der Mythos der vier Zeitalter mit dem zyklischen Modell der ewigen Wiederkehr zusammen: Bei Rousseau ist dies anscheinend nicht der Fall, da er sehr wohl weiß, daß die Geschichte der Menschheit unumkehrbar ist. Insofern er jedoch den Mythos der vier Zeitalter auf seine persönliche Geschichte anwendet, gelangt er ganz von selbst wieder zur Verbindung zwischen dem Schema des fortschreitenden Verfalls und dem Schema der Rückkehr zum ersten Zeitalter. Das vorhin angeführte kreisförmige Schema des Ersten Buches spielt also in bezug auf die mittlere Erzählung des fortschreitenden Verfalls die gleiche Rolle wie der Mythos von der ewigen Wiederkehr in den alten Mythologien.

Möglich wird die Wiederkehr dadurch, daß der Ursprung in Wirklichkeit nie ganz verloren ist. Dadurch wird das Schema des fortschreitenden Verfalls getrübt oder modifiziert. Im Vergleich mit dem linearen und kontinuierlichen Abstieg im Mythos der vier Zeitalter weist die Erzählung Rousseaus zwei originelle Merkmale auf: bei ihm ist nicht das erste, sondern das zweite Zeitalter der Höhepunkt, wodurch eine zunächst leicht ansteigende Linie entsteht; zum andern ist die Linie der Erzählung eine zweifache und kombiniert fortwährend *Verfall* und *Erneuerung*. Denn die Frage, die der Rousseausche Mythos beantwortet, ist nicht mit der Frage identisch, die der Mythos der vier Zeitalter beantwortet: Rousseau muß nicht bloß die Unvollkommenheit des derzeitigen Zustands erklären, sondern gleichzeitig auch den Fortbestand der natürlichen Gutartigkeit innerhalb dieses Zustands und in seinem eigenen Herzen nachweisen und erklären. Daher die Ausarbeitung dieses widersprüchlichen Mythos, der der Widersprüchlichkeit des Erlebens gerecht werden kann.

Hat man diese Einschränkungen einmal festgelegt, so kann man dem Hinweis Rousseaus folgen und mit der Geburt in den Zyklus des Verfalls eintreten.

Der Roman (S. 39)

Mit seiner Geburt setzt Jean-Jacques dem Paradies ein Ende. Heißt das, daß er sich am Tod seiner Mutter schuldig fühlte oder, tiefreichender, von ihr, die sich lieber in den Tod flüchtete als ihn zu sehen, verstoßen wähnte? Als Leser des Textes lausche ich vorläufig nur den Stimmen, die zu Wort kommen: »Ich bin in Genf dem Bürger Isaak Rousseau und der Bürgerin Susanna Bernard im Jahre 1712 geboren worden.« Die Geburtsurkunde des Bürgers von Genf: »Von einem äußerst geringen, zwischen fünfzehn Kindern zu teilenden Vermögen...« Ein Roman beginnt: Darin geht es um Geld- und Erbschaftsfragen, um soziale Ungleichheit, um Abwesenheiten und um Verlockungen: Aber die Liebe triumphiert über alles. *Omnia vincit amor.* Die beiden Helden werden »der junge Liebende« und »seine Geliebte« genannt. Nachdem alle Hindernisse überwunden waren, lebte das Paar nicht glücklich und bekam viele Kinder: Es bekam Jean-Jacques, und die Mutter starb. Wer spricht hier? Wer singt diese Romanze? Beim Lesen der ersten Bücher der *Bekenntnisse* achte ich auf die sehr wenigen Stimmen, die darin erklingen, auf die intakt gebliebenen Sätze, auf die wenigen Wörter, die seit einem halben Jahrhundert in einem Gedächtnis vibrieren. Diese Sätze sind äußerst selten: die Lieder von Tante Suzanne, »Carnifex«, »Eine Wasserleitung!«, »Barnâ Bredanna«, »Goton tick tack Rousseau«, »ich wüßte etwas, ich wüßte etwas«, »Gute Nacht, Braten«, »Immer vorwärts, nur Mut« und später, im Zweiten Buch, der erste Satz von Frau von Warens und die drei Wörter Marions. Die entscheidende Stimme am Beginn ist die des Vaters. Man vernimmt sie zweimal:

[...] »Komm, Jean-Jacques, wir wollen von deiner Mutter sprechen.« ... »Ach«, rief er stöhnend, »gib sie mir wieder, tröste mich über sie, erfülle die Leere, die sie in meiner Seele zurückgelassen hat! Würde ich dich denn so lieben, wenn du nur mein Sohn wärest?« [...]

Und nach der nächtlichen Lektüre der von der Mutter hinterlassenen Romane:

[...] »Wir wollen schlafen gehen. Ich bin ein viel größeres Kind als du.« [...]

Dieser Stimme scheint auch der kleine einleitende Roman zu entspringen, den der Erzähler später übernimmt. Diese Stimme sagt so befremdliche Dinge, daß sich Rousseau daran erinnert und psychoanalytische Kommentatoren sich dafür interessiert haben: das Kind wird stillschweigend für diesen Verlust verantwortlich gemacht, den es unter Einsatz seiner Person wieder gutmachen soll. Diese Sätze bringen eine gewisse Verwirrung in die Verwandtschaftsbeziehungen. Der mit der Mutter verwechselte Sohn ändert sein Geschlecht, wechselt die Generation und die Beziehung: Kann man gleichzeitig jemandes Sohn und Gattin sein? In der zweiten Antwort tritt der Vater in bezug auf die abwesende Mutter beinahe als der jüngere Bruder seines Sohns auf. Über sie wird gesprochen, sie wird gelesen. Vater und Sohn kommen einander über die abwesende Mutter hinweg seelisch in der Lektüre näher, die die verlorene eheliche Intimität ersetzt. Das nächtliche Lesen tritt an die Stelle der Liebesnacht. Der Text steht an der Stelle der Mutter, wird ihr Statthalter.

Man hört jedoch auch die Mutter: Die Familienlegende erinnert sich an fünf Stegreifverse von ihr, die gerade die Verwandtschaftsbeziehungen in einer Familie behandeln, in der zwei Brüder zwei Schwestern geheiratet haben.[13] Im Lichte dieser gestörten Ver-

13 Rousseau zitiert dieses Stegreifgedicht als Fußnote [die in der deutschen Fassung nicht enthalten ist – A. d. Ü.], um die Gewandtheit und die Begabungen seiner Mutter zu zeigen: überraschend an diesen Versen ist für den Leser und wohl auch für Rousseau weniger die Gewandtheit, sondern das Thema: die Verwandtschaftsstrukturen in der Familie. Ich zitiere diese Verse:

Ces deux messieurs qui sont absents
Nous sont chers de bien des manières;
Ce sont nos amis, nos amants;

wandtschaft denkt der Leser an andere Phänomene zurück: Wie sind im goldenen Zeitalter und im silbernen Zeitalter die Elterninstanzen dargestellt? Das Elternpaar besteht jeweils aus einem Bruder und einer Schwester: aus Isaak Rousseau und Suzanne Rousseau (die denselben Vornamen wie die Mutter trägt) und aus Herrn und Fräulein Lambercier; im ehernen Zeitalter ist dann das Elternpaar ein richtiges Paar, Onkel und Tante Bernard, aber eben durch ein doppeltes Geschwisterband mit den Eltern Rousseaus verbunden. (Im eisernen Zeitalter bleibt dann nur mehr der Meister, Herr Du Commun.)

Diese Störung der Elternfunktion findet man auch auf anderen Ebenen der Geschichte wieder: nämlich in der betörenden Gestalt der verführerischen Mutter, Frau von Warens, und im Entsetzen vor dem Inzest (den man zeitverschoben im Siebten Buch mit Anzoletta antrifft); all dies ist bekannt. Im Leben von Jean-Jacques ist jedoch nicht so sehr die Gestalt der Mutter abwesend (die sich, im Gegenteil, überall herauslesen läßt) als vielmehr die des Vaters.

Ce sont nos maris et nos frères,
Et les pères de ces enfants.

(Die zwei Herren, die nicht da sind
Sind uns teuer auf so manche Weise
Sie sind unsere Freunde, unsere Liebhaber
Sie sind unsere Gatten und unsere Brüder
Und die Väter dieser Kinder.)

Bereits die Äußerungen des Vaters schufen eine gewisse Verwirrung in den Verwandtschaftsbeziehungen, und noch dieses mütterliche Stegreifgedicht! Es lohnt sich, auf den »Geist« dieser Improvisation einzugehen, zum Beispiel auf den vierten Vers. Die ganze Mehrdeutigkeit entsteht aus der Verwendung von »unser«: Man kann es so auffassen, daß einer der Abwesenden der Bruder der einen und Gatte der andern ist, und der andere Abwesende der Bruder der andern und der Gatte der ersten; oder, eine groteske Hypothese, die die Satzkonstruktion gestattet, daß jede Frau, wie in Ägypten üblich, ihren eigenen Bruder geheiratet hat! Der Witz dieses Stegreifgedichts liegt natürlich in dieser sofort zurückgewiesenen Hypothese. Der Leser kombiniert ebenfalls aus dem Stegreif. Anstelle der zwei Schwägerinnen, die an ihre abwesenden Ehemänner denken, sieht er den Vater und den Sohn, die an die abwesende Mutter denken:

Diese Frau, die nicht da ist,
ist uns auf so manche Weise teuer;
Sie ist unsere Mutter, unsere Geliebte...

Geburt (S. 39f.)

Die Geburt wird zweimal, in zwei Wellen geschildert. Rousseau wird zunächst seinen Eltern geboren (Ende der Erzählung über sie, von »Ich ward die traurige Frucht dieser Rückkehr« bis zum Ende des fünften Absatzes), bevor er selbst geboren wird (»Ich wurde fast sterbend geboren...«), wobei die zwei Erzählungen um eine Auslassung angeordnet sind. Beide führen eine Art Ballett des Lebens und des Todes vor und vermitteln dem Leser die Vorstellung, daß alle späteren Widersprüche nur den ursprünglichen Widerspruch einer traurigen Geburt wiederholen werden. Im gleichen Vorgang bringt die Mutter Jean-Jacques zur Welt und tötet Jean-Jacques die Mutter. Er ist ein Mörder und zugleich eine verwundete Seele. Täter und Opfer, und beides ungewollt und ahnungslos. Oder vielmehr: Wir ahnen, daß all dies erst viel später, in der frühen Kindheit, durch die Schuld des Vaters entstanden ist. Die eigentlichen Akteure der Geburt sind die *Autoren* der Erzählung der Geburt.

Die erste Geburt ist hier die vom Vater erzählte. Jean-Jacques gibt als frommer Sohn diesen seltsamen Dialog getreu wieder, *um zu beweisen*, daß sein Vater nicht nur ein anständiger Mensch war, sondern auch ein empfindsames und treues Gemüt besaß und untröstlich war. Das Thema dieses Diskurses ist der Vater, und diese Sequenz fügt sich in die Logik der anfänglichen Romanze, der über alles triumphierenden Liebe ein. Vorher sah man, wie die Liebe über die Reise siegte, über die gesellschaftliche Ungleichheit, über die Abwesenheit und über die Verlockungen. Nun triumphiert sie über den Tod. Diese rührende Geschichte nimmt eine ganz andere Bedeutung an, wenn man davon ausgeht, daß ihr Thema nicht die Beziehung des Vaters zur Mutter, sondern die des Sohnes zum Vater ist. Es bedarf wirklich keiner besonderen Einfühlung, um zu spüren, welche Wirkung ein solcher Diskurs auf ein Kind hat, das für den Tod seiner Mutter verantwortlich erklärt und aufgefordert wird, sie bei einem Vater zu ersetzen, der das Kind seufzend und mit bitterer Pein »umarmt«, »liebkost« und »krampfhaft« drückt. Das Kind fühlt sich außerstande, diese Leere zu füllen, die es selbst verursacht und aus der es hervorgegangen ist. Diese Erzählung läßt sich jedoch auf einer zweiten Ebene auch anders lesen. Der Vater hat zwei Versuche unternommen, seine Frau zu ersetzen: indem er den Sohn verführte und indem er eine zweite Ehe schloß. Diese zwei Versuche werden paradoxerweise auf eine Ebene gestellt und beide als Beweise der Treue angeführt. Die Reihenfolge der Erzählung suggeriert den Sinn: Mein Vater hat *mich* betrogen, indem er wieder heiratete. Er ist vielleicht seiner Frau treu, aber sicherlich seinem Sohn untreu. Obwohl dieser ganze Absatz explizit den Vater verklärt, ist der Vorwurf dennoch herauszuhören.[14] Wir werden noch sehen (Zweites Buch, S. 103 f.), wie Jean-Jacques es versteht, Lob und Tadel zu verknüpfen. Der Leser darf immerhin staunen: Isaak Rousseau hat sich am 5. März 1726 wiederverheiratet: zu diesem Zeitpunkt ist Jean-Jacques vierzehn Jahre alt und seit einem Jahr bei dem Kunststecher Du Commun in der Lehre. Dieses Ereignis wird jedoch nicht erzählt: zumindest nicht *an seiner Stelle*. Hier eine vorausdeutende Erwähnung; im Zweiten Buch (S. 103) eine kurze rückblickende Erwähnung; aber im eisernen Zeitalter fällt kein einziges Wort darüber.

Der Leser spürt bereits, daß das Kind die mangelnde Fürsorge der Mutter nur über seine Beziehung zum Vater, also über die mangelnde Fürsorge des Vaters erlebt. Die Mutter wird in imaginären Statthalterinnen und im Imaginären selbst immer wiederkehren. Die väterliche Leerstelle läßt sich jedoch nicht füllen: Rousseau wird sie sein Leben lang wiederholen. Er, das im Stich gelassene Kind, wird seine Kinder im Stich lassen. Sein Vater erklärt ihm: »Ich bin ein viel größeres Kind als du«; der gealterte Jean-Jacques wird erklären: »Ich bin ein altes Kind.« Die Identifikation mit dem Vater ist für ihn alles andere denn eine Stufe im Reifeprozeß, sie ist ein Festhalten an der Unreife. Daher auch die Mehrdeutigkeit der Passagen über den Vater: Hat er doch alles, was er ihm vorwerfen könnte, auch sich selbst vorzuwerfen. Der Respekt vor den eigenen Eltern trifft hier auf die Nachsicht mit dem eigenen Selbst: Auf diesen beiden Ebenen gleichzeitig gilt es die Kritik am Vater im Zweiten Buch (S. 102 f.) zu lesen.

Die zweite Erzählung über die Geburt: »Ich wurde fast sterbend geboren« häuft die Zeichen der Schwäche und Krankheit, die als Buße und Narbe zugleich den Bezug zur Mutter das ganze Leben hindurch aufrechterhalten werden. Es handelt sich nicht um ein

14 Vgl. zu dieser Stelle die gründliche und stichhaltige Analyse von Nicole Kress-Rosen, *Réalité du souvenir et vérité du discours, étude de l'éconciation dans un texte des ›Confessions‹*, in: *Littérature* 10 (1973), S. 20-30.

Leben, in dem zufällig Unglück passiert, sondern um ein Leben, das an sich ein Unglück ist. Daher das Leitmotiv: »und meine Geburt war mein erstes Unglück«, »und alles Unglück meines Lebens«. Masochistische Sühne? Aber hinter diesem Leitmotiv läßt sich auch eine andere, aggressivere Melodie vernehmen. Nun taucht Tante Suzanne auf, die die Mutterstelle übernimmt. Man muß wohl annehmen, daß die Verantwortung in diesem Fall geteilt ist, da er sich folgendermaßen an sie wendet: »Liebe Tante, ich vergebe dir, daß du mir das Leben erhalten hast«, eine seltsame Dankesfloskel. Sie setzt voraus, daß er wegen seiner Geburt und seines Überlebens auf jemanden böse ist. Man weiß nicht recht, ob Tante Suzanne wegen ihrer Langlebigkeit und wegen ihres leidvollen Ehelebens »vergeben« wird, mit dem sie dafür gebüßt hat, das Kind am Leben erhalten zu haben, oder wegen ihrer unermüdlichen Sorgfalt. Wenn er ihr vergibt, so deshalb, weil er jemand anderem nicht vergibt und weil es etwas zu vergeben gilt. In dieser Formulierung klingt, in geleugneter Form, eine gewisse grundlegende Aggressivität an, die man wohl auch bei Jean-Jacques vermuten muß, obwohl er sie nie eingestehen wollte und obwohl seine ganze Anthropologie aufgebaut wurde, um eine solche Möglichkeit auszuschließen. Rousseau war »böse«. Aber er hatte Angst vor seiner Bösartigkeit. Er verzeiht, er ist gutartig. Und anstelle der Mutter, die er nicht hat und die alle ihre Pflichten verabsäumt hat, faßt er zusammen, was er *hat* (»Ich habe auch noch meine Wärterin Jacqueline«), diejenigen, die sich wenigstens nicht davongemacht haben und treu ausharren, als bestünde ihre einzige Sorge darin, sich lang genug am Leben zu erhalten, um Jean-Jacques überleben zu lassen und ihm bei dieser verkehrten Geburt, dieser Agonie, beistehen zu können. Kurioserweise wandert der ganze Absatz durch die Pflege, die den Alten und Kranken zuteil wird: Aber es geht unaufhaltsam bergab (Tante Suzanne pflegt ihren vom Trunk verbrauchten Mann – Jean-Jacques bedauert, daß er Tante Suzanne nicht pflegen kann – Jean-Jacques, an dessen Totenbett Tante Suzanne und Jacqueline wachen). Jean-Jacques hat sich nur deshalb in die Reihe der Pfleger eingebracht, um sich in einen Pflegefall zu verwandeln. Er zeichnet mit Hilfe dieser Einsatzfiguren das kindliche Ideal eines Lebens, das in das Leben der (von ihm und auch nach ihm weiterlebenden) Mutter *eingeschlossen* ist, ein Ideal, das im Gegensatz zur Wirklichkeit eines *verschlossenen* Lebens steht. Gleichzeitig ahnt man in dieser

Vorwegnahme, daß der Tod, so erschreckend er auch sein mag, faszinierend ist, weil er auch Rückkehr zur Geburt und somit zur Mutter bedeutet.

Die Geburt ist eine Erzählung: des Vaters an das Kind, des Erzählers an den Leser. Der Sinn des Geschehens erscheint darin, wie darüber gesprochen wird. Sieht man von den einleitenden Angaben, die Geburtsstand, Datum und Identität betreffen, ab, so ist die Geburt eine Doppelerzählung, eine des Zuhörers (der dem Vater lauscht) und eine des Sohnes selbst (an welchen Adressaten), wobei die zweite als Antwort auf die erste fungiert.

Dieser anfängliche Bruch ist sehr vielschichtig. Er eröffnet das goldene Zeitalter, schließt aber ein früheres Paradies. Das Kind (dieses Kind, das der Erzähler geblieben ist) fühlt sich als Täter und als Opfer. Die Gefühle, die es zur Schau stellt, sind zwiespältig. Es ist selbstverständlich unmöglich, einen Mythos wie den der vier Zeitalter heranzuziehen, um diesen Bruch zu vereinfachen, um aus ihm einen begründeten Sündenfall, ein erlittenes Unrecht zu machen. Die weiteren Brüche (Flucht vor dem Vater, Überdruß in Bossey, Lehrzeit) werden dann ebenfalls komplex sein. In einem System des fortschreitenden Verfalls mit zahlreichen Schwellen ist dies übrigens durchaus natürlich. Und noch natürlicher, wenn der Prozeß selbst nicht ausschließlich ein Verfall ist. Führt doch die Geburt schließlich auch zum Leben.

Das goldene Zeitalter (S. 40-46)

Der Aufbau des Textes

Im Haus des Vaters in Genf zwischen 1712 und 1722. Wie ist die Erzählung in diesem Alter aufgebaut? Es lassen sich sofort zwei verschiedene, miteinander kombinierte Abfolgen unterscheiden.

Die chronologische Reihenfolge: Am Anfang hat man den Eindruck, als würde eine Geschichte in dieser Reihenfolge erzählt. Die Entstehung des Bewußtseins wird datiert: »Was ich bis zu meinem fünften oder sechsten Lebensjahr trieb, ist mir nicht bewußt.« Der Übergang von den Romanen zu den Römern entspricht ebenfalls einer zeitlichen Abfolge: »Unser Romanschatz versiegte mit dem Sommer 1719. Im darauffolgenden Winter kam etwas anderes dran.« Nach diesen Angaben verschwindet die Chronologie jedoch vollends. Selbst die Geschichte des Bruders wird weder datiert noch in bezug auf andere Ereignisse oder Zustände, die zeitgleich wirken, situiert. Die eigentliche Abfolge ist eine andere.

Der mythische Aufbau: Man erkennt sehr rasch, daß die Erzählung über das goldene Zeitalter nach dem gleichen Prinzip aufgebaut ist wie das gesamte Erste Buch: der *Kreisform*. Die gleiche Struktur prägt die Teile und das Ganze. Das Erste Buch gleicht dem Lebensganzen; das goldene Zeitalter gleicht dem ganzen Ersten Buch. Der Schluß antwortet dem Anfang, wiederholt ihn umgekehrt und schließt den Kreis: Die zwei Erfahrungen der *Lektüre* und der *Musik* (der Phantasie) rahmen und begrenzen die erste tatsächliche Lebenserfahrung, die Beschreibung der Familiengruppe und der Erziehung. Das Selbstbewußtsein erwacht in der Lektüre (Absatz 2, 3 und 4) und geht in der Musik auf (Absatz 8): diese Erfahrung der Phantasie nimmt zwei Drittel des Textes ein. Nur in der Mitte wird ein Drittel der Erfahrung der Wirklichkeit gewidmet. Überdies wird diese Wirklichkeit in sehr allgemeinen Worten, mit wenigen Anekdoten und präzisen Zügen geschildert. Die Vollkommenheit läßt sich nicht erzählen, das Glück hat keine Geschichte. Daher sind auch die zwei Anekdoten in der Mitte (die Züchtigung des älteren Bruders; der Kochtopf von Frau Clot) Ausnahmen, die die Regel bestätigen. Jede Erzählung setzt eine Veränderung voraus, den Übergang von der Ewigkeit zur Geschichte. Hier wird die Geschichte zugleich gebremst und gehemmt und ist bestrebt, sich in ihrer Entfaltung selbst aufzuheben, indem sie das Unumkehrbare mit der Wiederkehr versöhnt (Rousseaus ganzes Leben wird dieser Bewegung folgen). Zwischen dem Traum vom Lesen und der Erinnerung an die Musik erscheint ein nahezu idyllisches Familienleben.

Die Lektüre

Die Erfahrung der Lektüre ist nicht nur die erste, sondern sie wird auch als ursächlich (das Weitere *bedingend*) und als total (*alles* Weitere) hingestellt. Sie ist in zwei chronologisch deutlich getrennte Abschnitte unterteilt: Lektüre der Romane und *dann* Lektüre der Römer. Diese (durch präzise Einzelheiten begründete) Abfolge ist von großer Bedeutung für die weitere Geschichte: sie stiftet einen wesentlichen Unterschied, der im 9. Absatz analysiert wird. Vorläufig haben wir *zwei Bibliotheken*. Jede Bibliothek ist ein Erbe, das eine *Person* hinterlassen hat, und repräsentiert letztlich diese Person: Die Bücher lesen, die sie hinterlassen hat, heißt, sich mit ihr *identifizieren*. In Anbetracht der Beschaffenheit der Lektüren und ihrer Herkunft könnte man eine einfache Einteilung vornehmen: die *Romane* würden auf die Mutter verweisen (die Quelle der romanhaften und weiblichen Seite im Charakter von Jean-Jacques); die *Römer* auf den Vater (die heroische und männliche Seite). Damit würde man den Text, der doch ganz andere Dinge sagt, völlig verfälschen: Jean-Jacques' Vater sitzt immer neben Jean-Jacques, also auf der Leserseite; Jean-Jacques ahmt in ihm den Romanleser nach (die Romane lesen sie »abwechselnd«; die Römer sind Gegenstand von Gesprächen *zwischen ihnen*, und dem Beispiel des Vaters folgen heißt, sich als Grieche und Römer zu *fühlen*); der Vater steht am Ursprung keiner dieser zwei Bibliotheken und nimmt auf genau die gleiche Weise an der Lektüre dieser zwei Arten von Büchern teil. Die Mutter hingegen steht am Ursprung der beiden Bibliotheken, und die Unterteilung in männlich und weiblich stellt keineswegs Vater und Mutter gegenüber, sondern erfolgt innerhalb der Mutter. Auf der Ebene der Genealogie geht dies bereits aus der Tatsache hervor, daß die Bibliothek über die Römer vom Vater der Mutter stammt. Auch hier tritt symmetrisch die Allgegenwart der Mutter und die väterliche Leerstelle hervor.

Die Lektüren bedingen ein doppeltes System des Widerspruchs. Jede Lektüre vermittelt dem Kind die Vorstellung einer (romanhaften, heroischen) Welt ohne Zusammenhang mit dem wirklichen Leben und verhindert somit seine Anpassung; zum anderen sind die Lektüremodelle *untereinander* widersprüchlich. Die zwei Lektüren werden als aufeinanderfolgend beschrieben (S. 41); sie werden einen zugleich verträumten und heroischen Charakter formen (S. 45 f.), dessen Tendenzen jedoch *nacheinander*, durch den Wechsel zwischen zwei Personen, dem Bürger von Genf und dem überspannten Hirten, zum Ausdruck kommen werden.[15] Die Lektüren sind also das Grundmuster aller Widersprüche, die Rousseau später schildern wird. Im Verlauf des Buches greift er auch ständig auf die hier aufgestellten gegensätzlichen Schemata

15 Vgl. das Neunte Buch, S. 583 f.

zurück. Die Erzählung des silbernen und des ehernen Zeitalters sind vollständig nach diesem Modell aufgebaut. Der Leser kann sich nun die Frage stellen, ob die Lektüren die *Ursache* dieser Widersprüche sind oder nur deren *erstes Zeichen*. In diesem Fall läge die Ursache woanders.

Hinsichtlich des Erzählers stellt sich die Frage nach dem *Wert* der verschiedenen, hier erwähnten Verhaltensweisen: Hat die Phantasie unrecht und die Wirklichkeit recht? Oder die Phantasie recht und die Wirklichkeit unrecht? Aus der Lektüre geht deutlich hervor, daß beide Urteile ausgesprochen werden. Der Widerspruch des Erzählers kommt daher, daß er zugleich Werturteile fällt (die Phantasie hat recht: er ist sichtlich froh darüber, eine Vernunft »von anderem Schlage« und einen »stolzen und unbeugsamen« Charakter zu besitzen) und Urteile über die Wirklichkeit (in einer Welt des Verfalls ist die Phantasie unangepaßt: Er hat sich »von seinen wunderlichen und phantastischen Vorstellungen vom Leben nie *heilen* können, und sein stolzer Charakter hat ihn in allen seiner freien Entfaltung ungünstigen Umständen *gepeinigt*«). Der Nachdruck kann sich natürlich verlagern: Mitunter dominiert der Stolz[16]; mitunter entsteht ein Gleichgewicht zwischen Stolz und tragischer Beweinung.[17] Beim ersten Mal spricht Rousseau allerdings nur vom Widerspruch zwischen Phantasie und Wirklichkeit; beim zweiten Mal geht es eher um den Widerspruch innerhalb der Phantasie. Hier wechselt er dann vom triumphierenden »das eine und das andere« zum tragischen »weder das eine noch das andere« über.

Aus der Sicht eines fortschreitenden Verfalls ist das erste Zeitalter dadurch gekennzeichnet, daß Traum und Wirklichkeit (beinahe) ebenbürtig sind, während sich die Kluft in den folgenden Abschnitten mehr und mehr vertieft. Der mittlere Abschnitt (Absatz 5, 6 und 7) beschreibt eben eine Welt, in der die Werte der Phantasie (Liebe und Gerechtigkeit) noch respektiert sind: die Welt einer Kindheit, die zwar nicht natürlich ist, denn dies ist ein Ding der Unmöglichkeit, aber immerhin durch eine ideale Erziehung geschützt. Dieser ideale Aspekt geht aus der Vagheit der Erzählung hervor: Man ist der Welt der Romanze noch sehr nahe. Die Vollkommenheit wird nur durch Gegensätze veranschaulicht (die Erzählung seines Bruders; die schlechte übliche Erziehung)

16 S. 42.
17 S. 45 f.

oder durch Ausnahmen (der Vorfall mit Frau Clot). Die Übergänge vom Traum zur Wirklichkeit erfolgen unmerklich und harmonisch: Man gleitet durch eine Ausführung über den Heroismus (das Vorspielen der heroischen Tat Scävolas entspricht dem tatsächlichen Heroismus von Jean-Jacques, der sich schützend vor seinen Bruder stellt) vom Traum zur Wirklichkeit über; umgekehrt gelangt man durch eine Ausführung über die Liebe von der Wirklichkeit zum Traum. So ist das goldene Zeitalter beschaffen: Man wandert durch die Seiten des Romans. Dies ist zumindest das Bild, das Rousseau von ihm entwirft. Denn wir dürfen nicht übersehen, daß diese harmonische und glückliche Kindheit aus einem tragischen Bruch hervorgegangen ist und trotz allem bereits voraussetzt, daß Traum und Wirklichkeit nicht mehr ein und dasselbe sind. Eigentlich wird einem das bereits durch die Lektüre des mittleren Abschnitts klar.

Mein Bruder

Dieser Absatz hinterläßt beim Leser eine gewisse Peinlichkeit. Der Erzähler Rousseau kritisiert zugleich die Nachlässigkeit seines Vaters und die Liederlichkeit seines Bruders. Er rückt seine eigene Unschuld hervor (er liebte seinen Bruder zärtlich), er erwähnt eine tugendhafte Eigenschaft, nimmt das Verschwinden des Bruders zur Kenntnis und schließt flott mit einem: »So blieb ich denn der einzige Sohn.« Damit ist die Sache erledigt. Am Beginn des folgenden Absatzes ist der Bruder bereits nur mehr »dieser arme Bursche«.

Es lohnt sich, die Geschichte dieses »armen Burschen« zu rekonstruieren. Der 1705 geborene François blieb bis zu seinem sechsten Lebensjahr mit seiner Mutter allein. Da taucht 1711 aus heiterem Himmel ein Vater auf, den er nie gesehen hatte. Dieser Vater macht seiner Frau sogleich ein zweites Kind, das noch dazu bei seiner Geburt die Mutter tötet. Innerhalb von zwei Monaten hat man ihm seine Mutter gegen zwei Fremde eingetauscht. Diese zwei Fremden, Vater und Sohn, verbinden sich, wenn schon nicht gegen ihn, so doch außerhalb von ihm. Man würde auch aus geringeren Ursachen zu einem Schlingel und Ausreißer. Rousseau scheint von all dem nichts zu ahnen und zu sehen. Daß er als Kind nichts davon begriff, ist durchaus natürlich. Wenn er als Erzähler der *Bekenntnisse* immer noch nichts begreift, so ist er ein Kind geblieben oder hat zumindest ein Interesse daran. Diese Blindheit ist um so kurioser, als die Geschichte von François zeitverschoben und in schlimmerer Form seine eigene Geschichte ist und er selbst, ebenfalls vom Vater im Stich gelassen, später genau das gleiche tut, nämlich ein Liederjan und Ausreißer wird. Er weigert sich, sich in diesem Bild wiederzuerkennen. Er spielt hier als *Erzähler* die Rolle eines »braven« Kindes, das die Handschuhe der Großherzigkeit überstreift und seine Hände in Unschuld wäscht. Seine Herablassung und seine Leichtfertigkeit klingen hier falsch. Man wird sich vielleicht auch daran erinnern, daß er während seiner ganzen Jugend aufgrund von Erbschaftsproblemen bedauert, daß sein verschwundener Bruder nicht einmal durch einen offiziellen Tod ein Lebenszeichen gab, damit Jean-Jacques sein Erbteil erhalten könne. Jedenfalls ist das Familienparadies nicht immer ungetrübt: die erste Szene, der wir beiwohnen, ist ein heftiger Streit. Er dient dazu, die Gutartigkeit von Jean-Jacques zu erweisen und durch den Kontrast die ausgezeichnete Erziehung hervorzustreichen, die er, Jean-Jacques, erhalten hat.

Die Bestrafungsszene hat jedoch eine andere Funktion: Sie soll zeigen, daß das Kind ganz natürlich eine heroische Einstellung besitzt und imstande ist, Verhaltensweisen zu erfinden, die der Helden bei Plutarch würdig sind. Oder vielmehr bei Titus Livius: Das Vorbild dieser Szene sind die Sabinerinnen, die sich zwischen ihre Verwandten und ihre Gatten werfen und die Schlacht beenden.

Für den Leser kann die Szene auch noch eine andere Bedeutung annehmen: Wie sollte man hier nicht an die Züchtigungen denken, die er von Fräulein Lambercier erhalten hat? Das erste Erlebnis der Gewalt hat mit der Beziehung zum Vater zu tun. Der Anblick des gegen den anderen Sohn erzürnten Vaters ist so unerträglich, daß das Dazwischentreten, mag man dabei auch selbst Schläge abbekommen, eine Erleichterung ist. An diesen Schlägen entdeckt der Sohn, welche Macht er über den Vater hat, da er ihn doch zum Einhalten zwingt. Aber er entdeckt vielleicht auch *die Macht des Vaters* in einem ihrer frappierendsten Zeichen. Insofern der große Mangel anscheinend der Vater ist, ist es nicht unmöglich, daß das Kind bei diesem Anlaß körperlich eine Anwesenheit und eine Macht entdeckt hat, die ihm fehlten und die es, nachdem es vom Vater im Stich gelassen worden war, von neuem suchte.

Der folgende Abschnitt (Absatz 6 und Beginn des Absatzes 7) ist gleichzeitig eine persönliche Apologie und eine allgemeine Demonstration. Eine Apologie, da es nachzuweisen gilt, daß Jean-Jacques *von Natur aus* gutartig war. Eine Demonstration, da diese natürliche Gutartigkeit nach den Theorien im *Emil* im gesellschaftlichen Leben nur durch eine perfekte Erziehung erhalten werden kann. Daher werden alle seine späteren Sündenfälle den Mängeln und Unzulänglichkeiten seiner Erzieher zugeschrieben. Hier haben wir den roten Faden der Theorie der vier Zeitalter: der hauptsächliche Verfall ist der der Erzieher, die im goldenen Zeitalter perfekt, im silbernen Zeitalter beinahe perfekt, aber bereits für Irrtümer anfällig, im ehernen Zeitalter nachlässig und im eisernen Zeitalter schlecht sind. Daher der fortschreitende Sündenfall von Jean-Jacques, der schrittweise von einem Zustand, der dem Naturzustand nahe ist (durch die Erziehung bewahrte Gutartigkeit), zum Gesellschaftszustand (die Tyrannei erzeugt Laster und Bösartigkeit) übergeht. Die Wandlung der Elterninstanz und der Familiengruppe im persönlichen Leben von Jean-Jacques verläuft parallel zur Wandlung des gesellschaftlichen Lebens in der gesamten Menschheitsgeschichte.

Die Demonstration greift die Theorien aus *Emil* über die Launenhaftigkeit, die aus der übertriebenen Kriecherei entsteht, und über die soziale Perversion, die aus dem Kontakt mit anderen Kindern erwächst, auf. Innerlich unverdorben und vor jeder äußeren Ansteckung geschützt, scheint Jean-Jacques in einer Art Treibhaus aufzuwachsen. Die »Unarten« seines Alters sind bloß an sich unschuldige natürliche Tendenzen: Er ist vor dem geschützt, worin er das eigentliche Wesen der »Bösartigkeit« sieht: vor der Lust, Böses zu tun. Er wird weder durch die Tyrannei noch durch die Kriecherei, noch durch das Schauspiel der Gewalt dazu angeregt (er vergißt, daß er uns soeben erzählt hat, wie sein erzürnter Vater seinen älteren Bruder schlug).

Bei Unschuldsbeteuerungen ist es immer ratsam, zum Nachweis einer gewissenhaften Aufrichtigkeit ein kleines Vergehen einzugestehen, das effektvoll die Unschuld des gesamten Verhaltens hervorstreicht. Darin liegt die erste und offensichtliche Funktion des Vorfalls mit Frau Clot, der Rousseaus Zeitgenossen so sehr durch seine Trivialität erstaunte. Wir können auch noch eine andere Bedeutung darin sehen: Diese respektlose Gewalt kann auch einen erotischen oder, wie Jean Starobinski bemerkt hat[18], symbolischen Wert annehmen. Frau Clot, die in die Kirche geht, ist »das brummigste alte Weib, dem ich in meinem ganzen Leben begegnet bin«: Das erinnert uns an die »alte, hochnäsige Betschwester« (S. 94), als die sich Frau von Warens zur großen Überraschung von Jean-Jacques nicht entpuppt hat. Wäre die Episode bedeutungslos, wie ließe sich dann erklären, daß sie den Erzähler noch immer zum *Lachen* bringt? Der Erzähler verwendet dieses Lachen, um dem Leser de facto den Nachweis zu erbringen, daß er das Kind von damals geblieben und folglich gutartig ist. Unter dem Schutzmantel dieser Unschuldsbeteuerungen zeugt dieses Lachen von einer Entspannung, von einer Aggressivität, die sich getarnt und gefahrlos entladen kann. »Das ist die kurze und wahrhaftige Geschichte aller meiner kindlichen Missetaten«, dieser Satz erinnert an das »So blieb ich denn der einzige Sohn«.

Am Beginn des folgenden Absatzes verknüpft Rousseau diese Apologie/Demonstration, die man für abgeschlossen wähnte, mit dem Motiv der gegenseitigen und geteilten Liebe. Die Liebe, durch eine geschickte Überleitung (geschickt, weil anscheinend ein anderes Thema behandelnd: nämlich die alltäglichen Beschäftigungen, die keinen Platz für die »Laune« lassen) als allgemeine Harmonie hingestellt, wird präzisiert, auf eine *Zweierbeziehung* (ich war immer mit meiner Tante) eingeschränkt und mündet schließlich in eine erinnernde Träumerei über die Musik.

Die Musik

Die Tante (die jüngere Schwester des Vaters) übernimmt die Mutterfunktion. Sie vertritt die Mutter und liefert ein erstes Ersatzbild, dem noch viele andere folgen werden. Die von Anfang an abwesende Mutter wird gerade durch diese Abwesenheit eine außerordentliche Intensität annehmen. Da sie nirgends war, wird sie überall und unverlierbar sein; keine Figur wird sie je völlig ausschöpfen. Wenn die weiblichen Figuren fehlen, wird man sie in ihren grundlegenden, endlos ausgebreiteten Figuren, der Musik und dem Schreiben, finden. *Lesen* und *Zuhören* sind die ersten grundlegenden Erfahrungen; und wenn die Texte und Stimmen

18 Jean Starobinski, *La Relation critique*, Paris 1970, S. 132.

verklungen sind, wenn das Leben und das Alter die Ersatzfiguren in die Ferne gerückt hat, bleibt einem nur das *Schreiben* und das *Singen*. Am Anfang der Erzählung über das goldene Zeitalter erschien die Mutter in weiter Ferne in den *Texten*; am Ende dieser Erzählung tritt sie in der Nähe einer Stimme hervor; auf der einen Seite das Schreiben; auf der andern das Sprechen. Zahlreiche Texte zeigen, daß »Der Sinn oder die Leidenschaft für Musik«, von der Rousseau spricht, vor allem eine für die Vokalmusik und insbesondere die weibliche Stimme ist, das heißt für die direkte Präsenz der mütterlichen Stimme ohne jede Vermittlung. Natürlich gibt es hier noch eine Vermittlung, da die Stimme die von Tante Suzanne ist, aber diese Vermittlung modifiziert die Art der Anwesenheit nicht: nämlich das vernommene Sprechen. Dieses früher vernommene Sprechen ist nur mehr eine Erinnerung. Um es wieder in die Gegenwart zu holen und zu verlebendigen, besteht die einzige Lösung darin, es selbst wieder auszusprechen. Der Übergang vom Lesen (S. 41 f.) zum Schreiben (S. 85) wird in dieser Episode in verkleinerter Form, nicht mehr auf der Ebene des Protagonisten allein, sondern zwischen Protagonist und Erzähler dargestellt. Kleine Lieder aus der Kindheit weinend vor sich hinsummen, das ist natürlich die grundlegendste Stufe der *Rückkehr*; die *Neue Heloise* oder die *Bekenntnisse* schreiben ist eine höher entwickelte Stufe davon: Immer gilt es, einer Stimme vermittels der eigenen wieder Leben zu schenken. Hier ist übrigens deutlich ersichtlich, daß sich Rousseau keineswegs auf einer elementaren Stufe bewegt, wenn er das Lied von Tante Suzanne wiedergibt: er sagt etwas anderes, zugleich *weniger* und *mehr* als sie. *Weniger*, da der Text des Liedes von einer tragischen Lücke durchbrochen ist; *mehr*, da sein eigener Text rund um das Lied diese Lücke zwar nicht füllen, aber von ihr sprechen kann. Diese anscheinend banale Episode wirkt in ihrer typographischen Anordnung symbolisch: das ganze Schreiben ist da, um eine Lücke im Sprechen zu füllen. Wie ließe sich die dramatische Inszenierung dieser Gedächtnislücke anders deuten?

Natürlich kann der Leser die Episode auch auf der *sichtbaren* Ebene, auf der Ebene der Gedächtnispsychologie nehmen. Auf dieser Ebene wird er allerdings rasch merken, daß die Lücke eine falsche Lücke ist. Nicht deshalb, weil sich durch das Auffinden des Originallieds herausgestellt hat, daß der vergessene Teil den Sinn keineswegs verändert. Sondern weil in Wirklichkeit fast nichts fehlt: Rousseau entsinnt sich der ganzen Melodie; und letztlich auch der drei Viertel des Textes. Überdies weiß Rousseau sehr wohl, daß die Lücke nicht im materiellen Vergessen mancher Wörter liegt: Wenn er davon Abstand nimmt, Nachforschungen anzustellen, um sie wiederzufinden, so sicherlich aus Furcht, eine Erinnerung zu entweihen (hier gemahnt uns die Überlegung Rousseaus an seine Äußerungen über Fräulein Goton und Fräulein von Vulson, S. 66f.); aber auch deshalb, weil das Wesentliche auch dann noch fehlen würde, wenn der Text vervollständigt wäre. Das Versagen des Gedächtnisses ist hier nur der Signifikant eines tieferen Risses. Und durch die Ausführung des Vorsatzes, »nach Paris zu schreiben«, ließen sich nur die fehlenden Worte ausfindig machen, nicht aber dieses Sprechen, das ihm fehlt.

Auch eine andere Deutung liegt nahe, die nun dem Wortlaut des Liedes gilt: Es ist ein Liebeslied, das in der konventionellen Welt der Schäfer, in der Welt der Romanze spielt; die Hirtin wagt es nicht, der »Schalmei« zu lauschen, und spricht von den (gesellschaftlichen) Gefahren der Liebe. Warum hat sich Rousseau gerade an dieses und nicht an ein anderes Lied erinnert? Dieses Lied wirkt so banal, daß man darüber vergißt, daß es *ausgewählt* worden ist. Die Tante kannte »eine erstaunliche Anzahl von Liedern und Weisen«. Rousseau hat mehrere im Gedächtnis behalten: er zitiert sie nicht. Von denen, die er vergessen hat, fallen ihm manche wie durch ein Wunder wieder ein. Und darunter will er »vor allem« von einem sprechen. Er selbst betont, daß hier ein Mißverhältnis zwischen dem Inhalt dieser Weise und der Wirkung auf ihn vorliegt: »Es ist eine Gemütslaune, von der ich nichts begreife.« Diese betonte Sinnlosigkeit würde den Gedanken nahelegen, daß es sich hier um eine Deck-Erinnerung handelt; es sei denn, es verhielte sich umgekehrt und die Feststellung der Sinnlosigkeit verfolgte den Zweck, eine recht deutliche Bedeutung zu verschleiern. Ein Lied von der Zurückweisung der Liebe aus Angst vor der Liebe, das natürlich sichtlich mit dem Verhalten Rousseaus zusammenhängt und mit der Angst, die die Liebe in genitaler Form immer bei ihm ausgelöst hat: »Und unter der Rose steckt immer der Dorn.« Während er behauptet, er habe die zweite Hälfte des Textes, mit Ausnahme der Reime, vergessen, erinnert er sich sehr gut an den ganzen letzten Vers ...

Das war also das Paradies, das goldene Zeitalter, in dem Traum und Wirklichkeit so weit wie möglich miteinander kommunizierten und eine kleine vollkommene Gesellschaft die Gutartigkeit der Natur bewahren konnte. Lektüre und Musik stehen am Anfang und am Ende des Paradieses, umringen und umschließen es. Zeichen am Anfang, die auf ein bereits durch die Geburt verlorenes Paradies zurückweisen, Zeichen am Ende, die in einer Welt des Verfalls auf die einzig möglichen Wege der Rückkehr hinweisen.

Die Flucht des Vaters (S. 46)

Die Geburt hatte ihm die Mutter genommen; im zehnten Lebensjahr nimmt ihm »ein Ereignis« den Vater und unterbricht diesen »Erziehungslauf«. Das goldene Zeitalter war also ein bestimmtes Erziehungssystem, eine Form der Gesellschaft. Im folgenden Zeitalter werden die Elterninstanz und der »Erziehungslauf« anders sein.

Die hier von Rousseau geschilderte Erzählung reproduziert höchstwahrscheinlich die Version, die damals in der Familie Rousseau kursierte, das heißt den Standpunkt des Vaters. Es ist der letzte Abschnitt des Familienromans. Der Vergleich mit dem »wirklichen« Ablauf des Geschehens ist für uns nur insofern von Belang, als er zeigt, daß hier die Familienlegende ausgedrückt wird. Aber diese Legende als solche ist »wirklich«: Sie wurde vom Kind erlebt und erscheint auch noch dem Erzähler als die Wahrheit.

Eine kleine, geschlossene und harmonische Familiengesellschaft wird durch eine Ungerechtigkeit zerbrochen, deren Schauplatz die große Gesellschaft, die Stadt ist. Der erste »Böse« tritt auf, Hauptmann Gautier, und mit ihm ein unvollkommenes System, das sich zum *Komplizen* seiner Bösartigkeit macht. Das ist die erste Ungerechtigkeit; eine schlechte Gesellschaft verbündet sich gegen eine glückliche, aber prekäre Familie. Der Vater ist für den geschilderten Vorfall nicht verantwortlich und in den Augen des Kindes auch an der Flucht aus Genf unschuldig. Sein Verhalten wird als heroisch geschildert (Vorbild: die Helden Plutarchs): Er ist ein stolzer Mann mit unbeugsamen Prinzipien, der zu mühsamen Opfern bereit ist (»für den Rest seines Lebens Genf und sein Vaterland verlassen«). Keine Sekunde lang taucht die Vorstellung auf, er könne sich bei dem Vorfall ins Unrecht gesetzt und auch keine schmerzlichen Opfer auf sich genommen haben, als er floh.

Kurz, er könne seinen Sohn im Stich gelassen haben. Über die Schwächen Noahs wird der Mantel des Heroismus geworfen. Die Erzählung im Zweiten Buch (S. 102f.) zeigt dann, daß Jean-Jacques nicht völlig ahnungslos ist und bei der Verteidigung seines Vaters so unlauter argumentiert, wie er es auch in eigener Sache zu tun versteht. Wenn die Folgen dieses Geschehens sein weiteres Leben beeinflußt haben, so nicht nur wegen der materiellen Konsequenzen, sondern auch deshalb, weil dieses Geschehen die Matrix für die wichtigsten Vorfälle im Leben von Jean-Jacques zu bilden scheint. Hier erkennt man im Keim das Modell für die zwei späteren Trennungen, die in dieser Kindheitsschilderung am dramatischsten ausgemalt werden: Die Ungerechtigkeit, die eine kleine geeinte Gesellschaft zerbricht, ist dann der Vorfall mit dem zerbrochenen Kamm, bei dem sich Jean-Jacques ebenfalls heroisch verhalten wird wie die Helden Plutarchs; und die Drohungen der Bösen, das sind die Haltungen von Meister Du Commun und Hauptmann Minutoli, die Jean-Jacques in die Verbannung treiben werden.

Das silberne Zeitalter (S. 46-62)

Der Aufbau des Textes

Zwischen Oktober 1722 und dem Spätherbst des Jahres 1724, also vom zehnten bis um zwölften Lebensjahr, verbringt Jean-Jacques zwei Jahre in Bossey. Man weiß, daß ihn sein Gedächtnis über die *Daten* dieses Aufenthalts getrogen hat, den er zwei Jahre früher, zwischen dem achten und dem zehnten Lebensjahr ansetzt. Dieser Irrtum hat zwei Funktionen: Er verlegt dieses letzte paradiesische Zeitalter in die Kindheit und schafft dadurch Raum für das eherne Zeitalter.

Die Schilderung dieses Zeitalters nimmt sechzehn Seiten ein (das goldene Zeitalter hingegen nur sechseinhalb); überraschend ist nicht nur die Länge dieses Abschnitts (Rousseau selbst gesteht, daß ihm diese Schilderung Freude macht), sondern die Ausführlichkeit und Vielfalt der Erinnerungen im Vergleich zum idyllischen Nebel des goldenen Zeitalters sowie das Vorhandensein von vier Szenen, von denen drei sehr ausführlich geschildert und kommentiert werden. Es kommt also zu einer Änderung im Erzählrhythmus. Im goldenen Zeitalter gab es nur vier »singulative« Passagen (Scävola, die Züchtigung des Bruders durch den Vater, Frau Clot und das Lied von Tante Suzon), die jeweils nach einer iterativen Ausführung oder einer Zusammenfassung auftreten und als konkrete Beispiele für den Zustand oder die Serie dienten, die den Hauptgegenstand der Erzählung bildete (»Eines Tages, einmal...«[19]). Die iterativen Ausführungen nehmen auch noch im silbernen Zeitalter einen weiten Raum ein, aber die vier Szenen sind alles andere denn angehängte Illustrationen eines allgemeinen Zustands, sondern bilden ein umfassendes System symbolischer Ereignisse, die insgesamt das Bild einer Trennung ergeben. Es ist einigermaßen paradox, daß die Trennung nicht am Ende des silbernen Zeitalters erzählt, sondern im ganzen Erzählkorpus behandelt wird, und dieses silberne Zeitalter dennoch als Paradies erscheint. Mag sein, daß dieses Paradox nur ein scheinbares ist. Der narrative Aufbau der Erzählung ist jedenfalls recht komplex.

Die chronologische Reihenfolge: Die Erzählung liefert eine Reihe von Anhaltspunkten. Die zwei Züchtigungen, die Fräulein Lambercier vornimmt, finden demnach eher am Beginn des Aufenthalts statt (Rousseau gibt sich acht oder neun Jahre): die Szene mit dem zerbrochenen Kamm eher am Ende (S. 57: »Wir blieben noch einige Monate in Bossey«); die Züchtigung liegt jedenfalls

19 Ich verwende hier die Terminologie, die G. Genette in *Discours du récit*, in: *Figures III*, Paris 1972 (Kap. III, »Fréquence«) vorschlägt. In dieser Terminologie wird die einmalige Schilderung eines sich mehrmals ereignenden Geschehens als »iterative Erzählung« bezeichnet und die Erzählung eines einmaligen Geschehens als »singulative Erzählung«. Laut G. Genette beruht die klassische Erzählung im wesentlichen auf dem Wechsel zwischen Raffung und Szene, während die Proustsche Erzählweise einen originellen Wechsel zwischen dem Iterativen und dem Singulativen einsetzt (S. 170). Das trifft zu, wenn man Balzac als Modell der »klassischen Erzählung« nimmt. Es gibt jedoch mehrere Modelle der »klassischen Erzählung«, und G. Genette hat die Originalität der Proustschen Technik sicherlich überschätzt. Prousts Erfindung besteht in der Einführung einer traditionell und zumindest seit Rousseau in allen Autobiographien und insbesondere in den Kindheitserzählungen verwendeten Erzählweise in den Roman. Auch die Kombination von interner und externer Diachronie (S. 167-169) in der Erzählung des »Sonntags in Combray« zieht systematisch ein Schema heran, dessen Modell Proust und allen Lesern von Autobiographien wohl bekannt war, nämlich das des Dritten Buches von Chateaubriands *Mémoires d'outretombe* (Erinnerungen von jenseits des Grabes), wo in einer Bewegung der Zyklus eines Tages, der Zyklus der Jahreszeiten und der gesamte Aufenthalt in Combourg (insbesondere in den Kapiteln XI und XIV) zusammengefaßt wird.

vor dem Vorfall mit dem zerbrochenen Kamm, da Rousseau in diesem Zusammenhang von einer »Abtötung« seiner verderbten Sitten spricht. Man könnte meinen, die Erzählung wäre damit abgeschlossen, da wir sehen, wie die zwei Kinder Bossey verlassen: Rousseau läßt jedoch auf die Schilderung der Trennung eine zweite begeisterte Erzählung folgen, die in zwei Anekdoten mündet, die sich zeitlich nicht situieren lassen.[20] Chronologisch gesehen, steht für den Leser eines fest: die *Geschichte* des Kamms ist eine unumkehrbare, abschließende Episode; diese Evidenz wird jedoch durch die Reihenfolge der Erzählung abgeschwächt, die daraus ein in der Mitte stehendes und umkehrbares Geschehen macht. Wie auch im goldenen Zeitalter ist die Struktur der Erzählung hier nur sehr locker mit der Chronologie verknüpft. Die Bedeutung entspringt der Reihenfolge des Textes und nicht einer andekdotischen und unmöglichen Bezugnahme auf den Kalender.

Der mythische Aufbau: Zunächst stoßen wir auf das bereits beim goldenen Zeitalter festgehaltene Merkmal. Die innere Struktur dieser Erzählung ist *kreisförmig*, was für die Erzählung einer unumkehrbaren Trennung doch recht erstaunlich ist. Sie beginnt mit einer Heraufbeschwörung des Glücks. Drei neue, aber dennoch wohltuende Elemente (das Land, die Bildung, die Freundschaft) führen den Erzähler zur Schilderung der vollkommenen Harmonie der kleinen Gruppe, in deren Mitte das Kind steht (S. 48): Man fühlt sich in das goldene Zeitalter zurückversetzt. Diese Harmonie wird jedoch rasch gestört: Die Episode der Züchtigung und die des zerbrochenen Kamms sprengen die Ewigkeit und setzen wohl oder übel die Zeit in Bewegung. Man gelangt zum Tiefpunkt des Gefälles und damit anscheinend zum Schluß der Erzählung. Bis hierher handelte es sich um eine streng absteigende Entwicklung. Nun aber wohnt man dem bei, was man in der Musik als Dacapo bezeichnet, also einer unvermittelt einsetzenden Reprise. Auf den letzten drei Seiten kehrt das Motiv des Glücks wieder: und genau wie in der ersten Sequenz des goldenen Zeitalters wird es auch diesmal hauptsächlich über die Inszenierung des Gedächtnisses gesehen. Aber es ist kein reines Dacapo; vielmehr eine komplexe Synthese aus dem anfänglichen Glück und der

20 Die Anekdote mit dem Nußbaum muß jedoch vor der Episode mit dem zerbrochenen Kamm liegen, heißt es doch S. 57: »Wir hörten auf, unsere kleinen Gärten, unsere Blumen zu pflegen.«

Trennung im mittleren Teil. Diese Synthese heißt *Rache*: die Episode des Purzelbaums und des Nußbaums sind die genaue Umkehrung der Episode der Züchtigung und der des zerbrochenen Kamms, sie suggerieren nicht nur eine Umkehrung der Situation, sondern auch eine Umkehrung des Sinns der Trennung, einen Übergang vom Phantasma der Ausschließung zum Initiationsritual. Vor dem Hintergrund dieses Dacapos erscheinen die zwei zentralen Episoden in einem sehr mehrdeutigen Licht: Die Trennung, der die Geschichte entspringt, bedingt Verfall und Fortschritt in einem. Hier entdeckt man zum erstenmal in der Erzählstruktur des Ersten Buches und auf der Ebene der individuellen Entwicklung das große Problem des *Sinns* der Geschichte. Dieses Dacapo, das die Erzählung des silbernen Zeitalters abschließt, verweist nicht nur auf eine Regression (Rückkehr zum Unumkehrbaren dank des Gedächtnisses), sondern auch auf eine Aufhebung. Die Erzählung baut also auf vier großen Szenen auf, deren Verknüpfung Rousseau selbst stark betont hat.[21] Übereinstimmend mit der Unterscheidung der zwei Arten der Lektüre, die am Beginn des goldenen Zeitalters vorgenommen wurde, stellt jede Gruppe eine Szene aus dem Bereich der Romane einer Szene aus dem Bereich der Römer gegenüber. Die beiden Gruppen unterscheiden sich durch das Erzählregister, das in der ersten tragisch, in der zweiten heroisch-komisch ist:

	ROMANE (das Liebesverhältnis)	HEROISMUS (die soziale Ordnung)
tragisches Register (mittlere Sequenz)	Die Züchtigung	Der zerbrochene Kamm
heroisch-komisches Register (Dacapo-Sequenz)	Der Purzelbaum	Der Nußbaum auf der Terrasse

Die vier Episoden hängen zu eng zusammen, um sich getrennt interpretieren zu lassen. Der Sinn des silbernen Zeitalters liegt in der Beziehung zwischen diesen vier Geschichten. Das geht deut-

21 Vgl. S. 54, die Verbindung der Züchtigungsepisode mit der Episode mit dem zerbrochenen Kamm; und S. 58, die zwischen der Episode über den Purzelbaum von Fräulein Lambercier und der Episode mit dem Nußbaum.

lich aus dem Wechsel vom Heroischen zum Heroisch-Komischen hervor (und aus dem, was der Humor an wiedergewonnener Freiheit voraussetzt), aber weitaus weniger deutlich aus dem Übergang von den Romanen zum Heroismus. Welche Beziehung besteht zwischen der Geschichte der Züchtigung und der des zerbrochenen Kamms? Wie wir noch sehen werden, ist Rousseau sicherlich gerade aus dieser *Beziehung hervorgegangen*.

Arbeit und Muße

Das silberne Zeitalter setzt mit der Unterscheidung zwischen Arbeit und Muße ein, die ein weiteres Kriterium für die Unterscheidung der vier Zeitalter und für die Betrachtung ihrer Abfolge als Geschichte des Verfalls beisteuert. Im goldenen Zeitalter, in dem kein Zwang herrschte, verschmolzen Arbeit und Muße zu einer glücklichen Tätigkeit (dem Lesen). Im silbernen Zeitalter tritt Rousseau bei einem Lehrer und in eine Art Schulsystem ein. Nun taucht der Stundenplan auf. Der Tag wird in zwei Hälften geteilt: Während der »Schulstunden« ist die Arbeit Pflicht. Dies ist der erste gesellschaftliche Zwang, dem das Kind begegnet. Diese Unterscheidung erzeugt jedoch kein Ungleichgewicht und keine Störung der Harmonie. Herr Lambercier wird von seinem früheren Schüler gut benotet. Das in Bossey erreichte Gleichgewicht wird in den zwei folgenden Zeitaltern zerstört werden, und zwar durch zwei einander genau entgegengesetzte Übertreibungen. Im ehernen Zeitalter artet die Muße durch das Verschulden nachlässiger Erzieher, die von ihrem ehemaligen Schüler gerügt werden, zum Müßiggang aus; im eisernen Zeitalter artet die Arbeit durch das Verschulden eines harten Meisters zur Sklaverei aus, und der Lehrling wird zum Saboteur, indem er sich während der Arbeit heimlich seinen Freizeitbeschäftigungen hingibt und später flieht, um seine Freiheit wiederzuerlangen.

An diesem Beispiel sieht man, daß die allgemeine Linie zwar ein Verfall, aber kein geradliniger Abstieg ist und die erste soziale Situation, in der sich das Kind nach dem Verlassen des Familienkreises befindet, keineswegs als ein Niedergang dargestellt wird, sondern als ein Fortschritt, als Eintritt in einen besseren Gleichgewichtszustand, dessen einziger Mangel in seiner kurzen Dauer liegt. Der ganze erste Absatz feiert dieses wiedergefundene Gleichgewicht in einer Stimmung euphorischer Expansion. Das

Kind wird nach seinen unmäßigen Lektüren wieder zu seinem »Naturell« zurückgebracht. Die Arbeit lehrt ihn, die Spiele zu lieben, aber ohne Abneigung gegen die Arbeit zu wecken. Die Muße ist gleichbedeutend mit der Entdeckung der ländlichen Welt (bis zu seinem zehnten Lebensjahr war Jean-Jacques ein kleiner Städter), und da die Natur eine mütterliche Funktion hat, ist das Exil in Bossey gleichzeitig bereits eine Art der *Rückkehr*. Der Zwang zur Arbeit wird so intelligent und so maßvoll ausgeübt, daß das Kind mühelos lernt. Das silberne Zeitalter erscheint hier als eine Entfaltung, und die Analyse schlägt beinahe lyrische Töne an. Das Erlernen der sozialen Beziehung ist wohltuend: Die Arbeit ist nicht bedrückend, und das Kind entdeckt die Freundschaft.

Freundschaft

Die Freundschaft ist einer der wichtigsten Werte in Rousseaus Dasein und ein entscheidender Punkt seiner Apologie. Das Drama seines Erwachsenenlebens wäre demnach das der verratenen Freundschaften; und der Beweis für seine Gutartigkeit wäre eben seine Begabung für die Freundschaft. Seine natürliche Eignung zur Geselligkeit, könnte man mit einer Formulierung sagen, die den Widerspruch seines Systems ins Licht rückt. In Bossey, in einem positiven Erziehungssystem, kann sich diese natürliche Eignung entfalten. In Genf war Jean-Jacques ein Einzelkind und der Mittelpunkt des Familienkreises. Hier nun entdeckt er die Existenz des anderen, der als ein ebenbürtiges Alter ego dargestellt wird. Er erhält zum ersten Mal die Gelegenheit, Situationen der Konkurrenz und Solidarität zu erleben und ein Verhalten in der Gesellschaft zu entwickeln.

Darin mag für den Leser eine Überraschung liegen, und zwar nicht so sehr darüber, daß die soziale Beziehung zunächst in einem vorteilhaften Licht erscheint, als vielmehr darüber, daß der Übergang vom Imaginären zum Realen als Fortschritt hingestellt wird. Rousseau hebt diesen Punkt zweimal hervor: »Zwei auf dem Dorf verbrachte Jahre milderten ein wenig meine römische Strenge und führten mich in einen kindlichen Zustand zurück«, und »Bis dahin hatte ich wohl erhabene, aber nur eingebildete Gefühle gekannt«. Man kann aus diesen Sätzen ein Echo des zyklischen Systems heraushören, das im Neunten Buch in Zusammenhang mit den späteren Krisen beschrieben wird (S. 581-585): In Wirklichkeit geht es nicht darum, vom Imaginären zum Realen überzugehen, sondern von den Römern zum Roman. Denn dieses Reale, zu dem er zurückkehrt, dieser »kindliche Zustand«, dieser »friedliche Zustand« ist dadurch gekennzeichnet, daß er eine perfekte *Realisierung* des Imaginären ist; er wird nicht, wie man eher erwartet hätte, als etwas hingestellt, was dem Imaginären abträglich ist und das Begehren enttäuscht. Die Freundschaft mit seinem Vetter wird tatsächlich genau wie eine Romanze geschildert: »Zwei wahre Freunde lebten in Monomotapa.« Diese Romanze weckt jedoch in uns Lesern Echos, denen es vielleicht nachzugehen lohnt.

In Bossey lebt Jean-Jacques in einer reinen Ersatzfamilie: ein falscher Vater, eine falsche Mutter (die die jüngere Schwester des »Vaters« ist) und ein falscher Bruder, der ein zweifacher Vetter ist. Zwei Reihen von Echos tauchen auf. Zunächst steht diese Passage im Gegensatz zu dem Abschnitt des goldenen Zeitalters über den Bruder; Rousseau hatte uns damals zu verstehen gegeben, daß es nicht seine Schuld war, wenn es zu keiner brüderlichen Beziehung zu seinem Bruder gekommen war. Das war der einzige negative Punkt im goldenen Zeitalter. Er wird hier behoben, Rousseau betont es. Folglich ist hier ein Fortschritt zu vermerken. Im Stil dieser Freundschaftsidylle erkennt man jedoch vor allem den Ton wieder, in dem der Roman der Eltern und, genauer, deren kindliche Liebschaft zwischen dem achten und zehnten Lebensjahr (dem Alter der zwei Vettern in Bossey, laut Rousseau) geschildert wurde. Man braucht die Stellen nur hintereinander zu lesen:

Roman der Eltern	Von ihrem achten und neunten Jahre an gingen sie allabendlich zusammen auf der Treille spazieren, und schon mit zehn Jahren konnten sie nicht mehr voneinander lassen. Die Gleichgestimmtheit, der Einklang der Seelen festigte in ihnen noch das Gefühl, das die Gewohnheit erzeugt hatte.
Roman der Vettern	Die Gewohnheit eines Zusammenlebens unter stillen, friedlichen Umständen brachte mich meinem Vetter Bernard aufs innigste nahe. . . . daher hieß uns trennen gewissermaßen uns vernichten.

Die Annäherung erfolgt hier nicht zwischen dem tatsächlichen Leben der Eltern und der tatsächlichen Beziehung Jean-Jacques' zu seinem Vetter, sondern zwischen den Bildern davon beim erwachsenen Erzähler. Die Freundschaft tritt bei ihm anscheinend als ein Mittel auf, das durch seine Geburt zerstörte Paradies wieder zu errichten: das Paar der zwei Kinder würde das Idyll der Eltern wiederholen. Jean-Jacques findet nicht nur einen wahren Bruder wieder, sondern auch ein Mittel, nun für sich selbst die seltsame Beziehung zu verwirklichen, die ihm sein Vater anbot und die in der Vorstellung des Vaters das zerstörte Elternidyll ersetzen sollte. Das Modell der Freundschaft ist für Jean-Jacques natürlich die sonderbare, von seinem Vater geschaffene Komplizenschaft, die zugleich die Beziehungen zwischen den Generationen und den Geschlechtern untergrub und die Freundschaft zu einem offenen Ersatz der Liebe machte. Durch ihre Gleichgeschlechtlichkeit ist dem Vater und dem Sohn und nun den zwei Freunden jede Beziehung mit Ausnahme der symbolischen untersagt. In dieser Beziehung zum Vater und dann in der Freundschaft entsteht dieses »undefinierbare« Gefühl, das stärker ist als eine bloße Freundschaft, ruhiger und dauerhafter als die Liebe und das auch für seine Beziehungen zu Mama charakteristisch ist. Die Herstellung dieses Zusammenhangs mit der Liebe mag etwas forciert wirken: aber hier gehe ich auf die latenten Strukturen ein. Der Text Rousseaus betont jedoch schon durch diese Parallelen, daß die Entdeckung der Freundschaft auf der Ebene der Geselligkeit zwar ein *Fortschritt*, auf der Ebene der Affektivität jedoch gleichzeitig eine *Rückkehr*, das heißt die Wiederherstellung eines verlorenen früheren Zustands ist.

Genauso wie bereits der vorangegangene Text über die Muße und die Arbeit liefert auch dieser Text über die Freundschaft ein Kriterium, durch das sich die Entwicklung des Kindes in den vier Zeitaltern verfolgen läßt. Hier ist die Kette jedoch heroisch: es ist die Geschichte eines Gefühls, das sich dem Verfall widersetzt. Im ehernen Zeitalter wird die Freundschaft aufgrund der Feindseligkeit der Gesellschaft auf die Probe gestellt. Im eisernen Zeitalter wird sie, nun zur »Gefälligkeit« herabgesunken, zum unfreiwilligen Anlaß für ein erstes Vergehen: Nun beantwortet niemand mehr Jean-Jacques' Freundschaft, wie aus der Grabrede auf die Freundschaft mit seinem Vetter hervorgeht, der sich auf Betreiben der Eltern von ihm abgewendet hat.

Inmitten dieser Freundschaft tritt zum ersten Mal die Erfahrung der *gesellschaftlichen Ungleichheit* auf. Im Text über das silberne

Zeitalter in Bossey beginnt sie nur unauffällig zu keimen. Hier wiederholt sich die Beziehung zwischen den zwei Brüdern im goldenen Zeitalter, aber mit vertauschten Rollen. Bei seinem Vater war Jean-Jacques der *Liebling*; nun ist er, und zwar aus gesellschaftlichen Gründen, der *Vernachlässigte*: Er war der legitime Sohn; nun wird er zum Adoptivkind, während sein Vetter in die Rolle des legitimen Sohns schlüpft.[22] In den folgenden Zeitaltern vertieft sich der Graben der sozialen Ungleichheit: im ehernen Zeitalter divergieren die Berufsaussichten der zwei Kinder; im eisernen Zeitalter trennt das Leben die zwei Vettern, und die Eltern Bernards verschärfen diese Distanz aus sozialen Gründen und wiederholen dadurch die Schwierigkeiten, mit denen die Eltern Rousseaus gekämpft hatten. Der Leser hat den Eindruck, daß sich von einem Zeitalter zum andern nicht nur das Erziehungssystem verändert, sondern auch der soziale Status des Kindes: Es steigt die soziale Stufenleiter hinab. Im goldenen Zeitalter war er der einzige Sohn eines anständigen Bürgers von Genf; im eisernen Zeitalter erscheint er nur mehr als ein ausgebeuteter Proletarier und ein sich selbst überlassener Schlingel. Die Abfolge der Zeitalter ist eine zunehmende Deklassierung. Daher in der weiteren Erzählung auch der Ehrgeiz des Protagonisten, der seine ursprüngliche soziale Stellung wiedererringen will (ein Ehrgeiz, der gerade durch den »Roman« Jean-Jacques' am Ende des Ersten Buches veranschaulicht wird). Rousseau will nicht hochkommen, sondern *zurück*kommen; nicht eine Stelle finden, sondern seine Stellung *wieder*finden.

Der Höhepunkt

Nach diesen ersten zwei Seiten erscheint Bossey weniger als ein Ort der Verbannung als ein Ort der Rückkehr: Entdeckung des mütterlichen Landes (der Natur), Offenheit des Herzens für die Freundschaft. Die rein sozialen Errungenschaften werden als neutral dargestellt (der Schulunterricht, die Ungleichheit der zwei Kinder). Und in bezug auf das goldene Zeitalter ging anscheinend nichts verloren: Es wurde eher zurückgewonnen, was damals bereits fehlte. Man gelangt zu einer Art Höhepunkt: »Meine Lebens-

22 Vgl. S. 47: »die Vorliebe, die man ihm als dem Sohn meines Vormundes im Hause entgegenbrachte« und »wenn er durch die Gewogenheit derer, die uns zu lenken hatten, unter ihren Augen auch einigen Einfluß auf mich hatte«.

weise in Bossey war mir so zuträglich, daß sie nur hätte länger zu dauern brauchen, um meinen Charakter endgültig zu gestalten.« Wie auf jeden Höhepunkt folgt auch auf diesen zwangsläufig ein Sturz, der hier angekündigt wird. Man fragt sich bereits, wodurch dieser »Erziehungslauf« unterbrochen werden wird. Die Ersatzfamilie wird als vollkommen harmonisch dargestellt, weist also keines der zwei Laster des degradierten Gesellschaftszustandes auf: weder die Gewalt (das Vergnügen, Böses zu tun) noch die Eitelkeit. Der einzige »Fehler« von Jean-Jacques ist ein Charakterzug, aber keineswegs ein Laster: seine Wandelbarkeit und der zyklische Wechsel zwischen der Schwärmerei der Römer und der Schlaffheit der Romane. Was hat also Jean-Jacques daran gehindert, seinen Charakter zu »gestalten«?

Der Bruch

Zwei dramatische Ereignisse reißen das Kind aus seinem Glück: die Züchtigung und der zerbrochene Kamm. Ich werde hier analysieren, wie diese zwei Ereignisse durch ihre Ambivalenz und ihre Verknüpfung den Bruch veranschaulichen.[23]

Man kann sich natürlich fragen, ob diese zwei Ereignisse existiert haben und ob sie nicht eine mythische Verdichtung sind wie etwa diejenige, von der Sartre in Zusammenhang mit Genet spricht:

> Dieser »Bruch« ist zwar nicht leicht zu lokalisieren: er schwankt je nach seinen Stimmungen und seinen Mythen zwischen seinem zehnten und seinem fünfzehnten Lebensjahr. Gleichviel: er existiert, er glaubt daran; sein Leben ist in zwei heterogene Teile gespalten: vor und nach dem heiligen Drama. Es ist ja nicht selten, daß ein Gedächtnis die Zufälligkeiten und ständigen Wiederholungen einer individuellen Geschichte zu einem einzigen mythischen Moment verdichtet.[24]

Auch Rousseau schwankt in den verschiedenen Fassungen hinsichtlich seines Alters und der Zahl der Züchtigungen. Hauptsache ist, daß ein heiliges Drama stattgefunden hat: Ein Übergang von der Ewigkeit zur Geschichte, von der Undifferenziertheit zur

23 Einen eingehenderen Kommentar zur ersten der zwei Erzählungen findet man oben unter dem Titel »Die Kinderstrafe« und zur zweiten Erzählung unter dem Titel »Der zerbrochene Kamm« in *Poétique* 25 (1976).

24 Jean-Paul Sartre, *Saint Genet, Comédien et Martyr*, Paris 1952, S. 9; dt.: *Saint Genet, Komödiant und Märtyrer*, in: *Gesammelte Werke*, Schriften zur Literatur, Bd. IV, Reinbek bei Hamburg 1982, S. 11.

Singularität, vom Gestaltlosen zum Unumkehrbaren. Dieser Einschnitt überrascht den Leser jedoch durch seine Komplexität:

a) *In Wirklichkeit gab es nicht einen Einschnitt, sondern zwei, die jeweils den zwei Aspekten der frühen Lektüren entsprechen (dem Bereich der Liebe; dem sozialen Bereich). Diese zwei Einschnitte stehen nicht nebeneinander, sondern sind eigenartig miteinander verknüpft. Lesen wir den »überleitenden« Absatz:*

Wenn ich solcherweise zu den frühesten Spuren meines Gefühlslebens zurückgehe, entdecke ich Elemente, die, obgleich sie bisweilen ganz unvereinbar erscheinen, es dennoch nicht unterlassen haben, sich zu verbinden, um kraftvoll eine einige und einfache Wirkung hervorzubringen [...]

(das heißt die Verbindung der Sinnlichkeit und des reinsten Gefühls, die paradoxerweise in der Erfahrung der Züchtigung verschmelzen und die zugleich brennende und keusche Persönlichkeit hervorgebracht hatten, für die sich Jean-Jacques hielt)

und ich finde andere, dem Anschein nach gleiche, [...]

(was bedeutet »dem Anschein nach gleiche«? Die Gemeinsamkeit zwischen der Züchtigung und dem Kamm besteht darin, daß sie anläßlich eines [tatsächlichen oder vermeintlichen] Vergehens auftraten, das mit einer Züchtigung bestraft wurde)

die mit Hilfe bestimmter Umstände

(diese »Umstände« sind hier keine Nebensächlichkeiten, sondern die Hauptsache: durch die Ungerechtigkeit entdeckt das Kind die Undurchschaubarkeit des Bewußtseins)

derartig verschiedene Verbindungen gebildet haben

(das heißt, tugendhafter Heroismus im Gegensatz zu keuscher Unzucht)

daß man sich irgendeine Beziehung zwischen ihnen kaum vorstellen kann.

Man möge diese lange, aber insofern notwendige Übersetzung entschuldigen, als der Leser angesichts dieser Überleitung nicht weiß, um welche zweite Erfahrung es sich handelt, und nach der Lektüre der Fortsetzung nicht wieder zu dieser Überleitung zurückblättert. Dadurch kann er nie deutlich wahrnehmen, auf welchem Sophismus dieser Absatz aufbaut. Der Leser wundert sich nicht und problematisiert nicht. Die Begriffe Ähnlichkeit und Widerspruch, mit denen Rousseau hier jongliert, werden in verschiedenen Bedeutungen auf verschiedenen Ebenen verwendet (*innerer* Widerspruch zwischen den zwei Gefühlen im Moment der Züchtigung; äußere Ähnlichkeit des Trägers der zwei Erfahrungen; tiefer Unterschied der entscheidenden Umstände; äußerer Widerspruch zwischen Heroismus und Unzucht). Wenn man dieses Bündel entwirrt, stellt sich heraus, daß hier nichts Außergewöhnliches oder Überraschendes vorliegt – es sei denn das sophistische Staunen darüber, daß zwei Erfahrungen mit vielen verschiedenen und nur einem gemeinsamen Merkmal (der Züchtigung) zu verschiedenen Ergebnissen führen.

In der Analyse der »Strafe der Kinder« habe ich zu zeigen versucht, daß der Sophismus alles andere denn eine bestimmte Art des Lügens ist, vielmehr ein Mittel, eine zu komplexe oder zu neuartige Wahrheit auszudrücken, der sich nur auf diese indirekte und verschleierte Weise näherkommen läßt. Rousseau will nachweisen, daß zwischen den beiden Erfahrungen eine *paradoxe Beziehung* besteht. Der paradoxe Aspekt wird hier weitschweifig betont; das gemeinsame Element hingegen (dem gegenüber ein Paradox vorliegt) läuft, sobald der Text entwirrt ist, auf etwas sehr Geringfügiges hinaus: All das hat sich anläßlich der Züchtigung ereignet. Diese Orchestrierung ist nur dann gerechtfertigt, wenn diese zwei Vorfälle *etwas anderes* gemein haben; aber etwas anderes, für immer Sprachloses, das nur durch eine Pervertierung der Sprache im Sophismus wieder zur Sprache kommen kann.

Dieses andere wäre der Protest des Begehrens. In der »Strafe der Kinder« habe ich angedeutet, wie die Auflehnung gegen das Gesetz sich auf einer anderen Ebene als Auflehnung gegen die Übertretungen des Gesetzes manifestieren konnte. Die unmögliche Auflehnung des Begehrens gegen das Tabu, die auf der Ebene der Liebe durch die Verinnerlichung des Tabus gefesselt ist, manifestiert sich auf einer anderen Ebene als Protest gegen die Ungerechtigkeit. Es kommt zu einer Verschiebung und Sublimierung der Auflehnung, zur Verlagerung der Energie von einer Ebene auf eine andere. Sobald man diese Hypothese aufstellt, wird dieser Satz, der sonst nur ein kläglicher Sophismus oder eine forcierte rhetorische Überleitung wäre, plötzlich einleuchtend:

> Wer möchte zum Beispiel glauben, daß eine der kraftvollsten Wurzeln meiner Seele in dieselbe Quelle hinabtaucht, aus der Wollust und Unzucht in mein Blut geflossen sind?

Dieser Satz drückt das Wesentliche aus: die heroische Energie entspringt der gleichen Quelle wie die Passivität in der Liebe; und zwar nicht auf der Ebene der »Umstände«, sondern auf der Ebene ihrer Ursache; in der Sprache des »Paradoxons«, also auf der Ebene der Rhetorik, wird ein körperlicher Prozeß ausgedrückt, der ein Zusammenspiel von Kräften wiedergibt. Das Bild der »Wurzel« (frz. »ressort«, eigentlich »Triebfeder«) evoziert die Vorstellung einer mächtigen Kraft, die sich um so stärker entfaltet, je stärker sie zuvor unterdrückt wurde. Sobald sie freigesetzt wird und sich dehnen kann, verliert sie ihre Spannkraft: Das führt zu einer anderen Metapher, die Rousseau gern einsetzt, nämlich zur Metapher des Schwankens bzw. Pendelns, zu der man noch die Vorstellung der Trägheit[25] hinzufügen müßte. Alle diese Metaphern bilden einen Zusammenhang; sie beschreiben den »Charakter« als ein energieerhaltendes physikalisches System. Die Energie, die auf einer Seite gehemmt wird, tastet anderswo nach einem Ausweg. Stößt sie auf keinen Widerspruch mehr, verharrt sie. Diese physikalische Analyse der Energie, die Rousseau skizziert, ist insofern scharfsinnig, als sich Rousseau nicht durch die sehr verschiedenen Ebenen, die sehr unterschiedlichen Aspekte, unter denen diese Energie auftritt, täuschen läßt: Er spürt hinter den widersprüchlichsten Tätigkeiten dieselbe Kraft am Werk. Die Glieder der Metapher betonen den Widerspruch: dieser Satz setzt das Feste (Wurzel bzw. Triebfeder ... »trempé« eintauchen, aber auch [Stahl] härten) und das Flüssige (Quelle, fließen) gegenüber, aber auch die Kälte (beim Härten von Stahl wird ein zur Weißglut erhitztes Metall jäh abgekühlt) und die Wärme (Wollust, Unzucht, Blut) und, ganz allgemein, die (kraftvolle) Energie und die Passivität (fließen). Dank der Ambivalenz des Wortes »tremper« (eintauchen/härten) lassen sich durch diese Begriffe die Gegensätze *(er)zeugen*.

Hier kommt nicht nur die Verknüpfung von zwei Anekdoten oder etwa von zwei Charakterzügen zum Ausdruck, sondern weit mehr: die eigentliche Quelle, in die Rousseaus ganze Ideologie »getaucht« ist. Ich werde später zeigen, daß die unhaltbare Idee einer »natürlichen Gutartigkeit« gerade daraus entspringt. Die Widersprüche, die sich aus diesem »Bad« ergeben werden, lassen

25 Zur Vorstellung des Pendelns, vgl. S. 46 und S. 584; zu der der Trägheit S. 85, wo sich Rousseau selbst darstellt: »So war ich stets gleich schwer in Bewegung zu setzen wie zurückzuhalten.«

sich übrigens bereits jetzt schon absehen, wenn man bedenkt, welchen Wert Rousseau diesen zwei Trennungsmomenten zumißt.

b) *Jede Zäsur wird ebensosehr selbstverantwortet wie erlitten:* Der Leser bleibt mit der Vorstellung zurück, daß diese zwei traumatisierenden Vorfälle weder Unfälle sind, die einem bislang heiteren Kind zugestoßen sind, noch der Beginn eines Verfalls aufgrund von Ereignissen, die der Erzähler bedauert. Sie sind für ihn, ganz im Gegenteil, das Teuerste auf der Welt, *die Grundlage seiner Identität.* Und »sollte ich ein Alter von hunderttausend Jahren erreichen«, wie er sich selbst ausdrückt, er möchte nicht, daß es anders hätte kommen sollen. Von beiden Vorfällen, vom ersten wie vom zweiten, geht eine betörende Atmosphäre der Wollust aus: Lust am Zorn ebensosehr wie Lust an der Hingabe. Aus beiden Vorfällen dringt gleichzeitig die Entdeckung der Lust und der Anspruch auf den Wert hervor: Vorerst siegt die Bestürzung: Doch sobald die Dinge klarer werden, sieht man, daß diese Vorfälle, die dem Kind seine *Einmaligkeit* enthüllt haben, es gleichzeitig auch zur Konstruktion eines *Systems von Werten* geführt haben, das das Unvereinbare vereinen soll. Das Kind kann nicht anders als das ganze Wertsystem seiner familiären und sozialen Gruppe übernehmen (ein System, das ihm soeben die Lust verboten hat und ihn die Ungerechtigkeit erfahren ließ) und seine Lust und sein Recht *innerhalb* dieses Systems ausdrücken, eine Lust und ein Recht, die, wie es eben erfahren hat, von diesem System nicht geduldet und als systemfremd abgewiesen werden. Daher die Plädoyers unmittelbar nach jedem Vorfall, die paradoxe Apologie der *keuschen Unzucht* und der *tugendhaften Auflehnung*, zwei Formulierungen, die unhaltbare Kompromißbildungen zwischen Anspruch (Unzucht und Auflehnung) und Unterwerfung (Keuschheit und Tugend) sind. Rousseaus gesamte Ideologie entspringt diesem Urwiderspruch. Das Kind sitzt in der Falle: Es kann sich weder mit seinem Begehren identifizieren noch mit dem Gesetz der Gesellschaft. Sein eigentliches Selbst ist diese verrückte Lösung, die es als Ausweg ersinnt. Das Trennungsgeschehen ist die eigentliche Geburt seines Ich: Wenn uns die Trennung, abstrakt gesehen, als Verfall erscheinen mag, so ist sie in Wirklichkeit gleichzeitig eine *Spaltung*, die großartige Quelle einer plötzlich freigesetzten Energie, die in den Dienst einer spiegelverkehrten Aufbauarbeit gestellt wird. Der Zusammenprall ist punktuell: Die freigesetzte Energie hingegen scheint unbegrenzt zu sein. Und es liegt auf der Hand, daß ihm die Episode des Zusammenpralls rückblickend als ambivalent erscheint. Der Zusammenstoß wirkt trennend und ist somit ein Verfall; insofern er eine Arbeit des Wiederaufbaus notwendig macht und die nötige Energie liefert, ist er eine Quelle des »Fortschritts«. Der Eintritt in die Geschichte ist unumkehrbar: Aber dieser unumkehrbare Prozeß nimmt, sobald er einsetzt, die Form der Rückkehr an. Der nicht wiedergutzumachende Bruch erzeugt eine äußerst komplexe Konstruktion, die in den Augen des Erwachsenen größeren Wert besitzen kann als der ungespaltene mythische Block, der er vorher war. Hier stößt man wieder auf die Dialektik des Sündenfalls und des Fortschritts, die Rousseau bereits in der *Abhandlung über den Ursprung der Ungleichheit* entworfen hatte.

Falle, Widerspruch, Ausweg: An der hier verwendeten Begrifflichkeit hat man wohl die Analogie wiedererkannt, die ich zwischen dem Fall Rousseau und dem von Sartre analysierten Fall Genet sehe. Es handelt sich um eine bloße Analogie. Die Situationen unterscheiden sich, und die ersonnenen Auswege sind denkbar entgegengesetzt, aber anscheinend gleichermaßen absurd und gleichermaßen reich an Sophismen und Kippmomenten. Ebenso absurd wie der Wille, *schlecht* oder *gut* zu sein ... Ebenso widersprüchlich wie der Wille, sei es in der Revolte oder in der übersteigerten Anpassung, das sozial verurteilte Verlangen des Ich mit den Anforderungen der Gesellschaft zu versöhnen.

Diese sehr komplexe Reaktion auf die Trennung erklärt auch die intensive und letztlich lustvolle Rührung, die hinter der Schilderung eigentlich so bedauerlicher Ereignisse spürbar ist. Sie erklärt auch den äußerst paradoxen Aspekt, den die Zeit in dem Vorfall mit dem zerbrochenen Kamm annimmt. Der Bruch läßt die Geschichte entstehen: Nunmehr gibt es ein Vorher und ein Nachher.[26] Das Trauma läßt die Geschichte zwar anbrechen, aber auch sofort wieder erstarren, wodurch dieser Augenblick des Anbrechens zum Archetyp des *ewigen Augenblicks* gerät. Das Kind wird aus der Unumstößlichkeit der Stabilität herausgerissen und entdeckt nichts anderes als die Unumstößlichkeit der Trennung. »Und sollte ich ein Alter von hunderttausend Jahren erreichen, jene Augenblicke werden mir stets gegenwärtig bleiben« (S. 56). Insofern der Bruch gleichzeitig Singularisierung des Ich, Bewußt-

26 Um diesen Moment der Trennung zu veranschaulichen, hat Rousseau die christlichen Vorstellungen der Erbsünde verwendet, S. 57.

werdung und Ort der Wollust ist, erscheint nun nicht, wie ich in meiner ersten Periodisierung angedeutet habe, die Ruhe vor dem Bruch als Höhepunkt der Entwicklung, sondern der Bruch selbst.

Beide Anekdoten enden ähnlich. Nach einer globalen Vorwegnahme, die Rousseaus ganzes Leben unter das letztlich wohltuende Zeichen dieses Bruchs stellt (die Züchtigung: Lust und Keuschheit; der zerbrochene Kamm: leicht verletzbare Tugend und Gerechtigkeitsliebe), endet die Erzählung mit einer Katastrophe: mit dem Aufsteigen der Scham beim Erzähler und der Sprachlosigkeit des Protagonisten gegenüber den geliebten Frauen bei der Züchtigung; mit dem Erlernen des Lügens und der Abreise aus Bossey beim zerbrochenen Kamm. Diese letzte Katastrophe scheint endgültig und unrettbar zu sein. Dennoch ist sie schon in den nachfolgenden Zeilen gelöscht und überwunden.

Dacapo

Das Glück taucht wieder auf, durch das Gedächtnis gefiltert. Der wehmütige Erzähler möchte »bereits das Entfliehen des Lebens fühlend, [sich] seiner durch seine Anfänge noch einmal bemächtigen«. Unsere erste Überraschung liegt darin, daß diese durch so heftige Brüche erschütterte Zeit wieder zu »dieser glücklichen Zeit« wird. Nach den erwähnten Einzelheiten (»ein Barometer, ein großer Kalender und große Himbeersträucher«) könnte man erwarten, daß die kleinen Anekdoten aus dieser glücklichen Zeit sich wieder in ein Idyll verwandeln, wie dies später bei der Schilderung des Lebens im Hause seines Lehrers (Drittes Buch, S. 190f.) der Fall sein wird. Doch folgt eine weitere Überraschung: Die geschilderten Anekdoten sind von der gleichen Art wie die, die die tragischen Trennungen ausgelöst hatten: eine anzügliche Anekdote dient als Gegenstück zur Episode der Züchtigung; die Schilderung eines Konflikts um eine »Wasserleitung« dient als Gegenstück zum Konflikt um den zerbrochenen Kamm. Zwei Dinge haben sich allerdings geändert: Zunächst der *Ton*: der tragische Ton, in dem der Erwachsene gerührt, dumm oder lächerlich wirken mag, wenn er sich seine früheren kindlichen Erregungen allzusehr zu Herzen nimmt, wechselt in den heroischkomischen Ton über, wo die sichtliche humoristische Distanzierung den Leser in eine subtilere Mitwisserschaft einbezieht. Und andererseits der Stellenwert und der Ausgang der Konflikte: Ich habe oben gezeigt, daß die Schilderung der Anekdote mit dem Purzelbaum Fräulein Lambierciers die Funktion einer Rache besitzt. Auch die Geschichte mit dem Nußbaum auf der Terrasse schildert die Umkehrung einer Situation.

Diesmal handelt es sich ursprünglich um einen tatsächlichen Schaden, den das Kind angerichtet hat. Die Erzählung des Abenteuers erfolgt bewußt langsam: die humoristische Schilderung des Vorhabens der Kinder soll eine romanhafte Spannung schaffen, die den Leser zwingt, zu ihren Komplizen zu werden. Das Ende ist ein zweifaches: Überraschung über die Entdeckung, die wieder die Gefahren der Transparenz offenbart (indem die Kinder ihre Freude zeigen, lösen sie die Repression aus); Überraschung darüber, daß sich die Katastrophe in einen persönlichen Triumph verwandelt, der sich vom vorangegangenen Triumph unterscheidet.[27]

Der Stoff der Anekdote verdient eine nähere Betrachtung: ein Wettstreit zwischen dem Wurzelschößling einer jungen Weide und einem großen Nußbaum, das lebenspendende Naß wird von einem Baum zum andern umgeleitet; Bewässerung und Bau einer Wasserleitung. In dieser Episode stehen die Kinder der väterlichen Figur, Herrn Lambercier, gegenüber. Alle Einzelheiten legen eine vermutlich allzu billige symbolische Deutung nahe, da die Rivalität zwischen Vater und Sohn mit den Attributen der Männlichkeit arbeitet. Wichtig ist die Wendung, die dieser Konflikt nimmt: genauso wie in der vorangegangenen Episode verliert der Erwachsene die Kontrolle über sein Verhalten. Fräulein Lambercier rutschte, Herr Lambercier steigert sich in einen recht kindlichen Zorn. Die Rollen kehren sich um: Herr Lambercier zerstört mit festen Hieben den kleinen Kanal, der das Konkurrenzunternehmen symbolisiert; gleichzeitig aber verleiht er diesem Konkurrenzunternehmen einen erwachsenen Status, indem er es kurz ernst nimmt. In kindlichem Zorn nennt er die kleine Rinne »Wasserleitung« und akzeptiert mit diesem einen Wort den Eintritt der Kinder in das Mannesalter. Die Episode wechselt vom Bereich der symbolischen Kastration in den Bereich des Initiationsrituals: die scheinbar bekämpfte Identifizierung mit dem Vater wird still-

27 In der Episode mit dem zerbrochenen Kamm stellte sich Rousseau so dar: »Schließlich ging ich zerfetzt, aber dennoch als Sieger aus dieser grausamen Prüfung hervor« (S. 55).

schweigend akzeptiert. Es ist bezeichnend, daß Rousseaus Rührung im letzten Absatz nicht der Weide gilt, die von den zwei Vettern »anderswo« neu gepflanzt wurde, sondern dem väterlichen Nußbaum, der nun nicht mehr der Rivale ist, den es auszustechen galt, sondern das Vorbild, mit dem man sich identifizieren durfte.

Die Episode mit dem Nußbaum enthält Rachephantasien: Situationsumschwünge und Umschwünge des Tonfalls. Als letzte der vier Episoden drückt sie auf die einzig mögliche Weise, die des Humors und der Wehmut (denn es war nur ein Vorfall, es passierte nur einmal: die Reduzierung der Episode entschuldigt die Kühnheit des Gesagten), den Wunsch nach Rache und Protest – nicht mehr gegen die Ungerechtigkeit (zerbrochener Kamm) –, sondern gegen das Gesetz und seine Repräsentanten aus.

Das eherne Zeitalter (S. 62-69)

Der Aufbau des Textes

Jean-Jacques ist wieder in Genf unter der Vormundschaft seines Onkels Bernard. Eine Situation, die nur wenige Monate andauerte. Er ist im Winter 1724-1725 nach Genf zurückgekehrt und hat Ende April 1725 seine Lehre bei Du Commun angetreten. In diesen Zeitraum gehören allerdings auch noch die ersten Schritte im Berufsleben bei Herrn Masseron, die wohl einige Wochen dauerten. Diese Zeit hat also nicht »zwei oder drei Jahre« gedauert, wie Rousseau aus der Erinnerung meint. Sie erstreckt sich nicht zwischen dem zehnten und dem dreizehnten Jahr, sondern umfaßt nur einige Monate im Leben eines Knaben von zwölfeinhalb Jahren. Rousseau täuscht sich sowohl in der Dauer als auch im Datum. Welche *Funktionen* hat dieser Irrtum? Zunächst soll der Irrtum hinsichtlich des silbernen Zeitalters ausgeglichen werden. Rousseau glaubt, er sei mit zehn Jahren aus Bossey zurückgekehrt; er weiß, daß er mit fast dreizehn in die Lehre eingetreten ist. Diese Lücke gilt es aufzufüllen. Überdies soll ein Übergang zwischen dem »Paradies« und der Hölle, eine Art Fegefeuer eingerichtet werden, eine Zwischenstufe im Niedergang. Und vermutlich eignete sich diese unbestimmte und leere Periode ganz besonders für einen eigenwilligen Umgang mit der Chronologie.

Der Irrtum wird noch verständlicher, wenn man nicht mehr bloß die Mechanismen des Gedächtnisses in die Überlegung einbezieht. Die Struktur der Erzählung erforderte einen solchen Irrtum: Aus der Sicht eines kontinuierlichen Voranschreitens war eine Zwischenstufe notwendig. Diese wenigen Monate verlagern und dehnen sich, sie geben Anlaß zu einer Erzählung, die eine Entwicklung aufweist, die, wie noch zu sehen sein wird, Verfall und Entfaltung in einem ist.

Die Erzählung ist viel kürzer als die des silbernen Zeitalters: sieben Seiten. Das in den zwei vorangegangenen Zeitaltern festgestellte Prinzip der kreisförmigen Anordnung ist auch hier zu finden, aber in reduzierter Form, da dieses Erzählverfahren nur für den Beginn und den Abschluß Verwendung findet (und thematisch kaum in Erscheinung tritt). Auf der Handlungsebene wird diese Zeit durch das Warten auf eine Entscheidung über seine berufliche Orientierung definiert, das durch den Beginn seiner Lehre ein Ende findet.[28] Diese Wartezeit wird vom Erzähler als eine *verlorene Zeit* hingestellt.[29] Inwiefern ist diese Zeit »verloren«? Um dies zu verstehen, muß man sich die Theorien des *Emile* in Erinnerung rufen[30]: der letzte Abschnitt der Kindheit kurz vor der Pubertät eignet sich am besten für das geistige Lernen: ein sehr kurzer Moment, in dem das Individuum bereits die Kräfte, aber noch nicht die (sexuellen) Bedürfnisse eines Erwachsenen besitzt und damit überschüssige Energie, die auf das Lernen verwendet werden kann.

Abgesehen vom Anfang und vom Schluß spielt die chronologische Reihenfolge keinerlei Rolle in der Gesamtkomposition der Erzählung, die grob in zwei thematische Ausführungen zerfällt (die Freundschaft, die Liebe); sie taucht bloß innerhalb jeder Ausführung auf, um eine Entwicklung anzulegen, die jedesmal mit unterschiedlichen »Katastrophen« endet (Vetter Bernard wird verfolgt und verspottet, seine Beziehungen zu Fräulein Gonton werden bekannt; er wird von Fräulein Vulson betrogen).

Der Aufbau ist natürlich thematisch, wie bereits aus der wich-

28 Vgl. S. 62: »darauf wartend, daß man endlich über meine Zukunft schlüssig werden möchte«; und S. 69: »Nach langen Beratungen ...«

29 Vgl. S. 63: »verlor dabei sozusagen meine Zeit« und S. 69: »Derart verlor sich die kostbarste Zeit meiner Jugend in Kindereien.«

30 *Emil*, a.a.O., S. 156f.

tigsten Verknüpfung hervorgeht.[31] Diese Abfolge wird nur im Hinblick auf die in den vorangegangenen Zeitaltern angesprochenen Themen verständlich. Die vom Ursprung ausgehenden »geheimen Ketten der Zuneigungen« beginnen sich nun zu differenzieren, zu verwirren und ein Netz, ein komplexeres Gebilde auszuformen. Der Aufbau der Erzählung schildert einen Niedergang auf der Ebene des Werts; gleichzeitig aber wechselt sie zunehmend vom Einfachen zum Komplexen über, setzt mehr und mehr eine Persönlichkeit zusammen und verflicht die verschiedenen Fäden. Wir können dieser Demonstration aus zwei Gründen unschwer folgen: das Prinzip des Aufbaus der Persönlichkeit wurde uns von Anfang an mitgeteilt (nämlich der Widerspruch); die Gliederung der Erzählung betont die Parallelen und Antithesen.

Im Gegensatz zum silbernen Zeitalter weist das eherne Zeitalter keine *ausführliche* Anekdote auf; nur einige punktuelle Anekdoten veranschaulichen die Entwicklungsphasen der Freundschaft und der Liebe. Die Analyse oder die wiederholenden Passagen verleihen der Erzählung im wesentlichen einen zwanglosen Rhythmus. Doch die Anhäufung der Zeichen in einer recht entspannten Schilderung zeigt sowohl den Verfall des sozialen Lebens des Kindes als auch die Reifung seines Gefühlslebens. Wir haben es nicht mehr mit einem Kind, sondern mit einem kleinen Erwachsenen zu tun.

Die Freundschaft

Der erste Teil des Textes greift dieselben Themen auf wie der erste Teil des silbernen Zeitalters (Arbeit und Muße, soziale Situation, Freundschaft), verknüpft sie und fügt das heroische Thema (Verteidigung von Barna Bredanna) hinzu, das wieder der Ausführung im Anschluß an den Vorfall mit dem zerbrochenen Kamm entspricht. Handelt es sich also um einen Stillstand? Nein. Vielmehr um einen Abstieg. Vorerst jedoch scheint dieser Abstieg nicht mit dem Drama in Bossey zusammenzuhängen. Er entspringt in erster Linie dem veränderten sozialen Status des Kindes und wieder einer Änderung der *Erziehung*. Zum ersten Mal werden die Erzieher

31 »Schon war ich also ein Rächer der Bedrängten geworden. Um in aller Form ein echter Ritter zu sein, fehlte es mir nur noch an einer Dame: ich bekam gleich zwei« (S. 64).

angeklagt. Onkel und Tante Bernard stehen dem Vater und Tante Suzon gegenüber: Lebenslust und Frömmigkeit lassen jeden erzieherischen Eifer verkümmern. Die Kinder bleiben sich selbst überlassen. Wenn die Katastrophe vermieden wird, so ist dies nur den guten Auswirkungen der früheren Erziehung zu verdanken.[32] Die Rolle der Erzieher besteht hier also darin, das Kind abwarten und seine Zeit verlieren zu lassen und schließlich auf eine berufliche Ausbildung zu verfallen, die sich als katastrophal erweist.

Aber auch darin, Geld zu kassieren. Zum ersten Mal tritt nun das Geld in der Geschichte auf. Rousseau deutet die Heuchelei seines Onkels an: Das Vermögen des Kindes reicht nicht, um die Schulausbildung zu bezahlen: Also läßt man es kümmerlich dahinleben und versperrt ihm die Zukunft, die für seinen Vetter ins Auge gefaßt wird. Es hat jedoch genügend Geld, um im Haus zu bleiben und »wie es rechtens war, ein ziemlich hohes Kostgeld zu zahlen«. Eine verschleierte und wohl grundlose Anklage (Rousseau blieb nur einige Wochen oder einige Monate bei seinem Onkel), die jedoch ein Anzeichen für die Bewußtwerdung seines sozialen Abstiegs ist.

Die Nachlässigkeit der Erzieher führt noch zu einer anderen Folge: In allen seinen Beziehungen, ob Zuneigungen oder Konflikte, wandte sich Jean-Jacques früher an Eltern und Verwandte. Im ehernen Zeitalter werden die »Eltern« nur mehr am Anfang und am Ende in Zusammenhang mit ihrer erzieherischen Sorglosigkeit erwähnt; sonst aber verlassen sie die Bühne vollständig. Zum ersten Mal gelten die Konflikte und Zuneigungen des Kindes nun Personen außerhalb des Familienkreises, wodurch er die *Bosheit der Gesellschaft* (böser Spott, üble Nachrede, Lüge) entdeckt, die ihm bislang nur durch die Flucht seines Vaters vor dem Hauptmann Gautier zu Ohren gekommen war.

Der Fortbestand noch nicht degradierter Elemente in diesem Klima des sozialen Niedergangs ist beinahe ein Wunder. Rousseau betont, daß der Müßiggang nicht in Liederlichkeit ausartet und die idyllische Freundschaft erhalten bleibt. In zwei Punkten gibt es sogar eine Form des Fortschritts:

– Die Entfaltung der spielerischen Tätigkeiten (Nachahmung der Marionetten, der Predigten), die nachahmende Verhaltensweisen

32 Vgl. S. 64. Dieses Argument steht übrigens in Widerspruch zu dem im eisernen Zeitalter, S. 70, wo Rousseau schreibt: »Trotz der ehrbarsten Erziehung muß ein großer Hang zur Entartung in mir gesteckt haben ...«

weiterführen, die bereits im goldenen (Scävola) und im silbernen Zeitalter (die Weide) angedeutet wurden: Diesmal aber geht es darum, die Erwachsenen in ihrer phantasierenden Tätigkeit nachzuahmen. Diese Initiation in die Rolle des Autors wird man auch am Ende des eisernen Zeitalters in Zusammenhang mit dem fabulierenden Phantasieren antreffen. In seiner kindlichen magischen Form wird dieses Verhalten zum katastrophalen Konzert in Lausanne führen (IV. Buch) und in seiner erwachsenen Form zum Schriftsteller Rousseau. Der Roman zeichnet sich ab.

– Die Rolle des Verfechters der Gerechtigkeit: das ist seine »römische« Seite. Der Heroismus konnte sich im goldenen Zeitalter nur im Imaginären ausdrücken (Scävola); im silbernen Zeitalter schlägt der Heroismus zwei Richtungen ein, die beide durch ihren starken »Egoismus« gekennzeichnet sind: die Empörung über das erlittene Unrecht (der zerbrochene Kamm), den Stolz über die Anerkennung seiner eigenen Macht (die Weide und der Nußbaum); nun kann sich der Heroismus erstmals in der Wirklichkeit und zugunsten einer anderen Person ausleben, und zwar auch deshalb, weil das Kind eine böse Gesellschaft entdeckt hat. *Barna Bredanna* ist das Vorbild der späteren Verfolgungen und Hetzen. Der Heroismus ist nur in einer degradierten Welt angebracht.[33]

33 In diesem Abschnitt hätte Rousseau wahrscheinlich die Gelegenheit gehabt, die zwei Andekdoten zu schildern, die er laut eigenen Äußerungen weggelassen hat, weil sie ihm zuviel Ehre einlegten: die vom jungen Fazy zerquetschten Finger und der Schlag auf den Kopf während des Mailkugelspiels (*Quatrième Promenade*, S. 1036ff.; dt.: Rousseau, *Schriften*, Bd. II, hg. v. H. Ritter, München, Wien, 1978, S. 688ff.). Sicherlich recht »römische« Anekdoten, die seine Großherzigkeit und Freundschaft unter Beweis stellen, bei genauerer Lektüre jedoch auch von der seltsamen Komplizenschaft zwischen dem Opfer und seinem Henker zeugen könnten. Es handelt sich keineswegs um einen masochistischen Pakt, sondern um etwas ganz anderes: Das Kind sympathisiert mit seinem Peiniger und *identifiziert* sich mit ihm, sobald der Peiniger als Schuldiger entlarvt und ungerechterweise bestraft wird (da die zwei Erzählungen mehr oder weniger die Peiniger entschuldigen). Hier liegt der gleiche Mechanismus vor wie im Achten Buch, wenn Rousseau fürchtet, ein Betrüger, der ihn zu kennen behauptet, könne entlarvt werden (S. 529).
Rousseau hat diese Episoden nicht nur deshalb weggelassen, um sich nicht zu brüsten, sondern wahrscheinlich auch wegen ihrer Mehrdeutigkeit. Im ehernen Zeitalter darf nur von der Großherzigkeit die Rede sein: das Schuldgefühl wird später inszeniert, in der Episode mit dem Band Marions.

Rousseau betont mit nachdrücklichem Humor die strukturelle Analogie zwischen dem ehernen und den vorangegangenen Zeitaltern. Alles geht auf die Lektüre der Romane zurück, auf Don Quijote und Dulcinea:

Schon war ich also ein Rächer der Bedrängten geworden...

Das ist die heroische römische Seite. »Schon« zeigt über den Humor hinweg den Stolz an. Schon: – dieses Adverb (und die Formulierung dieser Überleitung) deutet auf den inneren Widerspruch (die zwei gegenläufigen Bewegungen) in der Entfaltung der Erzählung hin: die Nostalgie und die Genugtuung. Ein Teil der Textanordnung betont den Abstieg, den Absturz aus der Höhe der Vollkommenheit und des natürlichen Glücks; ein anderer Teil würdigt die allmählich in der Geschichte hervortretenden wesentlichen Züge des derzeitigen, aus diesem Abstieg entstehenden Ich. Der Widerspruch ist natürlich kein vollständiger, da dieses Ich auf seine Weise gegen den Niedergang reagiert. Doch die Freude, mit der sich Rousseau, wie übrigens viele Autobiographen, wiedererkennt (»schon«), zeigt natürlich, daß er trotz seiner Nostalgie um nichts auf der Welt anders sein möchte, als er ist. Die Unumkehrbarkeit der Trennung ist vielleicht gar kein so großes Übel: Ist die Trennung nicht die intimste und tiefste Form der Bindung? Der Text inszeniert also insgesamt keinen Niedergang; ja nicht einmal, wie ich vorhin etwas unscharf sagte, eine Verschränkung von zwei widersprüchlichen Bewegungen (die unverbunden nebeneinanderstünden); er inszeniert eine *Verwandlung*. Alle Elemente gliedern sich in zwei Bereiche zugleich ein: als Ergebnisse eines Abrückens vom früheren Wert sind sie Quellen eines gegenwärtigen Werts. Das Bühnenbild ändert sich vor unseren Augen: die Natur wird von der Gesellschaft zerstört, rächt sich aber gleichzeitig an dieser Zerstörung durch die Ausarbeitung komplexer Formationen (der Züge des gegenwärtigen Ich), die mehrdeutig, aber heilig sind.

Das geht deutlich aus dem Ton dieser Überleitung hervor. Mag es noch angehen, daß der Heroismus als ein Wert erscheint, so läßt sich der Leser weit schwerer davon überzeugen, daß man darüber stolz sein kann, sein Leben lang zwischen der Verliebtheit im Kopf und den »recht lebendigen Zusammenkünften« mit einem Fräulein Goton geschwankt zu haben. Doch der Ton ändert sich nicht:

Um in aller Form ein echter Ritter zu sein, fehlte es mir nur noch an einer Dame; ich bekam gleich zwei.

Nach den Römern, die Romane; nach den Folgen des zerbrochenen Kamms, die Folgen der Züchtigung. Die sehr lange Episode über die zwei Fräulein bringt nur die erste Folge der Züchtigungsepisode zum Vorschein.

Die Liebe

Diese Schilderung umfaßt drei lange Seiten und läßt den Leser recht skeptisch zurück. Nicht daß diese Abenteuer etwa erfunden oder übertrieben wären: Aus zwei Stellen geht hervor, daß sie für den Erzähler noch lebendig sind.[34] Aber der Mangel an Genauigkeit, die Spärlichkeit der Erinnerungen und vor allem die Wellenbewegung des Diskurses, der vermittels allgemeiner Analysen Parallelen und Gegensätze aufzuzeigen sucht, vermitteln dem Leser das Gefühl, daß tatsächliche Episoden in Archetypen umgewandelt wurden und Rousseau ihnen rückblickend und mit Absicht eine Problematik aufgeladen hat, die damals von ihm nicht wahrgenommen wurde und nur teilweise auf sie zugeschnitten ist. Hier haben scheinbar die Logik und die Anforderungen der Demonstration über das Material der Erinnerung gesiegt. Fräulein Volson und Fräulein Goton werden verwendet, um die erste Konsequenz der Züchtigung zu beschreiben, das heißt das zweite Glied jener Kette der Zuneigungen. Wesentlich ist hier die *Spaltung*, die sich aus der Unmöglichkeit ergibt, für ein und dieselbe Person *Liebe* und *Verlangen* zu empfinden. Das ist, obwohl Rousseau nicht darauf zu sprechen kommt, die unmittelbare Folge der *zweiten Züchtigung*. Die stillschweigend von Fräulein Lambercier erteilte Lektion wurde verstanden, das Tabu verinnerlicht. Diese Affekte »hielten sich in sich selber befangen« – aber das solcherart verbannte Verlangen mußte auch noch eine andere Möglichkeit der Befriedigung finden. Daher die Spaltung: die brennende, keu-

34 Fräulein Goton beschreibt der Erzähler folgendermaßen: »Ohne schön zu sein, hatte sie ein schwer zu vergessendes Gesicht, dessen ich mich noch oft, für einen alten Narren vielleicht allzuoft, erinnere« (S. 66); was Fräulein von Vulson betrifft, so beschreibt die Spazierfahrt auf dem See, S. 68, die Gefühle, die sie tatsächlich in ihm weckte.

sche und eingestandene Gefühlsliebe; und die heimliche sexuelle Befriedigung, real wie mit Fräulein Goton, vergebens erbeten wie in Turin und schließlich einsam wie später in Rousseaus ganzem Leben die Masturbation. Die Trennung zwischen den zwei Ketten ist eine vollständige; sie koexistieren trotz ihrer totalen Opposition (das heißt *wegen* dieser Opposition) unverbunden und ohne aufeinanderzustoßen. Rousseau liefert eine wunderbare Beschreibung dieses gespaltenen Verhaltens, als hätte er dessen Ursache verstanden. Er ist sogar stolz darauf wie auf eine persönliche Eigenart, der er letztlich ein großes Glück abgewonnen hat. Selbst während der Niederschrift beruhigt ihn diese Spaltung noch angesichts der Angst, die entstünde, wenn Liebe und Verlangen sich auf ein und dieselbe Person richteten. Als Erzähler baut er einen allzu systematischen Gegensatz auf. Die dadurch entstandene Spaltung wird später nur zweimal und jedesmal um den Preis sehr heftiger Emotionen gefährdet: einmal im Entsetzen und in Tränen (Fünftes Buch, als »Mama« ihn einweiht), ein zweites Mal im Wahn und in der Begeisterung (Neuntes Buch). Wir sagen »gefährdet«: denn selbst bei Madame d'Houdetot war die Ausrichtung von Verlangen und Liebe auf ein und dieselbe Person nur um den Preis einer Spaltung von Rousseaus *Verhalten* und einer großen Verstellung im Erzählen, das ja selbst ein Wiederholen ist, möglich.

Diesem langen Abschnitt kommt somit eine äußerst wichtige Funktion in der »Kette« der Liebe zu: er hat die ursprüngliche Erfahrung der Züchtigung mit *allen* späteren Erfahrungen zu verbinden und die Spaltung des Verhaltens vorzubereiten, die sich kontinuierlich vom Zweiten bis zum Achten Buch erstreckt, bis im Neunten Buch das Zusammentreten des Verlangens und der Liebe möglich wird. Die hier recht selbstgefällig geschilderte Spaltung von Verlangen und Liebe wird im Neunten Buch plötzlich bedauert:

> Wie konnte es geschehen sein, daß ich mit so leicht entzündlichen Sinnen, mit einem so von Liebe durchglühten Herzen nicht wenigstens einmal für einen bestimmten Gegenstand in lichten Flammen gestanden hatte? (S. 595)

Hier spricht der Protagonist: Denn nach der Lektüre des Ersten Buchs können wir annehmen, daß der Erzähler der *Bekenntnisse* zumindest eine vage Vorstellung davon hat, wie dies »geschehen sein konnte«. Das Schema, das er uns bereits im Ersten Buch vorschlägt, ist das einer komplexen Erfahrung, einer Mischung von Liebe und Verlangen, die jedoch unter ein Verbot fällt: um die Liebe zu erhalten, muß auf das Verlangen (Fräulein Lambercier) verzichtet werden. Alle späteren Erfahrungen nehmen dann diese Trennung vor, indem sie einerseits jeweils verschiedene Partner für die Befriedigung des Geschlechts und die des Herzens wählen; und andererseits, indem sie, sooft das Herz beteiligt ist, das Verhalten aufspalten, um die Sinnlichkeit zurückzuhalten. Auch das Abenteuer mit Madame d'Houdetot entzieht sich trotz der Versöhnung, die Rousseau hier auszumachen meinte, diesem Gesetz nicht.

Die wichtige Funktion dieser Episode geht daraus hervor, wie Rousseau im Vorfeld all das zu betonen versucht hat, was diese Spaltung Fräulein Lambercier zu verdanken hat, und wie er im Anschluß daran die gespaltenen und paradoxen Liebesbeziehungen und insbesondere die zu Mama angelegt hat. Die langwierige Schilderung der Parallele liefert die Möglichkeit, alle diese Verbindungslinien anzulegen.

Verbindung im Vorfeld: Sie zeigt sich frappierend in folgender Stelle:

Ich fürchtete in gleichem Maße, beiden zu mißfallen, aber der einen war ich gefälliger, der anderen gehorsamer. Um nichts in der Welt hätte ich Fräulein von Vulson kränken mögen, aber wenn Fräulein Goton mir befohlen hätte, ins Feuer zu springen, ich glaube, ich würde ihr augenblicks gehorcht haben. (S. 67)

Die zwei widersprüchlichen und an dieselbe Person gerichteten Gefühle, die das Kind nach der ersten Züchtigung empfand (Angst zu kränken, Wunsch nach Bestrafung) werden getrennt und auf zwei verschiedene Personen verteilt. »Um nichts in der Welt« (das heißt: nicht einmal meiner Lust zuliebe) »hätte ich Fräulein von Vulson kränken mögen« – das erinnert uns an den Satz auf S. 50: »so geschah es einzig aus Furcht, Fräulein Lambercier zu kränken«; die begeisterte Hinnahme der Strafe (die hier als freiwilliges Brandopfer hingestellt wird, das kurioserweise die Scävola-Episode anklingen läßt) erinnert an den Wunsch, diese Behandlung noch einmal, »von derselben Hand bewirkt«, zu empfinden. Fräulein Goton steht übrigens vollständig auf der Seite der gestrengen Lehrerin: Sie geruhte »die Schullehrerin zu spielen«, das heißt, wie hier nur angedeutet wird, Strafen zu verhängen. Ihr »stolzes, überlegenes Gesichtchen« entspricht der »Autorität« von Fräulein Lambercier.

Die Verbindung im Anschluß: Neben der Spaltung in zwei Reihen wird hier recht ungeschickt die Beziehung zu Mama vorbereitet. Ungeschickt deshalb, weil die zwei Beziehungen allzu verschieden sind. Die kindliche Komödie und das rein soziale Vergnügen in der Vulson-Episode passen nicht zur Spontaneität und zur intimen Atmosphäre der Beziehungen zu Frau von Warens und wecken Zweifel an der Gültigkeit des Vergleichs, der auf einem einzigen, aber dafür äußerst wichtigen Punkt beruht: »vereint mit ihr, taten ihre Liebkosungen meinem Herzen wohl, nicht meinen Sinnen. Ich konnte ungestraft vertraulich mit ihr sein; meine Phantasie forderte nicht mehr von ihr, als sie gewährte« – hier wird der außerordentliche Aspekt der Liebe zu Frau von Warens angebahnt – ein Gefühl, das Rousseau im Dritten Buch noch über die Liebe stellt[35] – sowie der außerordentliche Widerwille, sich mit ihr zu vereinigen.[36]

Die Verbindung im Vorfeld tritt jedoch auch bei Fräulein Goton auf: der Zustand der allgemeinen Erregung bis hin zum Herzklopfen und zur nahen Ohnmacht, der hier beschrieben wird, ist genau derselbe wie später bei Frau von Houdetot (S. 621), und man kann annehmen, daß die zweite Episode als Modell für die erste gedient hat.

Auch der Abschluß der beiden Episoden, die »stets etwas Romanhaftes an sich haben sollen«, weisen auf zwei Aspekte der Trennung von Frau von Houdetot voraus: auf den gesellschaftlichen Druck, der die Liaison aufdeckt und verbietet, und auf das Doppelspiel der Dame, die in Wirklichkeit ihrem Saint-Lambert treu ist.

Sicherlich ließen sich noch andere gewollte Ähnlichkeiten konstatieren. Wesentlich ist jedoch nicht die eine oder die andere Analogie, sondern die Art und Weise, wie diese Episode als Bindeglied zwischen dem *Davor* und dem *Danach* dient und wie sich

35 S. 167 und S. 170-174.

36 S. 285-288. Man wird sich vielleicht über die dreimalige Verwendung des Adverbs »ungestraft« wundern, S. 67, S. 287 und S. 622. Es handelt sich um eine schamhafte Umschreibung für »ohne Samenerguß«. Im Ersten Buch, wo es sich um einen zwölfjährigen Knaben mit spät einsetzender Pubertät handelt, ist die Verwendung deplaziert; sie wird verständlicher, wenn man annimmt, daß der Erzähler in Wirklichkeit an Frau von Warens denkt.

dadurch sämtliche sexuellen oder Liebesepisoden der *Bekenntnisse* an einer einzigen und widersprüchlichen Ursache, der Szene mit Fräulein Lambercier, festmachen lassen.

Zusammenfassend:

Verliert sich dieses Übergangsalter tatsächlich in »Kindereien«? Was die Erziehung anlangt, ja. Und die Kinderei liegt hier vor allem darin, daß sich der aus dem Paradies vertriebene und zum ersten Mal mit den Mitmenschen konfrontierte Jean-Jacques bereits als Parodie eines Erwachsenen beschreibt. Im Vordergrund steht die Idee eines nicht mehr angepaßten Spiels. Abgesehen davon bleiben die Charakterzüge, die er sich unterstellt, höchst schätzenswert: die Freundschaft besteht weiter, die nachahmende schöpferische Tätigkeit entfaltet sich, der Heroismus kräftigt sich, und die Ambiguität eines für ihn letztlich anscheinend recht befriedigenden Liebeslebens zeichnet sich in Umrissen ab. Die Eltern aber sind abgetreten, dafür tritt die Welt der Gesellschaft mit ihren zwei Mängeln auf: der Ungleichheit (die sich das erste Mal durch das Geld zeigt) und der Bösartigkeit (Verfolgung, Ungerechtigkeit, Lüge). Vor allem aber ist diese verlorene Zeit gleichzeitig von zu kurzer Dauer: ein bloßes Zwischenspiel, ein Vorspiel zum eigentlichen Eintritt in die Welt der Gesellschaft, das heißt in das eiserne Zeitalter.

Das eiserne Zeitalter (S. 69-84)

Der Aufbau des Textes

Die Erzählung umspannt die drei Jahre (April 1725 bis März 1728) vom dreizehnten bis zum sechzehnten Lebensjahr. Abgesehen davon, daß ein Jahr verstreicht, bis Jean-Jacques zu stehlen beginnt, enthält der Text nur wenige chronologische Anhaltspunkte.

Im Unterschied zu den drei vorangegangenen Zeitaltern ist die Grundstruktur der Erzählung nun chronologisch, und nicht thematisch. Uns wird eine Geschichte erzählt, die nacheinander die verschiedenen Abschnitte einer Entwicklung schildert. Diese Struktur wird stellenweise durch die Weitschweifigkeit der erklärenden Einschübe und das dadurch entstehende fragmentarische

Selbstporträt verschleiert; aber der Leser spürt deutlich, daß er es diesmal mit einem Zusammenhang innerhalb des Abschnitts zu tun hat, während bisher der Zusammenhang nur in der Gliederung der Abschnitte selbst sichtbar war. Aber eine chronologische Verkettung ist nicht gleichbedeutend mit einer linearen Entwicklung. Nirgendwo sonst erfaßt man die zweifache, gleichzeitige und gegenläufige Bewegung des Textes (Niedergang/Fortschritt) so deutlich wie hier. Es handelt sich nicht bloß um eine diachronische Abfolge von Niedergang und Fortschritt.[37] Im eisernen Zeitalter ist die Entwicklung durchgehend sehr komplex, und zwar deshalb, weil der Text zwei widersprüchlichen Anforderungen gleichzeitig nachkommt: der *Demonstration* einer These und der persönlichen *Apologie*.

a) *Die Demonstration: Die Tyrannei erzeugt alle Laster.* Die Lüge, der Diebstahl und die Gemeinheit sind die Produkte der Sklaverei.[38] Diese These wird ausführlich dargelegt: hier liefert Rousseau den Schlüssel zu seiner Erzählung, die Einteilung in vier Phasen, auf der meine Analyse aufbaut. Der Vollständigkeit der Demonstration halber hätte Jean-Jacques ein richtiger Schlingel werden müssen. Man ahnt, daß dies nicht möglich sein kann! Er behauptet zwar, er sei »bis zur Niedertracht eines Taugenichts«[39] gelangt, fügt aber sofort ein »indessen« hinzu, das alles andere denn überraschend wirkt, da seit dem Beginn dieses Abschnitts auch ein anderes System am Werk ist:

b) *Die Apologie: Die natürliche Gutartigkeit besteht in Jean-Jacques weiter.* Als Ausgleich für einige Anzeichen des Niedergangs, für die die Gesellschaft verantwortlich gemacht wird, findet man zahlreiche Anzeichen des Widerstands und der Erneuerung, die auf das Konto der durch die erste Erziehung gestärkten Natur gehen. Die degradierte und verhinderte natürliche Gutartigkeit manifestiert sich im Auftreten von widersprüchlichen, ausgefallenen Verhaltensweisen und Fluchtversuchen: also in Verhaltensweisen, die von der Gesellschaft abgelehnt werden. Selbstverständlich werden diese unangepaßten Verhaltensweisen von Rousseau aufgewertet, da doch gerade die Unvollkommenheit der Gesellschaft für sie verantwortlich ist und in

37 Ein deutlicher Abstieg von S. 69 bis S. 81, dann ein erneuter Aufstieg von S. 82 bis S. 84.
38 S. 69-72.
39 S. 81.

ihnen die natürliche Gutartigkeit sich einen Weg zu bahnen sucht. Die Widersprüchlichkeit und die Unangepaßtheit sind zwar Symptome des Niedergangs in bezug auf die früheren Zeitalter, aber doch immerhin auch eine Reaktion und ein Fortschritt in bezug auf den Sklavenstatus, der dem Kind auferlegt ist. Je nach dem eingenommenen Standpunkt sind sie also Niedergang oder Fortschritt, Verbannung oder Rückkehr.

Die gleichzeitige Verwendung dieser zwei Systeme erklärt die offenkundigen Widersprüche in der Erzählung des eisernen Zeitalters. Um das System (a) zu beweisen, muß der Absturz sehr brutal sein: »es griff mit reißender Schnelligkeit ohne jede Hemmung um sich. Niemals ist ein so frühreifer Cäsar so im Handumdrehen zum Laridon geworden.«[40] Um das System (b) zu beweisen, muß der Absturz langsam und schrittweise vor sich gehen: »Trotz der dauernden Entbehrungen und Verlockungen hatte ich mehr als ein Jahr bei meinem Meister gelebt, ohne mich dazu entschließen zu können, etwas zu entwenden.«[41] Um (a) zu beweisen, muß der Absturz vollständig sein (»die Niedrigkeit eines Taugenichts«; um (b) zu beweisen, darf er nur ein teilweiser sein: »Wenn ich indessen die Laster meines Standes annahm, so war es mir doch unmöglich, auch all seine Neigungen anzunehmen.«[42]

Was auf der Ebene des Erzählerdiskurses zum Widerspruch wird, wird auf der Ebene des Protagonisten zum Konflikt und zum Widerstand. Die extremen, mit dem System (a) zusammenhängenden Formulierungen stellen dar, was hätte geschehen müssen – aber aufgrund des Vorhandenseins von System (b) nicht geschah; sobald die Demonstration einigermaßen erfolgt ist, entwickelt sich die Apologie und hebt die extremen Auswirkungen auf. Man glaube allerdings nicht, es handle sich dabei um geschickte Winkelzüge, Tricks oder Kunstgriffe. Wie bereits in der Analyse der Züchtigung durch Fräulein Lambercier führt die Apologie keineswegs zu Ausflüchten, sondern zu einer originellen psychologischen Suche. Indem Rousseau zu zeigen versucht, daß der Fortbestand der natürlichen Gutartigkeit diese widersprüchlichen Verhaltensweisen ausgelöst hat, muß er all diese Verhaltensweisen anhand ihrer inneren Logik analysieren und die Bitte um Liebe und Lust bis zu ihrem Ursprung zurückverfolgen: das gilt

40 S. 70.
41 S. 72.
42 S. 81.

etwa für die Psychologie des kindlichen Diebs, die durchaus an einige Analysen am Beginn von Sartres *Saint Genet* gemahnt. Aus dieser neuen Perspektive werden alle diese ausgefallenen, widersprüchlichen oder asozialen Verhaltensweisen zu lauter negativen Anzeichen jener Werte, die von der Gesellschaft unterdrückt werden. Das (damals tatsächlich noch schimpfliche) Bekenntnis zu diesen »Fehlern« führt den Erzähler zu einer Verurteilung jener Gesellschaft, die ihn verurteilt. Für den Protagonisten werden diese Fehler wenn schon nicht zu Tugenden, so doch zum Zeichen seines Widerstands gegen das Gesellschaftssystem. Sie sind gleichzeitig die »Straßen« eines Niedergangs, den er erleidet, und paradoxerweise die Wege einer Erneuerung und damit einer Art Fortschritt.

Diese zwei Fäden galt es zu entwirren, bevor wir das eiserne Zeitalter in all seinen Verästelungen verfolgen. Man muß auch sehen, wie sich die menschliche Umgebung im Vergleich zum vorangegangenen Zeitalter gewandelt hat. Nicht nur die Familie ist vollständig verschwunden, sondern auch jegliche Beziehung der Freundschaft oder Liebe zu jedweder Person. Keine weibliche Figur. Warum von der Freundschaft mit Vetter Bernard nicht mehr die Rede ist, erfahren wir, wenn er die Grabrede auf diese Freundschaft hält.[43] Da ist niemand mehr: Das eiserne Zeitalter ist eine große menschliche Wüste. Die einzigen Figuren sind: der Tyrann Du Commun, der Dieb Verrat und die Kupplerin und Buchverleiherin Tribu, die ersten pikaresken Silhouetten dieser gemeinen (das heißt bösen, weil entfremdeten) Gesellschaft, die dem (unangepaßten, weil guten) Protagonisten noch in so manchen anderen Repräsentanten entgegentreten wird. Was wird aus dem empfindsamen Herzen Jean-Jacques' in dieser totalen Leere? »Von allem geliebt zu werden, was in meine Nähe kam, war der heißeste all meiner Wünsche.«[44] In diesem menschenleeren Raum wird die Beziehung zu den Gegenständen entscheidend; sie wird als »Ersatz« für die fehlende Zuneigung dienen. Daher eine Art Regression zum »oralen« Stadium, zur Nahrung. Daß die Nahrung die Stelle des anderen einnimmt und eine Art Ersatzregression bildet, die auch mit dem »gefährlichen Ersatzmittel« zusammenhängt, das deutet Rousseau selbst an: »Mit den Lüsten meines Gaumens

43 S. 86f.
44 S. 48.

habe ich mich nur befaßt, wenn mein Herz müßig war.«[45] Gegenstände, Nahrung und Lektüre erfüllen die gleiche Funktion als Ersatz für die entschwundene Liebe. Man begehrt sie auf symbolischer Ebene als etwas von der liebenden Person Geschenktes, als Zeichen ihrer Liebe (genauso wie bei der Züchtigung). Aber alles hängt zusammen: Mit dem Geber ist auch das Geben verschwunden. Der Lehrling lebt in völliger Entbehrung: Was ihm nicht mehr geschenkt wird, versucht er zu entwenden. Wenn sich auch ein Gefühl nicht stehlen läßt (obschon die masochistischen Verhaltensweisen nicht sehr fern davon sind), so lassen sich doch Gegenstände stehlen, die man mit diesem Gefühl gleichsetzt. Man giert nach Leckerbissen und stiehlt sie, aber zum Leckermaul wurde man aus Mangel aus Liebe. Am Beginn des Diebstahls steht eine frustierte Liebe, ein empfindsames Herz.

Diese stille Beziehung zum liebesersetzenden Objekt duldet keinerlei Vermittlung; Rousseau möchte deutlich zeigen, daß zwischen dem Diebstahl, wie er ihn praktiziert, der naiven und letztlich auf dem *Gefühlswert* des gestohlenen Gegenstands beruhenden Liebesgeste, und dem in der schlechten Gesellschaft praktizierten Diebstahl, der letztlich auf die gesellschaftliche, durch das Geld repräsentierte Macht abzielt, keinerlei Zusammenhang besteht. Das der Liebe beraubte und wirtschaftlich ausgebeutete Kind läßt sich nicht zum vollständigen Gaunertum hinreißen. Selbst aus Gesten, die wie ein Niedergang wirken, spricht die nach wie vor bestehende natürliche Gutartigkeit. Hinter der Naschhaftigkeit, dem Diebstahl, der Lektüre, der Träumerei und der Flucht steht der gleiche und legitime Protest des Verlangens.

Die Stufen

Jean-Jacques wird zunächst für einen Beruf bestimmt. Der Abstieg ist nicht nur ein sozialer, sondern auch ein geistiger. Er gilt als unfähig, als »Esel«, ein Urteil, von dem er sich nur langsam wieder erholt.[46] Nach einem erniedrigenden Mißerfolg wird umdispo-

45 S. 76. Zu den Beziehungen, die Rousseau zwischen der Lektüre und der Masturbation herstellt, vgl. S. 83; zwischen der Lektüre und der Nahrung, S. 384. Zu Rousseaus Einstellung zur Nahrung, vgl. die Untersuchung von Jean-Claude Bonnet, *Le système de la cuisine et du repas chez Rousseau*, in: *Poétique* 22 (1975).

46 Vgl. seine Beteuerungen S. 178; und S. 510 gesteht er, daß er bis zum Erfolg seiner ersten *Abhandlung* an seinem Talent gezweifelt hatte.

niert, und er lernt bei einem Meister, den er haßt, einen Beruf, den er liebt. In einem ersten Absatz wird dieser Abstieg als unmittelbar und vollständig hingestellt, ein Bild, das der Text in der Folge jedoch wieder nuanciert. Rousseau nennt die Ursachen: die Ungerechtigkeit und die Brutalität des Meisters erzeugen die Laster des Lehrlings[47]; und Jean-Jacques hat ein Jahr lang widerstanden, bevor er zu stehlen begann. Zwei Episoden zeigen, wie Jean-Jacques schrittweise zum Dieb wird. Die Episode mit den Spargeln veranschaulicht: »Fast immer sind es gute, aber schlecht geleitete Empfindungen, was Kinder den ersten Schritt zum Bösen tun läßt.« Sie stellt die Unschuld Jean-Jacques' der abstoßenden Feigheit des Gesellen Verrat gegenüber, dem der Erzähler genau die Haltung andichtet, die Jean-Jacques im Zweiten Buch dann Marion gegenüber einnehmen wird. Nachdem er diese Gewohnheit angenommen hat, schildert Rousseau uns einen Routinediebstahl, die Episode mit den Äpfeln.[48] Ähnlich wie bei der Anekdote mit dem Nußbaum auf der Terrasse wird der Leser durch die Technik der Anekdote auch hier zum Komplizen (»Mitleidiger Leser, teile meinen Kummer!«), dem erneut die Unschuld Jean-Jacques' bewiesen wird (der nicht vorausgesehen hat, daß er ertappt wird). Durch diese zwei Anekdoten wird der Leser dazu gebracht, in diesen Vergehen nur »Eulenspiegeleien« zu sehen. Rousseau macht sich diese Nachsicht gegenüber dem Kind zunutze und erstreckt sie auf alle ähnlich gearteten Verhaltensweisen seines erwachsenen Lebens: in einer langen Abschweifung[49] analysiert er ganz allgemein seine Beziehung zur Nahrung und zum Geld und betont, wie sehr all seine Verhaltensweisen auf diesem Gebiet letztlich seiner Gutartigkeit (einer naiven Sinnlichkeit, Unmittelbarkeit, einem Hang zur Unabhängigkeit) entspringen, während die Widersprüche und die Absonderlichkeiten durch die degradierten Verhältnisse des gesellschaftlichen Lebens bedingt sind. Diese sehr lange und gänzlich zeitungebundene Analyse wirkt wie eine Unterbrechung der Erzählung: in Wirklichkeit spielt sie eine verwandelnde Rolle und kehrt auf der Erzählebene die Entwicklungsrichtung um. Am Beginn der Abschweifung befand sich das Kind auf der absteigenden Bahn und nahm in aller Ruhe die Gewohnheit des Stehlens an. Vier

47 S. 72. Dieser Abschnitt entspricht den Texten am Beginn des silbernen und des ehernen Zeitalters.

48 S. 74f.

49 S. 75-81.

Seiten weiter, am Ende der Abschweifung, taucht das Kind wieder auf, nun aber auf einer aufsteigenden Bahn. Es versucht, seinem Lehrlingsdasein zu entkommen. Die neue Person, die nun auftritt, wirkt weitaus reifer als der naive Dieb, mit dem wir es vorhin zu tun hatten. Die Hauptsache, die uns hier zu schnell mitgeteilt wurde, liegt wohl darin, daß sie sich gelangweilt, mit der Leere seines Daseins nicht abgefunden und die Entfremdung nicht akzeptiert hat. Dieser unerträgliche Mangel an Liebe ist der große Antrieb.[50] Ab diesem Moment kommt es sehr rasch zu einem erneuten Aufstieg zum verlorenen Ursprung. Ab dem Beginn des Ersten Buches wurde uns eine Geschichte geschildert, die der Protagonist erlitt; nun wird man sehen, wie er reagiert, sein eigenes Schicksal aufbaut und einen Ausweg ersinnt. Die drei Seiten, auf denen diese heftige Reaktion beschrieben wird[51], sind vermutlich die wichtigste Gliederung in den *Bekenntnissen*: Sie runden den Mikrokosmos des Ersten Buches ab und weisen auf der Ebene des Makrokosmos bereits auf die spätere »Rückkehr«, nämlich das Neunte Buch, voraus. Das ganze Ende dieser Lehrzeit scheint im Licht des Aufenthalts in der Hermitage und der Arbeit an der *Nouvelle Heloise* erzählt. Das erste Aufflammen der Pubertät und die letzte Liebe werden in ähnlichen Worten geschildert, so daß eines auf das andere vorausweist.

Die erste Regung (Lesewahn) wirkt wie eine Rückentwicklung: die Auswirkungen des sozialen Niedergangs werden unversehens gelöscht (er ist vom Diebstahl *geheilt*); und der Kontakt mit der großen Leidenschaft des goldenen Zeitalters, der Lektüre, ist wiederhergestellt, während das eiserne Zeitalter anfänglich durch die Trennung von der kulturellen Welt des goldenen Zeitalters definiert wurde.[52] Diese Leidenschaft nimmt so extreme Formen an wie damals, als Jean-Jacques sie mit seinem Vater teilte[53]: Lektüren in den unmöglichsten Situationen, bis die Bestände der Bibliothek erschöpft sind.[54]

50 Vgl. im Fünften Buch, S. 319: »Ich brannte also von einer Liebe ohne Gegenstand...« Im Neunten Buch, S. 581-582, S. 593 und S. 597 wird die Leere und die Unbefriedigung in ähnlichen Worten geschildert.

51 S. 81-84.

52 S. 70.

53 S. 41: »und die Nächte damit verbrachten«; S. 82: »Ich las am Werktisch, ich las, wenn ich Gänge zu machen hatte, ich las auf dem Abtritt...«

54 S. 41: »Die Bibliothek meiner Mutter war erschöpft«; S. 83: »In weniger als einem Jahr erschöpfte ich den kleinen Laden der Tribu.«

Die zweite Regung (Flucht in die Träumerei) ist hingegen eine Überwindung: das Gären der Pubertät verändert die Problematik und ermöglicht dem Heranwachsenden, zum *Produzenten* seiner Phantasmen zu werden. Die Sinnlichkeit und der Wunsch nach Liebe treiben ihn in die Einsamkeit und die Träumerei. Hier taucht der Autor der *Nouvelle Heloise* auf. Man braucht nur den Text des Ersten Buches mit dem des Neunten Buches zu vergleichen: Die Ähnlichkeit der Gedankengänge und der Wortwahl ist so groß, daß der Eindruck einer bloßen Wiederholung entsteht.[55] Flucht in eine verzauberte Welt, Hang zur Einsamkeit, der einem allzu liebenden Herzen entspringt, dem dieses Verhalten jedoch ein menschenfeindliches Gepräge verleiht: alles findet sich bereits hier, bis auf eines, das Wesentliche, nämlich den Übergang vom Phantasieren zum Schreiben.[56] Der Halbwüchsige glaubt an die Möglichkeit einer verzauberten Welt, weil er sie herbeiwünscht und unerfahren ist. Man braucht nur zu ihr aufzubrechen und zu fliehen.

Der Weggang aus Genf (S. 84-87)

Die Schilderung des Fortgangs aus Genf erhellt mit ihrer Zweideutigkeit die gesamte Struktur des Ersten Buches. Das Ereignis ist in beiden Strängen gleichzeitig signifikant: Es ist Verbannung und Abstieg im Strang des Niedergangs; es ist Rückkehr und Fortschritt im Strang des Widerstands und der Erneuerung. Daher eine zweigleisige Erzählung, die die Zweideutigkeit plausibel werden läßt. Das Geschehen muß als ein mit aller Kraft abgewehrtes und erlittenes Übel und gleichzeitig als eine hellsichtig getroffene Entscheidung getragen werden. Es muß gleichzeitig als Übergang zu einem unbefriedigenderen und als Übergang zu einem befriedigenderen Zustand hingestellt werden. Um diese Zweideutigkeit in ihrer vollen Tragweite zu erfassen, muß man natürlich über den Schluß des Ersten Buches hinausgehen und die Fortsetzung der Erzählung im Zweiten Buch lesen.[57] Diese Zweideutigkeit schafft natürlich eine Diskrepanz zwischen dem eher zum Optimismus neigenden Protagonisten und dem erfahreneren und daher pessi-

55 Erstes Buch, S. 83; Neuntes Buch, S. 596f.

56 Neuntes Buch, S. 602.

57 S. 89 den Aufbruch selbst und S. 102-103 das Verhalten seines Vaters angesichts dieses Aufbruchs.

mistischer gestimmten Erzähler. Auf affektiver Ebene handelt es sich um eine Zweideutigkeit zwischen Verlangen und Nostalgie. Aber war das Verlangen des Protagonisten nicht schon Nostalgie, also ein Wunsch nach Rückkehr?

Die Analyse der Erzählung ist hier insofern heikel, als jeder Abschnitt eine zweifache Funktion besitzt und der Sinn der Erzählung durch einen langen Einschub, eine hypothetische Sequenz (den Roman von Jean-Jacques), modifiziert wird. Ich bezeichne die Kette des Niedergangs mit (a) und die Kette der Erneuerung mit (b).

– (»So wuchs ich ... aufwiegen können«, S. 84f.): Der Zustand, in dem er sich unmittelbar vor dem Geschehen befindet, ist mehrdeutig: (a) Verlassenheit, Einsamkeit, bedingt durch die soziale Situation; (b) Unzufriedenheit, in der das empfindsame Herz zum Ausdruck kommt. Insgesamt ein schmerzlicher Zustand, den es zu überwinden gilt.

– (»Sonntags ... das von nun an meiner harrte«, S. 85): Das Geschehen wird zunächst aus der Optik (a) als eine alptraumhafte Ausschließung dargestellt: Nicht Jean-Jacques ist schuld daran, sondern eine Art Verschwörung seines Meisters Du Commun und des Hauptmanns Minutoli. Die Erzählung betont das Fehlen jeder bösen Absicht bei Jean-Jacques und das Vorhandensein einer höheren Macht (das ohnmächtige Laufen, die erstickte Stimme, das endgültige Ausgesperrtsein). Endgültig ist diese Aussperrung nur aufgrund einer zuvor getroffenen Entscheidung. Der Satz »... daß ich mich ihm nicht auszusetzen beschloß« besitzt zwei mögliche Bedeutungen, die wir erst im nachhinein erfassen: entweder »indem ich den Fehler vermeide« (»meine Wachsamkeit«) oder »indem ich mich der Strafe entziehe«: die Entscheidung lautet Flucht.

– (»In meinem ersten Schmerzensausbruch ... noch einmal sehen könnte«, S. 85f.): Das zunächst erlittene Geschehen wird zu einer Tat, zu der er sich bekennt. Jean-Jacques faßt einen »Entschluß« (vgl. bereits oben, S. 84: »In dieser seltsamen Lage schlug meine lebhafte Phantasie einen Weg ein ...«), nämlich den Entschluß zur Flucht, um die Freiheit wiederzufinden. Diese feierliche Geste (»ich schwor«) läßt sich als Reaktion auf den entfremdeten Zustand und als Rückkehr zum verlorenen Glück in die Kette (a) einfügen. Vorläufig aber und bis zum Schluß des Ersten Buches wird der Nachdruck auf den erlittenen Niedergang gelegt.

– (»Da ich seit dem Beginn meiner Lehrzeit... einander gern zu haben«, S. 86f.): Als letztes Zeichen des Niedergangs zerstört die gesellschaftliche Ungleichheit schließlich auch die Freundschaft.[58] Das ist die erste Untreue im Bereich der Freundschaft. Die ganze Episode schildert eine abgewiesene Bitte um Liebe. Sein tyrannischer Meister hat ihn zur Flucht gedrängt, und überdies haben diejenigen, die ihn hätten zurückhalten sollen, nichts unternommen. Der Vorwurf richtet sich über den Vetter hinweg in Wirklichkeit an die Elternfiguren, an Onkel und Tante Bernard, und weist auf den großen Vorwurf voraus, der später dem Vater gemacht wird. Die Flucht von Jean-Jacques ist nur eine scheinbare: Er ist wieder einmal *im Stich gelassen* worden.

Das ganze Ende des Ersten Buches dramatisiert dann das Geschehen aus der Sicht des Abstiegs und der Verbannung. Zu diesem Zweck unterbricht Rousseau seine Erzählung durch zwei Sequenzen, die das Paradies beschreiben, das er durch dieses Geschehen eingebüßt hat, und die Hölle, in die es ihn führt.[59] Diese zwei Sequenzen zur Einführung der Kette (a) sind reine Phantasmen des Erzählers, und der Leser sieht deutlich, daß sie in keinem Zusammenhang mit dem Erleben des Protagonisten stehen. Das verlorene Paradies ist eine reine Hypothese, eine Träumerei: Es geht nicht durch die Verbannung verloren, sondern er geht weg, weil es bereits verloren war. Die dadurch entstandene Hölle ist eine reine Vorwegnahme, deren Beschreibung geschickt hinausgezögert wird. Nur dank dieser zwei Phantasmen erhält die Erzählung diese Färbung (a).

Man braucht nur den Anfang des Zweiten Buches zu lesen, um zu sehen, daß sich die Erzählung nun auf die Perspektive (b) zu bewegt: Nun erfolgt dank einer feierlichen und bewußten Entscheidung (»einen Entschluß fassen«) der Übergang von einer früheren Hölle (Einsamkeit und Unzufriedenheit; Drohungen des Meisters, Preisgabe durch die Familie) zu einem späteren Paradies (Unabhängigkeit, Träumerei, Reisen). Die erste Phase des Zweiten Buches kündigt diese Umwertung des Geschehens an. Die zweite

58 Diese »Grabrede« auf die Freundschaft verweist auf die entsprechenden Stellen im silbernen Zeitalter, S. 47f., und im ehernen Zeitalter, S. 63f.

59 Das verlorene Paradies wird S. 87f. in den Stellen erwähnt, die ich oben als »Roman von Jean-Jacques« bezeichnet habe; die erreichte Hölle wird in den drei Zeilen erwähnt, die als Überleitung zum Zweiten Buch dienen: »Statt dessen... welches Bild habe ich nicht zu entwerfen? Ach, wir wollen das Elend meines Lebens nicht schon im voraus berühren...« (S. 88).

Bedeutung löscht übrigens die erste nicht, sondern tritt zu ihr hinzu.

So traurig mir der Augenblick erschienen war, in dem mir meine Angst den Plan zur Flucht eingab, so reizvoll erschien mir der, in dem ich sie ausführte. (S. 89)

Der Fortgang aus Genf ist also zugleich eine erlittene Verbannung und ein dynamischer Antrieb. Diese Logik wird übrigens auch die der großen Gliederungen der Erzählung in den Büchern II und III sein.[60] Der unheilbare Optimismus des Protagonisten wird in den Augen der Gesellschaft als Unerfahrenheit, Chimäre oder Irrealismus – mit einem Wort, als Wahn erscheinen können. Durch seine humoristischen Schilderungen tut Rousseau, als akzeptierte er diese Urteile; er kommt ihnen zuvor, um sie zu entschärfen. Auf der Wertebene zeugt dieser Optimismus davon, daß der erlittene Niedergang den Wunsch nach Liebe und die Unschuld des Protagonisten nicht angetastet hat: »Ich brauchte mich nur aufzuschwingen, um in die Lüfte zu steigen und davonzufliegen.« Viele Abstürze sind noch abzusehen. Doch die kommende Geschichte wird um nichts einfacher sein als die bisherige. Die Natur ist nicht nur passiv von der Gesellschaft degradiert worden: Sie bereichert und wandelt sich im Kampf gegen diese Degradation. Die Geschichte ist dialektisch.

Der Sinn der Geschichte

Diese Dialektik der Geschichte hat mich recht weit vom Mythos der Zeitalter weggeführt, den ich, eine Bemerkung Rousseaus aufgreifend, als erste Hypothese aufgestellt hatte. Um meine Analyse zu erhellen oder zu erhärten und zu sehen, wie sich bei Rousseau die Anthropologie (die Wissenschaft vom Menschen) und die Autobiographie (das Studium eines Menschen, des Ich) verbinden, werde ich die im Ersten Buch der *Bekenntnisse* erzählte Geschichte mit den vorangegangenen theoretischen Werken vergleichen.[61]

Hier denkt man zunächst einmal an den *Emil*. Im *Emil* wird die ideale Erziehung eines von der Gesellschaft ferngehaltenen Kindes

60 Vgl. zu dieser Analyse Michel Launay, a. a. O.

61 Zur Anthropologie Rousseaus vgl. die Darstellung von Michèle Duchet in *Anthropologie et histoire au siècle des lumières*, Paris 1971, S. 322-376.

beschrieben und in den *Bekenntnissen* die wirkliche Geschichte eines Genfer Kindes, wodurch jeder engere Vergleich ausgeschlossen wird. Dennoch ist die Methode, mit der Rousseau sein Buch aufbaut, für den Leser frappierend. Man erkennt wie in den *Bekenntnissen* eine Art vorgefaßten Plan, der die Richtung der Entwicklung festlegt und dem das empirische Material unterworfen wird. Dieser Plan steht in folgender Form im Manuskript Favre:

1.	Das Alter der Natur	12
2.	Das Alter der Vernunft	15
3.	Das Alter der Stärke	20
4.	Das Alter der Weisheit	25
1.	Das Alter des Glücks das restliche Leben (IV, 60)	

Die *Form* dieses Schemas deckt sich exakt mit der des Schemas im Ersten Buch der *Bekenntnisse*: eine Entwicklung wird in vier Phasen eingeteilt, und eine kreisförmige Geschlossenheit wird angedeutet. Jedes Alter wird durch einen Begriff und durch eine chronologische Gliederung definiert. Diese Begriffe bezeichnen hier zugleich dominierende Verhaltenstypen und Werte (Natur und Vernunft: das sind die zwei Phasen der Erkenntnis; Kraft und Weisheit, die zwei Phasen der Moral). Die allgemeine Entwicklungslinie ist die einer Entfaltung der natürlichen Fähigkeiten. Seltsam an diesem Schema ist die Trennung zwischen der Zeit der Weisheit und der Zeit des Glücks sowie der Abschluß der Numerierung mit der Rückkehr zur 1 (die diesmal keine Serie einleitet). Man errät zunächst, daß das Glück keine Geschichte hat: »das ganze restliche Leben«, das ist der Status quo, ein Zustand, der sich beschreiben läßt, aber keine Geschichte hat (genau wie der »Roman von Jean-Jacques« am Ende des Ersten Buchs der *Bekenntnisse*), während die Erziehung eine Geschichte besitzt, sei es nun eine der Entfaltung oder eine des Niedergangs. Vor allem: die typographische Anordnung und die Wahl der Nummer 1 bedingen die Vorstellung einer Rückkehr zum Ursprung, einer Analogie zwischen dem Endpunkt und dem Ausgangspunkt der Erziehung. Da es sich nicht um einen bloßen Neubeginn handeln kann, muß man an eine Verwandlung denken, an die explizite Ausführung eines zunächst virtuellen Vorhabens. Wie man sieht, sind wir mitten in der Mythologie. Bei den ersten Altersabschnitten stützt sich Rousseau auf die Entwicklung des menschlichen Körpers: Wie kommt es, daß ab dem 25. Lebensjahr dieses »naturalistische« Alibi verschwindet und die Entwicklung vom Mannesalter zum Alter der Reife nicht auftaucht? Die Erziehung gelangt zu einer Art Fermate, einem Pausenzeichen: Die Geschichte mündet in die Ewigkeit ein.

Stellt man das Schema im Manuskript Favre dem Ersten Buch der *Bekenntnisse* gegenüber, so ergibt sich der Fortbestand einer bestimmten Form des Geschichtsdenkens: die phasenweise Entwicklung, die Einteilung in vier Phasen, die in sich geschlossene, zum Anfang zurückkehrende Struktur. Aber der Inhalt (das heißt die Abgrenzung und die Definition der Phasen) und der Sinn der Entwicklung unterscheiden sich in beiden Texten vollständig.

Im *Emil* steckt Rousseau die Alter nach *natürlichen*, gleichsam physiologischen Maßstäben ab, die er an die Stelle der sozialen Maßstäbe setzt, die damals der Erziehung vorstanden. Er versucht die verschiedenen Wachstumsphasen des Individuums wiederzuentdecken und aus der Beobachtung dieser natürlichen Gegebenheiten die Regeln und die Reihenfolge abzuleiten, nach denen die Erziehung zu erfolgen hat. Die Maßstäbe, mit denen die *Schwellen* bestimmt werden, sind also naturgegebene: die Geburt, der Spracherwerb, die körperliche Reife mit zwölf ohne Sexualität; der Ausbruch der Pubertät; und schließlich der Eintritt in das Mannesleben durch die Heirat – nun ein soziales Kriterium, das eigentliche Ziel der Erziehung. Im Prinzip liegt hier keine Hierarchie vor, sondern eine bloße natürliche Aufeinanderfolge, die im Hinblick auf das Eintreffen des erwachsenen Alters organisiert wird. Zwar wird ein Alter hervorgehoben, das zwischen dem zwölften Lebensjahr und der Pubertät, in dem die Stärke des Individuums größer ist als sein Verlangen und somit eine gewaltige Energie für das geistige Lernen freisetzt. Insgesamt handelt es sich letztlich um eine Linie des Wachstums und Fortschritts aus der Sicht der Natur, während die Mythologie der Zeitalter in den *Bekenntnissen* eine Mythologie der Dekadenz ist, in der die Kriterien für die Bestimmung der Schwellen nicht *naturgegeben*, sondern einzig und allein *sozial* sind (Wechsel des Milieus und der Erziehung). In gewissen Punkten war zu sehen, daß Rousseau sich auf die Einteilung des *Emil* bezog (Verlust wertvoller Zeit zwischen zwölf und fünfzehn Jahren; Ausbruch der Pubertät usw.), aber die zwei Strukturen decken sich keineswegs und besitzen sichtlich einen verschiedenen Status.

Die Lebensalter im *Emil* ergeben sich im Prinzip aus der Beobachtung der Kinder, die der Erwachsene sieht und gesehen hat. Die Periode, die es zu unterteilen gilt, umfaßt also das *gesamte* Leben des Kindes von der Geburt bis zu seiner Stellung in der Gesellschaft (Mündigkeit, Heirat usw.); die Kriterien fußen auf der Beobachtung, sie sind äußerliche Kriterien. In den *Bekenntnissen* sind die »Alter« eine Art Ordnung des Gedächtnisses, und die Periode, die es zu unterteilen gilt, beginnt erst im Alter von fünf oder sechs Jahren und endet (für das Erste Buch) im Alter von sechzehn Jahren, wenn Rousseau Genf verläßt.

Vor allem: die intellektuellen Beweggründe hinter diesen zwei Einteilungen sind gänzlich verschieden:

– Als archäologische Rekonstruktion eines reinen »natürlichen« Wachstums dient die Einteilung im *Emil* als Maske für ein analytisches Unterfangen, nämlich die Konstruktion eines Modells der Persönlichkeit: die Alterseinteilung wird verwendet, um eine bestimmte Einteilung der Persönlichkeit in *Niveaus* oder *Fähigkeiten* zu begründen, die sich dadurch *sukzessive* und *voneinander unabhängig* erziehen lassen (wobei die noch nicht zur Reife gelangten Fähigkeiten in den frühen Altern nur einer rein »negativen« Erziehung unterzogen werden): Erziehung der Sinne, *dann* des Verstandes und schließlich des Herzens. Da die anderen Faktoren ausgeklammert sind, werden die Fähigkeiten des vereinzelten, außerhalb der Geschichte stehenden Individuums analytisch untersucht.

– Als mythologische Konstruktion eines rein »sozialen« Wachstums dient die Einteilung in den *Bekenntnissen* als Maske für den Mythos des schrittweisen Übergangs vom Naturzustand zum Gesellschaftszustand: die verschiedenen Alter dieser Dekadenz reproduzieren (mehr oder weniger genau) das Modell der Entartung, das mit der Herausbildung der Gesellschaften einhergeht. Die Variable ist nun die Gesellschaft und die Geschichte. Aber genau wie im *Emil* steckt hinter diesen Stufen ein *analytisches* Vorhaben: Jedem Alter soll eine Eigenschaft oder ein Grad der gesellschaftlichen Entfremdung entsprechen.

Am Abschluß dieses Vergleichs erscheinen die Strukturen der Lebensalter im *Emil* und in den *Bekenntnissen* inhaltlich entgegengesetzt, aber formal ähnlich. Sie sind gewissermaßen theoretische Modelle. Im *Emil* werden die Wachstumsphasen eines natürlichen Menschen mit Hilfe des Modells der allmählichen Montage wie bei der Statue von Condillac geschildert. In den *Bekenntnissen* werden die Stufen der Deformation des gesellschaftlichen Menschen anhand des Mythos der allmählichen Entartung wie im Bilde der Zeitalter von Hesiod geschildert.

Die *Bekenntnisse* erzählen jedoch nicht *nur* einen sozialen Verfall. Sie erzählen auch das Wachstum eines Individuums (die Entwicklung seiner Sinne, seines Herzens, seines Geistes) und den Widerstand, den die Natur diesem Verfall entgegensetzt. Die Entwicklung ist auch ein Fortschritt wie im *Emil*. Also muß man über den *Emil* hinweg bis zur Abhandlung über den Ursprung der Ungleichheit zurückschreiten, um Vergleichenswertes zu finden. Wie auch die *Bekenntnisse* schildert die Abhandlung nicht nur den Verfall, sondern auch die Fortschritte der Menschheit. Die beiden Texte decken sich natürlich nicht, aber ein Vergleich zwischen ihnen ist aufschlußreich.

Die Anrede an den Leser am Beginn der *Abhandlung über den Ursprung der Ungleichheit* scheint auf die Vorrede zum Ersten Buch der *Bekenntnisse* vorauszuweisen; hier ist die Verschränkung von Anthropologie und Autobiographie am deutlichsten. Auch hier das gleiche Vorhaben, den Mitmenschen eine Geschichte mitzuteilen, nämlich die des natürlichen Menschen, der zum Menschen in der Gesellschaft wird, im Verlauf dieses unumkehrbaren Verfalls jedoch die Spuren des natürlichen Menschen und die Sehnsucht nach der Rückkehr bewahrt. Auch die gleiche Weise, den Leser zum Zeugen anzurufen und ihm eine Herausforderung zu stellen. Die Unterschiede liegen natürlich darin, daß der Mensch der Abhandlung ein »Du« ist, nämlich jeder Leser, und die Geschichte eine rein hypothetische Rekonstruktion der Geschichte der Kollektivität, während der Mensch der Bekenntnisse ein »Ich« ist, ein außergewöhnliches Individuum, dessen Geschichte wahrheitsgetreu ist.

Trotz dieser Unterschiede frappieren jedoch die Übereinstimmungen. Rousseau selbst stellt hinsichtlich der Abfolge der Lebensalter einen Vergleich zwischen dem Leben des einzelnen Menschen und dem der Gattung an:

Ich werde sozusagen das Leben deiner Art schildern und dich selbst nach den Eigenschaften beschreiben, die du erhalten hast, die durch deine Erziehung und deine Gewohnheit verderbt, aber niemals gänzlich haben aufgerieben werden können. Ich weiß, es gibt ein Alter, bei welchem ein jeder einzelne Mensch gern stehenbleiben möchte. Suche das Alter, bei welchem du wünschest, daß dein ganzes Geschlecht stehengeblieben wäre.[62]

Dieser Vergleich beruht selbst wieder auf der persönlichen Erfahrung (»Ich fühle, es gibt«). Die autobiographische Inspiration der Theorie wird betont. Sowohl in der *Abhandlung* als auch in den *Bekenntnissen* hat es den Anschein, als würde ein unausweichlicher und kontinuierlicher Verfallsprozeß beschrieben (die Gegenwart ist schlecht, die Zukunft schlimmer, jeder Rückweg unmöglich). Bei einer sorgfältigen Lektüre der *Abhandlung* zeigt sich jedoch, daß die Entwicklung darin genauso kompliziert und mehrdeutig ist wie in den *Bekenntnissen*: »Suche das Alter, bei welchem du wünschest, daß dein ganzes Geschlecht stehengeblieben wäre«: Dieser Satz ist bezeichnend. Er zeigt, daß die Sehnsucht nicht dem Ursprung der Geschichte gilt, wie man aus den banalen Bildern des »goldenen Zeitalters« oder des Paradieses schließen könnte. Der Wunsch nach Rückkehr zielt nicht auf eine Rückkehr zum Ausgangspunkt der Entwicklung ab oder auf eine Aufhebung jeglichen Entwicklungsphänomens. Die Sehnsucht gilt *einer* der Etappen der Entwicklung, und nicht ihrem Anfang. Das Phänomen der Entwicklung als solches wird also nicht als grundlegend unheilvoll angesehen: Das natürliche Wachstum eines einzelnen Organismus ist ein Phänomen der Entfaltung und des Fortschritts, desgleichen ist auch der Prozeß, der den Menschen aus der Immobilität des tierischen Lebens heraus und in die Gesellschaft führt, nicht schlecht. Rousseau sehnt sich keineswegs nach einer Rückkehr in das erste Alter, sei es in die ersten Lebensjahre (von denen keine Erinnerung bleibt), sei es in das erste Stadium der Menschheit (das er rein hypothetisch rekonstruiert). Weder das Los des Säuglings noch das des Waldmenschen wecken die geringste Sehnsucht in ihm. Er sieht sie in vielen wesentlichen Punkten dem gemachten oder zivilisierten Menschen unterlegen, sowohl hinsichtlich der Intelligenz als auch hinsichtlich der Affektivität. Das Wachstum des Individuums und das der Menschheit sind in Wirklichkeit *komplexe* Entwicklungsphänomene. Das Wachstum durchläuft Phasen, die sich nach ihrem jeweiligen Koeffizienten an Fortschritt und Verfall und dem Verhältnis dieser zwei Koeffizienten zueinander definieren lassen. Die persönliche Geschichte des Individuums, des idealen *(Emil)* und des realen *(Be-*

62 Jean-Jacques Rousseau, *Abhandlung über den Ursprung der Ungleichheit*, in: *Schriften*, 2 Bde., Bd. I, München, Wien 1978, S. 193f.

kenntnisse), durchläuft, genauso wie die kollektive Geschichte *(Abhandlung)*, drei aufeinanderfolgende Phasen:

a) eine Anfangsphase, in der der Fortschritt über den Verfall siegt;

b) eine mittlere Phase, in der der Fortschritt seinen Höhepunkt erreicht und gerade dadurch eine Entwicklung des Verfalls auslöst;

c) eine Spätphase, in der der Verfall über den Fortschritt triumphiert.

Ich habe das Modell hier auf seine allgemeinsten Begriffe reduziert, die den drei Situationen entsprechen. In jedem Fall gilt die Sehnsucht der mittleren Phase, in der die Kurve ihren höchsten Punkt, ihren schwindelerregenden Gipfel erreicht. Diese mittlere Phase weist keines der Merkmale auf, die man gewöhnlich dem goldenen Zeitalter oder dem Paradies zuschreibt. Sie ist weder grundlegend noch einfach und wird auch nicht als eine von der Geschichte unterschiedene Ewigkeit gedacht. Sie liegt, als komplexes und mehrdeutiges Produkt der Geschichte, in der Mitte. Sie wird als flüchtiger und labiler *Augenblick* gedacht, den man festhalten möchte. Gewiß würde man ihn gern in ein goldenes Zeitalter oder in ein Paradies verwandeln: aber das ist unmöglich. Und zwar nicht deshalb, weil die Geschichte unumkehrbar ist, sondern weil der Wille, einen Moment der Geschichte, der seinen prekären Wert der Entwicklung als solcher verdankt, zu verewigen, an sich ein Widerspruch ist. Gegenstand des Wunsches ist also ein Moment, der Höhepunkt und Trennung in einem ist.

Im *Emil*, wo die Vorstellung des Verfalls eigentlich nicht auftauchen dürfte, wird der Zeitraum zwischen dem zwölften und fünfzehnten Lebensjahr (Drittes Buch) als mittlere Phase dargestellt, die höher steht als das Vorangegangene und das Folgende, weil darin die Möglichkeiten des Fortschritts bei weitem über die Bedürfnisse dominieren:

> Diese Spanne, in der das Individuum mehr leisten kann, als es wünscht, ist zwar nicht die Zeit seiner größten Stärke, sondern, wie ich schon sagte, jene der größten relativen Kraft. Es ist die kostbarste Zeit des Lebens, eine Zeit, die nur einmal kommt. Sie ist um so kürzer, wie man bald sehen wird, je mehr man sich bemüht, sie gut zu nützen (IV, S. 427, dt. S. 157).

Das *relative* Gleichgewicht und die Vergänglichkeit dieser mittleren Phase wird stark betont.

Vor allem in der *Abhandlung* wird dieses Motiv des mittleren

Alters bereits in der Einleitung angekündigt. Im ersten Teil betont Rousseau, wie mehrdeutig der treibende Wert der menschlichen Geschichte ist: nämlich das *Vermögen, sich vollkommener zu machen*[63], »ein Vermögen, das sowohl bei unserer Art im ganzen als bei einem jeden insbesondere anzutreffen ist«; eine Fähigkeit, die alle anderen Fähigkeiten zur Entfaltung bringt und den Menschen dazu führt, sich vollkommener zu machen und sich zu verderben, und »ihn endlich zum Tyrannen seiner selbst und der Natur gemacht hat, indem sie mit jedem Jahrhundert neue Einsichten und neue Irrtümer, seine Tugenden und seine Laster an das Licht bringt«. Aber die vermeintliche Entwicklung der ursprünglichen Menschheit ist komplex. Am Ende des im ersten Teil beschriebenen Naturzustandes läßt Rousseau sie in einen ersten Gesellschaftszustand einmünden, den wir als patriarchalische Zeit bezeichnen werden.[64] Dieser Zustand ist in den Augen Rousseaus ein deutlicher Fortschritt gegenüber dem Naturzustand: Der Mensch hat noch nicht viel von seiner Freiheit und Ruhe eingebüßt, und er hat genau das erworben, was ihn zu einem guten Menschen macht, nicht mehr dieses allgemeine und blinde Mitleid des natürlichen Menschen, sondern das Gefühl, das uns an eine andere Person bindet.

Aus diesem neuen Zustande, der Mann und Frau, Vater und Kinder in eine gemeinschaftliche Wohnung versammelte, entsprangen die ersten Entwicklungen des menschlichen Gemüts. Die Gewohnheit, welche sie erlangten, miteinander zu leben, erzeugte die angenehmsten Empfindungen, die die Menschen je gekannt haben, die eheliche und väterliche Liebe. Aus einem jeden Geschlecht wurde eine kleine Gesellschaft, die nicht anders als in Einigkeit leben konnte, weil sie bloß durch das Band der Freiheit und der gegenseitigen Zuneigung verknüpft gewesen ist.[65]

Dieses patriarchalische Leben mag zwar einige Mängel haben (das Auftreten überflüssiger Annehmlichkeiten, der durch die Leidenschaft bedingten Eifersucht, der dem Vergleich entspringenden Eitelkeit), aber sie sind noch nicht sehr ausgeprägt, und die Fortschritte überwiegen bei weitem. Dieser patriarchalische Zustand (der an Clarens oder Bossey gemahnt) ist sichtlich der Höhepunkt der menschlichen Entwicklung. Die wenigen Sätze, in denen Rousseau diese Bilanz zieht, müssen in extenso zitiert werden, da

63 Ebd., S. 204.
64 Ebd., S. 235 ff.
65 Ebd., S. 234.

die Analogie zur Kurve der autobiographischen Erzählung darin augenscheinlich wird:

Obgleich nun die Menschen in diesem Zustande schon weniger aushalten und ihr natürliches Mitleid schon ziemlich verändert hatten, so war dennoch diese Zeit, da sich ihre Fähigkeiten entwickelten, vielleicht die glücklichste und dauerhafteste Zeit für die Menschen, weil sie zwischen der Faulheit des ursprünglichen Zustandes und der törichten Wirksamkeit unserer Eigenliebe die wahre Mitte hält. Je mehr man dieser Sache nachdenkt, desto mehr wird man finden, daß dieser Zustand den Revolutionen am wenigsten unterworfen war und dem Menschen am besten ansteht. Ein heilloser Zufall, der zum allgemeinen Besten sich nimmermehr hätte ereignen sollen, muß sie aus diesem Zustand gerissen haben. Die Wilden, die man meistens an diesem Punkte angetroffen, scheinen durch ihr Beispiel zu bestätigen, daß dem Menschengeschlecht bestimmt war, in diesem Zustande zu verbleiben, daß er eigentlich das jugendliche Weltalter genannt zu werden verdiente, und daß ein jeder Schritt, den man weiter tat, allem Anschein nach der Vollkommenheit des Individuums weitergeholfen hat, aber ein Schritt näher zur Verderbnis seines Geschlechts gewesen ist.[66]

Nach diesem besten aller Zeitalter führt die Kurve wieder abwärts, die Entdeckung der Metallverarbeitung und des Ackerbaus führen zur Arbeitsteilung, zur Anhäufung ihres Ertrags und zum Besitz; und, als Folge daraus, zur Entstehung der Ungleichheit und der Heuchelei.[67] Angesichts der allgemeinen Unordnung greift man auf den Gesellschaftsvertrag zurück, der selbst wieder eine zunehmende Entartung der Regierung zur Folge hat und zu einem Zustand der Unordnung führt, der mit dem vor dem Gesellschaftsvertrag vergleichbar ist.[68] Das letzte Zeitalter (das gegenwärtige) baut kurioserweise auf dem zyklischen Modell einer Rückkehr zum Ursprung auf: Aber das ist natürlich ein Teufelskreis.

Diese Entwicklung gleicht in zwei Aspekten der Entwicklung im Ersten Buch der *Bekenntnisse*:

a) *der stufenweise Verfall*. Er wird von Rousseau nicht nur praktisch für die Gliederung der zwei Erzählungen verwendet, sondern auch theoretisch in nahezu analogen Begriffen ausgesprochen:

Abhandlung Er (der Leser) wird begreifen [...], warum der ursprüngliche Mensch allmählich verschwunden ist,

66 Ebd., S. 238.
67 Ebd., S. 238-244.
68 Ebd., S. 238-261.

und der Weise in der ganzen Gesellschaft nichts anderes findet als eine Versammlung von gekünstelten Menschen und gemachten Leidenschaften, die aus neuen Verhältnissen entsprungen und in der Natur gar nicht gegründet sind. (III, S. 192; dt. S. 263)

Bekenntnisse Aber ich hatte mich einer ehrbaren Freiheit erfreut, die bis dahin nur allmählich beschränkt worden war, jetzt jedoch völlig erlosch. (S. 71)

b) Das Durchlaufen eines optimalen mittleren Zeitalters, das einen Zustand relativer Vollkommenheit erzielt, in dem er hätte verharren mögen.

Abhandlung Je mehr man dieser Sache nachdenkt, desto mehr wird man finden, daß dieser Zustand den Revolutionen am wenigsten unterworfen war und dem Menschen am besten ansteht. Ein heilloser Zufall... muß sie aus diesem Zustande gerissen haben. (III, S. 171, dt. S. 238)

Bekenntnisse Meine Lebensweise in Bossey war mir so zuträglich, daß sie nur hätte länger zu dauern brauchen, um meinen Charakter endgültig zu gestalten. (S. 48)

In beiden Texten findet man auch eine bestimmte Anzahl ähnlicher Themen: das Thema der Arbeit und des Müßiggangs, das mit dem Problem der Unabhängigkeit zusammenhängt; das Thema des Auftretens der Eitelkeit und der Eifersucht.[69] Natürlich beschränken sich diese Ähnlichkeiten nur auf eine bestimmte Anzahl wesentlicher Schemata. Im einzelnen können sich diese Texte, der eine über die hypothetische Geschichte der Menschheit, der andere über die reale Kindheit eines Individuums, natürlich nicht überschneiden.

Welchen Schluß kann man aus diesen Analogien ziehen? Die Herausgeber der *Abhandlung* legen den Nachdruck auf all das, was Rousseau seinen Vorgängern schuldet. Man kann sich auch fragen, ob Rousseau die Jugend der Menschheit nicht im Lichte seiner eigenen Kindheitserinnerungen imaginiert hat. Sicherlich ließ er sich bei dieser Arbeit von der geheimen Übereinstimmung mit seiner eigenen Geschichte leiten, einer Geschichte, die damals noch gar nicht konstruiert war: Im Jahr 1755 hatte er seine Erin-

69 Zur Eitelkeit, *Abhandlung*, S. 236, *Bekenntnisse*, S. 62; und zur Eifersucht, *Abhandlung*, S. 236, und *Bekenntnisse*, S. 65 ff.

nerungen noch nicht zu einer zusammenhängenden Abfolge gebündelt. Also können wir uns auch umgekehrt fragen, ob ihm nicht etwa die anthropologische Rekonstruktion eine Sprache geliefert hat, die ihm seine persönliche Geschichte auszudrücken half. Aber zwischen der Theorie und der Kindheit darf man sich keine einfache und einseitige Beziehung vorstellen (in der die eine die andere »beeinflussen würde«), ja nicht einmal eine Abfolge von Beziehungen (die Kindheit inspiriert die Theorie, die ihm dafür eine Sprache liefert). Zunächst einmal deshalb, weil weder die Theorie noch die Anschauung der Kindheit Dinge an sich sind, die zueinander »Beziehungen« unterhalten könnten. Und dann auch deshalb, weil sie zwei Aspekte ein und derselben Tätigkeit sind, der eines erwachsenen Menschen, der in erster Linie bestrebt ist, seiner derzeitigen Situation Sinn zu verleihen. In diesem Punkt ist das Problem Rousseaus genau dasjenige Sartres. Man könnte sich im Lichte der *Wörter* fragen, ob Sartre infolge seiner Kindheit *Das Sein und das Nichts*, *Was ist Literatur?* und *Marxismus und Existentialismus* geschrieben hat – oder ob diese Bücher ihm eine Sprache geliefert haben, um von seiner Kindheit zu sprechen? Die Frage ist müßig: Es handelt sich immer um dasselbe. Desgleichen ist es müßig, sich zu fragen, ob Rousseau oder Sartre ihre Kindheit »entstellt« haben, indem sie ihr rückblickend und artifiziell die Theorien ihres Erwachsenenlebens übergestülpt haben.

Dieser Gegenüberstellung entnehmen wir vielmehr die Idee, daß die Autobiographie, dieses sekundäre und immer zeitlich versetzte Schreiben, die Aussicht hat, fruchtbarer und vielschichtiger zu sein, weil sie die Theorie an einer Form der Wirklichkeit, nämlich der Kindheit erprobt, die statt zur Quelle nun zum Gegenstand oder vielmehr, da sie die Quelle des Diskurses bleibt, zum Anwendungsfeld par excellence der Theorie wird. Diese Rückwendung des Diskurses auf seinen Ursprung stellt eine große Wahrheitsprobe dar. Und es ist durchaus möglich, daß nun auch die Theorie verwandelt aus der Probe hervorgeht. Man darf nicht vergessen, daß die *Bekenntnisse* Rousseaus erster »realistischer« Text sind. Die ganze frühere Anthropologie baut auf dem Modell der theoretischen oder idealen Rekonstruktion (die *Abhandlung*, *Emil*, der *Gesellschaftsvertrag*) oder der Fiktion (*Die neue Heloise*) auf. Mag man auch noch so sehr behaupten, daß die Autobiographie ihre Kindheit »deformiert«: die Erinnerung an unsere

Kindheit läßt sich nicht so leicht deformieren. Sie ist vielleicht insofern »deformiert«, als sie nicht dem damaligen Erleben entspricht (aber wer vermag das zu beurteilen – und wozu auch?); aber die Erinnerung als solche ist undeformierbar, sie drängt sich auf. Der Text der *Bekenntnisse* betont immer wieder, wie sehr sich die Erinnerung dem Erzähler *aufdrängt* und eine Reihe von Emotionen auslöst, mit denen er nicht beliebig umspringen kann, wodurch es auf der Ebene der Äußerung zu unglaublichen Wiederholungen kindlicher Verhaltensweisen kommt. Gleichzeitig jedoch zeigt die Erinnerung jedes Mal, wie sehr sie sich *der Deutung widersetzt*. Im theoretischen Diskurs oder in der Fiktion beugen sich die Fakten, nachdem sie Neugierde geweckt oder Probleme aufgeworfen haben, letztlich immer dem Erklärungssystem. Die Fakten leisten nur so lange Widerstand, so lange unsere gründliche Aufmerksamkeit sie widerstehen läßt, sie geben nach und gehorchen, wenn sie nachläßt und das Begehren die Oberhand erhält, sie haben keine Eigenenergie. Die Erinnerung hingegen schon. Sie wird störend, so lange man sie nicht wirklich wieder zur Sprache kommen ließ. Und dieses Sprechen sagt nicht unbedingt, was man erwartet; es fließt störend in den theoretischen Diskurs ein und zeigt, daß er ungeeignet und – wer weiß? – verlogen ist. Allen Lesern der *Bekenntnisse* ist die Fähigkeit des Erzählers aufgefallen, über das von ihm selbst Erzählte *zu staunen* und zu gestehen, daß auch er nicht recht begreift. Man sieht deutlich, wo die tiefere Quelle dieses Staunens liegt: Der Blick des anderen hat ihm ein Selbstbild zurückgespiegelt, das er nicht wiedererkannte und trotzdem als irgendwie wahr gelten lassen muß. Also tauchen unter seinem Blick viele Verhaltensweisen auf, die als »sonderbar«, »ausgefallen«, »schwer zu glauben« usw. bezeichnet werden. In den *Bekenntnissen* liegt Rousseaus Größe darin, daß er dieses Staunen fast nie verschwiegen und, ganz im Gegenteil, fortwährend versucht hat, klarer zu sein – notfalls sogar wider seine eigenen Theorien. Der wahre Mut besteht darin, so leidenschaftlich und so mühsam ausgearbeitete Theorien wieder in Frage zu stellen, und nicht darin, lächerliche oder beschämende Dinge preiszugeben. Zu seiner Beruhigung greift Rousseau zwar manchmal zur Zauberformel der »Ausnahme«, um seine Ideologie nicht opfern zu müssen.[70] Aber die Analysen dieser »sonderbaren« Ver-

70 S. 110 zum Beispiel.

haltensweisen sind oft äußerst tiefschürfend und erstaunlich scharfsichtig (die Analyse des Ursprungs und der Funktionsweise einer sexuellen Perversion; die Analyse der Psychologie des stehlenden Kindes; des Verleumders aus Liebe usw.). Rousseau gelingt es, diese Erklärungen mit dem allgemeinen Rahmen seiner Anthropologie zu versöhnen: Wir haben gesehen, wie die großen Entwicklungsschemata der *Abhandlung* im Ersten Buch der *Bekenntnisse* verwendet werden; dazu kommen zahlreiche implizite Verweise auf die Theorien über die menschliche Entwicklung und Erziehung im *Emil*. In bestimmten Punkten jedoch stellt der Text der *Bekenntnisse* die frühere Anthropologie in Frage: sämtliche Äußerungen im ersten Buch der *Bekenntnisse* zum Gefühls- und Sexualleben des Kindes stellen den *Emil* als Fiktion bloß. Rousseau zieht sich aus der Affäre, indem er alles, was er analysiert, auf das Konto einer ihm eigentümlichen »Frühreife« gehen läßt. Solche Diskrepanzen können mitunter auch die Entstehung und die Funktion der Theorie in ein helleres Licht rücken. Deshalb habe ich mich auch gefragt, ob sich nicht eine der Grundlagen der Rousseauschen Anthropologie, nämlich der Mythos der natürlichen Gutartigkeit, anhand der Struktur des silbernen Zeitalters verstehen ließe, das, obwohl es nur Trennungsszenen enthält, als ideales Zeitalter hingestellt wird, zu dem man zurückkehren möchte. Denn in der *Abhandlung* wies das patriarchalische Zeitalter einen Gleichgewichtszustand auf, der aus der *Koexistenz*, dem Nebeneinander guter Elemente (Gefühle der Liebe, Familienleben) und einiger noch unbedeutender, böser Elemente bestand, in denen die künftigen Verschlechterungen jedoch bereits im Keim enthalten waren. In den *Bekenntnissen* weist das silberne Zeitalter das Gute und das Böse auf, nun in konfliktreichen und widersprüchlichen Erfahrungen, und die Lust scheint weniger mit dem Genießen eines ruhigen Zustands als mit der Erfahrung der Trennung zusammenzuhängen. Es ist durchaus möglich, daß diese seltsame Diskrepanz der autobiographischen Erzählung den Ursprung und die Funktion der Theorie freilegen kann. Das werde ich zu zeigen versuchen, indem ich selbst eine Art theoretische Fabel konstruiere.

Das Begehren und das Gesetz

Rousseau hat von der Geschichte eine komplexe Vorstellung, die die zwei klassischen und scheinbar entgegengesetzten Schemata des Fortschritts und der Dekadenz kombiniert.

Der *Fortschritt*. Die ursprünglich tierische und barbarische Menschheit wird gesitteter und damit disziplinierter:

natürliche Bösartigkeit	→	Durchlaufen einer Form des Gesellschaftsvertrags	→	sittliche Gutartigkeit

In dieser Form ist das natürlich nicht die Theorie Rousseaus, sondern diejenige von Hobbes.[71] Spuren dieses Schemas findet man jedoch auch bei Rousseau, und zwar in der Vorstellung eines »Gesellschaftsvertrags«, der allerdings nicht die natürliche Bösartigkeit beseitigt, sondern einen Gesellschaftszustand der Barbarei; und vor allem im Familienzusammenschluß, der uns als der Gesellschaftspakt schlechthin erscheint und als Quelle der ehelichen und väterlichen Liebe hingestellt wird, »die angenehmsten Empfindungen, die die Menschen je gekannt haben«[72] und die im Naturzustand nicht existierten.

Die *Dekadenz*. Die ursprünglich wilde und gute Menschheit verschlechtert sich zunehmend, indem sie sich mehr und mehr verbündet:

natürliche Gutartigkeit	→	Vereinigung mit und Beziehung zum anderen	→	sittliche Bösartigkeit

Diese zwei Schemata hängen bei Rousseau eng zusammen. Im patriarchalischen Zeitalter entstehen die angenehmsten Empfindungen (die Rousseau so oft als »natürlich« bezeichnet) und die Keime der Sittenverderbnis und der Gewalt: und sie entspringen der gleichen Situation. In Bossey erreicht das Kind den Gipfel des Glücks, und ebendort kommt es zur doppelten Trennung, die sein Gefühlsleben und sein ethisches Leben bestimmen wird.

Nun stellt sich die Frage, ob dieser komplexe und labile Moment des Gleichgewichts und der Trennung nicht den eigentlichen Mittelpunkt von Rousseaus Geschichte bildet, ob er nicht das Aufeinandertreffen von *Begehren* und *Gesetz* versinnbildlicht; und ob die sichtlichen Kompliziertheiten und Widersprüchlichkeiten nicht die Konsequenzen dieses Aufeinandertreffens sind.

71 Rousseau bezieht sich in seiner zweiten *Abhandlung*, II, S. 136, darauf.
72 Ebd., S. 168.

Die Schilderung des Aufenthalts in Bossey ist die Inszenierung des Traumas; die Kompromißbildungen und darunter auch die eigenartigste, nämlich die Vorstellung einer »natürlichen Gutartigkeit«, wären aus dem Versuch hervorgegangen, diesen heftigen Konflikt einer Lösung zuzuführen.

Will man diese Bildung verstehen, so geht man am besten von einer Geständnissituation aus, indem man etwa rasch analysiert, wie Rousseau gesteht, daß er seine Kinder im Stich gelassen hat. Seine diesbezüglichen Geständnisse scheinen nur wenig mit den Geständnissen im Ersten Buch zu tun zu haben. Es handelt sich nicht um eine weit zurückliegende Schuld, sondern um die eines Erwachsenen, dem sich der Erzähler sehr nahe fühlt. Die Tat selbst war nicht verschleiert worden, aber der Vorwurf gegen Rousseau kam von außen. Die Geständnisse im Siebten und Achten Buch hinterlassen beim Leser den Eindruck, daß sich Rousseau nicht schuldig fühlt: daß er sich nur deshalb so ungeschickt verteidigt, weil er nicht genügend überzeugt ist, daß er sich verteidigen muß. Die kalkulierte Zynik der Geständnisse im Siebten und die tugendhaften Sophismen im Achten Buch zeigen im Grunde das geheime Einverständnis zwischen dem Erzähler und seinem Protagonisten. Man spürt darin nicht den Abstand einer Person, die rückblickend vom Gefühl ihrer eigenen Schuld durchdrungen ist, sondern die wiederauftauchenden Haltungen eines Mannes, der davon überzeugt ist, richtig gehandelt zu haben. Er bemüht sich, die von außen gekommene Verurteilung zu verinnerlichen und seinen Anklägern recht zu geben, aber es gelingt ihm nicht richtig. Eine tatsächliche Schuld liegt für ihn offensichtlich nur dann vor, wenn sie mit einem Schuldgefühl einhergeht. Andernfalls müßte man ja glauben, daß er böse gewesen sein konnte.

Fassen wir sein Verteidigungssystem zusammen: Im Zentrum der Debatte steht »die Herzlichkeit des Vaters (frz. »les entrailles« – die Eingeweide), dieses gutartige und natürliche väterliche Gefühl, die Stimme der Natur. Er staunt, daß sich diese Stimme nicht gemeldet hat; er sieht, was sich ihr in den Weg legen konnte: das schlechte Beispiel, eine schwierige ökonomische Lage, die Furcht, sie der Familie Levasseur auszuliefern, edle Gefühle wie bei Plutarch ... Er nimmt also an, daß die Stimme der Natur in ihm immer da war (er hat tausend Beweise dafür), aber von den Umständen erstickt wurde. Rousseau hält es für ausgemacht, daß man Kinder nur herbeiwünschen und lieben kann. Schlimmstenfalls konnten sie ihm aufgrund der Umstände gleichgültig sein. Nie wird die Hypothese bedacht, daß einem, negativ, nicht vor Kindern im allgemeinen grauen könne, sondern davor, selbst welche zu haben; – daß das Innere (die Eingeweide) auch mit Abscheu reagieren könne. Wir können durchaus eine solche Hypothese aufstellen: dieses Grauen vor der Vaterschaft entspricht der kindlichen Fixierung von Rousseaus Persönlichkeit. Vater werden heißt, aus dem kindlichen Status herausgerissen und dem Tod entgegengetrieben zu werden. Oder vielmehr: Die Identifizierung mit dem Vater führt Rousseau gerade dazu, ein Verhalten, dessen Leidtragender er selbst war, zu reproduzieren, indem er seine Kinder ebenfalls im Stich läßt. Man lese dazu im Zweiten Buch den Prozeß des Vaters nach (S. 102 ff.). Die Mehrdeutigkeit dieses Textes liegt darin, daß die Anklage nur über einen Diskurs der Entschuldigung zum Ausdruck kommen kann; und dieser Diskurs der Entschuldigung verfolgt selbst wieder zwei Zwecke: Er enthält die Behutsamkeit des respektvollen Sohns, der seinen tiefen Groll darüber, daß er im Stich gelassen wurde, nur auf Umwegen auszudrücken wagt, aber auch die Behutsamkeit eines Erzählers, der selbst wieder seine Kinder im Stich gelassen hat und sein eigenes Verteidigungssystem anlegt. Genausowenig wie gegen seinen Vater läßt sich auch gegen Jean-Jacques der Vorwurf erheben, er sei ein unnatürlicher Vater:

> Nein, ich fühle es und sage es laut, das ist völlig unmöglich. Auch keinen einzigen Augenblick lang ist Jean-Jacques jemals in seinem Leben ein gefühlloser, ein herzloser Mensch und ein unnatürlicher Vater gewesen. (S. 501)

Bei der Lektüre dieses Aufschreis des Herzens darf man nicht übersehen, daß er zwei Sätze enthält: die panische Angst, als böse erkannt zu werden, das heißt die bedingungslose Unterwerfung unter das verinnerlichte Gesetz, aber gleichzeitig auch die unterschwellige Behauptung der Natürlichkeit seines Verhaltens, von dem er jedoch zugibt, daß es zum Gesetz in Widerspruch steht. Und man lese auch aufmerksam den aggressiven und in bezug auf seinen Inhalt so erstaunlichen Tonfall dieses Satzes. Die Beteuerung des Erzählers in der Episode mit dem zerbrochenen Kamm konnte die natürliche und legitime Entrüstung eines unschuldigen Opfers zum Ausdruck bringen, da er den Kamm ja nicht zerbrochen hatte. Hier aber wurden die Kinder tatsächlich ins Findelhaus gegeben, und zwar entgegen dem »natürlichen Gefühl«: dennoch fällt die Beteuerung noch heftiger aus! Hier liegt ein Riß im Verhalten des Erzählers, den alle Leser bemerken, ohne ihm allzusehr auf den Grund zu gehen, als wäre es ihnen selbst peinlich. Man überdeckt die Sache mit vagen Wörtern, Egozentrismus, Sophismus, Stolz – es sei denn, man diagnostiziert kurzerhand Wahnsinn und erspart sich damit eine nähere Betrachtung. Was in diesem Diskurs unversehens zutage tritt, ist die »Zustandsvernunft«: die Gewißheit, daß das Begehren nicht unrecht haben kann, und der Wille, es um jeden Preis mit dem Gesetz zu versöhnen. Wenn sich diese Versöhnung als unmöglich erweist, kann das bedrohte Subjekt nur mehr verzweifelt *behaupten*, es sei undenkbar, daß diese Versöhnung unmöglich ist – und als Beweis für diese Möglichkeit anführen, wie notwendig sie ist oder wie sehr man ihrer bedarf.

Hier tritt kurz ein Bedürfnis zutage, das gewöhnlich mit Kompromißbildungen oder auf Umwegen befriedigt wird, wie ich oben bei der Analyse der zwei Episoden in Bossey zu zeigen versucht habe.

Das Gesetz (das Verbot) wurde derart verinnerlicht, daß Rousseau es nicht mehr wagt, ein Begehren auszudrücken, das ihn die Liebe kosten muß. Es ist schlecht, Züchtigungen genußvoll hinzunehmen und Kinder im Stich zu lassen. Rousseau gibt dies als erster zu. Gleichzeitig wird er jedoch nie auf sein Begehren verzichten. In der Zwickmühle zwischen der Achtung des Gesetzes, das er zu fürchten gelernt hat, und der natürlichen Legitimität seines Begehrens wird er in ein Kompromißverhalten flüchten, mit dem er den Widerspruch zu überwinden sucht.

Also wird er verzweifelt zu sagen versuchen, daß er *de facto unschuldig* ist (gute Absicht, mildernde Umstände, Irrtümer usw.), um begreiflich zu machen, daß er nicht sagen kann, was sich unmöglich sagen läßt: daß er *de jure unschuldig* ist. Die ganze Inbrunst, die Rousseau aufbringt, um den Schuldvorwurf abzuwenden, wird von ihrem eigentlichen Ziel abgelenkt: In Wirklichkeit möchte er die moralische Ordnung als solche angreifen, gegen sie protestiert sein Begehren. Aber als gebranntes Kind ist er, aus Furcht vor der Ausgrenzung, gezwungen, diese Energie nicht gegen das moralische System insgesamt einzusetzen, sondern innerhalb dieses Systems, das heißt durch die Reinwaschung, die Reue und die Beichte, die ihm als einzige gestatten, die Wiederholung des Vergehens (das heißt den umwegigen Ausdruck des Begehrens) mit der Einhaltung des moralischen Codes zu versöhnen. Das Schuldgefühl mit seinen verschiedenen Ausprägungen (Schande usw.) ist eine regelrechte *Kompromißbildung*, in der der Ausdruck des Begehrens und die Verschleierung des Begehrens nebeneinandertreten können. Der Fortbestand des Schuldgefühls ist nur der Ausdruck des Fortbestands des Vergehens, das heißt des Begehrens. Hinter dem Gedanken, daß »die Reue darüber so lange andauern wird wie mein Leben« steckt nichts anderes als: »das Begehren danach wird so lange andauern wie mein Leben«, etwas, was sich unmöglich sagen läßt, aber dennoch gesagt werden muß.

Damit wird die Rolle des *Sophismus* in Rousseaus Rhetorik verständlicher: Er ist das ideale Instrument der Versöhnung – durch ihn läßt sich der Bereich des Begehrens und der Bereich der Moral verbinden und das überlebensnotwendige doppelte Spiel spielen. Und das beste Beispiel für diese Sophismen ist die Vorstellung der *natürlichen Gutartigkeit*.

Diese Vorstellung beruht auf der scheinbar absurden Verwendung zweier Begriffe, die einander ausschließen, da der Naturzustand logischerweise dem Gesetz vorangeht und durch das Fehlen des Gesetzes definiert wird. Der von Rousseau ersonnene Naturzustand ist nicht wirklich ein vorgesetzlicher Zustand, in dem alles moralisch gleichwertig wäre. Es ist ein Zustand, in dem nur die guten Tendenzen ohne die geringste schlechte Tendenz existierten. Dieser Gedankengang ist übrigens so ausgefallen wie der der Anhänger einer schlechten Natur, die durch das Gesetz zivilisiert würde. Es ist absurd, von einem Zustand, der logischerweise kein Gesetz kennt, zu sprechen, indem man auf die vom Gesetz ausgelöste Problematik eingeht; und ebenso absurd, nur auf die Hälfte dieser Problematik einzugehen, als ob die Vorstellung der Gutartigkeit isoliert denkbar wäre. Für Rousseau ist im Naturzustand das Gute bereits das Gute, das Böse hingegen belanglos.

Die Sinnlosigkeit dieser Theorie verschwindet, wenn man bereit ist, auch das Implizite mitzulesen und die Theorie wieder auf ihre Beine zu stellen. Dahinter steckt ein anderer Satz, der logisch keineswegs absurd, aber moralisch unerträglich, uneingestehbar ist: Nicht die Gutartigkeit definiert die Natur, sondern die Natur (der vorgesetzliche Zustand) definiert, was gut ist. Gut ist das

Begehren, das jedoch vom Gesetz gezügelt wird. Dieser unmögliche Anspruch (den man explizit in der Logomachie Sades fände) kann man in umgekehrter, geleugneter und erdrückter Form aus dieser Sehnsucht nach der natürlichen Gutartigkeit heraushören, in der der Anspruch des Begehrens hinter den Formulierungen des Gesetzes anklingt.

Verfolgte man diese Überlegung weiter, so würde man entdekken, daß der Übergang von der Natur zum Gesellschaftszustand nicht durch die Einführung des Bösen, der Bösartigkeit (Rousseaus explizite These) definiert wird, sondern durch die Entdekkung des Verbots, der Vorstellung der Schuld und Strafe, die die natürlichen Wünsche in einen von der sozialen Ordnung akzeptierten Teil und einen anderen verdrängten Teil spaltet. Das eigentliche Laster der sozialen Ordnung wäre eben diese Spaltung, gegen die das ausgegrenzte Begehren nur endlos protestieren kann. Konsequenterweise müßte man also zugeben, daß das *Gesetz* schlecht ist.

Aus der expliziten Sehnsucht nach einem Naturzustand, in dem nur die »guten« Tendenzen existierten, müßte man folglich die Sehnsucht nach einem Zustand herauslesen, in dem nichts verboten war; und aus dem Bedauern über einen bösen Gesellschaftszustand den Anspruch des Begehrens gegen das Gesetz. Die Dinge so schonungslos ausdrücken hieße jedoch Rousseau ungebührlich vereinfachen, denn: genau das *kann* er *nicht* sagen, und das ist auch nicht *alles*, was er zu sagen hat. Der Rückschritt, den ich eben vorgenommen habe, ist nur eine Etappe der Analyse. Man muß auch sogleich wieder den Rückweg zur moralischen Sublimierung beschreiten, um das eigentliche Vorhaben Rousseaus zu erfassen, dem am Gesetz ebensoviel gelegen ist wie an seinem Begehren.

Will man die Zweideutigkeit des Systems begreifen, das er konstruiert, indem er das Begehren die Moral sprengen und es nicht gegen sie sprechen läßt, was unmöglich ist, sondern durch sie hindurch, so zieht man am einfachsten ein anderes Geständnis heran, nämlich das über Marions Band.

Auf der ersten, manifesten Ebene wird die Dramatisierung der Reue in einem System der Rechtfertigung verwendet. Rousseau beginnt damit, das Verbrechen übertrieben aufzubauschen (und *nimmt* sogar *an*, er habe das Mädchen in die Prostitution getrieben, wo er doch keine Ahnung hat, was seitdem aus ihr geworden ist), wodurch er eine gewaltige Reue zur Schau stellen kann, die von einem sehr anspruchsvollen Gewissen zeugt, das selbst den Nachweis für den Fortbestand der natürlichen Gutartigkeit in Jean-Jacques erbringt. Auf den ersten Blick ist dies die Strategie. Aber man begreift nichts, wenn man den Sophismus zurückweist und darin den Wunsch erblickt, sich zu rechtfertigen und zu entschuldigen. Der ganze Sophismus steckt in der Mehrdeutigkeit der Reue: Der Beweis für ein sehr anspruchsvolles moralisches Bewußtsein wäre das Bedauern. Die Reue hingegen »beweist« zwar etwas, aber auch in einem andern Sinn: man muß die Kette umkehren, indem man sie anhand der von Rousseau selbst gelieferten Hinweise entziffert. Das Vergehen selbst, sagt er, ist aus Liebe begangen worden. Die Intensität der Reue ist das Zeichen einer enormen Schuld, aus der man die Intensität des Begehrens herauslesen muß. Die Reue zeigt, daß der Schuldige außerstande ist, sich von seiner Schuld freizumachen, zeigt also die Hartnäckigkeit des Begehrens. Je nach der Richtung, in der man die Kette abschreitet, beweist die Reue also die Unterwerfung unter das Gesetz oder den Anspruch eines Begehrens. Das Reueverhalten funktioniert in beide Richtungen gleichzeitig, es ist eine Art Pendelsystem zwischen dem Begehren und dem Gesetz, dessen Resultante die Kompromißbildung der »natürlichen Gutartigkeit« ist, der in der Phantasie auch die »gesellschaftliche Bösartigkeit« entspricht, ein Mythos, in dem der Groll zum Ausdruck kommt, der sich nicht gegen seinen eigentlichen Gegenstand, nämlich das Gesetz, wenden kann.

Wie man sieht, liegt im Mittelpunkt dieses Systems der entscheidende Moment der Schuld und der Strafe und die Idee der Ungerechtigkeit. Handelte es sich hier um einen Übergang vom Individuellen zum Sozialen, wie in der Anthropologie Rousseaus, so wäre dies schwer nachzuvollziehen. Das System funktioniert dank der Verinnerlichung des Gesetzes, die dem Begehren zugute gekommen ist: Denn indem man das Gesetz akzeptiert, versucht man, die Liebe zurückzugewinnen. Das Gesetz ist Unterdrükkung und gleichzeitig Liebe. Das Begehren ist ein Verbrechen, aber gleichzeitig auch eine legitime und unzerstörbare Sache. Dieser explosive Widerspruch liegt im Herzen von Rousseaus Ideologie: dies kommt zumindest in der *Autobiographie* zum Vorschein. Den entscheidenden Moment, da das Begehren und das Gesetz einander begegnen, hat Rousseau anscheinend nie zu *überwinden* vermocht; aber er blieb auch nicht darauf fixiert. Er hat begonnen, ihn von innen zu bearbeiten: das Bild des Pendelns, das ich vorhin verwendet habe, ist auch deshalb unzureichend, weil es die Immobilität voraussetzt. Das Pendel schlug immer weiter aus, es hat die außerordentliche Energie geliefert, die Rousseau aufgewandt hat, um eine ganze Anthropologie zu rekonstruieren, bis er sie schließlich gegen sich selbst gekehrt hat. Der Sophismus und das Paradox sind, auf der Ebene der Logik, die bevorzugten Instrumente dieser *Arbeit*. Sie sind keine jämmerlichen Ausflüchte oder Tricks, wie man so oft meinte, sondern vielmehr Möglichkeiten, eine widersprüchliche Situation dialektisch zu erfassen. Es kommt darauf an, wie man sich im Moment der Trennung *einrichtet* und wie man ihn ins Werk setzt. Der wesentliche Punkt in der Geschichte Rousseaus ist daher jener mittlere Punkt, den ich in der Verknüpfung der Züchtigungsepisode und in der Episode mit dem zerbrochenen Kamm angesiedelt habe. Das Paradies liegt nicht *vor* der Trennung, sondern in ihr: es liegt in der Anstrengung, die Trennung in ein Gleichgewicht umzukehren und an die Stelle des Konflikts zwischen Wunsch und Gesetz – der eigentlichen Geburt des Bewußtseins – die Übereinstimmung zwischen dem Gesetz des Wunsches und dem Wunsch nach dem Gesetz treten zu lassen.

Anhang

Der Text und seine Geschichte

Die Auswahl der Erinnerungen

Der Text wurde anhand von Erinnerungen zusammengestellt, die im Hinblick auf die eventuelle Abfassung einer Autobiographie notiert wurden. Rousseau hat, wie er selbst seinem Leser auf S. 58 mitteilt, eine Auswahl unter diesen Erinnerungen getroffen: »Wie sollte ich da nicht wagen, ihm ebenso all die kleinen Anekdoten dieser glücklichen Zeit zu erzählen...« Wir können uns fragen, nach welchen Kriterien diese Auswahl vorgenommen wurde, indem wir die Erinnerungen untersuchen, die aus dem Text der Bekenntnisse ausgeschieden wurden und entweder in anderen Werken oder in den Vorfassungen der *Bekenntnisse* erhalten sind. Was immer Rousseau behaupten mag, das Kriterium für die Auswahl ist nicht »das Interesse des Lesers« nach den damals üblichen Leseerwartungen, das heißt unter Berücksichtigung des damals sehr geringen Interesses für Erinnerungen aus der frühen Kindheit, die als Nebensachen oder Kindereien galten. Das Kriterium ist natürlich die Relevanz bezüglich der erzählten Geschichte und der angestrebten Demonstration. Daraus erklärt sich die Weglassung der bereits im *Emil* geschilderten Episode (IV, S. 385f., dt. S. 124f.) sowie der Kosmographielektion, die ihm sein Vater erteilte (I, S. 1159f.): diese Anekdoten dienen als Anschauungsmaterial für sehr allgemeine pädagogische Ratschläge, die einen Leser auch unabhängig von der Geschichte Jean-Jacques' interessieren könnten und nur in sehr lockerer Beziehung zur Autobiographie stehen. Die Episode mit der Bibel von Pastor Lambercier betont trotz allem den sozialen Abstieg des Kindes und dessen Aggressivität gegenüber dem Vetter, die Rousseau in den *Bekenntnissen* abgeschwächt hat, um die Schilderung des harmonischen Höhepunkts am Beginn des silbernen Zeitalters nicht zu trüben. Desgleichen wurden die zwei in den *Träumereien* (I, S. 1036ff., dt.: *Schriften*, Bd. II, S. 688-691) geschilderten Anekdoten, die ein zu kompliziertes und bereits schuldbeladenes Bild des Kindes geliefert hätten, wegen ihrer zu großen autobiographischen Relevanz ausgeschieden.

In der Handschrift von Neuchâtel weist das Erste Buch eine Reihe von Unterschieden zum endgültigen Text auf. In dieser ersten Fassung ist die Ausgewogenheit der Zeitalter und die Deutung des silbernen Zeitalters noch nicht vollständig ausgearbeitet. Abgesehen von einer Vorrede, die weitaus länger und nuancierter ist als die im endgültigen Text, sind die wichtigsten Unterschiede folgende:

a) Das goldene Zeitalter ist nur im Ansatz vorhanden: Es umfaßt bloß die Schilderung der Geburt und die Lektüre der Romane und der Römer: Rousseau ging sofort zur Flucht des Vaters über. Die Absätze über die schlechte Erziehung seines Bruders, über seine eigene gute Erziehung, über Tante Suzanne und die Musik wurden später hinzugefügt. In dieser ersten Fassung umspannt das goldene Zeitalter also nur die gefährliche Erziehung durch das Lesen, den Ursprung der Widersprüchlichkeit seines Charakters und enthielt nicht die gesunde Erziehung durch die Liebe und die geregelte Freiheit, die im *Emil* anempfohlen wurde. Die zweite Fassung hat das Bild des chimärenhaften Kindes bereichert und nuanciert und die Grundlagen der naturerhaltenden Erziehung gelegt, eines Elements, das für die spätere Demonstration unverzichtbar ist. In der ersten Fassung dominierte das silberne Zeitalter noch weit mehr über das Zeitalter als in der zweiten Fassung.

b) Das silberne Zeitalter ist noch nicht vollständig gedeutet und gegliedert. Ich habe oben die Ausarbeitung der Deutung zwischen der ersten und der zweiten Niederschrift analysiert sowie den strategischen Stellenwert, der der Zuneigung in der Entstehung der Perversion zugeschrieben wird. Zum anderen hat Rousseau noch keinen engen Zusammenhang zwischen der Züchtigung und der Episode mit dem zerbrochenen Kamm hergestellt, die nur nebeneinanderstehen.

c) Im ehernen Zeitalter zeugen wichtige Unterschiede in Formulierung und Tonfall davon, daß Rousseau nicht recht wußte, welche Bedeutung er den Episoden mit Fräulein von Vulson und Fräulein Goton zumessen sollte.

Diese Varianten dürfen nicht als Zeichen einer »Deformation« gedeutet werden, die Rousseau nachträglich an vermeintlich »authentischen« Erinnerungen vorgenommen hätte, sondern als Zeichen der Suche nach dem Sinn, der in die Autobiographie durch die Konstruktion einer Erzählung einfließt, in der jede Erinnerung in Beziehung zu anderen Erinnerungen gesetzt wird und ihre Bedeutung je nach ihrer Stellung in der Struktur modifiziert, bereichert und vertieft. Bedingt durch die Gliederung und die Abfassung der Erzählung, nimmt der Autobiograph eine Deutungsarbeit vor, die das Gedächtnis allein nicht zu leisten imstande ist. Der Vergleich der ersten Fassung mit der zweiten liefert uns natürlich nur einen sehr fragmentarischen Einblick in diese Ausarbeitung, nämlich in ihre letzte Etappe, also die Anbringung des Schlußsteins, der, nach meiner Lektüre des Ersten Buches, das Ganze zusammenhält: die Deutung und Strukturierung des silbernen Zeitalters.

Die Numerierung der Absätze

Wir besitzen so etwas wie eine von Rousseau selbst besorgte Deutung des Ersten Buches: den Versuch einer Numerierung in der Genfer und in der Pariser Handschrift. Diese Numerierung wurde 1964 von Jacques Voisine in seiner Ausgabe der *Bekenntnisse* zum ersten Mal korrekt veröffentlicht. Die früheren Ausgaben lassen sie weg oder vereinfachen sie (wie in der Ausgabe der Bibliothèque de la Pléiade). Michel Launay hat in seiner Untersuchung über »die Struktur des ersten Teils der Bekenntnisse« (vgl. Anm. S. 99) den Versuch unternommen, das Erste Buch anhand dieser Numerierung zu deuten und zu beschreiben. Seine einfallsreiche Ableitung berücksichtigt die verschiedenen Aspekte dieses eigenartigen Unterfangens nicht genügend:

a) Rousseau hat ein System mit zwei Ziffern gewählt: Eine Ziffer in roter Tinte bezeichnet eine Gruppe von Absätzen, eine Ziffer in schwarzer Tinte jeden einzelnen Absatz dieser Gruppe. Diese Numerierung ermöglicht ihm also die Schaffung einer Zwischenstruktur zwischen Absatz und Buch. Für die Absätze selbst, die bereits typographisch durch den Zeileneinzug abgehoben und gekennzeichnet sind, bringen die Nummern nichts Neues. Sinnvoll sind sie nur zur Unterscheidung von Absatzgruppen. Rousseau scheint übrigens ein anderes Zeichen für diese Trennung zwischen Absatzgruppen verwendet zu haben: einen Leerraum mit zwei horizontalen Strichen am Beginn der Zeile oder nur einen Leerraum. Die Ausgabe von Jacques Voisine teilt uns leider nur wenig über diese Präsentationsverfahren mit.

b) Muß man dieser Numerierung eine präzise Bedeutung beimessen? J. Voisine bezeichnet die Absatzgruppen als »Kapitel«; ich nenne sie lieber »Sequenzen«. Die Beziehung zwischen der Sequenz und den Absätzen ist die gleiche wie zwischen dem Absatz und den Sätzen. Es handelt sich also um eine große Gliederungseinheit des Textes, die einer Einteilung der Erzählung oder einer Gliederung des Diskurses in narrative oder demonstrative Einheiten entspricht, die sich auch ohne dieses Hilfsmittel unschwer erkennen läßt. Eben deshalb hat Rousseau diesen Numerierungsversuch, der bereits evidente Strukturen zu sehr betonte und durch seine Starrheit die Geschmeidigkeit der Überleitungen beeinträchtigte, rasch aufgegeben. Die Frage würde eher lauten, warum er ihn unternommen hatte: Stand dahinter der Wunsch, sich des Zusammenhalts seines Textes zu vergewissern und dessen Rhythmus hervorzustreichen? Die Erfindung eines so gründlichen Notatsystems für eine autobiographische Erzählung scheint mir vor allem die Funktion zu besitzen, den rhetorischen oder »musikalischen« Rhythmus des Textes zu betonen, seine großen Sätze, und sich gegen eventuelle Risse in der Gliederung abzusichern.

c) Diese Numerierung betont zwar die Gliederung des Textes und unterteilt ihn in Sequenzen, liefert aber keinerlei besonderen Hinweis über die Struktur der Geschichte und stützt auch die Analyse, die Michel Launay darauf aufbaut, genausowenig, wie sie meine Analyse bestätigen könnte. Sollte eine solche Numerierung deutliche Hinweise auf die Struktur des Textes liefern, so hätte Rousseau ein System mit *drei* Zahlen verwenden müssen, durch das er die Sequenzen wieder zu einigen Kapiteln hätte gruppieren können. Es steht nicht einmal fest, ob ein solches System (das als einziges imstande wäre, die Anordnung festzuhalten, die Michel Launay und ich im Text zu erkennen versuchen) ausschlaggebend gewesen wäre, da die Anordnung des Textes von großer Komplexität ist und nicht nur von den großen an der *Oberfläche* sichtbaren Einheiten abhängt.

d) Diese Numerierung kann schließlich schon deshalb nicht als Ausgangspunkt für eine Analyse des Textes des Ersten Buches herangezogen werden, weil Rousseau diesen Versuch in genau ähnlichen und recht sonderbaren Umständen gleichzeitig für die Bücher I, VII und IX unternommen hat. Es ist zwar verständlich, daß er für diesen Versuch gerade diese drei Bücher herangezogen

hat, die ersten zwei, weil sie die zwei Teile der *Bekenntnisse* einleiten, und das dritte wegen seiner Bedeutung und wegen der »Einheit der Handlung«, durch die es zu einem kleinen Roman wird. Wie aber lassen sich folgende Kontraste erklären:
– der Kontrast zwischen der fein säuberlichen Kalligraphie (zwei Tintenfarben) und dem methodischen Charakter des Zweizahlensystems einerseits und der Nachlässigkeit der Ausführung andererseits: allmähliche Weglassung der roten Zahlen, übersprungene Absätze (in den Büchern VII und IX) und dann sogar der Verzicht auf die schwarzen Zahlen?
– der Kontrast zwischen dem Verzicht auf die Numerierung und der Wiederholung des Versuchs?
– und wie kommt es, daß diese Numerierungsversuche in ähnlicher und zugleich anderer Weise (im Abbröckeln des Versuchs) auf beiden Handschriften stehen? Jedesmal wird der Versuch weiter und strenger betrieben, in der Genfer Handschrift für das Erste Buch, in der Pariser Handschrift für das Siebte und Neunte Buch.

Es ist also, zumindest beim derzeitigen Stand unserer Kenntnis der Handschriften, gewagt, aus diesen Zahlen Schlußfolgerungen für eine Untersuchung der Struktur des Ersten Buches zu ziehen.

Gide und der autobiographische Raum

1. Der autobiographische Raum

Das Zusammenspiel der Texte

Gides Einstellung zur autobiographischen Erzählung stellt sich auf den ersten Blick als paradox dar.

Einerseits sind sein Leben und sein ganzes Werk offenkundig auf die Konstruktion und Produktion eines Selbst*bildes* ausgerichtet. Dabei handelt es sich jedoch nicht um das, was man gemeinhin unter einer »autobiographischen Inspiration« versteht, bei der der Schriftsteller auf Materialien zurückgreift, die er seinem persönlichen Leben entnommen hat, sondern um eine Strategie, die darauf abzielt, die Persönlichkeit über das Zusammenspiel unterschiedlichster Texte zu konstituieren. Zur Unterscheidung dieser allgemeinen schriftstellerischen Haltung von dem, was als »Autobiographie« im strengen Sinn gelten kann – das heißt von einer retrospektiven, vom Autor im eigenen Namen verfaßten Erzählung der Genese seiner Persönlichkeit –, bedarf es zweifellos eines neuen Ausdrucks. Ich habe mich dafür entschieden, dieses Zusammenspiel der Texte, sofern es *auch* eine autobiographische Erzählung im strengen Sinn umfaßt, als »autobiographischen Raum« zu bezeichnen.

Andrerseits wird die große autobiographische Erzählung seiner Reifezeit, *Stirb und werde*, jene Leser enttäuschen oder verwirren, die in ihr die Form einer expliziten Totalisierung vorzufinden hoffen, für die der Autor im Rahmen des eigentlichen autobiographischen Pakts einsteht – oder die versucht sein könnten, diese Erzählung im Lichte von Rousseaus *Bekenntnissen* zu lesen. Diese mehrdeutige und alles in der Schwebe lassende Erzählung, die nicht von einem fixen Standort oder Zeitpunkt aus komponiert zu sein scheint, an dem die Würfel bereits gefallen sind, sondern in einer mobilen Perspektive steht, die für künftige Spiele offenbleibt, muß einfach verwirren, kann aber auch faszinierend wirken.

Es wird noch von der Kritik zu sprechen sein, die Gide an seiner eigenen Sicht der Grenzen der autobiographischen Erzählung geäußert hat.[1] Er verstand das Bild jenes »Dialogwesens«, als das er sich sah, als Resultante aller von ihm verfaßten Texte, die, einzeln genommen, keineswegs autobiographische Realitätstreue beanspruchen, aber in dem von ihnen gemeinsam konstituierten *Raum* sein Bild umreißen, ohne es zu verkürzen oder ein für allemal festzulegen; das wechselseitige Zusammenspiel dieser Texte bringt so nicht Gides Ähnlichkeit mit sich selbst, sondern eine *Unähnlichkeit* zum Ausdruck. Der damit erschaffene autobiographische Raum artikuliert zwar einerseits, auf der Aussageebene, eine Komplexität, erzeugt aber vor allem, auf der Ebene der Äußerung, einen Effekt der *Mehrdeutigkeit*.[2]

Komplexität und Mehrdeutigkeit sind nicht dasselbe. Komplexität bezeichnet nur den Zustand eines Systems, dessen zahlreiche Elemente zueinander vielfältige Beziehungen unterhalten. Sie ist zwar das genaue Gegenteil von Einfachheit, schließt aber Klarheit keineswegs aus, vermag sie allenfalls zu erschweren und den Text mit einer Aura des Rätselhaften zu umgeben. So gefällt es etwa dem Erzähler von *Stirb und werde* häufig, mehrere mögliche Erklärungen für ein und dieselbe Verhaltensweise vorzubringen, um psychologische Tiefenwirkungen herauszuarbeiten, wozu es aller-

1 Um zu vermeiden, daß diese Untersuchung mit Zitaten überhäuft wird, wird auf die wichtigsten Texte Gides zu den behandelten Fragen meist in den Anmerkungen verwiesen. Die Quellenangaben beziehen sich bei den Werken, die in ihnen enthalten sind, auf die dreibändige, bei Gallimard erschienene Ausgabe der Bibliothèque de la Pléiade: Bd. I, *Journal 1889-1939*, 1948; II, *Journal 1939-1949, Souvenirs*, 1954; III, *Romans, récits et soties, œuvres lyriques*, 1958 (wobei *J* für die Tagebücher [*Journal*] und *Si* für *Stirb und werde* [*Si le grain ne meurt*] stehen). Für die anderen Texte wurden folgende Abkürzungen verwendet:
C: *Corydon*, Paris: Gallimard, 1948.
CAG 4: *Cahiers André Gide* n° 4, Paris: Gallimard, 1973.
Corr. GV: André Gide et Paul Valéry, *Correspondance (1890-1942)*, Paris: Gallimard, 1955; dt.: *Briefwechsel*: André Gide – Paul Valéry, *Briefwechsel 1890-1942*. Aus dem Französischen von Hella und Paul Noack, Frankfurt am Main: Fischer Verlag, 1987.
Corr GMG: André Gide et Roger Martin du Gard, *Correspondance (1913-1951)*, Paris: Gallimard, 1968, 2 Bände.
JFM: *Journal des Faux Monnayeurs*, Paris: Gallimard, 1927.
(Deutsch hier zitiert nach: GW: André Gide, *Gesammelte Werke* in zwölf Bänden, herausgegeben von Hans Hinterhäuser, Peter Schnyder und Raimund Theis, Stuttgart: Deutsche Verlags-Anstalt, 1989ff. Die Bandzahl der deutschen Ausgabe wird durch eine römische Ziffer wiedergegeben; A. d. Ü.)

2 Zur Mehrdeutigkeit und zu seiner Weigerung, zwischen Gegensätzen zu wählen, vgl. zum Beispiel (1892) GW I, S. 411; GW III, S. 63, der grundlegende Text zum *ständigen Dialog*; GW III, S. 92, über die Fruchtbarkeit des Widerspruchs.

dings einer nachträglichen Rechtfertigung dieser labyrinthischen Analyse durch die Komplexität des untersuchten Gegenstands bedarf. Hier etwa seine Erklärungen für das Vergnügen, das er empfindet, wenn er Kritiker vor den Kopf stößt:

> Man sollte diese Sätze nicht für allzu spitzfindig halten: Meine Regung ist spontan, ich analysiere sie nur. Kann ich etwas dafür, daß die Triebfeder kompliziert ist? Ich suche das Komplizierte nicht, es ist in mir. Jede Geste, in der ich nicht alle meine inneren Widersprüche erkennen könnte, wäre ein Verrat an mir selbst.[3]

Wenn die Aussage als kompliziert erscheint, dann deshalb, weil das Thema kompliziert ist. *Mehrdeutigkeit* ist hingegen etwas völlig anderes: Sie ist die Unentscheidbarkeit des *Sinns* auf der Ebene der Äußerung, das heißt letztlich die Ungewißheit des Lesers bezüglich der Haltung, die der Erzähler dem Erzählten gegenüber einnimmt. Bei der Komplexität können verschiedene Erklärungen für das Verhalten des Protagonisten angeboten werden; sie müssen einander keineswegs ausschließen und erzeugen einen für den Leser attraktiven Effekt der Rätselhaftigkeit. Die Mehrdeutigkeit ist hingegen auf jener grundlegenden Ebene der Werte oder des vom Autor vertretenen Weltbilds angesiedelt, auf der wir gewöhnlich Entscheidungen für geboten halten, ein System der Unentscheidbarkeit also Unbehagen stiften muß. Von dieser Unentscheidbarkeit können sowohl einfache wie auch komplexe Erzählungen betroffen sein: Sie kann sich etwa, wie aus dem oben zitierten Text ersichtlich, ohne weiteres auf den Vorwand der Komplexität des Erzählten stützen. Damit kommt ein komplizenhaftes Spiel in Gang, bei dem die Mehrdeutigkeit der Äußerung zur Komplexität der Aussage hinzutritt, also jenes Spiel der *»Komplikation«*, das von Du Bos[4] zutreffend analysiert worden ist. Die Komplikation ist nicht bloß das Spiel einer Struktur, die zu vielschichtig ist, um erkannt werden zu können, sondern beruht auf der Koexistenz von *Gegensätzen* und gehört damit letztlich nicht dem Register der Psychologie (sie ist lediglich eine Folge davon), sondern dem Register der *Ethik* an.

Gides Mehrdeutigkeit bringt mit sich, daß der Leser außerstande ist, die Position des Autors zu bestimmen oder festzulegen, obwohl er sich angesichts der ethischen *Probleme*, die fast alle seine Werke aufwerfen, unwillkürlich gerade dazu aufgerufen

3 GW I, S. 283.
4 Charles du Bos, *Le Dialogue avec André Gide*, Paris 1929, S. 143-149.

fühlt. Diese Mehrdeutigkeit wird, je nachdem, ob sich der Autor verbirgt oder aber offen auf den Plan tritt, implizit oder explizit sein. Im ersten Fall, in dem der Fiktion, hält der Autor durch einen systematischen Verzicht auf explizite Werturteile die Probleme *offen*, anstatt sie zu lösen: das Vorwort zu *Der Immoralist* faßt diese Strategie anschaulich zusammen. Im zweiten Fall, wenn also der Autor im eigenen Namen das Wort ergreift, erzielt Gide im Gegenteil durch eine Überfülle einander widersprechender Stellungnahmen dieselbe Wirkung; im Motto von *Die Rückkehr des verlorenen Sohnes* heißt es: »Die zwiefältige Eingebung habe ich verteilt gelassen und zusammengefaßt, wie sie mich antrieb.«[5] Auch wenn das persönliche Engagement, wie wir noch sehen werden, andere Vorteile bietet, ist die Fiktionalität zur freien Entfaltung von Gegensätzen und »Unähnlichkeiten« offenkundig am besten geeignet. Gide fühlt sich unter ihren Bedingungen frei, in, wie man sagen könnte, *Essays* über sich selbst jede der in ihm angelegten Virtualitäten auf die Spitze zu treiben: eine Freiheit, die er sich dem Leser gegenüber herausnimmt – aber auch eine Selbstbefreiung. Die Fiktion wird damit *zugleich* zu einer intimen, sehr persönlichen Offenbarung (was den Ursprung der beschriebenen Haltungen betrifft) und zu etwas Unpersönlichem (was die exzessive oder ausschließliche Realisierung dieses oder jenes Charakterzugs betrifft), sie ist *zugleich* Erinnerung und Experiment, *zugleich* Narzißmus und Selbstkritik. Die Fiktionalität wird von Gide häufig als Modus einer Hygiene, einer *Läuterung* dargestellt, die es ihm ermöglicht, sich zu verwirklichen und zugleich von sich selbst loszukommen.[6] Er empfindet diese Übungen, bei denen er im Modus der Hypothese, der Virtualität, »ich« sagen kann, ohne

5 *Die Rückkehr des verlorenen Sohnes*, aus dem Französischen übertragen von Rainer Maria Rilke, in GW VII, S. 485.

6 Dieser zweifache, sowohl autobiographische als auch selbstkritische Aspekt kommt in Gides unvermeidlich verklausulierter Präsentation von *Die enge Pforte* an Claudel zum Ausdruck, in der er ihn dazu auffordert, »*die darin verborgene persönliche Aussage*« zu erahnen, dabei aber nicht aus den Augen zu verlieren, daß »*die Idee des Buches selbst ihre Kritik in sich trägt*« (Paul Claudel und André Gide, *Correspondance*, Paris 1949, S. 90; dt.: *Zweifel und Glaube. Briefwechsel 1899-1926*, Stuttgart 1965, S. 93 f.); vgl. auch seine Darstellung des »*Gesetzes der Rückwirkung*« (1893), in: GW I, S. 422; anläßlich des Erscheinens von *Der Immoralist* definierte Gide, der sich gezwungen sah, Jammes die Dynamik seiner Fiktionen auseinanderzusetzen, in sehr einprägsamen Formulierungen das »Gleichgewicht« seines Romans (Säuberung, Rumpelkammer, Alternanz, Komplexität ...) (Francis Jammes und André Gide, *Correspondance (1893-1938)*, Paris 1949, S. 199 f.) Vgl.

dem autobiographischen »Ich« in die Falle zu gehen, als äußerst lustvoll.[7] Dieses Spiel der Fiktionen ist jedoch mehr als eine bloße Hygiene: Es dient Gide darüber hinaus auch dazu, die Elemente eines komplexeren Systems zusammenzusetzen. Man könnte hier von einer Art Flirt mit der Autobiographie sprechen. Auch wenn jedes seiner Werke ein bestimmtes Maß an intimer Offenbarung enthält, wäre es natürlich völlig falsch, sie als Bekenntnisse verstehen zu wollen. Sein Gesamtwerk bildet vielmehr ein System, dessen Exzesse und Selbstkritiken einander die Waage halten, einander kompensieren: ihre Totalität bietet Zugang zum Selbstbild, und dieses muß wiederum, obzwar selbst nur virtuell, *unbedingt vorausgesetzt werden*, um ein einheitliches Bild von seinen fiktiven Werken erhalten zu können. Der von dieser Art von Fiktion vorausgesetzte autobiographische Raum wird von Gide in einem Text beschrieben, in dem er »zwei verschiedene Arten, das Leben aufzufassen und darzustellen«, unterscheidet, die in bestimmten Romanen miteinander verbunden werden: die eine ist objektiv und beruht auf der Beobachtung von Tatsachen und Ereignissen, die andere ist subjektiv; sie wird unten beschrieben. Wahrscheinlich strebte er selbst danach, sie in seinem Werk nach dem Vorbild Dostojewskis miteinander zu verbinden; jedenfalls scheint ihm nur die Beschreibung der zweiten Möglichkeit gerecht zu werden:

> Die andere, die sich mit Gefühlen und Gedanken beschäftigt und Gefahr läuft, all das nicht darstellen zu können, was der Autor nicht zuvor selbst empfunden hat. Dessen innerer Reichtum, seine Vielschichtigkeit, die Widersprüche seiner allzu unterschiedlichen Anlagen werden ihm die unterschiedlichsten Schöpfungen erlauben. Aber alles geht aus ihm selbst hervor. Er ist der einzige Gewährsmann für die Wahrheit, die er enthüllt, der einzige Richter. Die ganze Hölle und der ganze Himmel seiner Gestalten ist in ihm. Er stellt nicht sich selbst dar, hätte aber der, den er darstellt, werden können, wäre er nicht er selbst geworden.[8]

auch zu *Die enge Pforte*: GW II, S. 189 und 292; zu *Die Verliese des Vatikans*: GW II, S. 375.

7 Zur »Entpersönlichung« (1923) vgl. GW III, S. 42; GW IX, S. 396 und 399f.; in *Das Tagebuch der kleinen Dame* (*CAG* 4, S. 25) stellt Gide in Zusammenhang mit *Die Pastoralsymphonie* das »Ich« des Romans dem autobiographischen »Ich« gegenüber; und schließlich (1927) GW III, S. 125.

8 GW III, S. 124f. (8. Februar 1927). Gide hatte dieses sehr persönliche Motiv bereits in seinem Vortrag über Dostojewski entwickelt (*Dostojewski. Aufsätze und Vorträge*, Stuttgart 1952, S. 62f.): Der Schriftsteller, *»der sich sucht«*, läuft Gefahr, einer Nachahmung seiner selbst zu verfallen und in ihr steckenzubleiben. Der wahre Künstler verwirklicht sich nur, wenn er sich frei in sein Werk projiziert.

Dieses »Er selbst« wird jedoch in den Texten so realisiert, daß es in keinem von ihnen eindeutig zum Ausdruck kommt: es wird sich dem Leser als ungreifbar darstellen. Und Gide hat in seinen komplizierten Beziehungen zur Öffentlichkeit alles getan, um sich allzu simplen Vereinnahmungen zu entziehen: es mißfällt ihm durchaus nicht zu intrigieren, Leser und Kritiker in die Irre zu führen, um ihnen nachträglich Anleitungen zu geben ... Die Fiktion bietet sich für derartige Mißverständnisse geradezu an. Zwischen dem *Autor* und dem *Erzähler* besteht keine Identitätsbeziehung: Der Leser wird aber immer versuchen, den einen hinter dem anderen aufzuspüren. Eine schlechte Angewohnheit, die durch die ethische Färbung der Gideschen Erzählungen (der Leser verlangt ständig nach einer »Position«) und durch den Gebrauch der Ichform noch gefördert wird. Jede Fiktion stiftet als kritische, ironische und nur teilweise »private« Fiktion Verwirrung und läßt den Leser über die Position des Autors im Ungewissen; es ist immer möglich, daß man ein einzelnes Buch falsch auslegt, die Abfolge derart gegensätzlicher Bücher *muß* aber ratlos machen: Welche Identität hat, welche moralische Position vertritt derjenige, der fähig war, sie alle zu schreiben? Diese auf der Ebene der Verbreitung und Veröffentlichung dieser Bücher aufrechterhaltene Mehrdeutigkeit wird letztlich erst auf der Ebene seines Gesamtwerks, betrachtet als das Produkt einer komplexen oder komplizierten *Persönlichkeit*, wieder den Status einer banaleren Komplexität annehmen können: Dies ist die Klippe, die jede Gide-Biographie zu überwinden hat, da der Biograph ja darauf angewiesen ist, in klaren Worten *über* die Mehrdeutigkeit zu sprechen, während Gide selbst mehrdeutig sprach. Die zum Gegenstand einer Aussage gewordene Gidesche Äußerung verliert damit ihr Mehrdeutigkeitspotential: wir haben sie in den Griff bekommen, obwohl sie uns in ihren Bann geschlagen hat. Ist es aber noch dieselbe? Gide war sich dieses Problems völlig bewußt; es dürfte die Ursache dafür gewesen sein, daß er lange Zeit gezögert hat, selbst zum *Autobiographen* zu werden, das heißt zum Autor einer Erzählung in totalisierender Sicht und im Rahmen des autobiographischen Pakts.

Die intime Schreibweise, bei der der Autor für sein »Ich« selbst einsteht, kann sich auch anderer Formen bedienen: Gide hat seit seiner Jugend regelmäßig Tagebuch geführt und war ein leidenschaftlicher Briefschreiber; er wußte sehr gut, daß diese Texte eines Tages veröffentlicht werden und seinem Werk zusätzliche, auch widersprüchliche Bedeutungsnuancen hinzufügen oder vielmehr jenen Hintergrund bilden würden, von dem sich die stilisierteren »Motive« seiner fiktiven Werke abheben. Dieses »Ich« der vertrauten Mitteilung des Tagebuchs oder des Briefs weist nicht dieselben Nachteile auf wie das der autobiographischen Erzählung: bestimmte situationsgebundene Einschränkungen verhindern, daß es das Gewicht und die Massivität des Autobiographischen annimmt, weshalb es sich auch mühelos in das System der Mehrdeutigkeit einbinden läßt. Diese Einschränkungen ergeben sich aus seiner *Zeitgebundenheit* und dem *Adressaten*, an den es gerichtet ist. Die zu einem bestimmten Zeitpunkt verfaßten Tagebücher und Briefe betreffen und legen nur diesen Zeitpunkt fest. Trotz der der intimen Schreibweise eigenen Versuchung zur Selbstnachahmung hindert den Tagebuchschreiber nichts daran, sich zu widersprechen, Inhalte abzuwandeln oder weiterzuentwickeln, Gegensätze herauszuarbeiten. Über die offene, unbestimmte und unvollendete Form des Tagebuchs kann man jederzeit frei verfügen. Der Brief bringt eine andere Einschränkung mit sich: die des *Adressaten*. In den umfangreichen Briefwechseln Gides begegnet man dem System seiner Erzählungen wieder: sie sind »Essays«, in denen er eine bestimmte Seite seiner Persönlichkeit zum Ausdruck bringt und herausarbeitet, um daraufhin zu etwas anderem überzugehen. Mit Claudel zu korrespondieren ist für ihn ein wenig wie *Die enge Pforte* zu schreiben: ein Ausdruck, eine Erfahrung, eine Läuterung. Die Briefwechsel bilden ganz wie die Erzählungen ein *Zusammenspiel*, so daß sich der Leser fragen kann, *wer* denn der Briefschreiber sein könnte, der sie alle geschrieben hat.

Gide selbst betrachtete seine intimsten Schriften (etwa seine Briefe an Madeleine) als Bestandteile eines globalen Zusammenspiels von Texten. Er rechnete nicht nur mit ihrer späteren Publikation, sondern sah auch schon die Stellung, die sie im Gesamtsystem einnehmen bzw. die Rolle, die sie in ihm spielen würden, voraus; jeder Text ist durch seine Stellung und seine Funktion in einem Ensemble von Texten definiert, dem Gide die Aufgabe übertrug, sein *Bild* zu erschaffen. Diese Idee des *Selbstbildes* hat Gide nie in einem allzu simplen Narzißmus als »Kopie«, ja nicht einmal als »Selbstporträt« aufgefaßt: es geht nicht darum, einen Gegenstand zu konstruieren, sondern eine bestimmte Wirkung zu erzielen, eben ein »Zusammenspiel« herzustellen. Sollte dieser oder jener Bestandteil dieses Zusammenspiels fehlen, wäre das Bild nicht nur »unvollständig«, sondern das gesamte Spiel *verfälscht*, da die anderen Bestandteile ohne diese Bezüge oder Gegengewichte nicht mehr auf dieselbe Weise funktionieren könnten. Daher Gides Verzweiflung nach der Vernichtung seiner Briefe durch Madeleine: »Mein Werk wird künftighin nur noch wie eine Symphonie sein, in der der zarteste Akkord fehlt, nur noch wie ein Bau ohne Krönung«[9], oder beim Gedanken an einen frühen Tod, der ihn daran hindern könnte, einige der wichtigsten Bestandteile dieses Zusammenspiels fertigzustellen: »Würde ich jetzt sterben, hinterließe ich von mir nur ein Gesicht, das einäugig oder ganz ohne Augen wäre.«[10]

Gides *Ziel* ist es also, das Selbstbild eines Menschen mitsamt seiner Kompliziertheit und seiner Geschichte zu produzieren (in der zweifachen Bedeutung von »erfinden« und »darstellen«); das zur Verfolgung dieses Ziels eingesetzte *Mittel* ist jedoch nicht die eigentliche autobiographische Erzählung. Gide überträgt die Aufgabe, sein Bild zu zeichnen, einer Architektur aus zum Teil fiktiven und zum Teil kritischen oder auch intimen Texten. Es hat den Anschein, als habe er nicht niederschreiben müssen, wer er ist, sondern es schreibend sein müssen. Das Selbstbild hat nichts mit dem Inhalt einer Aussage zu tun, sondern ist ein Effekt der Äußerung. Zur Herstellung der autobiographischen Mehrdeutigkeit bedarf es nicht unbedingt einer Autobiographie. Im Gegenteil.

Dieser Effekt der Mehrdeutigkeit scheint keine Entdeckung zu sein, auf die Gide erst beim Schreiben gestoßen ist, sondern stellt offenbar das grundlegende Element seines literarischen *Projekts* dar: Er hat mehrmals erwähnt, er habe von Anfang an die Vision seiner Gesammelten Werke in der Gestalt einiger Bücher mit noch weißen Seiten gehabt, die bereits existierten, *um beschrieben zu werden*; und vor allem scheint ihr Widerspruchs- und Alternanzsystem bereits bestanden zu haben.[11] Die gelungenste Verwirklichung dieser Phantasie waren nicht die ab 1932 veröffentlichten *Œuvres complètes*, sondern vielmehr der häufig mißverstandene

9 GW IV, S. 464 (20. Januar 1919). Im Rahmen der Gideschen Mehrdeutigkeit stößt man 1917 auch auf andere Stellen, in denen er diese Briefe unerträglich findet (GW I, S. 248); Gide ist auch über den Stil von *Die Hefte des André Walter* verzweifelt (ebd., S. 277f.).

10 GW II, S. 355 (15. Juni 1914).

11 Vgl. in *Le Dialogue avec André Gide*, S. 162f., die persönlichen Mitteilungen an Charles du Bos vom 29. März 1914, und GW II, S. 374f. (12. Juli 1914).

Versuch der *Morceaux choisis* (Ausgewählte Passagen), die er 1921, also während der Fertigstellung von *Stirb und werde*, zusammenstellte. In diesen *Morceaux choisis* ist keine ästhetische Auswahl *ne varietur*, keine Sammlung der gelungensten Passagen seines Werkes zu sehen, womit Gide ja einer Aufgabe vorgegriffen hätte, die gewöhnlich der Zeit und der Nachwelt vorbehalten bleibt: sein Werk war im übrigen, wie er selbst wußte, noch keineswegs vollendet, und die Zeit für eine Anthologie war noch nicht gekommen. Die *Morceaux choisis* sind ein Gelegenheitswerk: sie bringen die Einheit eines Werks zum Ausdruck, dessen Leser allzuoft einen Aspekt in den Vordergrund rückten und die übrigen vernachlässigten oder ignorierten. Zugleich damit war diese Auswahl – um es sofort, in Vorgriff auf die Folge dieser Analyse zu sagen – aber auch dazu bestimmt, das Scheitern des ersten Teils von *Stirb und werde* zu kompensieren. Es scheint, als habe Gide mit der Zusammenstellung der *Morceaux choisis* dem durchaus zutreffenden Einwand Jacques Raverats begegnen wollen, dem zufolge die Erzählungen und selbst die Autobiographie sein »Gesicht« in ungebührlich vereinfachender Form zum Ausdruck bringen: »Man müßte, sagte er ganz richtig, sie alle auf einmal lesen, um von ihnen ein einigermaßen entsprechendes Bild zu erhalten.«[12] »Sie alle auf einmal lesen«, das ist genau die Möglichkeit, die die *Morceaux choisis* bieten. Der uns von Gide damit zur Verfügung gestellte Schlüssel ist nicht der einer Botschaft, sondern einer Struktur.[13] Er verweist auf jenes *Zusammenspiel von Texten*, das sein Werk ist, und dehnt das Prinzip der Mehrdeutigkeit auf alles aus, was er je geschrieben hat. Das Motto, »Die Extreme gehen mir zu Herzen«, drückt dies deutlich aus, wie auch die Vorbemerkung an den Leser, dem mitgeteilt wird, daß »den bedeutendsten Seiten eines Autors« der Vorzug eingeräumt wurde, »dem die Kritiker oft vorwarfen, sich zu verbergen«. In diesem Bändchen kommt Gides literarisches Projekt wahrscheinlich am deutlichsten zum Ausdruck: die Produktion eines Selbstbildes durch das »Ins-Spiel-Bringen« von Texten, die sich sowohl formal als auch in den Grundentscheidun-

12 GW II, S. 661 (5. Oktober 1920).

13 Die grundlegende Intention Gides wurde von der Kleinen Dame klar analysiert und von Gide bestätigt (*CAG 4*, S. 78, vom 19. April 1921); auf die Bemerkungen der Kleinen Dame gibt Gide folgende Antwort: *»Ja, sagte er, das ist der Ariadnefaden, der Schlüssel. Die Komposition dieses Buches liegt mir sehr am Herzen. Mit dieser Auswahl möchte ich endlich mein Gesicht zeichnen; es ist höchste Zeit. Ich will, daß alles gut geht und sich organisiert«*).

gen, die in ihnen jeweils getroffen werden, deutlich voneinander unterscheiden, das Abbild einer bewußt offengelassenen Kompliziertheit, der Verzicht auf das »letzte Wort«. In diesem Zusammenspiel von Texten wird den eigentlichen autobiographischen Texten eine bestimmte Rolle zugewiesen: eine zugleich zentrale (diese Texte schließen den Band ab) und diskrete Rolle (Gide beschreibt sich selbst, indem er von Begegnungen mit Personen wie Wilde oder B. R. erzählt – und in einem aus drei Teilen bestehenden Porträt, das aber nicht explizit als Selbstporträt ausgewiesen ist[14]). Gide hat damit in seiner ursprünglichen Form ein Projekt des Verlages Le Seuil verwirklicht, das allzu rasch in Richtung auf Biographie oder Literaturkritik abgeglitten ist: die Reihe der »Schriftsteller über sich selbst«; Thema eines jeden Bandes ist ein Schriftsteller, der jedoch nur als virtuelles, von einer Textmontage projiziertes Bild und nicht als Konstruktion eines kritischen Diskurses oder als Nacherzählung eines Lebenslaufes Konturen gewinnt.

Die Stellung der Autobiographie

All dies ist bestens bekannt, mußte aber in Erinnerung gerufen werden, um zu zeigen, daß sich diese Art der Produktion eines Selbstbilds – offenbar die grundlegende Zielvorstellung Gides – mit der klassisch konzipierten autobiographischen Erzählung nicht zufriedengeben kann. In diesem Typ von Erzählung, der eine Identität von Autor und Erzähler voraussetzt, ist der Autor dazu aufgerufen, sein Ich zu entblößen; die Erzählung muß sein gesamtes Leben umfassen und auf die eine oder andere Art schrittweise zu einer Form von Synthese gelangen. Diese beiden Ansprüche einer völligen Selbstentblößung einerseits und einer expliziten Synthese andrerseits sind für Gide schlechterdings *inakzeptabel*:

14 Die bis dahin unveröffentlichten Seiten, die diese Auswahl abschließen (S. 430-438), entsprechen der Problematik des zweiten Teils von *Stirb und werde* und stammen auch aus derselben Zeit; es fehlen jedoch eine *Geschichte* wie auch die Identität des Autors mit dem Erzähler oder dessen Stellvertreter (Rede Edouards über M. im ersten Fragment; Erläuterungen T.s zu sich selbst im zweiten; nur für das dritte Fragment des Porträts, das ohne fiktiven Sprecher auskommt, scheint Gide selbst die Verantwortung zu übernehmen). Diese Auswahl enthält keinen Auszug aus *Stirb und werde* (mit Ausnahme von etwa zwanzig Zeilen im Anhang, S. 441 f.).

sie würden schon von ihrem Prinzip her jenes Zusammenspiel unmöglich machen, mit dessen Hilfe er sein Bild verwirklichen will. Die Leser von *Stirb und werde* wissen sehr gut, daß diese Autobiographie mit den *Bekenntnissen* nur sehr wenig gemein hat. Der Leser, der meint, Gide habe dasselbe wie Rousseau im Auge gehabt, nämlich ein umfassendes Selbstbild, wird das Buch am Ende enttäuscht zuschlagen. Gides Autobiographie spielt in seiner autobiographischen Konstruktion tatsächlich nur eine Nebenrolle: sie stellt kein umfassendes Ganzes dar, sondern bringt lediglich einen weiteren Blickwinkel ins Spiel, der zu anderen Blickwinkeln hinzutritt. Ein möglicherweise insofern bevorzugter Blickwinkel, als er auf die Existenz des autobiographischen Raums hinweist, aber dennoch ein begrenzter – ich würde sogar sagen: bewußt begrenzter.

Wenn sich Gide dennoch entschieden hat, eine autobiographische Erzählung zu schreiben, obwohl dies in Widerspruch zu seinem Vorhaben stand, dann vor allem deshalb, weil sie ihm die einzige Möglichkeit bot, der Verlogenheit und Scheinheiligkeit in einem bestimmten Punkt ein Ende zu machen: in dem der Sexualität. Am autobiographischen Pakt schätzt er vor allem den Wert des Engagements. Dem Schreiben und der Veröffentlichung seiner Autobiographie erkannte er genauso die Bedeutung eines *Akts* zu wie seinem übrigen Werk. Es galt, den Schleier der Fiktion zu lüften und die Wahrheit zu sagen, in der Form des Geständnisses oder in der der Herausforderung. Damit diese Wahrheit ausgesprochen werden konnte, bedurfte es sowohl der Identität von Autor und Erzähler – ich bin es, Gide, der Knaben liebt – als auch der Erzählung einer Geschichte, da nur eine Geschichte diese sexuelle Vorliebe verständlich oder akzeptabel machen kann. Gide war sich 1914 in der Auseinandersetzung mit Claudel der Tatsache bewußt geworden, daß Geständnisse allein unwirksam sind und lediglich Mißverständnisse an die Stelle der Geheimniskrämerei treten lassen: »Es [ist] sehr schwer [...], da mit ein paar Sätzen zu antworten, wo vielleicht ein Band von Erklärungen und mein Lebensbericht nicht ausreichen würden.«[15] Der Band, von dem hier

15 Paul Claudel und André Gide, *Correspondance*, Paris 1949, S. 218 (Brief Gides vom 7. März 1914; dt.: *Zweifel und Glaube*, a. a. O., S. 239); 1917 wird Gide Edmund Gosse gegenüber bemerken, daß nur ein historischer Bericht seine Haltung zu »*gewissen religiösen und moralischen Problemen*«, wie er es schamhaft umschreibt, erklären könnte (*The Correspondence of André Gide and Edmund*

die Rede ist, ist *Corydon*, an dem er bereits arbeitet; der »*Lebensbericht*« wird *Stirb und werde* sein.

Zur Darstellung dieses besonderen Blickwinkels konnte nichts geeigneter sein als eine retrospektive Erzählung, für die der Autor offen einsteht. Dennoch bildet der autobiographische Pakt ein *Ganzes*: Es ist unmöglich, die Verantwortung für sein Leben zu übernehmen, ohne seinen Sinn auf irgendeine Weise festzulegen; es umfassend darzustellen, ohne zu einer Synthese zu gelangen; zu erklären, wer man war, ohne zu sagen, wer man ist. Gide verabscheut all diese anderen Aspekte der Autobiographie, vom Engagement freilich abgesehen, zutiefst. Im Gedanken der »Selbsterkenntnis« sieht er eine Falle: sie erfordert Beschränkung und Künstlichkeit.[16] Er wird weder bereit sein, seine Maske abzunehmen, noch, seine gegenwärtige Einstellung zu beschreiben oder eine Grundentscheidung zu treffen, zu einem Schluß zu kommen, mit einem Wort, *alles* zu sagen. Der Grund dafür liegt weder in einer Flucht vor der Moral noch in einem ästhetischen Scheitern: sein Vorhaben ist einfach ein *anderes*. *Stirb und werde* ist das paradoxe Ergebnis zweier gegensätzlicher Ansprüche: der Versuch, die Vorzüge des Geständnisses mit dem Verzicht auf die Personen- und Diskursstrukturen der klassischen Autobiographie zu verbinden.

Die von Katholiken wie Du Bos, Claudel oder Mauriac gegen Gide vorgebrachte Kritik darf nicht zur Annahme verleiten, Gide wäre für die Gattung der Autobiographie eingetreten: In diesen Auseinandersetzungen ging es um den Skandal des *Geständnisses* und nicht um die allgemeine Problematik der Autobiographie. Es genügt, in seinen Werken zu blättern, um zu erkennen, daß er die Gattung zumindest genauso streng kritisiert hat wie Claudel (was die Gefahren und Grenzen des Rückblicks betrifft) und genauso luzide wie Valéry (was die Illusion der Aufrichtigkeit betrifft): Er

Gosse, hg. v. L. F. Brugmans, New York 1959, S. 151, Brief vom 26. Oktober 1917).

16 »*Warum sollte ich auch, indem ich mich selber künstlich nachahme, mein Leben zu künstlicher Einheit formen wollen?*« (vom 24. August 1905; GW II, S. 73); oder auch folgendes Echo auf den Beginn von *Leben des Henri Brulard*: »*In zwei Tagen werde ich einundfünfzig Jahre alt sein und kenne mich noch nicht! Ich halte mich für die unverständlichste aller Mischungen. Im übrigen bin ich nicht sehr begierig, mich zu analysieren.*« (*Cahiers de la Petite Dame*, in: *CAG* 4, S. 59 f., vom 20. November 1920); »*Es widerstrebt mir, die Summe aus meinen Empfindungen zu ziehen*« (ebd., S. 75, vom 16. April 1921).

ist bemüht, nichts auf vereinfachende Weise festzulegen, keine Entscheidungen zu treffen, keine Weichen für die Zukunft zu stellen.[17] Aus den Texten von allgemeiner Bedeutung und den während der Niederschrift von *Stirb und werde* im *Tagebuch* oder in der Erzählung selbst angestellten Überlegungen ließe sich eine kleine kritische Anthologie der herkömmlichen Gattung Autobiographie zusammenstellen.[18]

Beim Lesen dieser Texte, die sich zum Großteil auf die Niederschrift des ersten Teils von *Stirb und werde* beziehen und deren Inhalte in der »Notiz« am Schluß dieses ersten Teils in geraffter Form aufgegriffen werden, glaubt man den Flaubert der *Briefe* über die Qualen stöhnen zu hören, die ihm seine *Bovary* bereitet – wobei Gide sich ähnlich wie Flaubert in Pose wirft: die Trockenheit des Themas (seine Kindheit, die ihn verdrießt und anwidert), die Qualen des Stils, kompositorische Schwierigkeiten und natürlich, auf einer anderen Ebene, das religiöse, emotionelle und sexuelle Drama, mit dem der Erzähler zwischen 1916 und 1919 beim Versuch, seinen Ursprung ausfindig zu machen, erneut konfrontiert wird. Die Kommentare zur Niederschrift des zweiten Teils sind weniger zahlreich, dafür aber unbeschwerter. Merkwürdigerweise beklagt Gide in diesen Jeremiaden zwar die Grenzen der »Autobiographie« (Überfülle an Details, Unmöglichkeit, das Wesentliche zu sagen, Notwendigkeit der Vereinfachung und Verkürzung), versucht aber allem Anschein nach nicht, Lösungen für diese Probleme zu finden. Er, der sich bei seiner Arbeit am »Roman« mit theoretischen Reflexionen und bemerkenswerten und erfindungsreichen Experimenten auseinandersetzt – dies belegen *Das Tagebuch der Falschmünzer* und *Die Falschmünzer* –, scheint hier von vornherein die Flinte ins Korn geworfen zu haben. Zur Autobiographie äußert er nur banale Kritiken und verzichtet auf weiterführende Überlegungen. Man gewinnt den Eindruck, daß ihm diese Grenzen der Autobiographie eigentlich *gelegen kom-*

17 Der Text, der die »Selbsterkenntnis« am eindeutigsten verdammt und sich am besten auf die Autobiographie anwenden läßt, ist der der *Nouvelles Nourritures* (III, S. 285; dt.: *Uns nährt die Erde, Uns nährt die Hoffnung*. München 1974, S. 125).

18 Die im Text von *Stirb und werde* enthaltenen Klagen über die Unzulänglichkeiten der autobiographischen Erzählung gehören zur Komödie, die der Erzähler uns vorspielt (vgl. GW I, S. 167f., 179, 208, 242, 252) und üben an der Stelle, an der sie im Text stehen, jeweils eine ganz bestimmte Funktion aus – wie auch die Notiz am Schluß des ersten Teils, die der Verknüpfung der beiden Teile dient.

men: es mißfällt ihm nicht, in bestimmten Punkten (in dem des Geständnisses) zu reüssieren und in allen anderen brillant zu scheitern, wenn er vermeidet, daß die Erzählung zu jenem »totalen« Werk wird, von dessen Unmöglichkeit – und verhängnisvollen Konsequenzen – er ohnehin überzeugt ist. Er scheint sehr bewußt eine zweckpessimistische Politik betrieben und sich hinter den mit Vorbedacht herausgestellten Mängeln oder Grenzen der Gattung versteckt zu haben. Eine Strategie des Scheiterns, eine Art List des schlechten Willens. Obwohl es ihm letztlich gelingt, sich das Geständnis abzuringen und seine Vergangenheit dadurch zu läutern, möchte er beweisen, daß die autobiographische Erzählung als solche nicht dazu geeignet ist, den Effekt der Mehrdeutigkeit zu erzeugen, der aus der Konvergenz mehrerer linearer und bewußt fiktiver Erzählungen entsteht: daß, mit einem Wort, die Autobiographie für sich genommen kein Selbstbild zu erschaffen vermag, während dies in einem »Roman« sehr wohl möglich sein wird. Das (relative) Scheitern von *Stirb und werde* ist ein Schritt auf dem Weg zum Gelingen von *Die Falschmünzer*.[19]

Diese Feststellung bedarf einer weiteren Differenzierung: der erste Teil zeigt das vorsätzliche Scheitern einer Erzählung, die komplex hätte werden sollen, in Wirklichkeit aber konfus ist; erst im zweiten Teil gelingt eine perfekt mehrdeutige Erzählung, die jedoch nur auf eine bestimmte Phase seiner Geschichte eingeht. Gide hat alle ihm zur Verfügung stehenden Mittel eingesetzt, um einerseits innerhalb der Autobiographie jenen Effekt der Mehrdeutigkeit zu erzeugen, den sie *a priori* auszuschließen scheint, und andrerseits die Autobiographie so anzulegen, daß sie erst im Licht des gesamten übrigen Werks verstanden werden kann. Letztlich geht es immer darum, *den Erzähler in die Unentscheidbarkeit abzuschieben*, ob es sich nun um die Spiele mit dem Erzählbereich, mit den Ebenen oder mit dem Sinn der erzählten Geschichte handelt.

19 Diese Hierarchie der beiden Erzählweisen wird in GW IX, S. 378 und in mehreren Aussagen Gides (*Cahiers de la Petite Dame*, in: *CAG 4*, S. 92, vom 9. August 1921) sowie in seinem Brief an André Rouveyre vom 22. November 1924 (André Rouveyre, *Correspondance*, Paris 1967, S. 90) direkt angesprochen.

Der von der Erzählung abgedeckte Zeitraum läßt die spätere Geschichte des Erwachsenen (was wird nach der Verlobung geschehen?) und die Gegenwart des Erzählers fast völlig im dunkeln: Wie steht der Erzähler *jetzt* zu diesem Drama, von dem es heißt, daß es »noch nicht zu Ende ist«?[20] Diese Frage kann durch die Lektüre von *Stirb und werde* unmöglich beantwortet werden. Sie wird offengelassen, was sich natürlich mit den Erfordernissen der Diskretion erklären läßt. Seit ihrer Verlobung sind die Geschichten von André und Madeleine untrennbar miteinander verbunden und dürfen auf keinen Fall zu Markte getragen werden. Daher auch der alles in Schwebe lassende, absolut mysteriöse Schluß.[21] Nur der Beginn des zweiten Teils enthält eine kurze, allerdings völlig unverständliche Anspielung auf die Schwierigkeiten, mit denen der Erzähler in der Gegenwart zu kämpfen hat.[22] Es wäre keine Übertreibung zu sagen, daß man im Grunde nicht weiß, wessen Geschichte in *Stirb und werde* erzählt wird... Es werden zwar zahlreiche Bestandteile eines Porträts des Erzählers angeboten, und dieser versteckt sich auch nicht hinter der Geschichte, die er erzählt, doch nehmen diese Bestandteile nie die Konsistenz und Einheitlichkeit eines Porträts an: Wenn sie sich organisieren, dann nur, um den Leser noch ratloser zu machen (vgl. unten: *Der Sinn*). Eine Fortsetzung der Erzählung, für die das zwanzig Jahre später verfaßte *Et nunc manet in te* nur unzureichenden Ersatz bieten wird, fehlt.[23] Gewisse Bereiche von Gides Leben bleiben im dun-

20 GW I, S. 170.

21 Die allerletzten Worte des Buches, »Einige Zeit darauf *verlobten* wir uns«, enthält ein Spannungsmoment und zugleich die versteckte Form eines Geständnisses. Indem er die *Heirat* im dunkeln läßt (warum hat Gide nicht geschrieben: »wir *heirateten*«?), verbirgt er das Ehedrama vor der Neugier des Publikums und bringt es zugleich auf indirekte Weise zum Ausdruck: nur sogenannte »weiße Ehen« machen aus der Verlobungszeit einen endgültigen Zustand. Die diesem Schluß, der alles offenläßt, vorangehenden Erklärungen dürften Gides Bekannten, die mit der Fortsetzung der Geschichte vertraut waren, gewisse Rätsel aufgegeben haben (vgl. *CAG 4*, S. 92).

22 GW I, S. 309.

23 In *Stirb und werde* hat es zweimal den Anschein, als wolle Gide eine Fortsetzung ankündigen (GW I, S. 308 und 378). Liest man jedoch seine direkten Stellungnahmen dazu, erscheint eine Weiterführung der Erzählung über die Verlobung hinaus als äußerst unwahrscheinliche Hypothese (*»Ich bezweifle, daß ich an diesen Memoiren noch werde weiterschreiben können. Und doch, von welchem Interesse wäre das!«* vom 14. Juli 1921; GW II, S. 676) oder als vorübergehende Versuchung

keln, insbesondere die Erfahrung und die Probleme der Homosexualität.[24] *Stirb und werde* beschreibt nur ihre *Entdeckung*. Darüber hinaus muß man sich mit den spärlichen Hinweisen des *Tagesbuchs* zufriedengeben. Um sich eine Vorstellung von der Beziehung zwischen Marc Allégret und Gide machen zu können, muß man gewisse Seiten des *Tagebuchs* lesen und gewisse »Umsetzungen« der *Pastoralsymphonie* und der *Falschmünzer* dechiffrieren: keine Spur davon in der Autobiographie. Und als Gide in *Et nunc manet in te* endlich den Schleier seines Ehedramas lüftet, verbirgt er gleichzeitig einen anderen Aspekt seines Lebens, nämlich die Geburt seiner Tochter Catherine 1923.[25] Eine notwendige Diskretion, wie man meinen könnte: Gide sei möglicherweise genauso bestrebt gewesen, *sich selbst* zu kompromittieren, wie die von ihm geliebten Personen vor der öffentlichen Neugier zu bewahren. Wenn es wirklich so gewesen wäre, hätte er aber ein postumes Werk verfassen und ähnliche Verfügungen wie sein Freund Martin du Gard treffen können, der die Veröffentlichung eines seiner Werke erst fünfzig Jahre nach seinem Tod erlaubte. Warum hat er dies nicht getan? Gides Abscheu vor der Kategorie des Postumen ist bekannt. Seine Autobiographie erfüllt vor allem die Funktion eines Zeugnisses, ganz gleich, ob Geständnis oder Herausforderung – sie muß auf jeden Fall einen Skandal hervorrufen. Als *hic et nunc* durch seinen Sender und seine Empfänger definierter Akt eines Lebenden für die Lebenden muß die Autobiographie einen Skandal hervorrufen, eine Transparenz herstellen, und Gide will nicht nur Urheber, sondern auch Zeuge sein –

(»*Wider Willen erahne ich bereits die Fortsetzung, die zu schreiben wäre*«, *Cahiers de la Petite Dame*, in: *CAG 4*, S. 92, vom 10. August 1921). Es wird später nie wieder davon die Rede sein.

24 Zu diesen Grenzen der Autobiographie vgl. die Analysen Henri Rambauds in: François Derais und Henri Rambaud, *L'Envers du journal de Gide et les secrets de la sincérité*, erweiterte Ausgabe, Paris 1952, S. 63-66.

25 Dieser andere Aspekt von Gides Leben tritt in *Et nunc*... nur in Gestalt einer zugleich rätselhaften und unbekümmerten Anspielung zutage (GW IV, S. 441 f.). Gide war sich der Verzerrungen seines Bildes, die diese Einschränkungen des Erzählbereiches mit sich brachten, durchaus bewußt. Er notiert dies bitter anläßlich des von ihm 1939 nach Zensurierung aller Madeleine betreffenden Stellen veröffentlichten *Tagebuchs*: *»Die paar Anspielungen darin auf das geheime Drama meines Lebens werden durch das Fehlen jeder erhellenden Erklärung unverständlich; unverständlich oder unzulässig auch das verstümmelte Bild, das ich selbst darin abgebe: Es zeigt an der glühenden Stelle des Herzens nur ein Loch«* (vom 26. Januar 1939; GW III, S. 706). Dasselbe könnte auch, wenn auch mit Einschränkungen von *Stirb und werde* gesagt werden.

gleich, ob ihm die erzielte Wirkung zugute kommt oder schadet. »Wenn man bedenkt, daß ich nie wissen werde, was man von diesem Buch hält!«[26] seufzte Gide, als er trotz allem einmal die Möglichkeit des Postumen ins Auge faßte. Er befürchtet vor allem, sein Zeugnis könne nach seinem Tod unterdrückt oder verfälscht werden, so wie es mit Rimbaud und Whitman geschehen war und wie er es im Fall von Jacques Rivière selbst miterleben konnte.[27] Daher die Notwendigkeit, es schon zu seinen – und Madeleines – Lebzeiten zu veröffentlichen, was sich allerdings 1916, als er die Arbeit an seiner Erzählung aufnahm, als unmöglich erwies, da Madeleine zu dieser Zeit noch nicht Bescheid wußte. Sie sollte sein Geheimnis durch Zufall erst 1916 und in Anschluß an die Krise von 1918 entdecken.[28] Und selbst dann verbieten ihm seine Vorsicht und seine Zuneigung zu ihr, seinem Wunsch nach Veröffentlichung nachzugeben. Er nimmt Zuflucht zum Kompromiß eines Privatdrucks in der Auflage von zwölf Exemplaren, der das Überleben

26 *CAG 4*, S. 92.

27 Gide hat mehrmals erwähnt, daß er schon vor 1900 die Absicht hatte, seine Memoiren nicht nur zu schreiben, sondern sie auch *zu seinen Lebzeiten* zu veröffentlichen (vgl. Brief an François Porché, in: *C*, S. 191 f.). Die Gründe dafür nennt er offen in einem Brief an Edmund Gosse (a. a. O., S. 189 f., vom 16. Januar 1927) und im *Entwurf zum Vorwort*, enthalten in den *Œuvres complètes* (Bd. X, 1936, S. 453 f.): Abscheu vor »*konventioneller Verschleierung*«, vor der »*Verehrung der Eltern, der Freunde, will heißen vor der Verschleierung der Toten*«. Im August 1922 erklärt er der Kleinen Dame: »*Ich glaube nicht an postume Veröffentlichungen; in diesem Punkt hat man mich nicht beruhigen können*« (*CAG 4*, S. 147). 1925 wird ihn die Haltung Isabelle Rivières in seinem Mißtrauen bestärken (ebd., S. 229 und 249).

28 Deshalb bezeichnet er 1916 auch seine Autobiographie als »*postumes Werk*« – insofern nämlich, als seine Veröffentlichung erst in unbestimmter Zukunft (der Ausdruck stammt aus einem Brief an Edmund Gosse, a. a. O., S. 130, vom 3. Juli 1916) möglich sein werde. Eine Veröffentlichung kommt erst nach der Krise von 1918 in Betracht, nicht nur, weil Madeleine jetzt Bescheid weiß, sondern weil sie alle Briefe Gides verbrannt und damit den unausgesprochenen Vertrag, an den sie in diesem Punkt gebunden waren, gebrochen hatte. Zum Verständnis der Grenzen und Vorsichtsmaßnahmen des Gideschen Geständnisses muß berücksichtigt werden, daß Gide nie die *Initiative* eines Geständnisses Madeleine gegenüber ergriffen hat: er überließ es den Umständen, dem Zufall, Madeleine die Wahrheit zu enthüllen, um sich in einer Auseinandersetzung, die sie eröffnet haben dürfte, offen zu dieser Wahrheit zu bekennen. Genau dieselbe Haltung hatte Gide 1894 seiner Mutter gegenüber eingenommen: ein unglücklicher Zufall, den er weder provoziert noch zu vermeiden gesucht hat, macht Madame Gide auf die Emanzipierung ihres Sohnes aufmerksam, der daraufhin seine Freiheit fordert und seine guten Rechte verteidigt. 1894 hatte er letzten Endes nachgegeben, während ihn die Krise von 1918 zur Freiheit führen wird.

des Textes garantiert, mögliche Übergriffe der Erben verhindert und gleichzeitig Madeleine den öffentlichen Skandal erspart. Der Kompromiß ist jedoch nur provisorisch. Gide möchte veröffentlichen, und sei es nur, um all dies hinter sich zu lassen, der Akt eines Lebenden, das genaue Gegenteil der »Outre-tombe«, einer Erzählung von »jenseits des Grabes«. Daher seine Unentschlossenheit bezüglich *Corydon* und *Stirb und werde* zwischen 1920 und 1926, seine Verärgerung über die Freunde, die ihn davon abbringen wollen, seine trotz allem vom Wunsch, zu einem Ende zu kommen, beherrschte Besorgnis, sein Zögern und seine Überlegungen zur Reihenfolge der Publikationen und zum günstigsten Erscheinungstermin usw.[29] Von besonderer Bedeutung bei diesem Abscheu vor dem Postumen ist, daß *Stirb und werde* mitsamt allen Einschränkungen und Vorsichtsmaßnahmen, die er dessen unmittelbaren *Adressaten* schuldete, *zur sofortigen Veröffentlichung bestimmt war*: die Preisgabe der Kategorie des *Postumen* kommt in Wirklichkeit einem Verzicht auf die grundlegenden Erfordernisse der Autobiographie, das heißt einem Verzicht auf völlige Selbstentblößung und eine synthetische Perspektive gleich. Dieser Verzicht war keineswegs ein Opfer oder ein Irrtum, sondern eine bewußt getroffene Wahl.[30] Gide ist nicht durch die Erfordernisse der Diskretion *unglücklicherweise* davon abgehalten worden, eine umfassende Autobiographie zu schreiben: Er hat seine Grenzen selbst gewählt und sie sich geschickt zunutze gemacht, um seine Autobiographie zu einem Text unter vielen anderen zu machen, in dem er das Geständnis lediglich streift, ohne die Geschichte darauf festzulegen.

Die Ebenen

Hier soll auf den Aufbau des ersten Teils eingegangen werden. Selten hat man ein derart konzertiertes und geschickt herbeigeführtes Scheitern einer Komposition gesehen. *Es hat den An-*

29 Die Details, Nuancen und Komplexitäten von Gides Verhalten zwischen 1920 und 1926 lassen sich am besten anhand von *Das Tagebuch der Kleinen Dame* verfolgen, bis zu jenem 19. Oktober 1926, an dem er der Kleinen Dame ankündigt: *»Ich werde* Stirb und werde *vermutlich loslassen, den Käfig öffnen.«* (CAG 4, S. 290).

30 Charles du Bos hat die Konsequenzen der sofortigen Veröffentlichung äußerst scharfsinnig analysiert (*Le Dialogue avec André Gide*, S. 266, Anm. 3). Er begeht jedoch den Irrtum, Gide so beurteilen zu wollen, als wäre er Rousseau, und verkennt damit die Originalität des Vorhabens Gides.

schein, als gebe es zwei verschiedene Erzählungen, die künstlich nebeneinandergesetzt wurden. Die eine nimmt neun Zehntel des Textes ein, besteht aus herrlich erzählten Kindheitserinnerungen über die Freuden und den Genuß des Schreibens; sie vermittelt das Bild einer problemlosen, »normalen« Kindheit. Die andere besteht aus einer Reihe von streng abgegrenzten und stark dramatisierten Episoden und zeichnet in noch geheimnisvollen Formulierungen den Ursprung jenes künftigen Dramas nach, »das noch nicht zu Ende ist«.[31] Diese beiden Ebenen scheinen miteinander nicht zu kommunizieren: Die profane Geschichte und das heilige Drama lassen sich offenbar wie Öl und Wasser nicht mischen und stehen als weder verbundene noch ineinandergreifende, ja häufig sogar widersprüchliche Textabschnitte nebeneinander: daher muß der Leser auch viel guten Willen mitbringen, um bei der Lektüre der vier ersten Kapitel die in ein strahlendes Licht getauchten Erzählungen von den Spielen der Kinder, von Landhäusern, vom Familienleben und von der erwachenden Empfänglichkeit für die »Früchte der Erde« in all ihren Formen mit der zu Beginn des ersten Kapitels aufgestellten und am Ende der Kapitel eins, zwei und vier unvermittelt in Erinnerung gerufenen These von einer düsteren, verabscheuten, vom Teufel ausgebrüteten Kindheit in Einklang bringen zu können. Und in der Folge werden auch die wenigen Passagen, die Madeleine gewidmet sind, in ähnlicher Weise einer Erzählung aufgesetzt, die mit ihnen in keiner erkennbaren Beziehung steht. Gide, der diese kompositorischen Schwächen gerne der Gattung Autobiographie anlastet (vgl. die Notiz am Schluß des ersten Teils), wußte sehr gut, daß diese narrativen Schwierigkeiten in Wirklichkeit mit seinen inneren Konflikten und Widersprüchen zusammenhingen[32]: Anstatt zu versuchen, sie zu überwinden, machte er sich diese unleugbaren Schwächen zunutze und erzielte mit ihrer Hilfe eine künstlerische Wirkung, die von der Gesamtstruktur des Werks ausgeht: den Kontrast zwischen dem ersten und dem zweiten Teil.

31 GW I, S. 170.

32 Vgl. GW II, S. 531 (13. Oktober 1916): »*Und ich habe mein Thema noch nicht einmal angeschnitten, und nicht einmal entfernt kündigt sich an, nicht einmal dunkel läßt sich erahnen, wovon eigentlich das ganze Buch hätte handeln sollen, der Grund, weshalb ich es schreibe*«; und S. 581 (Januar 1917): »*Vielleicht habe ich mich viel zu lange mit einleitendem Geplänkel aufgehalten. [...] scheint es mir, als bliebe* alles *noch zu sagen und als hätte ich bisher nur Vorbereitungen getroffen.*«

Die diskontinuierliche und heterogene Erzählstruktur des ersten Teils kommt in der von Gide 1920 in Hinblick auf die Veröffentlichung von Auszügen in der *Nouvelle Revue française*[33] vorgenommenen Auswahl aus dem Text klar zum Ausdruck. Er entscheidet sich für Auszüge aus den sechs ersten Kapiteln und streicht das heilige Drama (alles, was mittelbar oder unmittelbar mit der Sexualität, mit Madeleine oder dem Teufel zusammenhängt): übrig bleiben bezaubernde Erinnerungen an eine glückliche Kindheit. Einige Kürzungen haben genügt, der Rest ist dennoch unverändert reichhaltig und farbig geblieben. Das heilige Drama wird auf einige recht kurze Texte zusammengedrängt, die im ersten Teil ein Gegenstück zu dem bilden, was Rousseau eine »Kette geheimer Zuneigungen« nannte. Gide legt jedoch in diesem ersten Teil im Unterschied zu Rousseau nie deutlich und umfassend die Struktur und das Ergebnis dieser Kette dar, sondern beschränkt sich auf äußerst geheimnisvolle, in eine bilderreiche, lyrische oder dramatische Sprache gehüllte Andeutungen. Das in einem seltsamen Zwielicht stehende Drama des zweiten Teils wird so von zwei Bereichen eingefaßt, die im Schatten bleiben: von der ahnungsvollen und nur angedeuteten Erzählung der Kindheit und Jugendzeit und von seinem Schweigen über das Leben des Erwachsenen nach der Verlobung.

Die Kohärenz dieses nur angedeuteten heiligen Dramas ist fluktuierend: der Zusammenhang, der zwischen den dramatischsten Episoden herzustellen wäre, bleibt seiner *Natur* nach ungewiß. Die wichtigsten Glieder dieser Kette sind das Thema der düsteren Kindheit (bis zum Beginn des vierten Kapitels), die Hypothese des Teufels (ab dem Schluß des vierten Kapitels), die äußerst mehrdeu-

33 Diese Auszüge erschienen zwischen Februar 1920 und Januar 1921 in sechs Folgen in der *NRF*. Zwischen 1920 und 1926, als das Werk ungekürzt erschien, war die Erzählung der Öffentlichkeit nur in dieser entschärften und gesäuberten Version bekannt. Bei dieser, allerdings provisorischen, Selbstzensur handelte es sich um genau die Verstümmelung der Erzählung, die Gide von seinen Erben befürchtete... Merkwürdigerweise kam er nach der ungekürzten Veröffentlichung auf den Gedanken der Selbstzensur zurück (vgl. Brief an Edmund Gosse, a. a. O., S. 190, vom 16. Januar 1927: »*Ich füge hinzu, daß ich von diesem Buch nur eine Ausgabe herstellen ließ, die rasch vergriffen war, und daß ich nicht die Absicht habe, es wiederauflegen zu lassen – wenigstens für lange Zeit –, ohne all das herauszunehmen, was auf Widerspruch stoßen kann.*« Eine rein rhetorische Einschränkung, wahrscheinlich von der Absicht bestimmt, das Wohlwollen seines Briefpartners zu gewinnen, denn er fügt hinzu: »*Ich wollte aber nicht sterben, ohne zu wissen, daß ES DA IST*«).

tige Reihe des *Schauderns** (in dem panische Angst, die Liebe zu Madeleine, aber auch eine dionysische Ekstase zum Ausdruck kommen) und schließlich die dialektischen Spiele mit Licht und Schatten. Gide bleibt seinem Vorhaben treu: er will *darstellen* und nicht erklären, auflösen oder reduzieren. Er gibt die charakteristische Färbung und die ganze Komplexität des Dramas mit Hilfe einer Mischung aus verschiedenen mythologischen Sprachen wieder, läßt dessen Erklärung aber offen. Der Schluß des ersten Teils, in dem die Spannung abfällt und von der Chronik des literarischen Lebens überwuchert wird[34], betont diese Ungewißheit noch; sie wird in der Schlußbemerkung geschickt verstärkt, indem sie der Gattung Autobiographie angelastet wird. Diese relative Verworrenheit wird die Unmißverständlichkeit des zweiten Teils um so deutlicher hervortreten lassen, und Gide wird, zugleich damit und trotz allem, seine Kindheit *erzählt* und sein Leben als Ganzes *verschwiegen* haben. Der Leser wird darauf vorbereitet, daß ein Drama stattfindet, hinsichtlich der Menschlichkeit und Normalität des Helden beruhigt und in der Sicherheit einer bürgerlichen Kindheit und einer mystischen und literarischen Jugendzeit gewiegt. Nach diesem langen Andante wird er zwar das Presto des zweiten Teils zu würdigen wissen, aber nicht in der Lage sein, sagen zu können, *wer* denn eigentlich schreibt. Dieses Versteckspiel und dieser listig herbeigeführte Schwebezustand des ersten Teils dienen im Rahmen einer mit Rücksicht auf ganz bestimmte Empfänger eingesetzten Verführungsstrategie der Vorbereitung auf den zweiten Teil. In einer postumen und synthetischen Perspektive läßt sich vermuten, daß Gide diese Inszenierungseffekte hätte überwinden müssen, um sich mit dem Thema wirklich auseinanderzusetzen und zu einer Interpretation gelangen zu können; dies hätte ihn allerdings zu Entscheidungen gezwungen, was ihm immer mißfallen hat.

* Im Original deutsch. (A. d. Ü.)

34 Es ist bekannt, daß die beiden letzten Kapitel erst im Winter 1920-1921 geschrieben wurden, also lange nach den anderen, um die Brücke zum zweiten Teil zu schlagen. Das letzte Kapitel (X) mit dem Mythos des »*finsteren Waldes*« und seiner endlosen Galerie von Porträts (in der man das der Hauptfigur, nämlich Paul Valérys, vermißt) vermittelt den Eindruck von lustlosem Füllwerk, das hinsichtlich der Person, über die man praktisch nichts mehr erfährt, verschwommen bleibt.

Dies gilt vor allem für den zweiten Teil. Selten hat man eine so mehrdeutige Erzählung wie diese gesehen. *Es hat den Anschein, als kämen abwechselnd und manchmal gleichzeitig zwei verschiedene Erzähler zur Sprache*. Es geht hier nicht mehr um die erzählte Geschichte, die in einem recht simplen Handlungsstrang im Eiltempo abgefertigt wird, sondern um den *Sinn* dieser Geschichte, für die zwei unterschiedliche Interpretationen angeboten werden, ohne daß man eine von ihnen beim Lesen vernachlässigen oder am Schluß ausscheiden könnte. Obwohl es uns Lesern schwerfallen dürfte, dies zuzugeben, ist diese Mehrdeutigkeit wahrscheinlich nicht nur ein listiger Kunstgriff in Hinblick auf die Empfänger, sondern entspringt offenbar einem Widerspruch, mit dem Gide während dieser Ereignisse kämpfte und der zum Zeitpunkt der Niederschrift immer noch ungelöst war. Ist die Homosexualität eine natürliche und gesunde Neigung, eine jenseits puritanischer Verlogenheit und des auf der Sexualität lastenden doppelten Verbots (Repression der Sexualität allgemein; Definition der Heterosexualität als Norm) wiedergefundene Authentizität? Der triumphierende, siegessichere und lichtüberflutete Aspekt des zweiten Teils überzeugt uns davon. Dennoch steht die gesamte Erzählung, und insbesondere ihr Anfang und ihr Schluß, im Schatten des Teufels, seiner Listen, Verführungskünste und vielgestaltigen Personifizierungen. Dabei handelt es sich weniger um die allzu eindeutig diabolische Figur Wildes als um den Gedanken einer Art von »Verblendung durch das Glück« – einer inneren Spaltung, Illusion und Nachlässigkeit, die *jemandem* nützt und Dramen hervorrufen muß: eben die, die im abschließenden Bild der Hochzeit von Himmel und Hölle angekündigt werden – das heißt das Drama, das 1916 ausgebrochen ist und sich nun seinem Ende nähert. Diese doppelgesichtige Erzählung spiegelt die Gespaltenheit jenes Erzählers wider, der in seinem an die Kleine Dame gerichteten Bericht über das Drama von 1918 im Abstand von drei Sätzen sagen konnte: »Ich war ein Scheusal« und »Ich bin mir nicht sicher, ob ich unrecht hatte.«[35] Man wird daher viele andere Texte lesen müssen, um die Bedeutung der Unschlüssigkeit des Erzählers, die Funktion der Mehrdeutigkeit sowie den Zweck, den Gide

35 *CAG 4*, S. 10.

mit dem überstürzten und alles offenlassenden Schluß seiner Erzählung (eine Technik, die er in seinen Erzählungen übrigens häufig anwendet) verfolgte, verstehen zu können. Anstatt Gides gesamtes Leben darzustellen, scheint diese autobiographische Erzählung eher den Stellenwert eines Berichts zu haben, der sich auf einen bestimmten Abschnitt seines Lebens beschränkt: auf jene Etappe, deren Funktion darin bestand, ihm bei der Objektivierung und Überwindung dieses Konflikts zu helfen. Es handelt sich also nicht um eine Synthese in der Art Rousseaus, sondern um die »Autobiographie eines Übergangs«, um einen *Akt* der Offenlegung vor der Gesellschaft, der auch ein wenig von jener »Läuterung« und »Rückwirkung« erhoffen läßt, die Gide seinen Fiktionen zuschrieb.

Zum besseren Verständnis der Bedeutung dieser Grenzen der Erzählung sowie der Funktion der Mehrdeutigkeit soll nun die Stellung, die *Stirb und werde* im »autobiographischen Raum« einnimmt, aus verschiedenen Blickwinkeln beleuchtet werden:

a) Damit das System funktionieren konnte, mußte es zumindest einen publizierten Text geben, der eindeutig auf dem autobiographischen Pakt fußt und die Perspektive eröffnet, in der alle anderen Texte gelesen werden müssen. Diese Funktion erfüllte eine Autobiographie, deren Engagement durch ein mutiges sexuelles Bekenntnis des Autors unterstrichen wurde. Dieser Text sollte zwar die Perspektive eröffnen, durfte sie aber keinesfalls ausfüllen, blockieren, sondern sollte den Leser ratlos zurücklassen und dem Autor volle Freiheit lassen.[36] Gide verfolgte 1939, als er sein (verstümmeltes) *Tagebuch* veröffentlichte, eine ähnliche Absicht.

b) In technischer Hinsicht stellt *Stirb und werde* einen wahrscheinlich notwendigen Schritt auf dem Weg zur *Polyphonie* dar. Seit 1911 träumt Gide vom »Roman«, von einer komplexen Struktur und einem Ringen mit verschiedenen Perspektiven, die es ihm ermöglichen würden, sich vollständig und ohne jede Einschrän-

36 Es ging gewissermaßen darum, jene negative Begleiterscheinung zu vermeiden, auf die ihn Valéry 1917 aufmerksam gemacht hatte: »*Ich sehe nur, daß dieses Werk unvermeidlich der Schlüssel zu Deinem ganzen Werk sein wird; hier wird man die Erklärung zu allem, was Du geschrieben hast und schreiben wirst, suchen und finden. Du solltest diesen Punkt nicht aus den Augen verlieren. In gewissem Sinne gibst Du mit diesem Werk alles, was Du schon getan hast, und alles, was Du jemals tun können wirst. Es ist ein Buch, das alle Deine anderen Bücher schon vorweggenommen haben wird*« (Brief Valérys vom 27. Juli 1917; in: *Briefwechsel*, S. 531).

kung auszudrücken. Er sollte diesen Roman, den er zunächst mit *Die Verliese des Vatikans* geschrieben zu haben glaubte, erst zwischen 1919 und 1925 mit *Die Falschmünzer* verwirklichen. *Stirb und werde* und die *Morceaux choisis* folgen genau dieser Linie eines synthetischen und simultanen Ausdrucks der Mehrdeutigkeit: sie versuchen, in nur einem Band die Wirkung zu erzielen, die aus dem Nebeneinander einzelner, verschiedenartiger und widersprüchlicher Texte entstehen würde. Diese Funktion erfüllen die häufigen Themenwechsel im ersten und die Zweiteilung der Erzählperspektive im zweiten Teil. Gide hat diesen Versuch als relativ gescheitert (Verworrenheit des ersten Teils) oder als bloßen Teilerfolg (zweiter Teil) betrachtet und aus dieser Erfahrung die Überzeugung gewonnen, daß sich das autobiographische »Ich« nur unvollkommen zum Ausdruck seines »Ichs« eignet. Die vorbereitenden Arbeiten zu *Die Falschmünzer* bauen auf der Erfahrung dieser technischen Enttäuschung[37] auf und bestehen zu einem wesentlichen Teil aus Materialien, die aus der Autobiographie hervorgegangen sind, sowie aus von ihr aufgeworfenen Problemen. Das autobiographische Unternehmen hat bei seinem Übergang vom Register der »Erzählung« zu dem des »Romans« offenbar eine nicht unwesentliche Rolle gespielt.

c) In ethischer Hinsicht muß das Spiel der Mehrdeutigkeit in *Stirb und werde* ohne eine allgemeinere Kenntnis der vom Erzähler zwischen 1916 und 1921 durchlebten Krise, die sich im *Tagebuch*, in *Numquid et tu...?* und in der *Pastoralsymphonie* widerspiegelt und in *Et nunc manet in te* rückblickend vergegenwärtigt wird, unverständlich bleiben. Auf biographischer Ebene muß die parallel verlaufende Geschichte des Erzählers am Rand jedes Kapitels ergänzend hinzugefügt, und auf Textebene muß über einen Zeitraum von etwa einem Jahrzehnt das verfolgt werden, was ich das »Teufelswerk« nennen möchte. Die Gidesche Mehrdeutigkeit ist kein statisches, repetitives und steriles Schwanken; sein Schwanken bewirkt vielmehr ein Fortschreiten, eine Überschreitung: dieses »Werk« wird zur Folge haben, daß Gide das christliche Universum verläßt und in ein humanistisches Universum eintritt. *Stirb und werde* ist nur ein Abschnitt dieses langwierigen Werks, dessen Ausgang noch nirgends nachzulesen ist. Das in ihm enthaltene Thema des Teufels bleibt so lange unverständlich, als

37 GW IX, S. 378.

man ihn nicht aus den Seiten des *Tagebuchs* von 1916, der *Falschmünzer* und der *Kongoreise* rekonstruiert hat. Weit davon entfernt, Gides Leben zusammenzufassen, berichtet diese autobiographische Erzählung in dunklen Worten von einem »Werk«, das im Begriff war, seinem Leben eine völlig neue Wendung zu geben.

Derart rekonstruiert, nimmt *Stirb und werde* im Gideschen Zusammenspiel der Schriften eine ganz bestimmte Stellung ein: eine wichtige, aber begrenzte Stellung, die nicht an der Elle von Rousseaus *Bekenntnissen* gemessen werden darf. Das einzige wirklich synthetische Werk, das Gide je verfaßt hat, sind zweifellos die *Falschmünzer*, und dies nicht nur dank des »Konflikts der Perspektiven«, sondern weil Gide sich darin auf alle »Stockwerke« der Konstruktion zugleich projiziert und so die Probleme verschiedener Lebensalter (Boris, Bernard, Édouard) simultan miteinander zu konfrontieren vermag. Und viel mehr noch, weil es das einzige Werk ist, das über den Umweg des *Tagebuchs der Falschmünzer* sowohl Autobiographisches als auch Fiktives zu einem Ensemble verarbeitet und jene problematische Figur des Schriftstellers in den Mittelpunkt rückt, die in *Stirb und werde* so sehr fehlt.

Aber auch die *Falschmünzer* können nicht als die umfassende »Synthese« Gides gelten: selbst dieses ironische, der Ausgewogenheit seiner Reifezeit zu verdankende Buch würde ohne das Gegengewicht von zum Beispiel *Die Früchte der Erde* und *Numquid et tu...?* kein Porträt zeichnen, das Gide nahekäme. Kein anderes Gesamtbild als die Gesamtheit der Texte.

Der autobiographische Raum und sein Leser

Die Definition und Entfaltung dieses »autobiographischen Raums« stellt zweifellos Gides originellste Erfindung auf dem Gebiet der literarischen *Formen* dar. Er mag zwar weniger unmittelbar augenfällig sein als etwa das Zusammenspiel der Techniken und Erzählperspektiven in *Die Falschmünzer*, da er sein Gesamtwerk umfaßt und seine Wirkung aus einem Zusammenspiel von *Beziehungen* und einer mehrdeutigen Kombination von »Leseverträgen« bezieht, stellt aber eine »Erfindung« ähnlicher Art dar: Gide setzt genau wie in *Die Falschmünzer* ausschließlich klassische Elemente und Techniken ein und bleibt damit jener herkömmlichen Ideologie, Welt- und Textsicht verhaftet, die von diesen Elementen oder Techniken vorausgesetzt wird; sein Geschick im Umgang mit ihnen liegt in der Kombination, in der Virtuosität eines Spiels, welches das simultan einsetzt, was bisher immer nur getrennt eingesetzt worden war – und das völlig bewußt. Über *Die Falschmünzer* wurde gesagt, sie seien (im Gegensatz zu Proust, Joyce, Kafka oder Faulkner) eher eine Art Fest des traditionellen Romans als ein Ansatz zum modernen Roman; ähnlich dazu könnte man sagen, Gides Gesamtwerk stelle als bewußte Konstruktion eines autobiographischen Raums eine Art Abschiedsfest der traditionellen Formen der »Ich-Du-Literatur« dar, eine exemplarische Konstruktion, in der sich Lyrisches, Fiktives, Essayistisches und Autobiographisches in einem diabolischen Zusammenspiel artikulieren. Gides Originalität ist eher auf dieser umfassenden Ebene als in einem einzelnen und begrenzten Werk wie *Stirb und werde* zu suchen, dessen recht herkömmliche Schreibweise und Konstruktion den heutigen Leser auch enttäuschen können; er ist mehr an den Experimenten eines Leiris und an den Erzähltechniken und schriftstellerischen Verfahren der zeitgenössischen Literatur interessiert, die den Status der Person in Frage stellen.

In diesem organisatorischen *Bewußtsein* des autobiographischen Raums liegt sowohl die offenkundige Stärke wie auch die verborgene Schwäche von Gides Werk.

Der »autobiographische Raum« war eine Realität, die ab dem Ende des 18. Jahrhunderts von vielen Schriftstellern erfahren worden war. Seit Rousseau stand es jedem von ihnen frei, sich – mehr oder minder bewußt – in Fiktionen zu projizieren, sich zu bekennen, zu erträumen, zu läutern, kurz, sich auszudrücken. Auch wenn sie *zusätzlich* Tagebücher, Bekenntnisse oder Essays schrieben, in denen sich ihr Ich freimütiger zu erkennen gab. Auf dieser Ebene ließe sich das Werk Gides mit dem Benjamin Constants oder Stendhals vergleichen – mit dem Unterschied freilich, daß sie nicht mit der Veröffentlichung ihrer Tagebücher gerechnet hatten.[38] Aber auch auf der Ebene der Lesegewohnheiten war der autobiographische Raum, allerdings mit einer gewissen Verspä-

38 Zum autobiographischen Vorhaben Stendhals vgl. meine Darstellung in *Stendhal et les problèmes de l'autobiographie*«, in: *Actes du Colloque sur l'autobiographie organisé par le Centre Stendhalien de l'Université de Langues et Lettres de Grenoble*, Presses Universitaires de Grenoble, in Vorbereitung.

tung, zu einer Realität geworden: Seit Sainte-Beuve tendiert ein Teil der Kritik dazu, den *Autor* zu einem Prinzip des Verständnisses seines Werkes zu machen. Bei den Autoren war dies eine nicht theoretisierte Praxis, bei den Kritikern hingegen eine nachträgliche Interpretation. Gide kommt das Verdienst zu, dieses System explizit vorgeführt, all seine Möglichkeiten erkannt und eine unreflektierte Praxis in eine Strategie verwandelt zu haben. Aus einer zufällig erzielten *Wirkung* machte er ein durchaus bewußt *von vornherein* angepeiltes Ziel: es hat den Anschein, als sei sein Werk im Grunde schon *gelesen*.

Will der Kritiker, wie ich es hier versucht habe, die Theorie von Gides »autobiographischem Raum« herausarbeiten, kann er sich mit einer Zusammenstellung jener zahllosen Texte (Vorworte, Briefe, Tagebücher usw.) begnügen, in denen Gide auf diese Theorie eingeht. Dabei handelt es sich nicht unbedingt um Texte aus seiner Reifezeit – in denen der Autor nachträglich die Einheit dieses Raums und seine Funktionsweise entdeckt hätte, so wie Balzac an seinem Verfahren wiederkehrender Figuren die mögliche Einheit seines Universums erkannt hat. Im Gegenteil, bei ihm hat die Entdeckung *im vorhinein* stattgefunden – und alle Züge der Partie müssen als Manifestationen des ihnen zugrundeliegenden Entwurfs unter bewußter Einhaltung dieser Spielregel gespielt werden. Gides Temperament und seine Probleme boten zweifellos besonders gute Voraussetzungen für eine derartige Strategie. Sein Spiel der Fluchten gibt ihm die Möglichkeit, sich unablässig von sich selbst zu befreien und fortzuschreiten: nichts könnte von einem stagnierenden Narzißmus weiter entfernt sein. Diese theoretische Luzidität und die *von vornherein* getroffene Entscheidung kann den Leser gewiß faszinieren, bringt ihn aber auch in Bedrängnis: Hat sich Gide nicht trotz allem, und zwar gerade weil ihm dieses Spiel und seine Inszenierung allzugut gelingt, einen Teil dessen, was den »autobiographischen Raum« ausmacht, entgehen lassen, nämlich das, was an einem Menschen nur von anderen erkannt werden kann, das, was ich den »Beitrag des Lesers« nennen möchte, der in Gides Werk verschwindend gering ist? Seine einzige, ihm *eingeräumte* Funktion ist die, daß er dieses Spiel, dessen Wahrheit Gide innehat, mißverstehen oder ihm mit Unverständnis begegnen kann. Damit ließ sich Gide wahrscheinlich auch die Möglichkeit der Fiktion entgehen, etwas auszudrücken, das noch unbekannt ist und ihm im äußersten Fall nicht einmal direkt und eindeutig zugeschrieben werden könnte. Angesichts der allzu beherrschten Mehrdeutigkeit des autobiographischen Raums Gides träumt man von der Dichte, vom Dunkel, von der *Widerständigkeit* des autobiographischen Raums etwa bei Kafka, von jenem Dialog, den er mit und in seinen Fiktionen führte ... Diese Klarheit war aber wohl notwendig, um das klassische Zusammenspiel des autobiographischen Raums zum Ausdruck zu bringen: Gide übernimmt zugleich die Rolle des Schriftstellers und des Kritikers, schöpft in einem Zug und gleichzeitig die Möglichkeiten sowohl der Projektion als auch der Analyse aus und enthüllt das Gesetz des Systems, noch während er es für seine Zwecke einsetzt. Daher die Ratlosigkeit, die den Leser manchmal überkommt. Man kann sich nicht des Eindrucks erwehren, die Konstruktion des autobiographischen Raums habe *von vornherein* über jede Lektüre bereits entschieden, sie sei bereits vollzogen, und alles, was man tun könne, sei, mit ihr wieder von vorne zu beginnen. Bleibt in diesem System wirklich noch Platz für den Leser?

Freilich muß man dabei zwischen zwei Lesergenerationen unterscheiden: Wir befinden uns diesen Texten gegenüber heute nicht in der gleichen Situation wie die Zeitgenossen Gides. Die Veröffentlichung der intimen Schriften und der Briefe hat dazu geführt, daß uns dieses Schreib-»Spiel« nun in vollem Umfang bekannt ist. Für die Zeitgenossen verhielt es sich anders: jedes Buch bot in Hinblick auf das vorangegangene eine Überraschung, blieb aber auch insofern rätselhaft, als sich sein »ironischer« Sinn entzog oder, sofern er überhaupt wahrgenommen wurde, den Autor nicht in einer definierten und definitiven Position festzumachen erlaubte. Und man erkannte, daß diese Bücher »Bekenntnisse« enthielten, konnte diese aber nicht explizit identifizieren. Übrig blieb die allereinfachste Möglichkeit, nämlich diese Bücher zu lesen und von ihrem Autor dabei abzusehen, ihnen jeweils die Aussage direkt zu entnehmen, die man wollte: Diese durchaus legitime Herangehensweise ließ sich jedoch nur schwer aufrechterhalten, wenn man *mehrere* Erzählungen Gides las. Der Autor, ein virtueller Punkt, den man per Triangulation zu rekonstruieren suchte, mußte um jeden Preis zum Träger des Geheimnisses und der Einheit des Werkes gemacht werden, einer Einheit, die damit nur vom autobiographischen Blickwinkel aus erkennbar war. Wir haben heute mit der umgekehrten Schwierigkeit zu kämpfen: die

Veröffentlichung der intimen Schriften, der Briefwechsel und Gespräche, all die von den Gide-Biographen und akademischen Forschern unternommenen Bemühungen haben dazu geführt, daß Gides Gesicht, seine Geschichte und seine Widersprüche in ein grelles Licht getaucht, seine Werke aber, angesichts deren es heute unverständlich ist, daß sie von Lesern, die nicht über unseren Wissensstand verfügten, ernsthaft und um ihrer selbst willen gelesen werden konnten, in eine Art Halbschatten abgedrängt wurden. *Der Immoralist, Die enge Pforte, Die Pastoralsymphonie* und *Die Falschmünzer* stellen sich heute eher als Phantasmen und Projektionen innerhalb von Gides autobiographischem Raum dar als zu lesende Fiktionen oder zu analysierende Texte. Gides Werk hat aufgrund der Mehrdeutigkeit seiner Unternehmung, der ironischen Komplizenschaft seiner Fiktionen und aufgrund der Tatsache, daß sich ihre Struktur nirgendwo zu erkennen gibt und sein Stil um eine Diskretion bemüht ist, die beim ersten Lesen der Analyse keine Ansatzpunkte zu bieten scheint, offenbar mehr Mühe als das Werk Prousts, der biographischen Invasion und Reduktion zu entgehen. Ein Unbehagen der zeitgenössischen Leser angesichts der Unentschiedenheit des Autors, ein Unbehagen der heutigen Leser angesichts eines verblassenden Werkes: genau dieser Widerspruch oder diese Ratlosigkeit auf der Ebene der Lektüre wird durch Gides »autobiographischen Raum« hervorgerufen, der sowohl eine Lektüre der Texte als Romane als auch ihre bloße Reduktion auf das Biographische verbietet. Claude Martin hat in seiner Arbeit über die *Pastoralsymphonie* gezeigt, daß eine mehrdeutige Lektüre die einzig mögliche Lektüre seines Werkes ist[39]: Es steht zu bezweifeln, daß viele Leser dazu fähig sind und daß eine derart subtile Tätigkeit fruchtbringend ist. Indem Gide aber diese mehrdeutige Lektüre zwingend voraussetzte, gelang es ihm, den aufmerksamen Leser in sein »autobiographisches Feld«, wie man von einem elektrischen oder magnetischen Feld spricht – mitsamt seinen Polen, Vibrationen, Oszillationen –, einzufangen. Damit schuf er *innerhalb seines Werks* den Eindruck, den er im Leben auf seine Bekannten machte, nämlich »vielschichtiger als

39 *La Symphonie pastorale*, herausgegeben und mit einem Vorwort von Claude Martin, Paris: Lettres modernes, 1970, S. XCVIII. Claude Martins Untersuchung zu *Die Falschmünzer* in *André Gide par lui-même* (Paris 1963) gelangt zum selben Schluß: Dieser Roman *»enthüllt seinen Reichtum nur in enger Verbindung mit der Person seines Autors«* (S. 149).

sein Werk«[40] zu sein, und stellte sich mit Hilfe dieses schwindelerregenden Spiels seinen Lesern als ein transzendentes Bewußtsein dar.

2. *Die Schreibweise*

Die Erzählung von *Stirb und werde* stellt den Leser vor andere Probleme als das seiner Einbeziehung in einen autobiographischen Raum, der sich ihm entzieht: ihr Stil ist allzu konzentriert, allzu ausgefeilt; er verrät die Mühe, die er gekostet hat. Er ist das genaue Gegenteil von dem, was Gide in der *Pastoralsymphonie* und in den *Falschmünzern* erreicht hat; dort ist es der Arbeit am Stil gelungen, ihre Spuren zu verwischen. Gide sagte über den Stil der *Falschmünzer*, er dürfe »an der Oberfläche keinerlei Erhabenheit aufweisen«, und fuhr fort: »Alles muß so schlicht wie möglich gesagt werden, so wie gewisse Gaukler bei ihren Kunststücken zu fragen scheinen: Was finden sie bloß so besonders daran?«[41] Liest man *Stirb und werde*, merkt man im Gegenteil sofort, was zu bewundern ist. Freilich nimmt hier der Erzähler nicht denselben Standpunkt ein wie im Roman: beinahe ungreifbar im Roman, muß er hier in den Vordergrund treten und seine Sicht des Erzählten darlegen. Damit ist aber noch nicht zur Genüge erklärt, warum er von einem Extrem ins andere verfällt, von einer unsichtbaren zu einer opaken Schreibweise übergeht, in der sich das Wort allzusehr in den Vordergrund schiebt. Ein Kritiker, dem dieser Mangel aufgefallen ist, hat den Stil des ersten Teils folgendermaßen beschrieben: »alles erscheint mir ausgeklügelt, spitzfindig, trokken, elegant, welk«, »aber für meinen Geschmack ist das alles zu literarisch, zu preziös, zu bewußt«, »die manchmal geglückten Ausdrücke wirken gesucht«.[42] Ein ganz ohne Zweifel parteiischer Kritiker – es handelt sich nämlich um Gide selbst in seinem *Tagebuch* –, und seine Selbstkritik ist nur gespielt. Aber auch andere Leser wie Valéry oder Martin du Gard sind auf diese übermäßige Konzertierung aufmerksam geworden.[43] Im übrigen ist dieses Zu-

40 *Corr. GMG*, I, S. 153.
41 GW IX, S. 402.
42 GW II, S. 531 (Oktober 1916); GW II, S. 547 (Dezember 1916); GW II, S. 614 (Januar 1918); vgl. auch GW IV, S. 463 (Dezember 1918).
43 Vgl. *Briefwechsel*, S. 530f., Brief Valérys vom Juli 1917 über den Stil des ersten

viel keineswegs störend, es tritt nicht durchgängig auf – und ist es sicher, daß es ein Mangel ist? Läßt sich seine Funktion überhaupt verstehen, ohne daß man weiß, in bezug zu welcher *Norm* von einem Zuviel gesprochen wird? Um dies beurteilen zu können, muß zuallererst ein Scheinproblem aus der Welt geschafft werden, das des Argwohns, der jeder Schreibweise entgegengebracht wird: Die »allzu literarische« Schreibweise Gides wird sich einfach als ein Aspekt der Äußerung unter anderen darstellen und als Technik des Übermaßes Einblick in Gides Einstellung zur Sprache und insbesondere in seine Konzeption des »Gut Schreibens« gewähren. Was uns vielleicht dabei helfen könnte, »gut zu lesen«.

Schreiben

Eine allzu gesuchte oder allzu manifeste Schreibweise weckt beim Leser einer Autobiographie ein Mißtrauen, das er nur schwer wird überwinden können, selbst wenn er weiß, daß es unbegründet ist. Wenn die Kunst allzusehr ins Auge springt, erscheint sie als Künstlichkeit, und die Künstlichkeit als eine Art der Verheimlichung, als gespielt. Der Leser muß schließlich zur Überzeugung gelangen, Kunst und »Aufrichtigkeit« seien gegensätzliche Begriffe. Welcher Leser ist angesichts der Inszenierungen Chateaubriands noch nie argwöhnisch, angesichts der lyrischen Explosionen Violette Leducs, um zwei sehr verschiedene Beispiele zu nehmen, störrisch geworden? Von hier bis zur Vermutung, es werde gelogen, ist es nur ein Schritt, den man besser nicht tun sollte. Denn dann müßte man in aller Logik die Aufrichtigkeit mit einer Schreibweise am Nullpunkt, mit Plattheit und Unordnung gleichsetzen. Was wiederum zur Annahme verleiten könnte, es sei Aufgabe der Autobiographie, einen bereits existierenden Inhalt seiner Form zuzuführen, und jede Bemühung um den Stil müsse diesen Inhalt unweigerlich entstellen und verschleiern. Diese Hypothese eines vorgeblich *dahinter* verborgenen Themas macht den Leser zu einem Spürhund und hindert ihn in Wirklichkeit am Lesen. Genau diese weitverbreitete Entgleisung hatte Valéry im Auge, als er Gide vor exzessiver Virtuosität warnte: er hielt sie für unverträglich nicht mit der »Aufrichtigkeit«, sondern mit dem autobiographischen Pakt:

Teils (der ersten Kapitel); *Corr. GMG*, I, S. 158, Brief Martin du Gards vom 7. Oktober 1920 über den ersten Teil.

Deshalb sind hier die virtuosen Stücke nicht ohne Gefahr. Seinem Beichtvater gegenüber geistreich zu sein ist bedenklich: er könnte darüber vergessen, einem die Sünden zu vergeben. Er vermutet bei seinem Beichtkind eine Kaltblütigkeit, die mit Aufrichtigkeit unvereinbar ist: ein völlig idiotischer Gedanke, aber ein Gedanke, der den Leuten wirklich kommt.[44]

Genau das Gegenteil ist wahr: Der Diskurs verbirgt die Aufrichtigkeit nicht, sondern bringt sie auf seine Art hervor, das heißt genausogut als Effekt der Äußerung wie als »Inhalt« der Aussage. Der Stil mag zwar eine Maske sein, aber die Maske ist die Person, sein authentisches Gesicht, *hinter* dem sich nichts verbirgt. Valérys Aphorismus, dem zufolge das Tiefgründigste am Menschen seine Haut ist, ließe sich mühelos auf das Schreiben anwenden. Valéry, ein erklärter Gegner jeglichen Bekenntnisses auf Inhaltsebene, träumte davon, ausschließlich über die Form zu einer Autobiographie gelangen zu können, und glaubte, dies mit *Die junge Parze* verwirklicht zu haben.[45]

Daß man sich selbst nur durch die Erfindung einer Form ausdrücken kann, dachte auch Gide:

Nur sehr banale Seelen erreichen den aufrichtigen Ausdruck ihrer Persönlichkeit leicht. Denn eine neue Persönlichkeit drückt sich aufrichtig nur in einer neuen Form aus. Der Satz, der unserer Person entspricht, muß genauso schwer zu spannen sein wie der Bogen des Odysseus.[46]

Diese Erfindung einer Schreibweise macht die Bedeutung der gelungensten Autobiographien des 20. Jahrhunderts, der von Leiris und Sartre, aus; sie bedienen sich einer Schreibweise, die bei den Lesern Reaktionen hervorruft, die auch heftig ausfallen können und einen Maßstab für das Gelingen des Porträts abgeben: Wie könnte man etwa überhören, daß Leiris' Stil in *Mannesalter* falsch klingt (schon erkennbar am Gebrauch der Adverbien und verschiedener Nuancierungen) – die gelungene Umsetzung des Eindrucks eines ständigen »Schwankens«, über das er sich unablässig beklagt – oder daß Sartres Stil in *Die Wörter* allzu treffend, allzu gedrängt, allzu satt klingt?

Dies bedeutet, daß die Autobiographie alles *sagt* und nichts verbirgt, oder daß dieses »Verborgene«, sofern es überhaupt existiert, nicht *hinter* dem Gesagten liegt (denn wie könnten wir es sonst zu

44 Vgl. *Briefwechsel*, S. 531.

45 Paul Valéry, *Cahiers*, Paris: éd. du CNRS, 1958, Bd. IV, S. 508: »*Daß die Form dieses Gesangs eine Autobiographie ist.*«

46 GW II, S. 192.

erreichen hoffen, wenn nicht durch biographische Forschungen? und zu welchem Zweck?), sondern *in* der Art, wie es gesagt wird. Um dies verstehen zu können, muß man sich jedoch von vorgefaßten Meinungen lösen: das große Drama der Spürhunde-Leser liegt in ihrem Verdacht, der Autor *verberge* etwas, das sie bereits zu kennen glauben, und dieses Etwas sei immer dasselbe. Die Lektüre der Autobiographie setzt im Gegenteil voraus, daß man diese reduzierende Suche nach einem verborgenen Inhalt aufgibt und all das zu erfassen trachtet, was in der Äußerung offen zutage tritt: den Stil, die schöne Schreibweise, das falsch Klingende, das schmückende Beiwerk, die großen Töne – all dies wird damit wesentlich. Um es wahrnehmen zu können, muß man aufmerksam sein und die Orientierung des Diskurses (das heißt seine Umwege und sein Ziel) sowie seinen Kontext verstehen.

»Allzu literarisch Schreiben«

Die »allzu literarische« Schreibweise Gides muß somit als ein Aspekt der Äußerung betrachtet werden. Es handelt sich nicht um einen Mangel, der die Autobiographie disqualifizierte, sondern um eine Besonderheit, die sie qualifiziert. Sie verweist auf psychologischer und moralischer Ebene auf ein Unbehagen oder einen Widerstand beim Autor *und* zugleich auf seine Suche nach einer Geborgenheit oder einer Lösung auf ästhetischer Ebene: Damit sind wir unmittelbar im Zentrum der Problematik Gides angelangt, der der Beziehung zwischen Ethik und Ästhetik.

Die meisten Kommentare Gides zu seinen stilistischen Exzessen im ersten Teil von *Stirb und werde* bringen ein Unbehagen zum Ausdruck, für das die stilistischen Probleme in Wirklichkeit nur einen Vorwand liefern. Es hat den Anschein, als mache Gide seinen Stil zur Zielscheibe einer Aggressivität, die sich im Grunde gegen etwas anderes richtet. Er weiß sehr wohl, daß er sich nur deswegen dem »Stil« verschreibt, weil er es nicht wagt, sein Thema (das heißt sein Drama) bei den Hörnern zu packen, und daß seine Schwierigkeiten, über dieses Drama zu sprechen, die wahre Ursache seiner Virtuosität bei allen anderen Themen sind.[47] Der Stil seiner bezaubernden Kindheitsanekdoten treibt genauso Ob-

47 GW II, S. 507f. (31. März 1916); GW II, S. 531 (13. Oktober 1916); GW II, S. 581 (Januar 1917).

struktion wie jene angelsächsischen Parlamentarier, die das Rednerpult besetzt halten und jede Diskussion verhindern, indem sie endlos aus der Heiligen Schrift vorlesen. Dies ist wahrscheinlich auch der Grund dafür, daß dieses *Tagebuch* der Anmerkungen zum Werk nur sehr wenig Überlegungen zu Struktur und Erzählweise der Autobiographie enthält: eben weil sich diese Diskussion bei Gide auf das Problem des Stils verlagert hat. Und das Drama kommt, strukturell gesehen, in der oben beschriebenen Trennung der beiden Erzählebenen zum Ausdruck, die nicht nur ein Mangel, sondern zugleich auch ein Hinweis ist: kein Zweifel, daß sich Gide der Möglichkeiten, die ihm dieser Mangel bot, bewußt war und daß sein im *Tagebuch* angestimmtes Klagelied ein Bestandteil dieser Strategie ist. Diese Klagen sind im übrigen möglicherweise übertrieben, und wir sollten sie erst nach genauerer Überprüfung als solche akzeptieren. Freilich mündet das »Allzu literarisch Schreiben« in eine Art Undurchsichtigkeit: Das »Allzu literarisch Geschriebene« ist das »Bereits Geschriebene«, das schließlich, weil es allzu kunstvoll ist, mit der Plattheit des Nicht-Geschriebenen zusammenfällt. Der Horizont von *Stirb und werde* wäre somit die *ausgefeilte Sprache*: Dies legte Martin du Gard Gide nahe, als er ihn vor der Gefahr warnte, ein *Livre de mon ami* in »Extraqualität«[48] zu schreiben. Eine vielleicht etwas vorschnelle Diagnose. Den meisten stilistischen Bravourstücken kommt hinter ihrer augenfälligen Konzertierung eine verborgene Relevanz zu, die sich erst bei genauerem Lesen erschließt. Wie könnte man etwa in der Beschreibung des Kaleidoskops nicht mehr als ein »Kunststück« sehen, wo doch hinter dem Spiel die Kunst und vielleicht sogar die Methoden und Strukturen von Gides Werk zum Vorschein kommen?

Die allzu literarische Schreibweise und die Virtuosität sind im Grunde weder allgegenwärtig noch unmotiviert: dennoch existieren sie und fungieren als Hinweis auf einen Widerstand oder ein Problem. Es ist jedenfalls aufschlußreich, daß die Beklommenheit angesichts des Dramas der Kindheit und der Widerstand beim Versuch, ihm Ausdruck zu verleihen, sich bei Gide nicht als direkter Mangel (etwa als Aphasie oder Unbeholfenheit), sondern als Überschuß, als schützender sprachlicher Überfluß äußern, in dem das Wort zwar vielleicht allzusehr in den Vordergrund tritt, aber

48 *Corr. GMG*, I, S. 158.

nie unzulänglich ist. Das Zögern schlägt sich in exzessiv gelungenen Formulierungen nieder. Gide leidet an einem glücklichen Unbehagen: Es hat den Anschein, als könne ihm auf sprachlicher Ebene *letztlich* nie etwas Katastrophales zustoßen.

Diese Sicherheit bis ins Unbehagen hinein mag den Leser der Autobiographie überraschen. Gide verströmt und vermittelt dem Leser ein unleugbares Glück in der Sprache, ob in den eher überflüssigen oder an der Sache vorbeigehenden Exzessen der Perfektion, von denen hier die Rede ist, in den außergewöhnlichen Spielen der Mehrdeutigkeit, von denen noch zu sprechen sein wird, im etwas vordergründig »Ausgefeilten« oder in den herrlichen Subtilitäten seiner Helldunkelmalerei.

Möglicherweise ist der heutige Leser von Autobiographien allzu begierig nach unglücklichen oder problematischen Texten, in denen der Mensch, insbesondere in der Sprache, als ein *Mangel* in Erscheinung tritt. Die Schreibweise Gides läuft aufgrund ihrer Üppigkeit und Geborgenheit Gefahr, ihn in diesem Punkt zu frustrieren, aus seinen Gewohnheiten zu reißen. Gides Mehrdeutigkeit auf der Ebene der Äußerung ist vielmehr das Symptom eines Überangebots an Sinn; und die damit erzielte Wirkung eines »Verströmens« hat mit dem Taumel, den etwa Leiris organisiert, mit seiner Nähe zu Sisyphos, zum Danaidenfaß, nichts zu tun: es handelt sich im Gegenteil um das harmonische Zirkulieren des Sinns in einem lebenden Organismus. Nichts geht verloren, eines tritt zum anderen, alles wird miteinander kombiniert. Die Weigerung, etwas auszuschließen, verhindert, daß sich diese Überfülle in etwas »Abgeschlossenes« verwandelt. In dieser Hinsicht wäre *Stirb und werde* eher in eine Linie mit *Dichtung und Wahrheit* zu stellen als in die der *Bekenntnisse*.

Dieses Glück beruht gänzlich auf einem dem heutigen Leser ungewohnten Glauben an die Macht der Sprache, auf dem völligen Fehlen einer Beunruhigung oder eines Hinterfragens ihrer Grenzen, das in eigenartigem Kontrast etwa zur Haltung Valérys steht. Die schon in der Jugend erträumte Existenz der »Gesammelten Werke«, bestehend aus weißen, unbeschriebenen Seiten, bietet den erstaunlichsten Hinweis in diese Richtung: Gide war sich sicher, daß diese Seiten geschrieben werden würden, daß sie virtuell bereits geschrieben waren. Dasselbe gilt für folgende Behauptung Gides: »Eigentlich gibt es in der Kunst keine Probleme [d. h. ethische Probleme], deren hinlängliche Lösung nicht das Kunstwerk lieferte«[49] – eine Aussage, die zwar seinem Wunsch entspricht »darzustellen«, aber an der Tatsache vorbeigeht, daß die Kunst als Kunst selbst problematisch sein kann. In diesem Punkt stellt Gides schriftstellerisches Projekt vielleicht das eklatanteste Beispiel für ein unbeschwertes Gewissen dar. Man kann sich leicht vorstellen, wie die Phantasie der »Gesammelten Werke auf weißem Papier« von Sartre in *Die Wörter* erzählt worden wäre. Hier hat sich eine Berufung verwirklicht, ohne sich in Frage zu stellen.

Man wird sich wohl eingestehen müssen, daß es auch *glückliche* Autobiographen gibt.

Gut schreiben und gut lesen

Dieses Glück und diese Bewußtheit des Schreibens erfordern natürlich eine bestimmte Art und Weise zu *lesen*; so wie das Werk auf der Ebene des autobiographischen Raums bereits gelesen und in großen Zügen interpretiert ist, werden der Lektüre ihr Platz und ihre Gesten von einem Schreiben zugewiesen, das selbstgewiß bereits alles einbezogen hat: dem Leser bleibt kein anderer Originalbeitrag als der Irrtum. Es ist zwar beileibe nicht schwer, ihm zu verfallen, doch ist ungewiß, ob er wirklich etwas Eigenständiges ist, so sehr hat Gide alles daran gesetzt, voreilige Leser zu entmutigen oder in die Irre zu führen.

Zum Verständnis dieser Praxis des »Gut Schreibens« kann man von einer Bemerkung Gides ausgehen, in der er die Schreibweise einer Szene aus der zukünftigen *Engen Pforte* kommentiert: »Aber ich bewundere gegenwärtig all das, was ich *nicht* zu sagen, ZURÜCKZUHALTEN vermocht habe.«[50] Seine Vorliebe für »übersprungene Ideen«, seine Bewunderung für den Stil Stendhals, seine Abscheu vor Erklärungen in der Erzählung sind bekannt. Diese Stilisierungsarbeit durch Weglassen macht aus der Erzählung eine Kunst der Litotes: sie bezieht in den Text all das ein, was aus ihm *gestrichen* wurde. Gide weiß genau, was er nicht gesagt, übersprungen, ausgespart hat, um es auf der Ebene der Wirkung wieder zurückzugewinnen. Und der aufmerksame Leser wird in der Erzählung, über die er nachdenkt, nur das wiederfin-

49 Vorwort zu *Der Immoralist* (GW VII, S. 365).
50 GW II, S. 68.

den, was aus ihr gestrichen worden ist: nichts anderes. Im besten Fall geht die Lektüre den umgekehrten Weg der Schreibarbeit. Dies gilt sowohl für die Autobiographie wie für den Roman. So sagt Gide im *Tagebuch der Falschmünzer* über die mehrfachen, aus verschiedenen Blickwinkeln gesehenen Erzählungen:

Die Geschehnisse sollen durch ihren Bericht leicht verzerrt werden; allein schon die Tatsache, daß der Leser etwas *rekonstruieren* muß, bietet einen gewissen Reiz. Die Geschichte bedarf seiner Mitarbeit, um klare Konturen anzunehmen.[51]

Diese Zusammenarbeit ist eine Illusion, da es nichts wiederherzustellen gibt, was nicht bereits eingerichtet worden wäre. Gide ist sich dessen durchaus bewußt; in der Folge setzt er seinem Leser machiavellistisch und zynisch die Falle auseinander, in die er ihn locken wird:

Man sollte, anders als Meredith oder James, den Leser die Oberhand gewinnen lassen – es so einrichten, daß er glaubt, er sei intelligenter als der Autor, moralischer, scharfsichtiger, und daß er so manche Eigenschaften an den Figuren entdecken, der Geschichte so manche Einsichten entnehmen kann ohne die Hilfestellung des Autors, ja, gewissermaßen ohne daß dieser davon weiß.[52]

Damit sind wir gewarnt, haben aber zugleich auch jeden Mut verloren, sofern wir gehofft haben sollten, hier oder dort, trotz Gide, etwas verstanden zu haben. Eine derartige Analyse nimmt uns sogar die Möglichkeit, uns für intelligent zu halten, wenn sie uns in den Sinn kommt. Uns bleibt als einzige Freiheit nur mehr, ähnlich wie Julien Gracq in seiner brillanten Attacke auf *Die Falschmünzer*[53] all das abzuwerten, dem Gide hohen Wert beimißt. Könnte man nicht auch sagen, daß Gide dem Autor die Rolle eines Herstellers von Kreuzworträtseln zuweist, der bei seinem Leser die Illusion nähren möchte, er, der Leser, *erfinde* es ausgehend von den Definitionen, während er es im Grunde nur wiederfindet? Freilich ist das Gidesche »Kreuzworträtsel« so komplex und subtil, und seine Definitionen sind so sparsam, daß der Leser, auch wenn er selbst nichts erfindet, dabei große Mühe haben wird. Die von Gide praktizierte »klassische Schreibweise« kann damit zugleich als Grenze und als Ressource betrachtet werden. Als Grenze, weil das Werk von vornherein in einem bestimm-

51 GW IX, S. 378. Vgl. auch GW III, S. 314f. und 383.
52 GW IX, S. 397.
53 Julien Gracq, *Lettrines*, Paris 1967, S. 81 ff.

ten, vorab definierten Problemkreis fixiert ist und sich nur sehr schwer auf andere Bedeutungen, das heißt auf andere Leseweisen als der ursprünglich vorgesehenen, hin aufschließen läßt. Als Ressource, weil dieser Kreis trotz allem einen großen Radius hat und weil die Arbeit des Schreibens derart komplex ist, daß es nur wenigen Lesern gelingen wird, sie »aufzudröseln«.

Den allen Erzählungen Gides eigenen Schwierigkeiten fügt *Stirb und werde* weitere hinzu, die direkt mit der Lektüre der Autobiographie zusammenhängen. Der Leser kann der biographischen Illusion zum Opfer fallen: seine Aufmerksamkeit wird durch die Vermutung, es handle sich um ein Dokument, von den Schwierigkeiten abgelenkt. Es ist zu bedauern, daß Jean Delay in seinem *La Jeunesse d'André Gide* diesen Irrtum noch gefördert hat: in manchen seiner erzählenden Kapitel begnügte er sich mit Paraphrasen von *Stirb und werde*, das er in die dritte Person setzt und mit einigen Zitaten anreichert, womit er die Idee bestätigt, die Autobiographie sei ein historisches Dokument. Ist dieser Irrtum einmal überwunden, bietet sich sofort eine zweite Versuchung an: die der Interpretation. Gide scheint ein bevorzugtes Opfer jener Psychologen oder Psychoanalytiker zu sein, die heute in vielen Lesern schlummern. Ödipus, Inzest, Homosexualität... Hier taucht im Grunde die biographische Illusion in Gestalt einer »Fallstudie« wieder auf. Man läuft dabei Gefahr, ein hypothetisches und steriles System zu konstruieren und die Buchstäblichkeit des Textes zu verkennen. Die Interpretation setzt eine schwierige und aufmerksame Lektüre voraus, die bis heute noch kaum versucht worden ist[54]: nach Abschluß dieser Lektüre wird sich die Interpretation vielleicht als überflüssig erweisen.

Diese Lektüre erfordert zunächst, wie bereits erwähnt, die Kenntnis eines sehr umfassenden *Kontextes*: der Gesamtheit der anderen Texte Gides. Aber auch eine beinahe archäologische Rekonstruktion ihrer *Adressaten*. Der heutige Leser unterscheidet sich bereits stark vom impliziten Leser der Autobiographie. Dies gilt zwar für alle Autobiographien, stellt aber dann ein besonders großes Hindernis dar, wenn es sich um eine jüngere Vergangenheit

54 Eine Ausnahme stellen in dieser Hinsicht Henri Rambauds Überlegungen zur autobiographischen Schreibweise Gides (a. a. O., z. B. S. 50-53, die Analyse eines Fragments von *Stirb und werde*) und insbesondere sein Aufsatz *André Gide et l'art du clair-obscur* dar (*Entretiens sur André Gide*, Paris-Den Haag 1967, S. 271-289).

handelt, in Gegensatz zu der wir uns definieren und die ins »Fegefeuer« der Geschichte verbannt wurde; und ein noch größeres Hindernis, wenn der Text zur Gänze auf Intentionen, Listen und Vorsichtsmaßnahmen aufgebaut ist, die nur in der Auseinandersetzung mit zahlreichen, ganz bestimmten Adressaten einen Sinn ergeben. Der gleichsam schwebende Erzählstandpunkt von *Stirb und werde* hängt mit dieser Vielzahl von impliziten Lesern zusammen. Gide verwirklicht hier nicht jene »Einheit des Lesers«, die er in seinem *Tagebuch*[55] so scharfsinnig analysiert hat, sondern setzt im Gegenteil auf eine Art Infragestellung des Lesers, indem er sich an mehrere, miteinander unverträgliche implizite Leser wendet. Wir müssen die Gegenwart Madeleines, das Zuhören Claudels nachvollziehen, um nicht an der Bedeutung einer Haltung vorbeizugehen, die uns andernfalls als ängstlich, als Verlegenheit oder ganz einfach als diffus erscheinen könnte. Abgesehen von all dem, was uns daran hindert, in die Haut des impliziten Lesers zu schlüpfen, und uns sozusagen zu einem schiefen Zugang zu dieser Komödie zwingt, machen es andere, permanente Schwierigkeiten notwendig, daß wir den Text sehr gründlich und umsichtig aufbereiten: die Intentionen müssen einzeln herausgearbeitet, Wortwahl und Wortstellung – der rote Faden des Satzes – müssen sorgfältig abgewogen, »übersprungene Ideen« müssen rekonstruiert und geschickt hergestellte Mehrdeutigkeiten auch als solche gelesen werden. Gide trug im Juni 1921, als er gerade den zweiten Teil von *Stirb und werde* fertigstellte, in sein *Tagebuch* folgende Bemerkung ein, die uns als Leseanleitung dienen sollte:

Wie sehr mir gefällt, was ich bei Sainte-Beuve lese (*Cahiers*): »Die Lateiner verabscheuten in ihrer Sprache durchaus nicht eine gewisse Unbestimmtheit, eine gewisse Unentschlossenheit in der Sinngebung, ein wenig Dunkel ... Faßt es auf, wie ihr wollt, scheinen sie manchmal sagen zu wollen, versteht es im einen Sinn oder im andern, der nicht weitab liegt. – Man hat einen gewissen Spielraum der Wahl. – *Der Hauptsinn schließt einen anderen nicht unbedingt aus.*« (Hervorhebung von mir.) Freude, mich in diesem Punkt sehr als Lateiner zu fühlen.[56]

Diese Strategie der Mehrdeutigkeit erschwert die Lektüre: dies um so mehr, als die Mehrdeutigkeit oft verschleiert wird und die Übergänge unmerklich sind; die Falle, in die man gelockt wird, ist die einer scheinbaren Eindeutigkeit. Man muß den Mut haben,

55 GW II, S. 275.
56 GW II, S. 675.

gegen die Strömung anzuschwimmen, um sich daraufhin, nun aber doppelt vorsichtig, wieder stromabwärts treiben zu lassen. Bestimmte, als sophistische Gedankenspiele konstruierte Passagen müssen langsam gelesen werden, ohne daß man dabei auch nur die geringfügigste Regung des Erzählers aus den Augen läßt – andernfalls man Gefahr liefe, einem Taschenspielertrick aufzusitzen, ohne ihn begriffen zu haben. Henri Rambaud hat diese »Kunst der Helldunkelmalerei« auf zutreffende Weise umrissen; aber auch hier ist Gide jeder Kritik zuvorgekommen. Nicht nur scheint sein Werk von vornherein gelesen zu sein, sondern auch diese Leseweise ist in ihm klar vorgezeichnet: Lesen und Schreiben scheinen zusammenzufallen, und das »Gut Schreiben« schöpft von vornherein die Möglichkeit aus, die das »Gut Lesen« bietet:

Die Art, *gut zu schreiben*, der meine Bewunderung gilt, nötigt, ohne sich aufzudrängen, den Leser zum Innehalten und zum Verweilen, zwingt seinen Geist zur Langsamkeit. Ich möchte, daß seine Aufmerksamkeit bei jedem Schritt tiefer in reichen und gelockerten Boden eindringt.[57]

Was bedeutet, daß man seine Lektüre nur »schlecht« *schreiben* kann: die virtuelle Langsamkeit wird zu einer wirklichen Langsamkeit werden. Umgekehrt wird uns unser Leser, sobald er verstanden hat, schnell zu Ende lesen – und zu Gide zurückkehren.[58]

57 GW III, S. 43.

58 Ich unternahm eine derartige Lektüre der Ambiguitäten in *Exercices d'ambiguité. Lectures de »Si le grain ne meurt«*, Paris 1974.

Die Erzählstruktur in Jean-Paul Sartres *Die Wörter*

1. Die Erzählstruktur in der Autobiographie

In welcher Reihenfolge soll man sein Leben erzählen?

Diese Frage wird fast immer umgangen oder als gegenstandslos betrachtet, so als ob sie sich gar nicht stellte. Neun von zehn Autobiographien setzen unvermeidlich mit der Geburt ein und folgen dann der sogenannten »chronologischen Reihenfolge«. Ebenso häufig hat der Autobiograph, was zumindest die Geschichte seiner Kindheit betrifft, große Mühe, diese Reihenfolge auch durchzuhalten: seine Kindheitserinnerungen sind unzureichend datiert, er muß befürchten, ihre zeitliche Abfolge durcheinanderzubringen, sein Gedächtnis spielt ihm Streiche – vergessene oder plötzlich wiederkehrende Erinnerungen, das nachträglich aufgefundene Dokument, das die Erinnerung Lügen straft usw. Peinlich genau informiert der Erzähler seinen Leser von diesen Schwierigkeiten: er zieht daraus den zweifachen Vorteil, als aufrichtig und um Genauigkeit bemüht zu erscheinen und zugleich die Reichhaltigkeit und die poetische Unschärfe seines Innenlebens ins rechte Licht zu rücken. Auch die versiertesten Schriftsteller verfallen derartigen naiven Koketterien. Sie sind es, die den Charme dieser Klischees und Stereotypen ausmachen. Seine Autobiographie zu schreiben ist ein wenig wie das erste Mal verliebt zu sein: Man fällt in Verzückung bei der Entdeckung, daß sich »amour«, Liebe, mit »toujours«, immer, und »mémoire«, Gedächtnis, mit »passoire«, Sieb, reimt. Sobald aber diese Szene durchgespielt ist und Abweichungen oder Ungenauigkeiten damit entschuldigt sind, stellt der Autobiograph seine Erzählstruktur nicht mehr ernstlich in Frage. Entweder er vagabundiert, läßt sich von seinen Erinnerungen treiben, ohne daß es ihm gelänge, die Ordnung herauszufinden, von der sie strukturiert werden: Diese »erinnerungsgetreue« Erzählweise, die mit keiner ernsthaften Auseinandersetzung Hand in Hand geht, ist die bequemste Lösung, die allerdings die Verbindung zum Leser beeinträchtigen und zur bloßen Plauderei verkommen kann. Oder aber er hält sich unbeirrt, so gut er eben kann, an den Kalender, in der festen

Überzeugung, daß dessen Abfolge dem Lauf der Dinge gerecht wird.

Dennoch müßten die Widersprüchlichkeiten des Gedächtnisses zu einer Infragestellung jener »Natürlichkeit« führen, die der chronologischen Reihenfolge implizit zugeschrieben wird. Schon der Gedanke einer »natürlichen Erzählweise« ist absurd: es gibt höchstens konventionelle oder überzeugende Erzählformen, und in jedem Werk ist es bekanntlich die Form, die den Inhalt bestimmt. Müßten sich daher die Autobiographen nicht zunächst Gedanken über die Strukturierung ihres Textes machen, wenn sie den häufig erhobenen Anspruch einlösen wollen, ihre Einzigartigkeit (entweder als Individuum oder als für eine Gruppe oder einen bestimmten historischen Zeitpunkt repräsentativer Typus) zu vermitteln? Die Erfahrung zeigt, daß der Ausdruck dieser Einzigartigkeit im allgemeinen als Problem des *Inhalts* (Einmaligkeit des Mitgeteilten) oder als Problem des *Stils* (Arbeit am Ausdruck, am Klang, an der Haltung des Erzählers seinem Protagonisten und seinem Leser gegenüber) betrachtet wird, und nur in sehr seltenen Fällen als ein Problem der *Struktur* des Textes.

Die Gründe dafür liegen auf der Hand: Plausibilität, Gewohnheit, Bequemlichkeit. Jede ungewohnte oder allzu gesuchte Erzählstruktur erregt das Mißtrauen des Lesers, dem sie als gekünstelt erscheint, während ihm die herkömmliche Erzählweise den Eindruck des aus dem Leben Gegriffenen vermittelt. Die Forschungen des modernen Romans sind für den Autobiographen nutzlos geblieben: Das Leben ähnelt nach wie vor Balzac. Dies wahrscheinlich deshalb, weil wir auf einer bestimmten Ebene (auf der der einfachsten Kommunikation mit anderen) unser Leben als historischen Fortsetzungsroman erleben: Die Chronologie regelt all unsere Beziehungen zu anderen, vom Gefühlsleben bis zu den sozialen Abläufen, und erhebt letztlich auch den Anspruch, unsere Beziehung zu uns selbst zu regeln. Wir konstituieren uns als Subjekte nur über diese Beziehung zu anderen, und so ist es nur natürlich, daß die Chronologie als Fundament unserer Geschichte von grundlegender Bedeutung für einen Lebensbericht ist.[1]

Diese Art und Weise, unser Leben aufzufassen und es zu erzählen, ist vom Modell des Romans geprägt, insbesondere von der

1 Vgl. Maurice Halbwachs, *Les Cadres sociaux de la mémoire* (1925), 1952 (dt.: *Das Gedächtnis und seine sozialen Bedingungen*, aus dem Französischen von Lutz Geldsetzer, Berlin & Neuwied 1966).

anspruchsloseren und etwas zwielichtigen Gattung der *Biographie*, das heißt des Berichts von einem Leben, das tatsächlich gelebt worden ist, verfaßt von einem Erzähler, der sich als Historiker ausgibt. Der Biograph wird häufig der Parteilichkeit, des Irrtums oder der Verzerrung der Tatsachen bezichtigt: nie wird die Form seiner Erzählung, ihr Aufbau, verdächtigt, schon deshalb eine Interpretation zu sein, weil sie existiert. Dies beweist auch die Tatsache, daß zumindest in Frankreich weder eine ernstzunehmende Untersuchung dieser literarischen Gattung als solcher noch des durch die herkömmlicherweise verwendeten narrativen Strukturen implizierten Weltbildes vorliegt.[2]

Aber wie, wird man einwenden, soll man die Erzählung sonst aufbauen? Ist es denn überhaupt möglich, ein Leben anders als in seiner zeitlichen Abfolge zu erzählen?

– Wie kommt es dann, so könnte man antworten, daß sich gewisse Autobiographen über die Einschränkungen, die ihnen von der herkömmlichen Technik der chronologischen Aufeinanderfolge auferlegt werden, beklagen?[3] Und wäre es nicht auch denkbar, daß ein Text ganz anders aufgebaut ist, obwohl er letztlich der chronologischen Reihenfolge der klassischen Biographie verpflichtet bleibt? Seit *The Sound and the Fury* [von William Faulkner; A. d. Ü.], *Paris-Rom oder die Modifikation* [von Michael Butor; A. d. Ü.] und *Histoire* [von Claude Simon; A. d. Ü.] mangelt es nicht an Beispielen dafür. Warum zeigen sich die Autobiographen an diesen Weiterentwicklungen so uninteressiert?

Der von vielen Autobiographen gepflogene spielerische Umgang mit der Chronologie macht sich immer die Beziehung zwischen der *Gegenwart* des Schreibens und der schreibend erzählten

2 Die von Maurois unter dem Titel *Aspects de la biographie* (Paris 1930) veröffentlichten Vorträge stellen eher Arbeitsberichte eines Biographen, die dessen Auffassungen widerspiegeln, als eine gattungstheoretische Untersuchung dar. Auch wenn die Beliebtheit der Biographie in England das Gegenteil vermuten läßt, sind kritische Analysen zur Gattung Autobiographie sogar im angelsächsischen Bereich recht dünn gesät. Vgl. dazu die umfassende Darstellung des Forschungsstandes in Paul Murray Kendall, *The Art of Biography*, London 1965, S. XIV. Sartre hat vermutlich als erster der Technik der Biographie das theoretische Konzept einer völlig neuartigen Methode zugrunde gelegt (vgl. *Marxismus und Existentialismus*). Die methodologische Naivität Francis Jeansons in seiner Sartre-Biographie (*Sartre dans sa vie*, Paris 1974) ist angesichts dieser Tatsache um so erstaunlicher.

3 Vgl. Simone de Beauvoir, *Der Lauf der Dinge*, deutsch von Paul Baudisch. Reinbek 1966, S. 267f.

Vergangenheit zunutze.[4] Alle Spiele mit der Struktur finden auf dieser Ebene statt. Hat die Niederschrift nur einige Wochen in Anspruch genommen, wie es bei Stendhals *Leben des Henri Brulard* der Fall war, entsteht eine Art Tagebuch der Niederschrift der Erzählung; hat sie, wie im Fall Chateaubriands, mehrere Jahrzehnte gedauert, stellt sich ihre Komposition bereits viel komplexer dar: die verschiedenen Zeiten des Schreibens werden in die erzählte Geschichte einbezogen und ergeben so häufig eine Erzählung, deren Aufbau als Text der zeitlichen Abfolge bald widerspricht, bald verhaftet bleibt. In diesen Fällen handelt es sich um die Erfindung einer originalen Erzählform, in der ein bestimmtes Weltbild zum Ausdruck kommt.[5]

Formale Experimente, die sich – von der Erzählzeit einmal abgesehen – auf die Abfolge der Darstellung verschiedener Zeitpunkte der Vergangenheit beziehen, sind äußerst selten. Ich möchte die in der chronologischen Erzählung traditionellerweise eingesetzten Verfahren etwa der dramatischen Vorwegnahme, des erklärenden Rückgriffs oder rekapitulierender Sequenzen[6] nicht als Experiment bezeichnen: diese Verstöße gegen die chronologische Abfolge machen ja gerade deutlich, daß diese Abfolge keineswegs natürlich ist, da man sie ständig durchbrechen muß, um über den *Sinn* eines Lebens Rechenschaft ablegen zu können. Es ist letztlich der *Sinn*, der bis in die chronologische Abfolge hinein die Erzählung organisiert.

Selbst wenn der Autobiograph den Verdacht hegt, der lineare, historische Aufbau könne unzulänglich sein, nimmt er häufig genug zu Lösungen Zuflucht, die wie der Versuch einer themati-

4 G. Genette untersucht in *Discours du récit* (in: *Figures III*, Paris 1972) den Fall der »nachträglichen Erzählung« (S. 232 ff.) – der auf alle Autobiographien zutrifft – und stellt fest, daß zwar in manchen Fällen der Zeitpunkt, an dem erzählt wird, angegeben wird, das Erzählen selbst aber keine Dauer hat. Dies trifft auf alle fiktiven Erzählungen zu, nicht aber auf die meisten Autobiographien. Sehr häufig wird die Erzählzeit gerade durch *zwei* Datierungen am Ende des Textes ausgewiesen (vgl. den Schluß von Nourissiers *Un petit bourgeois* oder von Leiris' *Mannesalter* usw.); häufig wird diese Dauer auf dramatische Weise in die Erzählung selbst eingearbeitet. Im Text von *Die Wörter*, das zwischen 1954 und 1963 entstanden ist, kommt sie durch unbeabsichtigte Inkohärenzen in der Chronologie zum Ausdruck, zu denen sich Sartre in seinem Interview in *Le Monde* vom 18. April 1964 geäußert hat.

5 Vgl. dazu André Vial, *Chateaubriand et le Temps perdu*, Paris 1971.

6 Zur Analyse der verschiedenen »Brüche« in der chronologischen Reihenfolge vgl. G. Genette, a. a. O., S. 77-121.

schen Gliederung oder wie die Entflechtung der Erzählung zu linearen, aneinandergereihten Serien kaum geeigneter sind: so ist etwa Simone de Beauvoir in *Alles in allem* vorgegangen.[7] Eine bequeme Lösung, die zeigt, wie wenig sich die Autobiographin der Probleme der von ihr gewählten Gattung bewußt ist. Wenn die Autobiographin zudem jene Grenzen und Unzulänglichkeiten der Gattung beklagt, die sie vorgeblich daran hindern, die Komplexität ihrer Geschichte und ihre tiefempfundenen Gefühle adäquat auszudrücken, muß man diese Passagen als Eingeständnis ihres Konformismus lesen. Denn wer zwingt sie, dem vorgefertigten Modell der linearen Erzählung zu folgen? Warum erfindet sie nicht vielmehr jene Form, die ihrer Erfahrung angemessen ist?

Versuche dieser Art gelangen in den meisten Fällen über das Stadium der gutgemeinten Absicht oder des guten Vorsatzes nicht hinaus – so etwa der sich auf wenige Passagen beschränkende Verstoß gegen die Chronologie, den sich Claude Roy in *Moi Je* gestattet hat. Der einzige mir bekannte, umfassende Versuch in diese Richtung wurde von Michaïl Soschtschenko unternommen, der in *Avant le lever du soleil*[8] seine Jugend sozusagen gegen den Strich erzählt, indem er, ausgehend von seinem Leben als junger Mann, auf seine Jugend, Kindheit und frühe Kindheit zurückgreift und schließlich bei der unmöglichen Erinnerung an seine Geburt anlangt. Er konnte diese Abfolge natürlich nur unter der Bedingung einhalten, daß er auf eine zusammenhängende Erzählung verzichtete und sein Buch, ein wenig wie Jules Vallès in *Jacques Vingtras. Das Kind*, als Aneinanderreihung kurzer Tableaus konzipierte. Diese zugleich humoristische und pathetische Suche gegen den Strich läßt den Leser jedoch unbefriedigt: das Verfahren wird auf allzu vordergründige Weise angewandt und stützt sich zudem auf eine recht simple und letztlich wenig ergie-

7 Simone de Beauvoir, *Alles in allem*, deutsch von Eva Rechel-Mertens, Reinbek 1974; im *Prolog* (S. 7f.) wird die bereits in *Der Lauf der Dinge* (vgl. oben, Anm. 3) skizzierte Analyse der Nachteile eines chronologischen Aufbaus fortgesetzt. Die Komposition von *Alles in allem* mag dem Leser als weniger gelungen erscheinen als die der vorangegangenen Bände; Simone de Beauvoir hat sich für einen thematischen Aufbau entschieden, der im Grunde kein Aufbau, sondern eine Addition ist, ohne dabei den chronologischen Aufbau zu übergehen.

8 Michaïl Soschtschenko, *Avant le lever du soleil*, Paris 1971. Diese Technik einer völligen Umkehrung der chronologischen Reihenfolge wird auch von Claude Roy in *Nous, Essai d'autobiographie*, Paris 1972, S. 338, erwähnt. Claude Roy bezeichnet sie als eine ziemlich ausgefallene Hypothese, die sich seiner Meinung nach nicht auf den Aufbau des in der Erzählung widergespiegelten Lebens auswirke.

bige, von Pawlow inspirierte psychologische Theorie. Dennoch, ungeachtet Soschtschenkos relativem Scheitern, ist sie faszinierend, da sie symbolisch auf zwei grundlegende Eigenschaften der autobiographischen Erzählung hinweist: a) auf die Tatsache, daß der allgemeinste Aufbau einer Erzählung der der *Nachforschung* ist und daß dieser praktisch der einzige wirklich »natürliche« (das heißt mit der Situation, in der die autobiographische Erzählung entsteht, unauflöslich verbundene) ist: Dieser Aufbau wird jedoch meist von der Tatsache verdeckt, daß fast alle Erzähler sich dafür entscheiden, ihre Nachforschungen in der chronologischen Reihenfolge einer Geschichte anzustellen; b) daß jede autobiographische Suche im Grunde das Wiederauffinden der Geburt zum Ziel hat, eine offenkundige Tatsache, die ebenfalls durch die systematische Verwendung des biographischen Aufbaus verdeckt wird. Wie viele Autoren beginnen, geblendet von der Tradition, ihren Bericht mit der Mitteilung dessen, was im Grunde problematisch ist, nämlich mit ihrer Geburt: »Ich kam am ... zur Welt.«

So interessant sie auch sein mag, stellt Soschtschenkos Vorgehensweise nicht viel mehr als eine improvisierte und mechanisch umgesetzte Technik dar; sie bringt offenkundig weder ein durchdachtes Weltbild zum Ausdruck, noch ist sie das Ergebnis einer erfolgreichen Auseinandersetzung mit dem Schreiben. Wer eine Abfolge lediglich umkehrt, zeigt, daß er sich nicht von ihr zu lösen vermochte. Es bleibt die *Absicht*, die dahinter steht.

Eine neue Erzählform läßt sich eben nicht improvisieren. Sobald man zur Feder greift, um sein Leben niederzuschreiben, sind die Entscheidungen bereits gefallen; wenn man sich erst zu diesem Zeitpunkt die Frage stellt, welche Form man der Erzählung verleihen soll, wird man nach naiven Überlegungen in herkömmliche, nur scheinbar originelle Verfahrensweisen zurückfallen. Die sehr seltenen Autobiographen, denen ein neuartiger narrativer Aufbau gelungen ist, sind die, die sich an ihre Autobiographie erst herangewagt haben, nachdem sie einen Teil ihres Lebens und ihrer schriftstellerischen Arbeit mit Experimenten und Versuchen zubrachten, die sie zu einer Infragestellung der *Implikationen* der herkömmlichen biographischen Verfahren, zur Ausarbeitung einer neuen Sicht des Menschen und zu einer neuen Schreibpraxis führten. Die meisten Autobiographen sind jedoch, da sie sich nicht auf derartige frühere Experimente stützen können, dazu verurteilt, nach einigen Skrupeln, Klagen oder Versuchen wieder den traditionellen Weg der Chronologie einzuschlagen, der ja im Grunde ihrem Weltbild entspricht.

Unter den Modernen ist es nur Michel Leiris[9] und Jean-Paul Sartre gelungen, neue Erzählstrukturen zu erfinden, da sie wahrscheinlich die einzigen waren, die nicht nur verstanden hatten, daß die biographische Erzählweise keineswegs selbstverständlich ist, sondern auch genügend nachgedacht hatten, um zu wissen, daß eine Erneuerung der autobiographischen Erzählung eine generelle Erneuerung der Anthropologie und der Beschreibungs- und Erklärungsmodelle des Menschen voraussetzt.

Bei Sartre erhält die Autobiographie denn auch ihren Sinn erst über ihren Bezug zu einer neuen Anthropologie. Dabei handelt es sich nicht nur darum, eine allgemeine Theorie einfach auf sein eigenes Leben anzuwenden, sondern diese Theorie durch ihre Anwendung zu modifizieren. In seinem *Plädoyer für die Intellektuellen*[10] geht Sartre unmißverständlich auf den dialektischen Aspekt seiner Unternehmung ein. Er ist kein Gelehrter, der einen Gegenstand untersucht. Er selbst und die von ihm verwendeten Methoden sind vielmehr das Produkt der von ihm untersuchten Gesellschaft: seine Erkundung muß sich also auf eine Art ständiges Hin und Zurück einlassen. Um den Einfluß der herrschenden Ideologie ausschalten zu können, bedarf es einer »Einbeziehung der Nachforschung in die Einzigartigkeit des Nachforschenden«. Die Autobiographie wird damit zu einem Moment einer dialektischen Nachforschung, eines Taumels und einer Verwandlung. Erst die kritische Rückbezüglichkeit auf sich selbst macht es möglich, daß das Experiment von neuem aufgenommen werden kann.

1964 war diese revolutionäre Funktion von *Die Wörter* der Öffentlichkeit nicht klar bewußt geworden. Man las mit Vergnügen eine brillante Erzählung und gefiel sich im Glauben, Sartre habe nun Abbitte geleistet, wäre mit dieser Preisgabe amüsanter Kindheitserinnerungen, mit beißenden Porträts und einer Fülle von Sprachspielen, die eher an die Pirouetten und Facetten eines bourgeoisen Stils als an das unerbittliche Fortschreiten der Dialektik

9 Vgl. unten, »Michel Leiris«, S. 294-376.
10 *Situations VIII*, Paris 1972, S. 401-404. Hier wird die Autobiographie zugleich als notwendiges Moment einer dialektischen Nachprüfung und als eine notwendige Hygiene dargestellt, durch die in der Kindheit erworbene Einstellungen ausgerottet werden können.

erinnern, in den Schoß der Tradition zurückgekehrt. Hier ist nicht der Ort, alle Aspekte dieses Mißverständnisses aufzuklären.[11] Es soll vielmehr versucht werden, über eine genaue Analyse des Aufbaus dieses Textes jenes Verfahren aufzuzeigen, das dieses Mißverständnis ermöglicht hat: ein originales Menschenbild, das sich in einer grundlegenden Erneuerung der Technik der Biographie niederschlägt, von Sartre aber als ein herkömmliches Buch über Kindheitserinnerungen ausgegeben wurde.

Die beiden folgenden Kapitel sind verschiedenen Themen gewidmet und bedienen sich unterschiedlicher Vorgehensweisen: in »Der Aufbau von ›Die Wörter‹« soll die Gliederung der Erzählung detailliert nachvollzogen werden; man sollte zum besseren Verständnis den Text der *Wörter* präsent haben oder ihn parallel zur Darstellung mitlesen. Der eilige Leser findet das Ergebnis dieser Darstellung auf S. 252 übersichtlich zusammengefaßt. In »Dialektik und Zeitlichkeit« sollen in großen Zügen und auf eine synthetischere Art und Weise Schlüsse aus dieser Textanalyse gezogen werden.

2. Der Aufbau von »Die Wörter«

Die Wörter sind eine Autobiographie mit einer scheinbar traditionellen Struktur.[12] Sartre beginnt, wie allgemein üblich, mit seinem Stammbaum (mütterlicherseits, väterlicherseits), seiner Geburt, dem Tod seines Vaters usw. und leitet dann zu einer Kindheitserzählung über, die ihn bis in sein zwölftes Lebensjahr führt; er stellt daraufhin fest, daß sich die entscheidenden Merkmale seiner »Neurose« damit ausgebildet haben, zieht eine kurze Bilanz seiner gegenwärtigen Einstellung zu seiner Kindheit und verspricht, zu einem späteren Zeitpunkt von jener Krise zu berichten, die ihm erlaubte, seine Kindheit hinter sich zu lassen. Zahlreiche in die Erzählung eingestreute Hinweise auf die Chronologie ermöglichen eine genaue zeitliche Einordnung der erzählten Ereignisse.

11 Zu den verschiedenen Aspekten von Sartres Vorhaben in *Die Wörter* und zu den Problemen der Parodie vgl. die Untersuchung von Jacques Lecarme, *Les Mots de Sartre: un cas limite de l'autobiographie?*, in: *Revue d'histoire littéraire de la France* 6 (1975).

12 Hier zitiert nach: Jean-Paul Sartre, *Die Wörter*, übersetzt und mit einer Nachbemerkung von Hans Mayer, in: *Gesammelte Werke in Einzelausgaben. Autobiographische Schriften*, Band 1, Reinbek 1968. (A.d.Ü.)

Das Buch ist in zwei Abschnitte unterteilt, *Lesen* und *Schreiben*, die in sehr allgemeiner Form die in ihnen behandelten Themen umreißen, im Grunde aber – da das Lesen dem Schreiben ja immer vorausgeht – der chronologischen Abfolge entsprechen. An manchen Stellen erkennt der Leser leichte Abweichungen von der Chronologie, was aber bei Kindheitserinnerungen häufig der Fall ist und sich durch die Notwendigkeit rechtfertigen läßt, Analoges zusammenzustellen und erklärend einzugreifen. Alles in allem wird der Leser in seiner ursprünglichen Auffassung bestärkt, ihm sei eine *Geschichte* erzählt worden.

Wenn er jedoch den Aufbau des Textes näher untersucht, wird er schnell bemerken, daß die von Sartre zur Kennzeichnung der Struktur des Textes verteilten Zeichen: der Titel, die Unterteilung in zwei Abschnitte, die ebenfalls betitelt sind, und die Untergliederung des Textes in mehr oder weniger lange, durch Zeilendurchschüsse voneinander getrennte Sequenzen –, daß alle diese Zeichen mit dem wirklichen Aufbau des Textes nicht völlig übereinstimmen. Ich werde zu zeigen versuchen, daß der Titel *Die Wörter* nicht das gesamte behandelte Material abdeckt, daß die Aufteilung in zwei Abschnitte genaugenommen sekundär ist, daß ihre Titel den Leser eher in die Irre führen und daß schließlich die Gliederung in Sequenzen sehr oft, wenn auch nicht immer, relevant ist und in manchen Fällen die wirklichen Gliederungen *verdeckt*. Bei dieser Suche nach dem wirklichen Aufbau werden wir feststellen:

1. daß der Aufbau des Textes kein chronologischer ist. Es hat den Anschein, als fänden alle im Buch erwähnten Ereignisse und Verhaltensweisen sozusagen gleichzeitig statt. Der chronologische Aufbau kommt nur auf sekundären Textebenen zum Tragen;

2. daß man dort, wo man eine Geschichte zu lesen glaubte, einer Analyse gefolgt ist, deren logische Zusammenhänge mit einem chronologischen Vokabular überschminkt wurden. Der Aufbau des Buches ist der einer als narrative Aufeinanderfolge verkleideten Dialektik.

Chronologie

Der Bruch von 1916

Bei der Analyse der *Wörter* stellt sich ein grundlegendes Problem: es geht nicht um die Aufeinanderfolge des Erzählten, sondern um dessen Bezug zu den ausgesparten Ereignissen. Die Erzählung, sofern man hier wirklich von einer Erzählung sprechen kann, führt uns vom Alter von vier Jahren (erste Erinnerungen) bis zum Alter von elf und ein Viertel Jahren (Herbst 1916). Warum endet sie hier? Auf der Ebene der Geschichte wird dafür kein Grund angegeben. Alle angeführten Gründe betreffen die Analyse: seine Neurose ist *damals* zu seinem Charakter geworden, so war er *damals*, so ist er bis heute geblieben usw. Der Leser kann natürlich Vermutungen über dieses plötzliche Abbrechen der Erzählung *vor* dem entscheidenden Abschnitt der Pubertät anstellen, deren Krisen und Metamorphosen den Autobiographen im allgemeinen reichhaltiges Material liefern und die, wie man aus der Psychologie weiß, die in der frühen Kindheit aufgetretenen und ungelöst gebliebenen Probleme von neuem akut werden läßt. Wird damit aber nicht – psychoanalytisch gesprochen – die Geschichte des Subjekts auf das beschränkt, was Freud die »Latenzzeit« genannt hat: das Problem des Ödipus infolge des frühen Tods des Vaters gelöst, noch bevor es zu einem Konflikt kommen konnte, und die Adoleszenzkrise mit Schweigen übergangen? Man fühlt sich hier unwillkürlich an Sartres äußerst zurückhaltende Äußerungen über sein Sexualleben erinnert. Andrerseits weiß der Leser aber, daß ein wichtiges Ereignis dieses plötzliche Abbrechen der Erzählung erklären könnte: die Wiederverheiratung der Mutter 1916 und die Umsiedelung nach La Rochelle. Dieses Ereignis, welches das Kind seiner Pariser Umgebung entrissen und das Familienleben von Grund auf umorganisiert hat, müßte das abrupte Ende der Erzählung im Alter von elf Jahren erklären können. Es wird jedoch in *Die Wörter* praktisch nicht erwähnt. Wie wir noch sehen werden, liegen die Dinge in Wirklichkeit nicht so einfach: die Bedeutung dieses Bruchs in der Chronologie wird sich nur über eine Entschlüsselung des *dialektischen* Aufbaus und seiner Bruchlinien erklären lassen.

Vorerst kann jedenfalls festgestellt werden, daß der Schluß der *Wörter* in Wirklichkeit zwei Brüche in der Chronologie aufweist:

den Herbst 1916 und die Niederschrift von *Der Ekel* und *Das Sein und das Nichts* um das Jahr 1940. Anhand der Geschichte des Kindes bis zum Alter von elf Jahren wird eigentlich die Geschichte des Autors von *Der Ekel* erzählt. Dies kommt auf affektiver Ebene deutlich zum Ausdruck: Sartre macht sich nicht den Vorwurf, im Alter von vier bis elf Jahren zu diesem mythomanischen und neurotischen Kind *geworden*, sondern es auch weiterhin, nämlich bis zum Alter von fünfunddreißig Jahren, *geblieben* zu sein: »Fader Dreck: ich verschlang ihn, ohne ihn richtig zu verstehen; noch mit zwanzig Jahren glaubte ich daran.« (S. 101) Der abrupte Schluß der *Wörter*, der einen Zusammenhang zwischen 1916 und 1940 herstellt, weist darauf hin, daß diese beiden Abschnitte in eine gemeinsame Perspektive gestellt werden: der Jugend wird anhand der Kindheit der Prozeß gemacht. Zu erklären bliebe noch, warum er so lange im Alter von elf Jahren steckengeblieben ist: ein Punkt, der vorderhand offenbleiben muß. Wesentlich ist hingegen die Erkenntnis, daß das, was als die Geschichte des Kindes präsentiert und in einer scheinbar logischen Abfolge vor uns ausgebreitet wird, in Wirklichkeit die Projektion der vom Erwachsenen später, also rückblickend, unternommenen Analyse seiner Neurose ist. Der wirkliche Einschnitt im Leben Sartres fand 1940 statt: der Beginn seiner politischen Bewußtwerdung.

Sartre hat einmal erwähnt, daß er keine Fortsetzung zu *Die Wörter* schreiben werde.[13] Man ahnt warum: weil die »Fortsetzung« bereits in jeder Zeile der Erzählung enthalten und sozusagen miterzählt wird. Sie wäre eine reine Wiederholung. Würden *Die Wörter* eine Geschichte erzählen, müßte ihr Abbrechen im Alter von elf Jahren als ungerechtfertigt erscheinen, und der Leser würde eine Fortsetzung erwarten. Könnte man sich *Memoiren einer Tochter aus gutem Hause* vorstellen, die am Schluß des ersten Kapitels, an der Schwelle zur Pubertät also, auch schon zu Ende

13 *Sartre über Sartre*. Interview mit *new left review*, in: *Sartre über Sartre, Gesammelte Werke in Einzelausgaben*, *Autobiographische Schriften*, Bd. 2, Reinbek 1988, S. 187. In einem jüngeren Interview hat sich Sartre zur Möglichkeit einer Fortsetzung von *Die Wörter* geäußert (*Selbstporträt mit siebzig Jahren*, in: ebd., S. 217). Er erwähnt unter anderem, 1971 geplant zu haben, sein »politisches Testament« in der Form einer Novelle zu schreiben, deren Fiktionalität aber transparent bleiben sollte. Da ihm seine schwindende Sehkraft das Schreiben unmöglich macht, plane er gemeinsam mit Simone de Beauvoir einen Gesprächsband, der »die Fortsetzung der *Wörter* ist, diesmal aber nach Themen geordnet, nicht im Stil der *Wörter*, da ich ja keinen Stil mehr haben kann«.

wären? Doch akzeptiert der Leser von *Die Wörter* merkwürdigerweise dieses Abbrechen, ohne, wie bei einer wirklich chronologischen Erzählung, einer gewöhnlichen Biographie, auf die Fortsetzung zu warten: Er spürt, daß die Geschichte zwar offenbleibt, die Analyse aber abgeschlossen ist.

Und wenn er wirklich wissen will, was in der Zeitspanne zwischen 1916 und 1940 geschehen ist, kann er das 1960 verfaßte *Vorwort zu Aden Arabie*[14] lesen, eine Wiederholung der in den *Wörtern* unternommenen Analyse, angewandt auf die Jugend und das Leben Sartres bis zur Niederschrift von *Der Ekel*: der Unterschied zwischen dem Erwachsenen, der von seinem Wahn geheilt ist, und dem Protagonisten wird durch den Gegensatz zwischen Nizan, der von Sartre im Rückblick verstanden wird und der dessen Bewußtwerdung vorweggenommen hat, und Sartre selbst, der immer noch den Mythen seiner Kindheit verfallen ist, symbolisch dargestellt.

Die Fortsetzung der *Wörter* auf der Ebene der Analyse müßte eigentlich von dem Ereignis berichten, das die Niederschrift der *Wörter* erst ermöglicht hat, nämlich von einer *Bekehrung. Die Wörter* sind mit den Autobiographien religiös Bekehrter eng verwandt. Freilich handelt es sich hier, was nicht eigens erwähnt werden muß, um eine Bekehrung gegen den Strich. Aber wie dem auch sei. Auch hier überprüft der Frischbekehrte seine vergangenen Irrtümer im Licht der inzwischen erkannten Wahrheiten. Dieser Aspekt der Bekehrungserzählung tritt auch im Verwirrspiel mit dem Adressaten der Autobiographie zutage. Wer ist der implizite Leser der *Wörter*? Natürlich das breite bürgerliche Leserpublikum, an das sich Sartre in einer Art aggressiver Komplizenschaft wendet: das Buch ist eine Abrechnung. Zugleich ist es aber auch ein Plädoyer, das sich denen gegenüber, die vor ihm *verstanden* haben und zu denen er inzwischen gestoßen ist, auf »mildernde Umstände« beruft: *Die Wörter* können in diesem Sinn als eine Art postumer Dialog mit Nizan verstanden werden.

Man vermißt also einen anderen Bericht, den Bericht der Bekeh-

14 Vgl. *Über Paul Nizan*, in: *Sartre über Sartre*, a. a. O., S. 9-55. Sartre ist in einem Interview mit Francis Jeanson vom Juni 1973 (*Sartre dans sa vie*, Paris 1974, S. 289-295) sowie in einigen Passagen seiner Gespräche mit Gavi und Victor auf die unmittelbare Fortsetzung seiner Kindheit, auf seine Adoleszenz also, eingegangen; dabei betonte er die Rolle seines Stiefvaters als Autoritätsfigur (J.-P. Sartre, Philippe Gavi, Pierre Victor, *Der Intellektuelle als Revolutionär*, deutsch von Annette Lallemand, Reinbek 1976, S 130f.).

rung, die sich in zwei Etappen vollzog: der Eintritt in die Geschichte 1939 und die Inkubation des Marxismus in den fünfziger Jahren. Einigen verstreuten Teilen oder skizzenhaften Vorstufen dieser anderen Erzählung begegnet man in bestimmten Schriften Sartres, von *Was ist Literatur*? über seinen Aufsatz über Merleau-Ponty (*Situations IV*) bis zu seinen Texten über die gegenwärtige Rolle der Intellektuellen (*Situations VIII*). Vor *Die Wörter* hatte man kaum Anhaltspunkte zur Verfügung, um sich ein Bild von Sartres Kindheit machen zu können[15]; die Gesamtperspektive, in der dieser zweite Band stehen könnte, läßt sich hingegen unschwer vorstellen.

Welche Technik hätte Sartre verwendet, wenn er diese andere Erzählung geschrieben hätte? Den chronologischen Aufbau, zu dem ihn sein Eintritt in die Geschichte gezwungen hätte? Oder hätte er, wie seine Äußerungen von 1970 anzudeuten scheinen, eine Art theoretische Genese seines politischen Entwurfs konstruiert? Die Frage erübrigt sich, weil allem Anschein nach ausgeschlossen werden kann, daß Sartre eine derartige Erzählung je schreiben wird. Sein Projekt eines »politischen Testaments« verwirklicht er heute mit anderen Mitteln: in Gesprächen und Interviews wie etwa denen, die er kürzlich mit Victor und Gavi[16] geführt hat, oder an denen er gegenwärtig mit Simone de Beauvoir arbeitet.

Das Fehlen eines chronologischen Aufbaus

Einer strikten Chronologie begegnen wir nur in der Einleitung und im Schluß von *Die Wörter*. Die Einleitung (S. 7-12) enthält alles das, was den frühesten Erinnerungen vorausgegangen ist: die Geschichte der Familie, die Heirat seiner Eltern, seine Geburt, der Tod des Vaters, die Rückkehr der Mutter zu den Schweitzers: die Vorgeschichte des Kindes, die ihm infolge des Todes des Vaters die Freiheit schenkt. Der Schluß des Buches (S. 130-145) beschreibt Sartres von elf Jahren bis zum Zeitpunkt der Niederschrift andauerndes Festhalten an dem, was er als seine »Neurose« bezeichnet; er wird erst nach 1940 im Zuge seiner politischen Bewußtwerdung

15 *Die Wörter*, a. a. O., S. 135: »Meine Freunde wunderten sich, als ich dreißig Jahre alt war: ›Man möchte glauben, Sie hätten keine Eltern und keine Kindheit gehabt.‹«

16 *Der Intellektuelle als Revolutionär*, a. a. O.

teilweise von ihr loskommen. Es ist aufschlußreich, den Anfang und das Ende des Buches einander gegenüberzustellen, den Übergang von dieser leeren Freiheit zu einer Neurose, die zu seinem Charakter geworden ist: zwischen ihnen öffnet sich der Raum einer Transformation, des Übergangs vom einen zum andern: der Lebensentwurf. Dieser Teil der Erzählung umfaßt die Seiten 12 bis 130 und entspricht etwa dem Zeitraum zwischen 1909 und 1916 (von vier bis elf Jahren). Der chronologische Aufbau wird auf dieser sehr allgemeinen Ebene eingehalten und entspricht auch einem kohärenten, logischen Aufbau. Besser als die bloß optische Aufteilung des Buches in zwei gleich lange, mit *Lesen/Schreiben* betitelte Abschnitte könnte man sich eine Gliederung in drei Teile vorstellen: die »Ausgangssituation«, mit der das Kind konfrontiert ist (7-12), die Analyse seiner Art und Weise, mit dieser Situation umzugehen, indem er schrittweise seinen Lebensentwurf festlegt (S. 12-130); und die daraus hervorgehende neue innere »Situation« (S. 130-145), nämlich die Fixierung der Neurose. Dieser dritte Teil läßt sehr dialektisch die Möglichkeit einer weiteren Reaktion Sartres auf jene Situation offen, die er sich ausgehend von der schuf, die man ihm geschaffen hatte. Dieser dritte Teil von *Die Wörter* könnte somit zum ersten Teil des zweiten Bands der Autobiographie werden. Eine eingehendere Analyse des dialektischen Aufbaus wird, wie wir noch sehen werden, ergeben, daß der Schlußteil etwas anders zu untergliedern ist.

Der Mittelteil, der den Großteil der Erzählung umfaßt, ist hingegen nicht chronologisch aufgebaut. Alle Ereignisse oder Gefühle werden vielmehr so behandelt, als wären sie unmittelbar gegenwärtig, und ihre Aufeinanderfolge in der Erzählung ist nicht die einer Geschichte, sondern die einer mit den Mitteln der Analyse unbeirrbar Schritt für Schritt vollzogenen Ausfaltung eines Zustands der Simultaneität zu einer Art idealen theoretischen Genese.

Die im ersten Teil, *Lesen*, von S. 12 bis S. 78 verarbeiteten Inhalte betreffen im großen und ganzen den Zeitraum zwischen 1909 und 1914, wobei sich die meisten Erinnerungen auf die Rue Le Goff beziehen, in der die Schweitzers 1911 eine Wohnung bezogen hatten. Das Datum 1914 wird sogar mehrere Male überschritten (S. 48): »Bis zum Alter von zehn Jahren blieb ich allein zwischen einem Greis und zwei Frauen«, also 1915, das Jahr seines Eintritts ins Lycée Henri IV; auf S. 62 ist die Rede von dem Fragebogen, den er im November 1915 ausfüllen muß. Stellt man eine vollständige Liste der von Sartre selbst datierten Details des Textes auf, erkennt man rasch, daß dieser Teil, als ein Ganzes betrachtet, keinem chronologischen Aufbau gehorcht und daß die Chronologie nur sehr selten und nur in einzelnen Abschnitten eingehalten wird (die Etappen des Lesenlernens [S. 24-40] werden natürlich in chronologischer Reihenfolge beschrieben, ohne daß genaue Zeitangaben gemacht werden; die schulische Karriere [S. 45-48] wird ebenfalls als Aufeinanderfolge der Schulen, die er bis zum Eintritt ins Lycée 1915 besucht hat, dargestellt); die in der Erzählung verarbeiteten Inhalte werden im allgemeinen beliebigen Zeitpunkten der Periode zwischen 1909 und 1914 entnommen, mit dem einzigen Ziel, die dialektische Entwicklungsphase zu illustrieren, die der Lebensentwurf des Kindes gerade durchmacht. Diese Technik wäre keine Überraschung, würde Sartre nicht das herkömmliche narrative Spiel einer fortlaufenden Erzählung spielen, das von seiner im übrigen ostentativ zur Schau gestellten Chronologie Lügen gestraft wird.

Untersucht man den zweiten Teil, *Lesen*, auf dieselbe Weise, erlebt man eine doppelte Überraschung: schon die erste Beobachtung, die man macht, scheint den obigen Schlußfolgerungen zu widersprechen; die zweite bestätigt sie hingegen auf eindrucksvolle Weise. Zunächst fällt auf, daß der zweite Teil in einer untadeligen chronologischen Reihenfolge konstruiert ist, die praktisch nie durchbrochen wird: nach einem thematisch gegliederten Beginn, der mit den Daten recht freizügig umgeht, würden *Die Wörter* somit in eine klassische Erzählung übergehen, deren logischer Fortgang mit ihrer zeitlichen Aufeinanderfolge zusammenfällt. Gleichzeitig damit stellt man aber einigermaßen verblüfft fest, daß diese durchaus kohärente Erzählung des zweiten Teils die Ereignisse des ersten Teils keineswegs *fortsetzt*, sondern *überlagert*, also praktisch denselben Zeitabschnitt behandelt: von 1912 bis 1915. Im Alter von sieben Jahren (1912) wird das Kind in die Geheimnisse der Schriftstellerei eingeweiht (S. 79f.); mit sieben bis acht Jahren (1912-1913) schreibt es aus eigenem Antrieb Romane (S. 80-87); mit acht Jahren gibt sein Großvater seiner Berufung eine genauere Ausrichtung (S. 87-94); und mit acht bis zehn Jahren erfindet sich das Kind seinen Auftrag (S. 94-118). Am Schluß dieser Sequenz greift Sartre wieder in die Vergangenheit zurück, das Kind-mit-dem-Auftrag ist jedoch plötzlich nur mehr neun Jahre alt (S. 117); es liegt auf der Hand, warum dies so sein muß: auf S. 119 muß zum Ereignis vom 2. August 1914 übergeleitet werden. Der behandelte Zeitabschnitt deckt sich also genau mit dem Zeitabschnitt, dem all jene Ereignisse des ersten Teils entnommen wurden, die vorgaben, zum zweiten *überzuleiten*. Damit stellt sich folgendes heraus: Es ist zwar durchaus plausibel, daß der Beginn des Lesenlernens der Einweihung in die Schriftstellerei *vorausgeht* (oder, in anderen Worten, daß das auf Seite 29 geschilderte Ereignis: »als die letzte Seite umgeblättert war, konnte ich lesen« früher anzusetzen ist als das der S. 79: »ich machte mich zum Verseschmied«), daraus darf aber keineswegs der Schluß gezogen werden, der ganze zweite Teil folge zeitlich auf den ersten. Sie überlagern einander, sind lediglich leicht versetzt, der eine nach hinten (Erlernen der Technik des Lesens im ersten Teil), der andere nach vorne: Im zweiten Teil werden ab S. 119 jene Ereignisse geschildert, die der Träumerei über seine zukünftige Genialität ein scheinbares Ende setzten: der Krieg von 1914 und das erste Jahr in der Vorschule des Lycée Henri IV (1915-1916; S. 119-130). Es ist deutlich zu erkennen, daß diese Sequenz als *conclusio* dient, als »gemeinsamer Faktor« der im Grunde gleichzeitig ablaufenden Entwicklungen des ersten und zweiten Teils. Der Erzählung der Seiten 79 bis 119 kommt also in Hinblick auf das gesamte Buch genau dieselbe Funktion zu wie den oben erwähnten Passagen der Seiten 24 bis 40 und 45 bis 48: Sie ist *in sich* chronologisch aufgebaut, unterhält aber nach außen, mit den anderen Episoden, keinerlei Beziehung chronologischer Art. Der allgemeine Aufbau der Erzählung ist also nicht der einer Geschichte.

Er ist der einer dialektischen Fabel.

Dialektik

Sobald man die Täuschungsmanöver dieser unordentlichen Chronologie durchschaut hat, tritt der tatsächliche Aufbau des Textes zutage: der Aufbau einer völlig achronologischen Analyse, die nicht der zeitlichen Aufeinanderfolge der Ereignisse, sondern der logischen Ordnung der Ursachen für die Neurose folgt. Eine theoretische und abstrakte Genese, eine Art analytische Fabel, in der sich unter der Maske der Erzählung das rigorose Ineinandergreifen der Analysen entfaltet. Sie läßt sich als eine Fabel nach dem

Vorbild der Bibel darstellen: Am Anfang war die Freiheit, und die Freiheit schwebte über einer Situation (*Situation und Freiheit*); die Freiheit war leer und nahm, um sich eine Form zu geben, die Gestalt des Musterknaben unter dem Blick des Anderen an (*Afferei*); eines Tages erkannte die Freiheit aber, daß sie wüst und leer war, daß sie hohl klang, bekam Angst vor sich selbst und wollte sich bedecken (*Ekel*); und sie suchte sich hinter anderen, nun aber verinnerlichten Rollen zu verbergen (*Schmollen*); die Rolle war aber bereits zum Charakter, die Verkleidung zu einer zweiten Haut geworden (*Wahn*). Damit verweist der Aufbau der Erzählung nicht auf die Geschichte eines Individuums, sondern auf den Aufbau und das Fortschreiten jener Dialektik, die bereits in *Das Imaginäre* und *Das Sein und das Nichts* ausgearbeitet worden war.

Die Struktur des Buches wird erst dann erkennbar, wenn man die scheinbare Gliederung in zwei Teile und mit ihr die vorgespiegelte Chronologie außer acht läßt. Das Buch ist in Wirklichkeit in fünf Abschnitte untergliedert, die ich als »Akte« bezeichnen möchte, da diese Struktur in meinen Augen Analogien zur Sartreschen Dramaturgie (zum Beispiel *Der Teufel und der Liebe Gott*) aufweist.

Nachstehender Kasten enthält eine detaillierte Übersicht über die Struktur des Buches. Diese Gliederung soll nun Akt für Akt nachgezeichnet werden.

Erster Akt: Situation und Freiheit (S. 7-12)

Dieser Abschnitt befaßt sich mit der Vorgeschichte des Kindes und bestimmt die Situation, in der es zur Welt kommt, als reine *Freiheit*: der Akt endet bezeichnenderweise mit diesem Wort. Eine Art Wirbelwind, in dessen Zentrum eine Leere, eine reine Verfügbarkeit, eine Freiheit entsteht: das Kind. Der Begriff und die Erfahrung der Freiheit, die in Sartres Denken eine zentrale Stellung einnehmen, werden damit an den Ursprung seiner Geschichte gestellt. Die Analyse der Tatsache, daß der Vater des Kindes starb, noch bevor es das ödipale Alter erreicht hatte, funktioniert sowohl als eine Art »Versicherung« gegen die Freudsche Psychoanalyse wie als biographische Grundlage des kindlichen »Lebensentwurfs«. Die gesamte »Inszenierung« des Beginns ist von der Absicht geprägt, die Freiheit als einen absoluten, jeder

ERSTER AKT – *SITUATION UND FREIHEIT* [7-12]

ZWEITER AKT – *DIE PRIMÄREN KOMÖDIEN*

Das Nachäffen, äußerliche Anwendung [12-48]

A) *Familienkomödie* [12-24]
- 1) Die Komödie [12-21]
- 2) Virtuelle Widersprüche [21-24]
- 3) Auflösung [24]

B) *Literarische Komödie* [24-48]
- 1) Die Komödie [24-40]
- 2) Virtuelle Widersprüche: – Die Aufrichtigkeit [40-42]
– Die wirklichen Lektüren [42-45]
– Die Schule [45-48]
- 3) Auflösung [48]

DRITTER AKT – *DIE BEWUSSTWERDUNG DER LEERE*

Der Ekel [48-63]

A)
- 1) Bewußtwerdung der Heuchelei [48-50]
- 2) Bewußtwerdung der Kontingenz [50-54]
- 3) Langeweile, Angst vor dem Tod [54-56]
- *Der Heilige* (Scheitern der Religion an der Familie) [56-59]
- 4) Mehrfaches Scheitern der Komödie [59-62]
- 5) Ekel vor dem Spiegel [62 f.]

VIERTER AKT – *DIE SEKUNDÄREN KOMÖDIEN*

Das Schmollen, innerliche Anwendung [63-118]

B) *Der Held* (das epische, prekäre Schmollen) [63-78]

C) *Der Schriftsteller* [79-118]

Ereignis Nr. 1 (7 Jahre)	
Einweihung in die ⟶	*Periode Nr. 1* (von 7 bis 8 Jahren)
Schriftstellerei	Erste Schreibversuche [80-87]
Ereignis Nr. 2 (8 Jahre) ⟵	Kurze Freude [87]
Zur Karriere als Federfuchser	
verurteilt [87-94] ⟶	*Periode Nr. 2* (von 8 bis 10 Jahren)
	Hochmütige Rückkehr zur Berufung [94-118]

- A) *Der Schriftsteller-Held* [95-99]
Scheitern: kein Feind [99-101]
- B) *Der Schriftsteller-Heilige* [101-106]
Modulation [106-108]
- C) *Der Schriftsteller: Ruhm und Tod* [108-117]
Das bleibt eine Komödie [117 f.]

FÜNFTER AKT – *DER WAHNSINN* [118-145]

1. *Die scheinbare Heilung* [118-130]
   - *a)* Der Erste Weltkrieg → Liebe zur Mutter
   - *b)* Eintritt ins Lycée 1915 → Kameradschaft
2. *Der wirkliche Wahnsinn* [130-143]
Optimismus und Fortschrittsglauben von 1916 bis 1939
3. *Die relative Heilung* [143-145]
»Ich habe mich geändert.« Ankündigung eines zweiten Bandes

Geschichte (das heißt jeder Erinnerung oder jedem Bewußtsein) vorausgehenden Ursprung darzustellen. Sie ist mit keiner Bewußtwerdung, keiner Reaktion, als die sie sich im Rahmen einer Geschichte darstellen müßte, verbunden, sondern steht außerhalb der Geschichte, als jenes *Loch*, das eine Geschichte erst hervorbringt, das die Existenz einer Geschichte erst notwendig macht – ein Loch, eine Leere, die sich im Lauf der Geschichte noch mehrmals *wiederholen* und zu ihrem eigentlichen Motor werden wird. Diese ursprüngliche Freiheit darf nicht mit einem seiner selbst bewußten Willen verwechselt werden; sie ist lediglich ein Mangel, der nach Abhilfe verlangt, ein formloses Loch, das eine Gestalt annehmen möchte. Die Sartresche Erzählweise vermag uns diese Leere als etwas Vorgängiges darzustellen, obwohl man genau weiß, daß sie von der Erfahrung der Bewegung untrennbar ist, mit der sie sich einen Inhalt anzueignen sucht. Es ist ein wenig so, als wollte uns eine Erzählung von der Erschaffung der Welt die Erscheinung der Schwerkraft und das Ereignis des Sündenfalls als *aufeinanderfolgende* Schritte darstellen.

Diese Freiheit ist zwar leer, aber durchaus nicht unbestimmt, denn sie existiert in einer Situation. Die satirische Darstellung der Familie Schweitzer, mit der das Buch beginnt, ermöglicht es, jene Form vorherzusehen, die dieses ursprüngliche Loch annehmen wird, um in die Existenz eintreten zu können.

Zweiter Akt: die primären Komödien (S. 12-48)

Diese formlose Leere wird natürlich die Form annehmen, die ihr von ihrer Umgebung vorgegeben wird. Damit setzt die konkrete Anwendung der in *Marxismus und Existentialismus* erörterten Theorie von der »jeweilige[n] Einzelfamilie als Vermittlung zwischen der allgemeinen Klasse und dem Individuum«[17] ein. In Anlehnung an Simone de Beauvoirs berühmte Formel über die *conditio* der Frau: »Man kommt nicht als Frau zur Welt, man wird

17 *Marxismus und Existentialismus, Versuch einer Methodik*. Deutsch von Herbert Schmitt, Reinbek 1964, S. 52-57. *Die Wörter* können als exemplarische Veranschaulichung dieser »Mittlerrolle« der Familie gelten. Sartre sieht bekanntlich eine weitere Vermittlung in der Gruppenzugehörigkeit des Erwachsenen. Die Fortsetzung der *Wörter* – wenn Sartre sie geschrieben hätte – wäre vermutlich von diesem Gedanken ausgegangen.

es«[18] könnte man Sartre sagen lassen: »Man kommt nicht als Kind zur Welt, man wird es.«

Der Zweite Akt beschreibt nacheinander die beiden Formen der Komödie: die Familienkomödie (S. 12-24) und die literarische Komödie (S. 24-48). Ich bezeichne diese Komödien als »primäre«, weil die Erzählung alles tut, um sie uns als naive und widerspruchsfreie Komödien darzustellen. Das Kind tritt in die Komödie der Erwachsenen ein und spielt erfolgreich die Rollen des braven Kindes und des klugen Äffchens: im Tausch dafür erhält es von den Erwachsenen die Bestätigung seiner Existenz. Diese unaufrichtige, von der Unaufrichtigkeit der Erwachsenen inspirierte Haltung muß vom Kind vorerst noch naiv und distanzlos erlebt werden. Sartre behält alle Brüche und alle Bewußtwerdungen des Kindes dem Dritten Akt (siehe unten) vor. Hier gelten seine Bemühungen noch ganz der Rekonstruktion dessen, was man »die Aufrichtigkeit in der Unaufrichtigkeit« nennen könnte, der (ironischen) Darstellung dieses Zustands als eine Art Paradies, aus dem er infolge seiner späteren Bewußtwerdung vertrieben werden wird.

Diese Trennung der »naiv« gespielten Komödie von der Bewußtwerdung ist auch hier eine Art analytische Fiktion, die sich nur mit Mühe als historische Erzählung auszugeben vermag. Die Kluft zwischen dem Erzähler und dem Kind stiftet hier, im Zweiten Akt, beim Leser einige Verwirrung, da das Kind die Komödie in diesem »Stadium« eigentlich naiv erleben müßte, während die vom Erzähler gewählte Erzählweise den Leser immer glauben machen will, das »Ich«, von dem der Erzähler spricht, sei seiner Schwindelei bewußt gewesen. Es besteht hier ein Widerspruch zwischen der Art und Weise der Analyse und dem analysierten Gegenstand, und es ist Sartre nicht gelungen, jene naive Rede vorzuführen, die die Komödie des Kindes in dieser Phase eigentlich verlangen würde. Er zieht sich geschickt aus der Affäre, indem er dieser Kritik raffiniert zuvorkommt (S. 40f.) und ein Dispositiv schafft, das die Fortsetzung seiner Analyse »vorbereitet«.

Denn die beiden von mir unterschiedenen primären Komödien werden von Sartre in jeweils derselben Reihenfolge präsentiert. Als erstes eine Beschreibung der Komödie an sich (Familienkomödie: S. 12-21; literarische Komödie: S. 24-40). Anschließend

18 Simone de Beauvoir, *Das andere Geschlecht*. Deutsch von Eva Rechel-Mertens und Fritz Montfort, Reinbek 1968, S. 265.

daran die Darstellung der, wie ich sie nennen möchte, virtuellen Widersprüche, das heißt der möglichen Brüche oder Gegensätze, all dessen, was die Komödie verhindern oder zusammenbrechen lassen könnte. Im Fall der Familienkomödie sind diese virtuellen Widersprüche Louises »Geist, der stets verneint« und die »bösen« Preußen, die die Komödie hätten verhindern oder verändern können; die Erwähnung dieser Brüche, die zwar existierten, die Komödie aber nicht verhinderten, soll die ihr anfänglich zugeschriebene Vollkommenheit zum einen relativieren und plausibel machen und zum anderen geschickt zum Dritten Akt (siehe unten) überleiten: eine unmerkliche Verschiebung der Schwerpunkte wird dazu ausreichen; das *obwohl* wird zu einem *weil*, die in das Bild vom Glück eingebrachte, minimale Einschränkung wird zur Hauptursache für den Bruch werden. Diese zweite, konzessive Etappe endet mit einer dritten, knapper gefaßten, die ich als Auflösung (in der musikalischen Bedeutung des Wortes: Rückkehr zum reinen Akkord) bezeichnen möchte und die viel kürzer, aber von grundlegender Bedeutung ist.[19] Diese Rückkehr zur Harmonie nach der Erwähnung und (provisorischen) Überwindung der Widersprüche wird indes auf durchaus spöttische Art und Weise dargestellt. Man kehrt zwar zur Vollkommenheit, zur Geschlossenheit der Komödie zurück, aber nur, um ihre Leere herauszustreichen. Die innere Dialektik der beiden Erzählungen der primären Komödie ist also dynamisch konstruiert, um die Bewußtwerdung jener Leere, von der im Dritten Akt die Rede sein wird, zu etwas Unausweichlichem zu machen. Auch wenn es Sartre letztlich nicht gelingt, die Aufrichtigkeit einer naiven Unaufrichtigkeit darzustellen, kündigt er dem Leser mittels eines raffinierten Systems von Überschneidungen und Versetzungen die spätere Bewußtwerdung des Helden an, so daß sie, als sie tatsächlich eintritt, völlig plausibel wirkt. Indem er die Fortsetzung der Analyse insgeheim vorwegnimmt, läßt er die Fortsetzung der »Erzählung« als unumgängliche Notwendigkeit erscheinen.

Dies läßt sich auch anhand der literarischen Komödie verifizieren. An die Erzählung der Komödie schließen folgende »virtuelle Widersprüche« an (S. 40-48): a) Vorwegnahme der kritischen Reaktion des Lesers und Infragestellung des Begriffs der Aufrichtigkeit (S. 40-42); b) »Trotzdem las ich auch *richtig*« – womit alle

19 Zur Familienkomödie vgl. die beiden Absätze von S. 24, Mitte.

anderen Leseweisen sogar in den Augen des Kindes als falsch bezeichnet werden, zugleich aber auch die bedrückende Komödie des Kindes relativiert und seine Persönlichkeit gewissermaßen plausibler gemacht wird (S. 42-45); c) Schilderung seiner Erfahrungen in der Schule: die Schule *hätte* ihn dieser Komödie entreißen können, was durch die Umstände aber verhindert wurde (S. 45-48). Auflösung: »Bis zum Alter von zehn Jahren blieb ich allein zwischen einem Greis und zwei Frauen.« (S. 48) Genau wie auf Seite 24 schließt sich der Kreis der Vollkommenheit, aber in einem spöttischen Ton. Sobald sich der Protagonist dessen bewußt wird, wird in seine naive Komödie die Angst einbrechen.

Dritter Akt: die Bewußtwerdung der Leere
(S. 48-56 und 59-63)

Die Leere konnte ursprünglich nicht ihrer selbst bewußt sein: sie mußte erst versucht haben, einen »Inhalt« zu bekommen (Zweiter Akt), um feststellen zu können, daß sie *hohl* klingt (Dritter Akt). Die formlose Freiheit des Ersten Akts identifizierte sich zunächst mit einer Rolle, um im Zweiten Akt das *Sein* zu erlangen; nun muß ihr nur noch diese Rolle als Rolle bewußt werden, damit sie sich angstvoll ihrer Existenz bewußt werden kann. Im Dritten Akt werden also all jene Ereignisse versammelt, die mit dem, wie man sagen könnte, »Ekel« in Zusammenhang stehen. Das Kind wird aus seiner Unmittelbarkeit gerissen. Halten wir fest, daß dieses Moment des Bruchs ein rein mythisches ist und anhand einer Palette von Ereignissen veranschaulicht wird, die die Zeitspanne zwischen dem Alter von fünf (S. 54) und zehn Jahren (S. 62) umfaßt.

Die Erzählung dieser unerträglichen Bewußtwerdung der Existenz nimmt die Seiten 48-56 und 59-63 ein: Wie man sieht, mußte ich hier ein wenig von der Abfolge des Textes abweichen, dem ich besser gerecht zu werden glaube, wenn ich die Passage von S. 56 bis S. 59 dem Beginn des Vierten Aktes zuordne. Zu dieser nur scheinbaren Abweichung habe ich mich entschlossen, um die der Gedankenführung zugrundeliegende Logik besser herausstellen zu können. Um dem Text völlig gerecht zu werden, müßte ich dieser Sequenz, die vom Scheitern der religiösen Lösung handelt, einen Platz im Dritten Akt zuweisen: dort würde sie dieselbe Rolle spielen wie jene »virtuellen Widersprüche« des Zweiten Akts, die das Auftauchen der Angst zugleich relativieren und plausibel machen; da sie aber zugleich auf die Notwendigkeit einer Flucht verweist, die hier als ein Scheitern dargestellt wird, würde sie auch den Vierten Akt einleiten können, der von den gelungenen Fluchten berichtet. Wir haben es also hier mit einer verschachtelten und antizipierenden Struktur zu tun, die den Übergang vom Dritten zum Vierten Akt erleichtert.

Der »Ekel« beginnt für das Kind mit der Entdeckung seiner eigenen Heuchelei (S. 48f.) und der der Erwachsenen (S. 49f.): Hier wiederholen sich, allerdings aus dem Mund des Kindes, die unerbittlichen Analysen des Erzählers im Zweiten Akt. Anschließend tritt die Kontingenz in Erscheinung, und zwar auf der Ebene des Schicksals (von seinem Vater ohne Berufung und ohne Geld »zurückgelassen«) und auf der der körperlichen Existenz (S. 50-52): einige Elemente, die bereits zuvor in euphorischer Atmosphäre[20] verwendet worden waren, kehren hier wieder, werden aber im Register der Angst dargestellt. Es folgt die beeindrukkende Erzählung der angesichts der »granitähnlichen Notwendigkeit« Monsieur Simmonots entdeckten Kontingenz (S. 52-54), eine Entdeckung, die in die verschiedenen Symptome des Ekels mündet: Langeweile, die Invasion des Faden und Weichen (S. 54) und insbesondere die Angst vor dem Tod (S. 54-56); das Scheitern der religiösen Lösung (S. 56-59) lassen wir, wie bereits erwähnt, beiseite; die Erzählung ahmt nach diesem Scheitern einen dramatischen Anstieg zu einem Höhepunkt nach: »Dennoch erging es mir immer schlechter« (S. 59); drei Anekdoten begleiten den zunehmenden Verfall seiner Karriere als Heuchler; seine Heuchelei klingt nicht nur hohl, sondern schlägt ins Bösartige um: Ein Haarschnitt verwandelt ihn in eine Kröte (S. 59f.), und er muß 1914 und 1915 zwei Niederlagen hinnehmen (S. 60-62): Nun ist der Höhepunkt des Ekels erreicht, der in der gräßlichen Szene vor dem Spiegel (S. 62f.) kulminiert.

Dieser Dritte Akt ist das Herzstück des ganzen Buches, hier wird alles erneut zusammengetragen, bevor sich das Buch auf neue Fluchten hin öffnet. In diesem Dritten Akt bedient sich Sartre auch am intensivsten der Verfahren, die die Erzählung dramatisieren. Dies wird deutlich, wenn man sie mit zahlreichen Passagen von *Der Ekel* vergleicht. Denn liefern *Die Wörter* im Grunde nicht

20 Vgl. von seinem Vater »befreit«, S. 12f., und der verhätschelte Körper, S. 52.

die Erklärung dafür, wie man zum Autor von *Der Ekel* geworden ist, aber auch, wie man sich weigert, der Autor von *Der Ekel* zu bleiben? Zwischen den Titeln der beiden Bücher ließe sich unschwer eine dialektische Wechselbeziehung herstellen: Der Roman *Der Ekel* bannt den realen Ekel, indem er aus ihm ein *Wort* macht; die Autobiographie *Die Wörter* schildert den Ekel, den die Wörter demjenigen einflößen, dem es gelungen ist, aus seinem langjährigen Wahn zu erwachen.

Damit wird auch klar, worauf der von Sartre ursprünglich in Aussicht genommene Titel *Jean sans terre* (Johann Ohneland) beruhen könnte. Er entspricht genau dem Dritten Akt – genauer gesagt, jener Seite 50f., die offenbar den Schwerpunkt der ganzen Erzählung bildet (»Johann Ohnevater«, könnte man sagen).

– Wir haben unseren Helden aber auf dem Höhepunkt des Ekels allein gelassen. Was wird er tun, um ihm zu entkommen?

Vierter Akt: die sekundären Komödien (S. 63-118)

Die Notwendigkeit, die seiner Existenz fehlt, wird er auf andere Art und Weise zu erlangen suchen. Die primären Komödien waren sozusagen zur äußerlichen Anwendung bestimmt: Jean-Paul spielte *für die Erwachsenen* jene Kinderrollen, die sie für *ihre* Komödie brauchten. Die Bewußtwerdung des Dritten Akts bringt dieses System zum Einsturz: die Erwachsenen spielen ihre Rolle als Zuschauer schlecht, das Kind spielt die Rolle des Kindes, wird sich der Künstlichkeit dieses Spiels bewußt und spielt nun seine Rolle ebenfalls schlecht. Es denkt sich eine Lösung aus, um dem entkommen zu können: es muß die Komödie *verinnerlichen* und seine eigene Vorstellungskraft entdecken. Die sekundären Komödien sind also im wesentlichen zur innerlichen Anwendung bestimmt, werden sozusagen vor geschlossener Gesellschaft aufgeführt, wobei der Autor-Schauspieler zugleich auch die Rolle des Zuschauers übernimmt. Nun wird er jedoch nicht mehr die Kinderrollen spielen, die die Erwachsenen von ihm erwarten, sondern die Rollen von Erwachsenen (Helden), die er als Kind von sich selbst erwartet. Die primären Komödien waren eher ein Nachäffen, die sekundären werden eher ein Schmollen sein.

Der Vierte Akt ist rund um drei mögliche Rollen konstruiert: *der Heilige, der Held, der Schriftsteller*. Die beiden ersten Rollen werden scheinbar scheitern. Die im Dritten Akt vorweggenommene (S. 54-59) Möglichkeit, zu einem Heiligen zu werden, bleibt dem Kind infolge der religiösen Gleichgültigkeit seiner familiären Umgebung verschlossen: Wie wir aber noch sehen werden, wird die damit verfehlte religiöse Berufung später hinter der Maske der literarischen Berufung verwirklicht werden können (S. 101 ff. und S. 141-143). Die Heldenrolle ist Gegenstand der ersten Szene des Vierten Akts (S. 63-77): es sind jene »geistigen Übungen« in der Rolle des Draufgängers, des Rächers, des Ritters usw. (S. 65-67), denen er sich zwischen sechs und neun Jahren mit Begeisterung hingibt; die Entdeckung des Kinos (S. 68-72) speist diese heroischen Phantasien und gibt ihnen den richtigen Schwung: von Griseldis bis Zévaco über Michael Strogoff (S. 68-77). Sartre führt aber auch das Scheitern dieses heroischen Schmollens vor, das sich in der Praxis als genauso zerbrechlich wie das Nachäffen erwiesen hat und das Kind nicht vor seiner Kontingenz und Einsamkeit bewahrt (S. 77f.). Und genau damit, mit diesem Wiederauftreten des Ekels, wird eine weitere, beständigere Komödie notwendig.

Man sieht also, daß die Gliederung des Buches in zwei Kapitel, *Lesen* und *Schreiben*, in unserem Schema einer zwar wichtigen Unterteilung entspricht (sie trennt die mißglückten Komödien von der einzigen Komödie, die gelingen wird), die aber dennoch als Untergliederung innerhalb des Vierten Aktes zweitrangig ist.

Damit bleibt die dritte mögliche Rolle, die des *Schriftstellers*, übrig (S. 79-118), die ein voller Erfolg sein wird. Ab S. 79 deckt sich die Erzählung – bis ans Ende des Buches – mit der Chronologie. Jede »Rolle« wird sukzessiv auf zwei Arten erlebt: einmal als Praktik, und dann als Phantasie. Der Bericht einer *Periode* wird dabei stets von einem *Ereignis* eingeleitet, für das der Großvater verantwortlich ist. Hier das Schema:

Ereignis Nr. 1	Einweihung in die Schriftstellerei mit sieben Jahren (S. 79f.).
Periode Nr. 1	naive Schreibversuche mit sieben und acht Jahren (S. 80-87).
Ereignis Nr. 2	der Großvater sagt dem achtjährigen Kind seine Berufung zum Schriftsteller voraus (S. 87-94).
Periode Nr. 2	Träumerei, Phantasie vom Leben als Schriftsteller, im Alter von acht bis zehn Jahren (S. 94-118).

Dies ist natürlich nur ein Schema, das eine in Wirklichkeit komplexere Dialektik in geraffter Form darstellt. Das Ereignis Nr. 1 ist selbst ein Nachäffen: Die Ablehnung, auf die Jean-Pauls Hervorbringungen beim Großvater stoßen, bewegt ihn dazu, die Komödie um ihrer selbst willen fortzusetzen; die Periode Nr. 1 berichtet also von einer sekundären Komödie, die zudem erstmals gelingen wird: die humorvolle Analyse der Technik des Plagiats und die Wiederkehr der Angst – diesmal aber auf der Ebene eines imaginären Inhalts – können nicht verbergen, daß der Protagonist bei seinen konkreten Schreibübungen zum ersten Mal in diesem Buch so etwas wie Erfüllung verspürt (vgl. den Absatz S. 87, der das genaue Gegenstück zu dem Absatz ist, mit dem der Dritte Akt auf S. 63 endet, aber auch das Wort ankündigt, mit dem die Beschreibung des Wahnsinns im Fünften Akt [S. 143] schließen wird).

Das Kind ist glücklich, hat zu einer Form von Notwendigkeit gefunden; ist die existentielle Dialektik, die der Erzählung zugrunde liegt, damit abgeschlossen? Nein, denn es handelt sich natürlich um eine prekäre »Notwendigkeit«. Daher das Ereignis Nr. 2 (der Großvater weiht ihn zum Beamten der Literatur), das den Jungen aus seinen hochfliegenden Träumen in eine weiche und fade Kontingenz zurückholt und als Reaktion darauf bewirkt, daß er sich in expliziten Träumereien über den Beruf verliert, mit dem er bei den zuvor beschriebenen, ersten konkreten Schreibversuchen bereits implizit experimentiert hat. Daher, in der Periode Nr. 2 (mit acht bis zehn Jahren), seine langdauernde Träumerei über den Mythos des Schriftstellers.

Dieser Abschnitt des Textes (S. 94-118) ist wahrscheinlich der konzentrierteste des ganzen Buches. Es hat den Anschein, als werde hier die gesamte, in *Was ist Literatur?* unternommene Analyse der Situation des bürgerlichen Schriftstellers im 19. Jahrhundert auf dreißig Seiten zusammengefaßt.[21] Dabei handelt es sich

21 *Was ist Literatur?* Übertragung von Hans Georg Brenner, Reinbek 1969. Es ist äußerst aufschlußreich, die beiden Texte miteinander zu vergleichen, wobei allerdings sowohl der unterschiedliche Zeitpunkt ihrer Entstehung als auch ihre unterschiedliche Perspektive – einerseits umfassende historische Analyse, andrerseits autobiographische Erzählung – zu berücksichtigen sind. Die Passagen über die *Lektüre* zum Beispiel werden in den *Wörtern* (S. 24-40) und in *Was ist Literatur?* (S. 28 ff.) von verschiedenen Standpunkten aus geschildert. Die in *Die Wörter* unternommene Analyse des Mythos des Schriftstellers deckt sich hingegen ziemlich genau mit der von *Was ist Literatur?* (S. 69-92). Dabei wird übrigens auch deutlich, daß die vom Kind phantasierte Figur des Schriftstellers als Ritter der

keineswegs um einen bloßen Kunstgriff. Gerade hier zeigt sich die Fruchtbarkeit von Sartres »Methode«: wenn er etwa beschreibt, auf welche Weise das Individuum in der Kindheit und über Vermittlung der Familie die Ideologie seiner Klasse übernimmt. Der im 19. Jahrhundert als Antwort auf die Ängste und Widersprüche der bürgerlichen Schriftsteller geschaffene Mythos des Dichters und seines Ruhms entspricht *auch* der Angst des Waisenkindes (Sartre) auf der Suche nach seiner Notwendigkeit: es übernimmt den Mythos und wird so, ohne es zu wissen, selbst zu einem bürgerlichen Schriftsteller. Die individuelle Angst des Kindes (seine Stellung in der Familie) fällt mit der kollektiven Angst der bürgerlichen Schriftsteller (mit ihrer Stellung in der Gesellschaft) zusammen.

Sartre konstruiert also eine dreigliedrige, im Kostüm einer Erzählung auftretende Analyse, in der sich, nun aber innerhalb des letzten Elements der Triade (*der Schriftsteller*), die drei Elemente der Triade Heiliger – Held – Schriftsteller (auf S. 110 wird Sartre diese drei Elemente als »Heldenepos, Märtyrertum und Tod« bezeichnen) wiederholen. Um sich vom deprimierenden Bild des federfuchsenden Schriftstellers zu befreien, stattet der Junge den Schriftsteller zunächst mit der Macht eines Helden aus: der *Schriftsteller als Held* (S. 95-99). Eine Lösung, die aber scheitern muß, damit die Dialektik fortschreiten kann: daher ein negativer Übergang (S. 99ff.: das Kind weiß nicht, welchen Feind es bekämpfen soll, »Ich war an meinem Ausgangspunkt angekommen«); wie immer ist es der Großvater, der dem Kind, *ohne es zu ahnen*, Lösungen anbietet: daher die zweite Figur des *Schriftstellers als Heiliger* – und Märtyrer (S. 101-106); die dritte Figur, die des, wenn man so sagen kann, *Schriftstellers als Schriftsteller*, geht

Mythologie der Romantikergeneration von 1830 entspricht. Diese Mythologie des Rächers, des Prügelknaben der Gesellschaft usw., die bis 1914, von Alexandre Dumas bis Michel Zévaco, in trivialisierter Form fortgesetzt wurde, ist 1830 entstanden (vgl. dazu den ausgezeichneten Überblick von Jean Tortel in *Encyclopédie de la Pléiade, Histoire des littératures*, Bd. III, 1958, S. 1579-1603). Der von Sartre beschriebene Schriftsteller als Märtyrer geht auf die darauffolgende halbe Generation, die Generation Baudelaires und Flauberts, zurück: die in den *Wörtern*, S. 101-118, unternommene Analyse läßt sich unschwer mit seiner Darstellung des Schriftstellers ohne Publikum, der zu einer Mystik der Literatur und zu Träumen von Ruhm Zuflucht nimmt (*Was ist Literatur?*, S. 79), sowie mit seiner Beschreibung des literarischen Klimas vergleichen, in dem seine Generation debütiert hat (ebd., S. 100ff.; S. 120f.; und S. 124f.).

nicht aus einem Widerspruch oder einer Reaktion hervor, sondern aus einer unmerklichen Modulation rund um jenen Gedanken an den »Tod«, der dem Märtyrer in religiöser Perspektive und dem postumen Fortleben in literarischer Perspektive gemeinsam ist (S. 106-108); daraufhin wird das analysiert, was am Mythos des Schriftstellers spezifisch ist: die Art und Weise, wie sich im Wunsch nach Ruhm die Angst vor dem Tod ausdrückt (S. 108-117) sowie der dieser Phantasie zugrundeliegende Zeit- und Kausalitätsbegriff. Diese letzten Seiten sind ein Hochgenuß, da man sie sowohl als Analyse der Phantasien eines Kindes wie auch als herrlichen Kommentar zu den *Mémoires d'outre-tombe*[22] oder aber als Grabrede auf das Bürgertum lesen kann.

Ist die sekundäre Komödie des »Schriftstellers« damit gelungen? Noch nicht. Der Vierte Akt endet mit zwei Seiten (S. 117f.), die für das Verständnis der Struktur des Schlusses und der Überleitung vom Vierten zum Fünften Akt von großer Bedeutung sind. Ein Bekannter (offenbar Psychoanalytiker, wie der auf S. 12 und der auf S. 130) greift zum richtigen Zeitpunkt in der Art eines im Publikum versteckten Verbündeten ein: »Sie hatten mehr Schaden genommen, als ich dachte.« Sartre protestiert hier: Sein Wahn war bewußt und prekär geblieben, eine Komödie, die ständig aufrechterhalten werden muß, wenn man nicht in die Angst zurückfallen will. Diese Brüchigkeit der Komödie, von der man nie völlig zum Narren gehalten wird, deren Fortsetzung also Anstrengung kostet, stellt letztlich den gemeinsamen Nenner aller im Zweiten, Dritten und Vierten Akt analysierten Verhaltensweisen dar: Sartre betont häufig die Labilität und Mehrdeutigkeit unaufrichtiger Verhaltensweisen.[23] Und was die Konstruktion der Erzählung anlangt, so ist deutlich zu erkennen, daß diese Mehrdeutigkeit die Möglichkeit bietet, die dialektische Gliederung als dramatisches Spannungsmoment zu verkleiden – dies wird weiter unten analysiert werden. Wesentlich ist vorerst, daß das Kind in einem Schwebezustand bleibt, in einer durchaus befriedigenden Komödie, die aber noch prekär und nur halb bewußt ist.

Wie in einem gut durchkomponierten Stück muß der Fünfte Akt einen Knalleffekt liefern. Indem die Seiten 117f. daran erinnern, daß wir uns *vorerst noch* im Bereich einer unaufrichtigen

22 Auf S. 94 stellt Sartre seine Erzählung ironisch unter die Schirmherrschaft Chateaubriands.

23 Vgl. *Die Wörter*, S. 40f., 77, 80 und 117f.

und nur teilweise bewußten Komödie befinden, bereiten sie uns darauf vor, daß dieser Knalleffekt ein *topischer* sein wird.

Fünfter Akt: Der Wahnsinn (S. 118-145)

Dieser Knalleffekt ist der Wechsel des *Schauplatzes* der Komödie, das heißt ihr Übergang vom Bewußten zum Unbewußten, begleitet von einem Übergang vom Prekären zum Endgültigen, vom Selbstgewählten zum Erlittenen. Dies ist die geheimnisvollste (um nicht zu sagen, nebulöseste) Passage der Erzählung. Der Leser, der bis dahin einer klaren und expliziten Logik gefolgt ist, hat den Eindruck, plötzlich einen Zaubertrick vorgesetzt zu bekommen. Die Dialektik weicht der Magie. Die Sache wird zügig abgewickelt, man spürt, daß es nichts einzuwenden gibt, kann sich aber des Gefühls nicht erwehren, daß diese Komödie bei ihrem Übergang ins Unbewußte das mitgenommen hat, was diesen Übergang erst ermöglicht hatte. Der Knalleffekt wird dramatisch angekündigt (S. 118f.) und später, wenn man so sagen kann, durchgezogen (S. 130). Der Akt ist in drei Abschnitte untergliedert:

Erster Abschnitt: die scheinbare Heilung (S. 118-130). Zwei Ereignisse haben ihm, wie es im Text heißt, »den kleinen Rest von Vernunft ausgeblasen«: Der Leser ist überrascht, da diese beiden Ereignisse so erzählt werden, daß sie im Gegenteil positive Auswirkungen zu haben scheinen. Die narrativen Folgen dieser beiden Ereignisse (des Kriegsausbruchs 1914 und des Eintritts ins Lycée) entsprechen einander. *In einem ersten Schritt* erleidet das Kind durch den Kontakt mit der Wirklichkeit, die seine Überlegenheit und seine Komödie zum Einsturz bringt, ein Trauma: seine Hirngespinste halten dem wirklichen Krieg nicht stand, es entdeckt einmal mehr (vgl. S. 48), daß es ein Schwindler ist, und nimmt Zuflucht zu einer neuen Form des Schmollens (der Leser ist mit dieser Abfolge bereits vertraut; S. 118-123); und im Lycée macht der Junge im Umgang mit anderen wirklichen Kindern erste, zunächst mühsame Erfahrungen mit der Demokratie (S. 125f.); aber in all diesen Fällen erweist sich der Kontakt mit der Wirklichkeit letztlich als heilsam. In einem zweiten Schritt entdeckt das Kind positive Verhaltensweisen, die die Leere wirklich ausfüllen und keine Illusionen sind: Merkwürdigerweise mündet der Kriegsausbruch von 1914 in *die Liebe zur Mutter* (S. 123-125), und das Lycée führt auf klassische Weise zur Erfahrung der Kameradschaft

(S. 126-130): Alles in allem gelingt es dem Kind in diesem Stadium endlich, wirkliche Beziehungen zu *anderen* herzustellen: und genau jetzt wird es als wahnsinnig bezeichnet.

Kein aufmerksamer und anspruchsvoller Leser würde diesen unvermittelten und ungerechtfertigten Sprung akzeptieren. Ich habe oben die deutlich erkennbare Inkohärenz der Chronologie betont: aber auch der logische Aufbau der Erzählung weist, zumindest an dieser Stelle, Sprünge auf, denen nachzugehen ist. Damit soll kein Urteil über die Geschichte des Menschen Jean-Paul Sartre anhand anderer Theorien als seiner eigenen gefällt werden. Es geht im Gegenteil darum, die Abfolge der gesamten Erzählung anhand ihrer inneren Logik zu rekonstruieren. »Geständnis«-Texte sind ja nicht als Diskurse *über* das, was gestanden wird, zu interpretieren, sondern als auf Diskursebene stattfindende Wiederholung der eingestandenen Verhaltensweise: dies beweist eine präzise Analyse der Konstruktion der Texte und ihrer Bruchlinien.

Es ist also nur schwer nachvollziehbar, wie eine gute Beziehung zur Mutter und die Entdeckung der Freuden der Kameradschaft ein »schauspielerndes« Kind in einen Wahnsinnigen verwandeln und eine Komödie zu einem Charakter verfestigen können. Man kann natürlich Hypothesen aufstellen: Diese beiden anscheinend glücklichen Ausgänge berauben den Neurotiker in Wirklichkeit seiner Alibis, ohne ihn von seiner Neurose zu befreien; sie zieht sich daraufhin, da sie im Alltagsleben keine Ansatzpunkte mehr findet, in tiefere Schichten zurück (vgl. die Symptome einer Bewußtseinsspaltung, S. 123 f.) und verfestigt sich zu einem Charakter. Warum aber hat Sartre, wenn es so ist, dies nicht klar ausgesprochen? Warum dieser plötzliche Sprung? Der Leser hat den Eindruck, daß hier etwas fehlt.

Man kann versuchen, diese Leerstellen zu rekonstruieren. Was dem Kind »den kleinen Rest von Vernunft ausgeblasen« hat (S. 119), kann weder der Kriegsausbruch von 1914 noch das Lycée gewesen sein, die ja im Gegenteil seine Komödie zusammenbrechen lassen und ihm den Wirklichkeitssinn zurückgeben; es kann aber auch nicht die Liebe zur Mutter oder die Kameradschaft gewesen sein, die in diesem Entwicklungsstadium als unverhoffte Lösung erscheinen; schließlich *sind* sie ja dieser kleine Rest von Vernunft, der ihm bleibt! – Was ihn dem Wahnsinn verfallen läßt, kann also nur das sein, was diese Lösung unmöglich macht: eine spätere Etappe, in der die Mutterliebe beeinträchtigt, die Kameradschaft abgekühlt ist, ein Ereignis, das im Text nicht erwähnt wird, aber diese absurde und unvermittelte *Fixierung* der Komödie und damit auch den Wechsel ihres *Schauplatzes* erklären könnte; denn sie verläßt nun die Oberfläche und zieht sich in die Tiefe zurück (»mein Delirium verließ meinen Kopf, um sich in meine Glieder zu ergießen«, S. 130).

Der Text der *Wörter* gestattet eine Rekonstruktion dieser Ereignisse.[24] Sie werden in ihm klar und deutlich angesprochen, nur sind sie, wie das bei Geständnistexten fast immer der Fall ist, nicht an *ihrem Platz*. Sie wurden beiseite, anderswohin gelegt. Das Ereignis, das die Liebe zur Mutter brutal unterbricht, kann nur ihre Wiederverheiratung sein.[25] Sie wird nur zweimal erwähnt, und zwar auf Seite 13: »Als meine Mutter sich von neuem verheiratete, verschwand das Porträt [des Vaters]«, und auf Seite 51: »Wir waren niemals bei uns zu Hause: weder in der rue Le Goff noch später, als sich meine Mutter wiederverheiratet hatte.« Diese letzte Passage ist von großer Bedeutung, da sie den ursprünglichen Titel des Buches, *Johann Ohneland*, erklärt. Und die Kameradschaft kann nur durch die Entdeckung seiner Häßlichkeit abrupt unterbrochen worden sein. Sie wird nur zweimal erwähnt, und zwar auf Seite 60: »Anne-Maries Güte verbarg mir die Ursache ihres Kummers. Ich erfuhr sie erst, brutal genug, als ich zwölf Jahre alt war«, und auf Seite 143, wo die grundlegende Bedeutung dieses Traumas dramatisch hervorgehoben wird, Sartre aber auch zu sagen scheint, daß er die in den *Wörtern* geschilderte Entwicklung bereits hinter sich gelassen hat und ihre Darstellung der Fortsetzung seiner Autobiographie vorbehält: »Wann und auf welche Weise ich die Gewaltsamkeit erlernte und meine Häßlichkeit entdeckte – sie war lange Zeit mein negatives Prinzip, die Kalkgrube, worin sich das Wunderkind auflöste.«

Der Leser hat um so mehr Grund zur Vermutung, daß diese beiden (verschobenen) Ereignisse die fehlende Ergänzung zum dialektischen System der *Wörter* darstellen, als in ihnen gerade

24 Dies bestätigt auch das 1973 mit Francis Jeanson geführte Interview (*Sartre dans sa vie*, Paris 1974, S. 289-295).

25 Obwohl die Wiederverheiratung der Mutter erwähnt wird, fehlt eine positive Zeichnung des Stiefvaters in den *Wörtern* völlig. Man muß andere Texte zur Hand nehmen, um seinem Porträt oder vielmehr seiner Hinrichtung zu begegnen: zum Beispiel die Nizan-Biographie (*Über Paul Nizan*, a. a. O., S. 34f.) oder eine Passage von *Der Intellektuelle als Revolutionär*, a. a. O., S. 130f.

jene Traumata anklingen, auf denen Sartre in den beiden vor *Die Wörter* verfaßten Biographien die Analyse der *Entwürfe* Baudelaires und Genets aufgebaut hat. Bei Baudelaire, der Schock der Wiederverheiratung seiner Mutter[26]; bei Genet, der Schock des »Du bist ein Dieb« (das an ein »Du schielst und bist häßlich« anklingt); im Fall Genets legt schon der Text von *Die Wörter* einen Vergleich nahe: der Satz von Seite 143, »die Kalkgrube, worin sich das Wunderkind auflöste«, erinnert an jenen Satz Genets, den Sartre als Überschrift des ersten Kapitels seiner Biographie verwendet hat: »Das melodiöse Kind, tot in mir lange schon ...«

Sobald man also diese beiden Elemente wieder an *ihren richtigen Platz* im dialektischen Zusammenhang stellt, wird alles sonnenklar. Aber fehlen diese Elemente wirklich? In dieser Art von neurotischer Struktur kann die Rückkehr des Verdrängten auf zwei Arten erfolgen: als *Verschiebung* im Text, die dem Verdrängten ermöglicht, dennoch in seiner wahren Gestalt zu erscheinen, aber an der falschen Stelle; oder aber als *Entstellung*, die es an der richtigen Stelle erscheinen läßt, aber in anderer Gestalt. Liest man die beiden Texte über die Liebe zur Mutter und über die Kameradschaft aufmerksam durch, stellt man fest, daß die Erzählung des Bruches zwar in der Erzählung der Harmonie enthalten ist, aber auf andere Personen verschoben wird.

a) In der Erzählung der Liebe zur Mutter ist dies bei der Begegnung mit einem Mann »mit bekömmlichem Gehaben« der Fall, der die Mutter begehrt und den Sohn zurechtweist (S. 124): da die Erzählung hier euphorisch ist, wird die Bindung zwischen Mutter und Sohn durch den Eindringling noch gestärkt. In Wirklichkeit ist wahrscheinlich das Gegenteil der Fall. Wie wäre sonst der Tonfall einer schamhaft verborgenen, schmerzvollen Emotion zu erklären, mit dem diese Passage schließt? Der Leser der *Wörter* ist an diesen Tonfall keineswegs gewöhnt. Die Katastrophe wird nicht als Ereignis erzählt, sondern schlägt sich im Text als affektive Erzählstruktur am Ende von Seite 124f. nieder: bis zur mehr oder weniger bewußten Verdrängung, wie wenn man seine Tränen hinunterschluckt: »Und dann fällt mir ein, daß ich ein Mann bin, und ich schaue weg.« Auch die Erzählung »schaut weg«, in einer provisorischen Amnesie des Traumas.

26 Dasselbe gilt für Philippe, eine Figur aus *Der Aufschub*, dessen Mutter in zweiter Ehe einen General geheiratet hat.

b) In der Erzählung der Kameradschaft wird das Trauma durch die »übernatürliche« Verwandlung Bénards in Nizan dargestellt. Denn sofern man nicht auf eine Identifizierung[27] schließt, wäre diese ganze Passage als eine bloße Anekdote zu betrachten, was in dieser streng logischen Gedankenführung äußerst überraschend wäre. Hat man jedoch erkannt, daß Bénard das Spiegelbild des »Wunderkindes« und Nizan das des schielenden Kindes ist, wird diese Anekdote zur vorweggenommenen Figur des Dramas von 1917: sie bringt es zwar kryptisch zum Ausdruck, aber an der ihr von der dialektischen Entwicklung vorgezeichneten, logischen Stelle: »Eine Kleinigkeit freilich ließ mich ahnen, daß ich es nicht mit Bénard zu tun hatte, sondern mit seinem teuflischen Trugbild. Nizan schielt nämlich. Es war zu spät, das in Rechnung zu setzen: ich hatte damit begonnen, in diesem Gesicht die Verkörperung des Guten zu lieben; schließlich liebte ich ihn um seiner selbst willen. Ich saß in der Falle, mein Hang zur Tugend hatte mich dahin gebracht, daß ich den Teufel liebte.« (S. 129) Und es kommt erneut zur Konfrontation mit dem eigenen Spiegelbild, genau wie am Schluß des Dritten Aktes (S. 63): nur bietet die Komödie diesmal keinen Ausweg. Er verfällt seinem Wahnsinn. Und dieser Wahnsinn wurde von Sartre zweifellos bewußt (was aber an der Sache nichts ändert) auf der Ebene der Erzählstruktur wiederholt: das absichtliche Überspringen eines Schrittes, das die Spuren beseitigt und den Leser vor fertige Tatsachen stellt – eine Widerspiegelung des inneren Staatsstreichs auf narrativer Ebene.

Zweiter Abschnitt: der wirkliche Wahnsinn (S. 130-143). Einer weiteren Diagnose des mit ihm bekannten Analytikers (»Charakterneurose«) stimmt Sartre diesmal zu. Die Veränderung ist lediglich topischer Art: das Delir bleibt zwar dasselbe, stellt sich nun aber so dar, als wäre es zu einer Natur geworden. Die Komödien des Vierten Aktes waren prekär und mehrdeutig: die Angst kehrte immer wieder. Im Wahnsinn findet er hingegen Glück und Erfüllung. Man muß ihn überwunden haben, um ihn als Wahnsinn erkennen zu können – während sich die Komödie von innen heraus selbst zerstört. Der Wahnsinn ist als ein unzerstörbares Ganzes ähnlich granithaft und notwendig wie der einst beneidete Monsieur Simmonot: er ist *glücklich*. Dieser Abschnitt endet in meiner Gliederung mit dem Wort »glücklich«: es klingt an das »ich

27 Zur Ähnlichkeit von Nizan und Sartre in den Augen anderer und zu ihrem Schielen vgl. *Über Paul Nizan*, a. a. O., S. 19.

lernte die Freude kennen« der Seite 87 an. Dort fügte Sartre aber hinzu, um die Dialektik wieder in Gang zu setzen: »Es war zu schön, um dauerhaft zu sein.« Jetzt ist es schön genug, um dauerhaft zu sein: von 1916 bis 1940, wie er sagt. Von innen besehen, ähnelt dieser Wahnsinn dem Glück: Sartre analysiert nun den Optimismus, das Losreißen vom Vergangenen, den Fortschrittsglauben, die dynamische Projektion in die Zukunft, und schließlich die Umkehrung der Zeit. Die ersten vier Akte beschrieben eine von innen heraus, durch eine ursprüngliche Leere, unterminierte Zeit, die sich in allen zu ihrer Überwindung unternommenen Anstrengungen wiederholte: Diese Zeit ist nun auf eine zukünftige Erfüllung ausgerichtet, die die Vergangenheit allmählich verdrängt und das Individuum in der Konstruktion seiner Zukunft aufgehen läßt. Die Zeit wurde wie ein Kaninchenfell umgestülpt. Die Leser Sartres, die zufällig denselben optimistischen »Charakter« wie Sartre haben, waren wahrscheinlich überrascht, diese individuell belebende und sozial äußerst produktive Dynamik als Wahnsinn bezeichnet zu sehen – war sie es doch, die den Schriftsteller Sartre hervorgebracht hat; sie dürften sich die Frage gestellt haben, ob nicht vielmehr Sartre selbst »wahnsinnig« ist, wobei sich sein Wahnsinn eben darin äußere, daß er sich für wahnsinnig hält. Wie dem auch sei: Wahnsinn ist, wie man seit Foucault und den Antipsychiatern weiß, ein relativer Begriff. Sartre definiert ihn als Weigerung, die Wirklichkeit, das heißt die Evidenz des Todes und der gesellschaftlichen Entfremdung, zu leben. Damit die Entwicklung weitergehen kann, bedarf es also eines neuen Konflikts mit der Wirklichkeit.

Dritter Abschnitt: die relative Heilung (S. 143-145). Dabei handelt es sich um jenen Abschnitt, der von einem schwindelerregend verkürzten Epilog eingeleitet wird: »Ich habe mich geändert.« Damit wird einerseits ein »Erwachen« angekündigt, das man als Leser in die Zeit nach *Der Ekel* verlegt: ein Wahnsinn also, von dem man offenbar nur geheilt werden kann, nachdem er sich durchgesetzt hat. Sartre mußte erst *in den Augen der anderen* tatsächlich zum Schriftsteller geworden sein, um sich von seinem Mythos lösen und zu einem normalen Menschen werden zu können. Dennoch stellt er fest, daß sein Wahnsinn »fortdauert«. Hätte Sartre eine Fortsetzung dieser Erzählung geschrieben, hätte diese vermutlich spiegelverkehrt zu *Die Wörter* strukturiert sein und einer dialektischen Struktur folgen müssen, in der nicht mehr die

Angst vor der Kontingenz, sondern die Illusion der Notwendigkeit das negative, die Handlung weitertreibende Moment (das, dem man zu entkommen trachtet und das ewig wiederkehrt) darstellt. Wenn Sartre diese Fortsetzung nicht geschrieben hat, dann wohl deshalb, weil er sich von der Literatur abgewandt hat; und möglicherweise auch deshalb, weil die Entwicklung, die zu analysieren wäre, nicht abgeschlossen ist und eine derartige Dialektik nicht zustande kommen kann, solange ihr Endpunkt noch nicht erreicht ist. Die schwindelerregende Unschärfe dieses Epilogs läßt dies erahnen.[28] Zwischen dem Zeitpunkt, an dem Sartre die Arbeit an *Die Wörter* aufnahm, und dem, an dem er die Erzählung für die Veröffentlichung überarbeitete, vergingen neun Jahre. Der Bewußtwerdungsprozeß setzte sich nach 1964 zweifellos fort: die Krise von 1968 bestätigte Sartre in seiner Kritik jenes Intellektuellenbegriffs, dessen Widersprüche er auch weiterhin lebt.[29] Diese Widersprüche können allem Anschein nach nur durch ein Ereignis überwunden werden, das noch nicht stattgefunden hat: die Revolution, den für einen Fünften Akt einzig möglichen Knalleffekt. Von ihr aus wird sich alles erklären lassen. Aber wird es dann noch Intellektuelle geben, die Autobiographien schreiben, und seien es auch politische Autobiographien? – Sartre beendet indessen seinen Epilog, indem er die Wendungen der Vorrede zu Rousseaus *Bekenntnissen umkehrt*, als wolle er die Gattung ironisch auf ihren Ursprung zurückführen und damit das Ende des bürgerlichen Individualismus besiegeln: »Was bleibt, wenn ich das unmögliche Heil in die Requisitenkammer verbanne? Ein ganzer Mensch, gemacht aus dem Zeug aller Menschen, und der soviel wert ist wie sie alle und soviel wert wie jedermann.«

28 Die Entstehungsgeschichte von *Die Wörter* liegt noch weitgehend im dunkeln, trotz Sartres persönlicher Äußerung dazu (Interview in *Le Monde* vom 18. April 1964) und trotz der in *Die Mandarins von Paris*, übertragen von Ruth Ücker-Lutz und Fritz Montfort, Hamburg 1955, S. 43-47 und S. 230f. enthaltenen Anspielungen auf die unvollendete und, um seinen Feinden nicht in die Hände zu spielen, auch ungedruckt gebliebene Autobiographie Robert Dubreuilhs; vgl. auch Simone de Beauvoir, *Alles in allem*, a. a. O., S. 52f. und 101.

29 Vgl. Interview in *L'Idiot International* vom September 1970, abgedruckt in: *Situations VIII*, Paris 1972, S. 456-476.

3. Dialektik und Zeitlichkeit

Diktatur des Sinns

Das soeben skizzierte Schema stellt natürlich nur eine erste, äußerst vereinfachende Annäherung dar: anstatt das Fortschreiten der Dialektik in all ihrer Komplexität detailliert wiederzugeben, zeichnet es lediglich den roten Faden der Erzähllogik nach. Während der Leser von der chronologischen Inkohärenz völlig unberührt bleibt, weckt schon der geringste Bruch in der Logik seine Aufmerksamkeit: das bedeutet, daß der logische Aufbau des Textes der Aufbau ist, der ihm tatsächlich zugrunde liegt.

Liest man jedoch die von mir aus *Die Wörter* herausgeschälte Erzählung wieder, stellt man fest, daß auch ich notgedrungen eine Geschichte erzählen und eine durchweg lineare Abfolge voraussetzen mußte, in der der Protagonist einen Schritt nach dem anderen setzt – freilich einer dialektischen Ordnung folgend, die aber im Kostüm einer konkreten, ganz banal von einem Davor zu einem Danach ausgerichteten Geschichte auftritt: dramatische Handlungsumschwünge, Alternanz von Ereignissen und Perioden – alles ist da. Daß diese Geschichte mit der »Chronologie« auf schlechtem Fuß steht, ist durchaus möglich: als Text aber wird sie zweifellos mit den bewährtesten Techniken erzählt, die den Leser bis zum Schluß in Atem halten.

Als erstes bietet sich die Vermutung an, *Die Wörter* seien eine theoretisch ausgerichtete Nacherzählung einer Genese, vergleichbar mit jenen analytischen Ursprungsmythen, die im 18. Jahrhundert von Autoren wie Condillac oder Rousseau verfaßt wurden. In diesen Fiktionen wird die Abfolge der Analyseschritte, mit deren Hilfe eine fortschreitende und genetische Montage des untersuchten Gegenstands zustande kommt, als historische Abfolge der Genese des Gegenstandes selbst dargestellt. So wird etwa das Erkenntnisvermögen anhand einer unbelebten Statue erklärt, die zunächst mit dem Geruchssinn und dann Schritt für Schritt mit den anderen Sinnen ausgestattet wird usw. Oder die gegenwärtige Gesellschaftsordnung, ausgehend von einem guten Wilden, den man nacheinander den Gebrauch von Werkzeug, den Hausbau, die Familie und schließlich, Hand in Hand mit Ackerbau und Metallverarbeitung, das Privateigentum erfinden läßt usw. Oder eben einen verrückten Sartre, ausgehend von einer leeren Freiheit, die mit einem Inhalt versehen wird, welcher allerdings hohl klingt, woraus ein Zerrbild innerer Erfüllung entsteht, das eines schönen Tages zum Wahnsinn gerinnt. Auf diese Art und Weise stellen sich die Schritte der Analyse eines synchronen Zustandes als Analyse der Schritte einer diachronen Geschichte dar.

Diese Transposition ist etwas durchaus Natürliches. Sie entspricht der üblichen Vorgehensweise des Philosophen und beruht letztlich auf den Gesetzen der Sprache. Es ist die Sprache selbst, die ihr Inhalte zu einer zeitlichen Aufeinanderfolge anordnet. Sobald eine Aussage mehrere Aspekt von etwas simultan Geschehendem erforscht, muß sie dies wohl oder übel in der Form einer Sukzession tun und das gleichzeitig Gegenwärtige entlang der Zeit, deren die Äußerung bedarf, aufreihen. Jede Aussage etwa über einen räumlichen Zusammenhang löst sich so in eine zeitliche Abfolge auf. Die Beschreibung im Roman kennt diese Probleme sehr gut: aber auch die phänomenologische Beschreibung. Hier zwei Beispiele, die von Sartre selbst stammen. In *Das Imaginäre* weist er zum Beispiel nach, daß in der vorstellenden Haltung sehr wohl zwei Schichten zu unterscheiden sind, obwohl in der unmittelbaren Erfahrung alles »in der Einheit eines gleichen Bewußtseins« gegeben ist, und stellt daraufhin das Prinzip einer »logischen und existentiellen Priorität der konstitutierenden Elemente« auf:

> Aber wir müssen uns auch erinnern, daß wir auf der zweiten Stufe reagieren, das irreale Objekt, das wir soeben konstituiert haben, lieben, hassen, bewundern usw. können, und daß diese Gefühle, obgleich sie natürlich mit dem eigentlichen Analogon in der Einheit eines gleichen Bewußtseins gegeben sind, gleichwohl verschiedene Artikulationen darstellen, wobei die logische und existentielle Priorität den konstituierenden Elementen eingeräumt werden muß.[30]

Die Analyse muß also das als Einheit Erlebte zu einer Abfolge ausrollen und in den Augenblick eine Art logische Zeitlichkeit einbringen; sie muß simultane, strukturelle Zusammenhänge in zeitlichen Begriffen ausdrücken und die bestimmenden funktionellen Hintergründe dieser Zusammenhänge in eine »logische und existentielle Priorität« übersetzen. Oder wie Sartre am Schluß seines *Baudelaire* in einfacheren Worten feststellt:

30 *Das Imaginäre. Phänomenologische Psychologie der Einbildungskraft*, deutsch von Hans Schöneberg, Reinbek 1971, S. 222.

So sähe, in großen Zügen gezeichnet, das Porträt Baudelaires aus. Aber die Beschreibung, an die wir uns gewagt haben, ist, da sie sukzessiv ist, dem Porträt, das simultan ist, unterlegen.[31]

Solange der analysierte Gegenstand eine Gegenwart oder Simultaneität ist, ist das Problem noch relativ einfach. Wird der gegenwärtige Zustand jedoch als Ergebnis einer Geschichte verstanden, kommt es aufgrund der Zeitlichkeit der Äußerung wie von selbst zu diesem Umschlagen der im Diskurs unternommenen Analyse des Gegenstandes in seine Produktion in der Wirklichkeit. Die »logische und existentielle Priorität« wird um so eher als historische Vorgängigkeit dargestellt werden müssen, als ihr auch eine narrative Vorgängigkeit zugesprochen wird. Und dies ist noch wahrscheinlicher, wenn das zur Darstellung des zu beschreibenden Gegenstands verwendete logische Erklärungsschema ein dialektisches System ist, da in diesem Fall die diachronische Abfolge mit den verführerischen Metamorphosen jäher Entwicklungssprünge angereichert wird und das Fortschreiten der Handlung dadurch an Spannung gewinnt: die Dialektik ist von Natur aus dramatisch. Die gute alte Chronologie hat zwar den Vorteil, »treu« zu sein (wem oder was denn?), kann mit diesen Verführungskünsten aber nicht aufwarten.

Von diesen Überlegungen ausgehend kann eine erste Hypothese zum Verhältnis von Chronologie und Dialektik in *Die Wörter* formuliert werden: Dem dialektischen Aufbau kommt bei der Konstruktion des Textes absoluter Vorrang zu. Alle *dialektischen Gliederungen* müssen daher nach dem Schema einer *historischen Abfolge* dargestellt werden. Wenn die chronologische Reihenfolge zufällig mit dem dialektischen Aufbau übereinstimmt, wird sie auch eingehalten. Deckt sie sich nicht mit ihm, muß sie eben angepaßt werden. Und sollte auch dies nicht möglich sein, muß sie kurzerhand, und ohne daß es der Mühe wert wäre, dies zu vertuschen, durchbrochen werden. Der dialektische Aufbau greift zum Recht des Stärkeren, er verhält sich genauso zynisch wie der Wolf zu den sieben Geißlein: die sieben Geißlein haben immer unrecht. Er vermag zum Beispiel das Wasser stromaufwärts von der Stelle, an der er trinkt, zu trüben, genauso wie ein Ereignis, das dem Zehnjährigen zustößt, eine Reaktion beim Siebenjährigen hervorrufen kann. Und wenn es nicht er selbst ist, dann ist es sein Bruder. Es spielt im

31 *Der Mensch und die Dinge, Baudelaire*, in: *Gesammelte Werke*, Schriften zur Literatur, Reinbek 1978, S. 114.

Grunde keine Rolle. Unter der Diktatur der Dialektik hat die Chronologie zu gehorchen und zu kuschen. Alle zwischen 1909 und 1916 stattfindenden Ereignisse werden als Bestandteile einer umfassenden Synchronie behandelt, und der Zeitpunkt ihres Eintritts in die Erzählung hängt einzig und allein von ihrer *Funktion* in der dialektischen Mechanik ab: Das Paradox liegt im Grunde darin, daß sich die Erzählung als eine durch und durch diachrone gibt und *gleichzeitig* gewissenhaft und zynisch an Datumsangaben festhält.

Die Erzählung enthält nur sehr wenige von Natur aus chronologische Sequenzen: das Lesenlernen (nicht lesen können, davon träumen, es zu tun, lesen lernen, lesen), die ersten schriftstellerischen Versuche, einige Abschnitte der schulischen Karriere – das ist aber auch schon alles. Die chronologische Reihenfolge ist diesen Sequenzen inhärent, regelt aber nicht die Beziehung der Sequenzen untereinander. Allgemein gesagt, stellt die Erzählung rein logische Verknüpfungen unverfroren als chronologische Zusammenhänge dar, indem sie sie mit einem Chaos von Datumsangaben umgibt. Das augenfälligste Beispiel dafür ist zweifellos der Übergang vom ersten zum zweiten Teil:

Aber trotzdem: es wurde nichts Rechtes daraus.

Gerettet wurde ich durch meinen Großvater. Ohne es zu wollen, stürzte er mich in eine neue Schwindelei, die mein Leben veränderte. (S. 78)

Dieser dramatische Augenblick scheint ein Davor von einem Danach zu trennen. Nun besteht aber dieses Davor aus zahlreichen Ereignissen und Zuständen zwischen 1909 und 1915, und das Danach aus einem Ereignis, das 1912 stattfand. Dennoch ist der Leser keineswegs überrascht, daß dieses alles verändernde Ereignis *nach* der von ihm bewirkten Veränderung stattfindet. Er wird in diesem Buch ständig von dramatischen Formulierungen stimuliert, die überzeugend klingen, weil sie Freude machen: »Es war nichts zwischen uns. Dennoch erging es mir immer schlechter.« (S. 59) Oder: »Es war hohe Zeit, denn ich begann die Leere meiner Träume zu entdecken.« (S. 80) »Es war zu schön, um dauerhaft zu sein.« (S. 87) usw. Der Leser erkennt im Protagonisten das Spiegelbild jener hemmungslos zynischen Diktatur der Dialektik, auf die sich der Erzähler stützt: es hat den Anschein, als vollzöge der Erwachsene in seinen Erzähltechniken die Schwindeleien des Kindes nach, wie er auch dessen »Afferei« in seinen stilistischen Glanzlichtern nachäfft:

Aus Trotz hielt ich als unerschütterlicher Märtyrer ein Mißverständnis aufrecht, dessen sogar der Heilige Geist überdrüssig geworden zu sein schien. Warum nannte ich jener reizenden Bewunderin eigentlich nicht meinen Namen? Ich sagte mir: Ach, sie kommt zu spät. – Aber wo sie mich doch in jedem Fall nehmen will? – Nun, ich bin eben zu arm. – Zu arm? Und die Autorenrechte? Dieser Einwand machte mir nichts aus, denn ich hatte Fayard geschrieben, er solle das mir zustehende Geld unter die Armen verteilen. Aber ich mußte nun endlich einen Schluß finden. Gut also, ich starb in einer kleinen Kammer, von allen verlassen, aber heiteren Gemüts, denn meine Mission war erfüllt. (S. 108)

Soweit die vom Kind »zusammengebosselte« Geschichte. Sie gehorcht einem Gesetz, dem jede Erzählung unterliegt: der Sinn bestimmt die Ereignisse und nicht umgekehrt. Alle Erzählungen werden von ihrem Schluß aus konstruiert.[32] Es führt zu nichts, wenn man mit den Details allzu kleinlich umgeht: schlußendlich wird doch der Sinn recht bekommen. Dem Kind erscheint es als unvermeidlich, daß es als Unbekannter sterben wird; dem Erwachsenen, der *Die Wörter* schreibt, daß das Kind als ein verrücktes Kind enden wird. Erweist sich ein Ereignis als störend, wird es einfach ignoriert. Alle Lösungen, zu denen das Kind gelangen könnte, werden vom Erwachsenen übergangen. Wenn die Komödie, die es spielt, nicht funktioniert, muß es eben eine andere finden. Dasselbe gilt aber auch, wenn sie gut funktioniert. Bald ist sie nicht schön genug, bald allzu schön, um dauerhaft zu sein. Das Kind muß auf jeden Fall als Wahnsinniger enden, aber als glücklicher Wahnsinniger: Mission erfüllt, Neurose ausgeführt. In manchen Abschnitten (zum Beispiel S. 87-94) wird nicht nur mit der Chronologie, sondern sogar mit dem Sinn eines Ereignisses freizügig umgegangen. Gelingt dem Kind eine glückliche Lösung,

32 Vgl. G. Genette, *Figures II*, Paris 1969, S. 97. G. Genettes Funktions- und Motivationsanalysen klingen an Valérys und Sartres Äußerungen über die Schwindelei aller Erzählungen an, die implizit von ihrem Schluß her konstruiert sind (vgl. Paul Valéry, *Werke*, Bd. 5, Frankfurt am Main 1991, S. 357; Sartre, *Der Ekel*, a. a. O., S. 51 f.). Der Erzähler von *Die Wörter* prangert sowohl die retrospektive Illusion an, der die Biographen von »Vitae« berühmt gewordener Männer verfallen, als auch die von Kindern geübte, perverse Anwendung dieser Erzählungen auf sich selbst (S. 113-117). Ist diese Illusion aber nicht auch in *Die Wörter* am Werk? Sartre begegnet diesem Einwand mit folgenden Worten: »Wenn man ihn erkannte, stört dieser optische Irrtum nicht; man hat die Mittel, ihn zu berichtigen« (S. 114): und zwar schon dadurch, daß man die Kluft zwischen der erträumten und der tatsächlichen Zukunft aufzeigt.

wird einfach verfügt, daß sie zu schön ist, um dauerhaft zu sein. Daher muß ein Ereignis erfunden werden, daß diesen Glückszustand beendet und zum nächsten Entwicklungsschritt, zur Träumerei über den Mythos des Schriftstellers, hinführt: die Erfindung des Großvaters, der seine Berufung zum Schriftsteller akzeptiert. Der scheinbare Erfolg wird also dialektisch in eine Katastrophe verkehrt. Schriftsteller, ja, aber Federfuchser! Der von der Subtilität dieser Analysen verwirrte Leser erkennt schließlich, daß diesem Ereignis, das ausnahmsweise zum richtigen Zeitpunkt stattfindet, eine Rolle zugedacht werden mußte, für die es eigentlich nicht geeignet ist.

Der Sinn gibt den Ton an, und nie die Chronologie: stehen für die Zeit, die gerade geschildert wird, keine zur Veranschaulichung des intendierten Sinnes geeigneten Materialien zur Verfügung, müssen sie eben aus der Zeit zwei Jahre davor oder drei Jahre danach hergeholt werden, was dem Leser im übrigen auch mitgeteilt wird: »Zwei Erinnerungen sind mir geblieben, sie liegen ein wenig später, sind aber sehr nachdrücklich gewesen« (S. 61; wichtig ist, daß sie nachdrücklich waren). Und für den Übergang von der Schilderung des Schriftstellers als Ritter zu der des Schriftstellers als Märtyrer wird ein retardierendes Ereignis konstruiert, das an die Freudsche Wiederkehr des Verdrängten erinnert (mit dem Unterschied freilich, daß die Erinnerung hier durchaus bewußt zurückkehrt): »Zwei Jahre vorher hatte er mir, um mich für den Humanismus zu erwecken, Gedanken auseinandergesetzt, von denen jetzt nicht mehr die Rede war, da er fürchtete, meinen Wahnsinn zu fördern. Aber sie hatten sich in meinen Geist gegraben. Lautlos wurden sie wieder virulent [...]« (S. 101)

Diese Diktatur des Sinns macht sich also skrupellos breit. Man fühlt sich an Sartres provozierende Ungeniertheit erinnert, mit der er am Beginn seiner Flaubert-Biographie angesichts der Frage, in welcher Reihenfolge er am besten vorgehen sollte, feststellt: »In einen Toten tritt man ein wie in eine Mühle.« Genau dasselbe gilt für das Kind, das man war. Diese Mühle ist aber nicht die Unordnung jener Ouvertüren, die alle Wege offenhalten, sondern ein Räderwerk. Sie ist die mächtige Mühle der Dialektik.

Dichte der Erzählung

Das bisher Gesagte mag den Eindruck vermittelt haben, ich habe mich auf die Seite des chronologischen Aufbaus geschlagen und die »Tricks« aufgedeckt, zu denen Sartre greift. Es war notwendig, so vorzugehen, um die Allmacht des dialektischen Aufbaus herauszustellen. Dennoch könnte man Sartre nur dann des Schwindels bezichtigen, wenn er versucht hätte, seine Vorgehensweise zu verheimlichen – er stellt uns aber ganz im Gegenteil alle Hinweise zur Verfügung, um uns trotzdem zurechtzufinden – und wenn der chronologische Aufbau eine Art Normalmeter der Wahrheit wäre: der chronologische Aufbau kann jedoch nicht mehr Wahrheit beanspruchen als das im Amt für Maße und Gewichte aufbewahrte Normalmeter oder die Achsen von Koordinaten, die als bloße Bezugspunkte für ihre Funktionen dienen. Bevor ich jedoch mit der Chronologie ins Gericht gehen und zeigen werde, wie begründet und wohlüberlegt Sartres Erzähltechnik im Grunde ist, möchte ich auf ihre Effektivität eingehen.

Die Diktatur der Dialektik verleiht der Erzählung, wie ich oben zu zeigen versucht habe, eine dramatische Struktur, die den Leser von Anfang bis Ende in Atem hält: man wird wohl anerkennen müssen, daß es nicht viele Autobiographien gibt, die diese Wirkung hervorrufen. Sehr häufig leiden sie am Gegenteil, selbst dann, wenn der Erzähler in der Absicht, seine Erzählung zu dramatisieren, in sie eingreift: denn er greift in diesem Fall von außen ein, in der Art eines *deus ex machina*. Während hier schon die Aufeinanderfolge der Abschnitte allein diese Wirkung hervorruft. Dies schon deswegen, weil die Erzählung in einem sehr lebhaften und markanten Rhythmus vorangetrieben wird; weder Leerlauf noch Monotonie: plötzliche Beschleunigungen und unerwartete Wendungen erzeugen unablässig jene Spannung, von der das ganze Buch getragen ist. Der Rhythmus, den man von Autobiographien gewohnt ist, ähnelt hingegen dem eines Romans in Fortsetzungen: die vage Erwartung der Zukunft und Vorahnungen werden von jener Freude am Schreiben gedämpft, die den Text konturlos und fluktuierend machen und in eine nebelverhangene Ferne entrükken. Der Rhythmus der *Wörter* ist im Gegenteil der eines Theaterstücks, er erfüllt alle Erfordernisse einer bühnengerechten Inszenierung: innerhalb einer bestimmten Zeitspanne alle aufeinanderfolgenden Etappen eines Entwurfs möglichst deutlich herausarbeiten. Daher die Klarheit, aber auch Härte der Konturen: keine weite Ferne, keine Unschärfe.

Diese Dichte und diese Spannung reißen den Leser mit und ziehen ihn in ihren Bann, machen ihm damit aber auch jede andere Haltung als Zustimmung oder Ablehnung unmöglich: Die Überfülle an Sinn bewirkt, daß zum Beispiel auch der Interpretation des Textes kein Spielraum gelassen wird. 1) *Alle* Elemente der Erzählung sind explizite Bedeutungsträger; während in vielen autobiographischen Texten die Relevanz an gewissen Stellen nachläßt, die Erzählung in explizit ausgesprochenen Bedeutungen zu schwimmen scheint und damit der Interpretation des Lesers großen Spielraum läßt, bringt sich Sartres Buch sozusagen selbst auf den Nenner, Sinn und Erzählung sind deckungsgleich und voneinander absolut untrennbar. 2) All diese Bedeutungen verweisen auf ein einziges System, innerhalb dessen sie erst verständlich werden. Es ist unmöglich, sie unabhängig von ihrer Funktion in diesem System zu betrachten, wie auch kein anderes System vorstellbar wäre, das all diese Bedeutungselemente abdecken könnte: dies ist äußerst bemerkenswert. Sehr häufig sind die Autobiographen auch insofern nicht fähig, die Struktur ihres Textes *abzuschließen*, als es ihnen nicht gelungen ist, ihr Leben durch ihr Schreiben in den Griff zu bekommen. Im besten Fall organisieren sie mit Hilfe eines Systems der Mehrdeutigkeit einen ungewissen Sinn und inszenieren damit die Interpretation als *Spiel*: So Rousseau, der sich mit seinen Widersprüchen herumschlägt, so auch Gide, der mit diabolischer List *Stirb und Werde* auf der gleichzeitigen Bearbeitung einer zweifachen Problematik (nämlich der Sünde und der menschlichen Natur) aufbaut, aber auch Leiris, der mit der Psychoanalyse laviert. All diese Winkelzüge fehlen hier, der Text stellt sich als kompakter Block, als unangreifbare Totalität dar. Sofern wir da oder dort einen Riß entdeckt haben sollten, handelt es sich um einen Riß in der Logik (im Wahnsinn) des Systems, einen Riß, der dessen Fortbestand garantiert. Die einzige Rückzugsmöglichkeit, zu der ein skeptischer Leser – der freilich keineswegs in der Lage wäre, eine andere Interpretation vorzuschlagen – allenfalls Zuflucht nehmen könnte, bestünde in der Deutung dieser Perfektion und Allgegenwart der Dialektik als Selbstschutz. Diese Hypothese wurde von Claude Burgelin als Erklärung für das um Totalität bemühte Wuchern von *Der Idiot der Familie*[33] vorgebracht; sie ließe sich genausogut auf *Die Wörter* anwenden. Alle Ausgänge des Textes, die zu psychoanalytischen Deutungen führen könnten, sind entweder durch Äußerungen befreundeter Psychoanalytiker oder durch kleine präventive Passagen versiegelt.[34] Bedeutet die angesichts der Geschlossenheit des Textes getroffene Diagnose des »Selbstschutzes« aber letztlich nicht, daß man sich selbst vor einem Text zu schützen versucht, der vielleicht nur deshalb als geschlossen bezeichnet wird, weil er sich auf eine letzte Wahrheit hin öffnet, die nur schwer zu ertragen ist: daß nämlich die Neurose etwas *Politisches* ist?

Im übrigen wirkt diese Diktatur des Sinns in der Erzählung keineswegs schwerfällig. Liest man die vorliegende Analyse, ohne *Die Wörter* gelesen zu haben, könnte man allenfalls glauben, es mit einem abstrakten und trockenen Werk zu tun zu haben, im schlimmsten Fall mit einem Tendenzroman. Jeder, der *Die Wörter* gelesen hat, weiß aber, daß dies nicht zutrifft. Der durchschlagende Erfolg des Buches beweist, daß man es auch lesen kann, ohne mit Sartres Denken vertraut zu sein. Im äußersten Fall könnten einige Wendungen als störend oder die Mitte des zweiten Teils als etwas schleppend empfunden werden. Der ganze übrige Text wird jenen Eindruck des »Selbst Erlebten«, des »Aus dem Leben Gegriffenen« vermitteln, der von den Autobiographen, allerdings oft erfolglos, gemeinhin angestrebt wird. Denn in keiner Passage der Erzählung werden explizit Bedeutungen angesprochen, wie sie auch umgekehrt praktisch keine Bedeutungen enthält, die nicht durch eine Erzählung (welche auch zu einem Wort, einem Satz verdichtet sein oder aber die Dimension einer ganzen Szene oder Episode annehmen kann), eine Beschreibung oder eine »phänomenologische« Nachahmung veranschaulicht werden: Der Sinn geht aus der Technik hervor, mit der das konkret Erlebte beschrieben wird; jede Handlung, jede Verhaltensweise wird so beschrieben, daß die Kraftlinien, der Sinn des in ihr zum Ausdruck kommenden *Entwurfs* deutlich hervortreten. Sartre hat sich dieser äußerst effizienten Technik bereits in einer seiner ersten Erzählungen, *Kindheit eines Chefs*, bedient, die mit *Die Wörter* durchaus vergleichbar ist: Parodie der Kindheitserzählung, Versuch, die Ur-

33 Claude Burgelin, *Lire ›l'Idiot de la famille‹?*, in: *Littérature* 6 (1972), S. 115.

34 Zu Sartres Einstellung gegenüber der Psychoanalyse vgl. James Arnold und Jean-Pierre Piriou, *Genèse et critique d'une autobiographie: ›Les Mots‹ de Jean-Paul Sartre*, Paris 1973.

sprünge der Neurose zu analysieren, ironische Entmystifizierung von unaufrichtigen Verhaltensweisen.[35] Die »phänomenologische« Beschreibung läßt die Kluft zwischen der scheinbaren Bedeutung einer Verhaltensweise und ihrer tatsächlichen Funktion zutage treten (und verleiht ihr damit eine gewisse Komik). Je bündiger die Beschreibung, desto deutlicher bricht diese Kluft auf: sehr häufig ist sie zu einer geistreichen Formulierung verdichtet, der man nicht gerecht werden würde, wollte man sie als bloße Spielerei eines facettenreichen Stils deuten. Es sind die Hochstapelei oder die Unaufrichtigkeit, die mit ihrer Hilfe aufs Korn genommen und aufgespießt werden.[36]

Erzählung und Dialektik gehen also ineinander auf, und zwar sowohl dank des »phänomenologischen« Stils, der die Intentionalität freilegt, in den Sätzen und Absätzen, als auch, dank der dialektischen Verknüpfung der damit freigelegten Intentionen, im ganzen Buch. Damit ist es Sartre gelungen, der Gefahr des Thesenromans zu entgehen: zugleich damit ist er aber auch zu einer eleganten Lösung einer der klassischen Schwierigkeiten aller Kindheitserzählungen gelangt. Insofern, als sich die Erinnerung an unsere Kindheit – abgesehen von einigen traumatischen Ereignissen und historischen Anhaltspunkten – nicht von vornherein in der Gestalt einer Geschichte darstellt, ist der Autobiograph meist

35 Es ist aus zwei Gründen naheliegend, diese beiden Erzählungen miteinander zu vergleichen: nicht nur, weil Sartre zahlreiche Elemente seiner eigenen Kindheit in der Fiktion *Die Kindheit eines Chefs* verarbeitet hat, sondern weil dieser Vergleich auch die Möglichkeit bietet, die zueinander analogen Beschreibungs- und Erklärungssysteme des Ursprungs und der Symptomatik der Neurose aufzuzeigen. In der uns hier interessierenden Perspektive geht es aber vorrangig um die Unterschiede zwischen diesen beiden Texten: In einer Fiktion wird der Schriftsteller durch keine Chronologie eingeengt, nichts hindert ihn daran, die Geschichte durchaus klassisch vom Standpunkt der Analyse aus zu konstruieren. Daher der streng lineare und recht einfache Aufbau von *Die Kindheit eines Chefs*. Die Geschichte folgt einer analytischen Gliederung. Ein wirkliches Leben läßt sich dies nicht so ohne weiteres gefallen.

36 Diese Dichte ist das Ergebnis einer sorgfältigen Arbeit an der *Schreibweise*: kulturelle Anspielungen, Pastiches, Einsatz der erlebten Rede, subtile und zugleich radikale Mischungen eines hyperliterarischen Stils mit jähen Einbrüchen gesprochener Rede. Vgl. dazu die zitierte Untersuchung Jacques Lecarmes. Dieser ironische Stil geht unweigerlich verloren, sobald Sartre sein Leben erzählt, anstatt es zu schreiben; dies ist in seinen Interviews der Fall (vgl. den auf die Bitte Francis Jeansons hin abgegebenen Bericht seiner Jugendzeit in *Sartre dans sa vie*, a. a. O. Sartre hat sich in seinem Interview in *Le Nouvel Observateur* vom 23. Juni 1975 (*Sartre über Sartre*, a. a. O.) ausführlich zu dieser Kluft zwischen dem *Geschriebenen* und dem *Gesprochenen* geäußert.

dazu gezwungen, seine Erinnerungen *thematisch* zu gruppieren, um sie zu ordnen: Erfahrungen in der Schule, Familienleben; Spiel; das Problem des Todes; das Problem der Herkunft; Entdekkung der Natur; prägende Erlebnisse im Theater oder Kino usw. Es ist nicht schwer, diese Erinnerungen zu gruppieren; viel heikler ist es, die einmal zusammengestellten Gruppen miteinander zu verknüpfen und ein zusammenhangloses Nebeneinander zu vermeiden. Im allgemeinen zieht man sich dadurch aus der Affäre, daß diese thematischen Passagen in chronologischer Staffelung aufgereiht oder aber rein rhetorische Übergänge hinzugefügt werden, von denen sich aber niemand täuschen läßt. Sehr häufig hat dieser thematische Aufbau lediglich die Aufgabe, die Schwierigkeit einer geordneten Darstellung des eigenen Lebens schamhaft zu kaschieren. Sartre ist es hingegen gelungen, diese im Grunde allzu bequemen thematischen Passagen als Elemente eines streng dialektischen Aufbaus einzusetzen. *Die Wörter* hat die Leser herkömmlicher Autobiographien keineswegs verunsichert, da sie in ihnen all die klassischen Motive von Kindheitserinnerungen wiedergefunden haben: meine ersten Bücher, meine Erinnerungen an die Grundschule, meine erste Begegnung mit dem Tod, meine Entdeckung des Kinos usw., bis zu den klassischen Erinnerungen ans Gymnasium und den Porträts sympathischer Mitschüler... Dabei haben sie aber vielleicht nicht zur Genüge bedacht, daß diese Strophen eines alten Lieds »Doppelagenten«, das heißt weder so unschuldig noch so relativ belanglos sind wie in den üblichen Autobiographien. Das Gelingen von *Die Wörter* beruht zweifellos auf der Tatsache, daß in ihnen die traditionellsten Techniken der Gattung der Kindheitserinnerungen mit einer streng dialektischen Konstruktion in Einklang gebracht werden. Wenn ich von Schwindel gesprochen habe, dann bezog sich dies nur auf die Stellen, an denen die »Schweißnaht« sichtbar geblieben ist. Im wesentlichen ist dieses Buch aber wie eine Falle konstruiert, da es gleichzeitig zwei Lesarten zuläßt: einerseits die chronologische und thematische Fassade, andrerseits das dialektische Fundament. Es fragt sich nur, wer in diese Falle geht: Sartre, der von seinen bürgerlichen Lesern für ihre Zwecke eingespannt wird, oder aber die Leser, die gegen ihren Willen vom Motor der Dialektik mitgerissen werden? Das Mißverständnis bleibt aufrecht. *Die Wörter* werden zweifellos erst dann die von Sartre beabsichtigte ätzende Wirkung voll und ganz entfalten können, wenn ein zweiter Band vorliegt und Aufschluß über jenen letzten Teil der Erzählung gibt, dessen extreme Dichte und dessen atemloses Tempo den Durchschnittsleser unweigerlich in einen zunächst diffusen Strudel reißen und ihn so der Notwendigkeit entheben, für sich selber zu einem Schluß kommen zu müssen.

Eine neue Sicht der Zeit

Unterschlägt Sartre die Zeit, wenn er dem Sinn auf Kosten der Chronologie den Vorzug gibt? Keineswegs. Wir sollten nun diese geläufige, aber naive Opposition, auf die ich mich seit Beginn dieser Analyse gestützt habe, hinter uns lassen. Allzu viele Autobiographen fassen die Chronologie als Grundlage der Zeitlichkeit auf, während sie doch nur einer ihrer Aspekte ist. Diesen Aspekt für die Hauptsache zu halten, den »sozialen Bedingungen des Gedächtnisses« den Vorrang einzuräumen setzt in Wirklichkeit die Entscheidung für ein bestimmtes Menschenbild voraus. Die herkömmlichen Techniken der chronologischen Erzählung sind beileibe nicht »neutral« und stimmen mit einer »Natur« der Dinge keineswegs überein. Sie beruhen auf zwei Postulaten, die gerade Sartre in seiner Phänomenologie der Zeitlichkeit in Frage gestellt hat: auf der Existenz einer Vergangenheit an sich und auf der Identität der Sukzessions- und der Kausalitätsbeziehung.

Die folgende Analyse untersucht im Licht der theoretischen Positionen Sartres das Problem der Zeit, insbesondere in Zusammenhang mit der Autobiographie, das heißt mit dem Subjekt, das sich mit seiner Vergangenheit auseinandersetzt. Dieses Problem stellt sich völlig anders dar als das der Zeit im Roman. Sartres Theorien über den auf die Gegenwart, auf eine sich heranbildende Freiheit ausgerichteten Roman, dem die Zukunft verschlossen bleibt – Theorien, die in den technischen Überlegungen von *Der Ekel* und *Wege der Freiheit* Niederschlag fanden –, verlieren all ihre Relevanz, sobald es sich um eine andere zeitliche Perspektive handelt. Dies nicht verstanden zu haben ist wahrscheinlich der Grund für die großen Schwierigkeiten, auf die Simone de Beauvoir bei ihrer autobiographischen Unternehmung gestoßen ist.

Es hat im großen und ganzen den Anschein, als habe das Sartresche Erzählen in zwei verschiedenen Funktionsbereichen stattgefunden: in dem der auf die Gegenwart[37] ausgerichteten *Fiktion* (von *Der Ekel* bis zu den unvollendet gebliebenen *Wegen der Freiheit*) und in dem der auf die Vergangenheit ausgerichteten *Biographie* (von seinem Baudelaire-Porträt bis zu seiner Summa über Flaubert, die vermutlich ebenfalls unvollendet bleiben wird); angesichts der Tatsache, daß die Technik letztlich auf metaphysische Voraussetzungen verweist, darf man sich die Frage stellen, ob das Beiseitelegen der Romane und das Auswuchern der Biographie ab 1947 nicht eine verspätete Auswirkung seiner politischen Bewußtwerdung ist und nicht auch in seinem Übergang von der existentiellen Phänomenologie von *Das Sein und das Nichts* zur viel ehrgeizigeren anthropologischen Unternehmung der *Kritik der dialektischen Vernunft* zum Ausdruck kommt. Dies ist lediglich eine Hypothese. Sartre hat jedenfalls schon in *Das Sein und das Nichts* eine Konzeption der Zeitlichkeit vorgelegt, die die herkömmliche chronologische Erzählung in Frage stellt:

1. Die Existenz der von zahlreichen Theorien der Zeit und des Gedächtnisses vorausgesetzten Vergangenheit an sich wird als Absurdität zurückgewiesen.[38] Eine Vergangenheit an sich anzunehmen heißt, sie von der Gegenwart zu trennen und damit Gefahr zu laufen, die Art und Weise unserer Wahrnehmung von Vergangenheit nicht erklären zu können. Vergangenheit existiert nur durch *meine* Gegenwart. Diese von Sartre zu einem Zeitpunkt unternommenen Analysen, als er wahrscheinlich noch nicht an die Autobiographie[39] dachte, betreffen die gewöhnliche Situation, in der jeder Autobiograph, wie auch jeder Mensch sonst, steht. Er verwirft in gewissem Sinn die Vorgehensweise der herkömmlichen biographischen Erzählung und verurteilt ihre historisierende Sicht des Lebens, ohne freilich über sie den Stab zu brechen, da die sozialen Bedingungen des Gedächtnisses trotz allem *auch* an mei-

37 Mit Ausnahme freilich von *Die Kindheit eines Chefs*.

38 *Das Sein und das Nichts*. Versuch einer phänomenologischen Ontologie (Neuübersetzung), Reinbek 1991, S. 216ff. In Hinblick auf die Autobiographie vgl. die Passage über »meine Vergangenheit« (S. 870ff.), in der Sartre zeigt, wie wir ständig den Sinn und die Ordnung unserer Vergangenheit im Lichte unseres gegenwärtigen Entwurfes neu zu definieren suchen: »Dieser den Wert, die Ordnung und die Natur unserer Vergangenheit betreffende Beschluß ist ganz einfach die *geschichtliche Wahl* überhaupt.« (S. 863)

39 Er beschäftigte sich jedoch bereits mit den Problemen der Biographie. Vgl. dazu die Untersuchung Victor Bromberts, *Sartre et la biographie impossible*, in: *CAIEF* 19 (1967), S. 155-166.

ner Beziehung zur Vergangenheit teilhaben; sie sind aber nicht der Weisheit letzter Schluß, auf den alles bezogen werden muß. Seine Überlegungen gehen mit einer weitverbreiteten Illusion ins Gericht, die allerdings für die autobiographische Suche ebenso notwendig zu sein scheint wie die gleichermaßen notwendigen Illusionen unserer Raumwahrnehmung. Dies wird bei der Autobiographie besonders deutlich: es wird gemeinhin davon ausgegangen, die Erzählung habe das An-sich-Sein der Vergangenheit zum Thema (daher die Bemühung um Genauigkeit, die Suche nach Querverbindungen, die Konstruktion einer chronologischen Geschichte), und man empfindet die eigene Beziehung zu dieser Vergangenheit als von Hindernissen übersät (Gedächtnislücken, Durcheinanderkommen, Verzerrung usw.), als negativen und einschränkenden Faktor. Dieser Illusion (denn Vergangenheit kann es nur im Rahmen dieser Beziehung geben) begegnet man allerorten: ich verweise etwa auf das recht naive Beispiel André Maurois' in *Aspects de la biographie*. Weit erstaunlicher ist jedoch, daß Simone de Beauvoir trotz ihrer existentialistischen Belesenheit und trotz ihrer Kenntnis von Sartres Autobiographie seit 1954 ihre gesamte Autobiographie auf diesen naiven Glauben an eine Vergangenheit an sich gegründet hat. Dies wird sowohl in den von ihr eingesetzten Techniken wie auch in ihren Überlegungen zur Problematik der Gattung deutlich, und zwar auch dann, wenn sie diese unter Zuhilfenahme einer scheinbar existentialistischen Terminologie formuliert. Wenn sie zum Beispiel die chronologische Aufeinanderfolge zwar kritisiert, sich selbst aber weiterhin an sie hält, dann nicht, weil die Chronologie das Für-mich-Sein der Vergangenheit, sondern ihr An-sich-Sein entstellt: sie versteht die Vergangenheit allem Anschein nach als eine Aufeinanderfolge von Gegenwarten, denen jeweils ein An-sich-Sein zukomme (das heißt eine Vergangenheit und eine Zukunft innerhalb jeder dieser Vergangenheiten): vom existentialistischen Standpunkt aus hat sie recht in der Annahme, daß jede Gegenwart *ist*, wenn sie *gegenwärtig ist* (weshalb sie auch besser beraten wäre, ein Tagebuch zu führen, anstatt zu versuchen, es als Autobiographie auszugeben), aber unrecht in ihrer Auffassung, die Vergangenheit bestehe aus einer bloßen Addition von Gegenwarten, die einzeln zu rekonstruieren und chronologisch aufzureihen wären. Doch ist es genau das, was sie tun *möchte* und beklagt, nicht tun zu können:

Dadurch, daß ich meine Lebensgeschichte in Sätze einfange, mache ich aus ihr eine klar umrissene Realität, die sie in Wirklichkeit nicht ist. Aber zugleich wird sie auseinandergerissen und in Gestalt in sich erstarrter Momente wieder aufgereiht, während Vergangenheit, Gegenwart und Zukunft unlösbar miteinander verbunden sind. Ich kann schreiben: Ich plante eine Amerika-Reise. Aber die Zukunft dieses alten Projekts ist hinter mir im Nichts versunken wie der Plan selbst, den kein neuer Aufschwung mehr zu beleben vermag. Andererseits spuken in jedem Lebensabschnitt andere, vorangegangene herum: in der Zeit meines Erwachsenseins meine Kindheit und Jugend, in der Kriegszeit die Vorkriegsjahre. Dadurch, daß ich dem Lauf der Zeiten folgte, machte ich es mir unmöglich, dieses Ineinandergreifen darzustellen. Es ist mir daher auch nicht gelungen, den verflossenen Stunden ihre dreifache Dimension zu belassen: sie gleiten gestaltlos, zu ewiger Gegenwart verdammt dahin, losgelöst von allem, was vor dieser Gegenwart liegt und was auf sie folgt.[40]

Dieses Eingeständnis eines Scheiterns – durchaus luzide, was die scheinbaren Ursachen dieses Scheiterns betrifft, aber blind für dessen tatsächlichen Grund (den Wunsch nach einer Vergangenheit an sich) – zeigt *a contrario*, wie wohlbegründet Sartres synthetische und dialektische Vorgehensweise ist. Simone de Beauvoirs Scheitern war, so gesehen, schon ab den ersten Seiten der *Memoiren einer Tochter aus gutem Hause* absehbar. Ein Vergleich der Erzähltechnik des ersten Kapitels dieser *Memoiren* mit der von *Die Wörter* ergibt zweierlei: Simone de Beauvoir setzt *scheinbar* eine Dialektik ein, die der Sartres analog ist, so daß ihr Text, der zwar vor *Die Wörter* erschien, aber erst nach Sartres Niederschrift der ersten Fassung seines Textes entstand, alle Züge einer Nachahmung trägt; eine Analyse des Aufbaus ihres Textes zeigt aber, daß dies *in Wirklichkeit* nicht der Fall ist. In *Die Wörter* wird die Dialektik als Chronologie verkleidet, in den *Memoiren* versucht sich die Chronologie als Dialektik auszugeben. Sartre folgt kompromißlos der Gliederung des Sinns: er schminkt die logischen Zusammenhänge als chronologische Abfolge zurecht, während Simone de Beauvoir die brave Chronologie ihres Textes in eine Dialektik umfrisiert und uns die Übergänge einer thematischen Aneinanderreihung als Gelenkstellen des Sinns schmackhaft machen will.

Aber, so könnte man einwenden, bedeutet das Leugnen der Existenz einer Vergangenheit an sich nicht auch, die Möglichkeit, eine Autobiographie schreiben zu können, überhaupt zu bestrei-

40 Simone de Beauvoir, *Alles in allem*, a. a. O., S. 7f.

ten? Ist es also völlig unnütz, sich bei der Rekonstruktion einer unverfälschten Vergangenheit um größtmögliche Genauigkeit und Authentizität zu bemühen? Darf ich unter dem Vorwand, daß die Vergangenheit ja nur eine Dimension *meiner* Gegenwart ist, Beliebiges erzählen? – Ganz offensichtlich *nicht*. Denn die Forderung nach Genauigkeit, die im Grunde ein notwendiger, aber *negativer* (*nicht* vergessen, *nicht* verzerren usw.) und *relativer* (da sie sich auf ein Bild von der Vergangenheit an sich bezieht, das es nur im Rahmen des Für-mich-Seins dieser Vergangenheit geben kann) Grundsatz ist, darf nicht mit der Forderung nach Bedeutung verwechselt werden, dem positiven und fundamentalen Grundsatz der autobiographischen Suche überhaupt; positiv deshalb, weil sie es ist, die die Struktur des Textes erzeugt, und fundamental, weil ihre Funktion darin besteht, das Für-mich-Sein der Vergangenheit wiedererstehen zu lassen. Damit man überhaupt von einer Autobiographie sprechen kann, müssen diese beiden Forderungen nicht nur erfüllt, sondern auch hierarchisch gewichtet sein. Genau dies ist in *Die Wörter* der Fall; alle Episoden, von denen berichtet wird, sind soweit als möglich datiert und lokalisiert, Sartre hat sich also gewissenhaft um ihre Historizität bemüht; er hat versucht, das, was *damals* war, möglichst klar herauszuarbeiten. Doch verfällt er dabei nicht der irrigen Annahme, diese Bemühungen könnten dazu verhelfen, die Wahrheit über die »Vergangenheit an sich« zu sagen: allerhöchstens, daß man keine Irrtümer begeht.

2. Jede Erzählung, die die chronologische Reihenfolge einhält, geht von einem verkürzten und mechanistischen Kausalitätsbegriff aus und fällt der Illusion des *post hoc, ergo propter hoc* zum Opfer: eine Formel, die vielleicht auf ein isoliertes, mechanisches und lineares System zutreffen mag, aber hinfällig wird, sobald es sich um ein komplexeres, von anderen abhängiges und nicht mehr mechanisches System handelt. Die Zeitlichkeit des Menschen funktioniert völlig anders: das beweisen die häufigen Verstöße der Autobiographen gegen die Chronologie. Wollte man wie Simone de Beauvoir versuchen, das An-sich-Sein der Vergangenheit wiederzufinden, wird dies mit Hilfe einer linearen Addition der jedem einzelnen Augenblick inhärenten Zeitlichkeiten nicht gelingen. In meiner Beziehung zur Vergangenheit stehend, werde ich mich dieser Vergangenheit an sich durch bloße Akkumulation nicht nähern können: nur eine globale, synthetische Sicht kann die Zeitlichkeit erfassen. Es geht also nicht darum, die Vielfalt der Augenblicke

darzustellen, indem man wie Zenon aus Elea den Raum eines Lebens unterteilt, sondern dessen Bewegung gleichsam im Gehen nachzuvollziehen und zu beweisen, indem man das Gesetz freilegt, das dieser Bewegung zugrunde liegt. Sartre versteht seine Autobiographie nicht als »Geschichte meiner Vergangenheit«, sondern als »Geschichte meiner Zukunft«, das heißt als Rekonstruktion eines *Entwurfes*.

Der Sartresche Begriff des Entwurfes erfaßt die Zeitlichkeit in ihrer grundlegenden Einheit und Gesetzlichkeit. Sartre hat den in *Das Sein und das Nichts* theoretisch ausgearbeiteten und in *Marxismus und Existentialismus* wiederaufgenommenen Begriff des Entwurfes ständig verwendet und ihn sowohl seinen persönlichen Beziehungen[41] als auch seinen Biographien zugrunde gelegt. Der Mensch ist kein kausales System, sondern eine Freiheit; befindet er sich in einer bestimmten Situation, ist er ihr nicht passiv ausgeliefert, sondern sucht nach einem Ausweg in den Grenzen des Möglichen. Diese Erfindung der Zukunft findet nicht *in* der Zeit statt: sie konstituiert die Zeit.

Alle Verhaltensweisen, die die Freiheit auf diese Art und Weise erfindet, zeugen von einem grundlegenden und *einzigartigen* Entwurf, der sich im Lauf der Kindheit herauskristallisiert und später zu einem durchgehenden und zeitunabhängigen Bestandteil der individuellen Geschichte wird. »Ein Leben ist bekanntlich eine zu allem möglichen verwendete Kindheit.«[42] Eine Biographie zu schreiben ist der Versuch, diesen Entwurf zu erkennen und auf seinen Ursprung zurückzuführen. Die Plausibilität und Aussagekraft der autobiographischen oder biographischen Erzählung hängt gänzlich vom Gelingen dieses Unterfangens ab, da der aus einigen Verhaltensweisen, denen grundlegende Bedeutung zugesprochen wird, abgeleitete Entwurf in der Folge als Hypothese zur Erklärung aller übrigen Verhaltensweisen herangezogen wird. Diese zugleich induktive und synthetische Methode mag als riskant oder trügerisch erscheinen: riskant insofern, als sich ein am Anfang eingeschlichener Irrtum multipliziert und schließlich das

41 »Sartre hingegen versuchte meinen Platz in meinem eigenen System zu respektieren, er begriff mich im Lichte meiner Werte und Projekte.« Simone de Beauvoir, *Memoiren einer Tochter aus gutem Hause*, aus dem Französischen von Eva Rechel-Mertens, Reinbek 1960, S. 326.

42 *Der Idiot der Familie* I, übersetzt von Traugott König, in: *Gesammelte Werke*, Schriften zur Literatur, Reinbek 1986, S. 56.

Gesamtbild verfälscht (was wäre zum Beispiel geschehen, wenn Flaubert ganz normal lesen gelernt hätte?); trügerisch insofern, als man in ihr den Inbegriff der retrospektiven Illusion sehen kann: die einzigartige Wirkung verführt zum Glauben, daß auch die Ursache einzigartig gewesen sein muß. Diese Methode kann auch dadurch Verwirrung stiften, daß sie die Freiheit als einen Aspekt der Notwendigkeit erscheinen läßt.[43] Doch kann nur derjenige der »retrospektiven Illusion« verfallen, der in der chronologischen Illusion lebt: Illusion gegen Illusion. Und man wird diesen »Fatalismus« nur so lange befremdlich finden, als man nicht verstanden hat, daß Sartre die Freiheit nicht als ein freies Ermessen, als Beliebigkeit versteht, sondern als die Art und Weise, in der der Mensch mit der Dialektik der Geschichte zusammenarbeitet und sie damit verwirklicht.

Der als unverwechselbare Ausrichtung der charakteristischen Verhaltensweisen eines Individuums verstandene Entwurf wird also als hypothetischer Lektüreschlüssel auf die gesamte Geschichte des Individuums angewandt. Alle Tatsachen, Ereignisse, Gefühle und Verhaltensweisen werden damit nicht als chronologisch zu organisierende Elemente verstanden, mit deren Hilfe eine Geschichte rekonstruiert wird, sondern als zu entziffernde *Zeichen*, die der Rekonstruktion eines Entwurfs dienen, der in keinem Lebensabschnitt zur Gänze enthalten ist, sondern sie alle umfaßt.

Daß der Entwurf in keinem Lebensabschnitt zur Gänze enthalten ist, soll jedoch nicht heißen, er habe keine Geschichte – schon

43 Die retrospektive Erzählung läßt den Weg, den die Freiheit gewählt hat, unweigerlich zu einer Notwendigkeit erstarren; die anderen Möglichkeiten, die von der Wahl verworfen worden sind, werden unterschlagen: denn die Freiheit ist keine Wahl, sondern eine Erfindung. Denkmöglich ist uns nur der tatsächlich erdachte Ausgang. Daher bezieht sich die Träumerei über das Mögliche nicht auf andere mögliche Reaktionen auf die Situation, sondern auf andere mögliche Situationen; sie ist keine Träumerei über die Freiheit, sondern über den Zufall. So etwa, in *Die Wörter*, die Träumereien von einem wohlhabenden Vater: »Hätte mir der Vater ein Vermögen hinterlassen, meine Kindheit wäre anders gewesen: ich wäre nicht Schriftsteller geworden, weil ich ein Anderer gewesen wäre.« (S. 76; dt.: 51) oder von einem Großvater, der die literarischen Aspirationen des Kindes gefördert hätte: »Hätte Charles damals unter großem Geschrei und mit geöffneten Armen verkündet: ›Hier ist der neue Victor Hugo, hier wächst ein Shakespeare heran!‹, so wäre ich heute ein Industriezeichner oder ein Literaturprofessor.« (S. 90) Jede Träumerei über den Zufall macht *a contrario* die Notwendigkeit der von der Freiheit getroffenen Wahl deutlich. Vgl. das Verfahren Simone de Beauvoirs in *Alles in allem*, a. a. O., S. 9-38.

deshalb nicht, weil er sich innerhalb einer Situation entwickelt, die sehr wohl geschichtlich ist. Es ist aber unmöglich, die ihm eigene Zeitlichkeit mit Hilfe der Chronologie zu erfassen: übrig bliebe nichts als der Staub rätselhafter Zeichen. Die Erzählstruktur von *Die Wörter* vermittelt den Eindruck, nicht *sukzessiv* (trotz der täuschenden Einkleidung), sondern *kumulativ* zu sein; dies nicht nur, weil man immer mit einer Art Gedächtnis der Erzählung rechnen muß, was im übrigen für jede Erzählung gilt (jede Erzählung erzeugt im Leser ein Gedächtnis; ab der zehnten Seite wird er zu jemandem, der sich zu erinnern glaubt), sondern weil der gewählte dialektische Aufbau kein grundlegendes Ereignis in Vergessenheit geraten läßt und weil sich die in Gang gesetzten Antriebskräfte (die Freiheit und die Angst der Freiheit vor sich selbst) und Mechanismen (die Flucht in ein Surrogat der Notwendigkeit) auf allen Ebenen der Konstruktion unablässig reproduzieren.[44] Die Angst ist ständig präsent und bleibt immer dieselbe: die gesamte Geschichte wiederholt, moduliert ohne Unterlaß den einen, grundlegenden Entwurf, dem sich freilich neue Lösungen und neue Metamorphosen im Bereich des Möglichen anbieten, ohne daß sich jedoch am ursprünglichen Problem, dem sich die Freiheit gegenübersieht, etwas geändert hätte. Daher auch das spürbare Desinteresse an einem anekdotischen, sukzessiven Aufbau der verschiedenen Ereignisse, in denen sich die Probleme und deren provisorische Lösungen *manifestieren*: alles findet synchron, das heißt in einem ausgedehnten Zeitabschnitt statt, in dem sich der grundlegende Entwurf als eine im großen und ganzen konstante Figur darstellt. Unumkehrbar, oder besser gesagt, nicht weiter reduzierbar sind damit nur mehr die Freiheit und die Angst: sie treten ständig irgendwo in Erscheinung, was dem Text im übrigen die Züge einer von dem Gedanken der Unabwendbarkeit beherrschten Tragödie verleiht. Eben weil alles umkehrbar und prekär ist, darf nach Gutdünken zurück- oder vorgegriffen werden, auch wenn aus Gründen einer möglichst praktischen Exposition das Vokabular der unumkehrbaren und kausalen Aufeinanderfolge verwendet wird.

Das Grundproblem bei der Erzählung eines Entwurfes liegt also in der Bestimmung der Lebensabschnitte, die als Synchronien

44 »Demzufolge verläuft ein Leben in Spiralen; es kommt immer wieder an den gleichen Stellen vorbei, aber auf verschiedenen Ebenen der Integration und Komplexität«, *Marxismus und Existentialismus*, a. a. O., S. 87.

behandelt werden können, und in ihrer Verknüpfung mit jenen grundlegenden Einschnitten, die diese Lebensabschnitte eingrenzen und *allen* Verhaltensweisen zugrunde liegen, die in ihnen auftreten. Weil der Entwurf ein *grundlegender* ist, muß er nicht zwangsläufig auch »chronologisch« *vorgängig* sein: er wird ganz im Gegenteil häufig eine *zentrale* Rolle spielen und mit Hilfe von Rückgriffen dargestellt werden, in denen die Vergangenheit die Zukunft hervorbringt; er wird in der Geschichte durchweg an zweiter Stelle stehen, da Ursprünglichkeit und Vorgängigkeit ja der Situation vorbehalten werden müssen, der sich die Freiheit gegenübersieht. Dabei stellt sich natürlich die Frage, ob das, was sich in der dialektischen Analyse als Einschnitt, als Moment eines Zurückkippens in die Vergangenheit, einer Reaktion darstellt, in der *Geschichte* als ein schicksalhaftes, unumkehrbares Ereignis (nach dem Muster einer inneren Umkehr, einer jähen Erkenntnis, eines Traumas) auftritt oder vielmehr in die Schilderung eines mehr oder weniger langen Zeitabschnitts umgemünzt, aufgelöst und verarbeitet wird, der wiederum als Synchronie behandelt werden kann. Die Frage, in welcher Form der Entwurf in der Geschichte in Erscheinung treten soll, wirft also dasselbe Problem auf wie seine Darstellung. Sartre hat am Anfang seines *Saint Genet* deutlich gemacht, daß diese Frage in Hinblick auf die Geschichte im Grunde ohne Bedeutung ist, da sie keinerlei Auswirkungen auf die Natur und die Existenz des Entwurfs hat; in Hinblick auf die Erzählung ist es freilich vorteilhafter (sowohl für den gelungeneren dramaturgischen Effekt als auch für den der Dialektik adäquateren Sinn), den Entwurf anhand eines einschneidenden und zentralen Ereignisses zu *veranschaulichen*.[45]

Damit wird deutlich, daß die dialektische Erzählung die chronologischen Gegebenheiten auf zweifache Weise verarbeitet: sie *verteilt* einerseits die einem als Synchronie behandelten Zeitabschnitt in beliebiger Reihenfolge entnommenen Elemente auf eine logische Abfolge (in der dialektische Verknüpfungen als dramatische Handlungsumschwünge dargestellt werden), um *Verhaltensweisen* zu beschreiben, und *verdichtet* andrerseits alle Ereignisse, in denen sich derartige Verknüpfungen (Bewußtwerdung, Wahl) manifestieren, zu einem einzigen Ereignis. Es handelt sich also um

45 *Saint Genet, Komödiant und Märtyrer*, Deutsch von Ursula Dörrenbächer, in: *Gesammelte Werke* in Einzelausgaben, Schriften zur Literatur, Bd. 4, Reinbek 1982, S. 11.

eine allgemeine *Neuverteilung*, die in einer zweifachen Beziehung zur Chronologie steht: in einer Beziehung der Täuschung, weil sie sich ihre Sprache borgt, und, sehr allgemein gesprochen, in einer Beziehung zur Wirklichkeit, weil sie den Sinn und den Entwicklungsgang eines Lebens wiedergibt und sich dabei auf jene Einschnitte stützt, die sowohl wichtige chronologische Ereignisse als auch – auf der Ebene der Analyse – dialektische Verknüpfungen darstellen: ein, nebenbei gesagt, seltenes Zusammentreffen.

Die biographische Erzählung geht somit im allgemeinen von einer recht einfachen Keimzelle aus, von einem schematischen Merkmal, das den Entwurf bündig zusammenfaßt. G. Genette hat vorgeschlagen, Erzählungen wie die *Odyssee* oder *Die Suche nach der verlorenen Zeit* als ungeheure Erweiterung eines ursprünglichen Satzes aufzufassen wie »Odysseus kehrt nach Ithaka zurück« oder »Marcel wird Schriftsteller«.[46] Dies gilt zweifellos für jede Erzählung: G. Genettes Beispiele sind gerade deshalb amüsant, weil die Erweiterungen, in der sich die Keimzellen verbergen, besonders ungeheuer sind. Die Sartresche Biographie ist umgekehrt deshalb faszinierend, weil ihre Keimzelle bis in die ungeheuersten Erweiterungen (*Der Idiot der Familie*) deutlich erkennbar bleibt. In *Die Wörter* stellt diese Keimzelle in ihrer einfachsten Gestalt eine Variante der klassischen autobiographischen Keimzelle dar. Jede Autobiographie ist eine Erweiterung des Satzes: »Ich bin ich geworden«, in unserem Fall: »Ich habe mich zu mir *gemacht*«, eine Aussage, die freilich noch genauer zu umreißen und mit Stoff anzureichern bleibt. Genau dies leisten das kleine pseudobiblische Schema im Kasten oben und die von Sartre selbst in *Die Wörter* oder in den Interviews zu diesem Buch formulierten skizzenhaften Überblicke und Zusammenfassungen.[47]

Ähnlich wie das Gesamtwerk Prousts als Ausfaltung eines einzigen Satzes verstanden werden kann, ließe sich das erzählerische Werk Sartres als Weiterentwicklung ein und derselben biographischen Struktur darstellen. Am Schluß dieser Untersuchung über den Aufbau von *Die Wörter* kann gesagt werden, daß die von Sartre an der herkömmlichen Struktur der autobiographischen Erzählung vorgenommenen Veränderungen nur eine Auswirkung und ein Aspekt seiner revolutionären Behandlung der autobiographischen Erzählung allgemein darstellen, und daß sich in dieser

46 G. Genette, *Figures III*, Paris 1972, S. 75.

47 Vgl. *Die Wörter*, S. 141 f.; *Sartre über Sartre*, a. a. O., S. 163 ff.

Revolution eine neue, phänomenologisch auf einzelne Personen angewandte Anthropologie niederschlägt. Eine Fortsetzung dieser Untersuchung müßte daher die anhand von *Die Wörter* ermittelten Sachverhalte an allen anderen biographischen Erzählungen Sartres überprüfen. Bei der Klassifizierung all dieser Erzählungen dürfte sich die Opposition Autobiographie/Biographie vermutlich nicht als relevant erweisen – trotz der Fragen, die der Gebrauch der ersten Person aufwirft. Die Sartreschen Biographien würden sich vielmehr je nach der Beziehung des Erzählers zum Protagonisten und je nach seinem Informationsstand über dessen reale Geschichte in zwei Gruppen unterteilen lassen. Die eine Gruppe würde zum Beispiel die biographischen Skizzen über Nizan und Merleau-Ponty sowie *Die Wörter* umfassen, Texte also, die in ihrer Unverblümtheit und Konkretheit vergleichbar sind: phänomenologische Erzählungen des grundlegenden Entwurfs dreier Personen, mit denen der Autor persönlichen Umgang hatte und denen er sich zunächst auch auf direktem Weg nähert. Die zweite Gruppe bestünde – in chronologischer Reihenfolge und in der Reihenfolge des wachsenden Umfangs der Analyse – aus *Baudelaire*, *Saint Genet* und *Der Idiot der Familie*. In diesen drei Fällen wird der Mensch zunächst (im Fall von Genet) oder ausschließlich (im Fall von Baudelaire und Flaubert) über das Werk erschlossen, das reale Erlebte (vor allem, was ihre frühe Kindheit betrifft) bleibt dem Biographen zum Großteil unzugänglich. Je weniger Information zur Verfügung steht, desto ungehemmter entwickelt sich die Analyse, wuchert zu ungeheuren Erweiterungen aus: Je weniger man darüber weiß, desto mehr muß man vermuten, ableiten und das Besondere durch das Allgemeine ersetzen, und desto mehr Freude hat man daran. Daher die völlig unterschiedliche Vorgehensweise dieser Biographien, deren Sinn nicht mehr mit der Erzählung gekoppelt ist: sie schwimmt sozusagen in ihm. Der aufschlußreichste Vergleich zwischen diesen beiden Gruppen kann zwischen dem *Saint Genet* und *Die Wörter* gezogen werden, weil sie von einem analogen dialektischen Aufbau strukturiert werden und weil beide, historisch gesehen, am überzeugendsten sind (*Saint Genet* ist viel glaubhafter als der *Baudelaire* oder der Flaubert, vielleicht schon deshalb, weil Sartre Genet persönlich gekannt hat und sein Zeitgenosse ist). Der dialektische Aufbau der Darstellung des Entwurfs ist in *Die Wörter* der Erzählung sozusagen immanent; im *Saint Genet* werden einzelne Brocken, Elemente der Erzählung in einen Text aufgenommen, eingearbeitet und integriert, der sich offen als philosophischer zu erkennen gibt; Genet oder auch Gustave in *Der Idiot der Familie* spielen häufig die Rolle jenes hilfreichen Freundes Pierre, der in *Das Imaginäre* oder *Das Sein und das Nichts* Sartres Analysen fiktiv zu Hilfe kommt: das besondere Allgemeine wird somit rasch wieder zu einem allgemeinen besonderen Allgemeinen. Während die autobiographische oder freundschaftlich-biographische Situation dem besonderen Allgemeinen jene Besonderheit beläßt, die uns den Eindruck von Authentizität vermittelt. Zwischen diesen beiden Serien von Biographien besteht derselbe Unterschied wie zwischen aufwendigen, *in vitro*, das heißt unter fiktiven Bedingungen durchgeführten Laborarbeiten (riesige, nach freiem Ermessen und ohne die Zwänge und Begrenzungen realer Situationen konstruierte Maschinerien) und einer ähnlichen Arbeit, die jedoch *in vivo*, auf realem Terrain also, durchgeführt wird: in diesem Fall erzwingt der biographische Akt das Engagement des Schreibenden (Nizan und Merleau-Ponty sind zwar verstorben, ihre Beziehung zu Sartre ist aber lebendig geblieben; und Sartre selbst hat sein Leben noch *vor* sich), und die »Totalisierung« kann nicht mehr unbekümmert einen Teil der zu totalisierenden Elemente einfach ableiten: Tatsachen, Handlungen, Verhaltensweisen, alles ist konkret vorhanden und kann nur durch die Erzählung selbst totalisiert werden.

Die Erfindung der dialektischen Erzählung in *Die Wörter* stellt somit ein in zweifacher Hinsicht bedeutsames Ereignis dar. Sie kann einerseits als eine der wenigen wirklichen Erneuerungen sowohl der Technik als auch des Verständnisses der *Gattung* Autobiographie seit langem gelten. Und zum anderen stellen *Die Wörter* das bei weitem »totalisierendste« Werk dar, das Sartre je geschrieben hat. Freilich muß man, um ein solches Urteil fällen zu können, den Standpunkt einer Jenseitigkeit oder einer Nachwelt einnehmen, der seinem Entwurf völlig fremd ist. Daß er aber nicht für die Nachwelt schreibt, wird diese nicht daran hindern, ihn zu lesen und damit die *Lektüre* seines Werks einer Verzerrung auszusetzen, mit der er zweifellos rechnet. *Die Wörter* dürfen als sein *totalisierendstes* Werk bezeichnet werden, weil der philosophische und der erzählerische Diskurs hier zu einer perfekten Synthese gelangen, eine Verschmelzung, die auf verschiedene Weise bereits in den Fiktionen *Der Ekel* oder *Zeit der Reife*, in den phänomenologischen Beschreibungen, in den Strukturen seiner Dramen oder in seinen biographischen Unternehmungen ansatzweise versucht wurde; bei all diesen, in ihrer Art bewundernswerten Versuchen wurde entweder dieses Gleichgewicht nicht erreicht oder sind die »Schweißnähte« sichtbar geblieben. Sartre ist vermutlich dasselbe Schicksal wie Rousseau bestimmt. Rousseau war für seine Zeitgenossen der Verfasser der *Abhandlung über die Ungleichheit*, der *Neuen Heloïse*, des *Emil*, von Texten also, die heute zwar nicht unlesbar sind (denn sie sind seit einiger Zeit wieder lesbarer geworden), aber doch sehr wenig gelesen werden; für uns ist er vor allem der Verfasser der *Bekenntnisse*. Sartre ist für seine Zeitgenossen der Verfasser von *Der Ekel*, von *Das Sein und das Nichts*, des *Saint Genet* sowie faszinierender Bühnenwerke; die Nachwelt wird in ihm vermutlich vor allem den Verfasser von *Die Wörter* sehen. *Die Wörter* mögen 1964 eine Kampfschrift gewesen sein, sowohl Pamphlet als auch Autobiographie; die in ihnen angelegte Möglichkeit einer Fortsetzung und die derzeitige politische Entwicklung Sartres haben dieser Erzählung ihre Virulenz bis heute bewahrt. Ihr wird sehr wahrscheinlich das Schicksal eines virtuell postumen Buchs bestimmt sein, weil es sein einziges ist, das in seiner *Form* ein Leben als Totalität darstellt.

Michel Leiris
Autobiographie und Poesie

Wie können Autobiographie und Poesie miteinander in Einklang gebracht werden?

Bei der Gegenüberstellung dieser beiden nur vage umrissenen Begriffe läuft man Gefahr, unabsehbare Probleme anzuschneiden, die zudem vielleicht nur Scheinprobleme sind. In der Folge soll daher lediglich der Versuch unternommen werden, das Vorhaben, dem sich Michel Leiris verschrieben hat, durch die Beantwortung zweier verschiedener, aber präziser Fragen zu situieren.

Poesie und Autobiographie: Dem Dichter stehen alle Ressourcen der Sprache zur Verfügung; er kann – im Ton der vertrauten Mitteilung oder in dem der Elegie – auf alle Charakteristika der Autobiographie zurückgreifen: Rede in der ersten Person, retrospektive Erzählung und Pakt mit dem Leser. Leiris hat im übrigen ausdrücklich auf den engen Zusammenhang zwischen seiner Beschäftigung mit der Lyrik und seiner Leidenschaft für die Autobiographie hingewiesen: »Es war das lyrische ›Ich‹, das ich in das der Autobiographie verwandelt habe.«[1] Meine Entscheidung, Werke wie *Les Contemplations** oder *Le Roman inachevé*** aus der Gattung Autobiographie auszugrenzen, mag daher als willkürlich und fragwürdig erscheinen: tatsächlich hängt alles von den Lesegewohnheiten der jeweiligen Epoche ab. Der Grad an »Poetizität«, den der Leser mit dem autobiographischen Pakt für verträglich hält, ist variabel und vermag, sofern er hoch ist, Zusatzklauseln zum Vertrag erforderlich machen, wobei dem Leser die Entscheidung überlassen bleibt, ob er lyrische Stilisierungen und Redeweisen als poetische Lizenzen im Rahmen des ursprünglichen Vertrags betrachtet oder nicht. Das Problem stellt sich nur, wenn er den Text als Autobiographie liest: in den meisten Fällen ist das »Ich« der Gedichte ja ein »Ich« ohne Referenz, in das sich ein jeder Leser einzufühlen vermag: Gefühl »von der Stange«. Die

1 *Entretien avec Michel Leiris*, von Raymond Bellour, in: *Les Lettres françaises*, 29. September – 5. Oktober 1966.

* Von Victor Hugo. (A. d. Ü.)

** Von Louis Aragon. (A. d. Ü.)

universelle Subjektivität der Lyrik unterscheidet sich grundsätzlich von der autobiographischen Rede, die ein Kommunikationsverhältnis zwischen zwei verschiedenen, deutlich voneinander getrennten Personen voraussetzt. Diese skizzenhaften Überlegungen machen die Notwendigkeit deutlich, die Untersuchungen zu den Lesehaltungen und den »Pakten« zwischen Autor und Leser fortzusetzen und dabei auch, meiner Anregung folgend, die historische Entwicklung der Paktsysteme und jene Überschneidungen und Mehrdeutigkeiten zu berücksichtigen, die aus dem Zusammentreffen zweier verschiedener Pakte entstehen. T. Todorov hat die sich aus dem Zusammenspiel verschiedener Pakte ergebenden Bedeutungseffekte anhand der phantastischen Literatur bereits untersucht.[2] Zu derartigen Wechselwirkungen kommt es sowohl zwischen Autobiographie und Dichtung wie zwischen Autobiographie und Fiktion.

Autobiographie und Dichtung: hier stellt sich ein ganz anderes Problem. Die Autobiographie in der eingangs formulierten engeren Bedeutung stellt, sofern ihr Verfasser ein Schriftsteller ist, eine *sekundäre* Schreibweise[3] dar, bei der der Schriftsteller eine Schreibweise einem anderen Zweck zuführt – das heißt auf sich selbst anwendet –, die er ursprünglich dazu benutzt hat, »die Welt auszusagen«: In welcher Form kann ein Dichter aus seiner sprachlichen Erfahrung Nutzen ziehen, um sein Leben im Rahmen des klassischen autobiographischen Paktes zu beschreiben? Die Frage hat zwei Aspekte: Auf welche Weise könnte ein Dichter, der, wie es häufig der Fall ist, in einer mythischen Perspektive (das Geheimnis, das Orakel aufspüren, die letzten Dinge ausfindig machen) schreibt, sozusagen kehrtmachen und sich der allem Anschein nach gegensätzlichen Aufgabe widmen, die Kontingenz und die Erscheinung eines Individuums zu beschreiben? Und vor allem: Es ist zwar durchaus denkbar, daß – wie ich anhand der Beispiele Rousseau, Gide und Sartre gezeigt habe – ein »Anthropologe« oder ein Romancier seine Theorien (die häufig mit seinen Mythen identisch sind) und Erzähltechniken sozusagen zum persönlichen Gebrauch verwendet; weit weniger vorstellbar ist hingegen der Gebrauch, den ein Dichter von seiner Erfahrung mit Metaphern und Signifikantenspielen in einer autobiographischen

2 T. Todorov, *Einführung in die fantastische Literatur*. Aus dem Französischen von Karin Kersten, Senta Metz und Caroline Neubaur, München 1972.

3 Vgl. *L'Autobiographie en France*, S. 52f.

Erzählung machen könnte. Die Dichtung würde dabei aller Wahrscheinlichkeit nach zu einem *Thema* unter anderen werden und aufhören, die Regeln der Textproduktion vorzugeben. Daher die zweifache Enttäuschung des Liebhabers von Autobiographien: Dichter schreiben entweder ihre Autobiographien – dann gehen sie genauso unvorbereitet an die Aufgabe heran wie ein Musiker oder Maler in derselben Situation –, oder sie schreiben keine Autobiographien. Es ist ja nicht so, daß wir, von Baudelaire oder Nerval etwa, keine Gedichte, Briefe, Tagebücher, Reiseberichte oder gar, wie *Aurelia*, mythologische Expeditionen in ihr Innenleben besäßen, die ihr Drama in verschlüsselter Form zum Ausdruck bringen. Aber weder der eine noch der andere haben eine Autobiographie, verstanden als synthetische Erzählung der Genese ihrer Persönlichkeit, geschrieben. Ich führe die Beispiele Baudelaire und Nerval an, weil sie zu Leiris' »Vorbildern« gehören. Dasselbe trifft in noch höherem Maß auf Mallarmé zu, dessen »elokutorisches Entschwinden des Poeten« den Postulaten der Autobiographie vollends zuwiderläuft. Das »Buch«, von dem Mallarmé träumte, war keineswegs als »Summe eines Lebens« geplant, sondern als eine Architektur, in der sich alle Potentialitäten des Schreibens zu einer »orphischen Ausdeutung der Erde« verdichten sollten.

Und dennoch hatte Leiris während seines Krankenhausaufenthaltes 1956 *Le Livre* von Mallarmé auf seinem Nachttisch liegen.[4] Er wollte sich offenbar an eine Quadratur des Kreises heranwagen, an die Produktion eines zugleich poetischen und autobiographischen Textes; poetisch, weil er mit Hilfe von Techniken konstruiert wird, die von den in der Dichtung gebräuchlichen sprachlichen Kombinationen abgeleitet sind, und weil er genauso wie sie ein Geheimnis oder eine orakelhafte Wahrheit anpeilt; und autobiographisch, weil er diskursiv und narrativ vorgeht, sich dem autobiographischen Pakt gemäß entwickelt und von der Bemühung eines Subjektes um Herstellung seiner Identität zeugt. Dieses komplexe und vielschichtige Vorhaben liegt bereits Leiris' frühen poetischen Texten zugrunde, insbesondere *Glossaire: j'y serre mes gloses* (1925; *Glossar, die Glasrose*); doch ist es ihm erst mit der Niederschrift von *Biffures* (*Streichungen*) zwischen 1940 und 1948 gelungen, dieses Vorhaben auch explizit deutlich zu ma-

4 *Fibrillen*. Aus dem Französischen von Hans Therre, München 1991, S. 227, 230 und 243.

chen und zu verwirklichen. *La Règle du jeu* (*Die Spielregel*) kann in diesem Sinn als ein unklassifizierbarer und faszinierender Text gelten, zugleich Autobiographie und Gedicht, als eine ungeheure Sprachmaschinerie, in der ein Diskurs unablässig neu verwoben und verflochten wird, der die Leere, aus der die Sprache kommt, zu füllen sucht und kein anderes Ende kennt als den Tod.

Der Einsatz von Konstruktionsverfahren, bei denen er auf seine dichterische Erfahrung zurückgreifen kann, steht für Leiris keineswegs im Gegensatz zu seinem Vorhaben, eine autobiographische Erzählung zu schreiben: dieses erfordert lediglich die Verwendung anderer Beschreibungsmodelle des Ichs als die der herkömmlichen Erzählung. Das Modell der diachronen Geschichte (in der die chronologische Aufeinanderfolge den Stellenwert einer Erklärung erhält und als narrativer Leitfaden dient) wird von Leiris durch »strukturalere« Verfahrensweisen ersetzt (oder ergänzt), die mit psychoanalytischen und ethnologischen Modellen in Resonanz gebracht werden. Er strebt im Grunde genausowenig eine »Selbstanalyse« oder »Selbst-Ethnologie« an, wie die klassischen Autobiographien keine genuin historischen Werke sind. Sein Vorhaben gilt vielmehr, ähnlich dem Sartres, einer Beschreibung der Geschichte seines Ichs unter den Voraussetzungen einer neuen Anthropologie.

Ich habe in *Lire Leiris*[5] versucht, die Regeln und die Funktionsweise dieser ungewöhnlichen Wahrheitssuche zu analysieren, dabei Leiris' sprachliches Verhalten am Anfang von *L'Age d'homme* (*Mannesalter*) Seite für Seite verfolgt und die der Schreibweise von *Streichungen* zugrundeliegenden Regeln synthetisch dargestellt. Die beiden folgenden Aufsätze sollen diese bereits geleistete Arbeit ergänzen: der erste setzt sich eine theoretische Rekonstruktion der Entwicklung von Leiris' Schreiben zwischen den poetischen Texten aus seiner surrealistischen Zeit und der Niederschrift von *Die Spielregel* zum Ziel, wobei der allmählichen Zusammenführung von Dichtung und Autobiographie besonderes Augenmerk geschenkt werden wird. Im zweiten, »Präludium und Fuge über den Namen Esau«, sollen die Konstruktion und die Funktionsweise dieser neuartigen autobiographischen Schreibweise anhand einer detaillierten Analyse dreier Seiten von *Streichungen* nachgezeichnet werden.

5 *Lire Leiris, Autobiographie et langage*, Paris 1975.

Von »Glossar« zu »Streichungen«: die Konstruktion des Textes

Der Titel des folgenden Aufsatzes könnte genausogut »Wie Leiris einige seiner Bücher geschrieben hat« lauten. Der Kritiker sieht sich indes einer um so schwierigeren Aufgabe gegenüber, als es Leiris im Unterschied zu Raymond Roussel nicht einer postumen Veröffentlichung überlassen hat, uns seine Verfahrensweisen zu enthüllen. Er hat sich zur Art und Weise seiner Tätigkeit wiederholt geäußert. Daher ist das Risiko groß, diese seine Äußerungen lediglich zu wiederholen und das, was er im Grunde als Inspirationsverfahren beschrieben hat, zu einem bloßen Rezept zu verkürzen. Deshalb möchte ich bei der folgenden Rekonstruktion an den Hinweisen ansetzen, die uns Leiris im Mittelteil von »Trompetentrommel«, dem Schlußkapitel von *Streichungen*, gegeben hat, um daraufhin zu zeigen, auf welche Weise Poesie und Autobiographie einander schrittweise angenähert werden und schließlich ineinander aufgehen. Leiris ist auf der Suche nach einer *totalen* Sprache: er sucht gegensätzliche Aspekte der Sprache zusammenzuführen, nicht nur die dichterische mit der diskursiven Rede, sondern auch den in sich selbst geschlossenen Text mit seiner unendlichen Fortsetzung, die Diskontinuität mit der Folgerichtigkeit, die auf persönlichen Konnotationen beruhende Hermetik mit den Erfordernissen der Kommunikation. Ich werde zu zeigen versuchen, wie sich die Herstellungsverfahren, die in den vor *Streichungen* entstandenen Texten verwendet werden, voneinander unterscheiden, dann miteinander verknüpft werden und schließlich ergänzen. Um der Übersichtlichkeit der Darstellung willen werde ich diese Texte umgruppieren müssen und mich auch bewußt der Sprache der retrospektiven Illusion bedienen, so als ob diese technischen Forschungen in die Komposition von *Streichungen* hätten münden müssen. Man betrachte dies aber als eine reine sprachliche Konvention: sie soll keineswegs die Fülle und den Erfindungsreichtum schmälern, die in Leiris' Werk auf strahlende Weise zum Ausdruck kommen.

Wörter und Träume

Während seiner surrealistischen Periode (1924-1929) bedient sich Leiris für seine Arbeit immer bestimmter Ausgangspunkte: entweder faszinierender Wörter oder Traumerzählungen. Diese Wörter oder Träume werden unter vielen anderen wegen ihres affektiven oder poetischen Gehalts ausgewählt. Obwohl es sich dabei um (sowohl in Herkunft als auch Komplexität) durchaus unterschiedliche Elemente handelt, können sie gleichermaßen als *Ausgangseinheiten* betrachtet werden, weil sie – entweder im poetischen oder narrativen Register – durchweg als Ansatzpunkte, als Stimuli funktionieren, als Aufforderungen zur Herstellung eines *Textes*, der das zu enthüllen verspricht, worauf sie nur in Andeutungen hinweisen. Das, was sich so im Text niederschlägt, was den Wörtern und Träumen sozusagen auf der Zunge liegt, wird als »Orakel«, »Offenbarung«, »metaphysische Dimension« bezeichnet: ein Geheimnis, ein letzter Sinn, etwas, das man sich hinter der Sprache als ein Vollkommenes aufblitzen vorstellt und das die Sprache, damit sie dorthin gelangen kann, zur Weiterentwicklung zwingt. Dieses Trugbild eines letzten Sinns, das der Sprache im Grunde erst ermöglicht, sich zu produzieren, und an das man wohl oder übel glauben muß, wenn man weitersprechen oder weiterschreiben will, ist in allen Werken Leiris' in seiner *Funktion* unverändert präsent, auch wenn sein Inhalt wechselt. Es wird im Register der Autobiographie als »Stierhorn«, »Authentizität« oder »Spielregel« bezeichnet und besteht, auch wenn es da oder dort eine eher psychologische oder ethische Färbung annimmt, unverändert fort. Dichtung und Autobiographie sind die aufeinanderfolgenden Realisierungen ein und desselben Verhaltens in der Sprache: von sprachlichen, zu einem Korpus zusammengefaßten Ansatzpunkten ausgehend versuchen, mit Hilfe einer Konstruktionsarbeit ein Geheimnis, eine Regel zum Ausdruck bringen und so zu einer totalen Erfahrung gelangen, die, wie man unschwer erkennt, zugleich in eine vollkommene Verwirklichung der Sprache und in ihr Verschwinden oder Zersplittern, das heißt in den Tod mündet. Denn sehr rasch wird in der Tat die Zweischneidigkeit dieses Endpunktes deutlich, den man zugleich herbeiwünschen und aufschieben muß: daraus ergibt sich die Strategie des *Aufschubs*, von der weiter unten die Rede sein wird.

Leiris geht bei seiner Herstellungsarbeit also von Wörtern und

Träumen aus; und obwohl sie einen verdichteten Text ergibt, lassen sich ihre Phasen unschwer voneinander unterscheiden.

1925 verfaßt Leiris zwei poetische Texte, die von Wörtern ausgehen, *Simulacre* (Trugbilder)[6] und *Glossar, die Glasrose*. Diesen beiden Texten liegen zugleich gegensätzliche und einander ergänzende Herstellungsverfahren zugrunde.

Leiris hat in *Streichungen* das Kompositionsverfahren von *Trugbilder* folgendermaßen beschrieben:

Ich hatte bereits etwas in dieser Art versucht, indem ich als Rohstoff keine Fakten, sondern Wörter nahm: Substantive, Adjektive oder Verben, die ich am meisten liebte und die für mich das reichste Aroma oder den reinsten Klang besaßen, aus denen ich bloß Sätze zu bilden brauchte – nachdem ich sie wahllos auf ein Blatt Papier geschrieben und nur soweit verändert hatte, um grammatikalisch korrekte Sätze zu erhalten –, denen ich nur die nötigsten Bindeglieder hinzuzufügen und diese miteinander zu verbinden brauchte, dabei allein auf die Ströme vertrauend, die sie aus sich selbst heraus zu bilden und welche die verschiedenen, aufs Weiß des Papiers geworfenen Inselchen miteinander in Kommunikation zu bringen schienen – deren Verbindung und Verknüpfung je nach den Launen ihrer Affinitäten ich also nur zuzulassen brauchte, damit jedes von diesen Sprachsamen aufs Geratewohl besäte Blatt ein Gedicht gebar.[7]

Hier geht es offensichtlich darum, von einem Vorrat an faszinierenden Wörtern zu einem strukturierten Text (zu einem Gedicht) zu gelangen, in dem ihre Einheit zum Ausdruck kommt. Die gewählte Methode hat nichts von dem Glücks- oder Würfelspiel, auf das Leiris in bestimmten Wendungen anzuspielen scheint (»die Würfel der Sprache in einem Becher [...] schütteln«, S. 352): es handelt sich vielmehr um eine intuitive und in einem gewissen Sinn auch bequeme oder magische Methode. Leiris gruppiert und verbindet daraufhin die Wörter des Korpus miteinander, so daß sie, *durch ihre bloße Gegenüberstellung*, Zusammenhänge herstellen. Man könnte dies analog zur Malerei als eine *Collagetechnik* be-

6 *Simulacre*, Lithographien von André Masson, Galerie Simon 1925. Wiederabdruck in *Mots sans mémoire*, Paris 1969, S. 7-23 (dt. *Trugbilder*, in: *Wörter ohne Gedächtnis/Große Schneeflucht*, aus dem Französischen von Simon Wehrle und Dietrich Leube, Frankfurt 1991, S. 117-131).

7 *Streichungen*, aus dem Französischen von Hans Therre, München 1982, S. 351f. Leiris versuchte 1955 erneut eine Beschreibung der Regeln dieses Spiels; dabei bediente er sich eines »Rezept«-Stils und verwies auf die Verwandtschaft dieser Regeln mit der in *Die Spielregel* angewandten Karteikartenmethode (vgl. Maurice Nadeau, *Michel Leiris et la quadrature du cercle*, Paris 1963, S. 123f.).

zeichnen. Der Eingriff des Dichters endet, sobald er seine Wörter gruppiert hat: er unternimmt keinerlei Anstrengung, um diese Zusammenhänge zu verdeutlichen oder anderen besser verständlich zu machen. Er begnügt sich damit, *Verbindungsstücke* einzupassen, ein syntaktisches Abdichten oder Verschweißen, das nicht auf die verborgene Einheit dieser Wörter, sondern auf den sozialen Sprachcode verweist: ein künstliches Zusammenfügen und Herstellen von Übergängen, dazu bestimmt, der Aussage einen ersten Anflug von Kohärenz zu verleihen. Alle Netze (des Signifikanten und des Signifikats), vermöge deren das Nebeneinander dieser Wörter eine Wirkung oder einen Sinn zu entfalten vermag, bleiben implizit. Dem Kurzschluß wird volles Vertrauen geschenkt.

Der bereits in *Lire Leiris* angestellte Vergleich der in *Trugbilder* angewandten Methode mit der von *Streichungen* läßt eine Reihe von Ähnlichkeiten und Unterschieden erkennen:

Ähnlichkeiten
1. Ein multipler Ausgangspunkt (in *Trugbilder* eine Wortgruppe, in *Streichungen* eine bestimmte Menge von Karteikarten),
2. bestehend aus Elementen, die nach dem Kriterium ihrer vermuteten Analogie ausgewählt wurden,
3. und in einen Zusammenhang gestellt werden müssen, damit ein Text entsteht (»miteinander in Kommunikation [...] bringen«, »deren Verbindung und Verknüpfung je nach den Launen ihrer Affinitäten [...] zulassen«).

Unterschiede
1. In *Trugbilder* fehlt ein wesentliches Element, nämlich die Herstellung des Zusammenhangs, die Erforschung der Netze, über die die Wörter miteinander kommunizieren, die Entdeckung ihrer gemeinsamen Nenner;
2. die Suche beschränkt sich auf einen begrenzten Vorrat an Wörtern, denen die Eigenschaft des »Poetischen« zugesprochen wird; der berücksichtigte Bereich ist begrenzt und schnell erschöpft;
3. die Bemühung um die Kommunikationsfunktion der Sprache ist minimal (das offenkundig Arbiträre unvermittelter Zusammenstellungen und persönlicher Konnotationen).

Dazu kommt, daß in *Trugbilder* alles verkürzt ist, lediglich aufblitzt, das genaue Gegenteil zum systematisch nutzbar gemachten Aufschub in *Streichungen*.

Zur selben Zeit versucht Leiris, mit Hilfe von Wörtern recht unterschiedliche Wirkungen zu erzeugen. Er überläßt der Zeitschrift *La Révolution surréaliste* eine Reihe von Wortspielen unter dem Titel *Glossaire: j'y serre mes gloses.*[8] Seltsamerweise übergeht Leiris das *Glossar* in der von ihm hergestellten, von *Trugbilder* zu *Streichungen* führenden Abstammungsreihe: wahrscheinlich deshalb, weil er *Trugbilder* als eine erste, ferne und bereits überwundene Etappe seiner Arbeit betrachtet, während die 1925 begonnenen Spiele des *Glossars*, die er zeitlebens fortgesetzt hat, für ihn bis heute Gegenwart geblieben sind.

Die Perspektive, in der das *Glossar* steht, wird im ersten Vorwort (1925) folgendermaßen definiert:

> Wenn wir die Wörter, die wir lieben, sezieren und dabei weder auf die Etymologie noch auf ihre zulässigen Bedeutungen achten, entdecken wir ihre verstecktesten Tugenden und geheimen Verzweigungen, die sich durch die gesamte Sprache hindurch ausbreiten, kanalisiert durch klangliche, formale oder gedankliche Assoziationen. So verwandelt sich die Sprache in ein Orakel, und wir haben einen (wenn auch noch so dünnen) Faden, der uns durch das Babylon unseres Geistes leitet.[9]

Hinter der scheinbaren Unverbindlichkeit eines bloßen Gesellschaftsspiels verbirgt sich in *Glossar* somit die völlig gegensätzliche Funktion einer intimen und mystischen Suche. Es geht, sofern dies überhaupt möglich ist, um eine Wiederaneignung der Sprache. Das Kind, das »...Reusement!« [»...Lück!«] ausruft, macht die verblüffende Entdeckung, daß sich der Signifikant vom

8 Leiris verdankt Robert Desnos die Anregung zu dem, was er im Gegensatz zum humoristischen Wortspiel Max Jacobs und Marcel Duchamps als »lyrisches Wortspiel« bezeichnet: »Desnos hatte das lyrische Wortspiel erfunden. Manche dieser Wortspiele ergaben so etwas wie philosophische Sinnsprüche. Am meisten hat mich beeindruckt: ›Les lois de nos désirs sont des dés sans loisir‹ [etwa: Die Gesetze unserer Wünsche sind rastlose Würfel]« (Interview mit Michel Leiris, in: *Le Monde*, 10. Januar 1975). *Glossaire: j'y serre mes gloses* erschien in drei Folgen in *La Révolution surréaliste* (Nr. 3, 15. April 1925, mit einem Vorwort; Nr. 4, 15. Juli 1925; Nr. 6, 15. März 1926). 1939 gab die Galerie Simon unter dem Titel *Glossaire j'y serre mes gloses* eine überarbeitete Buchfassung heraus, die auch in *Mots sans mémoire*, S. 71-116, enthalten ist (dt.: *Glossar, die Glasrose*, in: *Wörter ohne Gedächtnis/Große Schneeflucht*, a. a. O., S. 55-92). Eine »Suite inédite« zum *Glossar* wurde 1974 von Michel Chappuis in *Michel Leiris*, Paris: Seghers, Reihe »Poètes d'aujourd'hui«, S. 182f., veröffentlicht. 1956 schrieb Leiris mit einer ähnlichen Methode »Bagatelles végétales« (*Mots sans mémoire*, S. 117-132). Zum *Glossar* vgl. Xavier Durand, *Michel Leiris et la substance verbale*, in: *Cahiers Dada Surréalisme* 4 (1970), und Gérard Genette, Seminar an der EPHE, 1973/74.

9 Vorwort von 1925, abgedruckt in *Brisées*, Paris 1966, S. 11.

Signifikat unterscheidet (Verlust des »primären« Kratylismus[10]) und daß es fremd in der Sprache ist. Gleichzeitig erschließt sich ihm aber der »sekundäre« Kratylismus und damit das, was Mallarmé zufolge »den Mangel der Sprachen vergütet« und die Möglichkeit bietet, sich innerhalb der Gemeinsprache eine eigene Sprache zu bilden und ihr bei den anderen Anerkennung zu verschaffen.[11] Das *Glossar* verfolgt eine Intention, die der von *Trugbilder* analog ist: den persönlichen und intimen Sinn der Wörter in der Absicht aufspüren, zu einer Art Offenbarung oder Geheimnis zu gelangen. Die dabei verwendeten Methoden sind jedoch sehr unterschiedlich, was einige zusätzliche Erörterungen nötig macht.

Wenn die Sprache ein Netz ist, sind die Wörter *Knoten*. Ein Wort existiert nur als Kreuzungspunkt von oft mehreren Serien auf Signifikanten- und Signifikatebene. Sein alltäglicher Gebrauch und die Erfordernisse der Kommunikation bringen es mit sich, daß nur eine sehr beschränkte Anzahl dieser Beziehungen benutzt (als relevant betrachtet) wird. Die anderen bleiben jedoch nichtsdestoweniger bestehen und für den intimen Gebrauch verfügbar, auf den wir, ob uns dies nun bewußt ist oder nicht, keineswegs verzichten. Die Wörterbücher plappern natürlich nur den gängigen Sprachgebrauch nach, was für denjenigen, der die Wörter liebt, recht deprimierend ist. Die Wörterbücher haben die Manie, die Knoten zu *entwirren*. Erster Schritt: das Signifikat vom Signifikanten fein säuberlich *trennen*. Die meisten Arten von Wörterbüchern lassen den Signifikanten völlig unter den Tisch fallen oder geben lediglich seine Aussprache, seine etymologische Herkunft an und *warnen* vor den Homonymen. Zweiter Schritt: nach der Eliminierung des Signifikanten die Serien des Signifikats voneinander *unterscheiden*, die Fäden aufdröseln, ihren Zusammenhang zerstören. Der erste Schritt macht das deutlich, was man das »Arbiträre« des Zeichens nennt; der zweite löst das Zeichen in Splitter, in mehrere paradigmatische Serien auf, an denen es ursprünglich *zugleich* teilhatte. Selbst wenn die im Wörterbuch angeführte De-

10 Zum Kratylismus vgl. Gérard Genette, *Avatars du cratylisme*, in: *Poétique* 11, 13 und 15. Ich verwende hier eine andere Terminologie als G. Genette: Als »primären Kratylismus« bezeichne ich die Vorstellung, daß zwischen dem Signifikanten und dem Signifikat eine Ähnlichkeit bestehe, und als »sekundären Kratylismus« das Ableiten einer Analogie der Signifikate aus der Ähnlichkeit ihrer Signifikanten.

11 Diese Tauschfunktion hat Leiris in *Streichungen*, a. a. O., S. 22, beschrieben.

finition eines Wortes seine vielfältigen Aspekte angibt, tut sie dies so, daß man sich zwischen ihnen entscheiden muß. Freilich gibt es auch Wörterbücher, die für ein umfassendes Verständnis der Sprachnetze einigermaßen geeignet sind, doch geschieht dies stets auf eine fragmentarische Weise. Die Synonymwörterbücher nehmen die Spur des Signifikats entlang den entsprechenden Signifikanten auf. Die Reimwörterbücher die des Signifikanten entlang den entsprechenden Signifikaten. Sie verschenken damit jeweils eine Hälfte der Sprache und führen ihre Arbeit recht nachlässig durch, indem sie sich darauf beschränken, nur *einer* Bedeutung des Wortes oder nur dessen letzter Silbe (dem Reim) nachzugehen. Ideal wäre, alle Wörterbücher zu einem zusammenzufassen: aber auch damit könnte weder die Manie penibler Unterscheidungen noch die Tatsache verhindert werden, daß die Wörterbücher lediglich die von jedermann gesprochene Sprache, das heißt die unergiebigste Sprache erforschen.

Leiris' *Glossar* hilft diesem Mangel ab und mildert die Frustration und die Angst, die das Aufschlagen eines Wörterbuchs bei einem Liebhaber von Wörtern hervorruft. Das Wörterbuch entwirrt die Knoten und schließt die Sprache auf: man mag dies zunächst als einen positiven Akt eines Entfaltens gelten lassen, das die Komplexität des Knotens sichtbar macht und neue Spuren legt. Gleichzeitig damit zersplittert das Wort aber auch; die Sicherheit des Knotens geht verloren; die Sprache klafft auf. Daher die Idee, einen neuen Typ von Wörterbuch zu erfinden, der das Wort in seinem vollen Umfang (Signifikat und Signifikant) berücksichtigt, seine persönliche Bedeutung erforscht, sich vor allem aber nicht damit zufriedengibt, es aufzuschließen, den Knoten zu entwirren und die Fäden ins Leere baumeln zu lassen, sondern die Arbeit fortsetzt und die Zerfallsprodukte des Worts zu etwas Neuem zusammenfügt, also letztlich *den Knoten von neuem schürzt* und damit jenes Loch (hier: augenblicklich) stopft, das der Akt des Definierens, seiner Aufgabe entsprechend, unweigerlich entstehen läßt.

Diese Überlegungen ermöglichen ein besseres Verständnis sowohl von *Glossar* als auch der Leiris' Gesamtwerk zugrundeliegenden Ökonomie des Schreibens.

Das *Glossar* ist mehr als eine bloße Sammlung von Wortspielen. Faßt man es als ein solches auf, müßte man ihm jegliche größere Bedeutung absprechen und es als anderen Sammlungen unterlegen bezeichnen. Die Wirkungen, die es beim Leser hervorruft, beschränken sich indes nicht auf das, was man von humoristischen Wortspielen (deren Funktion darin besteht, eben durch ihren Spielcharakter Aggressivität oder gewöhnlich kontrollierte oder unterdrückte Wünsche freizusetzen) oder von einem herkömmlichen poetischen Wortspiel gemeinhin erwarten darf. Denn seine wesentliche Wirkung ist vom Gelingen des Wortspiels unabhängig: sie beruht auf einem strukturellen Spiel in Zusammenhang mit einem anderen Text, nämlich mit der Erläuterung eines Worts im Wörterbuch (samt seiner Zweiteilung: der Eintrag, das Wort / seine Definition), deren Vorgehensweise es mit einer Art spöttischen Elastizität nachahmt, um sie aufzuheben. Weit davon entfernt, sich (wie man befürchtet) in Nichts aufzulösen, fügt sich das Wort jenseits des Interpunktionszeichens (Gedankenstrich oder Beistrich), das das Signal zu seiner Zerlegung geben müßte, auf magische Weise erneut zusammen. Dabei handelt es sich jedoch keineswegs um jene bloße tautologische Wiederholung, von der so viele Wörterbücher ein klägliches Zeugnis ablegen. Die Arbeit, die ein Wörterbuch gewöhnlich leistet (Erkundung aller Serien), ist *auch* geleistet worden: sie bleibt aber implizit, verdichtet und in jenem leeren Raum verborgen, der den Eintrag von seiner Definition trennt, während der Akt des Definierens mit dem in eins fällt, was normalerweise sein Gegenteil ist, nämlich mit der Wiederherstellung des Wortes. Dieser Vorgang ist äußerst heikel zu definieren, da er sozusagen blitzartig abläuft (wir haben es hier, genauso wie in *Trugbilder*, mit einer Technik des Kurzschlusses zu tun). Leiris selbst hat die beiden aufeinanderfolgenden Phasen dieses Vorgangs jedoch sehr wohl unterschieden:

> Ich zergliederte die Wörter des Vokabulars und fügte sie in poetischen Kalauern wieder zusammen, die mir ihre tiefste Bedeutung herauszuholen schienen.[12]

Diese beiden Schritte werden anhand einer Analyse der »Glossen« vollends deutlich, oder sobald man sich selbst, mit Bleistift und Papier bewaffnet, dieser Aufgabe unterzieht: ein mentales oder schriftliches Erschließen aller Serien des Signifikats oder des Signifikanten bis zum Auffinden jenes Punktes, an dem die unterschiedlich verteilten phonetischen oder semantischen Elemente von neuem einrasten und ihren Ausgangspunkt neu zusammensetzen, indem sie ihm eine »Definition« liefern.

12 *Mannesalter*, Deutsch von Kurt Leonhard, Frankfurt am Main 1988, S. 196.

Dieses Spiel erinnert an das von Freud untersuchte Kinderspiel »Fort/Da!«[13]: die Freude an ihm entspringt der zunächst empfundenen und dann, mit der Wiederkehr des Gleichen, abgewendeten Angst. Ist es ein Zufall, daß die erste Episode von *Die Spielregel*, das »... Lück!«, mit diesem »Fort/Da!« in Resonanz steht? Der Gegenstand (hier ein Zinnsoldat) war zunächst verloren, zerbrochen geglaubt; er wird unversehrt wiedergefunden: ein »... Lück!« Nun ist aber zwar der Gegenstand unversehrt geblieben, das *Wort* »Heureusement« [so ein Glück!] ist bei diesem Abenteuer aber zerbrochen, und die ganze Sprache mit ihm, und ebenso das Subjekt (das Kind). Die Sprache hat einen unheilbaren Riß bekommen, sie »leckt«. Das kann nur durch ein Spiel wieder gutgemacht werden. Der Erwachsene des *Glossars* gibt sich spielerisch den Anschein, die Wörter zerbrechen zu wollen, aber nur, um sie zu seiner Freude unversehrt in der Glosse wiederzufinden: Lück!...

Das Kind will, daß das Gleiche wiederkehrt. Der Erwachsene richtet es demgegenüber selbstverständlich so ein, daß der Akt der Wiederholung gleichzeitig auch ein Akt der Veränderung ist. Aus dem Spiel ist ein neuer Sinn enstanden, der durch das Spiel sozusagen »bewiesen« wird. Auf beiden Seiten kann so ein Erfolg verbucht werden: es ist wahr, weil es Freude macht, es macht Freude, weil es wahr ist. Die »Wortspiele« des *Glossars* verbinden in ein und demselben Akt das Aufschließen und das Zusammenfügen, das Wagnis des Entdeckens und die Sicherheit, die Bewegung und die Bewegungslosigkeit. Der Knoten ist entwirrt und von neuem geschürzt worden, und in der Zwischenzeit ist man immerhin ein hübsches Stück weitergekommen.

Die Strategie, auf der das *Glossar* beruht, ist mit der identisch, die in unterschiedlicher Gestalt auch den übrigen Werken Leiris' zugrunde liegt, und insbesondere der Schreibweise und Komposition von *Die Spielregel*. Im *Glossar* werden Kurzschlüsse hergestellt; in *Die Spielregel* wird eine Langstrecke in Angriff genommen, in gemütlicherem Tempo, weniger Überraschungen, dafür aber mehr Zeit. Die Logik bleibt dabei jedoch unverändert; es ist die Logik eines Gestus, der zerlegt, indem er zusammenfügt, der die Serien entwirrt, um sie erneut zu verknüpfen, die Sprache also nur unter dem Schutz eines einkalkulierten Wiederverschließens

13 S. Freud, *Jenseits des Lustprinzips*, in: *Psychologie des Unbewußten, Studienausgabe*, Bd. III, Frankfurt am Main 1975, S. 224f.

aufklaffen läßt. Auf die Pirouette des Worts, das zersplittert und isoliert in die Luft geworfen wird und auf wunderbare Weise heil auf die Erde zurückfällt, folgen Exerzitien eines überaus sorgfältigen Kriechens entlang vielfältiger Serien, das unter dem Schutz eines unablässigen erneuten Verflechtens Gelegenheit zur Erkundung der weiten Landschaften mentaler Zusammenhänge gibt. Dieser doppelgesichtige mentale Gestus, der die Zerlegung und Wiederzusammenführung zu einem Akt zusammenfaßt, begegnet uns auch in Leiris' Umgang mit der Psychoanalyse und der Ethnologie; ich möchte ihn als methodologische »Subversion« bezeichnen. Ein Springen, ein Kriechen, bei dem der Weg unter Beibehaltung möglichst vieler Haltepunkte zurückgelegt wird.

Ich komme auf das *Glossar* zurück. Diese Methode, die die Angst vor dem Aufklaffenden abzuwenden und den in Definitionen gewöhnlich eintretenden Verlust zu vermeiden erlaubt (da die Zunahme an Sinn mit keinerlei klanglicher Differenz erkauft werden muß), bietet Leiris die Möglichkeit, nicht nur die Labyrinthe seiner mentalen Netze zu erkunden, sondern sie auch – dank des Lustgewinns, den er dem Leser verschafft – anderen zugänglich zu machen. Ein Spiel, das sowohl in den erzeugten Wirkungen als auch in den eingesetzten Mechanismen äußerst vielgestaltig ist. Die Skala reicht, was den Sinn betrifft, von den plattesten und gewöhnlichsten Scherzen bis hin zu den mysteriösen Chiffren persönlicher Konnotationen.[14] Und die Mittel, zu denen Leiris greift, sind zahlreich und komplex, womit er jene Monotonie vermeidet, an der die Sammlungen von Wortspielen leiden, die auf ein durchgängiges Verfahren aufbauen. Es werden alle Arten von Signifikantenspielen verwendet (partielle Assonanzen, Inversionen, Klangvariationen, Anagramme, Buchstabieren usw.), und die »Glossen« vertiefen und erweitern ihren Ausgangspunkt durch in die Definition eingeschobene Hinzufügungen.

Vergleicht man, ähnlich wie bereits anhand von *Trugbilder* durchgeführt, das *Glossar* mit *Streichungen*, ergeben sich folgende Ähnlichkeiten und Unterschiede:

Ähnlichkeiten

1. Leiris *stellt Zusammenhänge her*, indem er die Sprache arbeiten (sie den Knoten der Wörter lösen und erneut schürzen) läßt;

14 In *Lire Leiris*, Kapitel IV, analysierte ich eine dieser geheimnisvollen Glossen, die zum Wort »Vater«.

2. bearbeitet wird eine unendlich erweiterbare Zahl von Wörtern aus allen sprachlichen Registern und Erfahrungsbereichen;
3. die Bemühung um Verständlichkeit ist deutlich erkennbar.

Unterschiede
1. Als Ausgangspunkt des Verfahrens dient im *Glossar* jeweils ein einzelnes Wort, auch wenn die Glosse daraufhin Querverbindungen zu anderen Wörtern herstellt;
2. die Wörter, die als Ausgangspunkte dienen, stehen untereinander in keinerlei Beziehung und bilden kein System (abgesehen von der lächerlichen alphabetischen Reihenfolge);
3. es handelt sich nicht darum, einen Text zu konstruieren, sondern eine dem Wörterbuch vergleichbare Sammlung zusammenzustellen, einen Wort-Schatz (in dem die aus geschlungenen/gelösten Knoten bestehenden »Perlen« gehortet werden); damit sie einen Text bilden können, müssen die auf diese Weise entstandenen Elemente zu »Sätzen« oder Sequenzen zusammengefaßt werden.

Die beiden in *Trugbilder* und *Glossar* jeweils verwendeten Techniken scheinen also nur – zugleich gegensätzliche und komplementäre – Teillösungen gewesen zu sein, die zur Lösung ein und desselben Problems bestimmt waren: damit erhebt sich die Frage, wie und in welchem Kontext die Technik der *Collage* und die der *Glosse* zusammengeführt und miteinander kombiniert werden könnten. Im Kontext der mystisch ausgerichteten Lyrik der Jahre um 1925, in der Leiris nur auf der Ebene des *Wortes* und nicht auf der des *Diskurses* arbeitet und die Herstellung konzentrierter Texte mit der Aussagekraft eines Orakels anstrebt, hat diese Zusammenführung nicht stattgefunden. Es wird der Anwendung des autobiographischen Pakts und des autobiographischen Diskurses sowie der Beschäftigung mit den Humanwissenschaften (Psychoanalyse und Ethnologie) bedürfen, damit diese beiden grundlegenden Techniken aufeinander abgestimmt und gemeinsam eingesetzt werden können.

Dies setzt jedoch ebenfalls voraus, daß Leiris sich anderer Ausgangspunkte bedient und die Wörter, ohne auf sie vollends zu verzichten, in das umfassendere Korpus der »mentalen Tatsachen« integriert. Diese Erweiterung der Grundlagen des Konstruktionsspiels war im Grunde genommen schon in jenem Programm angelegt gewesen, das er eingangs des *Glossars* angeschlagen hatte und in dessen miteinander verschränkten Bildern des Labyrinths und des Turms zu Babel das Bestreben zum Ausdruck kam, alle Assoziationsnetze unseres Geistes zu erforschen. Leiris schwingt sich also ausgehend von den Wörtern empor, sammelt aber gleichzeitig seine Träume und versucht, sie zu »bearbeiten«. Die beste Beschreibung dieser geplanten Erweiterung ist einem (humoristischen) Artikel zu entnehmen, den er 1929 für die Zeitschrift *Documents* verfaßt hat. In diesem Text mit dem Titel »Métaphore« stellt er zwei Grundsätze auf:

a) *Die Sprache ist zur Gänze metaphorisch.* Seine Beweisführung ist spielerisch und terminologisch durchaus nicht kohärent, da er alle Figuren der Rede als »Metaphern« bezeichnet. Rekonstruiert man sie, stellt sich heraus, daß sie um das Problem des Kratylismus kreist: Es besteht weder ein Verhältnis der »Ähnlichkeit« noch sonst eine Übereinstimmung zwischen den Elementen der Sprache und den Elementen der Welt, die sie jeweils bezeichnen. Die Elemente der Sprache verweisen vielmehr über ein Transformationssystem aufeinander und bilden so ein grenzenloses Netz ohne bevorzugte Ausrichtung, ein mehrsinniges, unbestimmtes, umkehrbares Netz. Diese Feststellung hat hier keinerlei tragischen Beiklang: Leiris scheint die Vorstellung der unbeschränkten Bewegung, der Fluchten und Pirouetten, die dieses parallel zur Welt schwebende Netz ermöglicht, eher zu genießen als über seine mangelnde Verankerung in der Wirklichkeit und seinen fehlenden Kontakt mit den Dingen an sich zu klagen.

b) *Der menschliche Geist ist zur Gänze sprachlich*, und die Strukturen der Erkenntnis (in Ermangelung von Strukturen der Welt) sind somit metaphorische:

> Nicht nur die Sprache, auch das gesamte Geistesleben beruht auf einem Spiel von Umsetzungen und Symbolen, das man als metaphorisch bezeichnen kann. Ebenso bedient sich die Erkenntnis immer des Vergleichs, so daß alle bekannten Gegenstände durch Beziehungen wechselseitiger Abhängigkeit miteinander verbunden sind.[15]

Dies ist für die zukünftige Autobiographie von grundlegender Bedeutung: wenn die Strukturen des Geistes und der Erkenntnis mit denen der Sprache identisch sind, kann die »Erkenntnis der Erkenntnis« legitimerweise auf Sprachspiele zurückgreifen: es wird zu keinen Widersprüchen zwischen poetischer Struktur

15 *Brisées*, S. 25.

und Autobiographie kommen. Diese Vermischung von Untersuchungsmethode und Untersuchungsgegenstand ist, streng wissenschaftlich betrachtet, ziemlich suspekt, wie auch die Identität von Forscher und Erforschtem in der Situation der Autoanalyse oder der »Auto-Ethnographie«: Die Umkehrbarkeit der Analyse des Gegenstands und dessen Reproduktion funktioniert allzu problemlos. Immerhin bereiten diese linguistischen Vermittlungen Leiris' Interesse an den Wissenschaften vom Menschen vor, denen zufolge sein Unbewußtes oder sein »Heiliges« wie eine Sprache strukturiert ist.

Ab 1923 machte es sich Leiris zur Gewohnheit, seine Träume schriftlich festzuhalten. Er versteht sie, genauso wie faszinierende Wörter, zu Recht als Komponenten einer Art persönlichen Chiffre. Der Traum fordert somit zur Produktion eines Textes auf.

Dabei geht es vorerst um die Produktion seines eigenen Textes, da der Traum ja nur in der Form der »Traumerzählung« existiert. Seine Niederschrift ist nicht bloß ein einfaches Mittel zur Fixierung eines Traums, der bereits vorhanden wäre, sondern stellt vielmehr die letzte Phase der Traumarbeit dar. Und dies trifft zweifellos auch auf der allgemeineren Ebene des autobiographischen Schreibens zu, das diesen Wachtraum unseres Lebens bei Tag eher zu Ende führt als getreulich kopiert.[16]

Leiris gibt sich aber nicht damit zufrieden, seine Träume zu sammeln und zu einer Art intimen »Nachtbuch«[17] zusammenzustellen: er will sie dazu zwingen, ihr Geheimnis preiszugeben, und bearbeitet sie durch sein Schreiben ähnlich wie zuvor die Wörter. Der von ihm verfolgte Weg ist also dem diametral entgegengesetzt, der von der Psychoanalyse vorgeschlagen und von Breton in *Die kommunizierenden Röhren* praktiziert wurde. Weit davon entfernt, die Träume zu zergliedern, indem er zu ihren Elementen frei

16 Zu Traum und Autobiographie vgl. *Lire Leiris*, Kapitel III.

17 Leiris veröffentlichte seine Traumerzählungen in *La Révolution surréaliste* (Nr. 3, 15. Juli 1925; Nr. 5, 15. Oktober 1925; Nr. 7, 15. Juni 1926) und in *Trajectoire du rêve*, von André Breton zusammengestellte Dokumente, GLM 1938; dieses intime »Nachtbuch« erschien 1945 bei Fontaine in einem Band unter dem Titel *Nuits sans nuit*; erweiterte Neuausgabe bei Gallimard 1961 (dt.: *Lichte Nächte und mancher dunkle Tag*, Frankfurt am Main 1981). Zu diesen Traumerzählungen vgl. die Untersuchung Maurice Blanchots, *Rêver, écrire*, in: *L'Amitié*, Paris 1971, S. 162-170. Ein Kapitel von Sarane Alexandrians Gesamtdarstellung *Le Surréalisme et les rêves* (Paris 1974) ist Leiris gewidmet (S. 346-366).

assoziiert, versucht Leiris vielmehr, die Träume als solche zu einer umfassenderen und kohärenteren phantasmatischen Konstruktion zusammenzufügen und sich so eine persönliche Mythologie zu schaffen. Dies erklärt er zumindest in *Mannesalter*:

[...] ich träumte jede Nacht, schrieb meine Träume auf, hielt einige für Offenbarungen, deren metaphysische Tragweite ich entdecken müsse, und stückte sie in Fortsetzungen aneinander, um ihren Sinn besser zu entziffern, so daß ich gewissermaßen kleine Romane daraus gewann.[18]

Die hier beschriebene Methode stimmt mit der von *Trugbilder* genau überein: man fügt die Bestandteile des Korpus in geeigneter Weise aneinander, in der Hoffnung, daß aus ihrer bloßen Gegenüberstellung ein Sinn aufblitzt. Es könnte sich also um Collage handeln. Ähnlich wie bei den Wörtern würde sich der Eingriff des Erzählers auf ein minimales – bei den Wörtern syntaktisches, bei den Träumen narratives – »Verschweißen« beschränken. In Wahrheit ist dies jedoch eine allzu bescheidene Beschreibung der Rolle des Erzählers. Was sind diese »kleinen Romane«? »Le pays de mes rêves«, *Le Point cardinal* (*Der große Himmelspunkt*), *Grande fuite de neige* (*Große Schneeflucht*) und *Aurora*.[19] Das oben beschriebene Rezept wurde offenbar auch zur Herstellung von »Le pays de mes rêves«, eines ziemlich kurzen Textes, verwendet. Es ist aber offensichtlich, daß die Schreibarbeit an den anderen Texten über eine bloße Aneinanderfügung weit hinausgegangen ist: kunstvolle Anordnung der Träume zu einem Initiationsweg rund um das Problem der Geburt und des Geheimnisses, Ausarbeitung und Verknüpfung der Phantasmen mittels Wort- und Stilspielen; es hat den Anschein, als stellten die Träume nicht mehr Rohmaterialien dar, die nur mehr zusammengefügt werden müssen, sondern bildeten die Kristallisationspunkte einer weiterführenden, diesmal aber bewußt gelenkten Träumerei, die die Traumarbeit fortsetzt, indem sie die Phantasmen und Symbole systematisch

18 *Mannesalter*, a. a. O., S. 196.

19 »Le pays de mes rêves« erschien ursprünglich in *La Révolution surréaliste* (Nr. 3, 15. Januar 1925) und wurde in *Haut Mal* (Paris, 1969, S. 21-26) aufgenommen. Das 1925 verfaßte *Le Point cardinal* erschien 1927 bei Sagittaire (Abdruck in *Mots sans mémoire*, S. 25-69; dt.: *Der große Himmelspunkt*, in: *Wörter ohne Gedächtnis/Große Schneeflucht*, a. a. O., S. 7-53). *Grande fuite de neige*, geschrieben im September 1926, wurde 1934 in den *Cahiers du Sud* veröffentlicht und erschien 1964 bei Mercure de France als Buch (dt.: *Große Schneeflucht*, in: *Wörter ohne Gedächtnis/Große Schneeflucht*, a. a. O., S. 133-162). *Aurora* wurde 1927-28 geschrieben und 1946 bei Gallimard veröffentlicht (dt.: *Aurora*, aus dem Französischen von Rudolf Wittkopf, München 1979).

weiterbearbeitet und alles Anekdotische an ihnen ausmerzt.[20] Diese Arbeit einer onirischen Mythologisierung kann ebenfalls, wie in *Große Schneeflucht*, an untertags erlebten Episoden ansetzen. Alle auf diese Weise produzierten Texte sind narrativ und meist als Ich-Erzählungen organisiert. Andrerseits läßt sich an den drei ausgehend von Träumen geschriebenen Texten deutlich die Tendenz eines exponentiellen Anwachsens erkennen: »Das Land meiner Träume« hat sechs Seiten, *Der große Himmelspunkt* dreiundvierzig, *Aurora* beinahe zweihundert. Nachdem Leiris sein Konstruktionsverfahren experimentell vervollkommnet hat, scheint er sich seiner für immer länger und komplexer werdende Texte bedient zu haben, wohl in Hinblick auf den Gedanken eines totalisierenden und unbestimmbaren, das heißt sowohl geschlossenen als auch offenen Textes. Diese rein technischen Überlegungen machen über die Methode des Montierens und Verschweißens hinaus Merkmale deutlich, die in den von Wörtern ausgehenden Texten nicht vorhanden sind, aber wesentliche Elemente der Autobiographie darstellen:

a) Verwendung der ersten Person, allerdings in »verantwortungsloser« Form und ohne autobiographischen Pakt. In den Romanen seiner surrealistischen Zeit ist Leiris weder dem von André Breton in *Nadja* vorgezeichneten Weg gefolgt, der »die strengste Authentizität des sie verzeichnenden menschlichen Dokuments«[21] erfordert, um den irrationalen Charakter der Ereignisse kenntlich zu machen, noch dem von René Crevel in *Mon corps et moi* (1925) gegebenen Beispiel einer direkten autobiographischen Bilanz. Seine Texte beruhen vielmehr auf einer Art »phantasmatischem Pakt« und stehen in der Perspektive jener intimen Geographie, auf die der erste Text, »Das Land meiner Träume« – der Titel könnte für die gesamte Serie stehen –, deutlich hinweist. Von hier ist es nur mehr ein kleiner Schritt zum »Land

20 So konnte Ross Chambers in seiner Analyse der orphischen Suche Leiris' bis zu *Die Spielregel* vom Text dieser Romane, insbesondere von *Der große Himmelspunkt*, ausgehen. (*Michel Leiris et le théâtre orphique*, in: *Saggi e ricerche di letteratura francese*, Bd. VIII, Pisa: Libreria Goliardica editrice, 1967, S. 243-308).

21 Diese Formel wurde von André Breton in *L'amour fou* (deutsch von Friedhelm Kemp, München 1970, S. 34) zur Definition der seit *Nadja* und *Die kommunizierenden Röhren* angewandten »Regel« geprägt. Leiris hat erst mit *Mannesalter* den Weg der auf authentischen Ereignissen fußenden surrealistischen Erzählung eingeschlagen.

meiner Phantasmen« und zum »Land meines Lebens«. *Aurora*, ebenfalls eine Ich-Erzählung, enthält die phantasmatische Autobiographie eines gewissen Damokles Siriel.[22] Es wird genügen, zusammen mit dem Namen den Pakt umzudrehen und die Ausgangsbasis zu erweitern (eine bereits in *Große Schneeflucht*, in der auch aktuell Erlebtes und eine erste Kindheitserinnerung verarbeitet werden, vorgezeichnete Lösung): die Geschichte des Initiationshelden, der Serien von symbolischen Schauspielen und Erfahrungen durchläuft, wird durch den Kreislauf eines autobiographischen Schreibens abgelöst werden, das durch Serien von Karteikarten und Motiven hindurchführt und ebenfalls auf der Suche nach dem Geheimnis ist.

b) Konstruktion eines langen Textes, das heißt Kampf des Schreibens gegen die Zeit. Die in *Trugbilder* und *Glossar* herrschende Ästhetik des Augenblicks und des Aufblitzens wird hier durch eine Ästhetik der Dauer ersetzt: eine Schreibweise finden, die möglichst viele Elemente in sich aufnehmen und unbegrenzt fortgesetzt werden kann. Anscheinend hat Leiris in seinem Kampf mit der Zeit zwei Lösungen zugleich im Auge gehabt: mittels Verdichtung und Aufblitzen-Lassen die *Ewigkeit im Augenblick*; mittels fortwuchernder Ausbreitung die Suche nach einer Form von *immerwährender Bewegung*. Die progressive Montage immer umfangreicherer und komplexerer Strukturen wird schließlich zur Grundformel von *Die Spielregel* werden.

Wörter und Träume scheinen also in dieser surrealistischen Periode Ausgangspunkte einer Herstellungstätigkeit zu sein, die ein doppeltes Ziel verfolgt. Die schriftstellerische Tätigkeit stellt sich unverändert als eine Technik dar, die an einem bestehenden Textmaterial ansetzt, das es zu bearbeiten und umzuwandeln gilt, um ihm mit Hilfe von Bastelei oder von alchimistischen Operationen das Geheimnis, das Orakel, jenen Goldwert zu entreißen, der am Ende der Sprache lockt. Dieses Geheimnis weist sowohl den objektiven und allgemeinen Aspekt einer metaphysischen Offenbarung als auch den strikt subjektiven Aspekt einer persönlichen Chiffre auf. Dichtung und Autobiographie fallen genauso in eins, wie Leiris in der darauffolgenden Periode Autobiographie und Wissenschaft zu ein und derselben Vorgehensweise zusammenführen wird.[23] Die zwischen Dichtung und Wissenschaft angesiedelte

22 *Aurora*, S. 73-89.
23 *L'Afrique fantôme*, Paris 1934, S. 213-215 (dt.: *Phantom Afrika*, Erster Teil, über-

Autobiographie wird ohne Zweifel die wesentliche Erfahrung sein, zugleich ein Wagnis und ihr gemeinsamer Nenner. Am Schluß dieser ersten Etappe bleibt Leiris noch die Erfahrung der wissenschaftlichen Erfassung des Wirklichen (des Mentalen) zu machen und zu erforschen, wie all diese zwischen *Trugbilder*, *Glossar* und den »Romanen« nacheinander erprobten und jeweils einzeln nachvollziehbaren Konstruktionsverfahren für die Herstellung des einen Textes zusammengeführt werden können.

Anthropologie und Autobiographie

Die zweite Periode (1929-1935) könnte als eine realistische bezeichnet werden: sie ist von einer heftigen Reaktion auf die Neurose gekennzeichnet. Leiris hat diese Periode, in der er gegen den drohenden Wahnsinn ankämpfte, im letzten Kapitel von *Mannesalter*, »Das Floß der Medusa«, beschrieben. Er setzt alles daran, wieder in der Realität Fuß zu fassen. Die Reaktion auf die Neurose bringt eine Reaktion auf die mit ihr verbundene schriftstellerische Tätigkeit mit sich. In *Mannesalter* berichtet Leiris von seiner Berufung zum Dichter, von seinen Spielen mit Wörtern und Träumen sowie von seinen erotischen und sexuellen Problemen mit geradezu klinischer Präzision und Distanz. Dabei handelt es sich jedoch weniger um eine Umkehr als um einen Umweg, eine Transformation, die ihn dazu führen wird, sein Vorhaben, *dasselbe* Vorhaben, erneut, »aber auf einer mehr irdischen Basis« in Angriff zu nehmen. Diese Rückkehr zur Wirklichkeit wird in zweierlei Gestalt durchgeführt werden: praktische Beschäftigung mit den Humanwissenschaften, beginnende Auseinandersetzung mit dem autobiographischen Diskurs.

Leiris hat die Humanwissenschaften, die sich mit eben jenen mentalen Netzen befassen, die er bearbeitete, um ihnen ein Orakel oder ein Geheimnis zu entreißen, zunächst als Praxisformen kennengelernt, die ihn in hohem Maß auch persönlich einbezogen: dies sind Psychoanalyse und die Ethnographie.

Leiris unterzog sich 1929-1930 einer Analyse, um von den Extravaganzen loszukommen, die ihm seine Neurose aufgezwungen

setzt von Rolf Wintermeyer, hg. u. mit einer Einleitung versehen von Hans-Jürgen Heinrichs, Frankfurt am Main 1985, S. 278-281).

hatte. Von dieser widerwillig durchgeführten, durch die Afrikareise 1931-1933 unterbrochenen und 1934 episodisch wiederaufgenommenen Analyse berichtet er praktisch nichts, und das wenige, was er uns von ihr mitteilt, läßt einen tiefsitzenden und ungebrochenen Widerstand erkennen.[24] Nach 1935 scheint die Psychoanalyse von seinem geistigen Horizont zu verschwinden, oder er äußert sich zumindest nur noch sehr selten über sie. Nichtsdestoweniger hat er von ihr seiner eigenen Aussage zufolge wesentliche Anregungen erhalten: nicht nur auf der Ebene der Therapie, sondern vor allem auch auf schriftstellerischer Ebene. Es war die Psychoanalyse, die ihn auf den Gedanken gebracht und in die Lage versetzt hat, sein erstes autobiographisches Werk, *Mannesalter*, zu schreiben. Der Diskurs des Analysanden ist freilich nicht dasselbe wie der (geschriebene) Diskurs des Autobiographen, eröffnet ihm aber einen Weg. Er reißt den Dichter von der »Verantwortungslosigkeit« des poetischen Ichs los, bringt ihn dazu, im eigenen Namen zu sprechen und sich möglicherweise auch die Frage zu stellen, *zu wem* er spricht; er führt ihn in seine Kindheit, einen bis dahin verschlossenen Bereich, zurück und bestätigt ihm die Bedeutung der Sexualität, »Eckstein im Gebäude der Persönlichkeit«[25]; vor allem aber verschafft sie ihm Zugang zur Beschreibung mentaler Funktionen, aus der er Profit, einen perversen Profit, schlagen wird. Denn die Psychoanalyse wird den »wilden« semantischen und mythologischen Spielen mit Wörtern und Träumen eine wissenschaftliche und »realistische« Legitimation liefern. Unter dem Vorwand der Selbsterkenntnis, der Unbefangenheit und Authentizität wird er dieselbe Arbeit, die nichts anderes als eine Konstruktionsarbeit ist, auf einem anderen Register fortsetzen können. Die Psychoanalyse wird als eine psychosynthetische Tätigkeit eingesetzt und für deren Zwecke benutzt werden. Leiris leugnete dies keineswegs, als er 1945 eine Bilanz jener »Kraftlinien« zog, die die Komposition von *Mannesalter* ermöglichten:

> [...] der ausgedehnte, der Psychologie Freuds bewilligte Kredit (weil diese ein verführerisches Bildermaterial mitspielen läßt und außerdem einem jeden das bequeme Mittel anbietet, sich zur tragischen Höhe zu erheben und sich für einen neuen Ödipus zu halten)...[26]

24 Zu Leiris' Haltung der Psychoanalyse gegenüber vgl. *Lire Leiris*, Kapitel IV.
25 *Mannesalter*, S. 17.
26 Ebd., S. 14.

Das, was hier in Klammern steht, definiert nicht die Psychoanalyse, sondern das, worauf Leiris sie reduziert, um sie für sein Projekt nutzbar zu machen: »ein verführerisches Bildmaterial mitspielen« zu lassen, das heißt, wiederum ein Korpus faszinierender Elemente in Hinblick auf ein *Konstruktionsspiel* zusammenstellen; und »sich für einen neuen Ödipus halten« heißt, die Analyse eines Komplexes gegen den Strich durchführen, ihn wieder zusammenfügen, ihm Kohärenz und Schönheit verleihen, anstatt ihn in Frage zu stellen und aufzulösen suchen. Merkwürdigerweise scheinen hier die Vergehen der Vordergründigkeit und Heuchelei der Psychoanalyse und nicht dem Projekt angelastet zu werden, für das sie in Anspruch genommen wird: eine notwendige Unaufrichtigkeit, um sich niemandem und nichts erkenntlich fühlen zu müssen. Die Assoziationsmethode wird die Bildung eines umfangreichen Korpus ermöglichen, das nicht nur Traumerzählungen und Phantasmen enthält, sondern auch Kindheitserinnerungen und aktuell Erlebtes, denen ebenfalls *Zeichenfunktion* zukommt; all dies wird zu einem autobiographischen Raum vereint. Diese Methode wird darüber hinaus auch Analogiebeziehungen verwenden, um die Materialien dieses Inventars miteinander zu verflechten. Die Assoziation dient dem Aufschließen und erneuten Zusammenfügen des mentalen Netzes: der zweifache Gestus des *Glossars* findet hier ein weit größeres Anwendungsgebiet vor und kann sich zudem, was zumindest das Aufschließen betrifft, auf das Alibi der Authentizität berufen. Ich habe in *Lire Leiris* versucht, anhand einer eingehenden Analyse des Textes von *Mannesalter* die Logik dieses Verhaltens darzustellen. Weiter unten soll ein weiteres Beispiel, »Esau«, aus *Streichungen*, untersucht werden, um zu zeigen, in welcher Form Leiris Analysearbeit und Traumarbeit miteinander verbindet.

Der unmittelbare Gewinn besteht also aus dem Zugang zur Kindheit und zum autobiographischen Diskurs, aus der Erweiterung des behandelten Korpus und aus der Rechtfertigung einer durchgehend analogen Behandlung des Materials. Nach 1935 wird sich Leiris von der Psychoanalyse entfernen; er wird ihr vorwerfen, der Sexualität allzu große Bedeutung beizumessen und den grundlegend metaphysischen Charakter der Probleme von Leben und Tod zu verkennen. Freud wird er nur mehr einen einzigen Einfluß auf seine Arbeit zugestehen: den seiner Lektüre der *Psychopathologie des Alltagslebens*: »Die Bedeutung, die Freud kleinsten Einzelheiten beimißt, hat mich zutiefst verblüfft.«[27] Nun sind aber die meisten dieser Einzelheiten sprachliche Fakten. In dieser Sicht ließe sich sagen, daß das Werk Leiris' von *Glossar* bis *Die Spielregel* nicht aus einer Auseinandersetzung mit dem Sexualwissenschaftler Freud, sondern mit dem Sprachforscher Freud, das heißt in Auseinandersetzung mit Lacan entstanden ist.

Um von seinen Problemen loszukommen, nimmt Leiris von 1931 bis 1933 an der Expedition Griaules von Dakar nach Dschibouti teil. Er erlernt den Beruf des Ethnographen also im Feld. Diese Erfahrung hat ihn nachhaltiger als die Psychoanalyse geprägt, da sie ihn zu seinem späteren Beruf führte und neue Vergleichsmöglichkeiten (oder gar eine neue Methode) für den Umgang mit seinen Problemen bot. *Phantom Afrika* ist der Tag für Tag abgefaßte Bericht dieser Erfahrung. Dieses Journal intime bezieht sich nur durch seinen Inhalt auf die Ethnographie, und nicht durch seine Technik: diese ist durchaus klassisch, erinnert sehr an Stendhal: nichts aufschreiben, was man nicht selbst gesehen oder empfunden hat. In ihm kommt darüber hinaus eine zutiefst zwiespältige Haltung gegenüber Methode und Berufsethos der Ethnographie zum Ausdruck. Leiris, ganz von seinen persönlichen Problemen in Beschlag genommen, sieht in dieser Reise die Gelegenheit, die Grenzen seiner europäischen Persönlichkeit zu sprengen und eine ersehnte primitive Mentalität wiederzufinden. Vor allem gegen Ende der Reise versucht er, ein authentisches Heiliges aufzuspüren: eine Haltung der Identifizierung, der lyrische Wunsch, zu den Initiierten zu gehören, als wären die afrikanischen Zivilisationen ein Abbild jenes verborgenen Ichs, das er selbst wiederzufinden sucht. Diese Suche nach dem Heiligen ist so wenig wissenschaftlich, daß der Ethnograph sich schließlich in eine Äthiopierin verliebt, »die physisch und moralisch meinem doppelten Ideal der Lucretia und der Judith entsprach«.[28] Regelmäßig kommt seine Gereiztheit über die deontologischen (Distanz) und methodologischen (gewissenhafte Beschreibung) Regeln der ethnographischen Forschungsarbeit zum Vorschein. Das Tagebuch enthält mehrere Ausbrüche gegen die »Wissenschaftlichkeit« und zahlreiche Reflexionen zu den Beziehungen zwischen Objektivi-

27 Interview von Madeleine Chapsal, *La Quinzaine littéraire*, Nr. 14, 15. Oktober 1966. Ähnlich in *Fibrillen*, S. 323.

28 *Mannesalter*, S. 202.

tät und Subjektivität, wobei Leiris in einer bewußt akzeptierten Subjektivität die geeignetste Methode der Authentizität und im Dichter das einzige Wesen sieht, das zur Erkenntnis des Lebens fähig ist.[29] Später, 1950, wird sich Leiris anläßlich einer Neuausgabe von *Phantom Afrika* von dieser, wie er nun sagt, romantischen, individualistischen und wenig adäquaten Haltung distanzieren, da sie ihn daran gehindert habe, die politischen Probleme Afrikas zu erkennen. Nach seiner Rückkehr nach Europa und der Veröffentlichung seines Buchs wird ihn eine Neuverteilung seiner Einstellungen dazu führen, das voneinander zu unterscheiden, was er bis dahin vermischt hatte; er wird Afrika das geben, was Afrika gehört, und dem Phantom das, was diesem gehört, seine wissenschaftliche Arbeit und seine autobiographische Forschung also auf getrennten Wegen vorantreiben. Über seine Weigerung, sich in eine mythische primitive Mentalität zu projizieren, wird er zu einer Anerkennung des anderen in seiner Besonderheit und Differenz gelangen und damit nicht nur zum Autor eines eigenständigen wissenschaftlichen Werks[30] werden, sondern sich auch für den Respekt anderer Zivilisationen und gegen koloniale Ausbeutung und Entfremdung politisch engagieren.[31] Nach dieser Wiedereinsetzung des anderen in seine Rechte brauchte Leiris seine »ethnographische« Neugier nur noch auf sich selbst anzuwenden. Inwieweit ist eine »Autoethnographie« überhaupt möglich? Und inwieweit hat sie Leiris versucht und verwirklicht? Abgesehen von *Mannesalter* gibt darüber ein Text von 1938 Aufschluß, *Das Heilige im Alltagsleben*.[32] Es handelt sich um einen

29 Vgl. etwa die Vorwortentwürfe in *Phantom Afrika*, Erster Teil, a. a. O., S. 278-281, sowie Zweiter Teil, a. a. O., S. 36f.

30 Vgl. Édouard Glissants Überblick über dieses wissenschaftliche Werk, *Michel Leiris ethnographe*, in: *Les Lettres nouvelles*, November 1965, S. 609-621 [vgl. auch die von Hans-Jürgen Heinrichs zusammengestellte »Bibliographie zum Werk von Michel Leiris«, in: *Die eigene und die fremde Kultur*, Ethnologische Schriften, Band 1, Frankfurt am Main 1985, S. 243-251; A. d. Ü.].

31 Vgl. Michel Leiris, *Cinq Études d'ethnologie*, Paris 1969.

32 *Das Heilige im Alltagsleben*, in: *Die eigene und die fremde Kultur*, a. a. O., S. 228-238. Dieser Text steht sowohl in der »ethnographischen« als auch in der »psychoanalytischen« Entwicklungslinie. Sein Titel lehnt sich an Freuds *Psychopathologie des Alltagslebens* an, womit Leiris eine methodische Verwandtschaft (die kleinsten Details geschenkte Aufmerksamkeit), aber auch seine unterschiedliche Perspektive (mystische Suche im Gegensatz zur medizinischen Analyse) unterstrich. Andrerseits gelten Leiris' Forschungen ebenfalls dem Bereich der Kindheitserinnerungen: aber nicht, weil man in ihnen den Ursprung der Neurose

anläßlich der Eröffnung des von R. Caillois und G. Bataille gegründeten Collège de sociologie gehaltenen Vortrag. Das von R. Caillois verfaßte Programm für dieses Institut verfolgt genau diese Absicht einer Autoethnographie mitsamt allen Überschreitungen der Grenzen der Wissenschaftlichkeit und insbesondere auch der Verquickung von wissenschaftlicher Vorgehensweise und mystischer Suche.[33] Der Gedanke, die modernen Gesellschaften auf ähnliche Weise zu beschreiben wie die »primitiven« Gesellschaften, ist zwar gut fundiert, weit weniger aber das damit verfolgte einzige Ziel, nämlich ein verlorenes »Heiliges« wiederzufinden und wiederherzustellen und dabei die persönliche Introspektion als einzige Untersuchungsmethode heranzuziehen. Die methodologische Verzerrung ist hier zu der der Psychoanalyse symmetrisch. Die Ethnographie beruht auf der Untersuchung von Gruppen, dem Beobachten von außen und auf einer rein deskriptiven Haltung; Leiris befindet sich in der genau umgekehrten Situation, da er ja das »Heilige« eines Individuums untersucht – das heißt nicht nur analysiert, sondern auch wiederherstellt –, das niemand anderer als er selbst ist. Die mystische Suche bedient sich zwar wissenschaftlicher Forschungsinstrumente, setzt aber nur diejenigen unter ihnen ein, die zur Konstruktion ihres Gegenstandes, das heißt letztlich zur Konstruktion eines *Textes* geeignet sind. Weiter unten soll anläßlich von *Das Heilige im Alltagsleben* auf die Instrumente eingegangen werden, die Leiris sich auf diese Weise angeeignet hat.

Die Reaktion auf die Neurose und die Erfahrung der Analyse bringen mit sich, daß Leiris sich von der mystisch ausgerichteten Literatur in der Form des Orakels abwendet und über den Weg der lyrischen Mitteilung und der Autobiographie den Kontakt mit dem anderen und einen Wert (eine Wahrheit oder eine Regel) anstrebt, für die es sich wieder zu leben lohnt. Die in *Haut Mal*, gefolgt von *Autres lancers*[34], versammelten poetischen Texte geben

ausfindig machen kann, sondern weil das Heilige in ihnen authentischer zutage tritt.

33 Dieses Programm ist in dem von Roger Caillois herausgegebenen Sammelband *Approches de l'imaginaire*, Paris 1974, enthalten (vgl. *Programm des Collège de sociologie*, in: *Die eigene und die fremde Kultur*, a. a. O., S. 239). R. Caillois stellt diese Texte vor und zeichnet die Geschichte des Collège de sociologie nach, an dessen Aktivitäten Michel Leiris »nur sporadisch teilgenommen« haben soll.

34 Paris 1969.

zum Großteil die Erfahrungen und den unmittelbaren Widerhall eines Lebens wieder; sie werden einfach aneinandergereiht und lassen genausowenig Bemühung um einen Aufbau erkennen wie ein Journal intime: der aus dem Leben gegriffene Ausdruck des Augenblicks, der in Hinblick auf eine mögliche spätere »Verarbeitung« in Reserve gehalten wird; ein Vivarium von Ködern und Ansatzpunkten für einen zukünftigen autobiographischen Text.

Der Eintritt in die als solche ausgewiesene Autobiographie erfolgt erst mit *Phantom Afrika*, einem unter die Schirmherrschaft J. J. Rousseaus gestellten und durch einen Pakt nach allen Regeln der Kunst eingeleiteten Tagebuch. Dieser Text ist in jeder Hinsicht faszinierend (Introspektion, Problematik des Geständnisses, Beziehung der ethnographischen und der intimen Erfahrung), außer in Anbetracht seiner Struktur. Das Schreiben eines Journal intime stellt eine Art Nullpunkt der formalen Auseinandersetzung mit der Konstruktion eines Textes dar. Der Erzähler überläßt es der Zeit, seinem Feind, den Text zu strukturieren. Die Grenzen des Textes sind mit Abreise und Heimkehr vorgegeben. Zwischen diesen Grenzen sammelt sich alles von Tag zu Tag an, wobei die Bedeutung aus Konvergenzen, Übereinstimmungen und Veränderungen hervorgeht, die von der Schreibweise nicht eigens eingerichtet werden müssen, da sie beim Lesen ohnehin entstehen werden. Wenn Authentizität über einen völligen Verzicht auf eine Auseinandersetzung mit der Form erreicht werden könnte, wäre dieses Tagebuch ein unüberbietbar authentisches Dokument. Leiris verstand dieses Tagebuch im übrigen als eine Art Entziehungskur und als Einübung in einen subjektiven Realismus.

Phantom Afrika kündigt zwar keine jener Techniken an, deren Leiris sich später für *Die Spielregel* bedienen sollte, läßt aber bereits modellhaft zwei zukünftige Konstruktionselemente erkennen.

Es stellt sich zunächst als das Modell eines »Faktenreservoirs« dar, dem der Erzähler neue Ausgangspunkte seiner Arbeit entnehmen können wird, sobald das Korpus der Kindheitserinnerungen erschöpft sein wird. Leiris hat offenbar – allerdings unregelmäßig und in unterschiedlicher Form – seit seiner Jugendzeit ein Journal intime geführt.[35] Er legt sich damit einen Vorrat an, einen Vorrat

35 In *Streichungen*, a. a. O., S. 233-236, beschreibt Leiris sein Tagebuch und analysiert dessen Funktionen: es ist ein Album, in das er ihm wichtig erscheinende Dokumente oder Bilder einklebt, eine meist in Phasen literarischer Unfruchtbar-

»zweiter Klasse« freilich, der nach einer aufwendigeren Bearbeitung verlangen wird als die Kindheitserinnerungen. Diese dem Leben des Erwachsenen entnommenen »Fakten« werden entweder punktuell in Serien von Kindheitserinnerungen eingebunden werden oder ab der zweiten Hälfte von *Fourbis* (*Krempel*) als wichtige Kristallisationskerne durchgehend narrativ strukturierter Sequenzen[36] dienen.

Darüber hinaus manifestiert sich in *Phantom Afrika* das Eindringen der erlebten Zeit in den geschriebenen Text. Dieses Eindringen ist in einem Journal intime nur natürlich, wird aber später, wenn es sich mit der zentralen Konstruktionslinie eines autobiographischen Textes verbinden wird, der gerade auf eine Neutralisierung der Zeit ausgerichtete sprachliche Verfahren zugrunde liegen, eine völlig andere Wirkung hervorrufen. Leiris wird sich diese zeitliche Überlagerung ab dem Kapitel »Persephone« von *Streichungen* zunächst diskret, und später mit zunehmender Dramatik (in *Fibrillen*) zunutze machen.

Parallel zu *Phantom Afrika* schrieb oder vielmehr komponierte Leiris *Mannesalter*, seinen ersten durchkonstruierten autobiographischen Text. Er scheint nicht in der Reihenfolge geschrieben worden zu sein, in der wir ihn lesen, oder dürfte zumindest in zwei verschiedenen Phasen bearbeitet worden sein: eine Phase der Vorbereitung (1930-1934), in der Leiris wahrscheinlich seine Kindheitserinnerungen gesammelt, niedergeschrieben und damit ein Korpus von Dokumenten geschaffen hat, deren Ordnung noch zu finden blieb oder sich nur undeutlich abzeichnete; und eine Phase der Komposition und Niederschrift (1935), in der er seine, wie er selbst sagt, »Photomontage«[37] in einen zusammenhängenden Diskurs integrierte. In der von ihm ab nun verfolgten Perspektive der autobiographischen Authentizität achtet Leiris darauf, in sein Ausgangskorpus nur »Erlebtes« aufzunehmen und auf jegliche Phantasiearbeit zu verzichten: damit bricht er offenkundig mit der Technik der »Romane« seiner surrealistischen Periode, wendet sich aber auch vom »chronologischen« Erzählmodell der klassi-

keit verfaßte Sammlung (häufig pessimistischer) Notizen, um den Kontakt mit dem Schreiben nicht zu verlieren [siehe jetzt: Michel Leiris, *Journal 1922-1989*, Paris 1992. A. d. Ü.].

36 Die »kriegerischen« Episoden von 1939-1945 am Schluß von »Die Sporttafeln«, die Geschichte der Khadidja für »Sieh dort den Engel« in *Krempel* sowie auch die Chinareise und der gescheiterte Selbstmordversuch in *Fibrillen*.

37 *Mannesalter*, S. 14.

schen Autobiographien ab, um die Elemente seines Korpus auf ähnliche Weise zu bearbeiten wie die Wörter in *Trugbilder*. Die gesammelten Fakten, die durch deutlich erkennbare oder geheime Analogien miteinander verbunden sind, werden daraufhin zu einer Collage oder Montage zusammengefügt werden, deren Sinn aus der bloßen Nebeneinanderstellung dieser Fakten entsteht, ohne daß der Erzähler langwierige Analysen anstellen oder ihre Verbindungen explizit benennen müßte. Der Erzähler wird diskret im Hintergrund bleiben: er wird Übergänge herstellen, die Fakten für sich selbst »sprechen« lassen. Auf diese Weise wird eine Ästhetik der Diskontinuität und der Fragmentierung, der Schmucklosigkeit und des Impliziten geschaffen, die in einem diametralen Gegensatz zur künftigen Ästhetik von *Die Spielregel* steht.

Eine Erinnerung oder der Bericht eines Erlebnisses sind komplexere Materialien als ein isoliertes Wort: aus diesem Grund wird die Collage nicht so abrupt durchgeführt werden können wie in *Trugbilder*. Schon als er sich damit befaßt hatte, seine Träume »aneinanderzufügen«, war Leiris gezwungen gewesen, ihre Aufeinanderfolge so zu gestalten, daß sich ein zusammenhängender Ablauf ergibt. Um so mehr hier: es wäre illusorisch, glauben zu wollen, die Authentizität des Materials garantiere eine authentische Konstruktion. Jede Reihenfolge ist eine Interpretation: die Collage weist den Vorteil auf, diese Interpretation im Impliziten zu belassen. Die Collage von *Mannesalter* ist natürlich durchstrukturiert, und zwar auf zwei verschiedene Weisen:

– Strukturierung nach Gruppen: die ersten sechs Kapitel sind in Gruppen analoger Kindheitsepisoden gegliedert, die jeweils unter dem Vorzeichen einer titelgebenden Thematik, Figur oder eines kurzen, vorangestellten Mottos stehen. Diese thematische Strukturierung ist zum Teil irreführend. Es ist keineswegs sicher, daß der als solcher ausgewiesene hauptsächliche Zusammenhang zwischen den verschiedenen Elementen tatsächlich auch der relevante Zusammenhang ist: der Großteil der zahlreichen, zwischen den einzelnen Episoden herrschenden Zusammenhänge bleibt genauso implizit wie die unterirdischen Konnotationen und Sinnbeziehungen zwischen den Wörtern eines Gedichts. Diese Zusammenhänge, die dem Erzähler durchaus auch entgangen sein können, leiten ihn bei seiner Wahl eines Aufbaus an und rufen bei der Lektüre Wirkungen hervor, ohne daß uns dies bewußt würde. Ich habe in *Lire Leiris* versucht, anhand einer detaillierten Analyse der drei ersten Kapitel zu zeigen, wie diese Collagestrategie Leiris die Möglichkeit bietet, die Wahrheit zu streifen und zugleich zu verhüllen.

– Strukturierung als Geschichte: diese Gruppen müssen vom Erzähler in einen diskursiven Zusammenhang gestellt werden, damit sie eine Erzählung ergeben. *Mannesalter* enthält zwei narrative Ebenen:

a) Erzählung einer Ausforschung: der Erzähler beschreibt sich selbst, wie er die Wahrheit ausforscht oder vielmehr konstruiert. Er stellt schrittweise eine Montage her, die gänzlich auf die beiden schicksalshaften Figuren Lucretia und Judith ausgerichtet ist. Leiris verwandelt hier, wie er es später in *Die Spielregel* immer wieder tun wird (vgl. unten, »Esau«), den Ausgangspunkt in den Zielpunkt, eine Methode, die ihm die Möglichkeit bietet, die mit den beiden Figuren verbundenen Assoziationen über den Weg der »Collage« zu erforschen, ohne dabei nicht rückgängig zu machende Entdeckungen zu riskieren; er richtet seine Assoziationen so ein, daß sie allmählich zu ihrem Ursprung (dem Phantasma) zurückführen, anstatt andere Richtungen zu erschließen. Lucretia und Judith, die zu Beginn des Textes nur andeutungsweise angekündigt wurden, werden nur sehr allmählich in den Text eingeführt, eine nach der anderen, und schließlich miteinander verbunden. Je weiter der Text und die Analyse fortschreiten, desto mehr verliert der Erzähler aus unerklärlichen Gründen den Mut. Unmittelbar nachdem er Lucretia und Judith miteinander vereint hat, bricht er seine mythologische Erkundung ab und gibt auf (S. 154). Der Leser hat den Eindruck, daß er die Waffen streckt, weil ihm die Sache »zu heiß« geworden ist. Dieser Inszenierung des Wegs der Ausforschung und dieser Erkundungstechnik, die nur unter der Bedingung Fortschritte macht, daß sie gleichzeitig wieder zu ihrem Ausgangspunkt zurückkehrt, werden wir in *Die Spielregel* auf Schritt und Tritt begegnen.

b) Erzählung einer Geschichte: Gleichzeitig mit seiner Aufgabe der thematischen Gliederung hat sich Leiris eine Ersatzlösung zurechtgelegt: er kehrt allmählich zum chronologischen Aufbau zurück. Nach dem Schluß des sechsten Kapitels erzählt er auf durchaus herkömmliche Weise das Ende seiner Geschichte von seiner Jugendzeit bis zum Zeitpunkt der Niederschrift. Dieser Rückfall in die chronologische Reihenfolge und dieses relative Scheitern der Konstruktion läßt sich in einer anderen Gestalt auch in *Die Spielregel*[38] beobachten: eine »schiefe Bahn«, die in *Mannesalter*, das auf wenig überzeugende Weise von zwei Traumerzählungen eingefaßt wird, unausweichlich ist, in *Die Spielregel* jedoch vermieden werden konnte, da zum einen die Technik der geflochtenen Schreibweise (die in *Mannesalter* nicht angewandt wird) die Möglichkeit bietet, allen Dingen ihren mythologischen Status wiederzugeben, und weil zum anderen die in weiser Voraussicht in die erzählte Zeit eingebrachte Erzählzeit diese Hürde in ein dramatisches Moment verwandelt.

Ähnlich, wie es bereits für *Trugbilder* und das *Glossar* geschehen ist, sollen nun die Ähnlichkeiten und Unterschiede zu *Streichungen* zusammengestellt werden:

Ähnlichkeiten

1. Die Elemente, von denen ausgegangen wird, bestehen ab nun aus Erinnerungen oder Fakten (den Entsprechungen zu den zukünftigen Karteikarten);
2. sie werden nach ihren Analogien zueinander ausgewählt und zu Konstellationen zusammengefaßt;
3. hergestellt werden soll ein konstruierter Text (nach dem Schema offen/geschlossen).

38 Diese *Mannesalter* und *Die Spielregel* gemeinsame »schiefe Bahn« könnte schematisch folgendermaßen dargestellt werden:

a) ein wesentlicher und ursprünglicher Kern, der auf »Grundtatsachen« verweist, die in der Art einer Collage behandelt oder miteinander verflochten werden: in *Mannesalter* die »Metaphysik meiner Kindheit«, S. 27-39, in *Die Spielregel* die ersten vier Kapitel von *Streichungen*, S. 7-96, die man in Parallele dazu als »Linguistik meiner Kindheit« bezeichnen könnte;

b) eine großzügig angelegte Ausarbeitung, die sich desselben Verfahrens bedient, aber den gesamten Vorrat an Kindheitserinnerungen verarbeitet: *Mannesalter*, S. 41-136; und, in *Die Spielregel*, die weiteren Kapitel von *Streichungen* und die erste Hälfte von *Krempel* [aus dem Französischen von Hans Therre, München 1985];

c) die Rückkehr zur im wesentlichen chronologischen Erzählung von Episoden aus dem Leben des Erwachsenen: der Schluß von *Mannesalter*, die zweiten Hälften von *Krempel* und *Fibrillen*.

In beiden Fällen wird das grundlegende Konstruktionsverfahren am Schluß aufgegeben, und das Werk *löst* sich damit *auf*, sobald es abgeschlossen ist. Es bleibt noch abzuwarten, ob der Schluß von *Die Spielregel* ähnlich gestaltet sein wird wie der von *Mannesalter*, das heißt, ob die Kompositionstechniken von *Frêle Bruit* ebenfalls an ihren Ausgangspunkt zurückkehren werden oder ob Leiris die Technik der geflochtenen Schreibweise auf ein immer »zerbrechlicher« werdendes Material bis zum Schluß anwenden können wird.

Unterschiede
1. Die Arbeit an der *Herstellung von Beziehungen* ist noch recht unflexibel und einer Collage vergleichbar, vieles bleibt implizit. Leiris hat vorderhand weder die Lehren aus dem *Glossar* gezogen noch die geflochtene Schreibweise entdeckt;
2. die Nachforschung beschränkt sich auf einen letztlich begrenzten Vorrat an Fakten, die sich durchweg auf die Erotik beziehen; der zu verarbeitende Bereich ist klein und wird rasch erschöpft sein;
3. die Collagetechnik beläßt den Erzähler und seine Arbeit außerhalb des Buchs; sie ist also im Grunde nicht dazu geeignet, die Gegenwart des Schreibenden in den Text einzubeziehen und sie ins Zentrum der Geschichte zu rücken.

Diese Unterschiede sind fundamental. Ich werde etwas später zeigen, auf welche Weise Leiris nach *Mannesalter* die geflochtene Schreibweise entdeckt und die Grundlagen seiner Nachforschung erweitert hat. Doch vorerst ein Wort zum dritten Unterschied, der wahrscheinlich der wichtigste ist.

Die Technik der »Photomontage« weist der Aussage eine Vorrangstellung zu und verdeckt die Äußerung. Man »läßt die Fakten sprechen«, anstatt das eigene Sprechen in den Vordergrund zu stellen. Dies ist natürlich von Vorteil für einen Erzähler, der zwar vorgibt, sich wie ein Torero zu exponieren, aber hauptsächlich darum bemüht zu sein scheint, sich vor seinem Leser zu *schützen*. Dadurch werden aber sowohl seiner Suche als auch der Konstruktion des Textes enge Grenzen gesteckt. Leiris wird in *Streichungen* nicht nur eine neue Art und Weise entdecken, die Fakten in einen Zusammenhang zu stellen, sondern auch, indem er diesen bis dahin implizit gebliebenen Zusammenhang explizit macht, *das Schreiben selbst ins Blickfeld rücken*. Diese völlige Umkehrung der Beziehung zwischen Aussage und Äußerung wird drei wesentliche Konsequenzen haben:

– Es wird nun nicht mehr nur zwischen den analogen Elementen zu einem Zusammenspiel kommen können, die als Ausgangspunkte der Aussage dienen, sondern auch zwischen Aussage und Äußerung. Leiris wird damit die Möglichkeit haben, sich systematisch eines Phänomens zu bedienen, auf das ich in allen meinen Analysen autobiographischer Texte gestoßen bin: die auf sprachlicher Ebene erfolgende Wiederholung der im Text beschriebenen Verhaltensweisen. Der Erzähler ist sich dieser Wiederholung im allgemeinen nicht bewußt: Leiris führt sie hingegen ab *Streichungen* völlig absichtlich oder zumindest sehr bewußt durch, und die Analyse seines eigenen sprachlichen Verhaltens wird mit der seines gelebten Verhaltens eng verflochten sein. Diese Eigenschaft dieses Buches ruft in seinem Leser eine Art Taumel hervor, da jede mögliche kritische Reflexion über den Text in ihm selbst bereits »hellsichtig« vorweggenommen und neutralisiert worden ist. Ein doppelter Vorteil: dieses Schutzsystem ist zum einen weitaus wirkungsvoller als das umgekehrte System der Verschleierung des Erzählers. Und es ermöglicht darüber hinaus die Schaffung eines Konstruktionssystems, das alle Ebenen des Textes erfaßt: Diskurs, Erzählung, Dichtung, und zwar sowohl ihre Produktion als auch ihre künftige Lektüre. Damit wird der Text jene Forderung nach *Totalität* erfüllen können, die im Mittelpunkt von Leiris' dichterischer Berufung steht.

– Diese Umkehrung gibt dem Schreibenden die Gewißheit, im Zentrum seiner Geschichte zu stehen, in einer Situation ähnlich der des Analysanden, da sich die Geschichte in seiner Rede (in seinem Schreiben) wiederholt. Diese Situation ist sehr verschieden von der des Journal intime, dessen zerstückelter Text im Gegenteil von der Zeit abhängig ist, während es hier die Zeit ist, die in der Schreibarbeit aufgeht. Wenn das Schreiben wirklich imstande ist, einen aus der Zeit herauszureißen, dann nur so lange, als man tatsächlich schreibt. Nichts ist trostloser als der Tag nach dem Schreiben. Man muß also immer *weiter*schreiben, was beweist – sofern es dieses Beweises überhaupt bedarf –, daß das Schreiben nie in ein »Orakel« oder eine »Regel« mündet, die es überflüssig machen oder seine Produktionsbedingungen verändern könnten. Man muß daher weiterschreiben *können*.

– Diese Umkehrung bietet eben auch die Möglichkeit einer immerwährenden *Bewegung*. Der Erzähler, der sich einer Collagetechnik bedient, ist von seinem Material abhängig: er muß etwas zum Aufkleben haben. Die geflochtene Schreibweise von *Die Spielregel* wird hingegen einen Mechanismus in Gang setzen, der es ermöglicht, etwas völlig Beliebiges zu behandeln, ja sogar, im äußersten Fall, *nichts*. Diese Sprachmaschine vermag ihr Material selbst hervorzubringen, Fakten, Erinnerungen, Phantasmen, aber auch abstrakte Gedankengänge oder Analysen in der Mühle einer einheitlichen Sprachlogik zu zermahlen und erneut zu verflechten: von der fleischigen Saftigkeit sprachlicher Fakten und Empfindungen am Anfang von *Streichungen* bis zur ausgedünnten und barokken Weitschweifigkeit des Schlusses von *Fibrillen* wiederholt sich endlos ein und derselbe Gestus. Je weiter *Die Spielregel* fortschreitet, desto mehr nähert sie sich dem schwindelerregenden Diskurs eines Beckett oder Laporte an, in dem die Äußerung letztlich zum einzigen Thema des Diskurses wird.

Ich greife aber vor. Leiris hatte bezeichnenderweise große Mühe, *Mannesalter* zum Abschluß zu bringen und sich, nachdem er es abgeschlossen hatte, an die Fortsetzung seiner Autobiographie zu machen, die ja auch unendlich sein müßte, wenn man der Zeit entkommen will. *Mannesalter* ist ein Text, der nur unvollkommen abgeschlossen ist, ohne zugleich die Möglichkeit einer Fortsetzung offenzuhalten. Leiris hat die Verzweiflung, in die ihn dieses Unvollendetsein und diese Blockierung gestürzt haben, beschrieben.[39]

Von »Mannesalter« zu »Streichungen«

In der Zeit zwischen der beendeten Niederschrift von *Mannesalter* (1935) und dem Beginn der Arbeit an *Streichungen* (1940) werden mehrere Begegnungen und Erfahrungen Leiris in die Lage versetzen, diese Blockierung zu überwinden, und ihn auf die Spur einer synthetischen und beständigen Schreibweise bringen. Ohne sie hier zu einer Geschichte verknüpfen zu wollen, möchte ich sie als eine Aufeinanderfolge von Ereignissen beschreiben, die den Weg dieser Transformation begleitet haben: die Entdeckung der Verfahren Roussels 1935, die Komposition von *Das Heilige im Alltagsleben* 1938 und die Veröffentlichung von *Mannesalter* 1939.

Michel Leiris hat Raymond Roussel gut gekannt und sein Werk geschätzt. Die entscheidende Begegnung, die eine Modifizierung seiner Schreibmethode nach sich zog, fand jedoch erst 1935 statt, als jener autobiographische Text postum erschien, in dem Roussel seine Spielregel enthüllte: *Comment j'ai écrit certains de mes livres* (Wie ich einige meiner Bücher geschrieben habe).[40] In ihm gibt Roussel jene dichterischen Verfahren preis, deren er sich in der Art

39 *Streichungen*, S. 349f.

40 Dieser Text erschien erstmals in der *Nouvelle Revue française* vom 1. April 1935 zusammen mit *Documents sur Raymond Roussel* von Michel Leiris.

einer Inspirationstechnik als Ausgangspunkt seiner erzählerischen Werke bediente. Leiris hat für die *Nouvelle Revue française* eine Einführung zu diesem Text verfaßt; sie ist nicht nur eine eindrucksvolle Analyse von Roussels Strategie, sondern auch eine Art Bilanz seiner eigenen Auffassung vom Schreiben.[41] An Roussels Schreibpraxis hebt er das hervor, was mit der seinen übereinstimmt: die Funktion dieser Arbeitsmethode, die eher ein Inspirationsverfahren als ein Herstellungsrezept ist; die Aufteilung der Arbeit in mehrere, voneinander getrennte Phasen (Erstellung eines Korpus, von dem ausgegangen wird/Herstellung von Zusammenhängen/Niederschrift); und schließlich die grundlegende Bedeutung sprachlicher Fakten und Wortspiele.

Diese miteinander vergleichbaren Elemente werden jedoch von Roussel und Leiris unterschiedlich gewichtet und auch auf andere Weise miteinander verknüpft. Bei Roussel ist der Ausgangspunkt gewollt *absurd*; er setzt verschiedene Formen des Wortspiels ein (nämlich die, bei denen die Beziehung zwischen den Signifikaten der Beziehung zwischen den Signifikanten nicht entspricht), um eine Verflüchtigung des Sinns zu erreichen. Diese absurden Formationen entsprechen einer Art manifestem Trauminhalt. Die von Roussel zur Verbindung der einzelnen Elemente geleistete Assoziations- und Rationalisierungsarbeit entspricht der Suche nach dem latenten Traumgedanken; die Wörter, von denen er dabei ausgeht, stellen diesen Traumgedanken sozusagen chiffriert oder in der Art eines Bilderrätsels dar. Dieser Ausgangspunkt ist im fertigen Text, der die geheimnisvolle Auflösung eines unauffindbaren Problems ist, nicht mehr zu erkennen (uns sind lediglich die Ausgangspunkte bekannt, deren Geheimnis uns Roussel selbst offenbart hat).

In Leiris' *Streichungen* ist der Ausgangspunkt hingegen stets *analogisch*; bestimmte Wörter oder Fakten werden von ihm deshalb zu Gruppen zusammengefaßt, weil sie über ihre offenkundigen Unterschiede hinaus zumindest ein gemeinsames Element aufweisen und weil er die Vorahnung hat, daß sich diese partielle Analogie verallgemeinern lassen wird. Leiris bemüht sich also nicht darum, dort eine Beziehung herzustellen, wo keine vorhanden ist, sondern eine zunächst implizite und begrenzte Analogie explizit zu machen und zu verallgemeinern. Während Roussel den

41 *Comment j'ai écrit certains de mes livres*, in: *NRF* vom 1. Januar 1936; Nachdruck in: *Brisées*, S. 58-61.

Ausgangspunkt verschwinden läßt, sobald die Arbeit getan ist, tendiert Leiris eher dazu, ihn noch deutlicher herauszustellen und herauszuarbeiten. Zwischen den beiden Techniken besteht also ein quantitativer Unterschied ähnlich dem zwischen dem absurden Wortspiel und dem *mot d'esprit*. Bei Leiris ist das Spiel mit der Absurdität sekundär, wird der analogischen, von bestehenden Beziehungen ausgehenden Vorgehensweise lediglich hinzugefügt; seine Vorgehensweise läßt sich mit der Roussels nur insofern vergleichen, als sie zwei Fakten, die einen einzigen gemeinsamen Nenner haben, in all ihren Aspekten *zugleich* miteinander zu verbinden sucht: die Aspekte, in denen sie sich unterscheiden, wird er ähnlich wie Roussel mit Hilfe von erfindungsreichen, ineinander verschachtelten Assoziationen weiterbearbeiten müssen. Immerhin kann er sich dabei auf den ursprünglichen gemeinsamen Nenner stützen und hoffen, bei dieser spielerischen und phantasmatischen Erforschung von Zusammenhängen auf weitere relevante Verbindungen zu stoßen. Seine Technik ähnelt daher mehr der von den Surrealisten praktizierten, verschachtelten und weitergesponnenen Metapher[42] als der Art von Rorschachtest, den Roussel ausgehend von auf das Papier geklatschten Wörtern durchführt.

Was hat Leiris also aus den postumen Offenbarungen Roussels gelernt? Im wesentlichen offenbar diese Verbindungsarbeit. Er hatte schon lange zuvor die Idee dieser »Konstellationen« oder »Gleichungen« von Fakten gehabt: die von der Collage abgeleiteten Techniken ließen ihn die Bildung derartiger Gruppen durch Herstellung minimaler Zusammenhänge zwischen den verschiedenen Wörtern jedoch als Endzweck verstehen. Die Lektüre Roussels könnte ihn also dazu gebracht haben, sie als Ausgangspunkte der eigentlichen Arbeit anzusehen, im Zuge deren ihre Zusammenhänge dank der Herausarbeitung jener zahlreichen Assoziationslinien, über die sie auf mehreren Ebenen zugleich verbunden sind, endlich explizit dargestellt werden können. Es ginge also im wesentlichen darum, ähnlich wie in *Trugbilder* von gruppierten Elementen auszugehen und sie unter Zuhilfenahme einer Technik miteinander zu verbinden, die der anläßlich des *Glossars* untersuchten ähnelt. Die Lektüre Roussels könnte in der Art eines Katalysators mitgeholfen haben, in Leiris' Denken eine Verbindung zwischen der Technik der Collage und der der Glosse herzu-

42 Vgl. M. Riffaterre, *La métaphore filée dans la poésie surréaliste*, in: *Langue française* 3 (1969).

stellen. Dies wird von ihm selbst in einem Interview angedeutet, in dem ihm die Frage nach dem Einfluß Roussels auf seine Arbeit gestellt wurde:

Was mich andererseits unmittelbar beim Schreiben von *Biffures* und *Fourbis* beeinflußte, war jener Kunstgriff Roussels, den er in *Comment j'ai écrit certains de mes livres* kundtat. Es waren nicht so sehr die Wortspiele, die mir im Gedächtnis haften blieben. Sie wissen, daß Wortspiele mich schon immer ungeheuer interessiert haben. Was sich meinem Gedächtnis einprägte, war das, was Roussel über seine Wortspiele und Satzumformungen sagt: daß sie ihn zu »Gleichungen von Fakten« führten: von Fakten oder Materialien, die ihm seine Wortspiele geliefert hatten. Dann war es seine Aufgabe, eine Geschichte zu erfinden, die diese Fakten miteinander verknüpfte. Daher stammt zum Teil meine Idee, Karteikarten zu benutzen; diese Karten waren für mich, was die Glieder jener »Gleichungen von Fakten« für Roussel waren, mit anderen Worten, die Materialien, die ich miteinander in Verbindung bringen mußte.[43]

Wesentlich sei also die Anregung gewesen, »Karteikarten«[44] sozusagen als Sprungbrett zu benutzen. Die auf Karteikarten übertragenen autobiographischen Elemente werden zu Ansatzpunkten der Ausarbeitung eines sprachlichen Netzes: von nun an geht es vor allem darum, sie »miteinander in Verbindung zu bringen«. Leiris berichtet in *Streichungen* von seinem diffusen, schon immer verspürten Bedürfnis, »verschiedene Elemente zu konfrontieren, zu gruppieren und zu vereinen, als hätte ich eine obskure Lust an Nebeneinanderstellungen oder Kombinationen«.[45] Und genau hier geht er von der Nebeneinanderstellung (Collage) zur Kombination (Glosse) über. Wenn er das Problem der Wortspiele unerwähnt läßt, dann wohl deshalb, weil er von Roussel in diesem Bereich nichts mehr lernen konnte, aber auch deshalb, weil das Wortspiel bei ihm nicht dieselbe Funktion hat. Roussel benutzte es (in der Form des absurden Wortspiels) zur Schaffung eines Ausgangskorpus; die Verbindungsarbeit wurde daraufhin durch narrative *inventio* und durch eine realistische Schreibweise geleistet. Leiris wird die Logik des Wortspiels hingegen auf der Ebene der Verbindungsarbeit einsetzen.

43 Interview von M. Gobeil, in: *Krempel*, S. 344f.

44 Zu den Karteikarten vgl. *Streichungen*, S. 355. In Pierre Chappuis' *Michel Leiris*, Paris 1974, sind jene vier Karteikarten abgebildet, die als Ausgangspunkte für das Kapitel »Trompetentrommel« dienten.

45 *Streichungen*, S. 355.

Kann man *Das Heilige im Alltagsleben*[46] (1938) als eine Vorstufe von *Streichungen*, als eine erste Anwendung dieses Verbindungsprogramms ansehen? Obwohl sich diese »autoethnographische« Collage auf den ersten Blick als ein recht trockenes, im gleichen Stil wie *Mannesalter* geschriebenes Inventar darstellt, kündigt sie in mancherlei Hinsicht *Streichungen* an:

– Das Feld der Nachforschung wird über die Grenzen der Erotik hinaus erweitert; Leiris greift zwar einige der in *Mannesalter* beschriebenen Episoden wieder auf, wendet sich gleichzeitig aber auch neuen Bereichen zu, insbesondere dem Bereich *sprachlicher Fakten*. Es genügt, diese ersten Versuche mit dem Text von »... Reusement!« oder »Alphabet« zu vergleichen, um die von Leiris in *Streichungen* erbrachte Leistung würdigen zu können: hier haben wir lediglich eine Reihe von Karteikarten vor uns, die als Ausgangspunkte dienen und nacheinander abgeschrieben wurden, nachdem sie zuvor rasch klassifiziert, aber nicht wirklich »miteinander verbunden« worden sind.

– Diese Klassifizierung beruht indessen auf einem Definitionssystem, das sich Oppositionen und Serien binärer Gabelungen zunutze macht, in denen sowohl die Bemühung zum Ausdruck kommt, die mentalen Strukturen des Kindes zu rekonstruieren (wie ein Ethnograph versucht, die Denksysteme der untersuchten Gruppe in ihrer eigenen Logik darzustellen), als auch jenes auf kontinuierliche Alternativen zurückgreifende Verfahren der Textentwicklung, das in *Die Spielregel* häufig Verwendung finden wird. Diese Logik der systematisch offengehaltenen Alternative, um im erforschten Feld die relevanten Oppositionen ausfindig machen zu können, steht zweifellos in Zusammenhang mit der Arbeitsweise der Ethnographie[47]; ähnlich wie die psychoanalytische »Assoziation« wird aber auch sie sowohl für die Synthese wie auch für die Analyse verwendet werden.

46 Vgl. oben, Anm. 32. Das genaue Entstehungsdatum dieses Textes, der wahrscheinlich 1937 verfaßt wurde, ist unbekannt. In seinem in »Trompetentrommel« enthaltenen Rückblick auf die Versuche, die *Streichungen* vorangegangen sind, spielt Leiris nur flüchtig auf ihn an, als messe er diesen frühen Entwürfen nur wenig Bedeutung bei: »... einige Seiten früheren Datums nicht mitgerechnet, auf denen etliche dieser Fakten bereits in Umrissen beschrieben waren« (*Streichungen*, S. 356).

47 Mitsou Ronat versuchte die Beschreibung dieser »ethnographischen« Verhaltensweise in *Une ethnographie particulière: Leiris*, in: *Change* 7 (1970), S. 73-83.

– Das System des *Verflechtens* mit dem Ziel der Konstruktion eines in sich völlig abgeschlossenen Textes tritt bereits umrißhaft in Erscheinung. Der Text kehrt auf ziemlich tautologische Weise (das Heilige ist das Heilige) zu seinem Ausgangspunkt zurück, hat aber inzwischen eine aus Hin- und Rückweg bestehende Expedition durchgeführt und in jeder dieser beiden Richtungen ein anderes Verteilungssystem derselben Elemente zur Anwendung gebracht. Auf dem Hinweg wird das Feld durch Serien von Dissoziationen und Oppositionen geöffnet: Objekte (väterliche/mütterliche)/Orte (innen/außen) usw. Das – rascher vollzogene – Wiederverschließen erfolgt durch eine Gruppierung gemäß Begriffen, die nun aber komplementär sind (wunderbar/fremdartig/gefährlich usw.), und alles löst sich schließlich im Begriff des Heiligen auf. Und schließlich führt ein noch zaghafter Versuch eines rein verbalen Verflechtens die Aussage mit der Äußerung zusammen: Es sei für jedermann eine heilige Pflicht, sein Heiliges zu erforschen... Diese Verflechtungen sind zwar ziemlich vordergründig und nur wenig überzeugend, geben aber bereits die Richtung an, die Leiris einschlagen wird.

Ein Text ist erst dann abgeschlossen, wenn er veröffentlicht und *gelesen* ist, und zwar sowohl vom breiten Publikum als auch von seinen unmittelbareren Adressaten: den Menschen, mit denen man lebt. Warum wurde *Mannesalter*, das bereits 1935 fertiggestellt worden ist, erst 1939 veröffentlicht (während das Tagebuch *Phantom Afrika* sofort nach der Rückkehr erschienen ist)? Ein Zögern des Toreros, bevor er sich dem »Horn« aussetzt? Unzufriedenheit mit einem Text, der genauso unvollendet und offengeblieben ist wie das Leben seines Autors? Eine vom Verleger verschuldete Verspätung? Jedenfalls kann über den Text erst dann hinausgegangen werden, wenn er veröffentlicht ist, und das schon deshalb, weil man sich erst dann des illusorischen Charakters des eingegangenen Risikos, und damit der Relativität jener Authentizität, für die dieses Risiko bürgen mußte, bewußt wird. Der autobiographische Pakt in der von Leiris praktizierten Form enthält in der Tat ebenso viele Schutzvorrichtungen und Vorsichtsmaßnahmen wie riskante Engagements: ich meine damit nicht nur die ästhetische Formgebung der Geständnisse, jenen Taschenspielertrick, der einer von Leiris stammenden Formulierung zufolge »etwas blitzschnell verschwinden läßt«[48], sondern vor allem die sich selbst auferlegte Einschränkung, *nie von den anderen zu sprechen*; sie macht die Autobiographie zu einer rein masochistischen und narzißtischen Demonstration, bei der er im Grunde schon von vornherein gegen die größte Gefahr gefeit ist: die, die von den anderen ausginge, würde er seine Aggressivität oder andere Gefühle ihnen gegenüber eingestehen. Leiris' Grundregel, die er als eine Art Berufsethos des Autobiographen präsentiert, bringt mit sich, daß er in seinen Texten im Grunde jene komplizierten Verhaltensregeln des Selbstschutzes wiederholt, die er auch in seinem Leben befolgt:

> Andrerseits habe ich mir immer eine Regel auferlegt: von mir zu sprechen (was mein volles Recht ist), aber so wenig als möglich von den anderen. Sogar über meine Frau, über die ich viel sage, sage ich nichts, indem ich über sie spreche. Die Verpflichtung, andere in Frage zu stellen, ist ein Aspekt der Unternehmung, der mich immer gestört hat.[49]

Daher, in der gesamten Autobiographie, eine überraschende Abwesenheit des anderen, jener Nebel, in dem sich die Außenwelt zu verlieren scheint. Die *anderen* werden aus einem Diskurs ausgegrenzt, in dem nur die Empfindungen beschrieben werden dürfen, die man selbst verspürt, ein subjektiver Schutzfilm, der die »erkennbaren« anderen nie durchlassen würde. Dies erzeugt nicht nur ein großes »Loch« in der Aussage, sondern auch ein Schweigen im Zentrum der Rede. Zugleich mit dieser »Diskretion« stört den Leser auch das Fehlen eines *Adressaten*: der Diskurs versucht unablässig, sich in sich selbst abzuschließen, nachdem er den Blick des anderen in sich aufgesogen und entwaffnet hat, ohne daß man eigentlich wüßte, an wen er sich wendet. Kein anderes autobiographisches Werk vermittelt ähnlich stark den Eindruck des Geheimnisses und der Verschlossenheit. Um sich dessen bewußt zu werden, bedarf es lediglich eines Vergleichs mit dem Verhalten Jouhandeaus, das dem von Leiris diametral entgegengesetzt ist. Dieses Selbstschutzverhalten verleiht dem Text etwas Eisiges und entmutigt viele Leser, die es nicht gewohnt sind, jene Momente des Schweigens zu lesen, die doch die aufschlußreichsten Stellen der autobiographischen Partitur sind. In ihnen drückt sich ein an den anderen gerichtetes Flehen aus, das über sich selbst erschrok-

48 *Entretien avec Michel Leiris*, von Raymond Bellour, in: *Les Lettres françaises*, 29. September-5. Oktober 1966.

49 Ebd.

ken ist und Angst vor dem Lärm hat, den es machen könnte. Im oben zitierten Interview erwähnt Leiris auch den Brief, den Kafka an seinen Vater schrieb, um ihre Beziehung zu klären: »die Karten freiheraus auf den Tisch legen«, sagt er, »aber ohne zu provozieren«. Diese sehr Leirissche Formulierung, in der alles Eckige sofort wieder rundgeschliffen wird, übergeht das Wesentliche mit Schweigen, die Tatsache nämlich, daß Kafka die Karten auf einen völlig imaginären Tisch gelegt und es so eingerichtet hat, daß sein Brief den Empfänger nie erreichen würde. Leiris dürfte in Kafkas *Brief an den Vater* vor allem das Pathos beeindruckt haben, mit dem *die Unmöglichkeit des Sprechens* vorgeführt wird. Und vielleicht ist in diesem Sinn eine jede Autobiographie ein »Brief an den Vater«.

Ich habe nun die einzelnen Etappen von Leiris' Suche nach der Textkonstruktion verfolgt: der technische Aspekt dieser Analysen soll jedoch nicht den Einsatz vergessen lassen, um den es bei dieser Konstruktionsarbeit im Grunde geht: jene Leere, jenes Loch zu erforschen und sich vor ihm zugleich zu schützen, das im Zentrum der Sprache existiert und das kein Text, so durchkonstruiert er auch sein mag, wirklich verstopfen kann. Das Aufklaffen in der Beziehung zum anderen, das Aufklaffen des Todes.

Nach dem Erscheinen von *Mannesalter* wird sich Leiris somit der Tatsache bewußt, daß der autobiographische Akt in der von ihm praktizierten Form im Grunde nur ein Trugbild ist (was zugleich beruhigend und enttäuschend ist). Ähnlich wie der Liebesakt ein Trugbild des Todes ist, da man aus ihm lebend wiederauftaucht, nachdem man die Aufhebung aller Grenzen erfahren hat, ist auch das Schreiben nur ein Trugbild der Rede. In diesem unechten Kommunikationsakt wird ja gerade das reproduziert, was im Leben der Kommunikation Grenzen setzt. Leiris hat erwähnt, daß sich seine nahen Verwandten nach der Lektüre seiner intimen Schriften wirklich perfekt verhalten haben: »Ich möchte meinen nahen Verwandten, die sich, nachdem sie mich gelesen hatten, auf eine, wie ich sagen möchte, wirklich beispielgebende Weise verständnisvoll gezeigt haben, hier meine Dankbarkeit aussprechen.«[50] Alle haben sich also gut gehalten (zurückgehalten), und der Akt der Veröffentlichung verwandelt sich infolge dieses offenkundigen gegenseitigen Nichtangriffspakts in eine Art Initiations-

50 Ebd.

ritus ohne tatsächliches Risiko. Er ist aber damit nicht nur eine Mutprobe, die nachträglich beruhigt, sondern auch ein Schlag ins Wasser. Der Stier ist nicht zum Stelldichein erschienen; alles bleibt noch zu tun, *anders* zu tun, da man diese Dramaturgie des Geständnisses nur ein einziges Mal so erleben kann.

Die Spielregel

1940 setzt Leiris seine autobiographische Suche fort, verwendet dabei aber neue Materialien (die Fakten der Kindersprache) und eine neue Methode (die durch die Begegnung mit Roussel ermöglichte Verbindung von Collage und Glosse). Zwischen diesen Materialien und dieser Methode kommt es zu einer Art von Osmose: der Text wird ebensosehr ein Diskurs über die Kindersprache wie auch eine Wiederaneignung dessen sein, was in der Sprache produktiv ist. Die Auseinandersetzung mit der sprachlichen Erfahrung des Kindes und des Dichters ist von derselben Mehrdeutigkeit geprägt wie die bereits erwähnten analytischen bzw. ethnographischen Erfahrungen. Um diese Erfahrung zu beschreiben, wiederholt sie der Erzähler in seiner Erwachsenensprache und dringt ins Labyrinth der Assoziationsnetze vor, wobei er den in diesem Labyrinth eingeschlagenen *Weg* zum Prinzip einer neuen Methode macht, die er daraufhin über die Fakten der Kindersprache hinaus auf alle seine übrigen Lebensinhalte anwenden können wird. Der poetische Akt tritt in den Vordergrund, und zwar in der Gestalt eines totalisierenden Diskurses, in dem der grundlegende Gestus der Sprache in all seiner Komplexität explizit zum Ausdruck kommt: das *Verflechten* von Serien zum Zweck der auf mehreren Ebenen gleichzeitig erfolgenden Verbindung der Elemente eines nach analogischen Kriterien erstellten Korpus (der Gruppen von Karteikarten). Dieses Verflechten erfolgt über eine unbestimmte Anzahl von Öffnungen/Wiederverschließungen; es entspricht dem Verfahren, das ich bereits anhand des *Glossars* beschrieben habe, faßt aber nicht nur das dichterische Spiel mit dem Signifikanten, dem Signifikat und den verschiedenen Netzen des Signifikats, sondern auch die Kombination dieses Spiels mit der Erzählung und dem Diskurs, und schließlich, auf einer höheren Ebene, auch die Schreibweise und die Lektüre des Textes zu einer äußerst komplexen Aktivität zusammen. Dieser totalisierende

Gestus, der *alle* Ebenen des Textes zu integrieren sucht, läßt jedoch auch jenes Loch, jene Ritze, jene »Lücke« zutage treten, die er vergeblich zu schließen sucht, die seinen Vollzug erst ermöglicht. Eine schwankende und daher, in den Augen von Leiris, die einzige authentische Sprache, ein Lavieren zwischen dem Taumel des Schweigens und der Schimäre einer vollkommenen Rede. Eine Pendelbewegung zwischen dem Unbenennbaren (dem Tod) und dem Unsagbaren (dem Orakel und dem Geheimnis), zwischen jener faszinierenden Leere und jenem verborgenen Schatz, die vielleicht nur die auf die beiden Pole unseres geistigen Universums projizierten Vorder- und Rückseiten ein und desselben Etwas sind, welche wir – die wir zerrissen, isoliert, zaudernd unseren Weg gehen und die beiden Gesichter des Absoluten nur zusammenfügen können, indem wir sie entlang dem unendlichen Fortschreiten eines überquellenden und gespaltenen Diskurses zum Vibrieren bringen – für verschieden halten müssen, um weiterleben zu können.

Dieser Gestus des Verflechtens soll weiter unten anhand des Beispiels »Esau« detaillierter analysiert werden. Das Verflechten setzt jedenfalls eine Strategie des *Aufschubs*[51] voraus: es braucht nicht nur Zeit, sondern auch einen geschützten Raum, um sich entfalten zu können. *Die Spielregel* kehrt die vom Erzähler der Zeit gegenüber eingeschlagene Strategie um. Auf die Ausschaltung oder größtmögliche Verdichtung des Diskurses folgen nun seine explizite und systematische Zurschaustellung und Weiterentwicklung, so als ob Leiris »wer gewinnt, verliert« spiele und beschlossen habe, »seine Zeit zu verlieren«, um diesen Wettlauf mit dem Tod, der die Textkonstruktion ist, gewinnen zu können. Seine Zeit verliert er aber nicht auf beliebige Art und Weise: diese ungeheure Ausweitung des Diskurses ist kein freier Aufschwung in den offenen Raum, sondern erfolgt im Schutz eines imaginären, von Anfang an einkalkulierten Wiederverschließens, das eben mit allen Mitteln möglichst lange hinausgezögert wird. Man faßt ein Objekt ins Auge, das die aufklaffende Leere der Zukunft verbirgt, und schiebt es daraufhin unendlich lange auf, um es sich im damit halb eröffneten Raum bequem zu machen: dies entspricht genau dem Verhalten, das Leiris in sehr Sartreschen Begriffen am Schluß von »Sonntag«[52] beschreibt. Zeit gewinnen wollen, wie Fabius Cunctator:

51 Vgl. *Lire Leiris*, Kapitel V, »Bref sur *Biffures*«, auch in: *Poétique* 20 (1974).
52 *Streichungen*, S. 315-319.

sofern es nicht genau das Gegenteil ist, da es ja nicht darum geht, Zeit zu gewinnen, um an einem Ziel anzukommen, sondern sich ein Ziel zu stecken, um das Unabwendbare jenseits dieses Ziels, den Tod, hinauszuschieben. Eine Verzögerung, dank deren der Sinn aufgesogen und konstruiert werden kann; ein Damm, um das Nichts trockenzulegen, es gewissermaßen vermessen zu können.

Der Leser stößt schon auf der ersten Seite von *Streichungen* auf diese Strategie der Abschweifung: Die vier dem ». . . Lück!« gewidmeten Seiten sind eine Etüde, im musikalischen Sinn des Wortes, der Technik des Aufschubs. In *Das Heilige im Alltagsleben* war die entsprechende Anekdote lediglich fünf Zeilen lang: das entspricht etwa einer Ausgangs-Karteikarte. Leiris erweitert also diese Anekdote, indem er sie sozusagen unter der Lupe vergrößert, um aus ihr all die impliziten Zusammenhänge herauszuholen, die in ihr verborgen sind. Dabei wird zweierlei deutlich: daß es sich zum einen wirklich um eine »verblüffende Entdeckung« handelt, und in dieser Hinsicht ist die Gedankenführung auch durchaus triftig; zum anderen schildert er aber auch ziemlich unmotiviert den gesamten Kontext dieser Erinnerung und zögert damit den Bericht der eigentlichen Erinnerung auf unbestimmte Zeit hinaus; diese schon im Titel des Kapitels angekündigte Erinnerung wird durch eine Erzählung hinausgeschoben, die zu jedem Wort eine Alternative findet, durch Assoziationsnetze und manchmal irrtümliche Hypothesen, die wiederum langatmige Richtigstellungen erforderlich machen. Durch diese Transformationsübungen wird der ursprüngliche Satz zum Umfang eines kleinen Kapitels aufgebläht; dank dieser Verzögerung kann aber auch ein wesentlicher Bereich des geistigen Universums des Kindes rekonstruiert werden: ein Ensemble von Oppositionen und Assoziationen, dessen Zusammenhang mit dem ». . . Lück!« zwar nicht unmittelbar erkennbar ist, das aber den Raum aufschließt, in dem die darauffolgenden Kapitel entstehen werden (Raumstruktur, Spiele, Beziehung zu den Gegenständen, Opposition des Alltäglichen und des Heiligen usw.). Die damit ins Blickfeld des Lesers gerückten Elemente werden zudem nur hastig, auf gut Glück miteinander verflochten, als ob der Erzähler auf eine bessere Gelegenheit wartete. Diese kurzen Bemerkungen zu ». . . Lück!« sollen auf die strukturelle Homologie aufmerksam machen, die zwischen dem Satz und dem Kapitel, aber zweifellos auch zwischen dem Kapitel und dem gesamten Werk herrscht.

Der Satz von *Die Spielregel* entfaltet sich unter dem Schutz seines Endpunktes: er stellt sich als ein Gestus dar, der möglichst viele Dinge zu umfassen sucht und von jenem Aufklaffen begünstigt wird, das beim Reden oder Schreiben unweigerlich entsteht. Man fühlt sich zunächst an den Satz Prousts erinnert: dieselbe Kaskade von Verzögerungen, Einschüben, Zusätzen und Verzweigungen in Relativsätze oder Appositionen; dieselbe barocke Ästhetik eines Diskurses, der die Konstruktion des Sinns zur Schau stellt, anstatt ihn als etwas Abgeschlossenes zu vermitteln; dieselbe totalisierende Bewegung, die darauf abzielt, den Satz mit einem Knoten, in dem alles einander ähnelt, oder, mangels eines solchen Knotens, durch eine Klausel abzuschließen. Der Unterschied liegt aber darin, daß Proust Abzweigungen einschlägt, weil er auf etwas gestoßen ist, während Leiris systematisch abzweigt, *um* auf etwas zu stoßen, und selbst dann, wenn er nur wenig entdeckt hat, die Spuren seiner Irrwege nie verwischt, so daß man als Leser keinen vollendeten Sinn, sondern die sowohl beängstigende als auch vielversprechende Offenheit seiner Netze vor sich hat. Diese Inszenierung der Leere, die dem Diskurs zwar die Möglichkeit bietet fortzuschreiten, ihm aber verbietet, jemals wirklich zu einem Schluß zu kommen, läßt eher an das Wuchern des zersplitterten Satzes in Claude Simons *Histoire* oder an bestimmte Texte Becketts denken. Dieser Unterschied zu Proust läßt sich auf der Ebene des gesamten Textes, auf der *Die Spielregel* die Entdeckungsreise von *Die wiedergefundene Zeit* zu übertrumpfen und zu entmystifizieren scheint, wiederfinden.

Leiris hat am Anfang von »Persephone« in einem emblematischen Satz, der selbst das *ist*, wovon er spricht, und der auf eine zugleich pädagogische und karikaturistische Weise den Prozeß vorführt, den er beschreibt, eine Analyse der Mechanismen und Funktionen seines Satzes durchgeführt: eine schwindelerregende »Luzidität«, die Leiris hier mit einer gewissen Koketterie bewußt ausspielt. Wie jede Luzidität ist aber auch sie nur eine falsche Erkenntnis, die in ihrer Bewegung, welche nur scheinbar der Lähmung zu entkommen sucht, auf das Symptom fixiert bleibt, das sie in seiner Beschreibung wiederholt. Die Luzidität kann nicht anders. Dieser Satz stellt den zweiten Teil eines Absatzes-Exkurses dar, der kreisförmig konstruiert ist und von einem ursprünglichen Gedanken aus einen Hin- und einen Rückweg zurücklegt: die Tatsache, daß es ihm schwerfällt, die Wirklichkeit über die Empfindung zu erfassen, spiegelt sich in seiner Schreibweise getreu wider. Er ist von der Natur »durch tausend Leinwände« getrennt. Leinwand: Tinte. Schreiben: Leinwände durch Tinte auseinanderziehen (Écran: encré. Écrire: étirer des écrans d'encre).

Ob nun Korrektive für eine Behauptung, die mir bereits im Augenblick ihrer Formulierung gewagt erscheint, oder gemeine Klangtampons, mit denen ich meinen Satz ausstopfe – wie ein Roßtäuscher einem kranken Tier den Anschein blühender Gesundheit einbläst, bevor er es zum Markt führt –, sind diese Wörter, bei denen ich scharf darauf achte, daß sie sich vor der Logik wie vor dem Gleichmaß der Rede rechtfertigen können (denn die Anwesenheit eines Anfügsels, das die Periode beeinträchtigt, oder von Elementen, deren Flickwortcharakter allzu deutlich ist, kann ich nicht mehr dulden), für denjenigen, der sich die Mühe machen will (und selbst für den, der es lieber bleiben läßt), die Struktur meiner Sätze ein wenig unter die Lupe zu nehmen, ohne weiteres als das zu erkennen, was sie in Wahrheit sind: parasitäre Formationen, die sich in allem, was ich schreibe, breitmachen, die das wirkliche Denken eher maskieren anstatt ihm zu helfen, sich mit größerer Genauigkeit umzusetzen, und die sich alles in allem als ein Wald von Leinwänden erweisen, welche sich zwischen meine Ideen und mich schieben, diese verwischen, unter dem Gewicht einer allzu drückenden Wortmasse ersticken und sie mir letztendlich entfremden oder völlig entziehen, ebenso wie zu viele angehäufte Kitzel, wenn sie in den Grenzen meines Genießertums steckenbleiben, weit entfernt, sich gegenseitig zu unterstützen und ebenso viele Ausmündungen ins Wirkliche darzustellen, Halos sind, die es beschlagen, oder Membranen, die mich von ihm trennen.[53]

Diesen Satz genauso luzide kommentieren zu wollen, wie er geschrieben wurde, wäre einer Rechenoperation »zur dritten Potenz« vergleichbar, die meinen Leser wahrscheinlich langweilen würde. Die grammatikalische Analyse würde eine Häufung aller Techniken des *Aufschubs* ergeben: vorangestellte Appositionen, die Eröffnung von Alternativen, deren Verzweigungen durch Relativsätze erweitert werden, die selbst wiederum durch einen zwischen Gedankenstrichen stehenden Vergleich erweitert werden, der seinerseits abschließend durch einen von Beistrichen eingefaßten Einschub rituell skandiert wird: dies sind die Techniken der ersten vier Zeilen, die zu »diese Wörter« hinführen, welche nicht das Subjekt des Satzes, sondern (in der mündlichen Konstruktion dieses segmentierten Satzes) sein vorangestelltes Objekt sind; unmittelbar nach der Einführung dieses falschen Subjekts wird der

53 *Streichungen*, S. 106f.

Diskurs erneut durch einen Relativsatz unterbrochen, der eine Alternative einführt, die selbst wieder durch einen Einschub in Klammern erweitert wird usw. Nach der durch den Doppelpunkt (dem letzten Verzögerungssignal vor der Auflösung) angezeigten Zäsur wird der Satz vervollständigt, indem dieselben Techniken, nun aber in einer anderen Perspektive, verwendet werden; er ist nun randvoll und kehrt zum Ausgangspunkt des Absatzes zurück. Dieser Satz stellt somit das elementare Modell eines Labyrinths dar, von dem man, solange man sein Ende nicht erreicht hat, nicht wissen kann, ob es einen in die Irre führt oder ans Ziel bringt. Diese labyrinthische Vorgehensweise hat ungeachtet dessen, worauf Leiris hier anspielt (als ob er uns glauben machen wollte – warum eigentlich? –, er sei unfähig, sich auszudrücken, zugleich aber auch vorsorglich der Kritik zuvorkommt, auf die sein komplizierter Stil stoßen könnte), diese Vorgehensweise, sagte ich, hat nicht nur Nachteile.

Denn diese suspensive Struktur ist auch produktiv: sie bietet die Möglichkeit, eine beträchtliche Zahl von Elementen *hervorzurufen*, wozu ein offener und linearer Diskurs, dessen Terror die Ideen in die Flucht schlägt, wahrscheinlich nicht in der Lage wäre. Diese Verzögerungstaktik bietet zum anderen auch die Möglichkeit, an das ständig weitergesponnene Geflecht der Syntax entweder zahlreiche unterschiedliche Aussagen oder aber die sukzessiven Verwandlungen ein und desselben Gedankens zu knüpfen, die damit in der Struktur, aus der sie entstanden sind, koexistieren können. Daher die onirische Wirkung, die von Leiris' Texten häufig ausgeht: hat man das Ende des Satzes erreicht, erinnert man sich oft nicht mehr an den Anfang, so vollgesogen ist er mit einem komplizierten, aus Abschweifungen, logischen Zirkeln und Serien von Analogieschlüssen bestehenden Gedankengang. Der Sinn des Satzes ist letztlich in seiner Form zu suchen, in dem geistigen Akt, der im Spiel der Syntax zum Ausdruck kommt. Ich denke hier wieder an Mallarmé, an den Satz von *Der Würfelwurf*, der auch auf einer Verzögerungstaktik, auf einer Ausbreitung und Übereinanderschichtung all dessen aufgebaut ist, was die Hauptstruktur um sich herum »in Schwebe« hält.

Diese Strategie des Aufschubs produziert aber nicht nur eine relative Fülle an Sinn, sondern läßt auch die Leere zutage treten, auf der jede Sprache beruht (oder tanzt). Der von Leiris in diesem Satz über den Satz vorgeführte Diskurs des Skrupels kann auch als manisches Symptom betrachtet werden: der ewig wiederholte Gestus der distributiven Auswalzung oder der Richtigstellung führt letztlich dazu, daß jede Aussage ihr Gegenstück, sozusagen ihr Gegengewicht hervorruft. Es ist die Strategie der Balancierstange: jede Bewegung in die eine Richtung muß durch eine andere in die andere Richtung ausgeglichen werden, damit der Schwerpunkt lotrecht unter dem Seil bleibt, auf dem der Seiltänzer einen Fuß vor den anderen setzt. Eine völlig ungeeignete Technik für denjenigen, der sich auf festem Boden fortbewegt und dabei seinen Schwerpunkt jederzeit verlagern kann (wenngleich das Gehen im Grunde ein unablässig angedeutetes und unterbrochenes Fallen ist), aber eine überlebensnotwendige Technik für den, der sich hoch über einer schwindelerregenden Leere dem Drahtseil des Schreibens anvertraut. Die Bewegung des Balancierstabs macht diese Leere lesbar. Es hat den Anschein, als lasse das bloße Aussprechen einer auch noch so unanfechtbaren Aussage eine Leere aufklaffen, die unverzüglich gefüllt werden muß, indem die einmal getroffene Wahl annulliert wird: das komplementäre oder gegensätzliche Element wird ebenfalls ausgesprochen, um das Loch sogleich wieder zu verschließen. Dies erinnert an das anhand des *Glossars* analysierte Grundproblem des Aufschließens/Wiederverschließens. Immerhin wurde in der Zwischenzeit ein Sinn produziert; die Bewegungen der Balancierstange heben einander zwar auf, der Seiltänzer hat sie sich aber insofern zunutze machen können, als er einen Schritt mehr tun konnte, ohne ins Leere zu fallen.

Derselben Äquilibristik und demselben Fortschreiten mit den Mitteln des Aufschließens und Wiederverschließens begegnen wir auch auf Kapitelebene. Das Kapitel ist eine von vornherein abgeschlossene Einheit, die nur von innen her geöffnet und erweitert werden kann. In dem Augenblick, in dem Leiris sich an die Niederschrift des Kapitels macht, ist dessen Struktur im großen und ganzen durch die vorweg abgesteckte Route des aus Karteikarten, die miteinander zu verbinden sind, bestehenden Ausgangskorpus vorherbestimmt. Freilich kann dieses Korpus unterwegs erweitert oder teilweise neu verteilt werden: grundsätzlich gilt jedoch, daß Leiris sich nur in der sicheren Gewißheit einer von vornherein festgelegten Route auf den Weg macht (und Abschweifungen gestattet), auf einen Weg, der an vorherbestimmten Orten vorbeiführen und an einem vorab beschlossenen Punkt enden muß. Diese Vorgehensweise soll am Beispiel »Esau« detailliert nachgezeichnet werden. Trotz der Unvorhersehbarkeit dieser Suche und trotz der Abgründe, die sich in Einschüben und Abschweifungen auftun, ist Leiris fest entschlossen, seinen Kurs, zumindest in großen Zügen, zu halten: er wird also versuchen, ins ursprüngliche Schema all das zu integrieren, was diesem Kurs widerspricht oder ihn von ihm abbringen könnte, und bedient sich dazu einer Strategie der Totalisierung und des Verschließens, die der Leser als Ausdruck sowohl von Unaufrichtigkeit wie auch von Luzidität auffassen kann. Beim ersten Lesen gewinnt man in der Tat häufig den Eindruck, den Text einer authentischen, von allen Zwängen völlig freien Suche vor sich zu haben, in der die an einem Ausgangskorpus ansetzende Glosse zum Aufschließen weiterer Netze benutzt wird; sehr rasch stellt man jedoch fest, daß die Glosse an dieses Korpus gebunden, ihm lediglich aufgesetzt ist und den Auftrag hat, immer wieder zu ihm zurückzukehren. Das von Anfang an virtuell präsente Wiederverschließen erfolgt erst am Schluß, das heißt erst dann, wenn die vorgesehene Strecke zurückgelegt, die Aussage durch ein letztes, energisches Verflechten abgeschlossen wurde, wie durch einen Knoten, der verhindern soll, daß eine Masche »läuft«.

Diese Struktur, in deren Geborgenheit man die Muße findet, Abzweigungen zu erproben, in die Irre zu gehen, feinste Unterscheidungen zu treffen, scheint sich Leiris *in mehreren Schritten* angeeignet zu haben. Er hat ihren Mechanismus Stück für Stück zusammengesetzt, wie in jenen musikalischen »Etüden«, deren schwierige Passagen zunächst getrennt bearbeitet und daraufhin in eine Struktur eingefügt werden, die zunehmend komplexer wird. Diese zunehmende Komplexität kommt zunächst, wie in den »Romanen« seiner surrealistischen Periode, im wachsenden Umfang der Werke zum Ausdruck: *Streichungen* umfaßt acht Kapitel, die bis zum fünften, in dem sozusagen die Reisegeschwindigkeit erreicht wird, immer länger werden; *Krempel* besteht nur mehr aus drei, verschieden langen Kapiteln; *Fibrillen* schließlich nur mehr aus einem einzigen mit dem Titel »La fière, la fière ...«; es ist zwar in durchnumerierte, den früheren Kapiteln ähnliche Abschnitte unterteilt, die jedoch in einen vom Anfang bis zum Ende des Buches durchgehenden Diskurs integriert sind. In den ersten fünf Kapiteln von *Streichungen* wird schrittweise die Montage verschiedener Techniken durchgeführt, wobei jeder in einem Kapitel erprobte Mechanismus in den darauffolgenden erhalten bleibt:

– »... Reusement!«: von einem einzigen Element ausgehend angewandte Technik der Verzögerung (das Eintreffen des relevanten Elements hinausschieben, um das dazugehörige Feld erforschen zu können);

– »Lieder« und »Habillé-en-cour«: hier werden jeweils *zwei* zueinander analoge Elemente ins Spiel gebracht; zur Technik der Verzögerung kommt die der Verflechtung hinzu: auf Inhaltsebene (Schluß von »Habillé-en-cour«, wo Leiris die beiden Geschichten miteinander verschmilzt) sowie die Verflechtung von Inhalt und Form (schwindelerregender Schluß von »Lieder«, Verflechtung von Aussage und Äußerung);

– »Alphabet«: Verflechtung zweier *Serien* von Elementen (Alphabet, Biblische Geschichte) in der Art einer fortgesponnenen Metapher;

– »Persephone« bringt eine zusätzliche Schwierigkeit ins Spiel. Die Analogie der Ausgangselemente war bisher eindeutig und offensichtlich (in »Lieder« und »Habillé-en-cour« hat man es mit zwei Varianten ein und derselben Erfahrung zu tun; in »Alphabet« steht alles in Zusammenhang mit dem Spracherwerb). Nun werden die Ausgangselemente in großer Zahl äußerst unterschiedlichen Bereichen entnommen und bilden so eine Konstellation, deren Einheit trotz des ausgewiesenen Grundthemas problematisch ist (das Erfassen der Wirklichkeit über die Empfindung). Daher die Intensität und Virtuosität der zur Integration und Verknüpfung der Elemente, an denen das Schreiben ursprünglich angesetzt hat, erforderlichen Verbindungsarbeit. Dazu kommt noch die am Anfang der Sequenz erfolgende Einbeziehung des aktuell Erlebten und der Erzählzeit.

In »Persephone« hat Leiris die umfassende Formel geschaffen, die in den letzten Kapiteln nur mehr wiederholt und abgewandelt werden muß. Die »Konstellationen«, von denen er ausgeht, knüpfen an einem zentralen Gedanken an, der jedoch wie ein *Wort* (es ist übrigens das *Wort* Persephone, das letztlich die Einheit des Kapitels bildet) immer mehrere Aspekte aufweist. Leiris entgeht dem Rückfall in den »Thematismus«, indem er sich einen unvermeidlich »pluralen« Brennpunkt aussucht.

Das letzte Kapitel von *Streichungen* wird sowohl in sich selbst abgeschlossen sein (er verwendet dafür eine Art »Sonatenform«

a/b/a) als auch das gesamte Buch abschließen müssen: dies geschieht dadurch, daß die mittlere Phase (»b«) der Entstehungsgeschichte des Buches selbst gewidmet und so jenes Schweigen, das auf den Schlußpunkt des Buches unweigerlich folgt, in sein Inneres aufgenommen wird. Dieses Schweigen zwischen *Streichungen* und *Krempel* wird damit zum Gegenstand einer zweifachen Glosse, einmal *davor* (»zum Schweigen gelangen«), und einmal *danach* (»wie wieder zu sprechen beginnen?«), am Anfang von *Krempel*. Ein von Sprache eingekreistes Schweigen, das im Werk die Situation einer von Schweigen eingekreisten Sprache *als Negativbild* darstellt. Womit sich über das Kapitel und das Buch hinaus das Problem der Konstruktion des Gesamtwerks stellt.

Die neue Autobiographie, die ursprünglich als eine relativ bescheidene Unternehmung geplant war (Erkundung »sprachlicher Fakten«), hat für Leiris allmählich die Dimension eines »totalen« Werks oder zumindest eines auf sehr lange Zeit angelegten Projekts angenommen, das in einem einzigen Band nicht zu bewältigen sein würde. Die in den ersten Kapiteln von *Streichungen* entwickelte Methode ermöglicht zwar die Verarbeitung eines immensen Materials, erfordert jedoch eine über lange Zeit hinweg durchgehaltene Anspannung: die Komplexität des Verflechtens, die Langwierigkeit und Präzision von Komposition und Niederschrift, die Notwendigkeit, die bereits erforschten Netze in Erinnerung zu behalten, all dies verlangt nach einer neuen Art und Weise, sein Schreiben zu leben, das heißt, es zu einer Lebensweise, zu einem Projekt zu machen, das im Rhythmus des Lebens selbst aufgeht. Zum jetzigen Zeitpunkt ist *Die Spielregel* bereits fünfunddreißig Jahre in Arbeit, wobei durchschnittlich alle neun Jahre ein Band erschienen ist: und Leiris ist wahrscheinlich der einzige, der davon überzeugt zu sein scheint, daß sie einmal wirklich »abgeschlossen« sein, einen anderen Endpunkt als den Tod erreichen wird. All dies ist aber keineswegs überraschend. Obwohl und gerade weil Leiris sehr wohl weiß, daß ein endgültiger Abschluß undenkbar ist, muß er weiterhin auf die Möglichkeit eines derartigen Abschlusses setzen, und sei es nur in der Form eines Trugbildes, des völlig klarsichtigen, aber schwindelerregenden Eingeständnisses seines Scheiterns. Ohne die Hoffnung, er werde sein Werk einmal beenden, hätte er es nicht fortführen können. In den ersten beiden

Bänden, *Streichungen* und *Krempel*, in denen übrigens von der »Spielregel« nur sehr wenig die Rede ist, konnte er sich noch Zeit nehmen, sich Aufschübe gewähren. Je mehr Zeit aber inzwischen verstrichen ist, und je knapper das zu verarbeitende Material wird, desto mühseliger wird das Schreiben – und desto tragischer wird das Problem des Abschließens. Der dritte Band schließt mit einer Art »Selbstmord«, mit der Sabotage des Mythos der Spielregel[54], einem Selbstmord indes, der genauso wie der im Buch erzählte Selbstmord im Grunde nur simuliert ist: Leiris wußte bereits seit langem, daß das kleine Dossier, in dem er Richtlinien des Schreibens und moralische Grundsätze gesammelt hatte, nicht viel mehr als eine wenig überzeugende Bastelarbeit war. Der dritte Band schließt, anstatt wie bei Proust triumphal mit einer Offenbarung zu enden, mit der Entmystifizierung dessen, was ursprünglich als sein Schluß vorgesehen war, und verweist auf eine Fortsetzung, an der Leiris mittlerweile bereits acht Jahre arbeitet. Er hatte für sie ursprünglich den Titel *Fibulles** ins Auge gefaßt, um mit dieser »Spange« die gesamte Unternehmung abzuschließen. Inzwischen hat er den suspensiveren Titel *Frêle Bruit* angekündigt, der Saum des Schweigens. Dieses Werk wird offenkundig nicht durch die Entdeckung irgendeines *Sinns*, einer Botschaft, eines Orakels oder einer positiven oder negativen Offenbarung abgeschlossen werden können: es ist zur Gänze auf die Konstruktion einer *Form* ausgerichtet, die genügend komplex und mehrsinnig ist, um zu einem Ende gelangen zu können, ohne zugleich zu unterbrechen, um zugleich einen Schlußpunkt zu setzen und alles offenzulassen, dem Tod also eine Falle zu stellen ... Dies ist zweifellos ein unmögliches Unterfangen, noch unmöglicher wäre es aber, es sich zu versagen. Der Leser ist also gespannt, wie Leiris diese sprachliche Form des Orgelpunktes modulieren wird. Er verspricht sich von ihr keine Botschaft, sondern eine Musik.

Daher müssen alle Äußerungen Leiris' über die »Spielregel« in der Perspektive dieser mehrdeutigen Strategie, dieses Wettlaufs mit dem Tod gelesen werden, in der Perspektive eines Schreibens also, das sich genau jene Widersprüche zunutze macht, die es dem Untergang weihen. Leiris verhält sich so, als gebe es etwas am Ende der Sprache, das man durch Arbeit an der Sprache

54 *Fibrillen*, S. 309ff.

* Kontamination von »fibule«, Fibula, Spange, und »bulle«, Blase, Bulle. (A. d. Ü.)

erhaschen kann, zugleich aber auch so, als gebe es am Ende der Sprache nichts, so daß es im Grunde nicht eilt, an diesem Ziel anzulangen. Leiris schreibt im Schutz dieses trügerischen Endpunktes.

Am Ende der Sprache ist etwas. Die Autobiographie ist nicht auf das inhaltliche Ziel der Vergangenheit einer Geschichte ausgerichtet, sondern auf ihre eigene Zukunft; dem liegt der phantastische Gedanke zugrunde, daß aus dem Schreiben ein Ereignis hervorgehen könne, welches die Autobiographie, vermittelt durch das Schreiben, ins *Wirkliche* einmünden lassen werde. Man erkennt hier jenen Gedanken des Orakels wieder, auf den hin sein poetischer Diskurs orientiert war, oder des Geständnisses, wie in *Mannesalter*. Dieser Gipfelpunkt wird nicht als ein Ankunftsort vorgestellt, an dem ein linearer Vektor eintreffen könnte, sondern eher als ein *Zentrum*, das eine erneute Abreise ermöglichen und nachträglich den Diskurs begründen könnte, der die Entdeckung dieses Zentrums möglich gemacht hat. Dieser Gipfelpunkt ist in *Die Spielregel* deutlich von ethischen Vorstellungen geprägt: Regeln des schriftstellerischen Diskurses, die sich, der Authentizität verpflichtet, mit den Verhaltensregeln im Alltag decken. Es könnte sich dabei um die auf irgendeinem Berg Sinai offenbarten Gesetzestafeln handeln: sie enden als ein anstrengender Katechismus, dessen Zusammenhanglosigkeit und Nutzlosigkeit vom Erzähler unermüdlich aufgezeigt wird. Diese lächerliche, aber vorsichtshalber in Reserve gehaltene Regel ist in *Die Spielregel* bislang übrigens nur in der Form eines Optativs oder in negativen Diskursen zum Ausdruck gekommen.

In der Tat: am Ende der Sprache ist nichts. Oder, besser gesagt: das, was am Ende der Sprache ist, kann von uns nur als Mangel erfaßt werden. Es ist aber unmöglich, diese Existenz als Mangel, als Loch, direkt darzustellen: er will im Diskurs einer scheiternden Suche gelebt werden. Daher wäre es auch absurd, den Schluß von *Fibrillen* als eine mißlungene Nachahmung der Proustschen Offenbarungen oder als Eingeständnis eines persönlichen Scheiterns lesen zu wollen. Ein Scheitern hätte für Leiris darin bestanden, die Spielregel zu entdecken, sein Gelingen liegt darin, ihr Fehlen in der Sprache lesbar gemacht zu haben. Die Suche nach der verlorenen Regel wird nie in eine *Wiedergefundene Regel* münden können: sie gerät im Gegenteil in Resonanz mit den Grunderfahrungen des Mangels: mit der grundlegenden Bedeutung der Gedächtnislücke[55] und mit dem Traum vom *verlorenen Gegenstand*.[56] Man fühlt sich hier weniger an Proust als an Kafka erinnert. Es geht nicht darum, das Geheimnis zu lüften (auch wenn man dies unweigerlich anstrebt), sondern es darzustellen, es als Geheimnis lesbar zu machen.

Und genau dies bedeutet auch das Spiel »wer verliert, gewinnt«, eine Formel, die für Leiris von großer Bedeutung ist. Gleicht die »Spielregel« letzten Endes nicht jenem »Schatz« des Märchens, der angeblich im Weingarten vergraben ist? Leiris scheint dies jedenfalls in seiner Präsentation von *Fibrillen* andeuten zu wollen. Er hat die Spielregel nicht gefunden, aber *Die Spielregel* geschrieben: der Text entsteht *anstelle* der verlorenen Regel. Daher habe ich mich auch dafür entschieden, den konkreten Regeln der Textkonstruktion mehr Aufmerksamkeit zu schenken als dem ethischen Trugbild der Spielregel, da ich der Meinung bin, daß Leiris' sprachliche Strategien als die einzigen authentischen Hinweise auf seine Beziehung zur Wahrheit betrachtet werden können.

Die Spielregel zu schreiben mag zwar eine Art Flirt mit dem Tod, ähnlich dem Spiel »wer verliert, gewinnt«, darstellen, *sie geschrieben zu haben* hat aber ganz andere Konsequenzen, außer man glaubt an die Kategorie des Postumen. Das, was man bereits geschrieben hat, läßt trotz allem alles offen. Leiris hat übrigens gestanden, daß er die früheren Bände nicht wiederliest und daß er den Versuch, *Streichungen* und *Krempel* während der Niederschrift von *Fibrillen* wiederzulesen, angeekelt aufgegeben habe.[57] Das Schreiben ist auf die Zukunft ausgerichtet, und das Spiel »wer verliert, gewinnt« muß immer von neuem begonnen werden, um die Tatsache zu verbergen, daß nur der Tod das letzte Wort sein – und haben kann.

55 *Krempel*, S. 26.
56 *Streichungen*, S. 333f.
57 *Entretien avec Michel Leiris*, von Raymond Bellour, in: *Les Lettres françaises*, 29. September-5. Oktober 1966.

Dieser fortwährende Aufschub, den sich Leiris gewährt, wird von ihm für ein *Verflechten* genutzt, das die von Freud definierte analytische Arbeit und die Traumarbeit zu einer einheitlichen Bewegung vereint.[58] Dies soll nun anhand eines konkreten Beispiels gezeigt werden, wobei die Art und Weise untersucht werden wird, in der Leiris im Kapitel »Alphabet« von *Streichungen* den Namen Esau bearbeitet und ausfaltet.[59] Diese Analyse wird auf zwei Schwierigkeiten stoßen, zu denen ich mich, um eventuellen Einwänden zu begegnen, vorab äußern will, wobei ich um die Geduld meines Lesers bitte:

1. Ich werde gezwungen sein, langsam vorzugehen, und meine Methode wird darin bestehen, alles ernst zu nehmen: nun handelt es sich aber um einen offenkundig spielerischen und humoristischen Text. Leiris unterhält sich, deutet dem Leser augenzwinkernd die Absurdität der von ihm vorgeschlagenen Rationalisierungen an. Ich werde diesen Verführungskünsten und Ablenkungsversuchen widerstehen. Begünstigt durch das Vergnügen, das sie dem Leser willkürlich verschaffen, erfüllen der Humor und die Wortspiele gerade die Funktion, eine kritische Untersuchung zu verhindern. Die Absurdität gewisser Gedankengänge selbst zu bekunden und vorzuführen, wie man die Fäden zieht, heißt nichts anderes, als die Aufmerksamkeit (und zuallererst seine eigene Aufmerksamkeit) von den wahren, tieferliegenden Knotenpunkten abzulenken, die ganz von selbst entstanden sind.

2. Bei der Entwirrung dieses Textgeflechtes werde ich von der Annahme eines verborgenen Knotenpunktes ausgehen müssen, ähnlich dem, der von Freud als »Knotenpunkt« eines Traums, als dessen Zentrum, bezeichnet wurde. Und zu diesem Zweck auch interpretieren müssen. Dies soll so schlüssig wie möglich geschehen. Aber wie kann ich je sicher sein, daß ich ins Schwarze treffe? Ob ich nicht meine eigenen Phantasien in den Text projiziere? Ehrlich gestanden, ruft das Trema von Esaü (Esau) bei mir eher die Vorstellung jener unangenehmen kleinen Steinchen hervor, die früher in den Linsen zu finden waren und erst aussortiert werden

58 Vgl. *Lire Leiris, Autobiographie et langage*, Paris 1975, Kap. V.

59 Diese Analyse bezieht sich auf den Text von *Streichungen*, der zu lang ist, um hier wiedergegeben zu werden: *Streichungen*, S. 76-80.

mußten, wollte man vermeiden, daß sie unter den Zähnen knirschten. Das werde ich zu vergessen suchen und mich um so mehr bemühen, die Kohärenz der Phantasmen Leiris' ausfindig zu machen. Die folgenden Interpretationen werden zwangsläufig Hypothesen sein: es sind aber nicht sie, mit denen ich die Neugier des Lesers stillen möchte. Denn Leiris ist als »Fall« im Grunde keineswegs interessanter als irgendein anderer: Jeder von uns hat in seiner inneren Rumpelkammer Kleidertruhen und Spiegelschränke vorrätig, den ganzen aus der Kindheit ererbten alten Kram. Meine Interpretation ist nicht viel mehr als ein notwendiges Hilfsgerüst, um das Spiel des Schreibens freilegen zu können.

Präludium

Dieses Spiel hat an der Stelle, die unsere Passage im Text einnimmt, bereits den Charakter einer Art fortgesponnenen Metapher angenommen. Im Lauf seiner Erkundung der Gestalt von Buchstaben und Zeichen, die den Kindern (und den Erwachsenen) entgegentritt, hat sich Leiris schließlich dazu entschieden, dem Trema oder vielmehr den Wörtern oder, noch genauer gesagt, jenem spezifischen Unterensemble biblischer Eigennamen auf die Spur zu kommen, die ein Trema enthalten. Damit wird auch zugleich die Überschneidung zweier Ensembles eingegrenzt: des Ensembles des Lesenlernens und des Erlernens der Schriftzeichen einerseits und des Ensembles der ersten Begegnung mit der Biblischen Geschichte in einem Lesebuch andrerseits. Dieses Spiel setzt an der Reihe der Wörter an, die diese Überschneidung beinhalten (Caïn, Moïse, Esaü, Noël, Saül usw. [Kain, Moses, Esau, Weihnachten, Saul]), und versucht einerseits, möglichst viele weitere Überschneidungen zwischen den beiden ursprünglichen Ensembles herzustellen, und andrerseits, das diesen Wörtern, die auf Signifikantenebene aufgrund des Tremas und ihres Bezugs zur Biblischen Geschichte eine Gruppe bilden, gemeinsame Signifikat zu ermitteln. Es ist das Spiel eines wilden Denkens: wenn zwei Serien zwei Gemeinsamkeiten aufweisen, wird man versuchen, weitere Gemeinsamkeiten herauszufinden; jede Überschneidung wird als Ansatzpunkt für weitere Übereinstimmungen zwischen den einzelnen Gliedern dieser Serien interpretiert; und jede partielle Identität des Signifikanten läßt auf der Ebene dessen, was ich als

»sekundären« Kratylismus[60] bezeichne, auf eine partielle Identität des Signifikats schließen. Dies entspricht der Funktionsweise des kindlichen Denkens, dessen Logik der Erwachsene zu rekonstruieren sucht: Leiris ist aber im Gegensatz zu den meisten anderen Autobiographen nicht nur bestrebt, sich an diese oder jene Interpretation des Kindes zu *erinnern*; diese Methode würde ihm lediglich die Möglichkeit bieten, Stilblüten aus Kindermund in zwangsläufig begrenzter Zahl zu sammeln und sie mit herablassender Bewunderung zu präsentieren. Er versucht vielmehr, sich diese Logik wieder anzueignen und die Möglichkeiten, die sie bietet, systematisch für seine Zwecke zu nutzen, indem er die spontanen Äußerungen des Kindes in seinen eigenen Diskurs einflicht. Nur sehr wenige Gedanken des Kindes werden als »Wort« aus Kindermund explizit wiedergegeben und festgehalten, die weitaus meisten von ihnen kommen als implizite, latente Gedanken zum Ausdruck, die der Leser nur dann aufspüren und wieder zum Leben erwecken kann, wenn er sich selbst auf dieses Spiel einläßt. Dabei wird man freilich nie genau wissen, was vom Erwachsenen hinzugefügt, »hinzugedichtet« worden ist, außer in den Fällen, in denen er selbst humorvoll durchblicken läßt, daß er die kindlichen Mechanismen mehr oder weniger halbherzig nachahmt. Im Grunde ist dies aber von nur geringer Bedeutung: unsere Vergangenheit ist das, was bis in unsere Gegenwart hinein überlebt hat. Die Nachträglichkeit ist kein parasitäres Phänomen, sondern konstituiert das, was wir sind. Leiris' Diskurs ist als Diskurs eines Erwachsenen aufzufassen, hier und jetzt.

Dieser Erwachsene spielt indes ein Doppelspiel. Angesichts der Rückstände seiner Kindheit, jener Phantasmen und Probleme, die zu Wörtern oder Wortspielen (die häufig nur Deckerinnerungen, *Deck-Wörter* sind) geronnen sind, gestattet er sich ein freies Vagabundieren der Assoziationen und Wortspiele, das in vielem der »freien Assoziation« in der Anfangsphase der Analyse eines unbewußten Komplexes ähnelt. Diese Tätigkeit wird jedoch nie wirklich abgeschlossen: eine andere, gegenläufige Tätigkeit wirkt ihr entgegen, eine Tätigkeit des Wiederzusammensetzens des durch die Assoziationen freigelegten Materials, die aus dem Umstand, daß sie sich der Verfahrensweisen des kindlichen Denkens (die zugleich auch die der Poesie und des Traums sind) bedient, einen

60 Vgl. oben, Anm. 10.

Anstrich von Legitimität, von Authentizität bezieht. Nach der Erkundungsphase, die Leiris häufig Zugang zum Material einer wirklichen Analyse verschafft, verwandelt sich die analytische Arbeit, so als ob sie zu ihrem Ausgangspunkt zurückkehren wollte, wieder in eine Traumarbeit. Das Schreiben, weit davon entfernt, die Analyse auch wirklich abgeschlossen zu haben, mündet damit in eine *Konsolidierung* jener Deckformation, von der es ursprünglich ausgegangen war. Die Phantasmen und Glossen des Kindes waren zufällig, kontingent, aufgesplittert: die Schreibarbeit eines Erwachsenen, der sich zu helfen weiß, verwandelt sie in ein System, das sich dank der zweifachen Ökonomie von Poesie und Humor der kritischen Reflexion zu entziehen vermag.

Diese Analyse mag als ungerecht erscheinen: mir ist sehr wohl bewußt, daß Leiris mit seinem Leser keinen der analytischen »Grundregel« vergleichbaren Pakt geschlossen hat. Es soll ihm ja auch nicht der Vorwurf gemacht werden, daß er schwindelt, sondern lediglich jene Spielregel kontrastiv ausgeleuchtet werden, an die er sich selbst hält. Dieses Spiel ist von Grund auf mehrdeutig, und man würde sich wahrscheinlich einer Verkürzung schuldig machen, wollte man die Konsolidierung, in die sein Schreiben mündet, allzusehr in den Vordergrund stellen. Denn es ist ja gerade diese Konsolidierung (die er letzten Endes, wie er genau weiß, auch erreichen wird), die ihm genügend Schutz bietet, damit er sich auf jene Erkundungsfahrten einlassen kann, die, wie noch zu zeigen sein wird, nichts Willkürliches an sich haben. Leiris erforscht das bodenlose Loch der Wahrheit nur im Schutz einer *Rückversicherung*. Der Seiltänzer arbeitet mit Netz. Am Schluß von *Streichungen* (S. 355) erwähnt Leiris, er habe davon geträumt, sich des von ihm gesammelten »Faktenpuzzles« als eines *Sprungbretts* zu bedienen, um in Schwung zu kommen. Sprungbretter werden im allgemeinen dazu verwendet, um ins Leere oder in die Höhe zu springen, um also Sprünge auszuführen, die nicht wieder auf dem Sprungbrett enden. Bei der Lektüre seiner Texte hatte ich jedoch häufig den Eindruck, nach einem durchaus klassischen Absprung einen rückwärts abgespulten Film vorgeführt zu bekommen: der Springer setzt wie durch ein Wunder nach einer riskanten Flugbahn durch den Raum wieder auf dem Sprungbrett auf, das daraufhin allmählich zu schwingen aufhört.

Bevor dieser Mechanismus anhand des Esau-Textes verifiziert werden soll, möchte ich noch kurz auf den logischen Kern dieser

Sequenz, auf die zwischen dem Trema und den biblischen Eigennamen hergestellte Verbindung eingehen. Es wird sich dabei um bloße Hypothesen handeln; sie können sich auf Hinweise berufen, die zwar von Leiris selbst stammen, von ihm aber geschickt unter anderen Hinweisen versteckt worden sind. Warum interessiert er sich unter allen anderen Schriftzeichen gerade für das Trema? Das Trema besteht aus der Verdoppelung des I-Tüpfelchens, als Zeichen spricht es sozusagen klipp und klar ein *Verbot* aus. Indem es den zweiten Vokal eigens markiert, verbietet es im Gegensatz zu dem, was sich spontan anbieten würde, unmittelbar aufeinanderfolgende Vokale *gemeinsam*, das heißt als einen Laut auszusprechen. Die beiden Vokale müssen getrennt bleiben, es ist ihnen untersagt, eine phonetische Verbindung einzugehen, einander zu berühren. Der damit erzwungene Hiat stellt eine um so brutalere Trennung dar, als die beiden Vokale im Schriftbild ja einander berühren, also in einer Position stehen, in der sie unter gewöhnlichen Umständen miteinander verschmelzen würden. Genau dieser Versuchung muß man aber widerstehen. Das Trema stellt sich damit als eine Art Gegenstück zum Inzesttabu dar. Diese Situation, in der zwei ihrer gewohnten Konsonantenhülle und sogar des transparenten »h« entkleidete Vokale durch eine unsichtbare Schranke voneinander ferngehalten werden, weil der zweite mit einem Trema tätowiert ist, hat etwas Erotisches. Und wie hängt all dies mit der Biblischen Geschichte zusammen? Es geht um eine in zweifachem Sinn alte Geschichte: indem sie vom Ursprung der Welt und von der Verkündung des Gesetzes erzählt, steht sie auch am Ursprung des Kindes, da die Bibel ja eines der ersten Bücher ist, die es gelesen hat. Wie beim »... Reusement!« geht es um die ersten Erfahrungen mit der Sprache, zugleich aber auch um die ersten Erfahrungen mit dem Gesetz. Es heißt »Moïse« (Moses), und nicht »Moisse«. Du sollst weder Vater noch Mutter begehren. Die Strukturen der Sprache decken sich mit denen der Verwandtschaft. Es gibt Spielregeln. Die Biblische Geschichte ist voll von Tremas, aber auch von seltsamen Familiengeschichten. Vielleicht handelt es sich dabei um ein und dasselbe.

Diese Überlegungen verkürzen den Text von Leiris und werden seiner Strategie nicht ganz gerecht. Aus den von ihm gegebenen Hinweisen habe ich auf eigene Verantwortung eine Auswahl getroffen, einen Zweig der Gabelung herausgegriffen, die anderen jedoch vernachlässigt. Ich bin zum System des Einen zurückgekehrt, während Leiris nur eines im Sinn hat: die Vielfalt um jeden Preis zu bewahren. In seinem Textentwicklungssystem wird nichts eliminiert: er analysiert nicht, um Ordnung zu machen oder um Illusionen durch ihre Aufarbeitung aus der Welt zu schaffen. Die Analyse setzt er zum Zweck der Inventarisierung, die von einer Konsolidierung gefolgt ist, ein. Nichts wird übergangen: alles wird angehäuft und muß daraufhin erneut vernetzt werden. Das »oder« ist nie ein Scheideweg, sondern bietet stets Zugang zu einem weiteren Netz. In den Bereichen, in denen wir eine Entscheidung für geboten halten (ob es nun darum geht, ein bestimmtes Phänomen zu erklären oder ein Werturteil zu fällen), mag diese Haltung einer ständigen Unentschlossenheit, seine Absicht, stets alles zu berücksichtigen, sein Hang, sich unter dem Vorwand von Skrupeln aus dem Staub zu machen, diese Kunst, logische – wie Sartre sagen würde – »Drehtüren« zu organisieren, den Leser irritieren und ihm als ein unaufrichtiges Verhalten erscheinen, als eine Strategie, die auf dem System einer »nicht-persuasiven Evidenz« beruht. In dieser Vorgehensweise ist aber nicht nur Feigheit oder Konfliktscheu zu sehen: in ihr tritt zugleich auch ein Anspruch zutage, die Absicht nämlich, keinen Bruchteil des Wirklichen zu opfern, und letztlich, wie die Poesie, zu einer Erfassung der *Totalität* zu gelangen (*Fibrillen*, S. 353). Das System des Einen ist das System eines vereinfachenden Rationalismus: genau aus diesem Grund hat Leiris auch die Version des Freudianismus, die er in den dreißiger Jahren kennengelernt hat, abgelehnt. Die bewußte Entscheidung für die Vielfalt und für die Unentschiedenheit spiegelt sich in diesem, um einen von Leiris gerne gebrauchten Ausdruck zu verwenden, »schwankenden«, unschlüssigen Verhalten wider: Er verweigert sich allen Erklärungssystemen, ist aber nicht in der Lage, einen wirklich dialektischen Ausweg aus dem Dilemma anzubieten, in dem er ausweglos gefangen ist; die einzige Lösung, die ihm bleibt, ist die Erfindung eines scheinbar totalisierenden Diskurses des Scheins. Diese Strategie der Vielfalt macht es ihm möglich, jegliche Verkürzung zu vermeiden und sich für die ausbleibende Lösung zu entschädigen. Als – nach Leiris' eigenem Eingeständnis (*Fibrillen*, S. 355 f.) – Ersatz für die Poesie ist der autobiographische Text vielleicht auch ein Ersatz für die Dialektik. Dies wird bei der Lektüre des Kapitels »Sonntag« von *Streichungen* spürbar: dieser 1944 bis 1945 verfaßte und eine Analyse seiner schriftstellerischen »Berufung« beinhaltende Text läßt einen merklichen Vorsprung vor den Überlegungen erkennen, mit denen sich Sartre zur gleichen Zeit befaßt hat; ein Vergleich mit *Die Wörter* macht aber deutlich, was ihm fehlt: trotz seiner außerordentlichen Luzidität bleibt Leiris seinem Idealismus verhaftet. Leiris, der sich politisch auf der extremen Linken engagiert hat, scheint, was zumindest seine Anwendbarkeit auf sich selbst betrifft, dem Marxismus noch ablehnender gegenüberzustehen als der Psychoanalyse. Es liegt nicht in meiner Absicht, ihm daraus einen Vorwurf zu machen. Jeder sucht sich seine eigenen Lösungen. Ähnlich wie die Gidesche Mehrdeutigkeit ist das Leirissche Schwanken zweifellos eine Art und Weise, das Unvereinbare zu vereinen, seinen eigenen Weg zu gehen und dabei die Strukturen eines geistigen Universums zu erhalten, von denen man sich nicht loszureißen vermag.

Dort eine Entscheidung zu treffen, wo Leiris dies nicht tut, heißt also, seiner Methode untreu zu werden, kann aber auch für ihre Erklärung hilfreich sein. Die Grenzen und das Lavieren von »Sonntag« etwa können anhand eines Vergleichs mit *Die Wörter* kenntlich gemacht werden. Im Licht einer analytischen Interpretation einer Passage von »Alphabet« wird die Strategie eines Erzählers klar zutage treten, der für mehrere Interpretationen taugliche Elemente bereitstellt (manche von ihnen auf humorvolle Weise unseriös) und sich in einer erlebnisreichen Hin- und Rückreise, auf der er die Wahrheit streifen konnte, ohne bei ihr anhalten zu müssen, jeder eigenen Interpretation enthält und damit letzten Endes sein »Symptom« wiederherstellt.

Es ist nun höchste Zeit, auf Esau zurückzukommen. Wenn dieses Präludium etwas langatmig geworden ist, dann deshalb, weil mir einige vorbereitende Erläuterungen erforderlich schienen. Und vielleicht auch, weil ich diese Erläuterungen wie Leiris nur im Schutz von daran anschließenden Ausführungen geben konnte, die ich genußvoll hinauszögerte, womit ich genauso wie er zu jener Strategie des Aufschubs Zuflucht nahm, die ihm die Möglichkeit bietet, seine Vorräte zu schonen und in einem Raum zu schreiben, der in der Vorstellung bereits abgeschlossen ist. Der Text über Esau ist übrigens genau auf diese Weise geschrieben: die Kleidertruhe wird erst im allerletzten Moment die Bühne betreten. Und da in *Die Spielregel* eine strukturelle Homologie zwischen den kleinsten Einheiten (Satz oder Sequenz), den mittleren Einheiten (Kapitel) und dem gesamten Werk herrscht, lassen sich diese Strategie des Aufschubs in der Sicherheit eines von Anfang an einkalkulierten Wiederverschließens und jenes Spiel des *Verflechtens*, das als »Schreibweise in der Art einer *Fuge*«[61] bezeichnet worden ist, auf allen Ebenen wiederfinden. Leiris' Kunst ließe sich dann zu Recht als eine »Kunst der Fuge« verstehen, wenn man diesem Begriff eine zweifache Bedeutung zugesteht: eine Kunst des Aufschubs und des Ausweichens, eine Kunst der *Flucht*; und eine Kunst des Netzeknüpfens, eine Kunst des *Verflechtens*.

In folgender detaillierter Analyse der drei Seiten über Esau möchte ich nicht wie ein Kriminalbeamter ein belangloses Rätsel von lokaler Bedeutung lösen, sondern jene Mechanismen von Leiris' Schreibweise auseinandernehmen, die auf allen Ebenen von *Die Spielregel* funktionieren.

Fuge

Wie stellt sich das Problem dar, dessen »Lösung« dieser Text ist? Welche Vorstellungen ruft das Wort »Esau« bei Leiris hervor? Ich werde, wie es der Text nahelegt, zwei Probleme unterscheiden:

– Auf der Ebene des Kindes, dessen Vorstellungswelt rekonstruiert werden soll, läßt sich eine sehr einfache, aber zugleich auch einigermaßen obskure Botschaft erkennen: »Ésaü – bahut (Kleidertruhe) im Zimmer meiner Schwester.« Dieser enigmatische, aus der Erinnerung wiederauftauchende Text sieht ganz nach einem jener Wortspiele aus, die manifeste Trauminhalte entstehen lassen; gleichzeitig damit drängt sich aber auch der Verdacht auf, es könne sich um eine Deckerinnerung handeln. Die Ähnlichkeit zwischen »aü« und »ahu« muß das Zeichen oder vielmehr die *Chiffre* für eine Beziehung sein, die diese beiden Elemente auf einer anderen Ebene miteinander unterhalten: diese Chiffre ist offenbar der *verschobene* Ausdruck von etwas anderem. Man kann sich diese chiffrierte Botschaft auch als Eintragung auf einer jener Karteikarten vorstellen, die Leiris als Ausgangspunkt dienen. Uns Lesern wird der Text dieser Botschaft erst in der zweiten Hälfte des Abschnittes mitgeteilt, der uns hier beschäftigt; er wird vielmehr als Zielpunkt dienen. Darauf wird noch zurückzukommen sein. Vorderhand stellt sich jedoch die Frage, ob es sich um eine

61 Jean Laude bezeichnete Leiris' Stil als »fugierte Methode« (vgl. Edouard Glissant, *Leiris ethnographe*, in: *Les Lettres nouvelles*, November 1956, S. 613).

Erinnerung handelt, die direkt aus der Kindheit aufgetaucht ist (sofern so etwas überhaupt möglich ist) oder erst nachträglich rekonstruiert werden mußte. Dieser Begriff der Nachträglichkeit wird uns fruchtlose Diskussionen über das klassische Problem der Willkürlichkeit jener Interpretationen ersparen, die von einem erwachsenen Erzähler rückblickend nachgeliefert werden.

– Auf der Ebene des erwachsenen Erzählers stellt sich ein anderes Problem: es gilt, diese Karteikarte mit anderen, vergleichbaren Karteikarten zu verbinden (Caïn, Moïse, Saül usw.), damit eine Kette entsteht. Die Hartnäckigkeit, mit der er diese Kette herzustellen sucht, hat zweifellos etwas Humoristisches: die Vorstellungswelt des Kindes ist nie so kohärent gewesen. Lassen wir uns aber von diesem Humor nicht in die Irre führen: dieses Spiel hat Schutzfunktion. Es erlaubt, die Generallinie des Textes von vornherein festzulegen: so entsteht, wie gerufen, eine Art Schutzraum, von dem aus risikolos Seitenwege eingeschlagen werden können, da die Rückzugsposition bereits gesichert ist. Diese Generallinie wird, obwohl von Anfang an klar ist, daß sie erschwindelt oder erschlichen wurde, beibehalten und zusätzlich von einem Sperrfeuer aus Humor und Scharfsinn abgesichert. In diesem Fall muß der Erzähler danach trachten, Esau in die biblische Kette einzugliedern. Die in der Form, in der sie das Kind *hätte lesen können*, dargestellte Episode aus der Bibel wird nun so »behandelt«, daß sie sich über Kaskaden mehr oder weniger angestrengter Assoziationen mit den anderen Elementen der Kette verbinden läßt.

Der Erzähler sieht sich damit zwei gegensätzlichen oder zumindest recht unterschiedlichen Aufgaben gegenüber: der Entzifferung einer rätselhaften Kindheitserinnerung und der Weiterführung des Textes in eine vorab festgelegte Richtung. Auf den ersten Blick ist die Beziehung zwischen »bahut«, Kleidertruhe, und »Ésaü«, Esau, noch völlig unklar; noch unklarer ihr Zusammenhang mit den übrigen Gliedern der biblischen Kette. Die Kleidertruhe kann nicht direkt integriert werden. Also muß ein Vermittlungssystem konstruiert, allmählich und unauffällig ein modulierter Übergang hergestellt werden. Die dazu eingesetzte Strategie wird aus einem zweifachen System des Aufschubs bestehen:

– die Kindheitserinnerung (dritter, vierter und fünfter Absatz) wird aufgeschoben, um Platz für einen ersten Erkundungsgang zu schaffen, der Esau offensichtlich in die Textkette einbinden soll (erster und zweiter Absatz);

– jeder dieser beiden Abschnitte verfolgt wieder eine ähnliche Hinhaltetaktik: das Wesentliche wird jeweils in Reserve gehalten und von einem Ausgangspunkt in ein Ziel verwandelt. So das Trema, das wie das Kaninchen im Zylinder von Anfang an da war, aber erst am Schluß des ersten Absatzes an seinen Löffeln herausgezogen und triumphierend vorgewiesen wird. Und die Kindheitserinnerung tritt erst nach längeren Exkursen auf den Plan, auf deren Bedeutung noch einzugehen sein wird. Dieser Text scheint bewußt von hinten nach vorne geschrieben worden zu sein.

Weihnachten

Leiris geht ganz offensichtlich von dem aus, was für seinen Text relevant ist, auch wenn es mit seiner Erinnerung nicht das geringste zu tun hat. In der moralisierenden Perspektive der *Biblischen Geschichte* dient jede Episode der Veranschaulichung einer Verfehlung und der darauffolgenden Bestrafung; Leiris setzt hier an, gewissenhaft, aber nicht gerade gründlich. Es geht ihm lediglich darum, am Vorhergegangenen anzuknüpfen und, indem der Signifikant (das Trema) für später aufgespart wird, das offensichtliche Signifikat, das heißt die Geschichte, loszuwerden. Damit sammelt sich ein Material an, das er als Rohstoff für seine Lieblingsbeschäftigung verwenden wird; dies tut er vor unseren Augen, wie ein Bastler, der alle Aspekte eines Gegenstands, der ihm in die Hände gefallen ist, ertastet und erforscht, der über Versuch und Irrtum vorgeht, bis er schließlich seinen Verwendungszweck herausgefunden hat.

Diese Arbeit gehorcht folgenden Regeln: man läßt zunächst in freier Assoziation die Analogien zwischen den Elementen des ursprünglichen Materials spielen; man läßt sich mehr oder weniger treiben, man koppelt ab, aber bereits mit dem Hintergedanken, anderswo wieder anzukoppeln. Ein Verschiebebahnhof, auf dem die Weichen neu gestellt werden: aber nur, um zum Hauptbahnhof zurückzukehren. Ein Entwirren von Fäden, die daraufhin einzeln verfolgt werden: aber nur, um sie schließlich erneut miteinander zu verknüpfen. Man läßt sie einfach ins Wasser baumeln, bis »etwas anbeißt«. Der Phantasie wird eine beschränkte Freiheit gewährt: sobald etwas Passendes in Sicht kommt, beeilt sich der Erzähler, es, so gut es eben geht, mit einem Knoten zu befestigen. Hier, in der ersten Phase, wird, nachdem der Katechismus abgehandelt ist, ein erster Knoten geschürzt: die Rivalität zwischen dem jüngeren und dem älteren Bruder wird mit den familiären Schwierigkeiten des kleinen Michel[62] zur Deckung gebracht. Das ist so einleuchtend (gleichzeitig aber auch irrelevant, da das Problem der Geschwisterrivalität im Text praktisch keine Rolle mehr spielen wird), daß der Erzähler im Schutz dieser Binsenweisheit das Signifikat unter den Tisch fallen lassen kann, um an den Signifikanten weiterzubasteln. Das Wort »bête« (Tier) dient als Ausgangspunkt eines ersten Streifzugs durch das Feld der familiären Parallele Isaak/Leiris: der erwachsene Erzähler knüpft daran ein wortwörtlich an den Haaren herbeigezogenes Wortspiel (»grosse bête«; Tolpatsch, Dummkopf) an: der historischen und realen Verkleidung Jakobs mit einem Tierfell entspricht die sprachliche Verkleidung einer Metapher, die zu einer Redensart geworden ist. Die Analogie zwischen Michel und Jakob wird durch diesen auf Signifikantenebene geschürzten Knoten damit sozusagen »bewiesen«. Und jeder Knoten dient wiederum als Ausgangspunkt für den nächsten Streifzug: die Analogie zwischen den beiden Familien wird nun links liegengelassen, dafür aber »bête« in eine andere Richtung weiterverfolgt, nämlich in Richtung auf zwei zueinander analoge Episoden aus der Bibel. Die Maschine war anfänglich nur langsam in Schwung gekommen, jetzt arbeitet sie bereits mit voller Kraft: sie fügt unablässig einen Knoten an den anderen und erzeugt ganze Kaskaden von ineinander verschachtelten Assoziationen, wagt Versuche, begeht Irrtümer und knüpft manche Knoten auf mehreren Ebenen zugleich. »Bête« führt natürlich zu »*Bethléem*« weiter; und daraus ergibt sich wiederum ein kleines biblisches Inventar, aus dem man schöpfen kann, um erneut zu verflechten und zu vernetzen. Die Gasthöfe (»l'hôtellerie«), die die Jungfrau Maria abweisen: sie werden auf gut Glück mit einem Feld (»l'hôtellerie«) des Gänsespiels in Zusammenhang gebracht, das kurz zuvor anläßlich des Turms zu Babel (S. 75) erwähnt worden war. Um mir ein Vergnügen zu machen, fasse ich den bisher zurückgelegten Weg zusammen (siehe Abb. S. 359).

62 Zu seinen Beziehungen zum »feindlichen« und zum »befreundeten Bruder« vgl. *Mannesalter*, S. 116-125, besonders S. 118f. In den beiden Brüdern spiegeln sich zweifellos die beiden Aspekte der Vaterbeziehung wider, sowohl der erdrückende, bestialische und gehaßte Rivale als auch der beschützende, einweihende und bewunderte ältere Bruder. Die Rivalität mit dem älteren Bruder klingt in der in »Alphabet« enthaltenen Beschreibung Kains an (S. 71 f.), und die Philister werden im Rahmen des biblischen Verflechtens auf S. 84 erwähnt.

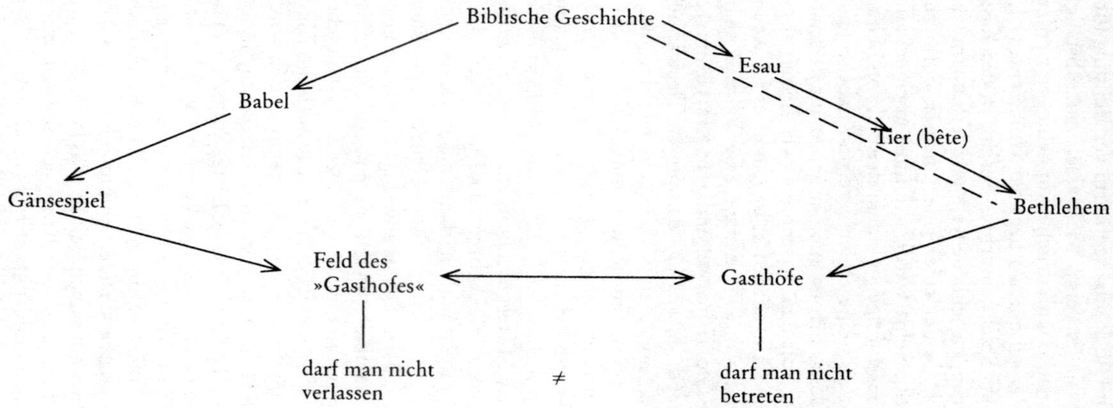
Biblische Geschichte
Babel
Esau
Tier (bête)
Gänsespiel
Bethlehem
Feld des »Gasthofes«
Gasthöfe
darf man nicht verlassen
≠
darf man nicht betreten

Diese auf gut Glück durchgeführte Verflechtung führt jedoch nirgendwohin; sie ist eine Sackgasse, ein Abstellgleis. Andere, scheinbar genauso willkürliche Koppelungen werden sich aber als produktiver erweisen: Wo liegt der Unterschied? Liegt er in der Anzahl der ins Spiel gebrachten Serien, in der Kaskade von Verschachtelungen, die jegliche Relevanz verhindern? in der Tatsache, daß hier nicht in der einen oder anderen Form zum Ausgangspunkt zurückgekehrt werden konnte? in einem anderen Grund? Wie dem auch sei, folgen wir dem Beispiel von Leiris, der es damit gut sein läßt und eine ergiebigere und naheliegendere Richtung einschlägt, deren Erforschung er genau aus diesem Grund aufgeschoben hat. Von den Gasthöfen (wie Leiris) abgewiesen, geht Maria in den Stall, zu den Tieren, und es ist Weihnachten: eine Goldader, eine wahre Fundgrube. Hier lohnt es, sich länger aufzuhalten. Eine Glosse (per sekundärem Kratylismus) zu Bethlehem (bête-haleine; dt. hier: Tier – dampfende Tierwärme), die, vermittelt über »Krippe«, zu »Weihnachten« hinführt; eine weitere Glosse (per primärem Kratylismus) zum Trema von »Noël« (Weihnachten), dem eine »Ähnlichkeit« mit den Vorstellungen, die dieses Wort hervorrufen mag (Reif, Stern), unterstellt wird. Nachdem all dies ausgeschöpft wurde, muß in diesem Wortmaterial nach einem Mittel gesucht werden, um *auf einem anderen Weg* wieder zu Esau zurückkehren zu können; diese Rückkehr erfolgt jedoch nur sehr gemächlich, damit das Beste für den Schluß übrigbleibt. Tiere = Ochse + Esel. Ochse? Den kann man essen, genauso wie Linsen. Dieses abwegige Ochsen-Linsengericht wird allerdings schamhaft, kokett umgangen. Dieser Kelch geht also glücklicherweise an uns vorüber. Der Esel ist da schon vielversprechender: er läßt sich viel gefallen, wie auch die Kinder, denen die Verantwortung für einen Kalauer zugeschoben wird, der im übrigen, in Unterschied zu den anderen, gar nicht so übel ist: âne (Esel), ânesse (Eselin), *aînesse* (Erstgeburt), wie in der Geschichte von Jakob und Esau. Was ja zu beweisen war. Und nun die Gegenprobe: Das Wort »Ésaü« enthält *bezeichnenderweise* genauso ein Trema wie »Noël« (Weihnachten). Es geht also alles wunderbar aus. Der augenzwinkernde, schmunzelnde Erzähler ist derart zufrieden, wieder auf seinen Beinen (das heißt dort, wo er ursprünglich zum Sprung angesetzt hatte) gelandet zu sein, daß er gleich alles durcheinanderbringt: er heißt Esau einen »Usurpator«. Bisher hatte man immer Jakob für einen solchen gehalten ... (Jakob bedeutet übrigens »der, der [den Rivalen] aussticht«). Fehlleistung, Racheakt? Wie dem auch sei. Für den jüngeren Bruder ist der ältere jedenfalls ein »Esaursupator«. Der Kreis hat sich damit, zwingender noch als im Gänsespiel, geschlossen (siehe Abb. S. 362).

Was bedeutet dieses Akrobatenstück? Seine Durchführung war jedenfalls unterschiedlich überzeugend, mal mühsam, mal durchaus amüsant. Das sind eben die Unwägbarkeiten jener Spiele, bei denen ein Erwachsener wieder zum Kind werden möchte und sich darauf einläßt, Aussprüche aus Kindermund zu fabrizieren, und weniger das kluge Äffchen als das naive Äffchen spielen will. Wer zu einem Engel werden will, wird zum Tier; ein Glück, daß man in Bethlehem tierlieb ist. Man fühlt sich an einen Rousselschen Kalauer oder an ein »Wort-im-Wort«-Spiel erinnert: zwei Wörter über einen abwegigen Zusammenhang miteinander verschachteln, zwei Geschichten miteinander verkuppeln. Ein derartiges Spiel bedarf keiner Rechtfertigung. Lediglich der erste Satz sprach den Zusammenhang zwischen der Geschichte Esaus und der des Kindes explizit aus. Von da an setzt der Erzähler alles daran, die Willkürlichkeit der Spiele, denen er sich hingibt, auch deutlich werden zu lassen. Welchen *Gewinn* zieht er aus ihnen? Selbstverständlich bieten sie ihm die Möglichkeit, zur Kette der biblischen, ein Trema aufweisenden Wörter zurückzukehren und diese Kette um ein Glied zu verlängern. Inwiefern sind sie aber für das, was trotz allem die Hauptsache ist, nämlich die Ergründung der auf dem Ausgangskarteiblatt notierten Kindheitserinnerung, relevant?

Niemand wird Assoziationen völlig unmotiviert aneinanderreihen oder »nur zum Spaß« mit Wörtern spielen. Entgegen allem Anschein und im Gegensatz zu dem, was sich Leiris dabei gedacht haben dürfte, muß sich hinter der zur Schau gestellten Absurdität eine versteckte Relevanz verbergen. Leiris führt diese Assoziationsarbeit, die in eine Traumarbeit übergeht, ja zu dem Zweck durch, um der Kindheitserinnerung »Ésaü = bahut« auf die Spur zu kommen. Als »Leitfaden« dieses absurden Spiels dient ihm dabei die auf einer Karteikarte notierte Erinnerung (oder das, was sich hinter dieser Notiz verbirgt, sofern es sich um eine Deckerinnerung handelt). Die von ihm verwendete Methode hätte ihn bei dieser ausgehend von »Ésaü« unternommenen Erkundungsfahrt

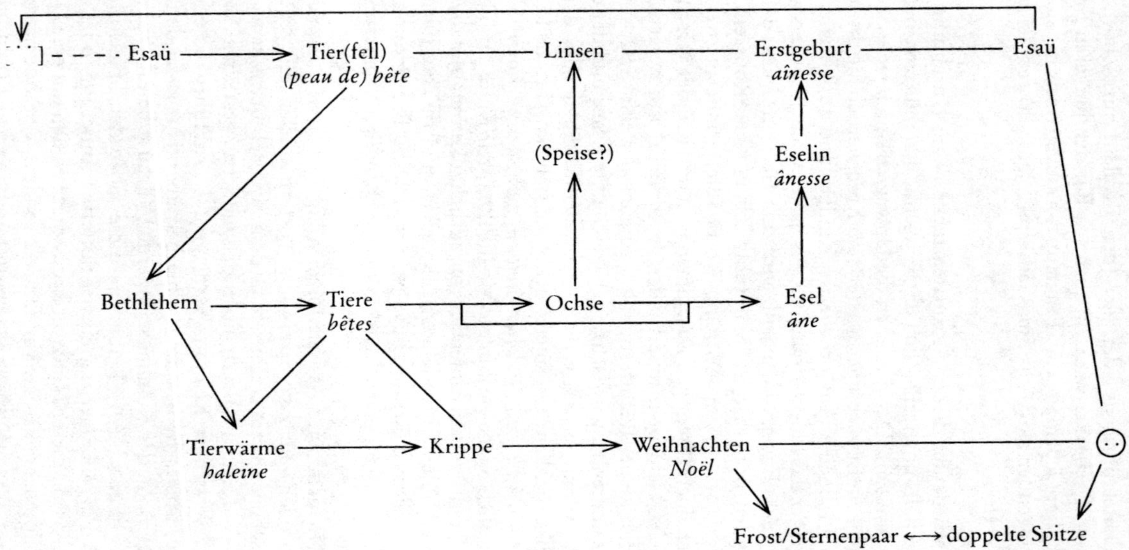
[…] - - - Esaü
Tier(fell)
(peau de) bête
Linsen
Erstgeburt
aînesse
Esaü
(Speise?)
Eselin
ânesse
Bethlehem
Tiere
bêtes
Ochse
Esel
âne
Tierwärme
haleine
Krippe
Weihnachten
Noël
Frost/Sternenpaar ⟷ doppelte Spitze

irgendwohin führen können: warum hat sie ihn ausgerechnet zu »Noël« (Weihnachten) hingeführt, zu einem Begriff also, der, vom biblischen Trema einmal abgesehen, mit »Ésaü« nichts gemein hat? Man muß unwillkürlich schmunzeln und vergißt darüber, sich diese Frage zu stellen.

»Noël« (Weihnachten) muß offenbar mit »Ésaü« (und vor allem auch mit »bahut«, jener Kleidertruhe, die im Text immer noch auf sich warten läßt) über den im Text angesprochenen Zusammenhang hinaus eine weitere Beziehung unterhalten. Ich wage mich hier auf einen rein hypothetischen Bereich vor. Dabei stütze ich mich auf meine Lektüre der übrigen Autobiographie und ziehe nur jene Elemente des Textes zur Erklärung heran, die zur Erhellung der *gesamten* hier untersuchten Passage geeignet sind. Mangels eines unmöglichen Beweises wird es sich lediglich um eine Vermutung handeln. Um sie meinem Leser plausibel machen und ihn aus seiner Verzauberung reißen zu können, werde ich auf die Fortsetzung des Textes vorgreifen und damit die von Spannung und Aufschub ausgehende magische Wirkung zerstören müssen. Ich ging dabei von zwei Fragen aus: Was bedeutet Weihnachten? Welche Beziehung besteht zwischen »Ésaü« und »bahut«? Und stellte mir schließlich eine dritte Frage: Welche Rolle spielt Weihnachten in dieser Beziehung?

Weihnachten ist das Mysterium des Ursprungs, der Herkunft. Leiris hat in *Mannesalter* Weihnachten als ein Fest beschrieben, das sich dem Kind als eine Art Brennpunkt oder Komplex von Geheimnissen darstellt: die Geheimnisse der Spielsachen, der Geburt und der Sexualität. Erstes Rätsel: Wie können die Spielsachen durch einen so engen Kamin kommen? Das Rätsel wird erst dann gelöst sein, wenn das Kind erfahren hat, daß es von seinen Eltern getäuscht wurde: es ist damit »initiiert«, wie die Erwachsenen. Leiris rückt dieses Rätsel in die Nähe des Rätsels der Geburt, über das die Eltern ebenfalls die Unwahrheit sagen oder schweigen, bis man die Wahrheit selbst herausgefunden hat. Diese beiden Themen stehen miteinander in einem um so engeren Zusammenhang, als das Problem des Durchgangs durch einen engen Kanal bei der Erklärung der Geburt wiederkehrt und Weihnachten selbstverständlich das Fest der Geburt Christi ist.[63]

Welches gemeinsame Merkmal weisen die Geschichte von Esau

63 Vgl. *Mannesalter*, S. 34, 66, 107, 172. Zur Interpretation des Assoziationsnetzes um »Weihnachten« vgl. *Lire Leiris*, Kap. I.

(»Esaü«) und die Anekdote der Kleidertruhe (»bahut«) außer dem Trema noch auf? In beiden Fällen liegt ein *Identitätsirrtum* vor. Liest man den dritten und den vierten Absatz nacheinander aufmerksam durch, fällt einem auf, daß der Irrtum in bezug auf die Kleidertruhe das genaue Gegenstück zum Irrtum in bezug auf den wirklichen Verwandtschaftsgrad der Schwester darstellt. Ihr gemeinsames Merkmal ist also, präziser formuliert, eine *in einer Familie bewußt herbeigeführte Täuschung über die Identität des älteren Bruders/der älteren Schwester*. Die Familienstruktur wird gefälscht: in der Bibelepisode täuscht der jüngere Bruder den Vater, indem er sich für den älteren ausgibt; in der Familie Leiris täuschen die Eltern den jüngeren Bruder (und die beiden anderen Jungen), indem sie eine Cousine als ältere Schwester ausgeben. Wir werden noch genauer auf diesen »Familienroman« eingehen. Weder die Geschichte Esaus noch die Anekdote mit der Kleidertruhe gehen in diesem einen Merkmal völlig auf: zusätzlich zu ihrer über den *a-u*-Hiat vermittelten Entsprechung auf Signifikantenebene stellt dieses Merkmal jedoch eine weitere Verbindung zwischen ihnen auf der Ebene der Signifikate her.

Welche Rolle spielt Weihnachten in dieser Beziehung Esau/»bahut«? Läßt man das Trema beiseite, scheint diese spielerische Erkundung aus zwei Gründen auf »Weihnachten« gestoßen zu sein:

– Die Weihnachtsgeschichte, die hier als ein Glied in eine Kette von Wortspielen aufgenommen wurde, ermöglicht in der Form, in der sie sich der Phantasie des Kindes darstellt (und in der sie dem erwachsenen Autobiographen in Erinnerung bleibt), eine Modulierung (Transformation), die den Übergang von »Ésaü« zum Inhalt der Kleidertruhe (»bahut«) erlaubt. Einerseits ist Weihnachten (genauso wie Esau) sowohl eine biblische Geschichte als auch (genauso wie die Kleidertruhe) eine persönliche Erfahrung des Kindes. Andrerseits dient Weihnachten der Durchführung einer jener wesentlichen Transformationen, die von einem Familienroman zum anderen überleiten: die Umkehrung der Rollen des jüngeren Bruders und seiner Eltern (er verwandelt sich vom hintergehenden in den hintergangenen jüngeren Bruder). Anderen, allerdings expliziteren Textelementen kommen ähnliche Funktionen zu: etwa dem Wortspiel âne (Esel) – *ânesse* (Eselin) – aînesse (Erstgeburt), dessen betonter Übergang von männlich zu weiblich den Übergang vom älteren Bruder zur älteren Schwester ankündigt, das heißt, allem Anschein nach, den Übergang von einer Rivalitätsbeziehung zu einer Beziehung des Begehrens.

– Da Weihnachten auf die Geheimnisse der Herkunft und der Sexualität verweist, steht es in höherem Maß noch als Esau mit den Problemen in Zusammenhang, die mit der Kleidertruhe und dem Schrank, das heißt mit der Schwester, verknüpft sind; auf diese Probleme wird noch zurückzukommen sein.

Diese versteckte Pertinenz von »Noël« verbirgt sich hinter humoristischen Signifikantenspielen und hinter dem Umstand, daß der Leser ja nicht weiß, in welcher Hinsicht Weihnachten relevant ist (in Hinsicht auf die Kleidertruhe). Diese Zusammenhänge werden vielleicht deutlicher, wenn ich das zirkuläre Schema, das die Signifikantenspiele darstellte, durch ein weiteres ergänze, das die Transformationen des Signifikats (kursiv) bis hin zur Kleidertruhe verfolgt (siehe Abb. S. 365).

Aber auch dieses Schema gibt keine Auskunft über den Zusammenhang zwischen Weihnachten (die Rätsel der Spielsachen, der Geburt, der Sexualität) und der problematischen Identität der Schwester. Als Beweis für diesen Zusammenhang führe ich eine andere Passage aus *Krempel* (S. 141) an, in der dieses Assoziationsnetz expliziter als hier zur Sprache kommt. Leiris berichtet, daß ihm sein älterer Bruder in der Erforschung der »großen Geheimnisse« voraus war:

So wußte er schon lange vor mir, daß der Weihnachtsmann bloß eine Erfindung ist, doch war er besonnen genug, seine Entdeckung nicht in alle Welt hinauszuposaunen, und verhehlte es wohlweislich vor allen (sogar vor mir, der sein Vertrauter oder Helfershelfer war), daß er nicht mehr an dieses Ammenmärchen glaubte, das ihm an jedem 25. Dezember Spielzeuge bescherte. Auf einem mir unbekannten Weg hatte er ebenfalls ein kleines Familiengeheimnis gelüftet und entdeckt, daß die Person, die man als unsere »Schwester« ausgab – damit sie ebenso selbstverständlich wie wir das Recht auf die Zuwendung unserer Eltern in Anspruch nahm –, in Wahrheit eine zusammen mit uns aufgezogene Cousine war. Endlich wurde er früher als ich über einige sexuelle Geheimnisse aufgeklärt und hatte diesen höchsten Grad des Wissens inne, der darin besteht zu wissen, daß das Neugeborene im Bauch der Mutter wächst und wir deshalb einen Nabel haben.

Drei Geheimnisse: die zu Weihnachten geschenkten Spielsachen, die Schwester-Cousine, die Sexualität. Diese Passage leitet die Er-

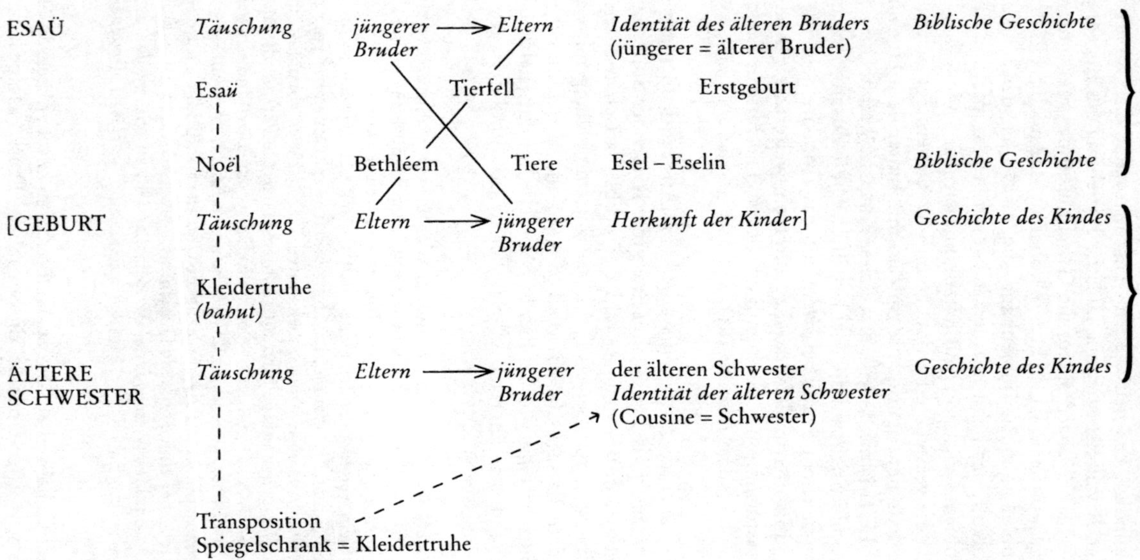
ESAÜ
Täuschung
jüngerer Bruder
Eltern
Identität des älteren Bruders
(jüngerer = älterer Bruder)
Biblische Geschichte
Esaü
Tierfell
Erstgeburt
Noël
Bethléem
Tiere
Esel – Eselin
Biblische Geschichte
[GEBURT
Täuschung
Eltern
jüngerer Bruder
Herkunft der Kinder]
Geschichte des Kindes
Kleidertruhe
(bahut)
ÄLTERE SCHWESTER
Täuschung
Eltern
jüngerer Bruder
der älteren Schwester
Identität der älteren Schwester
(Cousine = Schwester)
Geschichte des Kindes
Transposition
Spiegelschrank = Kleidertruhe

zählung der ersten sexuellen Erfahrungen des jungen Mannes ein: er erblickt zum ersten Mal ein weibliches Geschlecht und entdeckt die Lust. »Dieses *gesehen* zu haben, jenes *tun* zu können, darauf kommt es ohne Zweifel an« (*Krempel*, S. 144). Unser Text läßt in derselben Reihenfolge auftreten: Weihnachten, die Schwester-Cousine – und schließlich die »Kleidertruhe« der Schwester. Darf man aus der Parallelität der beiden ersten Glieder auf die Analogie der jeweils dritten schließen? Dies wäre äußerst riskant, sofern es sich nicht durch andere Indizien erhärten ließe. Hypothesen. All dies bestärkt mich jedenfalls vorerst in meiner Überzeugung, daß »Weihnachten« in diesem Text weder aus Zufall noch aus spielerischer Willkür auftaucht. Humor kann unter anderem auch eine Form von Verleugnung sein, und es ist durchaus möglich, daß gerade die absurdesten Abschweifungen die pertinentesten sind.

Trema

Wir wenden uns nun dem zweiten Absatz zu und kehren auf die Textebene zurück, die unmittelbar ersichtlich ist. Während der Erzähler an der Oberfläche seinen Text verflochten hat, um »Ésaü« mit der Kette der biblischen Tremas zu verknüpfen, hat er zugleich seinen ursprünglichen Plan weiterverfolgt, sich einen Weg zurück zu seiner Kindheitserinnerung zu bahnen. Diesen Weg hat er, ohne es selbst genau zu wissen, dadurch beschritten, daß er sich auf Weihnachten konzentrierte; nun hat aber der erste Absatz offenbar nur bewirkt, daß die Aufmerksamkeit des Lesers von der Geschichte Esaus auf das in seinem Namen enthaltene Trema abgelenkt wurde. Um auf die Kindheitserinnerung eingehen zu können, für die eben nur das Trema und nicht die Geschichte Esaus ausschlaggebend zu sein scheint, wird es also genügen, mit Hilfe eines ungenierten Übergangs vom Trema des Wortes »Noël« auf das von »Ésaü« überzuleiten. Logisch betrachtet schlägt dieser Überleitungsabsatz eine in zweifacher Hinsicht unbekümmerte Vorgehensweise ein:

– Die über einen primären Kratylismus vermittelte Glosse zum Trema von »Noël« wird humoristisch so dargestellt, als würde sie am Dualitätsproblem scheitern: in den mit »Weihnachten« verbundenen Vorstellungen (Frost, Sterne) rechtfertigt kein doppelt auftretendes Element die »Ähnlichkeit« mit einem Trema. Leiris bietet daher burleske Rationalisierungen in Klammern an, die die kindliche Logik mit trockenem Humor nachahmen. Warum beschreibt er aber so ausführlich diese »zwei gefrorene[n] Spitzen«, dieses »Sternenpaar«, wenn der Vergleich im Grunde ungerechtfertigt ist? Besteht nicht doch noch ein *weiterer* Zusammenhang dieser »doppelten Spitze« mit der Kindheitserinnerung, ein Zusammenhang, dessen Existenz das humoristische Spiel zwar nahelegt, dessen Ergründung es jedoch verhindert?

– Die Überleitung vom Trema in »Noël« zu dem in »Ésaü« wird auf betont unauffällige Weise vollzogen (»Wenn dasjenige in ›Noël‹ ..., so übernimmt dasjenige in ›Ésaü‹ ...«): es handelt sich eher um einen Unterschied als um einen Gegensatz. Dem Leser, der dem Humor noch nicht völlig auf den Leim gegangen ist, wird dabei auffallen, daß zwischen den beiden Tremas kein anderer Zusammenhang besteht als der Gedanke von Kleinheit und Zierlichkeit sowie die Tatsache, daß beide auf bestimmte Vorstellungen verweisen.

Die Spiele des Verflechtens sind hier also genauso mikroskopisch und willkürlich wie in anderen Passagen, etwa der der »hôtellerie«. Wenn aber das Verflechten hier durchaus zu funktionieren scheint, obwohl es in anderen Fällen angesichts seiner offensichtlichen Willkürlichkeit entmutigt abgebrochen werden mußte, dann wohl deshalb, weil es sich hier auf eine ihm zugrundeliegende Logik stützen kann, die sehr wohl kohärent ist.

Damit sind wir also – ohne daß wir genau wüßten, warum – beim Trema von »Ésaü« angelangt, der seiner biblischen Inhalte entledigt und als »empfindlichste[r] Teil einer Präzisionsmaschine« (?) bezeichnet wird, eine Formulierung, die einstweilen noch rätselhaft bleibt. Leiris gibt vor, eine Erläuterung nachzuliefern und geht am Anfang des dritten Absatzes endlich auf seine Kindheitserinnerung ein. Der hebräische (frz.: »hébraïque«: Trema!) Name Esaus schien ihm in seiner Kindheit »unentwirrbar mit zwei Möbelstücken aus dem Besitz meiner Schwester verbunden«. Dieser »Zusammenhang« stimmt einen nachdenklich. Weil die Wendung verkürzt ist (man würde eher eine Beziehung dieses Namens zu den Bezeichnungen für diese Möbelstücke erwarten) oder weil das wichtigste Möbelstück, das man besitzt, eben der eigene Körper ist, also jener Körper, der an anderer Stelle ebenfalls als »Präzisionsmaschine«[64] dargestellt wird? Die Vermutung, daß

64 Im Kapitel »Persephone« wird das Diaphragma des Grammophons ebenfalls als »der empfindlichste Bestandteil des Apparats« bezeichnet (*Streichungen*, S. 125).

der Zusammenhang zwischen dem Möbelstück und der Schwester nicht nur ein rechtlicher Eigentumszusammenhang, sondern ein symbolischer Identitätszusammenhang ist, erscheint mir schon dadurch berechtigt, daß die noch kaum begonnene Erzählung auch schon wieder durch eine merkwürdige Abschweifung über die »Eigentümerin« dieser Möbelstücke unterbrochen wird.

Dies ist übrigens [...] völlig bedeutungslos

Eine völlig bedeutungslose Abschweifung also. Wozu dient sie dann aber? Wir erkennen hier jene durchaus klassischen Verleugnungen wieder, mit denen der Diskurs des Analysanden die bedeutsamsten Offenbarungen umgibt; das Wesentliche kann nur zur Sprache kommen, indem seine Relevanz und seine Bedeutung geleugnet werden. Widerstand und Sicherheitsbedürfnis äußern sich in einem Schwall von Wendungen wie »das ist unwichtig, hängt damit überhaupt nicht zusammen« usw. Hier:

Diese Schwester war, *offen gesagt*, [...]. Dies ist *übrigens* für das, was ich nun berichten will, *völlig bedeutungslos*; desgleichen, wenn ich *zur Erinnerung* hinzufüge, [...]

Eins der eindrucksvollsten Möbelstücke *jedenfalls* [...]

Diese Beteuerungen der Nicht-Relevanz sind um so überraschender, als sie von einem Erzähler vorgebracht werden, der sonst nicht müde wird, die skurrilsten Gedankensprünge zu vollführen, und sich gerade in Sachen Relevanz nicht besonders kleinlich zeigt. Da der Text aber von hinten nach vorne geschrieben wurde und der Leser ja von der Anekdote der Kleidertruhe noch nichts weiß, kann er diese Relevanz beim ersten Lesen zwar vermuten, nicht aber erkennen.

Uns wird hier ein Familiengeheimnis offenbart, das Leiris in *Mannesalter*, in dem doch die »ältere Schwester« eine bedeutende Rolle spielte, seinen Lesern erstaunlicherweise vorenthalten hat.[65]

Die beiden Grammophone, das des Vaters und das des Sohns, das lebhafte Interesse an ihrer Funktionsweise und ihr Vergleich miteinander stehen wahrscheinlich ebenfalls mit dem Problem des Körpers in Zusammenhang.

65 Die Schwester wird am Beginn von *Mannesalter* anläßlich der Geburt ihrer Tochter erwähnt (S. 26), danach kommt erneut ihre Schwangerschaft zur Sprache (S. 79); sie weiht das Kind in die Geheimnisse des Theaters ein (S. 43) und spielt ihm Streiche, deren sexuelle Färbung offensichtlich ist (S. 80f.; vgl. *Krempel*, S. 143); vgl. auch S. 120 und 151.

Es hat den Anschein, als *wiederhole* Leiris hier das Verhalten seiner Eltern, indem er das Geheimnis eine Zeitlang für sich behält, bevor er es lüftet. Wir erfahren also in zehn Zeilen, daß die »Schwester« in Wahrheit ganz und gar nicht unter jene Unterscheidungen fällt, die gemeinhin eine Familie strukturieren, und daß er ihre Stellung in der Familie als ein Rätsel erlebt hat. Als Cousine, die von den Eltern als Schwester ausgegeben wurde, konnte sie die brüderliche Zuneigung nur gewinnen, indem sie darauf verzichtete, ein Objekt des Begehrens zu sein; den jungen Mann, der dem Geheimnis auf die Spur gekommen ist, muß diese Verschiebung der Verbotsgrenze im Rückblick zutiefst verblüfft haben: aus den Analysen von *Mannesalter* geht deutlich hervor, daß er diese um dreizehn Jahre »ältere Tochter« in seiner Kindheit als »jüngere Mutter« erlebt hat. Es handelt sich also zweifellos, wie es im Text heißt, um einen ganz »besonderen Typus von Verwandtschaft«. Ein Trema genügt als Hinweis auf eine familiäre Ungewißheit, die den Konflikt des Verbots mit dem Begehren weiter verschärfen mußte.

Während uns der Erzähler diese »bedeutungslosen« Informationen gibt, knüpft er auf gut Glück einige weitere Knoten, um eine Verbindung zum ersten Absatz herzustellen: ein oder zwei kuriose Verweise auf eine andere Episode aus dem Leben Christi, das Letzte Abendmahl (Anspielung auf »dies ist mein *Leib*, dies ist mein *Blut*«, eine an den Haaren herbeigezogene Glosse zur Zahl dreizehn) und die Wiederaufnahme des Wortes »aînesse« (hier: Ältersein). Die hier spielerisch und vor unseren Augen durchgeführte Flechtarbeit gleicht der im Traum gleichsam unter der Hand ablaufenden Chiffrierarbeit, mit dem Unterschied freilich, daß bei diesem Spiel alle Elemente ein und demselben Korpus (dem der Biblischen Geschichte) entnommen wurden, ein Akrobatenstück, das in den Träumen äußerst selten ist. Ich versuche eine schematische Rekonstruktion dieses autobiographischen »Kreuzworträtsels« (siehe Abb. S. 371).

Ich habe in diesem Schema der Übersichtlichkeit halber all das weggelassen, was das Trema, die Kleidertruhe und die Täuschung betrifft. Es muß daher mit dem vorigen Schema (vgl. oben, S. 366) gedanklich verknüpft werden. Diese Darstellung macht die zentrale Bedeutung einer Leerstelle (Problem der Herkunft und der Sexualität) und das Vorhandensein eines von den Eltern auf die älteren Geschwister verschobenen ödipalen Konfliktes deutlich.

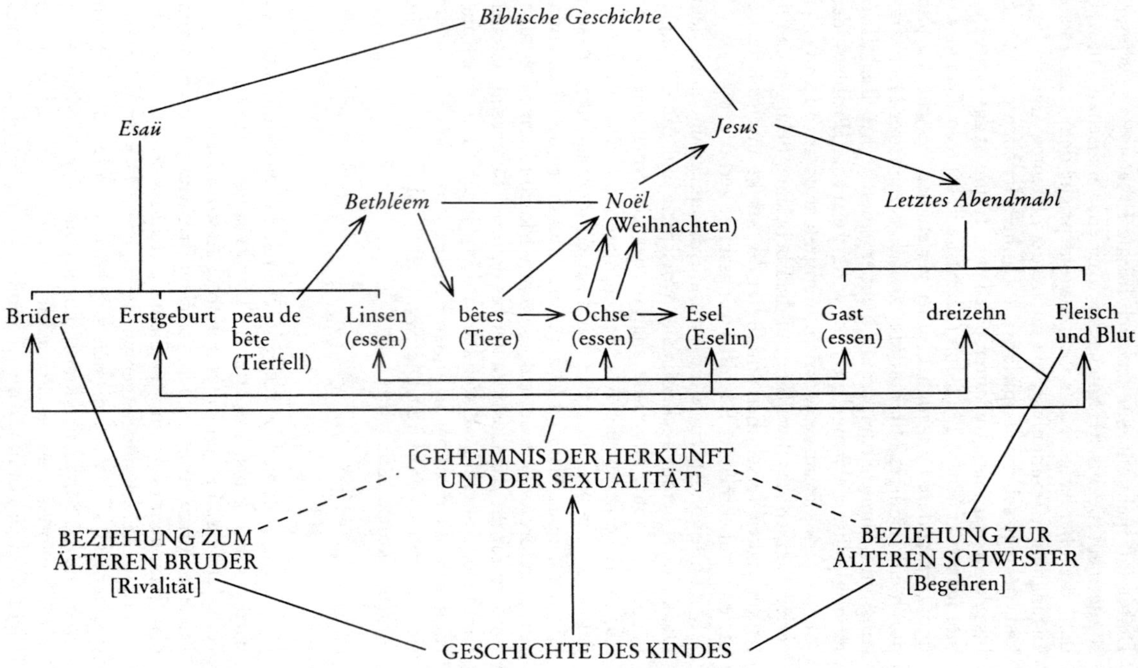
Biblische Geschichte
Esaü
Jesus
Bethléem
Noël
(Weihnachten)
Letztes Abendmahl
Brüder
Erstgeburt
peau de
bête
(Tierfell)
Linsen
(essen)
bêtes
(Tiere)
Ochse
(essen)
Esel
(Eselin)
Gast
(essen)
dreizehn
Fleisch
und Blut
[GEHEIMNIS DER HERKUNFT
UND DER SEXUALITÄT]
BEZIEHUNG ZUM
ÄLTEREN BRUDER
[Rivalität]
BEZIEHUNG ZUR
ÄLTEREN SCHWESTER
[Begehren]
GESCHICHTE DES KINDES

Damit soll nicht auf eine letztlich banale Erkenntnis verwiesen, sondern ein spezifisches Spiel des Schreibens veranschaulicht werden; die obere Hälfte der Graphik entspricht dem manifesten, zugänglichen Trauminhalt, die untere dem latenten Traumgedanken, der das scheinbar spielerische Umherschweifen der Schrift insgeheim bestimmt. Im Unterschied zum Traum ist das »Latente« hier jedoch zu einem Teil latent (Elemente in eckigen Klammern) und zum anderen zugänglich, aber verleugnet, verschoben und durch ein ständiges Hin und Her zwischen zaghafter Dechiffrierung und unmittelbar darauffolgender spielerischer Rechiffrierung gleichsam lahmgelegt. So wird zwar das Problem der »Schwester« klar ausgesprochen, unmittelbar darauf aber in einer verleugnenden Abschweifung auf die Ebene einer belanglosen Offenkundigkeit verschoben und hinter der Maske anscheinend wenig ernstzunehmender Rechiffrierungsspiele verborgen.

Mit Hilfe von Abschweifungen und Aufschüben und unter dem Deckmantel betont anekdotischer Wortspiele und Ausführungen hat Leiris damit, ohne sein analytisches Unternehmen aus den Augen zu verlieren, ein Assoziationsmaterial angesammelt, von dem aus eine Deutung der Kindheitserinnerung möglich sein könnte. Dieses Material konnte aber nur unter der Bedingung zutage gefördert werden, daß es nicht wirklich für eine Deutung, sondern für die Rückkehr zu der bis dahin in Reserve gehaltenen Kindheitserinnerung verwendet wird, zu jener Kindheitserinnerung also, die dazu bestimmt ist, den Text abzuschließen, indem sie ausgesprochen wird. Die Wahrheit wird damit sowohl erforscht als auch lahmgelegt.

Kleidertruhe (»bahut«)

Wir gelangen endlich zur eigentlichen Kindheitserinnerung; sie wird peinlich genau beschrieben. Der Erzähler verhält sich jetzt völlig anders. Er verzichtet auf freie Assoziationen und Wortspiele; er konzentriert sich mit großem Ernst auf seine Erinnerungen. Jetzt geht es darum, die Sicht des Kindes ohne Schwindelei und ohne Ausschmückungen wiederzugeben. Der Erzähler wird trachten, all die Mechanismen zu verfolgen und zu rekonstruieren, die das Kind jenen kratylischen Irrtum begehen ließen, der mit den Wortspielen des Erwachsenen vergleichbar ist und vielleicht weniger Humor, dafür aber mehr Poesie hat als sie. Er will das kratylische Spiel des Kindes verstehen und muß dazu dessen Kontext, alle, wie es im Text heißt, »direkt sensorische[n] Wahrnehmungen«, das heißt alles, was mit dem betreffenden Gegenstand assoziiert werden kann, aufs gründlichste erforschen. Handelt es sich um eine Deckerinnerung, wird dieser Kontext wahrscheinlich wichtiger werden als der in den Vordergrund gestellte »Text« des Irrtums.

Ich fasse zunächst den Mechanismus dieses Irrtums zusammen: »Ésaü« erinnert an »bahut« (Identität der phonetischen Signifikanten »a-u«, Hiat); »bahut« bezeichnet für das Kind die großen Möbelstücke seiner älteren Schwester ganz allgemein, also sowohl das Möbel mit der Vollholztäfelung als auch den Spiegelschrank, aber eher doch den Spiegelschrank, der im säuerlichen Quietschen seiner Tür und im kurzen Aufblinken des Spiegels dem »a-u«-Hiat *ähnelt*. Wir haben es also mit einem Wort aus Kindermund zu tun, das auf dem primären Kratylismus beruht: der Signifikant verschiebt sich zwar, aber nur, um auf ein »ähnliches« Signifikat übertragen zu werden. Die Elemente, die am Anfang die wichtigsten waren, Esau und die Kleidertruhe, treten im Lauf der Analyse in den Hintergrund. Das Trema wird in einer Klammer notdürftig mit dem Hiat verbunden. Und die Beziehung zwischen »Ésaü« und »bahut« funktioniert nur auf Signifikantenebene, ohne daß versucht würde, einen Zusammenhang auf der Ebene des Signifikats herzustellen (die Verbindung Erstgeborener/ältere Schwester wurde offenbar zur Genüge ausgeschlachtet). Esau kommt in der zweiten Hälfte des Absatzes nicht mehr zur Sprache, und alles mündet in den nostalgischen Wunsch einer mit sich versöhnten Welt, in der die Wörter den Dingen ähneln würden. Die Kindheitserzählung ist den Regeln entsprechend durchgeführt worden, am Ende der Geschichte ergreift der Erzähler das Wort, um die Moral aus ihr zu ziehen. Alles ist klar, abgeschlossen, verschlossen.

In einer analytischen Perspektive ist hingegen alles offen – und verworren. Für den Erzähler mag es von Vorteil gewesen sein, seinen Text mit dem Bericht seiner Erinnerung abzuschließen und eine scheinbar logische Deutung nachzureichen (Nachdruck auf dem kratylischen Begehren), der Leser spürt jedoch, daß ihm all dies nur dann verständlich werden wird, wenn er einerseits den Text von hinten nach vorne liest, also vom vierten Absatz aus bis zum Text der Assoziationen zurückgeht (was in den vorangegangenen Analysen auch teilweise versucht wurde), und wenn er andrerseits im eigentlichen Bericht der Kindheitserinnerung weniger auf das Problem des Irrtums als auf den Kontext achtet, in dem es zu diesem Irrtum gekommen ist. Die linguistischen und imaginären Bedeutungsübertragungen und das begriffliche Gleiten des Kindes (und des Erzählers) gehen offenbar über die im Text erwähnten weit hinaus. Diese demonstrativ detailgetreue Analyse der Beziehungen zwischen dem Möbel mit der Vollholztäfelung und dem Spiegelschrank klingt ganz nach einer chiffrierten Botschaft. Ich werde nicht versuchen, sie zu dechiffrieren, da ich nur Hypothesen vorbringen kann, und weil man wahrscheinlich nicht an einem einzelnen Element ankommen würde, sondern weitere Bedeutungsnetze erschließen müßte. Das Geheimnis klingt jedenfalls hohl, es hat weder Hand noch Fuß. Ich werde mich also darauf beschränken, die Gedanken etwas schweifen zu lassen, auf eigene Gefahr und Verantwortung.

Die Verwechslung der Identität der Möbelstücke scheint auf die vorgetäuschte Identität der Schwester hinzuweisen, was die Problematik des Verbotes und des Begehrens ins Spiel bringt: Schwester-Mutter oder Cousine? Die Möbelstücke der Schwester verweisen offenbar auf ihren Körper. *Mundus muliebris*. Möbel einer Garderobe, Möbel eines Waschraums. Das eine hat eine Vollholztäfelung, das andere ist ein Spiegelschrank. Ein kurzes Aufblinken, ein weißer Blitz, wenn man den Türflügel schwenkt. Was hat das Kind *gesehen*? Wenn dieser Text eine Deckerinnerung ist, dann braucht nur wenig verschoben zu werden, damit die andere Erinnerung wieder zugänglich wird. Häufig wird das Gemeinsame der beiden Erinnerungen nicht verborgen, sondern beiläufig erwähnt. Die Verwechslung der Namen der Möbelstücke, der der Erzähler eine grundlegende Bedeutung beimißt, stellt in Wirklichkeit nur ein zufällig hinzutretendes Element dar, zu dem die andere Erinnerung in chiffrierter Form Zuflucht nimmt. Nur Leiris könnte uns einen Blick ins Spiegelglas gewähren. Aber gibt er uns nicht einen Hinweis, wenn er abschließend, in einem Einschub, die merkwürdige Formulierung wagt: »die Schwestern, *gäbe es sie dann*«? Die Sehnsucht nach einem kratylischen Universum, in dem die Dinge ihren Namen gleichen würden, ist vielleicht die Chiffre für eine andere Sehnsucht, ein anderes Universum, in dem man lieben darf, wen man will. Die Anspielung auf das verlorene Eden (das sich in die biblischen Verflechtungen zwanglos einfügt) kann dem Leser auf die Sprünge helfen, sofern er die erforderliche

Bedeutungsverschiebung vollzieht. Das Arbiträre des Zeichens fällt mit dem Inzestverbot zusammen: dieselbe Trennung, dieselbe Kluft zwischen dem Begehren und seinem Objekt. Das Trema und ein von einem Spiegelschrank abgestrahlter Blitz sagen dies auf ihre Weise.

Orgelgehäuse

Nach seiner Beschreibung und Rationalisierung der kindlichen Erfahrung des Zusammenhanges zwischen »Ésaü« und »bahut« ergreift der Erzähler noch eine weitere Vorsichtsmaßnahme, um alle Spuren zu verwischen: er legt eine neue Spur. Der fünfte Absatz enthält eine weitere Rationalisierung, die allerdings in keiner Beziehung mehr zur Phantasiewelt des Kindes steht. Der Erwachsene ist wieder zu einer Dichtung auf eigene Verantwortung zurückgekehrt: der Humor weicht nun einer Art barocken Phantastik. »Ésaü« ist ein Möbelstück, wegen »bahut«, aber auch kirchlich, weil biblisch, und wird so zu einem kirchlichen Möbelstück, das heißt, warum nicht, zum *Gehäuse einer Orgel.* Eine letzte, abschließende Chiffrierung des Traums. Poetischer als das »Ochse-mit-Linsen«-Gericht, könnte das Orgelgehäuse in einem Traum die Rolle jenes absurden, kuriosen Details spielen, das scheinbar keinen Zusammenhang mit der Erinnerung hat, die in ihm zum Ausdruck kommt, und nur über Assoziationen ähnlich denen dechiffriert werden kann, denen ich über vier Absätze hinweg Schritt für Schritt nachgegangen bin. Dieses Orgelgehäuse hat gewöhnlichen Traumdetails gegenüber den Vorzug, kohärent und elegant zu sein. Es wird Leiris bei seiner Weiterführung der biblischen Kette bis Epiphanias usw. als willkommene Überleitung dienen; und mir, zum Abschluß dieser Quiproquos und dieses Gleitens der Möbelstücke und Erinnerungen, als Orgelpunkt.

3. Geschichte

Autobiographie und Literaturgeschichte

Wählt man eine lebende und zeitgenössische Gattung als Untersuchungsgegenstand, gerät man in eine heikle Lage, die sowohl Vorteile bietet als auch Grenzen setzt. Die Entscheidung für einen bestimmten Forschungsbereich ist nie völlig unschuldig: Insofern Gattungen soziale Institutionen sind, stellt die Isolierung einer Gattung in Hinblick auf ihre Konstituierung als Gegenstand des Wissens nicht nur eine wissenschaftliche Tätigkeit wie jede andere dar, sondern kann auch bedeuten, daß man mit der Institution kollaboriert.

Die literarischen Gattungen sind keine Dinge an sich: Sie stellen in jeder Epoche einen impliziten Code bereit, über den und dank dessen die Werke der Vergangenheit, aber auch die neu erscheinenden Werke von den Lesern rezipiert und klassifiziert werden können. Literarische Texte werden in bezug auf diese Modelle, »Erwartungshorizonte« und eine variable Geographie *produziert* und daraufhin *rezipiert*, ob sie diese Erwartungen nun erfüllen oder aber überschreiten und damit zu ihrer Erneuerung zwingen.[1] Wie alle anderen sozialen Institutionen wird auch das System der Gattungen von einem Trägheitsmoment (das eine die Kommunikation erleichternde Kontinuität bewahren möchte) und einem Moment der Veränderung (eine Literatur ist nur dann lebendig, wenn sie auf die Erwartungshaltung ihrer Leser einzuwirken vermag) bestimmt. Das Gattungssystem steht darüber hinaus mit weiteren Institutionen in Zusammenhang: mit dem Schulsystem, das zur Beibehaltung des Bestehenden beiträgt, indem es überholte Problematiken fortbestehen läßt, das Rezensionswesen der Zeitungen und Zeitschriften, in dem die jeweils aktuellen Erwartungshaltungen spontan zum Ausdruck kommen, und das Verlagswesen, das sich diese Erwartungshaltungen durch die Strategie der »Reihen« zunutze macht und sie möglicherweise auch beeinflußt.

1 Vgl. dazu folgende Arbeiten von Hans Robert Jauß, in deren Perspektive die vorliegende Untersuchung steht: *Theorie der Gattungen und Literatur des Mittelalters*, in: *Alterität und Modernität der mittelalterlichen Literatur*, München 1977, S. 327-358, sowie *Literaturgeschichte als Provokation der Literaturwissenschaft*, in: *Literaturgeschichte als Provokation*, Frankfurt am Main 1970, S. 144-207.

Auch die akademische Gattungsforschung, so wissenschaftlich sie sich auch geben mag, leistet auf ihre Weise einen Beitrag zu dieser Institutionalisierung: sie trägt häufig dazu bei, das, was sie zu untersuchen und zu beschreiben vorgibt, zu konstruieren und festzuschreiben. Sie rationalisiert und systematisiert, bemüht sich um eine Grundlegung der untersuchten Gattung, verhilft ihr zu Recht und Ansehen. Dies zeigt sich gegenwärtig besonders deutlich an der Sekundärliteratur zu Gattungen wie dem Comix[2], der Science-fiction oder dem Kriminalroman, da diese Untersuchungen keine Grenzen innerhalb der Literatur in Frage stellen, sondern das Fluktuieren der Grenzen der Literatur als Ganzes sichtbar machen. Auch die Memoiren und die Autobiographie wurden ursprünglich außerhalb der Literatur angesiedelt, ehe sie ihr mehr oder weniger angegliedert wurden. Die Sekundärliteratur zu einer Gattung leistet einen Beitrag zur Veränderung ihres Status, zu ihrer »Karriere«.

Insofern jede Gattung historisch ist, unterliegt die mit der Gattung als Institution verbundene Sekundärliteratur zur Autobiographie zugleich aber auch den Bedingungen jeder, um einen Begriff von Michel de Certeau aufzugreifen, »historischen Operation«.[3] Geschichte wird nicht von einem zeitlosen Ort aus, sondern in einer Gegenwart geschrieben, und sobald man dies vergißt, macht sich diese Gegenwart am stärksten bemerkbar. Aus der Distanz besehen, wird der so entstandene historische Text selbst zu einem zeitgebundenen Dokument, das die Bemühungen einer bestimmten Epoche um Strukturierung ihres Universums widerspiegelt. Der Lektüre einer im 19. Jahrhundert verfaßten Studie über die Gattung der Memoiren, *Les Mémoires et l'Histoire en France* (1863) von Ch. Caboche[4], verdanke ich eine überraschende Erkenntnis. Im Abstand von einem Jahrhundert sind die methodischen Irrtümer und ihre Voraussetzungen natürlich deutlich zu erkennen: Es verblüffte mich aber zu sehen, daß diese Vorausset-

2 Zum Beitrag – neben anderen Faktoren – der akademischen Kritik zur Kanonisierung einer Gattung vgl. Luc Boltanski, *La constitution du champ de la bande dessinée*, in: *Actes de la recherche en sciences sociales* 1 (1975).

3 Michel de Certeau, *L'opération historique*, in: *Faire de l'histoire*, unter der Leitung von J. Le Goff und P. Nora, Bd. 1, Paris 1974, S. 3-41.

4 Charles Caboche, *Les Mémoires et l'Histoire en France*, Paris 1863, 2 Bde. Band 1 enthält ein »Vorwort« (Seiten 1-101), in dem eine Gattungstheorie entworfen wird.

zungen denen vergleichbar sind, auf denen der Großteil der Sekundärliteratur zur Autobiographie beruht. Es ist also durchaus möglich, daß wir alle dieselben Irrtümer begehen und in diesem Punkt Caboches Schüler sind. Ich werde versuchen, dies anhand einiger Beispiele zu veranschaulichen.

Es hat tatsächlich den Anschein, als werde die kritische Literatur zur Gattungstheorie von ihrer institutionellen Funktion daran gehindert, die Geschichte zu denken. Die Abgrenzung des Gegenstands, die Suche nach Konstanten, normative und theoretische Zielvorstellungen, ganz zu schweigen von der emotionellen Bindung an den Untersuchungsgegenstand, all dies verführt sie dazu, die Historizität – Relativität und Wandelbarkeit – auszublenden oder auf inadäquate Weise zu behandeln. Dasselbe gilt im übrigen ganz allgemein für die heutige Literaturgeschichtsschreibung, die in unterschiedlichen Formen (der praktische Glaube an die Existenz von »Fakten«, der theoretische Glaube an »Typen«) der Vorstellung verhaftet bleibt, es gebe einen zeitlosen Ort, von dem aus absolute Erkenntnis möglich sei, als ob Geschichte eine Oberflächenerscheinung wäre, die sich vor einem unveränderlichen Hintergrund vollzöge. Dies werde ich als Anlaß zum Nachdenken darüber nehmen, was eine Literaturgeschichtsschreibung, das heißt die Untersuchung der Entwicklung einer als System verstandenen Literatur[5], strenggenommen sein müßte.

Diese Untersuchung setzt sich ein zweifaches Ziel: sie will einerseits anhand einer Analyse der Voraussetzungen, auf denen die Sekundärliteratur basiert, zeigen, wie die Gattung als Institution funktioniert, und andrerseits über die Wege nachdenken, die eine neue Literaturgeschichtsschreibung einschlagen könnte.

Die perspektivischen Illusionen

Der Wunsch nach Beständigkeit, der dem Gedanken der »Gattung« zugrunde liegt, bringt zwei scheinbar widersprüchliche optische Täuschungen mit sich, die im Grunde aber nur Varianten ein und desselben Irrtums sind.

5 Zu dieser Literaturgeschichte im engeren Sinn vgl. G. Genette, *Poétique et histoire*, in: *Figures III*, Paris 1973, S. 13-20, sowie T. Todorov, Artikel »Literaturgeschichte«, in: Tzvetan Todorov, Oswald Ducrot, *Enzyklopädisches Wörterbuch der Sprachwissenschaften*, Frankfurt am Main 1975, S. 167-171.

Die erste ist *die Illusion der Ewigkeit*. Die Autobiographie hat es in unterschiedlichem Ausmaß und in verschiedenen Ausprägungen immer schon gegeben. Man wird also ihre Geschichte von der Antike bis heute schreiben, ihre Entwicklung, ihre Fortschritte und Umwege bis zu ihrer modernen Vervollkommnung nachzeichnen können. Denen, die die Meinung vertreten, die Autobiographie sei eine von ihrem Wesen her moderne Gattung, wird man tausend Gegenbeispiele entgegenhalten können. Es handelt sich hier um ein terminologisches Problem, hinter dem sich aber, wie man bei näherer Betrachtung feststellt, ein grundsätzliches Problem verbirgt.[6]

Diese Illusion ist nur natürlich: sie entspricht einer spontanen historischen Operation, bei der wir unwillkürlich die Elemente der Vergangenheit entsprechend unseren heutigen Kategorien neu verteilen. Diesem Anachronismus liegen die Isolierung eines heute, in unserem Definitionssystem der Gattungen relevanten Merkmals (Rede in der ersten Person in Verbindung mit irgendeiner Form von persönlichem Engagement) und der Glaube zugrunde, daß dieses Merkmal immer schon dieselbe Relevanz gehabt habe, daß also unser Oppositionssystem diesem Merkmal inhärent sei, obwohl es durch und durch historisch und zeitgebunden ist. Was, in der Terminologie J. Tynjanovs, darauf hinausläuft, Form und Funktion miteinander zu verwechseln.[7]

Diese anachronistische Sicht kann in Kauf genommen werden, solange man sich im Register der Interpretation befindet; unser Dialog mit der Vergangenheit wäre ohne die Fülle von Verzerrungen, die sich aus der Kluft zwischen dem Code des Senders und dem des Empfängers ergeben, wohl kaum möglich. So kommt es etwa häufig vor, daß Werke gleichzeitig mit ihrem Durchgang

6 T. Todorov betont zu Recht, daß die Gattungen nicht mit den Bezeichnungen für die Gattungen verwechselt werden dürfen (*Enzyklopädisches Wörterbuch der Sprachwissenschaften*, a.a.O., S. 172) und daß eine Untersuchung des Wandels dieser Bezeichnungen in das Gebiet der historischen Semantik fällt (ebd., S. 168). Auch wenn eine derartige Untersuchung eine »Literaturgeschichte« nicht ersetzen könnte, müßte sie insofern in ihr enthalten sein, als es nicht unwichtig wäre, einen der Bestandteile des Kommunikationscodes zwischen Autoren und Lesern zu kennen. Darüber hinaus wären die methodologischen Probleme einer möglichen »historischen Semantik«, die es derzeit nur in bescheidenen Ansätzen gibt, mit den Problemen jener neuen Literaturgeschichte vergleichbar, deren Prinzipien Tynjanov vorgezeichnet hat.

7 J. Tynjanov, *Über die literarische Evolution*, in: *Poetik. Ausgewählte Essays*, Leipzig und Weimar 1982, S. 31-48.

durch unterschiedliche Erwartungssysteme im Lauf der Geschichte die »Gattung« wechseln: einem zweitrangigen Merkmal des Werks wird eine beherrschende Funktion zugesprochen. Im Fall der Autobiographie ist dieser Irrtum um so verführerischer, als die Verwendung der Rede in der ersten Person in Verbindung mit dem autobiographischen Pakt in unserem System die Funktion hat, die Illusion einer Kommunikation von Person zu Person zu erzeugen. Schon indem er sich direkt an den Leser wendet – und *uns* damit zu seinen Lesern macht –, vermittelt uns der Autobiograph, der vor zwei Jahrhunderten geschrieben hat, den Eindruck, er habe die Zeit aufgehoben. Sofern er in einem Code gesendet hat, der sich vom unsrigen nicht wesentlich unterscheidet, ist dieser Irrtum nicht schwerwiegend. Diese Wandelbarkeit der Lektüre sollte jedenfalls zum *Gegenstand* einer historischen Untersuchung gemacht werden: sie ist jedoch nicht dazu geeignet, ihr als *Grundlage* zu dienen.

Dies tritt vor allem dann besonders deutlich zutage, wenn man sich mit Zivilisationen befaßt, die wie die Antike oder das Mittelalter von der unsrigen weit entfernt sind. Darauf bezieht sich auch der hauptsächliche Vorwurf, den man dem monumentalen Unternehmen Georg Mischs[8] – von der allgemeinen Bedeutung seines Werks einmal abgesehen – machen kann. Seine Auffassung, wonach die (recht unscharf als Erzählung eines Lebens definierte) Autobiographie eine wesentliche und grundlegende Bestimmung der Menschheit, eine ihrer edelsten Aufgaben sei, und der Bogen, den er vom allmählichen Erwachen des menschlichen Bewußtseins in den Biographien der Pharaonen bis zu J.-J. Rousseau spannt, lassen eine ideologische und mythologische Vorgehensweise erkennen, die historisch nur wenig relevant ist, auch wenn sie mit zahlreichen wirklichen historischen Problemen in Berührung gerät. Ist es legitim, »die Autobiographie« im Mittelalter zu untersuchen und dabei Texte zu einer Gruppe zusammenzustellen, die,

8 G. Misch, *A History of Autobiography in Antiquity*, London 1950, 2 Bde. (Teilübersetzung von *Geschichte der Autobiographie*, Frankfurt am Main 1949-1969, 8 Bde.). G. Misch erklärt, daß er mit diesem Werk ein Vorhaben verwirklichen wollte, das Herder und Goethe um 1790 geplant hatten: ein Korpus aller zu allen Zeiten und in allen Ländern verfaßten autobiographischen Texte zusammenzustellen, um die fortschreitende Befreiung der menschlichen Person anschaulich zu machen. Hier wirkt die akademische Kritik und Literaturgeschichtsschreibung unbestreitbar (wenn auch mit zeitlicher Verzögerung) an den Bemühungen der Literatur mit, sich eine Vergangenheit und eine Tradition zu erfinden.

wie etwa die in der augustinischen Tradition der Bekenntnisse stehende *Vita* Guibert de Nogents oder Abaelards *Historia calamitatum* (*Leidensgeschichte*), die zwar ein Sonderfall, aber kein atypischer Sonderfall ist, zu ihrer Zeit miteinander nichts gemein hatten? Paul Zumthor hat in seinen Untersuchungen zur mittelalterlichen Poetik nachgewiesen, daß die Bedingungen der modernen Autobiographie damals nicht galten (Fehlen des Autorenbegriffs, Fehlen eines selbstreferentiellen literarischen Gebrauchs der ersten Person). Die scheinbaren Ausnahmen sind lediglich der retrospektiven Illusion des modernen Lesers zu verdanken, der die Codes der Vergangenheit mißversteht.[9]

Es ist im Grunde dasselbe Problem wie in der Kunstgeschichte: Wäre es nicht undenkbar, eine Abhandlung über »das Stilleben« zu schreiben, die von der Annahme ausginge, in ihm drücke sich eine zeitlose Bestimmung der Malerei aus, und die die stilisierten Motive eines alten Tongefäßes, denen eine bloß dekorative und symbolische Funktion zukommt, mit der systematischen Produktion der Holländer des 17. Jahrhunderts auf eine Stufe stellte? Wäre diese Illusion, um einen Vergleich zu wählen, der uns zu unserem Thema zurückführt, nicht jener vergleichbar, die gewisse moderne Kunsthistoriker dazu verführt hat, sich auf systematische Weise mit dem *Selbstporträt*[10] zu befassen und umfangreiche Korpora zusammenzustellen, in denen alle seit dem Mittelalter bekannten Selbstporträts unterschiedslos erfaßt sind? Eine derartige Vorgehensweise kann zwar durchaus informativ sein, ist aber insofern fragwürdig, als solche Sammlungen von Selbstporträts weder die Geschichte der sozialen Funktion des Porträts berücksichtigen noch differenzierte Querverbindungen zu den anderen Porträts und Werken der in Frage stehenden Maler herstellen. Oder könnte, um nun zur Literatur zurückzukehren, eine Geschichte des Briefes als literarische Gattung etwas anderes zutage bringen als die ständige Variabilität des Gattungssystems und der Grenzen dessen, was

9 Paul Zumthor, *Essai de poétique médiévale*, Paris 1972, S. 68f. und 172ff., sowie *Autobiographie au Moyen Age?*, in: *Langue, Texte, Énigme*, Paris 1974. Vgl. dazu auch Evelyn B. Vitz, *Type et individu dans »l'autobiographie« médiévale*, in: *Poétique* 25 (1975).

10 Vgl. etwa M. Masciotta, *Portraits d'artistes par eux-mêmes, XIV-XXe siècle*, Mailand 1955; Ernst Benkart, *Das Selbstbildnis vom 15. bis zum 18. Jahrhundert*, Berlin 1927, sowie Ludwig Goldscheider, *Fünfhundert Selbstporträts*, Wien 1936. Der französische Begriff »auto-portrait« entstand zu Beginn des 20. Jahrhunderts.

wir heute als Literatur bezeichnen? Es gibt keine zeitlose Essenz des Briefes, sondern nur einen bestimmten, fluktuierenden und kontingenten Modus der schriftlichen Kommunikation, der im Zusammenspiel mit anderen Merkmalen in verschiedenen Systemen verschiedene Funktionen erfüllt hat.

Die Forschungen genealogischen Typs, die ein heute relevantes Element isolieren und seine Spur in der Geschichte zurückverfolgen, sind daher genauso illusorisch wie historische Forschungen zu Etymologie oder Semantik, die sich auf ein einzelnes Wort beschränken. Nur die Evolution des Systems der Sprache als Ganzes kann historisch untersucht werden. Jede Forschung, die von einem besonderen Merkmal ausgeht, über dieses aber nicht hinauszugehen und es nicht in die allgemeine Geschichte des gesamten Systems zu integrieren vermag, sondern es noch verfestigt und verewigt, hat eine mythologische Funktion. In unserem speziellen Fall wird sie die für eine »Gattung« erforderliche, zeitübergreifende Beständigkeit bekräftigen und ihr damit zu allgemeiner Anerkennung verhelfen müssen. Schon die Idee, sich auf eine literarische Gattung spezialisieren zu wollen, bringt häufig eine Art emotionelle Bindung mit sich, die sich mit der von Regional- oder Lokalhistorikern vergleichen läßt. Charles Caboche etwa bezeichnete in seiner Geschichte der Memoiren die Schriftsteller, mit denen er sich befaßt, scherzhaft als »meine Klienten«[11]: er versteht seine Rolle als die eines Anwalts. Diese Tendenz zur Parteilichkeit und Blindheit all dem gegenüber, was nicht dem untersuchten Korpus angehört, ist die grundlegende Problematik derartiger Einzelgeschichten; und da die Definition des Untersuchungsgegenstandes auf der vorweg getroffenen Annahme seiner Beständigkeit beruht, wird der Untersuchende selbst große Mühe haben, wirklich historisch vorzugehen.

Diese Neuverteilung des Vergangenen gemäß moderner Kriterien und dieser Glaube an die Beständigkeit nicht der Gattungen, sondern der Elemente, aus denen sie zusammengesetzt sind, können sich jedoch, sofern sie wohldosiert eingesetzt werden, als durchaus fruchtbar erweisen.

Die literarischen Gattungen sind ja selbst Produkte einer Neuverteilung formaler Merkmale, die im jeweils vorhergegangenen System, wenn auch mit unterschiedlichen Funktionen, zum Teil

11 Ch. Caboche, a. a. O., Bd. 1, S. XV.

bereits enthalten waren. Wird diese Evolution der Systeme gebührend berücksichtigt, vermag die Suche nach dem Ursprung und nach zeitloser Beständigkeit sowohl jene Elemente, die zur Schaffung neuer Gattungen verwendet wurden, als auch die allmähliche Transformation der Erwartungshorizonte ans Licht zu bringen. Im Bereich der französischen Literatur würde man etwa der Autobiographie nach dem Vorbild Rousseaus nicht gerecht werden können, ohne sie mit der Tradition der religiösen Bekenntnisschriften in Beziehung gesetzt und ohne verstanden zu haben, daß die in der ersten Person verfaßte Erzählung seit Mitte des 17. Jahrhunderts durch Austauschbeziehungen zwischen den Memoiren und dem Roman allmählich transformiert wurde. Diese Art von Untersuchung muß präzise durchgeführt werden, und ohne daß man nachzuweisen versucht, daß dieser oder jener Aspekt »schon« autobiographisch oder, umgekehrt, daß die Autobiographie »nur« die laizisierte Form der jahrhundertealten Gattung des religiösen Bekenntnisses sei. Marc Fumaroli hat in seiner Untersuchung über *Les Mémoires du XVIIe siècle au carrefour des genres en prose*[12] (Die Memoiren des 17. Jahrhunderts am Schnittpunkt der Prosagattungen) die Zirkulation der verschiedenen Modelle durchaus zutreffend dargestellt: die Übernahme des augustinischen Modells in den sechziger Jahren des 17. Jahrhunderts, die Übertragung von Techniken der Memoiren auf den Roman, also ihre Weiterverwendung im Rahmen eines anderen Systems. Zu diesem letzten Punkt liegt eine Studie von Philip Stewart vor, der die Techniken erfaßt hat, die zu Beginn des 17. Jahrhunderts in als Romanen angelegten Memoiren verwendet wurden, ohne sie allerdings in den Gesamtzusammenhang des zwischen diesen beiden Bereichen stattfindenden Austauschs zu stellen.[13] Die Aufteilung der Literaturgeschichte in gattungsbezogene Spezialgebiete führt eben häufig dazu, daß das gesamte System aus dem Blick gerät und die in unterschiedlichen »regionalistischen« Perspektiven konzipierten Untersuchungen nur schwer miteinander vereinbar sind.

Es gibt aber noch eine zweite perspektivische Illusion: die der *Geburt* der Gattung, welche unvermittelt und wie mit einem Schlag entstanden, fortan ihrem Wesen, ihrer Essenz entsprechend

12 In: *XVIIe siècle* 94-95 (1972), als erster Beitrag einer Nummer mit dem Titel »Mémoires et création littéraire«.

13 Philip Stewart, *Imitation and Illusion in the French Memoirs-Novels, 1700-1750, the Art of Make-Believe*, New Haven und London 1969.

unverändert bliebe. Es handelt sich dabei um eine sehr verführerische Illusion, vor allem im Bereich der französischen Literatur, wo Rousseau ein Modell vorgegeben hat, dem die Autobiographen lange Zeit verhaftet geblieben sind. Ein Literaturwissenschaftler ist immer froh, einen »Ursprung« gefunden zu haben, der eine saubere Trennung zwischen einem »Davor« (das er dann wie W. Shumaker[14] als »protohistory« oder wie ich als »Vorgeschichte« bezeichnen kann) und, in einer messianischen Perspektive, einem »Danach« ermöglicht: »Und schließlich kam Rousseau...« Insofern der Ursprung zugleich auch Vorbild ist, disqualifiziert er die Vergangenheit und verstellt den Blick auf die Zukunft. Man wird dazu verführt, die Faktoren der Kontinuität mit dem Vergangenen zu unterschätzen und die Kohärenz der modernen Weiterentwicklungen der Gattungen zu überschätzen, und betrachtet die beiden Jahrhunderte, die uns von Rousseau trennen, als eine weitgespannte Synchronie. Im Extremfall ist man sogar bereit zu glauben, die ersten Autobiographen hätten den Archetyp einer Gattung[15] verwirklicht, die daraufhin nur mehr alle Anzeichen einer Verfallsgeschichte erkennen lasse.[16] Auch diese Haltung führt dazu, daß einer wirklich historischen Reflexion ausgewichen wird. Sie ist aber nicht völlig irrelevant, und das aus zwei Gründen.

Zum einen spiegelt sie auf vollkommene Weise jene Voraussetzungen wider, die das Funktionieren der Gattungen erst ermöglichen. Die Leser einer bestimmten Epoche nehmen eine »Gattung« nur dann als solche wahr, wenn einerseits kanonische Texte vorliegen, die die Funktion von Archetypen erfüllen, indem sie auf ideale Weise das verwirklichen, was man als die Essenz dieser Gattung ansieht, und wenn andrerseits eine Kontinuität des Schreibens angenommen werden kann, also die Produktion einer bestimmten Anzahl von Texten, die mit dem Modell zwar nicht übereinstimmen, aber als Variationen oder Abweichungen derselben Problematik angehören.

Zum anderen trifft es durchaus zu, daß die Texte des Korpus einer unter den Bedingungen einer bestimmten Epoche funktionierenden Gattung einander hervorgebracht haben und so gewis-

14 Wayne Shumaker, *English Autobiography, its Emergence, Materials and Form*, Berkeley 1954.
15 Philippe Lejeune, *L'Autobiographie en France*, Paris 1971, S. 65 f.
16 Roy Pascal, *Design and Truth in Autobiography*, Cambridge 1960, S. 160f.

sermaßen als Transformationen ein und desselben Textes betrachtet werden können. Dies ist im Fall der Autobiographie besonders deutlich erkennbar: zu den Techniken, die offenbar von der allgemeinen Situation der Autobiographie vorgeschrieben werden, treten andere, die sich infolge der Konvention und der Lektüre früherer Autobiographien durchgesetzt haben.

Diese Haltung ist also weniger illusorisch als die, die an die Zeitlosigkeit der Gattungen glaubt und versucht, ihre fernen Ursprünge ausfindig zu machen. Hier wird nach *Konstanten* in einem Bereich geforscht, in dem diese tatsächlich existiert und als relevante Merkmale funktioniert haben; und die angebotenen Definitionen werden durchaus zutreffend auf ihre Gültigkeit in einer bestimmten Epoche eingeschränkt. Die Geschichte besteht aber nicht nur aus Konstanten, und die Konstanten sind selbst im Grunde nicht mehr als bequeme Annäherungen (ähnlich den »Perioden« chronologischer Gliederungen). Die Illusion besteht also darin, nur mehr die Konstanten zu sehen und die tatsächliche, relative Autonomie des Korpus in eine mythische, absolute Unabhängigkeit umdeuten zu wollen. Die Literatur zur Gattungstheorie erliegt häufig dieser Versuchung und erfüllt genau damit ihre institutionelle Funktion.

Ich möchte dafür zwei Beispiele anführen, die gerade aufgrund ihrer zeitlichen oder räumlichen Distanz lehrreich sind.

Als sich Charles Caboche mit der Geschichte der Memoiren befaßte, betrachtete er sie als ein völlig unveränderliches und abgeschlossenes Korpus. Unveränderlich: die Gattung hat sich von den Kreuzzügen bis zu Guizot nur in dem Maß weiterentwickelt, in dem sich die in ihr widergespiegelte Geschichte weiterentwickelt hat: die unendliche Vielfalt der verschiedenen Tonarten und Geschichten verweist auf die Beständigkeit einer konstanten und unveränderlichen Spontaneität, die die Essenz der Gattung[17] bil-

17 »Aus dieser unserem Land eigenen Geistesverfassung ist eine literarische Gattung hervorgegangen, die ihr zu allen Zeiten Ausdruck verliehen hat. Die Eigenständigkeit dieser Gattung ist unschwer zu erkennen, sie blickt heute auf ein mehr als sechshundertjähriges Bestehen zurück. Sie ist meist das, was die Zufälligkeiten der Ereignisse, von denen zu berichten ist, und die ebenso launische Zufälligkeit des Menschen aus ihr machen, der ihr seine Empfindungen und Erinnerungen anvertraut; deshalb wandelt sich ihr Tonfall, ihre Sprechweise, ich möchte beinahe sagen ihre Sprache, von einem Buch zum anderen.« (Caboche, a.a.O., Bd. 1, S. XIII) Insofern, als Caboche die Memoiren nicht als eine traditionelle literarische Gattung auffaßt, beruht ihre Unveränderlichkeit nicht auf der Einhaltung

det. Abgeschlossen: Caboche bleibt all dem gegenüber blind, was nicht zu den Memoiren gehört. Er ist ein unverbesserlicher »Regionalist«. Zwar unterscheidet er, wie es seit dem 17. Jahrhundert üblich ist, die Memoiren von der Geschichtsschreibung, scheint aber im Jahr 1863 sowohl die zwischen Memoiren und Roman herrschenden Austauschbeziehungen als auch die tiefgreifenden Wandlungen zu ignorieren, die die literarische Geographie in den zwei Jahrhunderten vor ihm durchgemacht hat. Er übergeht dabei nicht nur die Entwicklung der Chronik des Privatlebens, sondern auch das Auftauchen der Autobiographie: gleich zu Beginn seines Buchs sondert er kurzerhand all die Erzählungen aus, die sich nicht mit dem Leben der Nation befassen; er stellt die Erzählungen der Herren von Port-Royal, Marmontels *Memoiren* und Lamartines *Confidences* unterschiedslos nebeneinander und betrachtet sie als parasitäre, relativ unbedeutende Phänomene, die auch stets in den Randbereichen des edlen Zweigs der Memoiren aufgetreten wären.[18] Diese Verkennung zeitgenössischer Entwicklungen sollte uns als Warnung dienen: Wer weiß, ob die heutigen, mit der Konsolidierung der Vergangenheit beschäftigten Theoretiker der Autobiographie nicht ähnlichen Irrtümern zum Opfer fallen?

In den Vereinigten Staaten sind vor kurzem zwei bemerkenswerte Untersuchungen erschienen: *Notes for an Anatomy of Modern Autobiography* von Francis R. Hart und *Some principles of Autobiography* von William L. Howarth.[19] Beide Autoren kritisieren, wie weiter unten ausführlicher gezeigt werden soll, die normative Funktion der Gattungstheorie. Es ist daher um so überraschender, daß sie dabei selbst der »regionalistischen« und »zeitlosen« Perspektive verhaftet bleiben und als Autoren einer Zeitschrift, die sich die Begründung einer neuen Literaturgeschichte zum Ziel gesetzt hat, sich nur ansatzweise um die Klarstellung historischer Sachverhalte bemühen.[20] Hart und Howarth

von »Regeln einer bekannten Theorie, um dem Geschmack eines an Modellen orientierten Publikums entgegenzukommen« (ebd., Bd. 1, S. 7f.), sondern auf einer *konstanten* Bewegung...

18 Ebd., Bd. 1, S. I bis VII.

19 Francis R. Hart, *Notes for an Anatomy of Modern Autobiography*, in: *New Literary History* I (1970), S. 485-510; William Howarth, *Some principles of Autobiography*, in: *New Literary History* V (1974), 2, S. 363-381.

20 William L. Howarth stellt lediglich fest, daß die Autobiographien, die er dem letzten der von ihm unterschiedenen drei Typen zurechnet (der poetischen oder

spekulieren mit einem unveränderlichen Korpus von Autobiographien: Hart von Rousseau bis heute, Howard ab Augustinus. Sie bewegen sich in ihm wie in einem homogenen Milieu, völlig ungehindert und ohne auf Definitionsfragen einzugehen. Das implizit erstellte Korpus ist darüber hinaus auch abgeschlossen: die Autobiographien werden zwar miteinander verglichen, aber nicht auf jene globalen historischen Rahmenbedingungen bezogen, unter denen sie funktioniert haben (andere »Gattungen«, andere Texte derselben Autoren).

Die normative Funktion

Der Gattungsbegriff beruht auf den Voraussetzungen der Beständigkeit und der Autonomie. Seine Grundlage ist der Glaube an eine Art Identität, die nur mit Hilfe von Serien von Unterscheidungen und Vorschriften zustande kommen kann, die sowohl die Gattung von anderen Produktionen abgrenzen als auch den damit eingegrenzten Bereich hierarchisieren und gewichten sollen. Jedes Publikum neigt dazu, das ihm Angebotene zu klassifizieren und es gemäß der Klassifizierung dessen zu rezipieren, was ihm bis dahin angeboten worden ist. Diese Klassifizierung und Angleichung an eine Norm geschieht zunächst auf empirische Weise: Hans Robert Jauß hat dafür den Begriff des »Erwartungshorizontes« vorgeschlagen; jede literarische Produktion wird vor dem Hintergrund dieses Horizonts wahrgenommen, ob sie nun die Erwartung restlos einlöst oder ihr nicht gerecht wird und sie damit zur Veränderung zwingt.[21] Der Begriff »Horizont« ist sehr gut gewählt: die

problematischen Autobiographie), von durchweg modernen Autoren stammen; und er merkt an, daß viele von ihnen Amerikaner sind. Ein willkommener Anlaß, um auf eine andere Facette der Gattungskritik hinzuweisen, die ebenfalls mit ihrer Mitwirkung an der Institutionalisierung zusammenhängt: auf ihren Chauvinismus. Wie man weiß, ist die Autobiographie eine britische Gattung (*passim*); sind die Franzosen für die Autobiographie hochbegabt (*L'Autobiographie en France*, Paris 1971, S. 5); ist die Autobiographie eine genuin amerikanische Gattung (Sayre, *The Examined Self*, Princeton 1964, S. 38-42; James M. Cox, *Autobiography and America*, in: Aspects of Narrative, hg. v. J. Miller, New York 1971, S. 143-172 usw.); sie ist ganz ohne Zweifel auch eine sehr deutsche und typisch russische Gattung. Freilich gibt es nationale Spezifika, die aber von den Kritikern aus Nationalstolz und mangelnder Belesenheit in den anderen Literaturen vorschnell als herausragende Einzigartigkeiten mißdeutet werden.

21 Vgl. Anm. 1.

Vorstellung einer verschwommenen Ferne, die er hervorruft, entspricht genau der Tendenz aller früheren Lektüreerfahrungen, zu einer Art Ideallandschaft zu verschmelzen; und es gehört auch bekanntlich zu den Eigenschaften eines Horizonts, ein relatives, perspektivisches Phänomen zu sein, das sich verändert, sobald der Betrachter seinen Standort wechselt (hier, seinen Standort in der Zeit). Weit davon entfernt, zu einer idealistischen Typologie hinzuführen, gibt der Begriff des Erwartungshorizontes, wie noch gezeigt werden wird, ein äußerst brauchbares Instrument zur Einbeziehung der historischen Evolution ab. Dieser Erwartungshorizont kann auch implizit sein, und er befindet sich in ständiger Bewegung. Die große Masse des Publikums (und der Kritik) neigte jedoch zu allen Zeiten immer dazu, den Horizont sozusagen *fixieren*, stabilisieren zu wollen. Die zur Kenntnis genommenen Erneuerungen und Neuverteilungen sind immer nur die jeweils letzten, wonach wieder abgeschlossen wird. Die Gattungstheorien sind ein Bestandteil dieses Systems einer für die Kontinuität der Literatur (und damit auch für ihre zukünftige Veränderung) erforderlichen Trägheit.

Wir leben in der Überzeugung, die Gattungstheorie sei in alten Zeiten (in den Zeiten der *artes poeticae*) normativ vorgegangen und erst seit der Moderne deskriptiv geworden; sie habe vom Biologismus Brunetières bis zu den heutigen Dichtungstheorien in mehr oder weniger überzeugender Form einen Weg hin zur Wissenschaftlichkeit beschritten. Dies ist zweifellos eine Illusion: zum einen nehmen wir die alten normativen Texte unweigerlich durch die Brille jener karikaturistischen Darstellung wahr, die uns vom Unterrichtswesen vorgesetzt wird; und zum anderen können wir nur die Normen auch als Normen erkennen, die nicht mehr gültig sind; wir betrachten unsere aktuellen Normen unwillkürlich als Naturgesetze (die heute zu Gesetzen der Linguistik oder Psychologie geworden sind ...). Die Schaffung von Normen ist ein notwendiger und permanenter Vorgang, auch wenn er wechselnden Modalitäten gehorcht, in denen wir uns nicht immer wiedererkennen können. Die journalistische Kritik und die akademische Literaturwissenschaft tragen zu diesem Vorgang bei. Jede Erneuerung durchbricht eine alte Erwartung, errichtet aber gleichzeitig ihren eigenen Horizont und enthält darüber hinaus den Ansatz zu dessen Kodifizierung. Und sobald der kritische Diskurs diesen Horizont identifiziert hat, beeilt er sich, ihn zu konsolidieren und zu Gesetzmäßigkeiten, Typen und Konstanten gerinnen zu lassen.

Nur bestimmte Arten der Kritik können wirklich deskriptiv vorgehen: die Kritik, die sich mit Gattungen vergangener oder ausländischer Literaturen oder aber mit solchen Gattungen befaßt, die durch Gewohnheit festgeschrieben sind und deren Verwendung als verbreiteter Konsumgegenstand ein nur wenig veränderliches »Lastenheft« erforderlich macht; in diesen Fällen braucht die normative Funktion nicht mehr wahrgenommen zu werden oder wird von einem anderen Prozeß wahrgenommen. Bei aktuellen und lebenden Gattungen muß die normative Funktion jedoch wahrgenommen werden. Es ist äußerst lehrreich, eine Anthologie kritischer, in den letzten hundert Jahren verfaßter Texte zum Roman[22] durchzublättern: die Kritiker konsolidieren *a posteriori* die Diskurse der Autoren, indem sie nach Definitionen und Konstanten forschen, die jedoch dem, was wir mit etwas Distanz unschwer als besondere, zeitspezifische Ästhetiken identifizieren können, absolute Gültigkeit zusprechen und so zu allgemeiner Bedeutung verhelfen. T. Todorov hat nachgewiesen, daß auch Theoretiker wie Lubbock oder Bachtin dieser normativen Versuchung erlegen sind.[23] Zu einer ähnlichen Erscheinung ist es in den letzten Jahren vor unseren Augen beim »Nouveau roman« gekommen, der uns seinen theoretischen und normativen Dekor gleich mitgeliefert hat. Es versteht sich in diesem Zusammenhang von selbst, daß auch die heutigen Theorien über das Unzeitgemäße der Gattungsgrenzen, insbesondere über das Ineinanderaufgehen von Lyrik und Roman, sowie der Erfolg der Begriffe Schreibweise und Text an einer Neuverteilung der Erwartungshorizonte mitwirken und unabhängig von ihren »theoretischen« Grundlagen eine für jede lebendige Literatur unentbehrliche normative Funktion ausüben.

Dasselbe gilt für die verschiedenen Gattungen der Ich-Du-Literatur (»littérature personnelle«): Charles Caboche hat sich seine Ausführungen über die Memoiren von den Memoirenschriftstellern einflüstern lassen: er sammelt, verdünnt und ordnet das um,

22 Vgl. etwa die von Michel Raimond in *Le Roman depuis la révolution*, Paris 1967, zusammengestellte Anthologie sowie sein Kapitel über »La définition du roman«, in: *La Crise du roman, des lendemains du naturalisme aux années vingt*, Paris 1967, S. 138-158.

23 T. Todorov, *Poétique*, Paris 1973, S. 99-101.

was er von jenen Memoirenschriftstellern erfahren hat, die er als typische Vertreter betrachtet: er gesteht ein, Madame de Motteville sehr viel zu verdanken.[24] Ein Teil der kritischen Literatur zur Autobiographie, insbesondere zu Rousseau und seinen Nachfolgern, ist nicht anders vorgegangen. Ein kritischer Diskurs, der bei den Autoren ansetzt, sieht eben normativer aus.

Die normative Vorgehensweise des Kritikers wird häufig den Anstrich einer »deskriptiven« und objektiven Vorgehensweise erhalten: er wird sich um eine *Definition* der Gattung bemühen, als ob ein historisches Phänomen »definiert«, anstatt zunächst beschrieben werden müßte. Um dieser Definition willen wird er nicht nur sagen müssen, was die Gattung ist, sondern auch, was sie sein *muß*, um sein zu können, was sie ist. Sein und Sein-Müssen gehen ineinander auf, und die Beschreibung wird normativ. Der Kritiker bestimmt die Essenz oder das Idealmodell der Gattung:

> Aus allen sorgfältig untersuchten Memoiren und Memoirenschriftstellern schälte sich eine Art Idealmodell heraus, das sich aus den eigenständigen Besonderheiten aller anderen zusammensetzte; und unter diesem Modell – es hieße einem Hirngespinst nachjagen, ihm irgendwo begegnen zu wollen – sind all die besonderen Beispiele verblieben, die die unerschöpfliche Vielfalt des französischen Genius stets dann für die Zukunft bereithielt und bereithalten wird, wenn es ihm gefällt, die Episoden unserer Geschichte lebendig zu machen.[25]

Die induktive Vorgehensweise, die die gemeinsamen Faktoren eines »Korpus« zu ermitteln sucht, geht in eine deduktive Vorgehensweise über, da das Korpus ja ausgehend von der Definition erstellt wurde. Der Kreis schließt sich: es findet weniger ein Wechsel der Methode als eine Rationalisierung des Erwartungshorizontes, ein Wechsel der Sprachebene (von der Empirie zur theoretischen Sprache) statt. Die Mehrdeutigkeit der Worte »Modell« und »Regel« begünstigt und verdeckt diesen Zirkel. Caboche erstellt also ein idealtypisches Modell der Memoiren, das zugleich deskriptiv (er läßt auf verschiedenen Ebenen die Oppositionen zur geschichtlich belegten Gattung spielen) und normativ ist (alle Charakteristika werden als »Eigenschaften« und über sukzessive Einschränkungen bestimmt; er setzt eine besondere Gattungsäs-

24 Ch. Caboche, a. a. O., Bd. 1, S. XVIII.

25 Ebd., S. XIX. Auf diesen Punkt gehe ich z. B. in *L'Autobiographie en France*, S. 13, ein.

thetik voraus, die er an drei Adjektiven festmacht: Memoiren müssen »persönlich«, »eigenständig« und »einfach« sein[26]). Diese Vorgehensweise darf nicht als illusorisch abgetan werden, da sie oft vieles über die »Erwartungshorizonte« zutage bringt und oft mit einem deskriptiven Anspruch gepaart ist, der in einem anderen methodologischen Umfeld gewinnbringend fortgesetzt werden kann. Sie muß nur als solche bewußt bleiben und auch überwunden werden können.

Ähnlich bin ich in *L'Autobiographie en France* vorgegangen: ich wollte eine Definition der Autobiographie geben und ein kohärentes »Korpus« zusammenstellen. Angesichts eines derart verschwommenen und vielgestaltigen Bereichs war es verführerisch, einfach die Entscheidung zu treffen, daß ein bestimmter Typus von Erzählungen der Essenz der Gattung entspricht. Ich bin in diesem Punkt Roy Pascals grundlegendem Werk *Design and Truth in Autobiography*[27] gefolgt, in dem die Autobiographie mit jenem besonderen Typus der Autobiographie gleichgesetzt wird, bei dem der Verfasser der Genese seiner Persönlichkeit besonderes Augenmerk schenkt. Nachdem das Modell gewählt wurde, stellt man über ein System von Aussonderungen das »Korpus« zusammen: alles, was mit dem Modell nicht übereinstimmt, wird als gescheitert, als seltener Sonderfall oder als Element bestimmt, das dem Korpus nicht angehört. Die Gattung wird damit zu einer Art »Club«, zu dessen Portier sich der Kritiker macht, indem er durch Ausschließung eine relativ reine »Rasse« selektioniert. Sind die Kriterien hingegen allzu präzis, läuft man Gefahr, die »Erwartungshorizonte« bloß schematisch darzustellen und verwandten Erscheinungen und der historischen Evolution gegenüber blind zu bleiben.

Der von mir nach diesen Kriterien erstellte Katalog leidet jedoch an einer weiteren Verzerrung anderer Art. Eines der Selektionskriterien tut seine Wirkung ohne das Wissen des Sammlers: das, was Escarpit als das »erste Lehmansche Gesetz«[28] bezeichnet; es lautet folgendermaßen: »In der historischen Sicht, die eine Menschengruppe von der Literatur hat, tendiert die Zahl der bleibenden Werke der zeitgenössischen Produktion dazu, gleich hoch zu sein

26 Ch. Caboche, a. a. O., S. 10-24.

27 Roy Pascal, *Design and Truth in Autobiography*, Cambridge 1960, Kap. I, »What is an Autobiography«.

28 Robert Escarpit, *Le Littéraire et le Social*, Paris 1970, S. 151.

wie die der bleibenden Werke der Vergangenheit.« Freilich dürfte diese Verzerrung durch die in den beiden letzten Jahrhunderten steigende Zahl an jährlich veröffentlichten »Autobiographien« etwas abgemildert werden. Eine quantitative Untersuchung müßte jedoch von systematisch gezogenen Proben ausgehen und nicht von einer vorgegebenen Abfolge von Werken, die nach Maßgabe der »Gattungsnormen« und jener Bewertung ausgewählt wurden, der jede vergangene Produktion unterzogen wird.

Die normative Funktion kann entweder heimlich, verborgen hinter der Illusion einer objektiven Definition, zum Tragen kommen oder aber in den verschiedenen, auf pragmatischer oder theoretischer Ebene unternommenen Versuchen einer *ars autobiographica* offen eingestanden werden.

Richard G. Lillard hat in der sehr pädagogischen Perspektive eines Ratgebers für angehende Autobiographen[29] eine unterhaltsame Liste der »zu pflegenden Eigenschaften« und der »zu vermeidenden Fehler« aufgestellt. Die Studenten verfügen meist über keine Erfahrungen in schriftstellerischer Komposition und glauben naiv, ihre »Kompetenz« in diesem Thema werde ausreichen. *»Do it yourself«*: Lillard gibt ihnen Ratschläge und bezieht sich dabei ähnlich wie in den Berichten einer Prüfungskommission auf die Analyse der von den früheren Jahrgängen verfaßten Texte. Seine Ratschläge gehen von einem Durchschnittsmodell der autobiographischen Erzählung aus und betonen die minimalen Anforderungen an Pertinenz und Kohärenz, die erfüllt werden müssen, damit die Kommunikation mit dem Leser gewährleistet ist. Dieselben pragmatischen und pädagogischen Absichten verfolgt auch das unlängst erschienene Handbuch der beiden amerikanischen

29 Richard G. Lillard, *American Life in Autobiography, a descriptive guide*, Stanford 1956, S. 6-13. Dem Autor zufolge sind die zehn Todsünden der Autobiographie: klischeehafte Schreibweise, Übermaß an Anekdoten, detailgetreue (und wenig plausible) Rekonstruktion von Szenen und Dialogen, die Übernahme unbearbeiteter Tagebuchabschnitte, Kataloge von Vorfahren und Verwandten zu Beginn des Buches, allzu detaillierte Reiseberichte, irrelevante Kindheitserinnerungen, Aufzählung von Eigennamen, allzu hastige Erzählweise und Verbergen der Wahrheit. Die sechs Haupttugenden sind: Trauer, Eingeständnis des Scheiterns und früherer Irrtümer, emotionale Kommunikation mit dem Leser von Anfang an, originalgetreue und charakteristische Details der jeweiligen Zeit oder Persönlichkeit, kohärenter Erzählstandpunkt im Dienst eines neuen Blicks, persönlicher Bezugsrahmen der Geschichte und Vermittlung des Eindrucks von Fortschritt oder Veränderung. Jede dieser Eigenschaften wird anhand mehrerer Beispiele veranschaulicht.

Professoren R. J. Porter und H. R. Wolf[30], die ihre Studenten nicht nur zur Lektüre, sondern auch zum *Schreiben* von Autobiographien anregen wollen: sie führen mit ihnen »praktische Übungen« durch, um ihnen die minimalen Anforderungen der Gattung, so wie sie heute verstanden wird, bewußt zu machen.

B. J. Mandel hat auf der Ebene der ästhetischen Theorie den ehrgeizigeren Versuch einer allgemeingültigen Definition der »Kunst der Autobiographie«[31] unternommen. Das von ihm gewählte Grundprinzip ist scheinbar flexibel und liberal: die Abstimmung der Mittel auf die vom Autobiographen jeweils anvisierten Ziele. Da aber diese Ziele vielfältig und nur schwer zu ermitteln sind, da eine große Bandbreite unterschiedlicher Mittel eingesetzt werden kann und die Forderung nach Einheit und Relevanz im Grunde willkürlich ist, gelangt B. J. Mandel zu einem recht ungewissen Ergebnis, dessen allgemeingültige Begriffe zudem auf persönlichen ästhetischen Optionen beruhen. Seinen Kriterien zufolge beurteilt er etwa Stendhals Autobiographie aufgrund ihrer *Ungeordnetheit* als gescheitert. Dies ist ein mögliches Werturteil, andere wären ebenfalls möglich. Sie sind zwar als Dokumente für das Archiv der Geschichte interessant, aber als Grundlage einer Geschichtsschreibung keineswegs geeignet.

In einem vor kurzem in *New Literary History* erschienenen Artikel unternahm Francis Hart eine systematische Analyse dieses normativen Verhaltens und der extremen Vereinfachungen, die es mit sich bringt.[32] Ich fasse ihn kurz zusammen: Hart zeigt zunächst die Starrheit und Willkürlichkeit der von den Kritikern (G. Gusdorf und R. Pascal sowie W. Shumaker und B. J. Mandel) den drei Problemen der »Wahrheit«, der Technik und den Intentionen der Autobiographie gegenüber eingenommenen Haltungen auf. Daraufhin geht er ähnlich wie Maupassant vor, der in seinem Vorwort zu *Pierre et Jean* (*Die Brüder*) eine beeindruckende Liste europäischer »Romane« aufgeführt hat, um zu zeigen, wie willkürlich es ist, eine besondere Ästhetik zum Gesetz der gesamten Gattung erheben zu wollen. F. Hart weist anhand von etwa vierzig

30 Roger J. Porter und H. R. Wolf, *The Voice Within, Reading and Writing Autobiography*, New York 1973.

31 Barrett John Mandel, *The Autobiographer's Art*, in: *The Journal of Aesthetics and Art Criticism* XXVI (1968-1969), S. 215-226.

32 Francis R. Hart, *Notes for an Anatomy of Modern Autobiography*, in: *New Literary History* 1 (1970), S. 480-511.

von ihm ausgewählten modernen autobiographischen Texten seit Rousseau Punkt für Punkt die große Bandbreite der von den Autobiographen gewählten Lösungen und Erzählhaltungen nach. Seine Untersuchung, die er als eine »Anatomie« verstanden wissen will, geht nach einer dissoziativen Methode vor, die ausgezeichnet ist (Auseinanderhalten von Problemen, die oft vermengt werden, genaue Unterscheidung der Faktoren und Kategorien) und der man höchstens vorwerfen kann, daß sie ausschließlich auf Autobiographien angewandt wird (regionalistische Illusion des abgeschlossenen Korpus). Sie macht deutlich, daß es kein allgemeingültiges Modell der Autobiographie geben kann, scheint im Grunde sogar andeuten zu wollen, daß jede einzelne Autobiographie einen eigenen Typus vertritt, der auf einer eigenständigen Kombination von Lösungen jener Probleme beruht, die sich jedem Autobiographen stellen. Diese innere Vielfalt wird mit einem Verzicht auf die Einheit des globalen Feldes erkauft, die von Hart als Gegebenheit vorausgesetzt und nicht weiter hinterfragt wird. Die Probleme der Gattungsgrenzen und der Beziehungen und Oppositionen zu den übrigen Bereichen des Gattungssystems kommen nur beiläufig zur Sprache. Es hat den Anschein, als habe Hart seine dissoziative Methode nicht konsequent genug angewandt und als könne man, sobald man sich selbst als innerhalb der Gattung stehend begreift, die mit der Gattungskritik verbundene Illusion nur in einem Punkt und unter der Bedingung entmystifizieren, daß man in ihr einem anderen Punkt verfällt.

Wie schwierig es ist, sich von einer vereinfachenden Typologie zu lösen, zeigt ein Artikel von William L. Howarth[33], der 1974 in derselben Zeitschrift erschienen ist. Er knüpft an Harts Arbeiten an und versucht, die von ihm dissoziierten Elemente wieder zusammenzufügen, wobei er von der Annahme ausgeht, daß sich die distinktiven Merkmale trotz allem wieder zu regelmäßigen Gruppen, zu Sekundärtypen, zusammenstellen lassen müßten. Diese Gruppen ermöglichen ihm die Unterscheidung dreier Typen von Autobiographien: die rednerische (unter der Schirmherrschaft des hl. Augustinus), die dramatische (unter der Cellinis) und die poetische oder problematische (unter der Rousseaus). Diese Begriffe beziehen sich auf die Analysen Fryes, bei dem Hart auf weiten Strecken Anleihen nimmt. Seine Argumentation ist bestechend,

33 William L. Howarth, *Some principles of Autobiography*, in: *New Literary History* V (1974), 2, S. 363-381.

aber aufgrund seines Willens zur Kohärenz häufig auch willkürlich: sie entspricht einer – allerdings reflektierten und daher auch relativisierten – Wiedereinführung der normativen und archetypischen Haltung. Der dissoziativen Flexibilität steht ein Wille zur Klassifizierung um jeden Preis gegenüber. Können alle Werke mit Hilfe dieser Kategorien erfaßt werden? Kann ein Werk nicht auch mehreren Kategorien gleichzeitig angehören? Könnte es nicht auch eine vierte Kategorie geben? Und könnten diese Kategorien nicht nach historisch unterschiedlichen und variablen Kriterien aufgeteilt sein? Keine dieser Fragen wird gestellt.

Harts und Howarths Analysen stehen damit in einer zweifachen Beziehung zur herkömmlichen Gattungskritik: sie leisten einerseits einen Beitrag zur Mythologisierung der Gattung, da sie über das implizit definierte Korpus nicht hinausblicken und die Historizität vernachlässigen; andrerseits stellen sie diese Mythologie in Frage, indem sie auf Werturteile verzichten, eine Vielfalt verschiedener Modelle zulassen und eine dissoziative Analyse der einzelnen Faktoren vornehmen, die, würde sie weiter fortgesetzt, durchaus fruchtbar wäre. Sie wurden offenbar, wie das Beispiel Howarths zeigt, von einer anderen, in der gattungstheoretischen Sekundärliteratur häufig anzutreffenden Illusion daran gehindert, ihren Weg konsequent zu Ende zu gehen: von der Illusion der Theorie.

Der Bereich der Theorie

Die Gattungskritik bringt eine Konsolidierung der jeweils untersuchten Gattung mit sich, indem sie ihre Beständigkeit und Autonomie unterstreicht und ihr normatives System rationalisiert. Ich habe mich bisher nur mit »regionalistischen« Versuchen zu einzelnen Gattungen befaßt. Es liegt aber auf der Hand, daß diese aktive Mitgestaltung des Gattungssystems auch auf einer höheren Ebene, auf der des gesamten Gattungssystems stattfinden kann. A. Thibaudet schrieb: »Eine Gattungstheorie muß das ehrgeizigste Ziel der großen Kritik bleiben.«[34] Diesen Ehrgeiz scheinen auch die heutigen Kritiker noch zu haben. Der beeindruckendste Versuch in diese Richtung ist Northrop Fryes *Anatomy of Criticism* (*Ana-*

34 Zit. nach J. Pommier, *L'idée de genre*, in: *Publications de l'École normale supérieure*, section des lettres, II, 1945, S. 77.

lyse der Literaturkritik).[35] Der von mir gegen den »Regionalismus« vorgebrachte Einwand wird hier hinfällig, dafür erheben sich aber insofern weit schwerwiegendere Einwände, als derartige Versuche zu einem Verzicht auf historisches Denken führen und letztlich in eine theoretische Sackgasse münden. Diesen Versuchen liegt eine irrtümliche Auffassung des Bereichs zugrunde, in dem theoretische Reflexion stattfinden kann.

Die Erarbeitung einer »Gattungstheorie« ist der Versuch, mit Hilfe von Begriffen, die nur innerhalb des Feldes der Geschichtlichkeit Gültigkeit haben, eine Synthese mit absoluter Aussagekraft herzustellen: auf diese Weise wird man nur zu scharfsinnigen Konstruktionen, zu einem auf Anachronismen beruhenden, komplizierten Synkretismus gelangen können. »Gattungen« sind komplexe historische Phänomene, die nur innerhalb des Systems existieren. Wenn man sich bei der Konstruktion einer »Gattungstheorie« auf Aristoteles beruft, postuliert man die Existenz einer literaturimmanenten Struktur und reduziert die Geschichte zu einer bloßen Oberflächenerscheinung, die sich auf Variationen und Kombinationen grundlegender Archetypen beschränkt, die selbst unveränderlich seien. Dieser antihistorische Idealismus projiziert damit jene »Grundtypen« in den Ideenhimmel, als deren Inkarnationen er die historisch belegten Gattungen betrachtet. Der grundlegende Irrtum dieser Methode läßt sich anhand eines Vergleichs mit einem sprachwissenschaftlichen Problem anschaulich darstellen. Eine »Gattungstheorie« aufzustellen (die in Wirklichkeit keine Theorie, sondern ein Klassifikationssystem ist) gleicht dem Versuch, ausgehend von den historischen Sprachen eine ihnen immanente Universalsprache *wiederherzustellen*, in der sich die einzelnen Sprachen auf verschiedene Weise inkarnieren und die im Grunde nicht mehr ist als eine Art Esperanto, eine künstliche, synthetische Sprache (in der, wie leicht erkennbar ist, der Sprache ihres Erfinders eine besondere Bedeutung zukommt). Was würde man von einem Semantiker sagen, der einen »universellen Wortschatz« zu konstruieren versuchte, anstatt sich um die Formulierung der Gesetzmäßigkeiten semantischer Systeme zu bemühen? der sich mit Inhalten befassen würde, anstatt *Operationen* zu untersuchen?

35 Northrop Frye, *Anatomy of Criticism*, Princeton University Press 1957; dt. *Analyse der Literaturkritik*, aus dem Amerikanischen von Edgar Lohner und Henning Clewing, Stuttgart 1964.

T. Todorov hat die Vorgehensweise N. Fryes insofern als willkürlich kritisiert, als er nachweisen konnte, daß sie nur in geringem Maß mit den zum Großteil interessanten methodischen Prinzipien in Einklang stehen, die Frye zu Beginn seines Werks aufstellt.[36] Es ist nicht sicher, ob gewisse »poetische« Herangehensweisen nicht ebenfalls auf idealistischen und platonischen Postulaten beruhen, die denen N. Fryes ähneln. Aus der Perspektive des Historikers müßte die Kategorie der »Typen« jedenfalls hinterfragt werden. In Anschluß an andere Autoren schlägt T. Todorov eine Unterscheidung zwischen »historischen Gattungen« und »systematischen Gattungen« vor, die er, um eine terminologische Verwirrung zu vermeiden, als »Typen« bezeichnet wissen möchte. Wenn dennoch Verwirrung herrscht, dann ist dies nicht dem Vokabular anzulasten, das nur ihr Symptom ist; das Austauschen eines Worts ändert nichts an der Sache: der Typus bleibt dessenungeachtet eine idealisierte Projektion der Gattung, eine Sicherheit vermittelnde Phantasie ähnlich denen, die die Grundlage der Institution der Gattungen bilden und denen wir auch in der Praxis verhaftet bleiben, wenn wir davon ausgehen, daß die faktischen Oppositionen aus Oppositionen zwischen Essenzen entspringen. Die Unterscheidung zwischen systematischen und historischen Gattungen erinnert an die Unterscheidung zwischen Leib und Seele, die man, nachdem man sie einmal getrennt hat, nur mit Mühe wieder miteinander kommunizieren lassen kann. Es ist schwierig, zwischen ihnen zu vermitteln: zu diesem Zweck müssen die systematischen Gattungen in »elementare Gattungen« und »komplexe Gattungen« untergliedert und es muß behauptet werden, »daß die historischen Gattungen einen Teil der komplexen systematischen Gattungen bilden«.[37] Diesen Unterscheidungen kommt wohl hauptsächlich die Funktion zu, die durch die offenkundige historische Wandelbarkeit und Komplexität in Frage gestellte idealistische Kategorie des Typus zu retten.

Auf theoretischer Ebene gibt es keinen Grund zur Annahme derartiger grundlegender Kategorien, in deren Oppositionssystem sich *in einfacherer Form* jenes Oppositionssystem widerspiegeln sollte, aus denen die realen Gattungen bestehen; noch,

36 T. Todorov, *Einführung in die fantastische Literatur*, Kap. I, »Die literarischen Gattungen«. Aus dem Französischen von Karin Kersten, Senta Metz und Caroline Neubaur, München 1972.

37 Ebd., S. 17.

warum diese Systeme die Form starrer Hierarchien oder einer Stufenleiter haben sollten, die vom Ideal über Abstufungen und Unterteilungen bis hinunter zum Realen führt. Nicht einmal, warum es überhaupt eine typologische Klassifizierung geben sollte. Auf der Abstraktionsebene der Theorie findet man vor:

a) Nur analytisch dissoziierte und unterschiedlichen Bereichen zugehörige elementare Kategorien ohne jegliche *a-priori*-Hierarchisierung, da die den verschiedenen historischen »Gattungssystemen« (das heißt den Erwartungshorizonten) zugrundeliegenden Relevanzen und Oppositionshierarchien äußerst variabel und jeweils in gleichem Maß legitim sind. Die Anzahl der Bereiche, denen diese Kategorien angehören, müßte offengelassen werden; sie entsprechen der Vielfalt der Kommunikationsweisen, der inneren Strukturen und der Werkinhalte. In all diesen Bereichen würde die analytische Reflexion keine Essenzen, sondern die funktionellen Gesetzmäßigkeiten der analysierten Ebene zu erkennen suchen.[38] Das System der realen Werke läßt sich mit keiner analytischen Kategorie vollständig erfassen: und würde man *a priori* über die Verknüpfung dieser Kategorien entscheiden, könnte man höchstens abstrakte Modelle ohne Relevanz und Gebrauchswert basteln. Die »typologischen« Theorien gehen häufig von der Auswahl eines privilegierten Bereiches aus, von dem die anderen abhängen, und arbeiten meist mit einer beschränkten Zahl von Kategorien. Die von T. Todorov erstellte Liste der »Typologien«[39] läßt diesen Fehler, der ihnen allen gemeinsam ist, deutlich erkennen: dieser Fehler ist aber nicht der Ungeschicklichkeit der Kritiker zu verdanken, die Gattungen und Typen miteinander verwechselt haben, sondern liegt in einem falschen Typusbegriff begründet.

b) Nur aus der funktionellen Analyse des wirklichen Gattungssystems erschlossene Operationstypen: wie werden die verschiedenen Merkmale in den Gattungen jeweils hierarchisiert, in welchen Oppositionen stehen die Gattungen einer Epoche zueinander (eine synchronische Untersuchung); wie entstehen Gattungen, wie verändern sie sich –, also jene diachronische Untersuchung, die nur dann sinnvoll sein kann, wenn sie sich nicht mit einer isolierten

38 Diese Überlegungen treffen sich mit denen von Dan Ben-Amos in *Catégories analytiques et genres populaires*, in: *Poétique* 19 (1974).

39 T. Todorov, Artikel »Literarische Gattungen«, in: T. Todorov, O. Ducrot, *Enzyklopädisches Wörterbuch der Sprachwissenschaften*, a. a. O., S. 172-179.

Gattung, sondern mit einem Teilbereich des Systems oder mit dem gesamten System befaßt, um die Ausdifferenzierungen, Verquikkungen, Übernahmen oder das Auftauchen neuer Merkmale, ihre Verteilung auf neu entstandene, anders hierarchisierte Ensembles usw. zu analysieren. Die »typologischen« Theorien sind hingegen nicht imstande, die historische Variabilität zu beschreiben, geschweige denn zu erklären; sie betrachten die realen Gattungen als matten Abglanz oder als Mischformen aus jenen seltenen und reinen Essenzen, die sie selbst destilliert haben – wobei allerdings neun Zehntel der historischen Gegebenheiten verdampft sind.

Die theoretische Arbeit besteht also nicht darin, eine Klassifizierung der Gattungen zu konstruieren, sondern die Funktionsgesetze der historischen Gattungssysteme zu ermitteln. Ich habe mich, um zu dieser Feststellung zu gelangen, die im Grunde selbstverständlich ist, in der Praxis aber häufig vernachlässigt wird, nur scheinbar von der Autobiographie entfernt. Nun möchte ich auf den Sonderfall der Autobiographie zurückkommen, um anhand zweier, miteinander kontrastierender Beispiele auf die Gefahren des theoretischen Idealismus und die Möglichkeiten einer relativistischen Gattungsanalyse einzugehen.

Als Illustration des theoretischen Idealismus bieten sich N. Fryes Ausführungen zur Autobiographie an, weil sein Werk in den angelsächsischen Ländern großen Einfluß ausübt und von exemplarischer Bedeutung ist.[40] Frye möchte sowohl eine kohärente »Gattungstheorie« konstruieren als auch die empirische Wirklichkeit beschreiben: im Unterschied zu anderen Typologen, die aus der Wirklichkeit das herausgreifen, was ihnen ins Konzept paßt, weicht er der Hauptschwierigkeit also nicht aus. N. Fryes Empirismus geht aber nicht so weit, das Wirkliche zum Ausgangspunkt seiner Überlegungen zu machen: er versucht lediglich, das Wirkliche nachträglich in einem *a priori* erstellten Begriffsrahmen unterzubringen. Seine Analyse geht von den platonischen (S. 244) und aristotelischen (S. 245) Begriffen sowie von den Unterteilungen der klassischen Rhetorik (S. 245 f.) aus. Das Wirkliche wird vom Gipfel der Pyramide der Essenzen abgeleitet. Ausgangspunkt seiner Theorie ist die antike Dreiteilung in Epik, Dramatik und Lyrik: Frye hält fest, daß diese Unterteilung auf der eigentlichen Darstellungsweise des Werkes (auf den Kommunikationsbedin-

40 Die Seitenangaben beziehen sich auf die deutsche Ausgabe von 1964 (vgl. oben, Anmerkung 35).

gungen zwischen Autor und Publikum) beruht. Diese Feststellung ist scheinbar richtig, doch drängen sich sofort zwei Einwände auf: Wenn man davon ausgeht, daß dieser Faktor immer bestimmend ist, greift man der Komplexität der Tatsachen vor und gerät in ein botanisches Klassifikationssystem, das es unmöglich macht, das Gattungssystem als ein variables, von vielfältigen Faktoren bestimmtes System aufzufassen, dessen Hierarchie zudem ständigen Veränderungen unterworfen ist. Und andrerseits bestünde, wenn es denn so wäre, die Aufgabe des Literaturtheoretikers darin, ausgehend von der Analyse des Wirklichen alle möglichen Variationen der Kommunikationssituation analytisch (also ohne der Vorstellung zu verfallen, eine gegebene Situation sei etwas Unveränderliches oder eine Essenz) und induktiv durchzudenken. Unter die Variablen würden bestimmte historische (sowohl technische als auch soziologische) Fakten fallen. Statt dessen wählt N. Frye jedoch vier komplexe Situationen aus, die er, weil sie historisch vorherrschend waren, als einfache Essenzen behandelt, von denen alles andere abhängt. Diese vier grundlegenden Gattungen sind: das *Epos* (mündliche Anrede einer Zuhörerschaft), die *Prosa* (»fiction«; Prosagattung, die sich durch ein Buch an den Leser wendet), das *Drama* (bei dem der Autor zurücktritt) und die *Lyrik* (der Dichter wendet dem Publikum den Rücken zu und gibt vor, mit sich selbst oder jemand anderem zu sprechen). Frye wird in der Folge seiner Analyse immer wieder dazu neigen, das distinktive Merkmal einer Kommunikationssituation mit der Gattung zu verwechseln, in der dieses Merkmal von ausschlaggebender Bedeutung ist. Was zu endlosen Schwierigkeiten führt, die er nur mit Hilfe von komplizierten Kasuistiken und willkürlichen Verallgemeinerungen zu überwinden vermag. Als Beispiel dafür gebe ich seine Ausführungen zur Autobiographie wieder. Frye untergliedert in der Art eines Botanikers jede dieser Gattungen in Sonderformen. Das, was er als »Prosadichtung« (»fiction«) bezeichnet, umfasse vier (nicht weniger, aber auch nicht mehr) dieser Sonderformen: den Roman (»novel«), die Konfession (»confession«), die Anatomie oder Satire (»anatomy«) und die Romanze (»romance«). Die wirklichen Werke entstünden aus einer Vermischung dieser vier Formen. Zur Autobiographie heißt es (S. 308):

Eine weitere Form, die in einer Reihe kaum merklicher Abstufungen in den Roman übergeht, ist die Autobiographie. Die meisten Autobiographien werden durch einen schöpferischen und daher zur Dichtung gehörenden

Antrieb inspiriert, nur jene Ereignisse und Erfahrungen aus dem Leben des Autors auszuwählen, die sich zum Aufbau eines ineinandergreifenden Musters eignen. Dieses Muster mag etwas Größeres sein als er selber, womit zu identifizieren er sich gewöhnt hat, oder auch einfach der Zusammenhang seines Charakters und seiner Haltungen. Wir können diese sehr wichtige Form der Prosadichtung die Konfessionsform im Sinne Augustins nennen, der sie offenbar erfunden hat, und Rousseaus, der eine moderne Art begründete. Die frühere Tradition gab der englischen Literatur Brownes *Religio Medici*, Bunyans *Grace Abounding* und Newmans *Apologia*, neben der von den Mystikern bevorzugten verwandten, aber in Feinheiten verschiedenen Art von Konfessionen.

Ist dies die theoretische Definition einer Form? Nein, denn gerade die Form wird hier nur durch die Intentionen definiert, die die Autobiographen jeweils verfolgt haben, und diese sind nicht universell (»die meisten Autobiographen ...«); die Form wird aber nicht nur recht unscharf definiert, sondern bekommt auch sofort den Namen einer realen historischen Gattung zugewiesen, die in zahlreichen unterschiedlichen Ausprägungen auftritt und auch andere distinktive Merkmale umfaßt. Daher besteht in der Folge Unklarheit darüber, auf welches dieser distinktiven Merkmale der Gattung sich der Gebrauch des Wortes »Konfession« bezieht: handelt es sich um den autobiographischen Pakt, um den Diskurs des Erzählers, um die retrospektive Erzählung in der ersten Person, um eine innere Fokussierung, um einen bestimmten Inhalt (Erzählung des Privat- oder Innenlebens) oder um eine Schreibweise (Konstruktion eines strukturierten Modells)? Sobald Frye in irgendeinem Werk das Vorhandensein eines dieser Merkmale feststellt, schließt er daraus, daß dieses Werk eine *Mischform* aus der »Konfession« und etwas anderem sein müsse. Auf diese Weise erfährt man etwa, daß der Essay in der Form, die Montaigne ihm gegeben hat, eine »kurze Form« der Konfession sei; daß die Mischung aus Konfession und Roman die erdichtete Autobiographie, den Künstlerroman und andere, verwandte Typen ergebe; daß der Autor selbst nicht unbedingt Gegenstand der »Konfession« sein müsse; daß die »Bewußtseinsstrom«-Technik die Möglichkeit biete, Konfession und Roman ineinander aufgehen zu lassen usw. Auch hier liegt dem terminologischen Durcheinander ein methodologisches Durcheinander zugrunde. Der Ausdruck »Konfession« sollte nicht einmal für eines dieser Merkmale, einmal für ein anderes gebraucht werden, so daß sich die Gattung

Autobiographie als eine einfache Essenz darstellt, die unterschiedliche Kombinationen eingehe, während sie doch selbst nur eine Kombination unter vielen anderen ist. Dieses Durcheinander verhindert, daß die Analyse bis auf die Ebene weitergeführt wird, auf der sie sinnvoll wäre: auf die Ebene der Merkmale.

Fryes Methode ist zugleich irritierend und faszinierend: sie irritiert, weil sie ein unbrauchbares Klassifikationssystem ergibt, dem eine Logik zugrunde liegt, die weniger dem Bereich des wissenschaftlichen Denkens als dem des »wilden Denkens« zuzuordnen ist. Sie ist faszinierend, weil der Irrtum ein Körnchen Wahrheit enthält: Frye hat völlig richtig eine empirische Kombinatorik im Auge, die er aber, ausgehend von fälschlicherweise abstrakten Kategorien und mechanischen Kombinationsregeln, (in der Art eines Cocktails) anwendet, ohne der Möglichkeit nachzugehen, daß mit Hilfe einer derartigen Kombinatorik auch die historische Evolution des Gattungssystems erfaßt werden könnte.

Elisabeth W. Bruss' Untersuchung *L'autobiographie considérée comme acte littéraire*[41] (Die Autobiographie als literarischer Akt) steht in genauem Gegensatz zu N. Fryes kombinatorischer Methode, die sie sozusagen wieder auf die Füße stellt. E. Bruss geht in vielen Punkten mit meinen Arbeiten zum »autobiographischen Pakt« konform, ihre Untersuchung enthält aber auf theoretischer Ebene Aussagen von allgemeinerer Bedeutung, denen es meines Erachtens nachzugehen lohnt. Ihre Originalität besteht darin, die von den russischen Formalisten aufgestellten Prinzipien der literarischen Evolution mit den modernen linguistischen Sprechakttheorien zu verknüpfen. Es gelingt E. Bruss in ihren Analysen, die Untersuchung der Entwicklung einer einzelnen Gattung in die Gesamtentwicklung der Literatur einzubetten.

E. Bruss ruft Tynjanovs Unterscheidung von Form und Funktion in Erinnerung (die Formen können verschiedene Funktionen erfüllen, und die Funktionen können sich in verschiedenen Formen äußern); wir haben es daher nicht mit starren Korrelationen zwischen Formen und Funktionen zu tun, sondern mit einem historisch variablen kombinatorischen System. Im Fall der Autobiographie weist sie nach, daß die der Gattung zugrundeliegende Funktion (nämlich der autobiographische Pakt) eine theoretisch von den formalen Aspekten unabhängige Variable ist, mit denen

41 Elisabeth W. Bruss, *L'autobiographie considérée comme acte littéraire*, in: *Poétique* 17 (1974), S. 14-26.

sie in der Praxis häufig in Zusammenhang gebracht wird. Diese Methode der systematischen Dissoziation der verschiedenen Faktoren macht es möglich, die Variabilität zu denken. Da ihre Untersuchung dem französischen Leser leicht zugänglich ist, erübrigt sich hier eine Zusammenfassung. Elisabeth W. Bruss zeigt die verschiedenen Arten der Variabilität einer Gattung auf und beschreibt diese Variabilität anhand von mehreren, aus der Geschichte herausgegriffenen Beispielen; damit schafft sie die Voraussetzungen für Untersuchungsmethoden, die die von mir im ersten Teil dieses Kapitels gestellten Fragen beantworten könnten.

In der Fortsetzung ihrer Analyse versucht E. Bruss, detaillierter auf »die distinktiven Funktionsmerkmale der Autobiographie, wie wir sie kennen«, einzugehen. Dabei bedient sie sich der Analysemethoden, die Searle auf die Sprechakte (Versprechung, Bitte, Ratschlag, Warnung usw.[42]) angewandt hat. Sie macht deutlich, daß der autobiographische Akt selbst keine einfache Essenz ist, sondern einen komplexen Akt darstellt; er ist einer Analyse zugänglich, die über die Herausarbeitung und Hierarchisierung aller Bedingungen dieses Akts ermöglicht, die historische Variabilität auch auf dieser Ebene einsichtig zu machen. Sie findet hier also ein Beschreibungsmodell vor, das genau den Problemen entspricht, die Tynjanov auf einer allgemeineren Ebene aufgeworfen hat:

Searle schlägt sieben verschiedene, einander allerdings überschneidende Dimensionen vor, die bei der Definition eines Sprechaktes zu berücksichtigen sind, und wir können davon ausgehen, daß jede Gattung auf eine dieser Weisen definiert und neu definiert werden wird [...].

Der Bereich dessen, was wir als das »Zentrum« des autobiographischen Akts bezeichnet haben (Identität des Elements Autor/Erzähler/Protagonist und vorausgesetzte Verifizierbarkeit des durch den Text verarbeiteten Subjekts), bleibt von Veränderungen meist unberührt. Diese Regeln bilden im Grunde nur deshalb das »Zentrum« dieses Sprechaktes, weil bewiesen ist, daß sie keiner Veränderung unterliegen. Während diese zentralen Punkte absolut zu sein scheinen, gibt es aber in jeder Gattung (und ebenso im gesamten System der literarischen Gattungen) auch marginale oder periphere Elemente, die nicht distinktiv sind, Zonen also, in denen diese Unterscheidungen bedeutungslos sind und in denen mehrere Typen von schriftstellerischer Tätigkeit miteinander kombiniert werden können. In diesen unzureichend und gemäß diesen bedeutungslosen Kriterien definierten Zonen finden Veränderungen statt.

42 Vgl. John R. Searle, *Sprechakte*, Frankfurt am Main 1971.

H. R. Jauß[43] hat festgestellt, daß eine Gattungstheorie immer von dem Gebiet geprägt ist, auf dem sie entstanden ist. Meine und E. Bruss' Theorien zum autobiographischen Pakt oder Akt tendieren natürlich dazu, in meinem Fall das Problem des »Lektürevertrags« und im Fall von E. Bruss das des »Sprechakts« überzubewerten und die anderen Aspekte des Textes zu vernachlässigen, weil sie in diesen Zusammenhängen keine bestimmende Funktion haben. Die Autobiographie wird aber erst dann befriedigend untersucht werden können, wenn sich die dissoziative Analyse sowohl mit dem Problem der Erzählformen als auch mit dem *Inhalt*[44] befaßt.

Die beiden kontrastierenden Beispiele N. Frye und E. Bruss lassen deutlich den Weg erkennen, den die Gattungstheorie nehmen sollte: keine synkretistische Typologie, sondern eine Analyse, die die einzelnen Faktoren systematisch voneinander unterscheidet und sich die Beschreibung ihrer Funktionsgesetze zum Ziel setzt. Diese analytische Methode, die es möglich machen soll, die Literatur als ein in historischer Evolution begriffenes System zu denken, ist bislang mehr definiert als angewandt worden. Als erster hat Tynjanov diesen Weg beschritten, und es scheint, daß seine Ergebnisse noch in verschiedene Richtungen überarbeitet werden müssen, damit dieser Weg fortgesetzt werden kann: Zuhilfenahme neuer linguistischer Modelle (Sprechakte, Kommunikationstheorien), Erweiterungen der Perspektiven wie die, die wir dem von H. R. Jauß geprägten Begriff des Erwartungshorizontes verdanken, sowie Anwendung dieser Überlegungen auf andere Künste als die Literatur, da sich die Probleme der Gattungen, der Erwartungshorizonte und ihrer Variabilität ja auch, wenngleich auf eine etwas andere Art und Weise, in der Malerei und in der Musik stellen. Diese Methode wird keine übereilten Synthesen

43 H. R. Jauß, *Theorie der Gattungen und Literatur des Mittelalters*, a. a. O., S. 327.

44 Ein geeignetes Arbeitsinstrument für die Erzählanalyse ist *Discours du récit* von G. Genette (in *Figures III*, Paris 1972); zu Zeitfragen vgl. Harald Weinrich, *Tempus. Besprochene und erzählte Welt*, Stuttgart 1964. M. J. Chombart de Lauwes Untersuchung über den Mythos des Kindes, *Un monde autre, l'enfance*, Paris 1971, wäre ein Beispiel für eine derartige Inhaltsanalyse. Die Autorin nähert sich diesem Mythos über eine Klassifizierung der Inhalte von Kindheitserinnerungen aus den letzten hundert Jahren. Allerdings behandelt sie Autobiographien und Romane als gleichwertig, da sie ihr zufolge unter diesem Gesichtspunkt keine wesentlichen Unterschiede aufwiesen.

zum Ergebnis haben, sondern im Gegenteil detailgenaue und analytische Untersuchungen erfordern: diese werden sich die von der herkömmlichen Literaturgeschichte angesammelten empirischen Beobachtungen zunutze machen können, um schrittweise funktionale Modelle einer als System verstandenen Literatur zu erstellen.

Forschungsprojekte

Ich wollte hier zeigen, welchen Versuchungen die Gattungstheorie ausgesetzt ist, wie aufschlußreich diese Versuchungen für die Gattung als Institution sind und wie man vorgehen sollte, um wirklich historisch denken zu können. Es ging mir darum, Bilanz zu ziehen, bevor ich mich anderen Forschungsvorhaben widme.

Die beiden Projekte, die ich gegenwärtig plane, beruhen auf einer gemeinsamen Methode: einerseits nicht von den literarischen Texten oder ihrer Schreibweise ausgehen, sondern von ihrer *Rezeption*, und andrerseits nicht an einer isolierten Gattung ansetzen, sondern an einem viel größeren Bereich, dessen Eingrenzung im Lauf der Untersuchung auch in Frage gestellt werden kann. Beide Projekte machen eine möglichst breit angelegte Sammlung von Informationen nötig, um keine Vorentscheidungen über die untersuchten Gegenstände zu treffen. Über ein bloßes Inventar hinaus sollten sie aber auch einen präzisen Beitrag zu jener Theorie der Funktionsweise der Gattungen leisten, von der hier die Rede war.

Das erste Projekt wäre eine Untersuchung der Entstehung der »Ich-Du-Literatur« im Frankreich des 19. Jahrhunderts. Dazu bedürfte es einer partiellen Neuverteilung der literarischen Geographie im Unterschied zu den in den herkömmlichen Bibliographien verwendeten Unterteilungen, die entweder nach Schulen oder Perioden gegliedert sind oder auf die klassische Trennung in Gattungen zurückgreifen (Roman, Lyrik, Theater, Geschichte, Literaturkritik usw.). Diese Neuverteilung darf aber weder auf der Grundlage einer retrospektiven, unseren heutigen Kriterien entsprechenden Schematisierung erfolgen, noch sollte sie Monographien zu einzelnen Gattungen aneinanderreihen, wie es heute der Fall ist, wo das Untersuchungsfeld nur durch Spezialuntersuchungen[45] zum »Ich-Du-Roman«, zum Journal intime und zur Autobiographie abgedeckt ist. Das Untersuchungsfeld wird mit Hilfe von Begriffen eingegrenzt werden müssen, die aus der untersuchten Epoche stammen. Aus diesem Grund habe ich auch den Begriff der »littérature personnelle« aus F. Brunetières Artikel oder vielmehr Pamphlet *La littérature personnelle* (1888) übernommen, dem Endpunkt einer Polemik, die seit den fünfziger Jahren des letzten Jahrhunderts geführt und, freilich in unterschiedlichen Formen, bis in unsere Tage fortgesetzt worden ist.[46]

Diese Untersuchung müßte vom *kritischen Diskurs* über das Werk ausgehen, der in Zeitungen und Zeitschriften, das heißt in der Rezensionskritik zum Ausdruck kommt. Sie müßte den Inhalt der Diskurse über die Ich-Du-Literatur sowie alle »autobiographischen« Lektürehaltungen analysieren. Auf diese Weise könnte das von H.R. Jauß definierte Programm einer »Gattungsgeschichte als Prozeß fortgesetzter Horizontstiftung und Horizontveränderung«[47] verwirklicht werden: als eine Untersuchung dieses Prozesses, der jedoch über eine bestimmte Gattung hinaus auf einen Sektor der Literatur erweitert wird, der dadurch neu gegliedert werden könnte. So könnte man jene Texte zu einer Gruppe zusammenstellen, die jeweils in derselben Perspektive gelesen wurden (insbesondere Romane, Autobiographien, Journaux intimes, Briefwechsel, Memoiren), und die Auswirkungen des »ersten Lehmanschen Gesetzes« dadurch neutralisieren, daß man das Korpus jener Texte rekonstruiert, die in dieser Epoche tatsächlich gelesen und kommentiert worden sind.

Schon Valéry vertrat die Auffassung, daß es nicht der Autor, sondern der *Leser* ist, »dessen Heranbildung und dessen Fluktuationen den tatsächlichen Gegenstand der Literaturgeschichte darstellen müßten«.[48] Diese Lektüren können natürlich nur indirekt,

45 Zum Journal intime vgl. Alain Girard, *Le Journal intime*, Paris 1963; zur Autobiographie meine Untersuchung *L'Autobiographie en France*, a. a. O.; seit den bereits betagten Büchern Joachim Merlants, *Le Roman personnel de Rousseau à Fromentin*, Paris 1905, und Jean Hytier, *Les Romans de l'individu*, Paris 1928, ist über den französischen »roman personnel« keine zusammenfassende Darstellung erschienen. Zu Bereichen wie den Memoiren oder der Briefliteratur im 19. Jahrhundert gibt es überhaupt keine Gesamtdarstellung.

46 Ferdinand Brunetière, *La littérature personelle* (1888), in: *Questions de critique*, Paris 1897, S. 211-252.

47 H.R. Jauß, *Theorie der Gattungen und Literatur des Mittelalters*, in: a.a.O., S. 327.

48 Paul Valéry, *Cahiers/Hefte*, Bd. 6, Frankfurt am Main 1993, S. 315.

über den kritischen Diskurs beobachtet werden; dasselbe gilt auch für die Erwartungen, die in ihnen zum Ausdruck kommen, die Klassifizierungen, die sie vornehmen, und die Werturteile, die sie fällen. Die kritischen Lektüren sind bisher nur mit Hilfe von partiellen diachronischen Schnitten erforscht worden, die vor allem die in der Interpretation vergangener Werke eingetretenen Veränderungen ans Licht brachten: entweder die Wandlungen der Lektüre *eines* Textes oder *eines* Autors im Lauf der Zeit[49] oder aber die von *einem* Kritiker zu einem bestimmten Zeitpunkt unternommenen Lektüren verschiedener vergangener Werke.[50] Ich schlage hier etwas anderes vor, das dazu allerdings komplementär ist: die synchrone Untersuchung eines der Lektüresysteme einer bestimmten Epoche.

Diese Synchronie wird sich natürlich als eine Serie von diachronen Schnitten darstellen müssen: von 1830 bis 1850, von 1850 bis 1880 hat sich das System der Erwartungshaltungen jeweils verändert. Auf die gesamte Moderne erweitert, müßte eine derartige Untersuchung der »fortgesetzten Horizontveränderungen« unvermeidlich auch zahlreiche andere Phänomene anschneiden: den in Frankreich zu Beginn des 19. Jahrhunderts (in der Lyrik und im intimen Roman) auftauchenden Diskurs der universellen Subjektivität und Intimität; jene kritische Methode des »Der Mensch und das Werk«, die nach 1850 im kritischen und journalistischen Diskurs überhandnimmt und sowohl die Rezeption vergangener Werke als auch die in neue Werke gesetzten Erwartungen verändert; die Leidenschaft der Aufrichtigkeit ab dem Ende des 19. bis in die dreißiger Jahre dieses Jahrhunderts; die Entwicklung der journalistischen Gepflogenheiten und der »personalisierenden« Strategien der Verleger; aber auch die Metamorphosen des Interesses, das das breite Publikum der Geschichte und Dokumentation entgegenbringt (die Ausbreitung von Erlebnisberichten und der dokumentarischen Literatur über den Bereich von Geschichte und Politik im engeren Sinn hinaus).

Diese Perspektiven führen mich zur Beschreibung des zweiten

49 Dies setzt sich zum Beispiel die Reihe »Lectures« bei Armand Colin (U2) zum Ziel. Zwei jüngst erschienene Werke stellen die verschiedenen Lektüren Rousseaus im Überblick dar: Raymond Trousson, *Rousseau et sa Fortune littéraire*, Bordeaux 1971, und Jean Roussel, *Jean-Jacques Rousseau en France après la Révolution*, Paris 1973.

50 So etwa Roger Fayolle, *Sainte-Beuve et le Dix-Huitième Siècle*, Paris 1972.

Projekts, das die gegenwärtige Struktur unserer Erwartungshorizonte untersuchen soll. Ich habe seit 1972 auf der Grundlage der in *Le Monde des livres*, *La Quinzaine littéraire* und dem *Bulletin du livre* veröffentlichten Buchanzeigen eine Kartei aller in Frankreich veröffentlichten Bücher erstellt, die eng oder entfernt mit einer Form des autobiographischen Pakts zusammenhängen: Memoiren, Autobiographien, Kindheitserinnerungen, Journaux intimes, Briefe, Dokumente über selbst Erlebtes, Erlebnisberichte, Interviews, Essays, Pamphlete, aber auch, zumindest den bibliographischen Klassifizierungen zufolge, bestimmte Romane und Geschichtsbücher. So umfangreich es auch sein mag, ist dieses Inventar immer noch unvollständig, da man nicht die anderen Erwartungshorizonte außer acht lassen darf, von denen es sich durch Oppositionen und Überschneidungen abgrenzt: die Bereiche der Fiktion, der Information und des wissenschaftlichen Diskurses. Dieses Inventar muß schließlich durch eine Untersuchung des kritischen Diskurses zu diesen Büchern ergänzt werden.

Hinter der Erstellung eines derart heterogenen Korpus stand keineswegs die Absicht, eine »Gattung« festzuschreiben oder zu erfinden; vielmehr sollte eine analytische Untersuchung der Faktoren ermöglicht werden, nach denen klassifiziert wird (Pakt, Form und Inhalt), wobei diese zunächst systematisch voneinander unterschieden und dann auf ihre Kombinationen und ihre Hierarchisierung untersucht werden. Natürlich kann ein Text aufgrund der Vielzahl an Merkmalen als verschiedenen Gattungen zugehörig betrachtet werden, und die partiellen Korpora, die man zusammenzustellen versucht sein könnte, haben fließende Konturen und überschneiden einander. Derartige Phänomene lassen sich in einer »substantialistischen« Sicht der Gattungen nur schwer analysieren, werden jedoch erklärbar, wenn man die distinktiven Merkmale untersucht und verstanden hat, daß sie in Hinblick auf variable *Dominanten* hierarchisiert werden.

Der autobiographische Pakt, der bei der Auswahl dieser Texte als Kriterium herangezogen wurde, darf dabei nicht als etwas Unveränderliches, Einheitliches betrachtet werden – man würde damit wieder in die Illusion zurückfallen –, sondern müßte in seine verschiedenen Komponenten (Identität, Ähnlichkeit) zerlegt und diesen Unterscheidungen entsprechend weiter untergliedert werden: auf der einen Seite die verschiedenen Ausprägungen des Referenzpaktes, auf der anderen die des Romanpaktes. Der autobiographische Pakt erfüllt in all diesen Texten keineswegs dieselbe Funktion: in manchen Fällen *dominiert* er, er ist das Zentrum, um das herum sich der Text konstituiert; in anderen Texten stellt er eine sekundäre Spezifizierung dar, die einer anderen Erwartungshaltung entgegenkommt (etwa der Erwartung, Informationen über eine bestimmte Person zu erhalten). Andererseits lassen sich aus dieser Unterscheidung von Identität und Ähnlichkeit Übergangs- oder Mischformen des Pakts wie etwa jene »phantasmatischen« oder indirekten Pakte ableiten, deren sich die Autoren gerne bedienen und zu denen sie von den Verlegern auch ermutigt werden, weil diese Mischformen zwei Lesemotivationen miteinander kombinieren und von der Kritik, die in ihnen die Rechtfertigung eines ihrer bevorzugten »Topoi«[51] sieht, mit Wohlwollen aufgenommen werden.

Die Analyse des Pakts müßte darüber hinaus eine Reihe anderer Faktoren berücksichtigen, die mit dem Kontext der Produktion und Veröffentlichung des Textes in Zusammenhang stehen:

– den (hohen oder mangelnden) Bekanntheitsgrad des Verfassers sowie das Gebiet, auf dem er bekannt ist: davon hängen die ihm entgegengebrachten Erwartungen und die Art und Weise ab, wie seine Texte gelesen werden;

– die Produktionsweise des veröffentlichten Textes, ein Problem, das sich mit der in den letzten Jahren zunehmend intensiven Entwicklung der »mündlichen« Autobiographie stellt, die sowohl die Kommunikationsbedingungen als auch die Formen der Texte verändert hat[52];

51 Ich habe diesen »Topos« anhand der Analyse eines Korpus kritischer Texte zu umreißen versucht, das zwar beschränkt ist (sechs Nummern von *Le Monde des livres*, vom 16. August bis zum 27. September 1973), aber dennoch eine beeindruckende Anzahl von Variationen des Themas enthält, dem zufolge das vorgestellte Buch mehr oder weniger direkt eine Autobiographie seines Verfassers sei. Ein derartiger Zusammenhang wird dem Kritiker freilich durch die meisten Umschlagtexte suggeriert. Dieser Topos wird zudem auf Romane angewandt, die für diese Lesehaltung keineswegs geeignet sind. Die beiden Extrembeispiele in meinem Korpus waren die Romane Jarrys, die als »eine auf eigenartige Weise umgedrehte: erträumte anstatt erlebte« Autobiographie dargestellt werden (während hier eher der Romanpakt vom Leser umgedreht wird), sowie ein utopisches Buch, François Cléments *Naissance d'une île*, »das soviel Sorgfalt und Liebe in die Erzählung dieses Abenteuers legt, daß man sie für autobiographisch halten könnte!«

52 Die Entwicklung der mündlich erzählten Autobiographie in den fünfziger Jahren hat ihren Ursprung in den realen Gesprächssituationen der Radiointerviews: die Transkription des mündlichen in einen geschriebenen Text war damals noch ein

– die zwischen Autoren und Lesern über Vermittlung der Verleger getroffenen »kollektiven Übereinkünfte«; die Strategie der *Reihen*[53] bestimmt sowohl die Produktion als auch die Lektüre der Texte.

Ich fasse diese bei der Analyse des Paktes unerläßlichen Unterscheidungen hier nur summarisch zusammen: dieselbe Methode müßte auf die Probleme von Form und Inhalt angewandt werden.

Eine so erarbeitete analytische Geographie unserer Erwartungshorizonte dürfte die Möglichkeit bieten, den historischen Wandel besser verstehen zu können: auf theoretischer Ebene würde sie deutlich machen, daß es sich um ein komplexes und instabiles System handelt, das trotz aller über lange Zeit hinweg gleichbleibenden Konstanten zahlreiche Möglichkeiten der Mutation bietet; und auf praktischer Ebene würde sie den Nachweis

sekundäres Phänomen. Charakteristisch für die starke Verbreitung der mündlichen Autobiographie in jüngster Zeit ist hingegen die Tatsache, daß die Mündlichkeit von Anfang an *zur Produktion eines Buches* herangezogen wird; dem Publikum wird diese ursprüngliche Mündlichkeit vorenthalten, es wird nie genau wissen, auf welche Weise der Text, den es liest, zustande gekommen ist. Diesen »Tonbandautobiographien« müßte eine Spezialuntersuchung über die Variationen, die die Gattung dadurch erfährt, gewidmet werden: im Register des Erlebnisberichtes wird das Wort denen erteilt, die nicht schreiben und auch nie veröffentlicht werden würden (Beispiel: *Louis Lengrand, mineur du Nord*, Paris 1974); im literarischen Register wird versucht, den Schreibstil durch die Ausdruckskraft einer Stimme zu ersetzen (Beispiele: Françoise Giroud, *Si je mens...*, Paris 1972, oder Romain Gary, *La Nuit sera calme*, Paris 1974, dessen Stil mit dem von *La Promesse de l'aube*, 1960, zu vergleichen wäre); und auf technischer Ebene wäre zu zeigen, daß die Publikumsnachfrage in den gestellten Fragen präsent ist; sie ist zunächst implizit und wird über Vermittlung des Interviewers zu etwas Explizitem.

53 Mit Hilfe der »Reihen« sichert sich der Verleger ein Publikum von Käufern-Lesern, denen gegenüber er sich dazu verpflichtet, daß das Produkt die Anforderungen eines bestimmten »Lastenheftes« erfüllt; er macht sich ihre Lesehaltungen zunutze oder suggeriert diese. Andererseits bewegen die Reihen die Autoren dazu, auf herkömmliche oder neue Formen der Nachfrage einzugehen. Eine Untersuchung der zeitgenössischen autobiographischen Tradition darf diesen kollektiven Vertrag nicht außer acht lassen, der sich im übrigen an verschiedene Publikumsschichten wendet: Memoiren von Politikern oder Militärs in den Reihen von Plon, Fayard und anderen Verlagen; Reihen von Erlebnisberichten (»Témoins« bei Gallimard, »Témoigner« bei Stock, »Témoignages« bei Mâme usf.); die Mythologie des »Selbst Erlebten« insbesondere bei Laffont; reihenweise abgelegte Glaubensbekenntnisse und Geständnisse (»Idée fixe« bei Julliard, »Ce que je crois« bei Grasset); Tonbandautobiographien von Journalisten oder Politikern (»Les grands journalistes« bei Stock) usw.

erbringen – sofern es eines solchen überhaupt bedarf –, daß die Erwartungen eines Lesers von 1974 verschieden von denen eines Lesers von 1874 sind und mit denen eines Lesers von 1774 nur sehr wenig gemein haben, eine banale Erkenntnis, die aber immer dann übersehen wird, wenn man das Korpus der modernen Autobiographien als eine weitgespannte Synchronie versteht, die sich über zwei Jahrhunderte erstreckt.

Es fragt sich, ob diese Erwartungen nicht schon in den letzten zwanzig Jahren eine grundlegende Veränderung erfahren haben: eine Untersuchung über den Zeitraum zwischen 1972 und 1974 müßte durch begleitende Stichproben zu den Jahren zwischen 1952 und 1954 abgesichert werden. Auffällig ist jedenfalls, daß der Großteil der Sekundärliteratur zur Gattung Autobiographie, angefangen mit Georges Gusdorfs grundlegender Studie (1956), aus den letzten zwei Jahrzehnten stammt. Wir sind gegenwärtig Zeugen eines Prozesses der *Kanonisierung* der Autobiographie und nehmen mehr oder weniger an ihm teil.[54]

Literaturgeschichte und Geschichte

Eine letzte Frage bleibt noch unbeantwortet: die der Beziehungen zwischen einer Literaturgeschichte in der hier beschriebenen Form und der Geschichte allgemein. In unserem speziellen Fall läuft dies, wie man vermuten könnte, auf die Frage nach dem Zusammenhang zwischen dem Phänomen der Autobiographie und der modernen westlichen Zivilisation, in der sie sich entwickelt hat, hinaus. Das so gestellte Problem wird jedoch nur summarische Antworten bekommen können, in denen sich vor allem die derzeitigen ideologischen Debatten und Gegensätze widerspiegeln würden.

Über einen Punkt ist man sich hingegen im großen und ganzen einig: es besteht eine Korrelation zwischen der Entwicklung der autobiographischen Literatur und dem Aufstieg einer neuen herrschenden Klasse, nämlich des Bürgertums, ähnlich dem Zusammenhang zwischen der literarischen Gattung der Memoiren und der Entwicklung des Feudalsystems. In der autobiographischen Literatur kommt die unseren Gesellschaften eigene Konzeption

54 *L'Autobiographie en France*, a. a. O., S. 105.

der Person und des Individualismus zum Ausdruck: man würde in den antiken, den sogenannten »primitiven« oder anderen zeitgenössischen Gesellschaften wie der kommunistischen Gesellschaft Chinas, in der man gerade zu verhindern sucht, daß ein Individuum sein persönliches Leben als Privateigentum versteht, welches sich in einen Tauschwert umwandeln läßt, vergebens nach etwas Ähnlichem suchen.

Ist dieser summarische Zusammenhang einmal hergestellt, beginnen meist die ideologischen Auseinandersetzungen und methodischen Unsicherheiten. Die meisten Kritiker, die sich mit den autobiographischen Gattungen befassen, sind von der Ideologie unserer Gesellschaft geprägt und stehen dem Phänomen Autobiographie, dem sie häufig auch ein persönliches Interesse entgegenbringen, wohlwollend gegenüber. Dies gilt etwa für G. Misch, der den fernen Ursprung dieser Entfaltung der menschlichen Persönlichkeit ausfindig machen will, aber auch für mich selbst, wenn ich etwa mit bewundernder Distanz feststelle, daß die Autobiographie »einer der faszinierendsten Aspekte eines der großen Mythen der modernen abendländischen Zivilisation, nämlich des Mythos des ICHS«, ist. Und auf der anderen Seite kommt es zu Verurteilungen durch marxistische Kritiker, die sich selbst bereits jenseits der Grenzen dieser Zivilisation stehen sehen und weder an den Sirenengesängen des Individualismus noch am diskreten Charme der Bourgeoisie Gefallen finden können: »Biographie und Autobiographie stellen allgemeine Darstellungsformen im Rahmen der bürgerlichen Ideologie dar, die das Bild eines mit der Gesellschaft verzahnten Menschen entwerfen«, stellt Renée Balibar in ihrer Untersuchung über die schulischen Modelle der Kindheitserzählung[55] fest. Diese glorifizierenden oder ablehnenden Äußerungen sagen weniger über das untersuchte Phänomen aus als über die politische Position derer, die sie vorbringen.

Offen bleibt, wie eine historische Untersuchung mit dieser Korrelation umgehen müßte. Läuft man nicht Gefahr, zu vereinfachenden, ja einseitigen Ergebnissen zu gelangen, wenn man versuchte, direkte Verbindungen zwischen einer als ein einheitliches Ganzes verstandenen »Autobiographie« und einem »Bürgertum« herzustellen, das als etwas Kohärentes und Unveränderliches aufgefaßt wird? Das Bürgertum hat sich in den verschiedenen Ländern und in

55 Renée Balibar, *Les Français fictifs*, Paris 1974, S. 178.

seinen verschiedenen Entwicklungsphasen selbstverständlich nicht in derselben Situation befunden; seine Ideologie hat sich weiterentwickelt und enthält zahlreiche Widersprüche. Und zum anderen genießen die ideologischen Phänomene eine relative Unabhängigkeit gegenüber den ökonomischen und sozialen Bedingungen.

Möglicherweise wird damit aber auch das Problem falsch gestellt. Zum einen ist es zweifellos nicht möglich, eine Beziehung zwischen einer einzelnen Gattung und der Gesellschaft herzustellen, ohne dabei das System der Literatur als Ganzes in Betracht zu ziehen: auf der Ebene dieses Systems könnte man über die Bedingungen ihrer Existenz und über ihre gesellschaftliche Funktion nachzudenken beginnen. Und zum anderen darf die Literatur selbst nicht als ein autonomes Ganzes betrachtet werden, das zunächst isoliert untersucht und erst nachträglich mit den anderen gesellschaftlichen Serien und der Gesellschaft insgesamt vermittelt wird: ihre Unabhängigkeit ist eine sehr relative, und vor allem ist sie selbst ein gesellschaftliches System.

Daher wäre es wichtig, die Funktionsweise dieser als ein System verstandenen Literatur einschließlich ihrer, dem Vorschlag von E. Balibar und P. Macherey folgend, schulischen und sprachlichen Überformungen und ihrer Wechselbeziehungen zur Ideologie zu untersuchen.[56] Die Untersuchung der Erwartungshorizonte stellt in dieser Sicht den Schwerpunkt der Literaturgeschichte dar, weil sie sich auf alle formalen wie auch inhaltlichen Analysen erstreckt, dabei jedoch die Fallstricke eines zeitübergreifenden Idealismus zu vermeiden sucht und so die Möglichkeit bietet, die gesellschaftliche Dimension des Literarischen deutlich zu machen, ohne einem platten Soziologismus zu verfallen.

56 Étienne Balibar und Pierre Macherey, »Présentation« des Werks von Renée Balibar, *Les Français fictifs*, a. a. O. Ein Auszug aus dieser Präsentation ist unter dem Titel *Sur la littérature comme forme idéologique. Quelques hypothèses marxistes* erschienen in: *Littérature* 13 (1974).

Nachwort zur deutschen Ausgabe des *Autobiographischen Pakts*

Ich beschäftige mich seit 1969 mit der Autobiographie und arbeite nach wie vor über diese Gattung. *Der autobiographische Pakt*, der 1975 erschien, entspricht einer Phase dieser Arbeit. Die Übersetzung ins Deutsche bietet mir die Gelegenheit, einen Blick zurück zu werfen und eine kurze Bilanz zu ziehen. »Es gibt keine Theorie, die nicht auch ein sorgfältig aufbereitetes Fragment irgendeiner Autobiographie ist«, heißt es bei Paul Valéry. Vor allem, möchte ich hinzufügen, wenn es sich um eine Theorie der Autobiographie handelt... Deshalb möge man mir auch nachsehen, daß ich hier in der ersten Person spreche. Und im Laufe dieser Bilanz auf die Autobibliographie am Ende dieses Bandes verweise.

Nach der Publikation des *Autobiographischen Pakts* sagte ein Freund zu mir: »Worüber wirst du jetzt arbeiten?« Er meinte, die Sache wäre erledigt und ich müsse mich nun etwas anderem zuwenden, wenn ich nicht Gefahr laufen wollte, mich zu wiederholen. Ich war und bin nach wie vor der entgegengesetzten Meinung. Die Autobiographie ist ein äußerst weitgespanntes Gebiet. Es gibt, im Vergleich zum Roman, zur Lyrik oder zum Drama, relativ wenige Untersuchungen über sie. Das mag an ihrem Zwitterstatus liegen. Als referentielle, um Transparenz bemühte Gattung wurde sie lange in den Randzonen der Literatur angesiedelt und deshalb auch keiner formalen Analye unterzogen. Auch heute noch findet man nur wenige autobiographische Werke in den Lehrplänen der Schulen. Gleichzeitig handelt es sich jedoch auch um elaborierte Texte, die das Erleben aus subjektiver Sicht schildern, weshalb sich auch die Historiker vor ihr hüteten und lieber mit zuverlässigeren Dokumenten arbeiteten. Als ich begann, mich für die Autobiographie in der französischen Literatur zu interessieren, mußte ich daher feststellen, daß dieses Gebiet praktisch noch unerforscht war. Zum Glück konnte ich die grundlegende Studie von Georges Gusdorf (*Conditions et limites de l'autobiographie*, 1956; dt.: *Voraussetzungen und Grenzen der Autobiographie*, in: G. Niggl [Hg.], *Die Autobiographie. Zu Form und Geschichte einer literari-*

schen Gattung, Darmstadt 1989) heranziehen sowie Arbeiten über ein, zwei geniale Autobiographen, etwa den sehr schönen Essay von Jean Starobinski, *Jean-Jacques Rousseau, la transparence et l'obstacle*, Paris 1957 (dt. *Jean-Jacques Rousseau, Eine Welt von Widerständen*, München 1988).

Zunächst galt es, möglichst viele Autobiographien zu lesen, ohne mich auf die Meisterwerke zu beschränken. Wenn man auf einer unerforschten Insel landet, versucht man zunächst, einen Überblick über das Gelände zu gewinnen, die Umrisse zu zeichnen und eine erste Karte anzulegen. Dies war der Gegenstand meines ersten Buches, *L'Autobiographie en France* (1971). Ich habe ein Verzeichnis von etwa hundert Texten von der Renaissance bis zur Gegenwart angelegt und eine Anthologie dessen zusammengestellt, was ich als »autobiographische Pakte« bezeichnete, also der Vorworte, in denen der Autor sein Vorhaben definiert und dem Leser gegenüber Verpflichtungen eingeht. Bei der Erstellung dieses Corpus mußte ich im Laufe meiner Lektüren ausscheiden, sortieren, einordnen. Ich begann über die Kriterien nachzudenken, die meinen Entscheidungen vorstanden, und habe eine Definition der Gattung ausgearbeitet. Dabei ging es nicht darum, irgendein »Wesen« der Autobiographie zu erfassen: Ich sah deutlich, daß es sich, wie bei allen anderen Gattungen, um ein komplexes, unscharfes und schwankendes Ensemble handelte. Ich wollte auch keine Norm aufstellen, sondern bloß begreifen, warum ich zum Beispiel einen Unterschied zwischen einer Autobiographie und einem autobiographischen Roman wahrnahm. Für welche Zeichen war ich empfänglich? Was folgte daraus für meine Lektüre? Die *Autobiographie in Frankreich* ist also eine allgemeine Reflexion über die Erstellung des Corpus: Ich definiere darin die Autobiographie durch eine Reihe von Oppositionen zu den Nachbargattungen (Biographie, Tagebuch, Roman usw.), ich rekonstruiere in groben Umrissen die Geschichte der Gattung und erstelle ein Inventar ihrer derzeitigen Problematik. Nachdem das Gebiet solchermaßen abgesteckt war, konnte man anfangen zu vertiefen.

Diese Vertiefung versuche ich im *Autobiographischen Pakt*. Wie man gesehen hat, lief meine Arbeit in zwei verschiedene Richtungen: Sie galt dem »Pakt« als solchem und den Texten.

Hinsichtlich des Paktes wollte ich alle Elemente aufspüren, die die Lektüre bedingen. Darunter diejenigen, die auf der eigentlichen Form des Textes beruhen (Erzählstimme, Gegenstand der Erzählung usw.), vor allem aber diejenigen, die durch das bedingt sind, was Gérard Genette seither als »Paratext« bezeichnet hat: Titel, Vorwort, Interviews, aber auch den Umschlag des Buches, den Namen des Verlags, die Reihe... Die Besonderheit der Autobiographie liegt darin, daß sie ihren Lektürevertrag deutlicher zur Schau stellt als andere Gattungen. Daher ging es mir weniger um eine persönliche Bestimmung der Autobiographie, sondern vielmehr um eine Analyse dessen, was sie über sich selbst aussagt und was dieser Diskurs bewirkt. Es handelt sich also um eine Art Untersuchung der Pragmatik: eine Grammatik der Äußerung und der Rezeption.

Im ersten Kapitel des *Autobiographischen Pakts* gehe ich auf die Verlegenheit ein, in die mich die Unterscheidung zwischen Autobiographie und Roman gestürzt hatte. Ich hatte bemerkt, daß ich ein oft entscheidendes Element vernachlässigt hatte: die Beziehung zwischen dem Eigennamen des Autors und dem des Protagonisten. Unter Verwendung der Ansätze, die ich der Lektüre von Benveniste und Genette verdanke, habe ich versucht, die verschiedenen textuellen und paratextuellen Faktoren klar zu unterscheiden und zu untersuchen, welchen Effekt die unterschiedlichen Kombinationen erzeugen. Ich habe diese Analyse nach dem *Autobiographischen* Pakt fortgesetzt und mich dabei vornehmlich mit Grenzfällen befaßt: mit der Autobiographie in der dritten Person (in *Je est un autre*, Paris 1980), mit der Autobiographie mit multiplem Autor, mit der mündlichen und dann aufgezeichneten Erzählung, mit dem Interview (ebd.) mit »Romanen«, in denen der Protagonist denselben Namen trägt wie der Autor (in *Moi aussi*, 1986), mit imaginären Memoiren (*Moi, la Clairon*, 1989) und vor kurzem mit der Autofiktion (anläßlich der Tagung »Autofictions & Co«, 1992 gemeinsam mit Serge Doubrovsky und Jacques Lecarme organisiert).

Wenn man seine ganze Aufmerksamkeit auf eine Gattung richtet, ist man nur schwer vor Dogmatismus gefeit. Man kristallisiert, man neigt dazu, Regeln zu erlassen statt Fakten festzustellen. Ich habe versucht, dieser Versuchung möglichst zu entgehen. Im letzten Kapitel des *Autobiographischen Pakts* (»Autobiographie und Literaturgeschichte«) analysiere ich auch diese Versuchung, indem ich zeige, wie aufschlußreich sie für das Zusammenspiel der Gattungen ist. Später habe ich in einem selbstkritischen Text (»Le pacte autobiographique [bis]«) einige allzu kategorische Behauptungen nuanciert, insbesondere diejenigen, in denen ich die Identität als ein Problem des »alles oder nichts« hinstelle (*Moi aussi*, 1986).

Die Kapitel im mittleren Teil des *Autobiographischen Pakts* sind Lektüren einzelner Texte von Rousseau, Gide, Sartre und Leiris. Nach dem, was die Autobiographie zu sein vorgibt, nun das, was sie ist. Darin untersuche ich entweder das gesamte Schaffen eines Autors und den Stellenwert, der darin der Autobiographie zukommt (Gide, Leiris), oder die Struktur eines einzelnen Werks (das erste Buch der *Bekenntnisse, Die Wörter*) oder eine bestimmte Stelle, die ich interpretiere (ein Geständnis Rousseaus, ein Netz von Erinnerungen bei Leiris). Die Grammatik der Äußerung und die Psychoanalyse helfen mir, die Verfahren und Kunstgriffe eines Subjekts auf der Suche nach seiner Identität zu begreifen. Gleichzeitig wird mir klar, daß die Autobiographie nicht nur ein apologetischer Diskurs oder eine historische Erzählung ist, sondern auch alle Möglichkeiten des Mythos und der Poesie mobilisieren kann.

Die im *Autobiographischen Pakt* angestellten Untersuchungen führten zu weiteren Arbeiten, die zumeist Textinterpretationen sind: Rousseau (»Le dangereux supplément«, 1974; »Le peigne cassé«, 1976), Gide (*Exercices d'ambiguité*, 1974), Leiris (*Lire Leiris*, 1975) und »Post-scriptum à *Lire Leiris*«, in *Moi aussi*, 1986).

Mit Sartre beschäftige ich mich nach wie vor. Er hat mich auf all den Abwegen und Umwegen begleitet, die ich nun erzählen werde. Ich habe über seine mündliche Autobiographie gearbeitet (»Ca s'est fait comme ca«, 1978; und »Sartre et l'autobiographie parlée«, in *Je est un autre*, 1980)... Die postume Publikation der *Carnets de la drôle de guerre* im Jahr 1983 hat das Interesse, das ich seiner Autobiographie entgegenbrachte, erneut geweckt: Man sieht darin, wie er bereits 1939-1940, fünfzehn Jahre vor den *Wörtern*, die Selbstanalyse und die Anamnese als Mittel einer Bekehrung einsetzt, ...aber die Kindheit, die er sich zu diesem Zeitpunkt zuschreibt, deckt sich nicht genau mit der, die er in den *Wörtern* schildert! (»Les souvenirs de lecture d'enfance de Sartre«, 1986; »Les enfances de Sartre«, in *Moi aussi*, 1986)... Um diesen Metamorphosen nachzugehen, lande ich nun bei der Forschungsgruppe Sartre des ITEM (Institut des Textes et d'Etudes des Manuscrits, CNRS, Paris) und treibe textgenetische Untersuchungen

zu den Manuskripten der *Wörter* (»L'ordre d'une vie«, noch unveröffentlicht)...

1977 habe ich eine große Wende vollzogen. Bisher hatte ich mich ausschließlich für die geschriebene, literarische Autobiographie interessiert. Ein eingehender Kommentar einer kurzen Sequenz des Films *Sartre par lui-même* (A. Astruc und Michel Contat, 1976) regte mich zum Nachdenken über das Erzählen innerhalb von Interviews an, über die Unterschiede zwischen dem Schriftlichen und dem Mündlichen und über die Bedeutung der Medien... Ich merkte, daß Sartre die übliche Umgangssprache verwendete, wenn er mündlich sein Leben erzählte. Er war tatsächlich, wie er auch am Ende der *Wörter* schreibt, »ein ganzer Mensch, gemacht aus dem Zeug aller Menschen, und der so viel wert ist wie sie alle und so viel wert wie jedermann«. Warum also Sartre privilegieren? Warum sich nicht direkt mit jedem »x-beliebigen« beschäftigen? Mit allen andern? Und mit mir selbst?...

Durch den Umgang mit Sartre habe ich mich also »demokratisiert«. Die literarische Autobiographie ist in meinen Augen nur mehr ein – sicherlich besonders interessanter – Sonderfall eines umfassenderen Phänomens. Jeder Mensch trägt so etwas wie eine ständig überarbeitete Rohfassung seiner Lebensgeschichte in sich. Einige, mehr als man denkt, arbeiten diese Rohfassung aus und schreiben. Die Rohentwürfe der andern kann man durchblättern, indem man sie mit dem Tonband interviewt. Die Autobiographie ist also, zumindest in unseren modernen Gesellschaften, ein allgemeines anthropologisches Faktum. Ihre Untersuchung oder ihre Auswertung übersteigt den Rahmen der Literaturwissenschaft. Die Ethnologen, die Soziologen, seit kurzem auch die Historiker und, seit Freud, natürlich auch die Psychoanalytiker interessieren sich rege für sie, indem sie zur Abfassung von Lebensgeschichten anregen. Die Aufgabe des Poetikers besteht nun darin, diese Erzählungen nicht mehr als »Quellen« (Informationsquellen) oder als (therapeutische oder pädagogische) »Hilfsmittel« anzusehen, sondern sie als solche im Hinblick auf eine Sozialgeschichte der Diskurse zu untersuchen.

Das sind einige Beispiele für Arbeiten, die ich nach dieser Erweiterung der Perspektiven in Angriff genommen habe.

Ich habe zunächst eine Reihe von Studien über die Formen der kollektiv erarbeiteten Autobiographien unternommen, vom Rundfunkinterview mit Schriftstellern über die Produktion populistischer, mit dem Tonband »aufgenommener« Bücher bis hin zu den jüngsten Entwicklungen der »oral history«. In diesem Zusammenhang galt es, auf das Problem der Berühmtheit einzugehen, auf die Machtbeziehungen zwischen Interviewern und Interviewten und auf die sozialen Mythologien, die mit der kommerziellen Verwertung der »Erlebnisse« einhergehen (*Je est un autre*, 1980).

Dann habe ich mich für die Autobiographien interessiert, die früher oder heute von ganz gewöhnlichen Leuten geschrieben wurden.

Was die Zeitgenossen betrifft, so braucht man sich nur die Mühe zu machen, die im Selbstverlag oder auf Kosten der Autoren publizierten Bücher zu lesen. Vielleicht hat unser Wohnungsnachbar, unsere Putzfrau, unsere Milchfrau oder unser Generaldirektor eine Lebensgeschichte verfaßt und auch irgendwo publiziert ... In Frankreich hat ein Verlag wie La Pensée Universelle Hunderte von Erzählungen gedruckt (wenn auch nicht vertrieben), in denen Leute wie du und ich die Bilanz ihres Lebens ziehen: Bücher, die von Rache oder Nostalgie getragen sind und als Beispiel dienen wollen, geschrieben in der Hoffnung, ein Scheitern zu kompensieren, eine Kommunikation wiederherzustellen oder eine Tradition fortzusetzen ... An ihnen lassen sich die üblichen Wege des autobiographischen Erzählens vielleicht besser erfassen als in raffinierter angelegten Werken (»L'autobiographie à compte d'auteurs«, in *Moi aussi*, 1986).

Was die Leute aus früheren Zeiten betrifft, habe ich mich in der Nationalbibliothek und in öffentlichen und privaten Archiven umgesehen. Ich habe ein »Verzeichnis der in Frankreich im 19. Jahrhundert geschriebenen Autobiographien« konzipiert (»La cote Ln 27«, in *Moi aussi*, 1986). Ich mache gern große Pläne. Wie der Leser bemerkt hat, habe ich im letzten Kapitel des *Autobiographischen Pakts* das ehrgeizige Programm formuliert, die *Rezeption* der Autobiographien zu untersuchen. Der Leser wird sich sicherlich fragen, ob ich dieses Programm auch ausgeführt habe ... : Ich muß gestehen, daß dies nicht der Fall ist. Ich habe umfassende Vorarbeiten unternommen, aber sie liegen noch brach ... Mein *Verzeichnis* ist ansatzweise verwirklicht. Ich hatte beschlossen, nach Lebenstypen oder Schicksalstypen vorzugehen. Ich habe vier Abschnitte dieses Verzeichnisses fertiggestellt und publiziert: das Leben der Kaufleute, der Volksschullehrer, der Verbrecher und

der Homosexuellen. Darin tritt nach und nach die Ordnung des sozialen Diskurses des 19. Jahrhunderts hervor. Der Diskurs der Individuen über sich selbst ist, ganz im Gegensatz zu dem, was uns eine egotistischere Ideologie der literarischen Texte einreden möchte, immer mehr oder weniger ein institutioneller Diskurs. Man wird sehen, wie ein fünfter Abschnitt über die schreibenden Frauen als Fortsetzung zu dieser Arbeit hinzugetreten ist.

Und da ich mich nun für die gewöhnlichen Leute interessierte, warum sollte ich also nicht auch einen Blick auf meine eigene Familie werfen? Ich hatte immer versucht, meine Forschungstätigkeit mit meiner persönlichen autobiographischen Praxis zu verbinden. Ich hatte mich für die Schreibweise von Michel Leiris begeistert, weil sie mir neue Mittel an die Hand gab, über mich selbst zu schreiben. Nachdem ich das Tonband benutzt hatte, um Sartre zuzuhören, habe ich es verwendet, um zu hören, wie meine Eltern ihre Geschichte, meine Geschichte erzählten. Diese zwischen 1978 und 1981 betriebene Nachforschung über die mündliche Familienüberlieferung hat sich erweitert, als ich mich für die Manuskripte begeisterte, die einer meiner Urgroßväter, der kaufmännische Angestellte und Autobiograph Xavier-Edouard Lejeune (1845-1918) hinterlassen hatte. Die anscheinend so schlichte Schilderung seines Lebens verbarg so manche Dramen. Ich habe mit meinem Vater an der Entzifferung dieses verschwiegenen Textes gearbeitet. Wir haben eine Fassung veröffentlicht, die, mit einem Jahrhundert Verspätung, den Traum vom Schriftstellerdasein dieses Autodidakten und Angestellten Wirklichkeit werden liß (Xavier-Edouard Lejeune, *Calicot*, 1984).

1986 kommt es, nach der Veröffentlichung von *Moi aussi*, erneut zu einer Wende. Die drei Bücher, die ich im Verlag Seuils veröffentlicht hatte, waren alle als Sammlung von Aufsätzen konzipiert, die sich um ein Thema rankten. Die Idee, die der Gliederung von *Moi aussi* zugrunde lag, war in Wirklichkeit ... autobiographisch: in einem Buch ein Bild der unterschiedlichen Ansätze zu bieten, mit denen ich an die Autobiographie herangegangen war, und mich dabei direkt, wenn auch diskret, autobiographisch ins Spiel zu bringen.

Die Wende, die ich im Jahr 1986 vollzog, hängt mit zwei Begegnungen zusammen.

Die erste ist die Begegnung mit dem Werk von Georges Perec (1934-1982). Georges Perec ist ein Schriftsteller meiner Generation (ich bin 1938 geboren). Im Herbst 1986 wurde ich eingeladen, am ersten jährlich stattfindenden Seminar über sein Werk teilzunehmen. Es befaßte sich mit *W ou le souvenir d'enfance* (1975; dt. *W oder die Kindheitserinnerungen*), worin Perec abwechselnd die Fiktion und die autobiographische Erzählung einsetzt, um das Unaussprechliche zu evozieren, den Tod seiner Mutter in Auschwitz. Auf der Suche nach einem Zugang zu diesem Text fragte ich, ob es Manuskripte gäbe. Es gab sie, und so beschäftigte ich mich vier Jahre lang, mit der Hilfe von Ela Bienenfeld, der Kusine von Georges Perec, nicht nur mit den Rohfassungen publizierter autobiographischer Werke, sondern auch mit immensen unvollendeten autobiographischen Vorhaben, die alle um das eine Problem kreisen: welche Umwege lassen sich finden, um das Unerträgliche auszusprechen. Daraus entstand ein Buch, *La Mémoire et l'Oblique. Georges Perec autobiographe* (1991). Daraus entstanden auch Freundschaften. Und die Untersuchung dieser Manuskripte schlug sich auch in zwei parallelen Unternehmungen nieder. Zunächst in einer Reflexion über die Innovation in der Autobiographie: Wie kann man in unserer zerrissenen und tragischen Welt von sich sprechen? Welche Möglichkeiten schaffen die in Fiktion und Poesie erprobten neuen Formen? Und dann auch in dem immer stärkeren Wunsch, in den Aufzeichnungen zeitgenössischer Schriftsteller zu sehen, welchen Weg sie bei diesem unmöglichen Unterfangen beschreiten. Neben den Rohfassungen von Perec untersuchte ich auch die der *Wörter* von Sartre, um die Geschichte des Textes zu begreifen und die Gültigkeit meiner im *Pakt* vorgeführten Analysen zu überprüfen. Ich arbeitete auch über andere Texte, über publizierte (die Tagebücher der Anne Frank) und unveröffentlichte (Nathalie Sarraute hat mir die Fassungen eines Kapitels von *Enfance* anvertraut). Und nun publiziert man, nach dem Tod von Michel Leiris, sein *Journal*, das gleichsam das Laboratorium seines Werks ist ... Daher die Idee, in den kommenden Jahren ein viertes Buch für den Verlag Seuils zu verfassen, das diese verschiedenen genetischen Untersuchungen zusammenstellt. Aber noch ist es nicht so weit ...

Die zweite Begegnung war, wenn ich so sagen darf, eine Begegnung mit mir selbst. 1986 bin ich zu einer seit meiner Jugendzeit aufgegebenen Praxis zurückgekehrt, zum Tagebuchschreiben. Das war gewissermaßen der blinde Fleck meiner Arbeit. Alles für die Autobiographie, nichts für das Tagebuch. Ein blinder Fleck, ein Widerstand, eine Hemmung: Ich war mit dem Tagebuch zerstritten, wohl weil ich auch mit meiner Jugend zerstritten war. Wir haben uns wieder angefreundet. Ich habe das Tagebuch natürlich wieder aus der Sicht betrachtet, die ich seit 1977 pflege: als eine Praxis, die allgemein verbreitet ist. Ich war verblüfft über das Ausmaß der feindlichen Vorurteile und der Ignoranz rund um mich: viele Leute meinen, es handle sich dabei um eine überlebte und im Verschwinden begriffene Gattung. Ich habe mich in eine Reihe von Umfragen gestürzt: Zunächst habe ich mehreren hundert Personen einen Fragebogen vorgelegt (*La Pratique du journal personnel*, 1990). 1988 habe ich in einem Aufsatz diese Umfrage beschrieben und um weitere Stellungnahmen gebeten, eine Bitte, der ein unerwarteter Erfolg beschieden war. 47 Personen haben geantwortet und mir zwanglos und ausführlich ihre Praxis beschrieben und meine Fragen beantwortet. Aus ihren Aussagen habe ich ein Buch gemacht (*»Cher Cahier...«*, 1990). Nach diesem Buch erhielt ich viele Zuschriften. Von Leuten, die zu spät gekommen waren und ebenfalls darin vertreten sein wollten... Aber man hat mir auch ein Tagebuch aus dem vergangenen Jahrhundert geschickt, das ein junges Mädchen aus der Provinz geführt hatte. Ich war hingerissen von diesem Tagebuch und interessierte mich nun für die unterirdische Geschichte der Gattung. Zwei Jahre hindurch forschte ich nach den Tagebüchern junger Mädchen aus dem 19. Jahrhundert, appellierte im Rundfunk an die Familien und klapperte die Archive ab. Ich habe über hundert Tagebücher gefunden und gelesen. Während dieser Zeit habe ich selbst ein Arbeitstagebuch geführt, das dem daraus entstandenen Buch (*Le Moi des demoiselles*, 1993) seine Gestalt verlieh.

Mit diesem bislang letzten Buch gelangte ich nun wieder zur Idee des großen *Verzeichnisses*. Sie hatte mich nie verlassen. Im Juni 1991 hatte ich in Nanterre eine Tagung mit Archivaren, Historikern, Bibliothekaren und Forschern, aber auch mit Autobiographen veranstaltet, um über Wege und Mittel nachzudenken, wie sich der in Frankreich schlummernde Schatz von Autobiographien inventarisieren und auswerten ließe. Diese Tagung war auch eine europäische, da ich die Initiatoren zweier Erfahrungen eingeladen hatte, die uns als Modell dienen konnten: Charlotte Heinritz (Dokumentations- und Forschungsstelle Biographisches Material. Deutsches Gedächtnis, Fernuniversität Hagen) und Saverio Tutino, Gründer des Archivio Diaristico Nazionale (Pieve S. Stefano

[Ar.], Italien). Die damals vorgestellten Projekte einer »Datenbank« waren zu hochfliegend und kostspielig und fanden keinen Mäzen. Eine ganz einfache Idee einer »praktizierenden« Tagebuchschreiberin hingegen wurde in die Wirklichkeit umgesetzt. Im März 1992 haben wir abseits von der akademischen Welt einen Verein gegründet, der Personen umfaßt, die autobiographische Texte mit Vorliebe lesen oder schreiben. Er zählt derzeit etwa 180 Mitglieder. Wir lesen die autobiographischen Texte, die uns zugeschickt werden, und diskutieren sie mit ihren Autoren oder Eigentümern. Wir bewahren sie in einem Fonds, der sich in der Bibliothek der Stadt Ambérieu-en Bugey (Ain) befindet. Wir haben Arbeitsgruppen und eine kleine Zeitschrift, die dreimal pro Jahr erscheint, *La Faute à Rousseau*. Wir organisieren jedes Jahr Ende Juni in Ambérieu ein Fest der Autobiographie...

Damit bin ich anscheinend weit weg vom *Autobiographischen Pakt*. Ich hoffe jedoch, daß die Kontinuität spürbar war. Vielleicht hatte ich unrecht, zweimal das Wort »Wende« zu gebrauchen und dadurch die Dinge zu dramatisieren. Meine Wenden sind keine Bekehrungen. Ich verzichte nie auf etwas. Ich verleugne nichts. Es handelt sich um Erweiterungen. Das Gebiet der Autobiographie ist insofern wundersam, als man immer auch *etwas anderes* tun kann, ohne es zu verlassen. Das hätte ich dem Freund antworten sollen, der mir nach dem *Pakt* nahelegte, doch die Gattung zu wechseln und nun das Epos oder das Sonett zu untersuchen...

Januar 1994

Bibliographie der Schriften Philippe Lejeunes

I. Bücher

1971 *L'Autobiographie en France,* Paris: Colin, coll. »U2«, 272 S.

1974 *Exercices d'ambiguité. Lecture de Si le grain ne meurt,* Paris: Lettres Modernes, coll. »Langues et styles«, 108 S.

1975 *Lire Leiris. Autobiographie et langage,* Paris: Klincksieck, 192 s.

Le Pacte autobiographique, Paris: Seuil, coll. »Poétique«, 360 S.

1980 *Je est un autre. L'Autobiographie de la littérature aux médias,* Paris: Seuil, coll. »Poétique«, 336 S.

1984 Xavier-Edouard Lejeune, *Calicot.* Enquête de Michel et Philippe Lejeune, Paris: Ed. Montalba, coll. »Archives privées«, 368 S.

1986 *Moi aussi,* Paris: Seuil, coll. »Poétique«, 350 S.

1990 *»Cher cahier...«, Témoignages sur le journal personnel recueillis et présentés par Philippe Lejeune,* Paris: Gallimard, coll. »Témoins«, 259 S.

La Pratique du journal personnel. Enquête, Cahiers de sémiotique textuelle, Nr. 17, 199 S.

1991 *La Mémoire et l'Oblique. Georges Perec autobiographe,* Paris: P.O.L., 256 S.

1993 *Le Moi des démoiselles. Enquête sur le journal de jeune fille,* Paris: Seuil, coll. »La couleur de la vie«, 455 S.

II. Herausgabe von Tagungsbänden

1987 *Le Récit d'enfance en question,* Centre de sémiotique textuelle, Université Paris-X, Nanterre, 16.-17. Januar 1987. Veröffentlichung in den *Cahiers de sémiotique textuelle,* Nr. 12, 1988, 257 S.

1988 *Le Désir biographique,* Centre de sémiotique textuelle, Université Paris-X, Nanterre, 10.-11. Juni 1988. Veröffentlichung in den *Cahiers de sémiotique textuelle,* Nr. 16, 1989, 306 S.

1990 *Le Journal personnel,* Centre de sémiotique textuelle, Université Paris-X, Nanterre, 18.-19. Mai 1990. Publidix, Université Paris-X, Nanterre, coll. »RITM«, 1993, 245 S.

1991 *Archives autobiographiques, Cahiers de sémiotique textuelle,* Nr. 20, 1991, 194 S. (anläßlich der mit Michelle Perrot organisierten Tagung über »Archives autobiographiques«, Centre RITM, Université Paris-X, Nanterre, 19. Juni 1991, zusammengestelltes Themenheft).

1992 *Autofiction & Cie,* mit Serge Doubrovsky und Jacques Lacarme, Centre RITM, Université Paris-X, Nanterre, 20.-21. November 1992.
Veröffentlichung in der Zeitschrift *RITM*, Nr. 6, 1993.

1994 *Le Tournant d'une vie,* mit Claude Leroy, Centre RITM, Université Paris-X, Nanterre, 10.-11. Juni 1994. Die Beiträge erscheinen in der Zeitschrift *RITM*.

III. Bibliographie

Bibliographie des études en langue française sur la littérature personnelle et les récits de vie

(Halbjährliche Bibliographie der französischsprachigen Untersuchungen zu folgenden Gattungen: Autobiographie, Tagebuch, Korrespondenz, Selbstporträt, Memoiren, Zeugnisse, Biographie, mündliche oder audiovisuell aufgenommene Lebensberichte)

1. 1982-1983, *Cahiers de sémiotique textuelle,* Nr. 3, 1984, 70 S.
2. 1984-1985 *Cahiers de sémiotique textuelle,* Nr. 7, 1986, 90 S.
3. 1986-1987, *Cahiers de sémiotique textuelle,* Nr. 13, 1988, 94 S.
4. 1988-1989, *Cahiers de sémiotique textuelle,* Nr. 14, 1990, 99 S.
5. 1990-1991, *RITM,* Nr. 4, 1992, 92 S.
6. 1992-1993, *RITM,* Nr. 8, 1994, im Druck.

IV. Artikel

(angeführt werden nur jene Artikel, die nicht in den bereits erwähnten Bänden aufgenommen sind)

1974 *Le dangereux supplément. Lecture d'un aveu de Rousseau*, in: *Annales*, Nr. 4, S. 1009-1022.

1976 *Le peigne cassé*, in: *Poétique*, Nr. 25, S. 1-30 (über Rousseau).

Stendhal et les problémes de l'autobiographique, in: *Stendhal et les problémes de l'autobiographique*, Tagung von 1974, Grenoble: Presses de l'Université de Grenoble, S. 21-36.

1978 *Ça c'est fait comme ça*, in: *Poétique*, Nr. 35, S. 269-304 (über eine Sequenz des Films *Sartre par lui-même*).

1982 *Autobiographie et histoire sociale*, in: *Revue de l'Institut de sociologie*, Nr. 1-2, S. 209-234 (Repertoire der im 19. Jahrhundert in Frankreich geschriebenen Autobiographien, Abteilung 1, »Vie commerciales, industrielles et financières«, S. 226-234).

1985 *Les instituteurs du XIXe siècle racontent leurs vie*, in: *Histoire de l'éducation*, Nr. 25, S. 53-104 (Repertoire der im 19. Jahrhundert in Frankreich geschriebenen Autobiographien, Abteilung 2, »Vie d'instituteurs, S. 83-104).

1986 *Crime et testament. Les autobiographies de criminels au XIXe siècle*, in: *Cahiers de sémiotique textuelle*, Nr. 8-9, S. 73-98 (Repertoire der im 19. Jahrhundert in Frankreich geschriebenen Autobiographien, Abteilung 3, »Vie de criminels, 1. 1789-1880«, S. 87-98).

Les souvenirs de lecture d'enfance de Sartre, in: *Lectures de Sartre*, hg. von Claude Burgelin, Lyon: Presse de l'Université de Lyon, S. 51-87.

Friselis. Chronique de lecture, in: *Romance Studies*, Nr. 9, Winter 1986, S. 7-19 (über *La Fête des pères* von François Nourissier).

1987 *Autobiographie et homosexualité en France au XIXe siècle*, in: Romantisme, Nr. 56, S. 79-100 (Repertoire der im 19. Jahrhundert in Frankreich geschriebenen Autobiographien, Abteilung 4, »Vie d'homosexuels«, S. 95-100).

Cinéma et autobiographie, problèmes de vocabulaire, in: *Revue belge du cinéma*, Nr. 19, Frühjahr 1987, S. 7-13.

1988 *Cher cahier...*, in: *Le Magazine littéraire*, Nr. 252-253, April, S. 45 f.
L'ère du soupçon, in: »Le Récit d'enfance en question«, *Cahiers de sémiotique textuelle*, Nr. 12, S. 41-65.
Peut-on innover en autobiographie?, in: *L'Autobiographie*, Paris: Les Belles Lettres, coll. »Confluents psychanalytiques«, S. 67-100.
1989 *Archives autobiographiques*, in: *Le Débat*, Nr. 54, März-April, S. 135-150.
L'Autobiocopie, in: *Autobiographie et histoire*, Tagung in Heidelberg, Mai 1988, hg. von Mireille Calle-Gruber und Arnold Rothe, Paris: Nizet, S. 53-66.
Le journal de Cécile, in: *Nouvelle Revue de psychanalyse*, Nr. 40, Herbst, S. 47-60.
Moi, la Clairon, in: »Le Désir biographique«, *Cahiers de sémiotique textuelle*, Nr. 16, S. 177-196.
1990 *Paroles d'enfance*, in: *Revue des sciences humaines*, Nr. 217, 1990-1, S. 23-38 (über *Enfance* von Nathalie Sarraute).
1991 *Nouveau roman et retour à l'autobiographie*, in: *L'Auteur et le Manuscrit*, unter der Leitung von Michel Contat, Paris: P.U.F., S. 51-70.
La passion du »je«, Interview mit Anne Brunswic, in: *Lire*, Nr. 189, Juni, S. 118-125.
Wanted: autobiographies!, in: »Archives autobiographiques«, *Cahiers de sémiotique textuelle*, Nr. 20, S. 121-135.
Collectif Archives des vies privées, ebd., S. 189-192 (in Zusammenarbeit mit Anne Martin-Fugier).
Lire Pierre Rivière, in: *Le Débat*, Nr. 66, September-Oktober, S. 92-106.
1992 *Autogénèse. L'étude génétique des textes autobiographiques*, in: *Genesis*, Nr. 1, S. 73-87.
Qu'est-ce que ne va pas?, in: *Entre l'Histoire et le roman: la littérature personnelle*, Beiträge des Seminars in Brüssel (16.-17. Mai 1991), hg. von Madeleine Frédéric, Université Libre de Bruxelles, Centre d'études canadiennes, S. 47-92 (Untersuchung von »Apostrophes« vom 13. Oktober 1989).
1993 *Le je des jeunes filles*, in: *Poétique*, Nr. 94, April, S. 229-

251 (Gesamtdarstellung des Buches *Le Moi des demoiselles*).
Comment Anne Frank a réécrit le Journal d'Anne Frank, in: *Le Journal personnel*, Publidix, coll. RITM, S. 157-180; auch in gekürzter Fassung:
L'histoire vraie du journal d'Anne Frank, in: *La Revue des livres pour enfants*, Nr. 153, Herbst, S. 47-59.
Le Journal de Marguerite, in: *Le Récit d'enfance. Enfance et écriture*, hg. von D. Escarpit und B. Poulou, Paris: Ed. du Sorbier, S. 41-62.
Une autobiographie sous contrainte, in: *Le Magazine littéraire*, Nr. 316, Dezember, S. 18-21 (über Georges Perec).
L'irréel du passé, in: »Autofictions & Cie«, *RITM*, Nr. 6, S. 19-43.

Ein Sammelband mit Texten Philippe Lejeunes, ausgewählt und eingeleitet von Paul John Eakin, ist unter dem Titel *On Autobiography* 1989 erschienen (Minneapolis: University of Minnesota Press).

»Aesthetica« in der edition suhrkamp

Ulrich Baer. Traumdeutung. es 2253. 300 Seiten

Harold Bloom. Ein Topographie des Fehllesens. Übersetzt von Isabella Mayr. es 2011. 281 Seiten

Gilles Deleuze. Kritik und Klinik. Übersetzt von Joseph Vogl. es 1919. 208 Seiten

Gilles Deleuze. Die Logik des Sinns. Übersetzt von Bernhard Dieckmann. es 1707. 397 Seiten

Josef Früchtl/Jörg Zimmermann (Hg.). Ästhetik der Inszenierung. Dimensionen eines künstlerischen, kulturellen und gesellschaftlichen Phänomens. es 2196. 310 Seiten

Neil Hertz. Das Ende des Weges. Die Psychoanalyse und das Erhabene. Übersetzt von Isabella König. es 1939. 304 Seiten

Philippe Lejeune. Der autobiographische Pakt. es 1896. 204 Seiten

Paul de Man. Die Ideologie des Ästhetischen. Herausgegeben von Christoph Menke. Übersetzt von Jürgen Blasius. es 1682. 300 Seiten

Dieter Mersch. Ereignis und Aura. Untersuchungen zu einer »performativen Ästhetik«. es 2219. 250 Seiten

Eckhard Schumacher. Die Ironie der Unverständlichkeit. Johann Georg Hamann, Friedrich Schlegel, Jacques Derrida, Paul de Man. es 2172. 300 Seiten

NF 309/1/8.06